D1930182

Kohlhammer

Münchener Kirchenhistorische Studien. Neue Folge

Herausgegeben von

Franz Xaver Bischof und Klaus Unterburger

Band 11

Sarah Röttger

Eine unerträgliche Weihe von Frauen?

Zur Geschichte der Äbtissinnenweihe

Verlag W. Kohlhammer

1. Auflage 2022

Alle Rechte vorbehalten
© W. Kohlhammer GmbH, Stuttgart
Gesamtherstellung: W. Kohlhammer GmbH, Stuttgart

Print:
ISBN 978-3-17-042586-6

E-Book-Format:
pdf: 978-3-17-042587-3

Für den Inhalt abgedruckter oder verlinkter Websites ist ausschließlich der jeweilige Betreiber verantwortlich. Die W. Kohlhammer GmbH hat keinen Einfluss auf die verknüpften Seiten und übernimmt hierfür keinerlei Haftung.

Dieses Werk einschließlich aller seiner Teile ist urheberrechtlich geschützt. Jede Verwendung außerhalb der engen Grenzen des Urheberrechts ist ohne Zustimmung des Verlags unzulässig und strafbar. Das gilt insbesondere für Vervielfältigungen, Übersetzungen, Mikroverfilmungen und für die Einspeicherung und Verarbeitung in elektronischen Systemen.

Inhalt

Dank 9

I. Einleitung: Die Äbtissinnenweihe – eine „kleine Bischofsweihe?“ 13

1 Äbtissinnenweihe heute 13
2 ... und einst 15
3 Keine „kleine Bischofsweihe“? 16
4 Äbtissin? Siehe Abt 19
5 Umweg Jurisdiktion? 24
6 „Ordinierte“ Frauen? 30
7 Fragestellung und Aufbau der Arbeit 34
8 Bemerkungen zum Quellenkorpus 37
9 Und nicht zuletzt: Äbtissinnenweihe oder -segnung? 42

II. Zu Tradition I: Äbtissinnenweihen vom Frühmittelalter bis zum Pontificale Romanum von 1962 47

1 Erste Spuren im Frühmittelalter 47
1.1 Die „ordinatio“ des Abtes in der Magisterregel 50
1.1.1 Die Einsetzungszeremonie in Kapitel 93 51
1.1.2 Zwei Äbte gleichzeitig? 55
1.1.3 Die Einsetzung des Abtes in Kapitel 94 56
1.2 Die „ordinatio“ des Abtes in der Benediktsregel 57
1.2.1 Wahl und Ermahnung 58
1.2.2 Abtsweihe in der Benediktsregel? 59
1.2.3 Zur Rezeption der Regel durch Frauen 61
1.3 Die „ordinatio abbatissae“ in Briefen Gregors des Großen 63
1.4 Die Äbtissinnenweihe im Bußbuch Theodors von Canterbury 64
1.5 Zeugnisse altspanischer Liturgie 67
1.5.1 Handauflegung in der Vita des Fructuosus 67
1.5.2 „Ordo ad ordinandam abbatissam“ im Liber ordinum 68
1.6 Die Äbtissinnenweihe in frühmittelalterlichen Sakramentaren 73
1.6.1 Die gregorianische Oration 74

1.6.2 Die Äbtissinnenweihe im Gelasianum ... 78
1.6.3 Die gelasianischen Orationen im Einzelnen ... 79
2 Zur weiteren Entwicklung der Äbtissinnenweihe im Mittelalter ... 84
2.1 Die Äbtissinnenweihen im Pontificale Romano-Germanicum 85
2.1.1 Die „ordinatio" der Kanonissenäbtissin ... 89
2.1.2 Die „ordinatio" der Benediktineräbtissin ... 97
2.1.3 Zusätzliche Bestandteile der „Abts- und Bischofsordination" 101
2.2 Die Äbtissinnenweihe im Pontificale Romanum aus dem zwölften Jahrhundert ... 105
2.2.1 Eine neue Überschrift ... 107
2.2.2 Der „Ordo ad abbatem benedicendum vel abbatissam" in der Kurzform ... 110
2.2.3 Der „Ordo ad abbatem benedicendum vel abbatissam" in der Langform ... 112
2.3 Die Äbtissinnenweihe im Pontifikale der Römischen Kurie aus dem dreizehnten Jahrhundert ... 114
2.3.1 Die „Benedictio abbatis vel abbatisse" ... 115
2.3.2 „... vel abbatisse?" ... 117
2.3.3 Kein offizieller Platz mehr für Frauen ... 120
3 Zur Äbtissinnenweihe seit dem späten dreizehnten Jahrhundert ... 125
3.1 Die Äbtissinnenweihe im Pontifikale des Durandus von Mende ... 126
3.1.1 „De benedictione abbatissae" im PGD ... 127
3.1.2 „Äbtissinnenbenediktion" gleich „Abtsbenediktion"? ... 130
3.1.3 Ritualanalogien mit der „Bischofskonsekration" ... 135
3.2 Die Äbtissinnenweihe im Pontificalis Liber und Pontificale Romanum ... 140
3.2.1 „De Benedictione Abbatisse" im PLib ... 141
3.2.2 „De benedictione Abbatissae" im nachtridentischen Pontifikale ... 144
3.2.3 Entsprechungen von „Abtsbenediktion" und „Bischofskonsekration" ... 145
3.2.4 Gleicher Ritus – unterschiedliche „Wirkungen"? ... 148
3.3 Zur Äbtissinnenweihe am Vorabend des Zweiten Vatikanischen Konzils ... 152
3.3.1 Die Enzyklika „Sacramentum ordinis" ... 153
3.3.2 Äbtissinnenweihen nach „Sacramentum ordinis" ... 157
4 Zur „ersten Tradition" der Äbtissinnenweihe – Zusammenfassung ... 160

III. Zur „Erfindung“ von Tradition II: Die Neugestaltung der Äbtissinnenweihe im Gefolge des Zweiten Vatikanischen Konzils 167

1 „Notwendigkeit und Zweck der Erneuerung“ 167
1.1 Auftrag zur „Erneuerung“ der Liturgie 168
1.1.1 Kriterien der Liturgiekonstitution 169
1.1.2 „Erneuerung“ des Pontificale Romanum 171
1.1.3 Auftrag zur „Erneuerung“ der Äbtissinnenweihe? 173
1.2 Ziele der Überarbeitung 174
1.2.1 „Kurze historische Betrachtung“ 174
1.2.2 „Die Verwirrung vermeiden“ 178
1.2.3 Veränderungen, Streichungen und Verbesserungen 180
1.2.4 Historische Rekonstruktion gegen ein pseudowissenschaftliches Konstrukt 189
1.3 Eine unliebsame Verwandtschaft 193
1.3.1 Die Lehre von den „Sakramentalien“ 193
1.3.2 „Vom Fürsten zum Hirten“ 197
1.3.3 Das neue Bischofsamt des Zweiten Vatikanischen Konzils 199
2 Der Prozess der Neugestaltung 202
2.1 Die Schemata im Einzelnen 202
2.1.1 Der erste Entwurf zur „Benediktion des Abtes“ in Schema 307a 203
2.1.2 Der zweite Entwurf zur Benediktion des Abtes in Schema 307b 210
2.1.3 Das zweite Schema zur „Benediktion des Abtes“ 321 215
2.1.4 Das dritte Schema zur „Benediktion des Abtes“ 340 217
2.1.5 Der approbierte Ritus OBenAbb 219
2.2 Das Ringen um die Neugestaltung der „Segensorationen“ 220
2.2.1 Eine neue Oration aus Altem in 307a 220
2.2.2 Die Entstehung der Oration „Deus Pater omnipotens“ 223
2.2.3 Die Entstehung der neuen Oration „In conspectu“ 226
2.2.4 Die dritte und vierte „Segensoration“ in OBenAbb 233
2.3 Drastische Differenzierungen: Die Neugestaltung der Äbtissinnenweihe 236
2.3.1 Das Schema zur „Benediktion der Äbtissin“ 351 236
2.3.2 Die „Benediktion der Äbtissin“ in OBenAbbatissa 243
2.3.3 Die Lehre von der „sacra potestas“ und das Ende der weiblichen Hirtin 252
3 Der lange Kampf um Parität 258
3.1 Der Weg zur deutschen Ausgabe 258
3.1.1 Erste Gehversuche in deutscher Sprache 259

3.1.2 Der erste Übersetzungsentwurf und der Unmut der Frauenklöster 261
3.1.3 Unsicherheiten in der Rezeption 265
3.1.4 Kampf um die Aufnahme von Äbtissinnenring und -stab 270
3.2 Die erste deutsche Ausgabe zur „Äbtissinnenweihe“ 275
3.2.1 Noch keine Parität 275
3.2.2 Memorandum der Frauenklöster 279
3.2.3 Eigene Wege: Monastische Ritualien 281
3.3 Auf dem Weg zum Deutschen Pontifikale von 1994 284
3.3.1 Plötzlich Mitsprache: Die Arbeit am PR 94 284
3.3.2 Auf dem Weg zur Approbation 287
3.3.3 Die Äbtissinnenweihe im PR 94: Ende der Ungleichheiten? 290

IV. Fazit 297

1 Das Ende der „ersten Tradition“ 297
2 Anleihen aus der Bischofsweihe? 299
3 Ein neues Deutungssystem 301
4 Beschwerliche Anpassung an neue Koordinaten 302
5 Das Problem der weiblichen Hirtinnen 304
6 Die Aufnahme von Ring und Stab 306
7 Sakramentale Äbtissinnenweihe? 308
8 Grauzone Sakrament – Sakramentale 314
9 Verlassen der Grauzone in unterschiedliche Richtungen 317

Quellen- und Literaturverzeichnis 321

I. Quellen 321
1. Nicht-edierte Quellen 321
2. Gedruckte Quellen 323
3. Online zugängliche Quellen 327
II. Literatur 327
III. Nachweise aus dem Internet 345

Abkürzungsverzeichnis 347
Übersicht über die verwendeten Pontifikalien 348
„Interrogatio“ von Abt und Bischof bei Durandus 349
Treueid von Abt und Bischof bei Durandus 350

Dank

Es war im Frühling 2012, ich hatte gerade meinen Abschluss in Theologie und Germanistik gemacht, als Prof. Dr. Dr. h.c. Hubert Wolf mir erzählte, er habe immer schon mal etwas über die Äbtissinnenweihe machen wollen. Er fragte mich, ob ich nicht Lust hätte, über dieses Thema zu promovieren. Die Äbtissinnenweihe reizte mich sofort. Ich stimmte voller Elan zu, verschob meinen Plan, ins Referendariat zu gehen und stöberte in den Bibliotheken, um erste Literatur zu suchen. Doch wenn ich mir vorgestellt hatte, mit dem Begriff „Äbtissinnenweihe" im OPAC fündig zu werden, wurde ich ziemlich schnell eines Besseren belehrt. Ich stand – wie wohl jede:r Doktorand:in – erst einmal vor einem riesigen Berg an Fragen. Wo gibt es Literatur? Wo Quellen? Wie gelingt es mir, eine 1500 Jahre alte Geschichte im Idealfall auf 300 Seiten so zu bearbeiten, dass es jemand liest?

Nun, ziemlich genau zehn Jahre später, ist die Arbeit fertig, eingereicht, angenommen, bewertet und für den Druck bereit. Fast ein Drittel meiner Lebenszeit hat mich dieses Projekt begleitet, unterbrochen von den Geburten meiner drei Kinder Klara, Jakob und David. Nach zehn Jahren gibt es viele Menschen, die diese Zeit und dieses Projekt in irgendeiner Weise begleitet und unterstützt haben und denen es nun zu danken gilt.

Der erste Dank geht an meinen Doktorvater Prof. Dr. Dr. h.c. Hubert Wolf für die Idee, mir dieses hochspannende Projekt, bei dem er wieder einmal seinen Riecher für brisante und hochspannende theologische Themen bewiesen hat, zu überlassen. Ohne seine Expertise, seinen Beistand und seine Fähigkeit, mich immer wieder auf den Pfad historisch-wissenschaftlicher Erkenntnis zurückzuholen, wäre die Arbeit nicht das, was sie schlussendlich geworden ist. Prof. Dr. Clemens Leonhard danke ich sehr für die Übernahme des Zweitgutachtens, die fachliche Begleitung sowie die humorvollen Randkommentare, die mich auch zum Ende der Bearbeitungszeit zum Lachen gebracht haben. Ganz herzlich danke ich auch Prof. Dr. Benedikt Kranemann für die Mitbetreuung im liturgiehistorischen Bereich, für die guten Gespräche und seine schnellen und ausführlichen Rückmeldungen auf meine Fragen.

Ein herzlicher Dank gilt dem DLI in Trier, hier vor allem dem Archivar Artur Waibel, der mich während meiner Recherchezeit ganz wunderbar unterstützt und liebevoll dafür gesorgt hat, dass ich nicht nur mit ausreichend Quellenmaterial, sondern auch mit genügend Kaffeepausen versorgt war.

Von Herzen „danke" sagen möchte ich Sr. Dr. Judith Frei OSB aus der Abtei Varensell. Sie ist nicht nur die einzige Liturgiewissenschaftlerin, die sich jemals wissenschaftlich mit der Äbtissinnenweihe auseinandergesetzt hat, von ihr konnte ich auch als Zeitzeugin wichtige Informationen und Quellen über die Neugestaltung nach dem Zweiten Vatikanum erhalten.

Ein großer Dank geht auch an all die Klöster, die mir wichtige deskriptive Quellen für den Zeitraum 1947 bis 1975 zur Verfügung gestellt haben. Namentlich danken möchte ich hier Sr. M. Gabriel Cosack OSB aus der Abtei zur hl. Maria in Engelthal, Sr. M. Teresa Böcker OSB aus der Abtei St. Gertrud in Tettenweis, Sr. M. Ancilla Hohenegger OSB aus der mittlerweile aufgelösten Abtei Hl. Kreuz in Säben, den Schwestern der Abtei Kloster Lichtenthal, namentlich Sr. Maria Hildegard OCist, Sr. Angela OCist, Sr. Wiltrud OCist, Sr. M. Felizitas OCist sowie Sr. M. Bernadette Hein OCist. Ferner gilt mein Dank Sr. Eunike Wilkens OSB aus der Abtei vom Heiligen Kreuz Herstelle. Sr. Margarita Brunnhuber OSB aus der Abtei der Hl. Erentrudis zu Kellenried danke ich nicht nur für die Übersendung ihres Weiheritus, sondern auch für ein aufschlussreiches Telefonat, in dem sie mir präzise von ihrer Äbtissinnenweihe im Jahr 1972 und den Umständen berichten konnte. Hilfe bei der Suche nach Quellen erhielt ich auch von P. Prof. Dr. Pius Engelbert OSB und P. Bartholomäus Denz OSB aus Gerleve. Hier konnte ich nicht nur das Findbuch von Sant'Anselmo einsehen, sondern erhielt auch wertvolle Hilfestellung für meine Arbeit.

Dr. Regina Illemann danke ich für die Idee, mit einem Zeitungsbericht zu starten, Prof. Dr. Reinhild Ahlers für die Aufschlüsselung zweier kirchenrechtlicher Zusammenhänge, die mir zunächst nicht ganz klar waren. Ebenfalls Dank in Richtung Kirchenrecht geht an Sr. Dr. Scholastika Häring OSB. Mit ihr durfte ich nicht nur zusammen eine Einheit auf dem Ämterkongress in Osnabrück im Dezember 2017 gestalten, es war auch jedes Mal ein Segen, wenn ich nach unserem fast schon rituellen fachlichen Austausch bei einer Tasse Kakao in Dinklage mit neuen Ideen an den Schreibtisch zurückgekehrt bin. In diesem Zusammenhang von Herzen auch ein Dankeschön an alle Schwestern der Benediktinerinnenabtei St. Scholastika in Dinklage für ihre Gastfreundschaft – in der stillen Atmosphäre Dinklages sind wahrscheinlich die besten Passagen meiner Dissertation entstanden.

Ganz herzlich danken möchte ich auch den Teilnehmer:innen des Oberseminars sowie all den Kolleg:innen am Lehrstuhl von Professor Wolf. In der Anfangszeit waren es vor allem die Mittagessen mit meinen damaligen Kollegen Prof. Dr. Norbert Köster und Dr. Raphael Hülsbömer, die meine Arbeit bereicherten und erste Sprossen wachsen ließen. Später durfte ich dann jederzeit und bis zuletzt zumeist auf telefonischem Wege meine Kollegen Dr. Michael Pfister und Dr. Matthias Daufratshofer aus der Einsamkeit des heimischen Arbeitszimmers mit jeglichen Anliegen löchern.

Bei Dr. Sebastian Weigert und Daniel Wünsch vom Kohlhammer Verlag bedanke ich mich für die Betreuung der Drucklegung. Für die großzügigen Druckkostenzuschüsse danke ich ganz herzlich der VDB, namentlich der Vorsitzenden Sr. Carmen Tatschmurat, Bischof Dr. Felix Genn und dem Bistum Münster, Erzbischof Dr. Reinhard Kardinal Marx und der Erzdiözese München-Freising,

Weihbischof Wilfried Theising und dem Offizialat Vechta, Abt Dr. Johannes Eckert OSB und der Benediktinerabtei Sankt Bonifaz sowie der Rennings-Wagner-Stiftung des Deutschen Liturgischen Instituts, namentlich dem Vorsitzenden Dr. Marius Linnenborn.

Meinem Schulfreund P. Sebastian Büning OMI danke ich für Hilfestellungen bei Übersetzungsfragen aus dem Lateinischen. Herzlicher Dank gebührt auch meinen Korrekturleser:innen, sei es inhaltlich oder auf Fehler: Dr. Christina Kumpmann, Dr. Philip Peters, Dr. Simon Harrich, Christoph Schwerhoff, Siegfried Thesing und meiner Schwägerin Lisa Witthake. Danke für Eure Rückmeldungen, Impulse und Anregungen. Besonderer Dank gilt hier meiner angeheirateten Tante, Sr. Ancilla Röttger OSC, die die Schlusskorrektur übernommen hat und die mich, entgegen ihrer Ankündigung, sie werde ohnehin nichts finden, weil sie sich viel zu sehr auf den spannenden Inhalt konzentrieren müsse, doch noch vor einigen Fehlern bewahren konnte.

Einen Gruß in Richtung Himmel möchte ich meinem Schwiegervater Dr. Martin Röttger schicken. Er hatte sich schon zu Beginn des Projekts als besonders interessierter Korrekturleser vormerken lassen. Leider hat sein früher Tod durch ein Krebsleiden 2017 verhindert, dass er den Abschluss der Arbeit erleben konnte.

Eine Dissertation zu schreiben, während gleichzeitig drei Kinder das Licht der Welt erblicken, ist, gelinde gesagt, eine Herausforderung und war nur mit ganz viel Hilfe durch meine Familie und meine Freund:innen zu bewältigen. Die Liste wäre zu lang, daher: Danke Euch allen für die Unterstützung in verschiedenster Hinsicht! Zwei Menschen möchte ich hier in ganz besonderer Weise erwähnen, ohne die das Projekt sicherlich gescheitert wäre. Zuerst möchte ich meiner Mutter Gabriele Lindner danken, die nach der Geburt meines zweiten Kindes ihre Berufstätigkeit vorzeitig aufgegeben und mich in einer Weise unterstützt hat, die nicht selbstverständlich ist. Ohne ihre Hilfe hätte ich die Dissertation sicherlich nicht fertig geschrieben. Danke, Mama! Doch der größte Dank gilt meinem Mann Christian. Er hat mir nicht nur auch nach stressigsten Tagen, Nacht- und Wochenenddiensten im Beruf Freiräume zum Schreiben geschaffen. Er hat mich auch immer wieder motiviert und mir das Gefühl gegeben, hier eine wirklich wichtige Arbeit zu schreiben, die unbedingt fertig werden muss. Danke!

Havixbeck, im Januar 2022

I. Einleitung: Die Äbtissinnenweihe – eine „kleine Bischofsweihe?“[1]

1 *Äbtissinnenweihe heute ...*

Samstag, 21. Mai 2016. In der Zisterzienserinnenabtei St. Marienthal im Landkreis Görlitz wird die Äbtissinnenweihe von Sr. Elisabeth Vaterodt[2] gefeiert.[3] Zu Beginn der Feier bittet die Altäbtissin Regina Wollmann den Generalabt des Zisterzienserordens, Mauro-Giuseppe Lepori um die Segnung der neugewählten Äbtissin. Pater Lepori stellt die Rechtmäßigkeit der Wahl fest. Nach der Predigt beginnt die „Weihehandlung“.[4] Der Generalabt überprüft die Lebensführung der neugewählten Äbtissin und befragt Sr. Elisabeth, ob ihre Gesinnung den Anforderungen des Äbtissinnenamtes entspreche.[5] Diese wirft sich anschließend zu Boden und liegt ausgestreckt vor dem Altar, während Kantorinnen die Allerheiligenlitanei anstimmen. Nach der Litanei kniet Sr. Elisabeth vor dem Generalabt nieder. Der Abt breitet seine Hände über sie aus und spricht ein Gebet über sie.

---

1 In Anlehnung an die Studie von Rudolf Reinhard „Abtsweihe – eine kleine Bischofsweihe“ formuliert.

2 Für zentrale historische Personen dieser Arbeit werden die wichtigsten Lebensstationen jeweils in der Fußnote genannt. Noch lebende Personen werden im Fließtext in ihrer relevanten Funktion kurz vorgestellt. Die übrigen historischen Personen werden, so weit möglich, unter Nennung des Namens und der Lebensdaten, bei Päpsten der Amtszeit aufgeführt. Wenn nicht anders angegeben, sind die Lebensdaten dem BBKL entnommen. Dort findet sich auch jeweils weiterführende Literatur. Für die Äbtissinnen und Äbte können Informationen zu noch lebenden Personen den Onlinebiographien Biographia Cisterciensis beziehungsweise der Biographia Benedictina entnommen werden.

3 Auskunft über den Ablauf der dort auch als „Äbtissinnenweihe“ bezeichneten liturgischen Handlung gibt ein Textheft, vgl. KLOSTER MARIENTHAL, Die Feier der Äbtissinnenweihe von Sr. M. Elisabeth Vaterodt OCist, Textheft zur Weihe; online unter http://www.kloster-marienthal.de/uploads/dckuhiuycy_1463567692.pdf (Zugriff 12. September 2016).

4 So die Bezeichnung im Textheft, ebd., S. 10.
Die vorliegende Arbeit zitiert mit Kurztiteln. Die verwendeten Kurztitel sind im Quellen- und Literaturverzeichnis jeweils hinter dem entsprechenden Titel angegeben und können so leicht nachgeprüft werden. Für ungedrucktes Archivmaterial wird zur besseren Nachvollziehbarkeit immer die gesamte Angabe im Fußnotenapparat angeführt, eine Ausnahme bilden hier die Schemata. In dieser Einleitung, die gleichzeitig einen knappen Literaturüberblick bietet, wird an den Stellen, an denen die Literatur selbst Thema ist, bei der ersten Nennung ebenfalls der gesamte Titel in den Anmerkungen aufgeführt.

5 Im Textheft ist dieser Abschnitt mit „Bereitschaftserklärung“ überschrieben, ebd., S. 10.

Anschließend überreicht er ihr die Insignien, bestehend aus Benediktsregel sowie Ring und Stab. Zum Abschluss erhält die neugeweihte Äbtissin den Friedenskuss zunächst vom Generalabt, sodann von allen anwesenden Bischöfen, Äbten und Äbtissinnen sowie den Schwestern von St. Marienthal und schließlich von allen Zisterzienserinnen und Zisterziensern.

„Es war eine bewegende Zeremonie“, schrieb die Sächsische Zeitung über die Äbtissinnenweihe an der Neiße.[6] Auch domradio.de berichtete von dem Ereignis. Dabei sprach die katholische Nachrichtenseite statt von einer „Äbtissinnenweihe“ lieber von einer „Einführung ins Amt“ und setzte das Wort „Äbtissinnenweihe“ in Anführungsstriche. Man hielt es zudem für nötig, seinen Leserinnen und Lesern zu erklären, dass die „Äbtissinnenweihe“ zwar einer „Bischofsweihe“ ähnele, sie sei aber „keine sakramentale Weihe nach katholischem Verständnis, sondern eine feierliche Segnung“.[7]

Eine merkwürdige Erläuterung, die der multimediale katholische Sender, der in Trägerschaft des Bildungswerkes der Erzdiözese Köln steht, hier für seine Leserinnen und Leser gibt. Schließlich ist Sr. Elisabeth eine Frau und damit von den „sakramentalen Weihen“ durch das Kirchenrecht ausgeschlossen (c. 1024/CIC 1983). Doch die Übergabe von Ring und Stab sowie der Friedenskuss erinnern tatsächlich sehr an die Bischofsweihe. Der sächsische Regionalteil von Welt.de schrieb sogar von einem „Hirtenstab“, den Sr. Elisabeth überreicht bekommen habe.[8]

Bei der Äbtissinnenweihe von Sr. Elisabeth fehlte allerdings das zentrale Merkmal sakramentaler Weihehandlungen: Die Handauflegung. So hatte es Papst Pius XII. (1939–1958) am 30. November 1947 in der Apostolischen Konstitution „Sacramentum ordinis“ eindeutig bestimmt. Einzig die „Handauflegung“ sei „die Materie der Heiligen Weihen des Diakonates, Presbyterates und Episkopates“.[9] Im Textheft der Weihe von Sr. Elisabeth ist aber nur von den ausgebreiteten Händen die Rede, die der Generalabt während des großen Segensgebetes über die Äbtissin hielt. Eine Verwirrung zwischen der Äbtissinnenweihe und der sakramentalen Bischofsweihe sollte durch diesen eklatanten Unterschied demnach ausgeschlossen sein.

---

6 SÄCHSISCHE ZEITUNG, Schwester Elisabeth wird zur Äbtissin geweiht, 21. Mai 2016; http://www.sz-online.de/nachrichten/schwester-elisabeth-zur-aebtissin-geweiht-3401093.html (Zugriff 13. September 2016).

7 DOMRADIO.DE, Elisabeth Vaterodt neue Äbtissin des Zisterzienserinnen-Klosters Klosterfrau Marienthal; http://www.domradio.de/themen/glaube/2016-05-22/elisabeth-vaterodt-neue-aebtissin-des-zisterzienserinnen-klosters (Zugriff 13. September 2016).

8 WELT.DE, Äbtissinnenweihe in St. Marienthal, 21. Mai 2016; online unter https://www.welt.de/regionales/sachsen/article155546989/Aebtissinnenweihe-in-St-Marienthal.html (Zugriff 14. September 2016).

9 „Sacrorum Ordinum Diaconatus, Presbyteratus et Episcopatus materiam eamque unam esse manuum impositionem“, AAS 40 (1948), S. 5.

2 … und einst

Sonntag, 21. Mai 1967. Exakt 49 Jahre vor der Äbtissinnenweihe von Sr. Elisabeth Vaterodt fand in der Benediktinerinnenabtei St. Gertrud im niederbayerischen Tettenweis die Weihe von Sr. Emmanuela Aichinger (1917–2005, Äbtissin von 1967–1992)[10] statt.[11] Die Äbtissinnenweihe feierte der Benediktiner und damalige Bischof von Passau, Simon Konrad Landersdorfer (1880–1971). Zu Beginn der Weihe verlas Sr. Emmanuela an den Stufen des Altars zunächst die Eidesformel. Sie übergab die Eidesformel dem Bischof und warf sich danach vor dem Altar zu Boden. Sodann wurde die Allerheiligenlitanei angestimmt. Nach einem Versikel und zwei Orationen sprach der Bischof die „Präfation“[12] über die Äbtissin, die mit folgenden Worten begann:

> Wahrlich, es ist würdig und recht, billig und heilsam, dass wir dir immer und überall danken, heiliger Herr, allmächtiger Vater, ewiger Gott, den überströmenden Geist deines Segens gieße durch unser Gebet auf diese deine Dienerin. Auf dass sie, die durch unsere Handauflegung heute zur Äbtissin bestellt wird, deiner Heiligung würdig und von dir auserwählt bleibe. Und niemals werde sie mehr von deiner Gnade als Unwürdige getrennt.[13]

---

10 Sr. Emmanuela Aichinger wurde in Aign, Gemeinde Achslach im Bayerischen Wald geboren. 1953 trat sie in die Benediktinerinnenabtei St. Gertrud in Tettenweis ein. 1967 wurde sie zur Äbtissin gewählt. Im November 1992 trat sie im Alter von 75 Jahren von diesem Amt zurück. Sie starb am 15. Februar 2005, vgl. Aichinger, in: Biographia Benedictina.

11 Auskunft über den Ablauf der Weihe geben ein maschinengeschriebener Notizzettel der Äbtissin (Äbtissinnen-Weihe; maschinengeschriebener Notizzettel der Äbtissin in Stichpunkten; Archiv der Abtei St. Gertrud, 94167 Tettenweis), ein Informationszettel über den Tagesablauf für die Schwestern („Dienen in Liebe“; maschinengeschriebener Informationszettel über den Tagesablauf für die Schwestern in Stichpunkten; Archiv der Abtei St. Gertrud, 94167 Tettenweis) sowie ein ausformulierter, ebenfalls maschinengeschriebener Ablauf der Weihe (Äbtissinnenweihe in St. Gertrud, Tettenweis, am Fest d. Hlst. Dreifaltigkeit, 21. Mai 1967; ausformulierter, maschinengeschriebener Ablauf für die Schwestern mit hds. Korrekturen, Durchschlag; Archiv der Abtei St. Gertrud, 94167 Tettenweis). Ferner informiert ein Blatt über die verwendeten Messorationen (lateinisch/deutsch) (Die zweite Meßoration für die Äbtissinnenweihe; Blatt mit den verwendeten Messorationen; Archiv der Abtei St. Gertrud, 94167 Tettenweis), ein weiteres Blatt über zehn Fürbitten für die Weihe, die trotz der Litanei zusätzlich auf Deutsch gebetet worden sind (Fürbitten zur Äbtissinnenweihe am 21. Mai 67; Archiv der Abtei St. Gertrud, 94167 Tettenweis). Herzlichen Dank an Sr. M. Teresa Böcker, die mir die Materialien zur Verfügung gestellt hat.

12 So der Begriff für dieses Gebet sowohl im Pontificale Romanum als auch im Ablauf für die Schwestern, vgl. Äbtissinnenweihe in St. Gertrud, Tettenweis, am Fest d. Hlst. Dreifaltigkeit, 21. Mai 1967; ausformulierter, maschinengeschriebener Ablauf für die Schwestern mit hds. Korrekturen, Durchschlag; Archiv der Abtei St. Gertrud, 94167 Tettenweis.

13 „Vere dignum et iustum est, aequum et salutare, nos tibi semper et ubique gratias agere, Domine, sancte Pater, omnipotens aeterne Deus: Affluentem spiritum tuae bene+dictionis super hanc famulam tuam, nobis orantibus, propitius infunde. Ut, quae per nostrae manus impositionem hodie Abbatissa constituitur, sancti+ficatione tua digna, a te electa permaneat; et nunquam postmodum a tua gratia separetur indigna.“

Sr. Emmanuela kniete während dieser Passage auf der obersten Stufe, um die Handauflegung empfangen zu können, die der Bischof bei der Passage „auf dass sie, die durch unsere Handauflegung ...“ vollzog.[14] Innerhalb der Feier erhielt die neue Äbtissin von St. Gertrud die Regel, nach dem Te Deum zum Abschluss der Liturgie Ring, Stab und Pektorale am Chorgitter.

Bei dem hier skizzierten Weiheritus handelt es sich mitnichten um einen spektakulären Ausnahmefall, in dem eine unerlaubte, unmögliche Handlung vorgenommen worden ist. Bei der Weihe von Sr. Emmanuela Aichinger folgte man den verbindlichen Vorgaben des offiziell von Rom approbierten Pontificale Romanum, welches nur ein paar Jahre vorher, nämlich 1962 noch einmal in einer neuen Auflage erschienen war. Die beiden hier skizzierten Weiheriten trennen knapp fünfzig Jahre und eine Neugestaltung der Liturgie, die im Zuge der vom Zweiten Vatikanischen Konzil mit „Sacrosanctum Concilium“ angestoßenen Liturgiereform Ende der 1960er Jahre auch für die Weihe der Äbtissin durchgeführt wurde. Die offensichtlichste Änderung ist die Streichung der Handauflegung, die nun wie bei der Weihe von Sr. Elisabeth in das bloße Ausbreiten der Hände über den Kopf der zu Segnenden geändert worden ist. Die Sorge von domradio.de, die Äbtissinnenweihe könnte mit einer sakramentalen Bischofsweihe verwechselt werden, hat also eine Geschichte.

3 *Keine „kleine Bischofsweihe“?*

Doch wann beginnt diese Geschichte? Die Kirchengeschichte kennt zahlreiche Äbtissinnen, die quasiepiskopale Befugnisse hatten und diese auch ausführten. Bekanntes Beispiel sind etwa die Äbtissinnen von Las Huelgas zu Burgos in Spanien, zu deren Abtei siebzig Pfarreien gehörten. Die Pfarrer unterstanden der Jurisdiktion der jeweiligen Äbtissin.[15] Der Theologe Michael von Fürstenberg stellt in einer Studie über die Äbtissinnen von Herford 26 Abteien im mittelalterlichen und frühneuzeitlichen Europa vor, deren Äbtissinnen mit quasibischöflicher Jurisdiktion ausgestattet waren.[16] Wenn es, wie die Geschichte

Der besseren Lesbarkeit wegen werden im Fließtext mit wenigen Ausnahmen deutsche Übersetzungen verwendet. Die Übersetzungen sind, sofern nicht anders angegeben, von mir selbst angefertigt. Die Originalfassung ist jeweils in der Fußnote zu finden. Die zentralen Quellen werden ausnahmslos übersetzt. Zusätzliches Material, wie etwa zusätzliche Orationen, das für diese Studie keinen ertragreichen Nutzen hat, wird in der Originalsprache aufgeführt.

[14] Äbtissinnenweihe in St. Gertrud, Tettenweis, am Fest d. Hlst. Dreifaltigkeit, 21. Mai 1967; ausformulierter, maschinengeschriebener Ablauf für die Schwestern mit hds. Korrekturen, Durchschlag; Archiv der Abtei St. Gertrud, 94167 Tettenweis.

[15] Vgl. Wolf, Krypta. S. 46.

[16] Vgl. Fürstenberg, Ordinaria loci, S. 206–318.

zeigt, über Jahrhunderte Äbtissinnen gab, die bischöfliche Jurisdiktion innehatten, ist es dann nicht nur natürlich, dass ihnen auch eine bischöfliche Weihe erteilt wurde?

Und tatsächlich zeigt schon das sogenannte Pontificale Romano-Germanicum (PRG)[17] einen feierlich ausgestalteten Ritus einer „Äbtissinnenordination"[18] unter Handauflegung.[19] Das PRG war Mitte des zehnten Jahrhunderts im Kloster St. Alban zu Mainz entstanden. Es erlebte eine „große Verbreitung" und gilt als wichtiger Vorläufer des heutigen Pontificale Romanum.[20] Hier ist im „Ordinationsritus" für die Äbtissin eines monastischen Klosters auch schon jene Präfation zu finden, die noch 1967 bei der Weihe von Sr. Emmanuela gesprochen worden ist. Die zugehörige Rubrik im PRG macht deutlich, dass nicht nur in der Oration von der Handauflegung die Rede ist, sondern diese auch tatsächlich vom Bischof ausgeführt werden soll: „Dann lege er seine Hand auf ihren Kopf, diese Präfation sprechend".[21] Seither war die Handauflegung fester Bestandteil der Äbtissinnenweihe.

Sr. Emmanuela Aichinger ist die letzte Äbtissin im deutschsprachigen Raum, der (zumindest nachweisbar und erlaubterweise) die Hände aufgelegt worden sind. Die Bestimmungen der Apostolischen Konstitution „Sacramentum ordinis" aus dem Jahr 1947 hatten zu einer Verschiebung im Deutungssystem geführt. Die Handauflegung galt nun als Materie des Weihesakramentes und konnte für jene Rituale, die gemäß den kirchenrechtlichen Bestimmungen nicht zum Weihesakrament gehören sollten, nicht länger durchgeführt werden.

Zwar verfügte Pius XII., die „Anordnungen dieser Unserer Konstitution haben keine rückwirkende Kraft".[22] Die Weihe von Sr. Emmanuela fand jedoch nach 1947 statt. Ist ihr dann nicht formal eine sakramentale Weihe gespendet[23] wor-

---

17 Die in dieser Arbeit verwendeten Abkürzungen werden bei der ersten Nennung im Fließtext eingeführt, zusätzlich sind sie im Abkürzungsverzeichnis aufgeführt.

18 Das PRG überschreibt den Ritus für die Äbtissinnen mit „Ordinatio abbatisse monasticam regulam profitentis", VOGEL (Hg.), Pontifical I, S. 76. Im Folgenden werden aus den gedruckten Pontifikalienquellen das Kürzel der Quelle, die Nummer des Ritus sowie die Abschnittsnummer in Klammern angeführt.

19 Ebd., S. 78.

20 Vgl. KLÖCKENER, Pontifikale, S. 81.

21 „Tunc imponat ei manum super caput, dicens hanc praephationem", PRG XXXII, 7. In späteren Pontifikalien ist dann ausdrücklich von der Auflegung beider Hände die Rede. Im Pontificale des 12. Jahrhunderts steht bereits „manus", was sowohl Singular als auch Plural sein kann, im Pontificalis liber aus dem späten 15. Jahrhundert heißt es dann erstmals ausdrücklich „hic pontifex imponat ambas manus ...", also „hier möge der Bischof beide Hände auflegen ...", vgl. PR XII, XV 7, bzw. PLib 591.

22 „Huius Nostrae Constitutionis dispositiones vim retroactivam non habent", AAS 40 (1948), S. 7.

23 Der Dogmatiker Herbert Vorgrimler bemerkt zu diesem Ausdruck „eine Weihe spenden", „dieses Begriffspaar kommt in dieser technischen Häßlichkeit nur im Deutschen vor. ... Infolge der Entwicklung der Sakramententheologie ist es jedoch unmöglich geworden, auf

den? Und mit ihr all den anderen Äbtissinnen und Äbten, die nach 1947 nachweislich unter Handauflegung geweiht wurden?[24]

Der Benediktiner Germano Brogi erkannte in seiner Monographie über die Benediktion des Abtes aus dem Jahr 1958 zwar, dass es hier eine massive Diskrepanz zwischen einer lehramtlichen Norm und einer gängigen Praxis gab. Er beteuert jedoch, die Natur der Abtsbenediktion sei trotz der Ähnlichkeiten mit der Bischofsweihe „kein Sakrament, sondern ein Sakramentale ... Sie verleiht keine sakramentale Gnade, sondern eine spezielle Gnade im Hinblick auf das Amt“.[25] Seine These versucht er mithilfe verschiedener neuscholastischer Dogmatiken zu belegen und aus der Tradition der Kirchenväter sowie mit dem Kirchenrecht zu stützen.[26] Die Handauflegung erklärt er als nicht ursprünglich römisch, sie gehört für ihn also auch nicht wesentlich zur Abtsweihe dazu. Auch Ivo von Chartres habe sich bereits im frühen zwölften Jahrhundert gegen die Handauflegung ausgesprochen, argumentiert der italienische Benediktiner.[27] Im gleichen Jahr schärfte auch der Artikel über den Abt im „Liturgisch Woordenboek“ ein, die Abtsweihe sei trotz der großen Ähnlichkeiten mit der Bischofsweihe „kein Sakrament, sondern ein Sakramentale“.[28] Die Handauflegung problematisiert der Artikel nicht.

Der Liturgiewissenschaftler Ludwig Eisenhofer kommt im „Handbuch der katholischen Liturgik“ schon 1933 beim Thema Handauflegung in Erklärungsnot, die beim Abt und „sogar ... an der neuen Äbtissin“ vollzogen wird. Der Abt empfange als „Zeichen der Übertragung göttlicher Gnadenkräfte die Handauflegung“,[29] erklärt Eisenhofer. Und doch sei – hier beruft sich Eisenhofer ebenfalls auf Ivo von Chartres – die Abtsweihe keine *consecratio*, sondern eine einfache Segnung, die über den Abt die Fülle des göttlichen Segens herabrufe. Die Weihe qualifiziert Eisenhofer insgesamt als eine „besondere Segnung der Äbte und Äbtissinnen“.[30] Im Hinblick auf die Ähnlichkeiten zur Bischofsweihe versucht Eisenhofer speziell die Elemente stark zu machen, die nicht identisch sind.[31] Konkret betont er, dass beim Examen des Abtes etwa die Glaubensfragen gänz-

---

das Begriffspaar ganz zu verzichten“, VORGRIMLER, Sakramententheologie, S. 102. Daher werden diese Begrifflichkeiten auch in dieser Arbeit mitunter verwendet.

24 Zu Äbtissinnenweihen nach 1947 vgl. Kapitel II 3.3.2 dieser Arbeit.

25 „Natura della Benedizione dell'abate: Non è un sacramento, ma un sacramentale ... non conferisce la grazia sacramentale, ma una grazia speciale in vista dell'ufficio“, BROGI, Germano, La benedizione degli abati nella Chiesa romana, Florenz 1958, S. 29.

26 Vgl. ebd., S. 31f.

27 Vgl. ebd., S. 51f.

28 Vgl. VERHEULEN, P., Art. Abt, III. De a.swijding, in: Liturgisch Woordenboek 1 (1958), Sp. 32.

29 EISENHOFER, Ludwig, Handbuch der katholischen Liturgik, 2 Bde., Bd. 2: Spezielle Liturgik, Freiburg i. Br. 1933, S. 428.

30 Ebd., S. 427.

31 Vgl. ebd., S. 427f.

lich fehlten, ferner segne er nicht, wenn er während des Te Deum am Schluss der Zeremonie die Kirche durchschreite.[32]

4 *Äbtissin? Siehe Abt*

Diese Stimmen aus der Literatur lassen vermuten, der feierliche Weiheritus unter Handauflegung bei Äbtissinnen sei bereits zuhauf Gegenstand wissenschaftlicher Beiträge geworden. Doch schon ein erster Blick in einschlägige Lexika offenbart, dass diese Annahme ein Irrtum ist. Schlägt man etwa im „Lexikon des Mittelalters" unter „Äbtissinnenweihe" nach, so findet man nur den Verweis „→Abtsweihe".[33] Einen eigenen Artikel „Äbtissin" gibt es dort ebenfalls nicht, hier wird schlicht auf den Artikel über den Abt verwiesen.[34] Kein Einzelfall: Im niederländischen „Liturgisch Woordenboek" fehlt gleichfalls ein Beitrag über die Äbtissin. Der Artikel über den Abt hat hingegen immerhin einen eigenen Abschnitt über die Abtsweihe.[35] Dieser informiert zunächst kurz über einige Quellen und skizziert dann den Ablauf des Weiheritus, wie er durch das Pontificale Romanum von 1595/96 vorgegeben war.

Ein deutliches Ungleichgewicht zwischen den Geschlechtern dokumentieren auch alle drei Auflagen des katholischen Standardnachschlagewerkes „Lexikon für Theologie und Kirche". Zwar gibt es in den ersten beiden Auflagen separate Artikel für die Äbtissinnen und Äbte. Hinweise über eine Weihe der weiblichen Ordensoberinnen sucht man jedoch vergebens.[36] Anders in den deutlich längeren Artikeln über den Abt:[37] Die Weihe des Abtes habe binnen drei Monate nach der Wahl zu erfolgen, erfährt man dort. Die erste Auflage informiert zusätzlich über die Wirkung der Abtsweihe: Sie mehre „als Sakramentale die Standesgnade und ist Einsetzung in Amt und Privilegien".[38] Die dritte Auflage enthält einen gemeinsamen Beitrag für beide Geschlechter, der jedoch den männlichen Vertreter klar in den Vordergrund stellt. Über die „Benediktion" heißt es, der

---

32 Dies gilt jedoch nicht für die Äbte „auctoritate apostolica", also für jene Äbte, die unmittelbar dem Papst unterstellt waren. Diese zogen gemäß den Normvorgaben des nachtridentinischen Pontificale Romanum, das zur Zeit der Abfassung von Eisenhofers Handbuch für die gesamte Kirche verbindlich vorgeschrieben war, wie der Bischof während des Te Deum segnend durch die Gemeinde, vgl. „De benedictione Abbatis auctoritate apostolica", PR 1595/96, 263.

33 Vgl. Art. Äbtissinnenweihe, in: LMA 1 (1980), Sp. 65.

34 Vgl. Art. Äbtissin, in: LMA 1 (1980), Sp. 65.

35 VERHEULEN, Abt, Sp. 32f.

36 ÖSTERLE, Gerhard, Art. Äbtissin, in: LThK 1 (1930), Sp. 53f.; DERS., Art. Äbtissin, II. Kirchenrechtlich, in: LThK² (1957), Sp. 95.

37 ROTHENHÄUSLER, Matthäus, Art. Abt, in: LThK 1 (1930), Sp. 51–53; EDMONDS, Hilarius, Art. Abt, I. Ordensgeschichtlich, II. Kirchenrechtlich, in: LThK² 1 (1957), Sp. 90–93.

38 ROTHENHÄUSLER, Abt, Sp. 52.

Abt empfange die Abtsweihe vom Ortsbischof oder „aus einem gerechten Grund u. mit dessen Erlaubnis" von einem anderen Bischof oder Abt. Ihm würden Regel und Stab übergeben, die Übergabe von Ring und Mitra sei freigestellt.[39] Einzige Bemerkung über die Äbtissinnenweihe: Bei der Äbtissinnenweihe entfalle die Übergabe des Stabes.[40] Eine übrigens fehlerhafte Information, die das Nachschlagewerk hier gibt. Zur Zeit der Veröffentlichung des ersten Bandes des LThK³ im Jahr 1993 war der neue Ritus in deutscher Übersetzung inklusive Stabübergabe für die Äbtissinnen längst approbiert und das neue deutsche Pontifikale, welches ebenfalls die Stabübergabe für die Äbtissinnen vorsieht, stand kurz vor der Veröffentlichung.[41]

In der aktuellen vierten Auflage des evangelischen Pendants „Religion in Geschichte und Gegenwart" informiert der Gerlever Altabt Pius Engelbert in einem gemeinsamen Artikel für Abt und Äbtissin ausschließlich über historische Aspekte sowie aktuelle Elemente der Abtsweihe. Sie werde schon im sechsten Jahrhundert im Sacramentarium Gregorianum bezeugt, nach dem Pontificale Romano-Germanicum aus dem zehnten Jahrhundert erfolge die Abtsweihe durch den Ortsbischof „unter Überreichung der Regel und Stab sowie Handauflegung, nach dem *Ordo* von 1973[42] gewöhnlich ohne Handauflegung".[43] Eine Erklärung über die Hintergründe der im „Ordo von 1973" fehlenden Handauflegung fehlt.

Liturgiewissenschaftliche Handbücher offenbaren eine ähnliche Disparität. Im „Handbuch für katholische Liturgik" aus dem frühen zwanzigsten Jahrhundert bearbeitet der damalige Eichstätter Liturgieprofessor Ludwig Eisenhofer[44] die Äbtissinnenweihe lediglich in einem kurzen Absatz am Ende des Abschnittes im Hinblick auf Unterschiede zur Abtsweihe. Für die Abtsweihe nennt er zentrale Quellen sowie Elemente, wie sie durch das damals zu verwendende Pontificale Romanum 1595/96 vorgegeben wurden. Bei der Äbtissinnenweihe ver-

---

39 Vgl. DAMMERTZ, Viktor J., Art. Abt, Äbtissin, in: LThK³ 1 (1993), Sp. 96–99, hier Sp. 99.

40 Vgl. ebd., Sp. 98.

41 Vgl. Kapitel III 3 dieser Arbeit.

42 Vermutlich meint er hier den Ordo von 1970. Im Jahr 1973 ist kein Ordo für die Abtsweihe erschienen.

43 ENGELBERT, Pius, Art. Abt/Äbtissin, in: RGG⁴ 1 (1998), Sp. 91.

44 EISENHOFER, Handbuch 2, S. 427–429. Eisenhofer führte bereits 1912 das Werk von Thalhofer in zweiter Auflage weiter, vgl. THALHOFER, Valentin, Handbuch der katholischen Liturgik, 2. völlig umgearbeitete und vervollständigte Auflage, bearb. von Ludwig EISENHOFER, Bd. 2: Spezielle Liturgik, Freiburg i. Br. 1912, für die Abts- und Äbtissinnenweihe vgl. die Seiten 454–456. Die Darstellungen sind identisch. In der ersten Auflage des Handbuchs, die noch von dem Münchener Professor für Pastoraltheologie und Liturgik, Valentin Thalhofer, selbst erstellt ist, fehlt eine eigene Darstellung der Abts- und Äbtissinnenweihe. Hier behandelt Thalhofer lediglich die „Personalbenediktionen" insgesamt als Teil der Sakramentalien und nennt als Beispiel auch die „benedictio abbatis", THALHOFER, Valentin, Handbuch der katholischen Liturgik, 2 Bde., Bd. 2: Spezielle Liturgik, Freiburg i. Br. 1890, S. 525f.

weist er auf die Normvorgaben des Pontificale, wonach die Rezitation der Bußpsalmen, die Übergabe des Stabes sowie die Übergabe des Ringes fehlten.[45]

Auch der belgische Benediktiner Adrien Nocent, der maßgeblich an der Neugestaltung der Weiheriten für die Ordensoberen nach dem Zweiten Vatikanum beteiligt war, beschränkt sich darauf, für die Äbtissinnenweihe lediglich die vom Pontifikale normativ vorgegebenen Unterschiede zur Abtsweihe darzustellen. Bezeichnend ist schon der parteiische Titel des Beitrags: „Die Benediktion eines Abtes",[46] der in der Mitte der 1960er Jahre im von dem Pariser Liturgiewissenschaftler Aimé-Georges Martimort herausgegebenen „Handbuch der Liturgiewissenschaft" erschienen ist. Im aktuellen Pontifikale erhalte die Äbtissin nicht mehr den Ring, da sie ihn ja bei der Jungfrauenweihe empfangen habe. Auch der Abtsstab werde der Äbtissin nicht mehr überreicht, skizziert Nocent dort.[47] Wie Eisenhofer übergeht auch Nocent hier eine eklatante Diskrepanz zwischen Norm und Wirklichkeit: Ring und Stab wurden zumindest in Deutschland und Frankreich gewohnheitsmäßig übergeben.[48]

Dass sich die Äbtissinnenweihe wie die Abtsweihe „nach gleichem Aufbau und mit den gleichen Texten, ausgenommen alle die, welche mit dem priesterlichen Amt und Dienst verbunden sind",[49] vollzieht, illustriert das Handbuch „Gottesdienst der Kirche". Mehr Informationen erhält man über die Äbtissinnenweihe dort ebenfalls nicht. Der Verfasser des Beitrags, der Maria Laacher Benediktiner und jahrelange Herausgeber der Zeitschrift „Archiv für Liturgiewissenschaft", Emmanuel von Severus, bietet zunächst einen knappen Überblick

45 Vgl. EISENHOFER, Handbuch, S. 429.

46 Deutsche Ausgabe NOCENT, Adrien, Die Benediktion eines Abtes, in: MARTIMORT, Aimé-Georges (Hg.), Handbuch der Liturgiewissenschaft, 2 Bde., hier: Bd. 2: Die übrigen Sakramente und Sakramentalien, Freiburg i. Br. 1965, S. 202–206.

47 Vgl. NOCENT, Benediktion, S. 206. In der Neuauflage des französischen Handbuchs aus den achtziger Jahren ist der Beitrag über die Abts- und Äbtissinnenweihe von Nocent erweitert worden, allerdings nicht für die Äbtissinnenweihe, NOCENT, Adrien, La bénédiction d'un abbé dans la liturgie latin, in: MARTIMORT, Aimé Georges (Hg.), L'église en prière. Introduction à la Liturgie. Édition nouvelle, Bd. 3: Les sacraments, Paris 1984, S. 321–328). Ein zusätzlicher Abschnitt informiert nun über die Reformarbeiten nach dem Zweiten Vatikanischen Konzil, über die Kriterien der Neugestaltung sowie die entstandenen Änderungen für die Abtsweihe. Über die Neuerungen zur Äbtissinnenweihe erfährt man lediglich, die Struktur sei wie die der Abtsweihe, jedoch mit den „nötigen Anpassungen" („La structure est celle de la bénédiction de l'abbé avec les adaptions nécessaires", NOCENT, Bénédiction, S. 328). Welcher Art diese „nötigen Anpassungen" sind, verschweigt Nocent seinen Leserinnen und Lesern jedoch.

48 Dies bezeugt schon der eingangs porträtierte Weiheritus von Sr. Emmanuela, die Ring und Stab am Ende der Liturgie am Chorgitter erhalten hatte. Vgl. zur faktischen Selbstverständlichkeit von Ring- und Stabübergabe v. a. Kapitel III 3.1.3.

49 SEVERUS, Emmanuel, Abts- und Äbtissinnenweihe, in: KLEINHEYER, Bruno u. a. (Hg.), Gottesdienst der Kirche. Handbuch der Liturgiewissenschaft, hier: Sakramentliche Feiern II, Teil 8, Regensburg 1984, S. 185–187, hier S. 187.

über die Geschichte der Abtsweihe, ohne dass die Äbtissinnenweihe eigens thematisiert wird. In einem zweiten Schritt äußert er sich knapp zur Neugestaltung des Abtsweiheritus.

Die Äbtissinnen und ihre Weihe stehen nicht nur in Lexikonartikeln[50] und liturgiewissenschaftlichen Handbüchern im Schatten ihres männlichen Pendants.[51] Im Jahr 2004 erschien in dem Sammelband „Manifestatio Ecclesiae“ ein Beitrag der ehemaligen Benediktineräbtissin und Liturgiewissenschaftlerin Judith Frei aus der Abtei Varensell zur Feier der Äbtissinnenweihe im deutschen Pontifikale von 1994.[52] Der Aufsatz kommentiert den aktuellen Ritus und berichtet über seine Entstehungsgeschichte. Daneben enthält er einen knappen Überblick über die Geschichte der Äbtissinnenweihe seit dem sechsten Jahrhundert. Weitere Studien, die sich spezifisch und ausschließlich mit dem Ritus der Äbtissinnenweihe und seiner Geschichte beschäftigen, sucht man vergebens.

Während für die Äbtissinnenweihe mit Ausnahme des Beitrags von Judith Frei eine eigene Untersuchung fehlt, sind in der ersten Hälfte des zwanzigsten Jahrhunderts drei Arbeiten entstanden, die sich dezidiert mit der Abtsweihe beschäftigen. 1924 erschien in der französischen Zeitschrift „La vie et les artes liturgiques“ ein kleiner Beitrag von dem französischen Benediktiner Louis Gillet über die „Benediktion des Abtes“.[53] Dieser skizziert knapp einige historische Stationen der Abtsweihe und beschreibt insbesondere die Ausschmückungen des Ritus durch die Verleihung von Pontifikalien seit dem Mittelalter. Der Beitrag

---

50 Eine kleine Ausnahme bildet der Artikel über die Abts- und Äbtissinnenweihe im französischen „Dictionnaire d'archéologie chrètienne et de liturgie“. Hier unterrichtet der Benediktiner Jules Baudot recht gleichberechtigt über die beiden Weiheriten und ihre Geschichte, vgl. BAUDOT, Jules, Art. Bénédiction d'un abbé et d'une abbesse, in: Dictionnaire d'archéologie chrétienne et de liturgie 2,1 (1910), Sp. 723–727.

51 Dies gilt im Übrigen nicht nur für die Weihe, sondern ist für die Gewichtung von Abt und Äbtissin in der Literatur insgesamt zu verzeichnen. So legen auch allgemeine Studien über die Geschichte des abendländischen Mönchtums das zentrale Augenmerk auf die männlichen Klöster, exemplarisch DELL'OMO, Mariano, Geschichte des abendländischen Mönchtums vom Mittelalter bis zur Gegenwart. Das Charisma des hl. Benedikt zwischen dem 6. und 20. Jahrhundert, St. Ottilien 2017. Vgl. auch DARTMANN, Christoph, Die Benediktiner. Von den Anfängen bis zum Ende des Mittelalters (Geschichte der christlichen Orden), Stuttgart 2018. Die Studie über die Geschichte der Zisterzienser von Immo Eberl berücksichtigt die Frauenorden zumindest in einem kleinen Unterkapitel, vgl. EBERL, Immo, Die Zisterzienser. Geschichte eines europäischen Ordens, Ostfildern 2007. Die Geschichte des Mönchtums ist eindeutig eine männerdominierte Geschichtsschreibung. Einen knappen, mittlerweile aber veralteten Band über die Geschichte der Benediktinerinnen hat Hilpisch verfasst, vgl. HILPISCH, Stephanus, Geschichte der Benediktinerinnen (Benediktinisches Geistesleben 3), St. Ottilien 1951.

52 FREI, Judith, Bist du bereit, die dir anvertrauten Schwestern zu Gott zu führen?“ Die „Feier der Äbtissinnenweihe“ im deutschen Pontifikale von 1994, in: HAUNERLAND, Winfried/MITTERMEIER, Otto/SELLE, Monika/STECK, Wolfgang (Hg.), Manifestatio Ecclesiae (Studien zur Pastoralliturgie 17), Regensburg 2004, S. 219–238.

53 GILLET, Louis, La bénediction des abbès, in: La vie et les arts liturgiques 11 (1924), S. 497–501.

schließt mit einer kurzen Darstellung des 1924 gültigen römischen Ritus, wie ihn das nachtridentinische Pontifikale vorschrieb.

Aus dem Jahr 1947 stammt ein Beitrag des Maria Laacher Benediktinermönches und Kirchenhistorikers Stephanus Hilpisch über die Geschichte der Abtsweihe.[54] Hilpisch zeigt in dem Aufsatz anhand früher Sakramentare und erster Pontifikalien, wie sich der vormals schlichte Ritus mit einem Segensgebet im Gregorianischen Sakramentar hin zu seiner Gestalt in der nachtridentinischen Ausgabe des Pontificale Romanum entwickelte. Der Beitrag berücksichtigt einige zentrale Quellen zur Geschichte der Abtsweihe, bearbeitet diese jedoch ausschließlich mit Blick auf die Weihe der männlichen Ordensoberen, obwohl beinahe alle Quellen, die er heranzieht, auch den Ritus der Äbtissinnenweihe beinhalten.

Ausführlicher noch widmete sich die bereits genannte Monographie des italienischen Benediktiners Germano Brogi von 1958 dem Thema.[55] Brogi fragt in einem systematischen Teil nach dem „heiligen Charakter" („carattere sacro"), also nach dem Wesen der Abtsweihe. Er versucht zu skizzieren, dass es sich bei der Abtsweihe nicht um ein Sakrament, sondern um ein einfaches Sakramentale handelt. Gleichzeitig stellt er aber dar, dass aus dieser Segnung „Privilegien" stammen, die gemeinhin den Bischöfen vorbehalten sind, konkret der Gebrauch der Pontifikalien und die Berechtigung, die niederen Weihen zu spenden.[56] Dass er hier ausschließlich von „privilegi" und nicht von einer verliehenen „potestas" spricht, ist wohl der Absicht geschuldet, den kirchenrechtlichen und dogmatischen Vorgaben nachzukommen, wonach die Abtsweihe ein „Sakramentale", die Bischofsweihe ein „Sakrament" ist.[57] In einem zweiten Teil zeigt Brogi die Entwicklung der Abtsweihe anhand römischer Quellen auf, wobei er weitestgehend auf die gleichen Quellen wie schon Hilpisch zurückgreift.

Gleichermaßen aber längst nicht gleichwertig behandelt der französische Benediktiner Pierre de Puniet aus der Abtei Saint-Pierre in Solesmes in einem Kommentar zum römischen Pontifikale und seiner Geschichte aus den dreißiger Jahren[58] Abts- und Äbtissinnenweihe. Puniet stellt zunächst recht ausführlich die Geschichte der Abtsweihe und der äbtlichen Pontifikalinsignien dar. Zudem zeigt er auf, welche Sonderrechte geweihten Äbten zuerkannt wurden. Der Abtsweihe nachgeordnet äußert sich der Benediktiner dann zu „Eigentümlichkeiten

---

54 HILPISCH, Stephanus, Entwicklung des Ritus der Abtsweihe in der lateinischen Kirche, in: Studien und Mitteilungen zur Geschichte des Benediktiner-Ordens und seiner Zweige 61 (1947), S. 53–72.

55 BROGI, Benedizione.

56 Vgl. ebd., S. 29.

57 Der Frage nach einer „Wirkung" der Abts- und Äbtissinnenweihe wird in Kapitel II 3.2.4 nachgegangen.

58 PUNIET, Pierre de, Pontifikale. Geschichte und Kommentar. Bd. 2: Consecrationen und Benedictionen, Klosterneuburg bei Wien 1935.

der Äbtissinnenweihe“.[59] Zwar seien die Weiheriten von Abts- und Äbtissinnenweihe weitgehend formgleich, jedoch bestünden „einige juridische und liturgische Unterschiede, geboten durch die Verschiedenheit der beiderseitigen Stellung“, erklärt Puniet. Inwiefern sich die Stellung einer weiblichen Ordensvorsteherin von der ihres männlichen Pendants unterscheidet, erläutert der Benediktiner jedoch nicht. Puniet hat ziemliche Schwierigkeiten, etwa die seiner Ansicht nach „erstaunenswerten Ausdrücke“ im Weiheritus so zu erklären, dass sie mit den dogmatischen Vorgaben, wonach Frauen aufgrund ihres Geschlechtes für die Teilhabe am Altardienst untauglich sind, überein zu bringen sind. Eine Lösung bietet er letztlich nicht, er bleibt kryptisch und verhüllt die Widersprüchlichkeit, indem er versichert, „ernste Geister“ (im Gegensatz zu „Bedenken der Gelehrten“) wüssten schon, wie das gemeint sei.[60]

Es wird deutlich: Eine eigenständige Untersuchung über die Äbtissinnenweihe ist – abgesehen von dem Beitrag Freis – ein Desiderat. Etwas besser steht durch die Studien von Hilpisch und Brogi die Abtsweihe dar, wenngleich auch hier eine umfassende und aktuelle Arbeit fehlt. Jüngst hat der Münsteraner Kirchenhistoriker Hubert Wolf gefragt, worauf die mächtigen Äbtissinnen von Las Huelgas „ihre quasi-episkopale Vollmacht“ gründeten.[61] Wolf bietet zwei Lösungsvorschläge an: Zum einen die Möglichkeit, dass die Jurisdiktion „durch die Weihe“[62] übertragen wurde, zum anderen vergleicht er das Äbtissinnenamt mit dem der zahlreichen Bischöfe in der Reichskirche, die nicht die Bischofsweihe empfangen hatten und dennoch die „potestas iurisdictionis“ besaßen.[63] Wenn Wolfs erste Annahme stimmt und die Äbtissinnen ihre Vollmachten aufgrund ihrer Weihe besaßen, so müsste ein Blick in Studien zu (quasibischöflicher) Jurisdiktion von Äbtissinnen auch Einsichten über die Geschichte des Weiheritus offenbaren.

5 *Umweg Jurisdiktion?*

Im Mittelalter und in der Frühneuzeit gab es zahlreiche Klöster und Frauenstifte, deren Äbtissinnen bedeutende geistliche Jurisdiktion besaßen. Dies zeigt ein kaum überschaubarer Bestand[64] an Studien zu einzelnen Klöstern und Stiften

---

59 Ebd., S. 122.
60 Vgl. ebd., S. 124f.
61 Vgl. WOLF, Krypta. S. 45–59.
62 Ebd., S. 53.
63 Vgl. ebd., S. 57.
64 Vgl. BÜNZ, Enno, Frauenstifte – Frauenklöster und ihre Pfarreien: Strategien zu ihrer Erforschung aus historischer Sicht, in: RÖCKELEIN, Hedwig (Hg.), Frauenstifte, Frauenklöster und ihre Pfarreien (Essener Forschungen zum Frauenstift 7), Essen 2009, S. 19–29, hier S. 19.

beziehungsweise Monographien zur Geschichte von Frauenorden.[65] Insbesondere für die Zeit des Hoch- und Spätmittelalters existiert eine Reihe von Studien zu weltlichen und geistlichen Handlungsspielräumen von Äbtissinnen.[66] Doch

---

65 Dies gilt insbesondere für Studien zu den Kanonissenstiften. Vor allem zu Kanonissenstiften in Österreich, der Schweiz und besonders Sachsen liegen zahlreiche Einzelstudien vor. Für Sächsische Frauenstifte vgl. z. B. die Beiträge bei GERCHOW, Jan/SCHILP, Thomas (Hg.), Essen und die sächsischen Frauenstifte im Mittelalter (Essener Forschungen zum Frauenstift 2), Essen 2003. Daneben gibt es umfangreichere Einzelstudien zu Essen, Gandersheim, Freckenhorst, Herzebrock, Liesborn, Buchau am Federsee, Heiningen sowie Pfalzel bei Trier.
Ein guter, wenngleich nicht mehr aktueller Überblick über den Forschungsstand von 2001 findet sich bei CRUSIUS, Irene, Sanctimoniales quae se canonicas vocant. Das Kanonissenstift als Forschungsproblem, in: DIES. (Hg.), Studien zum Kanonissenstift (Veröffentlichungen des Max-Planck-Instituts für Geschichte 167; Studien zur Germania sacra 24), S. 9–38, hier S. 12f. Vgl. zum Forschungsstand ferner RÖCKELEIN, Hedwig, Bairische, sächsische und mainfränkische Klostergründungen im Vergleich, in: SCHLOTHEUBER, Eva/FLACHENECKER, Helmut/GARDILL, Ingrid (Hg.), Nonnen, Kanonissen und Mystikerinnen. Religiöse Frauengemeinschaften in Süddeutschland. Beiträge zur interdisziplinären Tagung vom 21. bis 23. September 2005 in Frauenchiemsee (Veröffentlichungen des Max-Planck-Instituts für Geschichte 235/Studien zur Germania Sacra 31), Göttingen 2008, S. 23–55, bes. S. 25–27. Allerdings bemängelt Sabine Klapp noch 2012, dass ausführliche Monographien insbesondere zu einzelnen unterelsässischen Kanonissenstiften weitestgehend fehlen, vgl. KLAPP, Sabine, Das Äbtissinnenamt in den unterelsässischen Frauenstiften vom 14. bis zum 16. Jahrhundert. Umkämpft, verhandelt, normiert, Berlin 2012, S. 47. Für die sächsischen Frauenstifte behauptet Caspar Ehlers, es scheine alles gesagt und geschrieben zu sein; vgl. EHLERS, Caspar, Der helfende Herrscher. Immunität, Wahlrecht und Königschutz für sächsische Frauenstifte bis 1024, in: GERCHOW, Jan/SCHILP, Thomas (Hg.), Essen und die sächsischen Frauenstifte im Frühmittelalter (Essener Forschungen zum Frauenstift 2), Essen 2003, S. 45–58, hier S. 45. Weiteren Forschungsbedarf auf verschiedenen Gebieten für religiöse Frauengemeinschaften sieht MUSCHIOL, Gisela, Versorgung, Unterdrückung, Selbstbestimmung? Religiöse Frauengemeinschaften als Forschungsfeld, in: Rottenburger Jahrbuch für Kirchengeschichte 27 (2008), S. 13–25. Diese Ausgabe des Rottenburger Jahrbuchs von 2008 hatte sich insgesamt mit religiösen Frauengemeinschaften in Südwestdeutschland beschäftigt. Aktuell widmet sich das „Forum für Frauenstiftsforschung" der Erforschung weiblicher Konvente vom Frühmittelalter bis zur Säkularisierung, vgl. für weiterführende Informationen und aktuelle Publikationen https://www.frauenstiftsforschung.uni-kiel.de/ (Zugriff 8. Januar 2022).

66 Für den deutschen Sprachraum hat die Existenz der geistlichen Reichsfürstin insbesondere aufseiten der modernen Frauen- und Genderforschung „erfreut-ungläubiges Erstaunen" ausgelöst, so bezeichnet von SCHMITT, Sigrid, Die Herrschaft der geistlichen Fürstin. Handlungsmöglichkeiten von Äbtissinnen im Spätmittelalter, in: ROGGE, Jörg (Hg.), Fürstin und Fürst. Familienbeziehungen und Handlungsmöglichkeiten von hochadeligen Frauen im Mittelalter (Mittelalter-Forschungen 15), Ostfildern 2004, S. 187–202, hier S. 187. Mit diesem Phänomen hatte sich bereits 1926 Karl Hörger in seiner Dissertation an der Universität Göttingen in rechtshistorischer Perspektive beschäftigt, vgl. HÖRGER, Karl, Die reichsrechtliche Stellung der Fürstäbtissin, in: Archiv für Urkundenforschung 9 (1926), S. 195–270; vgl. ferner STUTZ, Ulrich, Rezension zu Karl Hörger, Die reichsrechtliche Stellung der Fürstäbtissinnen, in: Zeitschrift der Savigny-Stiftung für Rechtsgeschichte: Kanonisti-

selbst in den Arbeiten, die sich vornehmlich mit der geistlichen Jurisdiktion der Ordensoberinnen befassen, wird eine Weihe der Äbtissin allenfalls am Rande erwähnt.[67]

---

sche Abteilung 15 (1926) H1, S. 576–578. Einen stärkeren Fokus auf den Umfang von Herrschaft, die Frauen in ihrer Eigenschaft als Äbtissinnen in einer dieser Reichskirchen ausübten, legt die Historikerin Sigrid Schmitt in ihrer Studie über die Herrschaft der geistlichen Fürstin am Beispiel des Straßburger Damenstiftes St. Stephan sowie unter Einbeziehung stiftisch lebender Benediktinerinnenklöster im südwestdeutschen Raum, vgl. SCHMITT, Herrschaft.

[67] Exemplarisch seien hier aufgeführt BLENNEMANN, Gordon, Die Metzer Benediktinerinnen im Mittelalter. Studien zu Handlungsspielräumen geistlicher Frauen (Historische Studien 498), Husum 2011; GERCHOW, Jan, Äbtissinnen auf dem Weg zur Landesherrschaft im 13. Jahrhundert, in: SCHILP, Thomas (Hg.), Reform, Reformation, Säkularisation. Frauenstifte in Krisenzeiten, Essen 2004, S. 67–88; HÖRGER, Fürstäbtissinnen, S. 195–270; SCHMITT, Herrschaft, S. 187–202; ULRICH, Anna, Die Kanonissen. Ein vergangener und vergessener Stand der Kirche, in: BERGER, Teresa/GERHARD, Albert (Hg.), Liturgie und Frauenfrage (Pietas Liturgica 7), St. Ottilien 1990, S. 181–194; VOGTHERR, Thomas, Reichsabteien der Benediktiner und das Königtum im hohen Mittelalter (900–1125), Stuttgart 2000; GUERRA MEDICI, Maria Teresa, For a History of Women's Monastic Institutions. The Abbesses: Role, Functions and Administration, in: Bulletin of medieval canon law 23 (1999), S. 35–65.
Im Verlauf des 20. Jahrhunderts sind einige Arbeiten über die Jurisdiktion des Abtes und seine Insignien entstanden. Diese Studien tangieren stellenweise die Weihe des Abtes, vor allem dann, wenn es um die Verleihung von Insignien geht. In seiner Monographie über den Abt in der monastischen Tradition aus dem Jahr 1962 beschreibt der französische Benediktinerabt Pierre Salmon knapp die „ordinatio“ als Installation des Abtes mit der Benediktion durch den Bischof. Salmon spricht sich vor allem gegen ein befristetes Abtsamt aus und versucht zu zeigen, dass der Abt auf Lebenszeit der wahren Natur des Amtsverständnisses entspreche, vgl. SALMON, Pierre, L'abbé dans la tradition monastique. Contribution à l'histoire du caractère perpétuel des supérieurs religieux en Occident (Histoire et sociologie de l'église 2), Paris 1962. Der Münchener Benediktiner und Historiker Romuald Bauerreiß vergleicht in einer kurzen Studie von 1957 Herkunft und Bedeutung des Abtsstabes mit dem des Bischofs, BAUERREISS, Romuald, Abtsstab und Bischofsstab, in: Studien und Mitteilungen zur Geschichte des Benediktiner-Ordens und seiner Zweige 68 (1957), S. 215–226. Der Schweizer Benediktiner und Prior des Klosters und späteren Abtei St. Otmarsberg, Benno Hegglin, widmet sich in einer Monographie aus dem Jahr 1961 dem benediktinischen Abt in rechtsgeschichtlicher Entwicklung und geltendem Kirchenrecht und geht in diesem Zusammenhang in einem kurzen Abschnitt auch auf die Geschichte und Wirkung der Weihe ein. Ferner setzte er sich mit den damals geltenden kirchenrechtlichen Bestimmungen, konkret also dem Canon 625/CIC 1917, auseinander, HEGGLIN, Benno, Der benediktinische Abt in rechtsgeschichtlicher Entwicklung und geltendem Kirchenrecht (Kirchengeschichtliche Quellen und Studien 5), St. Ottilien 1961, bes. S. 152–159. So wenig wie in Canon 625 die Rede von einer Äbtissinnenweihe ist, so wenig ist sie auch bei Hegglin Thema.
Zwei ausführliche Studien von Pierre Salmon und Philipp Hofmeister nehmen unter dem im Deutschen gleichlautenden Titel „Mitra und Stab“ insbesondere die Pontifikalinsignien der höheren Prälaten in den Blick, wodurch ihre Arbeiten auch die Riten der Abts- und bei Hofmeister sogar der Äbtissinnenweihe berühren, da in diesen liturgischen Feiern die Pontifikalinsignien verliehen werden; SALMON, Pierre, Étude sur les insignes du pontife dans le

Das italienische Nachschlagewerk „Enciclopedia italiana“ beklagt in einem gemeinsamen Artikel über den Abt und die Äbtissin, die Ehre einer feierlichen Benediktion durch den Bischof, die der Äbtissin wie dem Abt zuteilwerde, habe bisweilen Äbtissinnen dazu veranlasst, sich Befugnisse und Aufgaben anzumaßen, für die ein „carattere sacerdotale“, ein „priesterlicher Charakter“ notwendig sei.[68] Der amerikanische Forscher Gary Macy sieht es hingegen als selbstverständlich an, dass die Äbtissinnen als gewählte Leiterinnen ihrer Gemeinschaften auch „Leiterinnen der Liturgie“ waren, „die in diesen Gemeinschaften gefeiert wurde“.[69] Zu ihren Aufgaben als geistliche Oberin hätten selbstverständlich Predigt, Beichte sowie das Verlesen des Evangeliums gehört. „All diese Rollen sind vor dem Hintergrund des zur damaligen Zeit vorherrschenden Verständnisses sinnvoll“,[70] konstatiert Macy. Er ist überzeugt, dass Äbtissinnen zumindest im Frühmittelalter nicht nur Funktionen ausübten, die später Männern vorbehalten sein sollten, sondern dass sie auch „sakramental geweihte Frauen“ waren und sich aus dieser Weihe heraus zu den ausgeführten geistlichen Aufgaben berechtigt sahen.[71] Macy beruft sich für seine Argumentation auf den Theologen Abelard (1079–1142), der noch im zwölften Jahrhundert „die alte Tradition“ verteidigt habe, wonach auch Äbtissinnenweihe, Abtsweihe sowie die niederen Weihen als „sakramentale Weihen“ verstanden worden seien.[72] Aus zwei

rite romain, Rom 1955. Deutsche Übersetzung: SALMON, Pierre, Mitra und Stab. Die Pontifikalinsignien im römischen Ritus, aus dem Französischen übersetzt von Petrus Becker, Mainz 1960; HOFMEISTER, Philipp, Mitra und Stab der wirklichen Prälaten ohne bischöflichen Charakter (Kirchenrechtliche Abhandlungen 104), Stuttgart 1928, ²1962, v. a. S. 91–96. Der Historiker und Benediktinermönch der Abtei Solesmes, François Chamard, konzentrierte sich in seinem Beitrag aus dem Jahr 1885 über den Abt im Mittelalter zwar vordergründig darauf zu zeigen, welche bedeutende Rolle des Abtes sich insbesondere für das Mittelalter aufzeigen lässt. Dabei geht er auch auf die Weihe des Abtes im Mittelalter ein und untersucht diese insbesondere im Hinblick auf Insignien, die die Äbte erhielten. Konkret interessieren ihn die Unterschiede zwischen dem Orient und dem Okzident, besonders zwischen der lateinischen und griechischen Kirche, CHAMARD, François, Les abbés au moyen-âge, in: Revue des questions historiques 38 (1885), S. 71–108, für die Benediktion bes. S. 82–86.

68 MATTEI CERASOLI, Leone, Art. Abate/Abadessa, in: Enciclopdia Italiana 1 (1929), online unter: http://www.treccani.it/enciclopedia/abadessa-abate_%28Enciclopedia_Italiana%29/ (Zugriff 17. Feb. 2015).

69 MACY, Gary, Bedeutung der Ordination im ersten Jahrtausend des Christentums, in: Theologische Quartalschrift 192 (2012), S. 329–341, hier S. 338. Vgl. auch MACY, Gary, The Hidden History of Women's Ordination. Female Clergy in the Medieval West, Oxford 2008, S. 82–85 und S. 97f.

70 MACY, Bedeutung, S. 338.

71 Vgl. MACY, Hidden History, S. 80.

72 MACY, Gary, Heloise, Abelard and the Ordination of Abbesses, in: The Journal of Ecclesiastical History 57 (2006), S. 16–32, hier S. 32.

Regeltexten für Jungfrauen, die die Taufe durch Äbtissinnen eindeutig verbieten,[73] schließt Macy, dass Äbtissinnen durchaus auch Taufen von Kindern vorgenommen haben, die zu ihnen ins Kloster gebracht worden seien.

Auch die britische Forscherin Joan Morris urteilt, die „potestas“ der Äbtissinnen, Beichte zu hören, stamme aus der Weihe, die diese erhalten hätten. Später sei diese Weihe dann jedoch zu einer einfachen Segnung degradiert und der Äbtissin die Schlüsselgewalten aberkannt worden.[74] Eine Begründung beziehungsweise Erklärung für diese Behauptung liefert Morris jedoch nicht. Für die Aberkennung der Schlüsselgewalten verweist sie auf ein Verbot von Papst Innozenz III. aus dem Jahr 1210, der der Äbtissin von Las Huelgas das Hören der Beichte verbot.[75]

Im Gegensatz zu Macy und Morris zieht die Bonner Kirchenhistorikerin Gisela Muschiol aus der Jurisdiktion der mittelalterlichen Äbtissinnen keine Schlüsse auf eine damit zusammenhängende Weihe. Sie konnte in den neunziger Jahren überzeugend nachweisen, dass bei merowingischen Klosterfrauen im Zentrum des Alltags eine in wesentlichen Zügen von den Schwestern selbst gestaltete und gefeierte „liturgische Versammlung“ stand, deren „Vorsteherin“ die Äbtissin war.[76] Dazu gehörten neben den gottesdienstlichen Gesängen auch Schriftlesungen und Gebete. Überdies habe die Äbtissin die „confessio“ der Schwestern entgegen genommen, „Strafen festgesetzt und Verzeihung gewährt“.[77]

Für die Äbtissinnen von Frauenstiften, also religiösen Gemeinschaften meist adeliger Frauen, die im Gegensatz zu den Nonnen monastischer Orden keine Gelübde ablegen mussten und mitunter das Kloster verließen, um zu heiraten,[78]

---

73 Vgl. COOKE, Bernard/MACY, Gary (Hg.), A History of Women and Ordination, Bd. 1: The Ordination of Women in Medieval Contexts, Lanham u. a. 2002, S. 27, Anm. 67.

74 Vgl. MORRIS, Joan, The Lady was a Bishop. The Hidden History of Women with clerical Ordination and the Jurisdiction of Bishops, New York 1973, bes. S. 140–143.

75 Vgl. MORRIS, Bishop, S. 143. Vgl. zu diesem Dekretale des Papstes Kapitel II 2.3.3 dieser Arbeit.

76 Vgl. MUSCHIOL, Gisela, Famula Dei. Zur Liturgie in merowingischen Frauenklöstern (Beiträge zur Geschichte des Alten Mönchtums und des Benediktinertums 41), Münster 1994, S. 222.

77 Ebd. Zur „confessio“ vgl. ebd., S. 219–263. Zur Beichte durch Äbtissinnen im Frühmittelalter vgl. auch DIEM, Albrecht, Das Ende des monastischen Experiments. Liebe, Beichte und Schweigen in der Regula cuiusdam ad virgines (mit einer Übersetzung im Anhang), in: MELVILLE, Gert/MÜLLER, Anne (Hg.), Female vita religiosa between Late Antiquity and the High Middle Ages. Structures, Developments and Spatial Contexts (Vita regularis. Ordnungen und Deutungen religiosen Lebens im Mittelalter 47), Wien 2011, S. 81–136, bes. S. 95f.

78 Vgl. weiterführend MORRIS, Joan, La differenza fra le badesse degli istituti di canonichesse e quelle degli ordini religiosi, in: Le abbazie nullius. Giurisdizione spirituale e feudale nelle Comunità femminili fino a Pio IX. Atti del convegno di studio conversano, Conversano 1984, S. 205–230.

bezweifelt die Tübinger Historikerin Sabine Klapp, dass sie „regelmäßig benediziert wurden".[79] Klapp hat sich in einer ausführlichen Studie dem Äbtissinnenamt in den unterelsässischen Frauenstiften vom vierzehnten bis zum sechzehnten Jahrhundert gewidmet. Dabei beschäftigt sie sich in einem Kapitel gründlich mit dem „Weg zum Äbtissinnenamt", wobei allerdings weniger die Weihe als die Wahl der Äbtissin im Vordergrund steht.[80] Eine Weihe sieht Klapp als nicht grundsätzlich relevant an, immerhin könne Ute Küppers-Braun für Essen keine einzige Äbtissinnenweihe nachweisen.[81] Auch Michael Freiherr von Fürstenberg

---

79 Klapp verwendet die Begriffe „Weihe", „Äbtissinnenweihe" und „Benediktion" synonym, vgl. KLAPP, Äbtissinnenamt, S. 213–216.

80 Ebd., S. 162–247. Auch für die Äbte stehen in der Forschung stärker als die liturgische Benediktion rechtliche Aspekte zur Erhebung der männlichen Ordensoberen in ihr Amt im Fokus, vor allem die Wahl des Abtes. Es werden einzelne Abtswahlen aus ganz unterschiedlichen Jahrhunderten dargestellt, wobei insbesondere die Rolle des Königs im Mittelalter interessiert. Vgl. z. B. SAUERLAND, Heinrich Volbert, Eine Abtswahl im Jahre 1322, in: Pastor bonus 12 (1900), S. 326–239; WEISSENBERGER, Paulus Albert, Die Abtswahl vom Jahre 1787 im Reichsstift Neresheim, in: Zeitschrift für württembergische Landesgeschichte 17 (1958), S. 253–270. Besonderes Interesse haben die Abtswahlen für die Zeit der sogenannten ottonisch-salischen Reichskirche erlangt, exemplarisch sei hier verwiesen auf POLZIN, Johannes, Die Abtswahlen in den Reichsabteien von 1024–1056, Greifswald 1908; SEIBERT, Hubert, Abtserhebungen zwischen Rechtsnorm und Rechtswirklichkeit: Formen der Nachfolgeregelung in lothringischen und schwäbischen Klöstern der Salierzeit (1024–1125), Mainz 1995; HERKOMMER, Lotte, Untersuchungen zur Abtsnachfolge unter den Ottonen im südwestdeutschen Raum (Veröffentlichungen der Kommission für Geschichtliche Landeskunde in Baden-Württemberg: Reihe B, Forschungen 75), Stuttgart 1973; VOGTHERR, Reichsabteien. Daneben interessieren generelle rechtliche Aspekte (vgl. HOFMEISTER, Philipp, Die kanonischen und nichtkanonischen Wahlen, in: Zeitschrift für katholische Theologie 77 (1955) H4, S. 432–471), besonders im Hinblick auf Aussagen des 64. Kapitel der Benediktsregel; vgl. exemplarisch BRECHTER, Suso, Die Bestellung des Abtes nach der Regel des Hl. Benedikt, in: Studien und Mitteilungen zur Geschichte des Benediktinerordens 58 (1940), S. 44–58; GRUNDMANN, Herbert, Zur Abt-Wahl nach der Benedikts Regel. Die „Zweitobern" als „sanior pars", in: Zeitschrift für Kirchengeschichte 77 (1966), S. 217–223; HALLINGER, Kassius, Das Wahlrecht der Benediktusregula, in: Zeitschrift für Kirchengeschichte 76 (1965), S. 233–245; DERS., Regula Benedicti 64 und die Wahlgewohnheiten des 6.–12. Jahrhunderts, in: BANNERT, Herbert u. a. (Hg.), Latinität und alte Kirche, Festschrift für Rudolf Hanslik (Wiener Studien, Beiheft 8), Wien u. a. 1977, S. 109–137; HILLING, Nikolaus, Zur Abtswahl in der Benediktusregel, in: Archiv für katholisches Kirchenrecht 102 (1922–23) H 3, S. 55–57; STEIDLE, Basilius, „Wer euch hört, hört mich". Die Einsetzung des Abtes im alten Mönchtum, in: Erbe und Auftrag 40 (1964), S. 179–196. Auch in diesen Untersuchungen sind die Äbtissinnen und ihre Bestellung nur marginal bis gar nicht berücksichtigt.

81 Die Äbtissinnen von Essen mussten innerhalb von drei Monaten nach der Wahl die Konfirmation des Papstes erbitten. Erst wenn die päpstliche Bestätigungsbulle vorlag, konnten sie von der Abtei Besitz ergreifen. Die Amtseinführung wurde von einem der benachbarten Bischöfe oder Äbte vorgenommen. Sie fand nicht in der Kirche, sondern in den „abteilichen Privaträumen" statt. Die neue Äbtissin leistete hier gegenüber dem Stellvertreter des Papstes ihren Gehorsams- und Treueid ab, danach legte sie in der Münsterkirche das Glaubensbekenntnis ab. Ring und Stab erhielt sie nicht, sondern sie wurde mit dem Schlüssel

kann für die Herforder Stiftsäbtissinnen keinen Nachweis für eine Weihe erbringen, „die Berichte über die Inthronisation hätten sie erwähnt“, wenn sie stattgefunden hätten, konstatiert Fürstenberg.[82] Allerdings will Fürstenberg eine Weihe für die Essener Äbtissinnen erkennen.[83] Für die unterelsässischen Frauenstifte lässt sich laut Klapp jedoch keine verlässliche Aussage im Hinblick auf die Existenz einer Weihe treffen – zahlreiche spätmittelalterliche Statuten thematisierten zwar den Eid der Äbtissin und die Bestätigung ihrer Wahl, schwiegen jedoch über eine Weihe.[84] So lasse sich eine „Benediktion“ weder nachweisen noch eindeutig widerlegen.[85] Eine Herleitung der geistlichen Jurisdiktion aus einer Weihe wäre zumindest für die Stiftsäbtissinnen somit nicht in konsequenter Weise möglich.

6 *„Ordinierte“ Frauen?*

Daneben gibt es in der Literatur Versuche, anhand der Weiheriten selbst zu belegen, dass es in der Geschichte „sakramental geweihte Frauen“ gegeben hat. Für Macy ist es kein Zufall, dass in mittelalterlichen Texten der Begriff „ordinare“ auch für die Äbtissinnen verwendet wird. Der spanische „Liber ordinum“ aus dem elften Jahrhundert überschreibt den Ritus für die Äbtissinnenweihe mit dem Titel „Ordo ad ordinandam abbatissam“,[86] „Ordnung zur Äbtissinnenordination“. Das Sakramentar von Gellone betitelt die Orationen für die Äbte und Äbtissinnen etwa Ende des achten Jahrhunderts mit „Oratio quando abbas vel abbatissa ordinatur in monasterio“,[87] „Oration, wenn ein Abt oder eine Äbtissin im Kloster ordiniert wird“. Auch Gregor der Große (590–604) verwendete in seinen Briefen den Begriff *ordinare* für die Weihe von Äbtissinnen,[88] und nicht zu-

---

investiert, vgl. KÜPPERS-BRAUN, Ute, Macht in Frauenhand. 1000 Jahre Herrschaft adeliger Frauen in Essen, Essen ^{3}2003, S. 60f.

82 FÜRSTENBERG, Ordinaria loci, S. 132. Dass viele Kanonissenäbtissinnen jedoch tatsächlich eine bischöfliche Benediktion empfangen haben, wird durch die Kanonissenstifte Gernrode, Säckingen, Edelstetten, Odilienberg, Essen und Gandersheim bezeugt, vgl. SCHÄFER, Kanonissenstifter, S. 153.

83 Vgl. KLAPP, Äbtissinnenamt, S. 214; FÜRSTENBERG Ordinaria loci; S. 132f. Möglicherweise ist ihm hier ein Fehler unterlaufen, Teresa Schröder-Stapper bezeichnet die Darstellung von Fürstenberg insgesamt als „fehlerhaft“, vgl. SCHRÖDER-STAPPER, Fürstäbtissinnen, S. 9, Anm. 16. Auch Schäfer sieht eine bischöfliche Benediktion der Äbtissinnen von Essen als bezeugt an, vgl. SCHÄFER, Kanonissenstifter, S. 153.

84 Vgl. KLAPP, Äbtissinnenamt, S. 214.

85 Vgl. ebd., S. 216.

86 FEROTIN (Hg.), Liber ordinum, Sp. 67.

87 DESHUSSES/DUMAS (Hg.), Sacramentorum Gellonensis, S. 399.

88 Epistola XII, Liber VII; PL 77, 866f.; Epistola IX, Liber XIII; PL 77, 1265f., hier 1266.

letzt in der Benediktsregel ist das 64. Kapitel mit „De ordinando abbate“, „Über die Ordination des Abtes“[89] überschrieben.

Macy zieht aus den Begrifflichkeiten den Schluss, bis ins zwölfte Jahrhundert hinein habe es eindeutig ordinierte Frauen gegeben, zu denen auch die Äbtissinnen zu zählen seien. Erst durch die Unterscheidung des Rufinus im zwölften Jahrhundert in „wahre Ordination“, die den Männern vorbehalten war, die einen Dienst am Altar taten und der „bloßen Segnung“, die Personen in ein bestimmtes Amt installierte, sei Frauenordination „weg definiert“ worden. Dies sei wegweisend für die Zukunft gewesen, denn von dieser Zeit an, habe man stets ignoriert, dass es geweihte Frauen gegeben habe.[90]

Die amerikanische Feministin und Kämpferin für die Ordination von Frauen, Elizabeth Carroll, zieht in einem Beitrag im Jahr 1975 eine Linie von den Diakonissen[91] zu den Äbtissinnen und stellt Forderungen für einen aktuellen Diakonat der Frau.[92] Sie ist sich sicher: Äbtissinnen waren – mindestens im Frühmittelalter, aber auch darüber hinaus – ordinierte Frauen. Im PRG aus dem zehnten Jahrhundert beinhaltete der Weiheritus der Kanonissenäbtissin eine Oration „Exaudi, Domine, preces nostras“, die auch Bestandteil der Weihe weiblicher

---

89 Die meisten deutschen Übersetzungen wählen hier „Bestellung“, für dieses Kapitel ist es jedoch sinnvoll, den Begriff „ordinatio“ im Deutschen stehen zu lassen, weil sich Autorinnen und Autoren in ihrer Argumentation darauf berufen.

90 Vgl. MACY, Hidden History, S. 100. Vgl. auch COOKE/MACY (Hg.), History of Women:

91 Der Begriff „Diakonissen“ ist sehr unscharf und wird in der Literatur häufig synonym mit den „Diakoninnen“ gebraucht. Er findet sich für diese von Kalsbach als „altkirchliche Einrichtung“ bezeichneten Frauen etwa bei Schäfer (ebd.), ebenso bei Kalsbach (KALSBACH, Altkirchliche Einrichung, z. B. S. 111.) oder Raming (RAMING, Priesteramt, S. 88, vgl. auch SCHILP, Norm und Wirklichkeit, S. 31). In die Diskussion, inwieweit die altkirchlichen Diakonissen Diakoninnen waren, kann hier nicht eingestiegen werden, vgl. zu dieser Frage etwa HAUKE, Diakonissen, der sich deutlich gegen die Position stellt, wonach die altkirchlichen Diakonissen Zeuginnen für die Existenz von weiblichen Diakoninnen in der Geschichte seien. Diese Studie verwendet entsprechend jenen Begriff, den die Quellen beziehungsweise die herangezogene Literatur für die „Diakoninnen“ oder „Diakonissen“ jeweils verwenden.

92 Vgl. CARROLL, Women and Ministry, in: Theological Studies 36 (1975) H 4, S. 660–687, hier S. 675. Forderungen nach einem Diakonat der Frau wurden schon in der Liturgischen Be wegung laut, vgl. z. B. BERGER, Teresa, Women's Way of Worship. Gender Analysis and Liturgical History, Collegeville 1999, S. 97f.; vgl. auch SCHÄFER, Karl Heinrich, Die Geschichte der weiblichen Diakonie, Stuttgart 1911; SCHRADER, Marianne, Die Diakonissen – ihre Weihe und ihr Dienst, in: Die christliche Frau 3 (1966), S. 76–79.
Gegen eine sakramentale Weihe von Diakonissen richten sich mit Nachdruck zum Beispiel BARTMANN, Bernhard, Lehrbuch der Dogmatik, Bd. 2, Freiburg i. Br. [7]1928, S. 448f.; OTT, Ludwig, Grundriss der katholischen Dogmatik, Freiburg i. Br. [10]1981, S. 548. Über die Frage, ob der Ritus der Äbtissinnenweihe heute Modell für einen Diakonat der Frau sein kann, vgl. RÖTTGER, Sarah, Äbtissinnen als Modell für den weiblichen Diakonat? Historische Vergewisserungen, in: Concilium 53 (2017) H 2, S. 224–231.

Diakonissen und männlicher Diakone gewesen ist.[93] Wolf folgert, „dass es im frühen und hohen Mittelalter eine gewisse Nähe der Äbtissinnenweihe zur Diakonatsweihe gegeben haben könnte“.[94] Auch der Historiker und Prämonstratenser Norbert Backmund bemerkt, dass die Äbtissin vom Bischof nach einer Formel geweiht wurde, „die der Weihe der altchristlichen Diakonissen sehr nahe stand“.[95]

Morris berichtet von Klöstern, in denen einzelne Äbtissinnen als „sacerdos“ bezeichnet wurden.[96] Anhand des Wortes „ordinare“, welches für die Äbtissinnenweihe im Frühmittelalter verwendet wurde, könne man schon sehen, dass es „vor Gott keine Diskriminierung der Geschlechter gebe und dass Frauen in der gleichen Weise wie Männer gerufen waren, im geistigen Kampf mitzuwirken“,[97] so Morris' etwas pathetische Folgerung. Der Geistliche Josef Funk hat keinen Zweifel daran, dass die Äbtissinnenweihe zu den höheren klerikalen Weihen zu zählen ist. Er argumentiert unter anderem mit der Handauflegung als Zeichen für eine sakramentale Weihe, was in den sechziger Jahren des zwanzigsten Jahrhunderts nach Erscheinen der Enzyklika „Sacramentum ordinis“ eine logische Argumentation ist: „Die Weihe vollzog und vollzieht sich wie eine höhere Weihe, vor allem unter Handauflegung und durch den Bischof. Man sollte gar nicht daran zweifeln, daß wir es hier mit einer echten klerikalen Weihe zu tun haben“.[98] Problematisch ist in historischer Perspektive bei Funk natürlich die Rückdatierung einer sakramentalen Handauflegung auf die Zeit vor 1947.

Gegner der Frauenordination kritisieren die Stimmen, die in der Äbtissinnenweihe eine sakramentale Weihe sehen wollen. Der Kirchenrechtler Johann Baptist Sägmüller verurteilte zu Beginn des zwanzigsten Jahrhunderts vermutlich im Zusammenhang mit einer von dem evangelischen Theologen und Kirchenhistoriker Karl Heinrich Schäfer ausgelösten Debatte um die Frage nach dem Verhältnis von Äbtissinnen- und Diakonissenweihe[99] die Theorie, die Diakonissen- sowie die Äbtissinnenweihe seien Zeugnisse für sakramental geweihte

93 Diese Parallele gilt ausschließlich für die „ordinatio“ einer Kanonissenäbtissin im PRG, vgl. Kapitel II 2.1.

94 WOLF, Krypta, S. 51.

95 BACKMUND, Norbert, Die Kollegiat- und Kanonissenstifte in Bayern, Windberg 1973, S. 118.

96 MORRIS, Bishop, S. 131–138.

97 Ebd., S. 130.

98 FUNK, Josef, Klerikale Frauen? In: Österreichisches Archiv für Kirchenrecht 14 (1963), S. 271–290, hier S. 281.

99 Auslöser dieser Debatte war eine nicht ganz unumstrittene Monographie Schäfers über die Kanonissenstifte, in der er die These vertrat, dass die Äbtissinnenweihe „Erinnerung und Ersatz“ der Diakonissenweihe sei; vgl. SCHÄFER, Karl Heinrich, Die Kanonissenstifter im deutschen Mittelalter. Ihre Entwicklung und innere Einrichtung im Zusammenhang mit dem altchristlichen Sanktimonialentum, Stuttgart 1907, S. 219. Insbesondere die Kanonissenäbtissinnen sieht Schäfer als Erbin der Diakonissin an. Der Titel „Diakonisse“ sei durch

Frauen.[100] Die Benediktion der Äbtissin sei ebenso wie die Einsegnung der Diakonissen „keine Ordination“ und sei es auch nie gewesen, auch wenn das „Pontifikale Romanum d. Ausdruck *ordinare* gebraucht“.[101]

Von dogmatischer Seite negieren etwa der Dogmatiker Manfred Hauke sowie der ehemalige Präfekt der Glaubenskongregation Gerhard Ludwig Müller, dass die Äbtissinnen im Mittelalter sakramental geweihte Frauen waren. Müller hat sich sogar die Mühe gemacht, eine ausführliche Quellensammlung zusammen zu stellen, mit der er beabsichtigt, historischen Argumenten für eine Ordination von Frauen zu begegnen.[102] Im Gegensatz etwa zu Macy oder Morris argumentieren Hauke und Müller aber nicht wirklich auf historischen Grundlagen, sondern gehen von apriorisch dogmatischen Annahmen aus. So kommen sie zu dem Schluss, dass weder die Diakonissenweihe noch die Äbtissinnenweihe aus sich heraus als sakramentale Weihe zu qualifizieren seien.[103]

---

den Titel „Äbtissin“ verdrängt worden, vgl. ebd., S. 55. Die Äbtissinnen hätten eine „besondere bischöfliche Weihe“ erhalten und seien zum „klerikalen Stand“ gerechnet worden. Vgl. ebd., S. 51f.

Schäfers Werk wurde kurz nach dem Erscheinen von dem Bonner Historiker Wilhelm Levison scharf kritisiert, vgl. LEVISON, Wilhelm, Zur Geschichte der Kanonissenstifter, in: Westdeutsche Zeitschrift 27 (1908), S. 491–512. 1926 widerlegte der Geistliche Adolf Kalsbach in seiner Dissertation an der Bonner Fakultät Schäfers These einer eindeutigen Kontinuität von Diakonissen zu Äbtissinnen, indem er auf Brüche in der Entwicklung hinwies, vgl. KALSBACH, Adolf, Die altkirchliche Einrichtung der Diakonissen bis zu ihrem Erlöschen (Religionswissenschaftliche Quellen und Studien, Suppl. 22), Freiburg i. Br. 1926, bes. S. 90–92; vgl. auch SCHILP, Thomas, Norm und Wirklichkeit religiöser Frauengemeinschaften im Frühmittelalter. Die ‚Institutio sanctimonialium Aquisgranensis‘ des Jahres 816 und die Problematik der Verfassung von Frauenkommunitäten, Göttingen 1998, S. 30.

100 Konkret bezieht er sich auf ZSCHARNACK, Leopold, Der Dienst der Frau in den ersten Jahrhunderten der christlichen Kirche, Göttingen 1902; SCHÄFER, Kanonissenstifter.

101 SÄGMÜLLER, Johann Baptist, Lehrbuch des katholischen Kirchenrechts, Freiburg i. Br. ^{2}1909, S. 182f., Anm. 4. Hervorhebung S.R.

102 MÜLLER, Gerhard Ludwig, Der Empfänger des Weihesakraments. Quellen zur Lehre und Praxis der Kirche, nur Männern das Weihesakrament zu spenden, Würzburg 1999.

103 Ihre scheinbar unumstößlichen Argumente sind die fehlende Einsetzung der Äbtissinnenweihe durch Christus sowie die generelle Weiheunfähigkeit von Frauen, vgl. HAUKE, Manfred, Diakonissen waren keine Diakoninnen. Klarstellungen zum sakramentalen Diakonat der Frau, in: Theologisches 42 (2012) H 7/8, S. 309–320, hier S. 314; MÜLLER, Gerhard Ludwig, Priestertum und Diakonat. Der Empfänger des Weihesakraments in schöpfungstheologischer und christologischer Perspektive, Freiburg i. Br. 2000, S. 37. Jedoch: Das Kriterium der „Einsetzung durch Christus“ ist von der historisch-kritischen Textexegese gründlich in Zweifel gezogen worden, vgl. MESSNER, Reinhard, Art. Sakramentalien, in: Theologische Realenzyklopädie 29 (1998), S. 648–663, hier S. 687f. Und auch die letztlich biologisch begründete Weiheunfähigkeit von Frauen ist nach wie vor Gegenstand intensiver theologischer Diskussionen. Vom 6.–9. Dezember fand in Osnabrück ein ökumenischer Kongress statt, der sich intensiv mit der Frage nach Frauen in kirchlichen Ämtern befasste. Ergebnis sind die sogenannten Osnabrücker Thesen und ein umfassender Sammelband, der die Diskussion um die Ämterfrage lebendig halten und neu antreiben will, vgl. ECKHOLT, Margit

Der hier in der gebotenen Kürze dargestellte Forschungseinblick zur Äbtissinnenweihe wirft eine Reihe von Fragen auf, die vor allem die schwierige Abgrenzbarkeit der Äbtissinnenweihe zum Weihesakrament und eine eventuell aus einer (sakramentalen) Weihe resultierende „bischöfliche potestas“ betreffen. In der Beantwortung dieser Frage lassen sich in der Literatur grob zwei Lesarten feststellen: 1) Die eine Seite sagt, die Äbtissinnen waren zumindest im Frühmittelalter und vielleicht auch darüber hinaus „sakramental geweihte Frauen“. Der feierliche, bischofsähnliche Weiheritus unter Präfation und Handauflegung mit der Übergabe von bischöflichen Insignien war der bedeutenden Stellung der Äbtissinnen angemessen und so war es nur natürlich, dass sich aus der Weihe auch eine „potestas“ ergab (Macy, Morris, Funk).

2) Die andere Seite betont, die Äbtissinnenweihe sei zu keiner Zeit als sakramentale Weihe zu qualifizieren, sondern es habe sich stets um eine einfache Segnung gehandelt. Negativ wird die Äbtissinnenweihe als „nicht-sakramental“ gedeutet, positiv im Bereich der „Sakramentalien“ verordnet. Argumentiert wird vor allem mit der generellen kirchenrechtlich normierten Weiheuntauglichkeit von Frauen. Dass der Ritus im Laufe der Geschichte eine bischofsähnliche Form angenommen habe, wird als Fehlentwicklung skizziert, die Handauflegung als nicht ursprünglich römisch abgewertet (Brogi), eine aus der Weihe resultierende „potestas“ als unmöglich bewertet.

7 *Fragestellung und Aufbau der Arbeit*

Für eine Orientierung in dieser durch die Literatur angezeigten Spannung ist es nötig, den Ritus der Äbtissinnenweihe in einer historisch-kritischen Rekonstruktion seiner Entstehung und Geschichte selbst anzuschauen. Die beiden hier zum Einstieg ins Thema verwendeten Quellen stehen exemplarisch für zwei Traditionen. Die Weiheliturgie von Sr. Emmanuela bezeugt eine über Jahrhunderte gewachsene Überlieferung, deren Ursprünge sich bis ins sechste Jahrhundert nachverfolgen lassen. Die Weihe von Sr. Elisabeth steht für eine neugeschaffene Tradition des Zweiten Vatikanum.

Im Hintergrund dieser Neuschaffung steht eine veränderte Sakramenten- und Weihetheologie des zwanzigsten Jahrhunderts, die auch durch jenen durch die Literatur angezeigten Dualismus einer „Sakramentalität“ beziehungsweise „Nichtsakramentalität“ der Abts- und Äbtissinnenweihe offenbar wird. Mit der Enzyklika „Sacramentum ordinis“ hatte Pius XII. nicht nur bestimmt, dass Handauflegung Materie und die Präfation Form des Weihesakramentes seien, sondern

u. a. (Hg.), Frauen in kirchlichen Ämtern. Reformbewegungen in der Ökumene, Freiburg i. Br. 2018.

er setzte auch die Sakramentalität der Bischofsweihe voraus, was jahrhundertelang umstritten war.[104] Damit schuf der Papst ein neues Deutungssystem, wodurch die Form der Äbtissinnenweihe unter Präfation und Handauflegung wegen ihrer Ähnlichkeiten zur Bischofsweihe systematisch höchst unangenehm wurde und den neuen lehramtlichen Bestimmungen angepasst werden musste. Das erste Schema zur Abtsweihe vom 13. September 1968 erklärte:

> Es gibt offensichtlich eine Verwirrung („confusionem") zwischen der Segnung des Abtes und der Konsekration des Bischofs. Es muss daher eine Unterscheidung zwischen dem Sakrament der Bischofsweihe und der einfachen Benediktion, welche nicht zu den Sakramenten gehört, sichtbar werden.[105]

Die beiden eingangs skizzierten Weiheriten zeigen das Resultat dieser Anpassung. Um die gebotene „Unterscheidung" zwischen dem „Sakrament der Bischofsweihe" und „der einfachen Benediktion", zu denen die Abts- und Äbtissinnenweihe zu zählen waren, „sichtbar" zu machen, wurden Handauflegung und Präfation für beide Geschlechter gestrichen, ebenso die Ähnlichkeiten zur Bischofsweihe weitestgehend zu tilgen versucht.

Im ersten Schema zur Abtsweihe wird diese Arbeit am Ritus „renovatio" genannt, was sich mit „Erneuerung" übersetzen lässt. Das Präfix „re" impliziert, dass diese „Erneuerung" im Rückgriff auf Altes erfolgt ist, ausgedrückt in den von Papst Benedikt XVI. (2005–2013) gebrauchten Vokabeln der theologischen Konzilsrezeption also in „Kontinutität"[106] zu der in dieser Studie als „erste Tradition" bezeichneten Geschichte der Abts- und Äbtissinnenweihe steht. Im Titel dieser Studie ist für diesen Prozess hingegen der Begriff „Neugestaltung" gewählt worden. Das Verb „gestalten" bedeutet, dass „einer Sache eine bestimmte Form ... gegeben wird".[107] Das Adjektiv „neu" konnotiert, dass hier etwas geschaffen wurde, was es vorher so noch nicht gab.[108] Dieser Begriff zeigt also an, dass nach dem Zweiten Vatikanum eine neue Tradition „Äbtissinnenweihe" geschaffen wurde beziehungsweise geschaffen werden musste, die besser an eine erneuerte Theologie angepasst war, damit aber in „Diskontinuität" zur ersten

104 Vgl. OTT, Weihesakrament, S. 136–139.

105 „In concreto videtur necessarium vitare confusionem inter benedictionem Abbatis et consecrationem Episcopi. Opportuna videtur distinctio inter sacramentum consecrationis Episcopi et simplicem benedictionem, quae non pertinet ad sacramentum", CECL, 307a, S. 9.

106 Benedikt XVI. traf in seiner Weihnachtsansprache an das Kardinalskollegium und die Mitglieder der Römischen Kurie im Jahr 2005 eine Unterscheidung, wonach in der Konzilsrezeption „zwei gegensätzliche Hermeneutiken miteinander ... im Streit lagen", vgl. BENEDIKT XVI., Ansprache, S. 11. Die eine Seite nannte der Papst „Hermeneutik der Diskontinuität", die andere „Hermeneutik der Reform" beziehungsweise „Hermeneutik der Kontinuität", ebd. Der Begriff „Reform" findet sich für die Neugestaltung der Abts- und Äbtissinnenweihe nicht in den Quellen, wird daher in dieser Studie auch nicht verwendet.

107 SCHOLZE-STUBENRECHT (Red.), Art. „gestalten", S. 1494.

108 Vgl. DERS. (Red.), Art. „neu", S. 2728.

Tradition steht, was die eingangs skizzierten Weiheriten eindrücklich demonstrieren. Es ergibt sich folgender Aufbau der Studie:

In einem ersten Schritt wird die Geschichte der „ersten Tradition“ erarbeitet (Abschnitt II). In diesem historischen Teil soll die Genese der Äbtissinnenweihe von den ersten Zeugnissen hin zu dem für die Gesamtkirche verbindlich vorgeschriebenen Ritus von 1595/96 skizziert werden, der in Form der Editio typica von 1962 noch in den sechziger Jahren auch bei der Weihe von Sr. Emmanuela Gültigkeit hatte und damit der (einzig) gültige Ritus zur Zeit der nachvatikanischen Liturgiereform war.[109] Diese historisch-genetische Darstellung[110] orientiert sich vordergründig an den schriftlich fixierten liturgischen Formularen[111] in dem Bewusstsein, dass die Rezeptionsebene bei diesem Ansatz für eine bearbeitbare Darstellung zu kurz kommen muss.[112] Gleichzeitig blickt dieser Teil auf jene Ritualanalogien zur Bischofsweihe, die im Zuge der Neugestaltung als problematisch erachtet wurden. Ging die Entwicklung der Riten vielleicht Hand in Hand, weil Äbtissin, Abt und Bischof teilweise gleiche Befugnisse hatten und daher eine ähnliche Gestalt der liturgischen Feiern logisches Resultat war?[113] Wie ist in diesem Zusammenhang die Einschätzung von Macy, Müller und Co. zu bewerten? Lässt sich anhand der historischen Äbtissinnenweihe tatsächlich demonstrieren, dass es in der Geschichte der Kirche geweihte Frauen gab, deren Weihe als „sakramental“ verstanden wurde, wie es etwa Macy und Morris deuten?

Dass die Frage nach einer „sakramentalen Äbtissinnenweihe“ als außerordentich bedrängend empfunden wurde, zeigt die Neugestaltung nach dem Zweiten Vatikanischen Konzil eindrücklich. Abschnitt III untersucht die Geschichte dieser „zweiten Tradition“. Kapitel III 1 stellt zunächst jene Ziele und Notwendigkeiten der Überarbeitung dar, wie sie die für die „Erneuerung“ verantwortliche Studiengruppe im ersten Schema zur „Benediktion des Abtes“ darlegt (Kapitel III 1.1 und 1.2), und ordnet diese in das neue Koordinatensystem ein, das durch eine erneuerte Theologie von Bischofsamt und Bischofsweihe entstanden war (Kapitel III 1.3). Anhand der einzelnen Schemata rekonstruiert und dokumentiert Kapitel III 2 den Prozess der Neugestaltung selbst und zeigt auf,

---

[109] Für das für diesen Teil verwendete Quellenkorpus vgl. Abschnitt I 8.

[110] Die historisch-genetische Methode als „systematische Erschließung der historischen Quellen“ ist insbesondere mit dem Liturgiewissenschaftler Josef Andreas Jungmann verbunden. Diese Methode fragt, wie sich „die liturgischen Formen aus den Anfängen zu immer komplexeren Entfaltungen hin entwickelt“ haben. Ihre Grenze liegt darin, dass sie sich „zu sehr auf Text- und Ereignisgeschichte“ konzentriert und die Rezeptionsebene vernachlässigt, vgl. GERHARDS/KRANEMANN, Liturgiewissenschaft, S. 35–37.

[111] Für die Quellenproblematik vgl. Abschnitt I 8.

[112] Der zweite Teil hingegen kann der „Vieldimensionalität“ von Liturgie im Sinne einer „kontextuellen Liturgiegeschichtsschreibung“ (ebd., S. 45f.) eher gerecht werden, weil er die Rezeptionsebene sowie die „jeweilige kirchliche Lehre“ (ebd., S. 46) berücksichtigt.

[113] Vgl. für diese These PUNIET, Pontifikale, S. 99, 103; vgl. auch HILPISCH, Abtsweihe, S. 62f. sowie FREI, Äbtissinnenweihe, S. 224.

wie beschwerlich die Anpassung des Ritus an die neuen lehramtlich-systematischen Vorgaben war. Das Ergebnis dieser Anpassung war der „Ordo Benedictionis Abbatis et Abbatissae" von 1970, der insbesondere bei den Frauenklöstern große Unzufriedenheit wegen seiner massiven Ungleichheiten zwischen dem Ritus der „Abtsbenediktion" und dem der „Äbtissinnenbenediktion" hervorrief. Kapitel III 3 legt den Fokus auf die Rezeption des neuen Ritus und dokumentiert, wie die Frauenklöster fast zwanzig Jahre lang einen Kampf um geschlechtliche Parität kämpfen mussten.

Die Äbtissinnenweihe gehört und gehörte insbesondere zu den Orden benediktinischer Prägung, also den Benediktinerinnen, Zisterzienserinnen und Trappistinnen. Daneben sind bisweilen auch Äbtissinnenweihen für Birgitten bezeugt.[114] Im Regeltext der Klarissen ist ebenfalls eine Äbtissinnenbenediktion erwähnt.[115] Inwieweit die Äbtissinnen der Klarissen oder Urbanistinnen geweiht waren, ist noch nicht erforscht. Die Äbtissinnenweihe wurde im fünfzehnten Jahrhundert in den Statuten von Colette von Corbie (1381–1447) für die Klarissen abgelehnt. Auch die Dominikanerinnen sowie die Prämonstratenserinnen weihen ihre Äbtissinnen nicht.[116] Diese Studie beschränkt sich daher, so weit möglich,[117] auf jene Orden, die nach der Benediktsregel leben.

Bevor mit der inhaltlichen Untersuchung begonnen wird, ist es nötig, zuvor noch methodische Eingrenzungen hinsichtlich des Quellenkorpus zu treffen sowie eine Bemerkung zu der hier verwendeten Begrifflichkeit zu machen.

8 *Bemerkungen zum Quellenkorpus*

Abts- und Äbtissinnenweihen waren seit den frühesten Zeugnissen fast ausnahmslos[118] Handlungen des Bischofs. Für den historischen Überblick im ersten Teil der Arbeit ist somit das Pontifikale zentrale Quelle, ein liturgisches Buch, das die spezifisch bischöflichen Gottesdienste enthält, also Ordinationen, Jung-

---

114 Vgl. NYBERG, Tore, Der Ritus der Äbtissinenweihe im Birgittenkloster Maria Mai, Maihingen/Ries, in: KOCH, Walter/SCHMID, Alois/VOLKERT, Wilhelm (Hg.), Auxilia Historica. Festschrift für Peter Acht zum 90. Geburtstag (Schriftenreihe zur bayerischen Landesgeschichte 132), München 2001, S. 335–345.

115 Regula sanctae clarae, forma B, cap. XI. Die Vorsteherin eines Klarissenklosters heißt Äbtissin, weil sie anfangs unter Konstitutionen des Kardinals Hugolin von Ostia, dem späteren Papst Gregor IX. (1227–1241), lebten, die auf der formalen Basis der Benediktsregel gründeten, vgl. SCHNEIDER/ZAHNER (Hg.), Klara-Quellen, S. 463.

116 Vgl. HOFMEISTER, Nonnenklöstern, S. 426.

117 Wie oben dargestellt sind mitunter auch Äbtissinnen von Kanonissenstiften geweiht worden. Diese werden im ersten Teil der Arbeit an gebotenen Stellen ebenfalls berücksichtigt.

118 Lediglich die Bußbücher von Theodor von Canterbury erlauben, dass eine Äbtissin (nicht der Abt!) auch durch einen einfachen Priester benediziert werden darf, vgl. Kapitel II 1.4.

frauenweihen, Segnungen verschiedener Art, darunter auch die Abts- und Äbtissinnenweihe. Dort hat der Ritus bis heute seinen Platz.[119]

Im vergangenen Jahrhundert haben es sich einige Forscher zur Aufgabe gemacht, die Geschichte des Pontifikale zu ergründen. Dabei sind große Studien entstanden, von denen insbesondere die Arbeiten von Pierre de Puniet,[120] Victor Leroquais,[121] Niels Krogh Rasmussen[122] und die kritischen Editionen der mittelalterlichen Pontifikalientexte von Michel Andrieu[123] sowie Cyrille Vogel[124] hervorzuheben sind. Zwar können auch diese Werke nicht mit Sicherheit die Etappen der Geschichte verfolgen, jedoch vermitteln sie wichtige Hinweise für die Beschäftigung mit der Entwicklung von Pontifikalliturgie.[125] Auf der Grundlage dieser Forschungsarbeiten hat der Freiburger Liturgiewissenschaftler Martin Klöckener eine Chronologie der zentralen römischen Pontifikalienquellen erstellt.[126] Diese von Klöckener erstellte Quellenchronologie dient dieser Arbeit als Richtschnur, um die Entwicklung der Äbtissinnenweihe von den Anfängen bis zu ihrer Gestalt im Pontificale Romanum von 1962 darzustellen.

Die Weihe von Äbtissinnen ist jedoch älter als die ersten Pontifikalien. So griff das Pontificale Romano-Germanicum bereits auf zahlreiche ältere Traditionen zurück und schöpfte insbesondere für die Orationen aus alten Überlieferungen. Erstmals taucht ein Beleg für die Äbtissinnenweihe im späten sechsten Jahrhundert auf. In einem ersten Schritt soll daher frühen Spuren der Äbtissinnenweihe nachgegangen werden. Für die Quellenauswahl dieser Spurensuche wird vor allem auf die Arbeit von Stephan Hilpisch über die Entwicklung der Abtsweihe zurückgegriffen.

Freilich handelt es sich bei einigen von Hilpisch angeführten Quellen und mehr noch bei der von Klöckener erstellten Kollektion um eine Zusammenstellung rein normativer Quellen, aus denen nur schwerlich Folgerungen für die

---

119 Vgl. FREI, Äbtissinnenweihe, S. 219.

120 PUNIET, Pierre, Das römische Pontifikale. Geschichte und Kommentar, Bd. 1: Historische Einführung, Firmung und Ordinationen, Klosterneuburg bei Wien 1935; Bd. 2: Consecrationen und Benedictionen, Klosterneuburg bei Wien 1935.

121 LEROQUAIS, Victor, Les pontificaux manuscrits des bibliothèques publiques de France, Bde. 1–3, Paris 1937.

122 RASMUSSEN, Niels Krogh, Les pontificaux du haut moyen âge. Genèse du livre liturgique de l'évèque, Bde. 1–3, Paris 1977.

123 ANDRIEU, Michel (Hg.), Le pontifical romain au moyen-âge, Bd. 1: Le pontifical romain du XIIe siècle (Studi e testi 86), Vatikanstadt 1938; Bd. 2: Le pontifical de la curie romaine au XIIIe siècle (Studi et testi 87), Vatikanstadt 1940; Bd. 3: Le pontifical de Guillaume Durand (Studi e testi 88), Vatikanstadt 1940; Bd. 4 Tables alphabétiques (Studi e testi 99), Vatikanstadt 1941.

124 VOGEL, Cyrille (Hg.), Le pontifical romano-germanique du dixième siècle, Bd 1: Le texte (I–XCVIII), unter Mitarbeit von Reinhard Elze (Studi e testi 226), Vatikanstadt 1963; Bd. 2: Le texte (XCIX–CCLVIII) (Studie e testi 227), Vatikanstadt 1963, Bd. 3: Introduction générale et tables (Studi et testi 269), Vatikanstadt 1972.

125 Vgl. BUGNINI, Pontificale, Sp. 1745.

126 Eine Übersicht über diese Quellen befindet sich im Anhang der Arbeit.

Praxis gezogen werden können, wenngleich sie natürlich aus der Praxis entstanden sind und so zumindest ein Idealbild abbilden. Für einen gründlichen Überblick über die Entwicklung der Äbtissinnenweihe müsste man diese normativen Quellen mit einer ganzen Reihe deskriptiver Quellen kontrastieren und auf Konflikte, Abweichungen und Folgen aus der Weihe eingehen. Vor allem im Mittelalter hat es in den verschiedenen Regionen zahlreiche unterschiedliche Riten und Praktiken gegeben, einen Abt beziehungsweise eine Äbtissin zu weihen.[127]

Eine Zusammenstellung solcher narrativer Quellen gibt es nicht. Auch Darstellungen einzelner Äbtissinnenweihen auf der Basis deskriptiver Quellen sind in der Literatur ein Desiderat, von wenigen Ausnahmen abgesehen. So skizziert der Kirchenhistoriker Manfred Weitlauff in einem Band über das Kloster Frauenchiemsee die Weihe von Sr. Maria Magdalena Haidenbucher (1575/76–1650, Äbtisstin von 1609–1650)[128] aus dem Jahr 1609. Der eigentliche Weiheakt wurde innerhalb eines Weihehochamtes gefeiert, das der Salzburger Weihbischof Claudius Sozzimeno übernahm. Gemäß den römischen Normvorgaben legte Sr. Maria Magdalena zunächst den vom Ponticale Romanum vorgeschriebenen Gehorsamseid gegenüber dem Erzbischof von Salzburg sowie dem Papst ab. Danach legte sie sich auf den Boden und es wurden die sieben Bußpsalmen über sie gebetet, die das Pontifikale eigentlich nur für die Weihe eines Abtes vorsah. Auch die Opfergabe in Form von zweipfündigen Wachskerzen sowie zwei Fässern mit Wein, die sie während des Offertoriums dem Weihbischof überreichte, sind eine Angleichung an die feierliche Zeremonie der Abtsweihe und damit zugleich an die Bischofsweihe.[129] Einen ähnlichen Ablauf wie Weitlauff beschreibt auch ein Band der Germania Sacra über eine Weihe im Damenstift Buchau aus dem Jahr 1742.[130] Die Bände der Germania Sacra bieten darüber hinaus jedoch leider nur ganz vereinzelt Hinweise auf konkrete Weiheabläufe aufgrund deskriptiver Quellen sowie Informationen über rechtliche Bestimmungen, auf die im historischen Überblick stellenweise Bezug genommen wird.

Die skizzierte schwierige Forschungslage macht es unmöglich, in dieser Arbeit auch nur eine halbwegs umfassende Übersicht über die Entwicklung konkreter Äbtissinnenweihen zu geben. Hier wären detaillierte Archivstudien zu Dutzenden von Frauenabteien und -stiften nötig, die hier auch wegen des langen Zeitraums von 1500 Jahren nicht geleistet werden können. Insbesondere für die Zeit vor dem fünfzehnten Jahrhundert dürfte es schwierig sein, einschlägige

---

127 So zeigt Edmond Martène in einer Kompilation mittelalterlicher Riten im zweiten Band verschiedene Weiheriten für Äbte und Äbtissinnen, vgl. MARTÈNE, Edmond (Hg.), De antiquis ecclesiae ritibus, 4 Bde., Nachdruck der 2. erw. Ausgabe von 1736–1738, Hildesheim 1967–1969, hier Bd. 2, S. 148–160.

128 Vgl. über Sr. Maria Magdalena Haidenbucher die biographische Darstellung bei WEITLAUFF, Frauenchiemsee, S. 303–338.

129 Vgl. WEITLAUFF, Benediktion, S. 391–400.

130 THEIL (Bearb.), Damenstift Buchau, S. 96.

Quellen zu finden. So hat der Historiker Gordon Blennemann versucht, Aufnahmerituale von Benediktinerinnen vor dem fünfzehnten Jahrhundert nachzuzeichnen, was aufgrund des weitgehenden Fehlens deskriptiver liturgischer Quellen für die Zeit vor dem fünfzehnten Jahrhundert nur bedingt umzusetzen war. Repertorien, die relevante Statutentexte, Consuetudines und liturgische Handschriften, insbesondere Libri ordinarii, wie auch das einschlägige Archivmaterial erfassen, sind kaum vorhanden.[131] Blennemann räumt aber ein, dass sich dieses „momentane Bild einer lückenhaften Überlieferung insbesondere für die Zeit des 13. und 14. Jahrhundert“ „bei einer intensiven Sichtung der Bestände von Frauenklöstern rasch ändern“ könne. Für die Aufnahmeriten, mit denen Blennemann sich schwerpunktmäßig befasst, vermutet dieser im Übrigen, dass „ein nicht unerheblicher Teil von Handschriften mit älteren konventsinternen Traditionen ... im Reformkontext des 15. Jahrhunderts durch Übernahme normierter Riten der Reformkongregationen obsolet und deshalb zerstört wurde“.[132] Vermutlich wurde für die Klostereintritte schon seit dem fünfzehnten Jahrhundert vermehrt auf normative Quellen zurückgegriffen. Jedoch urteilt die Historikerin Eva Schlotheuber, es sei den Vertretern der Reformkongregation vielfach misslungen, gewachsene Traditionen gänzlich zu beseitigen.[133] Hier müsste in Zukunft auch für die Äbtissinnenweihen noch umfangreiche Archivarbeit in einzelnen Abteien erfolgen. Dies kann in dieser Studie nicht geleistet werden. Hier kann vielmehr nur ein Forschungsdesiderat angezeigt werden.

Eine weitere Schwierigkeit, die im Zusammenhang mit den normativen Quellen anzumerken ist, ergibt sich dadurch, dass Liturgie nicht nur aus Ritualienbüchern besteht, sondern „auch eine darüber hinausgehende Handlungs- und Vollzugsebene“[134] besitzt. Aussagen auf eine konkrete Praxis beziehungsweise Abweichungen von der Norm sind mithilfe der schriftlichen Pontifikalienquellen aus wissenschaftstheoretischen Gründen nur schwer möglich. Zwar geben die Rubriken Aufschluss über eine mögliche Anwendung, letztlich ist Liturgie aber weit mehr, als ein niedergeschriebenes Buch. Sie braucht verschiedene Kommunikationsmittel: Die Orationen werden gesprochen, es wird gesungen und musiziert. Zelebrant und Abt beziehungsweise die Äbtissin bewegen sich im Raum. Liturgie geht also „nie nur in Text auf“. Die verschriftlichte Form von Liturgie kann demnach nur „bestimmte Aspekte von Liturgie“ erfassen,[135] keinesfalls ist sie die Liturgie. Für das Mittelalter ist diese Gleichsetzung von schriftlichen Texten und Liturgie noch weniger möglich als heute. Erst der Buch-

131 Vgl. BLENNEMANN, Metzer Benediktinerinnen, S. 145

132 Ebd.

133 Vgl. SCHLOTHEUBER, Klostereintritt, S. 219–222; BLENNEMANN, Metzer Benediktinerinnen, S. 145.

134 KLÖCKENER/KRANEMANN, Liturgiereformen, S. 1090.

135 Vgl. GERHARDS/KRANEMANN, Liturgiewissenschaft, S. 53.

druck verstärkte letztlich die Tendenz, dass Liturgie „identisch ist mit dem liturgischen Buch, mit dem was im kirchenamtlichen Buch steht und demgemäß mit diesem getan wird".[136] Für die im historischen Teil behandelten Zeiträume kann Liturgie jedoch nur auf Grundlage der verschriftlichen Form untersucht werden. Filmaufnahmen etwa, die man auch auf andere Aspekte hin analysieren könnte, liegen erst für jüngste Weihen vor.

Diese Faktoren bedingen für den historischen Überblick im ersten Teil der Arbeit eine weitgehende Konzentration auf normative Quellen. Trotz der Schwierigkeiten lassen sich gute Gründe für diese Quellenauswahl anführen. Die angeführten Pontifikalien sind nachweislich normative Zeugen für Vorläufer der Liturgie, die seit dem Ende des sechszehnten Jahrhunderts bis zum Zweiten Vatikanischen Konzil ausnahmslos für die lateinische Kirche galt.[137] Sie sind Vorläufer der Liturgie, die Ende der sechziger Jahre des zwanzigsten Jahrhundert gründlich überarbeitet wurde. Es handelt sich also letztlich um die normative Seite der Geschichte des heute gültigen Ritus. Zudem ermöglicht dieses klar abgegrenzte Quellenkorpus auf eine bearbeitbare Weise eine erste Schneise in ein Forschungsdesiderat zu schlagen.

Auch die einschlägigen Studien, die sich in verschiedener Hinsicht mit Pontifikalliturgie beschäftigen, waren zu einem ähnlichen methodischen Vorgehen gezwungen. So greift etwa Sharon L. McMillan in ihrer Studie über die Geschichte der Bischofsweihe auf ebenjene Pontifikalien zurück.[138] Ähnlich geht auch René Metz für einen geschichtlichen Überblick zur Jungfrauenweihe vor.[139] Germano Brogi verwendet für die Geschichte der Abtsweihe ebenfalls die von Andrieu edierten Pontifikalien.[140] Klemens Richter beschäftigt sich in seiner Dissertation zwar eigentlich mit der Frühzeit der Bischofsweihe bis zu den ersten römischen Sakramentaren und Ordines, gibt jedoch einen kurzen Ausblick und bezieht sich im Wesentlichen ebenfalls auf die Pontifikalientexte.[141] Und nicht zuletzt haben die für die Neugestaltung der Abts- und Äbtissinnenweihe Verantwortlichen das Pontificale Romanum und seine Vorläufer als Quellen für ihre Überarbeitung befragt.[142]

Neben den genuin liturgischen Quellen zeigen vereinzelt rechtshistorische Quellen wie Konzilstexte, päpstliche Dekretalien sowie Bestimmungen aus den Glossa ordinaria rechtliche Anordnungen zu Abts- und Äbtissinnenweihen wie etwa das Weihealter, die Erforderlichkeit des Benediktionsempfanges oder die

---

136 HÄUSSLING, Brevierreformen, S. 216.

137 Dass sich die Klöster fortan uneingeschränkt an diese Norm gehalten haben, wäre natürlich ein Fehlschluss, vgl. dazu auch in Ansätzen Kapitel II 3.2.3.

138 Vgl. MCMILLAN, Sharon L., Episcopal Ordination and Ecclesial Consensus, Collegeville 2005.

139 Vgl. METZ, René, La Consécration des vierges dans l'Église romaine, Paris 1954.

140 Vgl. BROGI, Benedizione.

141 Vgl. RICHTER, Klemens, Der Ritus der Bischofsweihe bis zu den ersten römischen Sakramentaren und Ordines. Eine liturgiehistorische Arbeit, Münster 1969, v. a. S. 121–125.

142 Vgl. Abschnitt III 1.2 dieser Arbeit.

Frage, wer der „Spender“ der Abts- und Äbtissinnenweihe ist.[143] Im Decretum Gratianum finden sich immer wieder Bestimmungen für Äbte, etwa, dass sie aus der Handauflegung durch den Bischof die „potestas“ empfangen, den ihnen untergebenen Mönchen die Tonsur zu spenden.[144] Über die Äbtissinnen schweigt Gratian jedoch. Es werden eine Reihe von Verboten ausgesprochen, die es Frauen insgesamt verwehren, Handlungen im Altarraum auszuführen, Krankenkommunion zu spenden, zu lehren oder zu taufen. Über die Weihe von Frauen macht das Gratianische Dekret nur eine einzige Aussage: „Frauen aber können weder zum Priestertum, noch selbst zum Diakonat gelangen“.[145] Den Episkopat nennt er hier nicht. Weitere Informationen etwa über den liturgischen Ablauf von Äbtissinnenweihen bieten die Rechtsquellen nicht.

Für die Rekonstruktion der Neugestaltung im zweiten Teil der Arbeit ist die Quellenlage eindeutig. Sie wird auf der Grundlage der einzelnen Schemata, Vorlagen, Sitzungsprotokolle der Arbeitsgruppen sowie Korrespondenzen und eingegangenen Voten dargestellt. Das Material liegt im Archiv des Deutschen Liturgischen Instituts in Trier. Gleichzeitig zeigen einige narrative Quellen aus der Zeit gleichsam als Schlaglichter für den deutschsprachigen Raum, wie der neue Ritus der Äbtissinnenweihe konkret umgesetzt wurde. Für die Rezeptionsebene stehen zudem Briefe von Klöstern zur Verfügung, in denen die Mönche und Nonnen ihre Voten zum Übersetzungsentwurf des Ritus ins Deutsche abgaben. Diese Briefe entstammen ebenfalls dem Archiv in Trier.

9 *Und nicht zuletzt: Äbtissinnenweihe oder -segnung?*

In dieser Einleitung wurde der Begriff „Weihe“ für die Äbtissinnen verwendet. Das Textheft zur Benediktion von Sr. Elisabeth und die Zeitungsbeiträge etikettieren den Ritus gleichfalls als Äbtissinnen*weihe*. Der französische Benediktiner Pierre de Puniet aus der Abtei Saint-Pierre in Solesmes nutzt in einem Kommentar zum römischen Pontifikale und seiner Geschichte ebenfalls das Wort „Weihe“ für die Äbtissinnenbenediktion,[146] ist aber gleichzeitig bemüht zu erklären, dass es sich um eine „einfache Segnung“[147] handelt. Denn ebenso wie die feierliche und bischofsähnliche Gestalt des Äbtissinnenweiheritus als problematisch erachtet wurde und wird, erscheint heute auch das Wort „Weihe“ als sehr

---

[143] Vgl. BOWE, Superioresses, S. 17f.

[144] FRIEDBERG (Hg.), Gratianus magister, D. 69 c. 1. Vgl. für die Differenz, die sich dadurch im Handeln von Abt und Äbtissin nach der Abts- beziehungsweise Äbtissinnenweihe ergibt, Abschnitt II 3.2.4.

[145] „Mulieres autem non solum ad sacerdotium, sed nec etiam ad diaconatum proveni possunt“, Corpus Iuris Canonici I, C. 15 q. 3 d.a.c. 1.

[146] Vgl. PUNIET, Pontifikale, z. B. S. 104.

[147] Ebd., S. 105.

missverständlich, denkt man doch zunächst an die drei sakramentalen Weihestufen des Diakonates, Presbyterates und Episkopates. Und zu diesem sakramentalen Bereich soll die Äbtissinnenweihe heute ja eben nicht gehören.

Im Deutschen ist es weithin üblich, von einer „Weihe“ der Äbtissin zu sprechen.[148] Dies zeigt in eindrücklichster Weise das deutsche Pontifikale aus dem Jahr 1994 selbst, das in seinem zweiten Band den offiziellen, aktuell gültigen und von Rom approbierten Segnungsritus für die Ordensoberin beinhaltet und ihn mit „Die Weihe der Äbtissin“ überschreibt.[149] Auch das Handbuch der Liturgiewissenschaft „Gottesdienst der Kirche“ spricht ganz selbstverständlich von einer Äbtissinnen*weihe*.[150]

In den siebziger Jahren wurde der Begriff „Weihe“ im Zuge der Übersetzung des Abts- und Äbtissinnenweiheritus ins Deutsche zur Diskussion gestellt. Der für die Übertragung ins Deutsche verantwortliche Benediktiner Urbanus Bomm (1901–1982)[151] zeigte sich bei der Übersetzung unsicher. So formulierte er zu Beginn des Dokumentes: „Der Abt und die Äbtissin eines Klosters *empfangen*[152] nach ihrer kanonischen Wahl eine Segnung (oder Weihe).“ Für den Rest des Textes hatte er sich für die Übersetzung „Weihe“ entschieden. Die Klöster waren eingeladen, Voten zur Übersetzung abzugeben. So schrieb der Benediktinerabt von Metten, Augustinus Meyer (1911–2010, Abt von 1966–1991), am 16. März 1971, er habe den Text zwei jungen Germanikern unter seinen Mitbrüdern gegeben. Er schicke den Text mit den Anmerkungen zurück. Diese Germaniker plädierten im Deutschen für „Weihe“ statt für das Wort „Segnung“.[153] Für „Weihe“ statt „Segnung“ sprach sich auch der Benediktiner Odo Lang aus der Abtei Einsiedeln aus. Seine Begründung: das Wort „Weihe“ habe sich eingebürgert.[154] Bomm entschied sich für „Weihe“. Und so steht es bis heute im deutschen Pontifikale.

Dass dieser Begriff nach wie vor nicht ganz unproblematisch zu sein scheint, zeigt der Beitrag von domradio.de über die Weihe von Sr. Elisabeth. Auch in einer Pressemeldung auf der Homepage des Erzbistums Berlin aus dem Jahr 2013

---

148 Vgl. FREI, Äbtissinnenweihe, S. 220; KACZYNSKI, Pontifikale, S. 237f. Anders etwa Italienisch: benedizione dell'abbadessa; Spanisch: bendición de la abadesa; Englisch: benediction of abbesses, Französisch: bénédiction de l'abbesse. Im Niederländischen ist der Begriff „abdswijding“ üblich, vgl. VERHEULEN, Abt, Sp. 32f.

149 PR 1994, S. 41.

150 SEVERUS, Abts- und Äbtissinnenweihe, S. 185–187.

151 Urbanus Bomm war Benediktiner der Abtei Maria Laach. Von 1966–1977 war er Abt der Abtei, vgl. https://www.maria-laach.de/unser-kloster/abt-herwegen-institut/gruender.html (Zugriff 13. Januar 2020).

152 Hds. eingefügt.

153 Dr. Augustinus Meyer OSB, Metten, 16. März 1971; Archiv DLI, Schachtel 1: Die Feier der Abts- und Äbtissinnenweihe 1968–1973.

154 Pater Odo Lang OSB an die Redaktion der Gemeinsamen Liturgischen Bücher für das Deutsche Sprachgebiet, Einsiedeln, 28. März 1971; Archiv DLI, Schachtel 2: Die Feier der Abts- und Äbtissinnenweihe 1968–1973, Modi zur dt.sprachigen Übersetzung.

über die „Einführung“ der neuen Äbtissin Sr. Bernadette Pruß im Benediktinerinnenkloster Alexanderdorf durch den damaligen Berliner Erzbischof Rainer Maria Kardinal Woelki nutzt der Autor Gregor Krumpholz von der Katholischen Nachrichtenagentur das Wort „Äbtissinnenweihe“, setzt es aber ebenfalls lieber in Anführungsstriche und erläutert wie auch domradio.de, die Äbtissinnenweihe ähnele zwar einer Bischofsweihe, sie sei aber „keine sakramentale Weihe nach katholischem Verständnis“, sondern eine „feierliche Segnung“.[155]

Der Liturgiewissenschaftler Reiner Kaczynski moniert in einem Beitrag über das Pontifikale von 1994 diese „terminologische Unzuträglichkeit“.[156] Es sei sehr ungenau und missverständlich, wenn im Deutschen unterschiedslos von der Weihe des Bischofs, der Weihe des Abtes, der Weihe der Jungfrauen und der Weihe der Kirche die Rede sei. Hier unterscheide das Lateinische sehr genau „zwischen der Ordinatio Episcopi, der Benedictio Abbatis, der Consecratio virginum und der Dedicatio ecclesiae“. Dem ist zu entgegnen, dass die Abgrenzung zwischen einer „sakramentalen Ordination“ und einer „nicht-sakramentalen Benediktion“ historisch sicher nicht so klar zu ziehen ist, wie es die lateinische Terminologie glauben machen möchte. Noch der erste Band des neuen Pontifikale von 1968 enthielt eine ganze Reihe terminologischer Ungenauigkeiten, wonach für die zum Weihesakrament gezählten Weiheriten mal der Begriff „ordinatio“, mal „consecratio“ verwendet wurde.[157]

Die in dieser Studie berücksichtigten Quellen verwenden für die Bezeichnung der Äbtissinnenweihe ganz unterschiedliche Begriffe. Das PRG aus dem zehnten Jahrhundert überschreibt den Ritus mit „*ordinatio* abbatissae“, das Pontificale Romanum aus dem zwölften Jahrhundert „mit „Ordo ad abbatem *benedicendum* vel abbatissam“. Der erneuerte Ordo von 1970 wählt den Titel „Ordo *Benedictionis* Abbatis et Abbatissae“, die deutsche Übersetzung von 1975 nennt die Feier „Äbtissinnen*weihe*“.[158] Hinter dieser Quellensprache steckt eine „Geschichtlichkeit“. Der Ansatz der „Historischen Semantik“ nimmt an, dass Begriffswandel und begriffliche Innovationen Indikatoren nicht nur für semantische Verschiebungen, sondern auch für Verschiebungen des hinter den Begrifflichkeiten stehenden Konzeptes sind.[159] Wenn diese Annahme stimmt, sind die von den Quellen jeweils gewählten Termini möglicherweise Indizien für ein zeitgenössisches Verständnis der Äbtissinnenweihe. Für die Quellenarbeit wird daher der jeweils von den Quellen verwendete Begriff genutzt. Wenn das PRG

---

155 KRUMPHOLZ, Gregor, Kardinal Woelki führt neue Äbtissin von Alexanderdorf ein. Pressemeldung, 26.08.2013, Erzbistumberlin.de (Zugriff 13. September 2016). https://www.erzbistumberlin.de/medien/pressestelle/aktuelle-pressemeldungen/pressemeldung/news-title/kardinal-woelki-fuehrt-neue-aebtissin-von-alexanderdorf-ein-1210/ (Zugriff 12. Januar 2019).

156 KACZYNSKI, Pontifikale, S. 237.

157 Vgl. STEFANSKI, Ordinationsriten, S. 149.

158 Hervorhebung S.R.

159 Vgl. FRITZ, Semantik, bes. S. 87–92.

für die Äbtissinnenweihe den gleichen Begriff verwendet, wie für die Bischofsweihe, ist das ein Hinweis darauf, dass die „Ordination" der Äbtissin vielleicht mehr als nur Ähnlichkeiten zur „Ordination" des Bischofs hatte, ihr vielleicht ebenbürtig war, wie etwa Macy und Morris argumentieren? Wenn heute im Deutschen auch vom offiziell von Rom approbierten Pontifikale der Begriff „Äbtissinnen*weihe*" gewählt ist, damit eine begriffliche Entsprechung zur „Bischofsweihe", „Priesterweihe" und „Diakonenweihe" besteht, ist diese Entsprechung Indiz für eine gemeinsame Geschichte, die sich in der deutschen Terminologie bis heute gehalten haben könnte?

II. Zu Tradition I: Äbtissinnenweihen vom Frühmittelalter bis zum Pontificale Romanum von 1962

1 *Erste Spuren im Frühmittelalter*

Die Anfänge der Äbtissinnenweihe liegen weitestgehend im Dunkeln. Am Ausgang der Antike gab es noch keine spezifischen Gesetzgebungen der Kirche, die die Rechte und Pflichten von Oberinnen oder gar ihre Einsetzung definierten. Jede Gemeinschaft folgte eigenen Leitlinien, die zunächst durch „Erzählungen, Heiligenviten und moralische Schriften, aber auch durch Regelwerke" weitergegeben wurden.[1]

Spätestens seit dem vierten Jahrhundert sind im lateinischen Westen geschlossene Gemeinschaften belegt, die sich an einen Ort gebunden haben, an deren Spitze eine Leiterin stand und „die einem, wie auch immer im Detail gestalteten, regelmäßigen Tagesablauf"[2] folgten. Der Historiker Georg Jenal nennt exemplarisch „Frauengemeinschaften in Verona (ca. 362), Bologna (ca. 374), vielleicht in Turin (Anfang des vierten Jahrhunderts), in Rom (Gemeinschaft der Lea, nach 384 sowie die von Augustinus erwähnten *diversoria* um 385 ...)" sowie ein Kloster in Sizilien und schließlich Klöster in Afrika wie zum Beispiel in Karthago (seit 411).[3] Jenal bemerkt, über diese Klöster erfahre man „jedoch kaum mehr als Selbstverständlichkeiten". Die Gemeinschaft stand unter der Leitung einer Vorsteherin, die Frauen fasteten, beteten und kannten einen regulierten Tagesablauf. „Bei all diesen Beispielen ist noch keine Rede von einer schriftlich fixierten *regula,* von *institutiones* oder gar *consuetudines* und auch nicht davon, dass im Alltag der Asketinnen irgendwelche geschlechtsspezifischen Regelungen gegolten hätten".[4] Ob diese Regeln nicht überliefert sind oder ob es tatsächlich keine verschriftlichte Form gab, ist unklar.[5]

Im sechsten Jahrhundert waren die religiösen Gemeinschaften von Frauen sehr zahlreich und gut organisiert. Dies bezeugen verschiedene Regeltexte, die

---

1 Bodarwé, Klausur, S. 184.

2 Vgl. Jenal, Formen, S. 60.

3 Vgl. ebd.

4 Vgl. ebd.

5 Für frühe Versammlungen von Jungfrauen und Witwen sowie erste Nonnengemeinschaften vgl. auch Bowe, Superioresses, S. 2–4.

seit dieser Zeit vermehrt überliefert sind. Beinahe alle überlieferten Regeltexte sind jedoch für Männergemeinschaften verfasst. Entweder sind die Frauenklöster ohne eigene Regel ausgekommen und griffen auf die Regeln der Männerklöster zurück, oder es gab möglicherweise Nonnenregeln in der Spätantike, die jedoch nicht so sorgfältig tradiert wurden wie die Regeln der Männer.

Die erste Frauengemeinschaft des lateinischen Westens, für die es nachweislich eine verschriftlichte Regel gegeben hat, ist das Frauenkloster in Hippo, eine Gemeinschaft, die angeblich kurz nach der Wahl des Augustinus (354–430) zum Bischof der Stadt (im Jahre 391) gegründet und von seiner Schwester geleitet worden ist.[6] Diese Regel gibt zwar keinen Aufschluss über die Installation oder gar eine „Weihe" der Vorsteherin, jedoch bildet sie eine Grundlage für weitere Regeln und enthält zentrale Wegweisungen für die Gestalt des künftigen Äbtissinnenamtes. Sie existiert in einer Fassung für Männer, dem „Praeceptum", und einer Fassung für Frauen, der „Regularis informatio". Die „Regularis informatio" ist eine Transkription des „Praeceptum" mit „geringfügigen Adaptionen" und keine eigens für Frauen verfasste Regel.[7]

Die erste bekannte Regel, die ausdrücklich für Nonnen verfasst ist, ist die Regel des Caesarius von Arles (502–542).[8] Die Nonnenregel des Caesarius kennt das Amt der Äbtissin, die dort auch bereits „abbatissa" genannt wird. Eine weitere Regel, die ausdrücklich für Frauen verfasst ist, ist die „Regula cuiusdam" (RC). Sie entstand vermutlich Mitte des siebten Jahrhunderts in Frankreich und zeigt viele Anspielungen auf die Caesarius-Regel.[9]

---

6 Vgl. JENAL, Formen, S. 60.

7 Vgl. ebd., S. 61. Für die Änderungen im Einzelnen vgl. ebd., S. 63f. Neben einigen belanglosen Unterschieden zur „praeposita" wie die Änderung des Genus und einigen „weiblichen Ergänzungen" wie die Regelung der Kopfbedeckung ist die allgemeine Tendenz sehr auffällig, „die Machtbefugnisse der *praeposita* - gegenüber jener des *praepositus* im *Praeceptum* - abzuschwächen." So hat der Bischof in der Frauenregel des Augustinus eine „Leitungs- und Schiedsfunktion", die er im „Praeceptum" nicht hat. Jenal vermutet, dass dies auf die Absicht des Augustinus hindeutet, „die Frauengemeinschaft enger an die Aufsichtspflicht des Diözesanbischofs zu binden", ebd., S. 64.

8 Caesarius von Arles lebte von ca. 470 bis 542 in Gallien. Er war Abt des Klosters Trinquetaille in einem Vorort von Arles, und wurde 502 zum Nachfolger des Bischofs ernannt. Zur Biographie des Caesarius vgl. MORIN, Germain, Vie de Césaire d'Arles, Paris 2010.
Die „Regula sanctarum Virginium" (RV) ist der Überlieferung nach von Bischof Caesarius von Arles gemeinsam mit seiner Schwester Caesaria für seine Klostergründung Saint Jean in Arles im Jahr 512 zusammengestellt worden, vgl. BODARWÉ, Klausur, S. 184; PRAGER, Frauenorden, S. 17. In diese Zeit wird auch die Fertigstellung der ersten Fassung seiner Nonnenregel datiert. 534 präsentierte Caesarius der Gemeinschaft dann eine Revision dieser Fassung und ordnete an, die alte Variante zu vernichten, vgl. MCCARTHY, Rule, S. 9. Eine Edition der Regel hat der belgische Benediktiner Germain Morin erarbeit, vgl. CAESARIUS, Regula, S. 18.

9 Traditionell wird sie, „wenn auch mit wenig stichhaltigen Gründen, Waldebert, dem dritten Abt des Klosters Luxeuil (+ 670) zugeschrieben", DIEM, Ende, S. 83. Eine Edition der Re-

Diese beiden Nonnenregeln geben jedoch keine Hinweise auf eine Weihe der Ordensoberinnen. Anders sieht es bei den beiden wohl bekanntesten Regeln des Frühmittelalters aus, der Magister- und der Benediktsregel. Während für die Benediktsregel umstritten ist, ob dieses ursprünglich für Männer verfasste Regelwerk eine Abtsweihe kennt,[10] überliefert die Magisterregel eine ausführliche „ordinatio" eines Abtes. Der Benediktiner Stephanus Hilpisch hält die „ordinatio" in der Magisterregel für die „erste Erwähnung und zugleich die erste ausführliche Darstellung des Ritus der Abtsweihe",[11] was zutreffend sein dürfte, wenn der heutige Forschungskonsens korrekt ist, wonach die Magisterregel bereits vor dem Jahr 600 entstanden ist.[12] Die Magisterregel ist wie die Benediktsregel für Männer verfasst. Dennoch ist dieser Regeltext für die Geschichte der

---

gel hat der Historiker Albrecht Diem 2016 gemeinsam mit Matthieu van der Meer herausgegeben, vgl. DIEM/VAN DER MEER (Hg.), Columbanische Klosterregeln.
In der Forschung ist die Regel bisher erst wenig beachtet worden, vgl. DIEM, Ende, S. 83. Dabei wurde der Regeltext durchaus breit rezipiert. So verwendete Benedikt von Aniane fast den gesamten Text der RC in seiner „Concordia Regularum" „und zwar in einer sorgfältig überarbeiteten männlichen Fassung", ebd., S. 108f.

10 Vgl. HEGGLIN, Abt, S. 46.

11 HILPISCH, Abtsweihe, S. 54. Hilpisch widerspricht damit dem Benediktiner L. Gillet, der in der Vita des heiligen Abtes Maximin (+520) der Abtei von Saint-Mesmin bei Orléans die erste Erwähnung einer Abtsweihe ausmachte, vgl. GILLET, Bénédiction, S. 498. Die Vita des Maximin sei jedoch erst im 9. Jahrhundert entstanden, daher könne die „darin berichtete Benediktion des Abtes nicht als Beweis für ihr Vorhandensein um das Jahr 500 in Betracht kommen", HILPISCH, Abtsweihe, S. 54f.

12 Vgl. STEIDLE, Einsetzung, S. 181. Eine genaue Datierung der Magisterregel ist jedoch nach wie vor schwierig. Adalbert de Vogüé und mit ihm Karl Suso Frank datieren sie ins 6. Jahrhundert und berufen sich dabei auf die ältesten Handschriften der Regel, vgl. FRANK (Hg.), Magisterregel, S. 11.
Bis in die dreißiger Jahre des 20. Jahrhunderts galt als allgemeiner Forschungskonsens, dass die Magisterregel eine Kompilation der Benediktsregel ist. Erst durch die Studien des französischen Benediktiners Augustin Genestout aus der Abtei Solesmes änderte sich diese Vorstellung grundlegend in ihr Gegenteil. Genestout konnte zeigen, dass Benedikt öfter den Magistertext korrigierte, aber eben nicht umgekehrt. Zudem führten ihn paläographische Beobachtungen zu der Annahme, dass die Magisterregel an vielen Stellen als literarische und zum Teil auch theologisch-monastisches Vorbild für die Benediktsregel diente, vgl. JASPERT, Kontroverse, S. 123f. Genestout datierte die RM sogar in das frühe 5. Jahrhundert, als Entstehungsort glaubte er, Dacien ausmachen zu können, vgl. GENESTOUT, Règle, S. 107. Zuvor war die Niederschrift des Regeltextes für das 7. Jahrhundert angenommen worden, vgl. HILPISCH, Entwicklung, S. 54. Genestouts These löste eine rege wissenschaftliche Diskussion aus. Gegen Genestouts These äußerte sich Justo Perez de Urbel, der die Entstehung der Magisterregel nach der Zeit Benedikts datierte und versicherte, sie sei gleichsam als erster Kommentar der Benediktsregel zu lesen, vgl. PEREZ DE URBEL, Règle du Maitre. Ähnlich argumentierte Berhard Capelle, vgl. CAPELLE, Origines. Heute ist die Priorität der Magisterregel weitestgehend Forschungskonsens, vgl. FRANK, Regula magistri, Sp. 977f.; vgl. auch DARTMANN, Benediktiner, S. 59.
Umstritten ist auch der Herkunftsort der Regel. In der Diskussion sind heute noch Süditalien und Südgallien, vgl. FRANK (Hg.), Magisterregel, S. 11. Die Regel tauchte im 6. Jahr-

Äbtissinnenweihe bedeutend, insofern er eine wichtige Vorlage für die Entstehung der Benediktsregel war, die die Grundlage sowohl für die männlichen als auch die weiblichen benediktinischen Ordenszweige bildete und bildet.

1.1 Die „ordinatio“ des Abtes in der Magisterregel

Der Name „Regula Magistri“ (RM), den mutmaßlich Benedikt von Aniane der Regel gab,[13] geht auf die Konzeption der Regel zurück: Ein Lehrer beantwortet die Fragen der Schüler. Der Verfasser des Regeltextes ist unbekannt, ob willentlich oder nicht, ist nicht geklärt. Frank urteilt, „die Anonymität ist mit der Intention gegeben: Der Regelschreiber will nichts Neues schaffen, sondern gute Traditionen festhalten und festschreiben“.[14] Möglicherweise ist der Verfasser auch einfach nicht überliefert.

Die Kapitel 93 und 94 behandeln die „ordinatio“ des Abtes.[15] Dazu hält die Magisterregel zwei verschiedene Zeremonien bereit. Die erste Zeremonie (RM 93) kommt zum Tragen, wenn der kranke Alt-Abt noch lebt und seinem Nachfolger feierlich das Amt selbst übergeben kann. Die zweite Zeremonie ist für den Fall vorgesehen, dass der Abt unerwartet stirbt, ohne vorher einen Wunschkandidaten als Nachfolger benannt und das Amt an ihn übergeben zu haben (RM 94). Wer der neue Abt des Klosters wird, bestimmt der alte Abt, sofern er noch lebt. Dieser trifft die Wahl jedoch nicht nach eigenem Gutdünken, sondern der Abt wird als irdisches Werkzeug Gottes verstanden. Die Wahl fällt auf denjenigen,

---

hundert in zwei unterschiedlichen italienischen Klöstern auf, in Monte Cassino und Vivarium, vgl. SOMMERVILLE, Ordinatio abbatis, S. 260. Eine rituelle „ordinatio abbatis“ dürfte demnach zumindest im südlichen Italien des 6. Jahrhunderts bekannt gewesen sein.

13 Vgl. FRANK (Hg.), Magisterregel, S. 8.

14 Vgl. ebd.

15 Im Zuge der wissenschaftlichen Streitigkeiten um die Priorität von Benediktsregel oder Magisterregel wurde der Magistertext 1953 durch ein belgisches Forscherteam neu ediert, vgl. VANDERHOVEN, Hubert u. a., La règle du maitre. Édition diplomatique des manuscrits latins 12205 et 12634 de Paris, Brüssel 1953. 1964 legte Adalbert de Vogüé eine kritische Regelausgabe in drei Bänden vor, VOGÜÉ, Adalbert de, La règle du maitre, 3 Bde., Paris 1964–1965. Auf diese stützt sich die hier verwendete deutsche Übersetzung und Kommentierung des Quellentextes von Karl Suso Frank. Neben der deutschen Edition von Frank wird für die Passagen, an denen eine Arbeit am lateinischen Text nötig ist, die Version aus der Patrologia latina verwendet, vgl. De regula magistri veterum testimonia; PL 88, 943–1052. Über die Frage, ob der Text einheitlich oder in komplizierten redaktionellen Entstehungsstufen entstanden ist, herrscht ebenfalls kein Konsens. Während Vogüé an Einheit und einem Autor festhält, nimmt Eugène Manning mehrere Regula Magistri-Varianten in verschiedenen Entwicklungsstadien an, vgl. FRANK (Hg.), Magisterregel, S. 18. Frank wählt einen Mittelweg. Man könne durchaus einen einzigen Verfasser annehmen, urteilt er. Doch da die Regel der Praxis folge und nicht umgekehrt, seien mehrere Entwicklungsstufen mehr als wahrscheinlich, vgl. ebd., S. 25.

der von allen Brüdern des Klosters durch seine guten Taten besonders gefallen hat.

1.1.1 *Die Einsetzungszeremonie in Kapitel 93*

Der Schüler fragt den Magister nach der „ordinatione novi abbati",[16] nach der „Ordination des neuen Abtes". Der Begriff „ordinatio" wird in verschiedenen Übersetzungen der Magisterregel meist in seiner weiten Bedeutung „Einsetzung" angegeben.[17] Diese Entscheidung überzeugt insofern, als die „ordinatio" des Abtes in der Magisterregel aus zwei Elementen besteht: einer von Gebeten begleiteten Installation mit der Übergabe der Regel und einer Segnung mit einem Gebet des Bischofs. Der Begriff „ordo" beziehungsweise „ordinatio" stammt ursprünglich aus der profanen römischen Amtssprache, wo „ordo" „Stand, Rang" und „*ordinatio* Bestellung zu einem Amte bedeutete".[18] In die Kirchensprache kam der Begriff durch Tertullian (155–220). In der römischen Rechtssprache meint „ordinare" auch einfach die Einsetzung eines Beamten in sein Amt.[19] „Ordinatio" ist in der Magisterregel also die Bezeichnung für den gesamten Prozess, mit dem der Abt in sein Amt kommt, die Segnung durch den Bischof eingeschlossen.

Wenn der neue Abt bestimmt ist, sprechen alle sofort ein Gebet (RM 93,6).[20] Der zuständige Territorialbischof wird gerufen, um in einer feierlichen Zeremonie den Namen des zum Abt Erwählten hinter den Namen seines Vorgängers in das Diptychon einzutragen (RM 93,7).[21] Danach wird eine Messe gelesen, deren Vorsitz jedoch bezeichnenderweise nicht der Bischof hat, sondern ein durch die Regel nicht näher bestimmter Kleriker. Der Bischof ist nur anwesend (RM 93,8 und RM 93,11).

Nach der Messe beginnt die „ordinatio". Der erwählte Bruder erhält zunächst von seinem Vorgänger, danach von dem ganzen Konvent als Ausdruck christlicher Gemeinschaft (Röm 16) den Friedenskuss.[22] Sodann übergibt der alte

---

16 PL 88, 1047.

17 So etwa STEIDLE, Einsetzung, S. 181–183 und FRANK (Hg.), Magisterregel.

18 FUCHS, Ordo, Sp. 763. Hervorhebung im Original.

19 Vgl. ebd.

20 Die Abschnitte aus der Magisterregel werden im Folgenden direkt im Text unter Angabe von Kapitel- und Abschnittsnummer zitiert.

21 Diese Verzeichnisse in Form von Diptycha übernahm die Kirche „schon früh ... für ihre Liturgie". Es gab verschiedene Verzeichnisse wie die von Katechumenen, Täuflingen und Klerikern. Vor allem im Osten erfuhren Diptycha eine wachsende Bedeutung und Wertung: „Mit allen, deren Name genannt wurde, teilte man die kirchl. Gemeinschaft und den rechten Glauben; eine Tilgung des Namens (erasio nominis) bedeutete die Aufsage der kirchl. Communio", EMMINGHAUS, Diptychon, Sp. 1101.

22 Zum Friedenskuss vgl. THRAEDE, Ursprünge, S. 124–180; HERMANS, Feier, S. 284–290. Der Friedenskuss ist für die Bischofsweihe bereits in der „Traditio apostolica" überliefert, einer

Abt seinem Nachfolger die Regel. Während der Regelübergabe spricht der Altabt zu seinem erwählten Nachfolger „in Anwesenheit des Bischofs, seiner ganzen Kurie und seiner eigenen Gemeinde“:

> Nimm, Bruder, als Gesetz Gottes diese Regel, mit der du denen, die sie beobachten, das ewige Leben vermittelst, denen aber, die sie mißachten, die ewige Verdammnis vor Augen stellst. Hier siegt die Seele, oder sie geht zugrunde; hier wird das Leben verloren oder gewonnen, an ihr hängt die Rechenschaft, die Gott von dir für diese Seelen hier fordert, auf die du schaust. Auf Grund dieses Verzeichnisses wirst du im Gericht des Herrn nach mir Rechenschaft ablegen müssen über diese Herde. Bedenke, bedenke Bruder, bedenke, wem mehr anvertraut ist, von dem wird auch um so mehr verlangt. Sei nun eifrig besorgt, halte dich nicht für sicher vor dem verschlingenden Rachen des Wolfes, und denke an die teuflischen Nachstellungen, die auf deine Herde zukommen, und daran, mit welcher Kunst und welchen Ermahnungen du die Wunden der Seele und die Fehltritte der Schuld zum Heil der Seelen zu heilen vermagst. Sei nun wachsam und besorgt, so gut du kannst, denn bis heute warst du in Sicherheit (RM 93,15.)

Das Begleitwort zur Regelübergabe stellt dem Abt vor Augen, welche Bürde er mit dem Amt auf sich nimmt. In den Worten liegt ein ängstlicher Akzent auf dem richtigen Tun. Hintergrund ist die christliche Vorstellung eines Gerichtes, das auf den Tod folgt und „aufgrund der Lebensführung über Himmel und Hölle entscheidet“.[23] Fehlt der Abt, so droht ihm „ewige Verdammnis“. Der Abt übernimmt mit seinem Amt die Verantwortung für das Seelenheil der Brüder, er erhält die Sorge über die ihm anvertraute „Herde“. Über diese Sorge für die Seelen und die Rechenschaft, die der Abt einst vor dem Jüngsten Gericht über diese ablegen muss, belehrt auch das zweite Kapitel der Magisterregel. Dort wird der Abt eindrücklich ermahnt, er müsse wissen, „daß es dem Hirten als Schuld angelastet wird, wenn der Hausvater irgendeinen Verlust an den Schafen feststellt. Doch ebenso gilt, daß der Hirte, der einer unruhigen und ungehorsamen Herde alle Hirtensorge geschenkt hat und gegen ihr krankhaftes Tun alle Heilkunst angewandt hat, im Gericht des Herrn freigesprochen wird“ (MR 2,8f.). Nochmals erinnert die Regel daran, dem Abt müsse immer wieder bewusst werden, „daß der, der Seelen zu leiten übernimmt, bereit sein muß, darüber Rechenschaft zu geben“ (MR 2,33).

---

frühen Kirchenordnung, die klassisch Hippolyt von Rom zugeschrieben wurde. Nach heutigem Forschungsstand ist diese Zuordnung jedoch mindestens unsicher, vgl. über die Frage wer die „sogenannte Traditio Apostolica“ schrieb MARKSCHIES, Beobachtungen, S. 1–74. Die „Traditio Apostolica“ bezeugt, dass der Bischof nach dem Gebet unter Handauflegung von allen den Friedenskuss empfängt, „denn er hat die Würde erlangt“ („quia dignus effectus est“), vgl. GEERLINGS (Übers.), Traditio Apostolica, S. 220f.
Hier empfängt der neue Abt nach dem Weihegebet den Friedenskuss gleichsam als Begrüßung von der gesamten Gemeinde

[23] Vgl. ANGENENDT, Grundformen, S. 23. Vgl. auch DERS., Religiosität, S. 727–731.

Nach der Regelübergabe erbittet der neue Abt vom Cellerar die Schlüssel zu den Vorratskammern des Klosters. Er erhält ferner das Verzeichnis allen Besitzes, der Werkzeuge und der Bücher und des ganzen Mobiliars. Dann wird ihm alles weitere übergeben, was die einzelnen Brüder eingebracht haben. Was diese Mitbringsel sind, erklärt die Regel nicht. Der Bischof hat an dieser Stelle wieder keine Aufgabe – er hat jedoch zuvor das Verzeichnis mit seinem Siegel versehen, in dem die hier dem neuen Abt übergebenen Besitztümer des Klosters zusammengestellt worden sind. Damit ist die Urkunde beglaubigt und gültig (RM 93,11–14).

Nach der Regel- und Besitzübergabe folgt die Installation. Der alte Abt fordert seinen Nachfolger auf, sich im Oratorium an den Platz des Abtes zu stellen. Dabei spricht er folgende Worte: „Stelle dich an meinen Platz mit der Gemeinde, die nun die deine ist. Der Hohepriester möge mit seinen Gebeten in die himmlischen Akten eintragen, was du auf Erden übernommen hast" (RM 93,25). Nach dieser Aufforderung übergibt er dem neuen Abt einen Mantel („pallium").[24] Bei diesem Mantel handelt es sich wahrscheinlich um einen Überwurf, der nach dem Vorbild eines Palliums in einem „längsrechteckigen Zuschnitt"[25] geschnitten ist. Hilpisch deutet, dieser Mantel sei „ein Zeichen der neuen Würde" des Abtes.[26]

Der Bischof, der bei der Installation des Abtes wieder eine rein passive Rolle innehat, spricht nach der Übergabe des Mantels ein Gebet für den neuen Abt. Dieser legt danach die Regel auf dem Altar ab und betet dabei gemeinsam mit der Gemeinde (RM 93,27–32). Über die Inhalte der Gebete schweigt die Magisterregel. Da der Regeltext in seinen Anweisungen insgesamt sehr detailliert ist und genaue Vorgaben für den Ablauf der „ordinatio" gibt, ist davon auszugehen, dass Bischof und Abt bereits ein Sakramentar oder ein ähnliches Buch mit Gebeten vorliegen hatten. Für diese These spricht auch, dass die Magisterregel genau vorschreibt, dass die Gemeinde schließlich mit dem Abt zusammen den Psalmvers „Kräftige, o Gott, was du in uns gewirkt hast"[27] mit dem „Ehre sei dem Vater" und einer Cantilena sprechen solle. Dass sie Gebete der freien Formulierung überlässt, ist daher unwahrscheinlich.

Daran anschließend legt der neue Abt sich auf den Boden und bittet den Bischof „mit lauter Stimme", er möge nochmals für ihn beten. Auch die Gemeinde soll sich hinter ihm auf den Boden legen (RM 93,32f.). Der Regeltext gibt wiederum keine Auskunft darüber, was das Gebet beinhaltet, ob es laut oder leise gesprochen wurde, ob es frei formuliert oder nach einer vorgegebenen Formel ge-

---

24 Im Lateinischen steht „pallium". Frank übersetzt diesen Begriff nicht, sondern übernimmt für seine deutsche Ausgabe den lateinischen Terminus.

25 Vavra, Mantel, Sp. 203f.

26 Vgl. Hilpisch, Abtsweihe, S. 55. Das Pallium meint hier noch nicht jene päpstliche Insignie, die etwa seit dem 7. Jahrhundert ausschließlich dem Papst selbst vorbehalten und ein den Erzbischöfen, selten auch Bischöfen verliehenes Ehrenzeichen war, vgl. Kranemann, Pallium, Sp. 1643f.

27 Es handelt sich dabei um Psalm 68,29.

sprochen wurde, weshalb auch hier angenommen werden darf, dass der Bischof eine eigene Textvorlage für das Gebet hatte. Nach dem Gebet küsst der Abt als Zeichen der Demut und des Dankes zunächst die Knie des Bischofs.[28] Dann erhebt er sich, um zuerst dem Bischof, dann dem gesamten Klerus, dann den Dekanen und schließlich der gesamten Gemeinde den Friedenskuss zu geben. Dieser zweite Friedenskuss bildet eine Art Abschluss der Gebetszeremonie.

Damit ist die „ordinatio" noch nicht gänzlich vorbei. Nun ist es an dem neuen Abt, die Aufgaben zu verteilen. So gibt er etwa dem Cellerar eigenhändig die Schlüssel – ja letztlich zurück, denn er hat sie vor seiner „Einsetzung" von ihm überreicht bekommen. Nach der Schlüsselübergabe soll er mit allen beten. Jetzt ist der neue Abt der Vorsteher des Gebets. Er soll das Gebet selbst beenden und zwar wird wörtlich gesagt „ohne den Bischof" (RM 93,34–36). Der Bischof hat also auch hier wieder eine beiwohnende Rolle.

Diese eher passive Rolle des Bischofs lässt sich für die gesamte „ordinato" des Abtes beobachten. Der Bischof hat letztlich nur drei Aufgaben: Er besiegelt das Testament, in dem der Besitz des Klosters aufgeführt ist, er trägt den Namen des Abtes in das Diptychon ein und er spricht ein Gebet für den Abt. Für die Übergabe der Regel und des Besitzes ist der alte Abt zuständig, auch die Inthronisation nimmt der alte Abt vor. Die Magisterregel sieht für den Abt und den Bischof zwar verschiedene Aufgaben vor, räumt ihnen aber einen ebenbürtigen Rang ein. Der Benediktiner Basilius Steidle erklärt, der Abt habe „in der Auffassung der alten Kirche" „die gleiche Autorität der göttlichen Stellvertretung, wie der Bischof in seiner Diözese".[29] Der Unterschied zwischen beiden sei, dass der Bischof durch eine „sakramentale Weihe in seine Diözese eingesetzt wird, während der Abt durch den geheimnisvollen Ruf Gottes zur Leitung einer Brüderschar bestellt wird",[30] erklärt der Benediktiner, indem er das Konzept des zwanzigsten Jahrhunderts, wonach die Bischofsweihe eine sakramentale Weihe ist, auf das Frühmittelalter überträgt. Der Abt ist „Laie", was ihm im sechsten Jahrhundert jedoch (noch) keine Einbußen hinsichtlich einer Hirtensorge oder einer Stellvertreter Christi-Rolle im Kloster bescherte.[31] Steidle führt aus, der Laienabt

---

[28] Das Knie gilt als Zeichen der Anbetung und Demut. Bei einer Kniebeuge macht der Mensch sich klein, er demütigt sich also selbst. In der heidnischen Götterverehrung ist das Knien Zeichen der Anbetung, aber auch „der Buße und Bitte. Beugt sich der Küssende zum Knie des zu Küssenden, so zeigt sich darin Verehrung, Erniedrigung, aber auch Dank", HARST, Kuss der Religionen, S. 249.

[29] STEIDLE, Einsetzung, S. 182f.

[30] Ebd., S. 183. Steidle verfasste seinen Text in den zwanziger Jahren des 20. Jahrhunderts. Zu dieser Zeit war die Auffassung, die Bischofsweihe sei eine „sakramentale Weihe" schon weit verbreitet, vgl. zu dieser Frage v.a. Kapitel III 1.3 dieser Arbeit über die Neudeutung von Bischofsamt und Bischofsweihe im 20. Jahrhundert.

[31] Vgl. dazu auch die weiteren Ausführungen Steidles, der ausgehend vom „Herrenwort" aus Lk 10,16 „Wer euch hört, hört mich" die Parallelen zwischen Abt und Bischof hinsichtlich ihrer Rolle als Stellvertreter Christi im Kloster in Lehr- und Hirtenamt in der Magister- und Benediktsregel skizziert, STEIDLE, Einsetzung.

benötigte „zur Führung seines Klosters die klerikale Hierarchie nur, wenn es sich um die Eucharistie handelt".[32]

Die Parallelität der beiden Ämter demonstriert auch die „cathedra"[33] des Abtes, die er nach dem Gebet des Bischofs in Besitz nimmt. Die Kathedra ist seit der Antike der Sitz des Lehrers.[34] Im Kloster ist auch der Abt Lehrer der Mönche,[35] ähnlich wie der Bischof „geistlicher Lehrer" ist.[36] Auf der Kathedra sitzend empfängt der Abt den Kniekuss durch die Brüder, die nun ihm dadurch ihre Ergebenheit zollen. Der neue Abt wiederum küsst dem alten Abt auf dem Krankenbett die Knie und gibt ihm den Friedenskuss (RM 93,38–42). Die ganze Zeremonie hat die Grundvoraussetzung, dass der alte Abt krank im Bett liegt und bald sterben wird. Vor seinem Tod ist es seine Aufgabe, für seine Herde einen neuen Hirten, seinen Nachfolger zu bestimmen. Doch was, wenn der alte Abt doch wieder gesund wird? Auch für diesen Fall macht die Regula Magistri klare Vorgaben.

1.1.2 *Zwei Äbte gleichzeitig?*

Wird der alte Abt wieder gesund, so „soll er alle Zuständigkeit und Vollmacht in der Leitung und auch die frühere Ehre nach der Ordnung zurückerhalten" (RM 93,43). Für den neuen Abt wird bestimmt, dass er von der Stunde der Genesung des Alt-Abtes bis zu seinem Tod nichts von der „Ehre" in Anspruch nehmen darf, die ihm übertragen worden ist. Was ist das für eine „Ehre" („honor"), von der die Magisterregel hier spricht?

Der neueingesetzte Abt muss zwar seine Leitungsvollmachten an den wieder genesenen Abt zurückgeben, über die „empfangene Ehre" wird aber ausdrücklich ausgesagt, dass er sie behält, aber nicht ausüben darf, bis der alte Abt tatsächlich stirbt. Diese „Ehre" des Abtes ist also unwiderruflich eingeprägt worden und die Magisterregel erklärt auch, wodurch: Begründet ist sie durch die Gebete („orantibus") des Bischofs und dadurch, dass er den Namen des Abtes hinter den des früheres Abtes in das Diptychon geschrieben hat (RM 93,56).

Die „ordinatio" des Abtes beziehungsweise das Amt, in das der Abt eingesetzt wird, hat in der Magisterregel im sechsten Jahrhundert also zwei Dimen-

---

32 Ebd., S. 183.

33 Vgl. auch PL 88, 1049.

34 Heute ist die Kathedra ausschließlich die Bezeichnung für den Sitz des Bischofs, von dem aus er „die Liturgie leitet, das Wort verkündet und Ordinationen erteilt". Sie ist „Zeichen seines Lehramts u. seiner Hirtengewalt sowie der Einheit in dem v. Bf. verkündeten Glauben", BERGER, Kathedra, Sp. 1336.

35 Das zweite Kapitel legt dar, als Lehrer sei es die Aufgabe des Abtes, seinen Schülern die „Gebote des Herrn" darzulegen und ihnen in all seinem Tun Vorbild und Beispiel der Demut zu sein (vgl. RM 2). Welche Gebote und welche „heilige Kunst" der Abt lehren soll, wird im dritten Kapitel detailliert beschrieben (RM 3).

36 Vgl. auch STEIDLE, Einsetzung, S. 182f.

sionen: Es besteht aus 1) einer Jurisdiktion, in die der Abt durch Regelübergabe, Übergabe von Besitz, Pallium und Inthronisation auf der Kathedra eingesetzt wird, und die er wieder verlieren kann, 2) und einer geistlichen Dimension, die durch ein Gebet des Bischofs verliehen wird und unverlierbar ist. Auch die Eintragung ins Diptychon ist zentrales Element. Auf einer geistlichen Ebene gibt es dann nach der Magisterregel für den Zeitraum, bis der alte Abt schließlich doch stirbt, zwei Äbte. So wird dem neuen Abt zugestanden, aufgrund seiner äbtlichen Würde etwa die Geschäfte zu übernehmen, wenn der alte Abt verreist ist (RM 93,68). Er solle „gleichsam als geistlicher ‚Caesar designatus‘ neben dem Abt sitzen“ (RM 93, 63).

Dass der junge Abt im Todesfall des alten Abtes die Vollmachten zurück erhält, knüpft die Magisterregel an die Bedingung, dass der junge Abt bis zum Todestag des Alt-Abtes keine Sünde begangen hat und sich keine „äbtliche Ehre zu“ dessen Lebzeiten angemaßt hat. Erweist sich der junge Abt in dieser Zeit jedoch nicht als würdig für das Abtsamt, dann darf der Abt beschließen, dass ein Priester ihn aus dem Diptychon streicht (RM 93,76–79). Dieser Teil des Abtsamtes ist also rückgängig zu machen, der Abt wird wieder ein einfacher Bruder. Dass nur ein Priester die Streichung vornehmen darf, zeigt, dass die Eintragung ein heiliger Akt ist.

1.1.3 Die Einsetzung des Abtes in Kapitel 94

Die Magisterregel sieht vor, dass der Abt seinen Nachfolger selbst auswählen soll, beziehungsweise ist die Vorstellung impliziert, dass der Abt gleichsam als irdisches Instrument die Wahl Gottes bestätigt. In der Einsetzungszeremonie, wie sie in Kapitel 93 vorgeschrieben ist, kommt dem alten Abt eine entscheidende Rolle zu, weil er den neuen Abt durch Regelübergabe und die Übergabe des Palliums gleichsam in das Amt selbst einführt. Der Bischof ist bei diesen Riten lediglich anwesend, wie die Regel mehrfach betont. Darüber hinaus hat er eine bezeugende und betende Rolle.

Dem Bischof kommt jedoch dann eine zentralere Bedeutung zu, wenn der Abt des Klosters stirbt, bevor er einen Nachfolger ernannt hat. Gemeinsam mit dem Klerus des betreffenden Gebietes soll er dann einen Übergangsabt bestimmen, der für dreißig Tage im Amt bleibt (vgl. RM 94,6). Aus dem Kloster kann diese Aufgabe deshalb keiner übernehmen, weil im Kloster die Rangfolge der einzelnen unbestimmt bleiben muss (vgl. RM 94,2).

Der Übergangsabt erhält die Regel als Zeichen dafür, dass er ihr unterstellt ist (vgl. RM 94,7). Wer die Regel übergibt, wird nicht gesagt. Wahrscheinlich ist, dass der Bischof selbst als Vertreter des Abtes diese Aufgabe übernehmen soll. Einen speziellen Ritus für die Einsetzung dieses Übergangsabtes beschreibt die Magisterregel nicht. Dem Übergangsabt kommt dann die Aufgabe zu, nun seinerseits einen zukünftigen Abt zu bestimmen, der dann so eingesetzt wird, wie es in Kapitel 93 bestimmt ist. Dem Abt kommt in der Magisterregel also eine hohe Bedeutung zu. Nur ein Abt kann als Stellvertreter Christi im Kloster die äbtliche Sukzession im Kloster gewährleisten. Der Territorialbischof hat lediglich aushelfende Befugnisse für den Notfall.

1.2 Die „ordinatio" des Abtes in der Benediktsregel

Die „Regel des heiligen Benedikt" wird Benedikt von Nursia[37] zugeschrieben. Das 64. Kapitel der Benediktsregel[38] ist überschrieben mit „De ordinando abbate". Die Salzburger Äbtekonferenz übersetzt „ordinando" in ihrer Edition der Benediktsregel mit „Einsetzung", Steidle mit „Bestellung".[39]

Der Regeltext verwendet den Begriff auch für die „ordinatio" des Priors (Kapitel 65) und für die „ordinatio" des Priester oder Diakons (Kapitel 62). Die von der Salzburger Äbtekonferenz herausgegebene Ausgabe der Benediktsregel trifft in ihrer Übersetzung eine Unterscheidung, mit der sie zugleich eine (unhistorische) Interpretation vornimmt: Für den Prior und den Abt übersetzt sie „ordinatio" mit „Einsetzung", für die „ordinatio" des Priesters und des Diakons hingegen mit „weihen".[40] Hegglin ist sich sicher, dass „ordinare" in der Regel Benedikts „keineswegs auf die Bedeutung ‚weihen' eingeengt werden kann".[41] Der

37 Benedikt von Nursia ist um 480 in Nursia, Umbrien geboren. Nachdem er ein paar Jahre als Eremit gelebt hatte, zog er 529 nach Kampanien und baute auf dem Monte Cassino ein Kloster, „das zur Hochburg des abendländischen Mönchtums und zum Stammorden des Benediktinerordens wurde", BAUTZ, Benedikt von Nursia, Sp. 495. Er verfasste eine Regel, die im Verlauf der Geschichte alle alten Mönchsregeln verdrängte und „fast die alleinige Regel des abendländischen Mönchtums" wurde, ebd., Sp. 496. 2004 entbrannte eine Debatte über die Historizität Benedikts, als der Frankfurter Historiker Johannes Fried behauptete, Benedikt sei eine erfundene Gestalt, das „Produkt einer erbaulichen Geschichte", weil seine Existenz nur durch die „Dialoge" Papst Gregors des Großen belegt sei, FRIED, Schleier, S. 356. Heute ist die Historizität Benedikts Forschungskonsens, vgl. WOLLASCH, Idealgestalt, S. 7–30. Für die Abfassung der Regel wird angenommen, dass sie zwischen 540 und 550 entstanden ist, vgl. FAUST, Benediktsregel, S. 186.

38 Die Regel wird hier auf der Grundlage der lateinisch-deutschen Edition des Regeltextes betrachtet, herausgegeben durch die Salzburger Äbtekonferenz. Dieser Ausgabe liegt der Codex Sangallensis 914 zugrunde, der in der Stiftsbibliothek von St. Gallen liegt. Forschungen zur Textgeschichte haben ergeben, dass diese Handschrift „die vorzüglichste aller Regelhandschriften" sei, BENEDICTUS, Benediktusregel, S. 50. Zur Textgeschichte und den Handschriften vgl. ZELZER, Textgeschichte, S. 205–246; DERS., Textgestalt, S. 112–130.

39 STEIDLE (Hg.), Benediktus-Regel.

40 „Bei der Einsetzung des Abtes soll man stets so verfahren …", BENEDICTUS, Benediktusregel, 223. „Zu oft schon sind durch die Einsetzung eines Priors schwere Streitigkeiten in den Klöstern entstanden …", ebd., S. 227.
„Wenn ein Abt die Weihe eines Priesters oder Diakons erbitten will, so wähle er aus seinen Mönchen einen aus, der würdig ist, den priesterlichen Dienst auszuüben", ebd., S. 217.

41 HEGGLIN, Abt, S. 46.

Benediktiner Suso Brechter versucht zu erklären, dass der Terminus „ordinare" in der Regel nicht einheitlich gebraucht werde. Benedikt verwende den Begriff „ordinare" sowohl „im sakramentalen Sinn von Ordination" wie in Kapitel 62, zugleich nutze er ihn in einer eher allgemeinen Bedeutung im Sinn von „einsetzen".[42] Brechter versäumt allerdings, an dieser Stelle auf die historisch notwendige Frage einzugehen, was denn „ordinare" „im sakramentalen Sinn von Ordination" für das sechste Jahrhundert bedeutet.

Historisch exakter argumentiert der amerikanische Historiker Robert Sommerville. Er stimmt Brechter zwar zu, der Begriff werde bei Benedikt mehrdeutig verwendet, erklärt aber zugleich, dass die Bedeutung für die „ordinatio abbatis" im frühen sechsten Jahrhundert kaum zu klären sei – sicher sei jedoch, dass sie nicht die sakramentale Bedeutung hatte, die der Begriff „ordinare" später bekam.[43] Dass er für Priester, Diakone, den Prior und den Abt gleichermaßen gebraucht wird, zeigt vielmehr, dass der Terminus in der Benediktsregel ebenso wie in der Magisterregel in der weiten Bedeutung für den gesamten Prozess einer „Einsetzung" in ein Amt zu verstehen ist, die auch einen „Weiheakt" in Form eines Gebets durch einen Bischof einschließen kann.

1.2.1 Wahl und Ermahnung

Das Kapitel über die „Einsetzung des Abtes" lässt sich inhaltlich in zwei Teile unterteilen. Der erste Teil (RB 64,1–6) regelt die Auswahl des Abtes. Anders als in der Magisterregel wird der Abt in der Benediktsregel durch die Mönche gewählt (RB 64,1).[44] Dies ist eine „auffällige Parallele mit der kirchlichen Verfassung ..., da auch der Bischof in jener Zeit durch Wahl zu seinem Amte kam",[45] bemerkt Hegglin. Als Kriterien für die Wahl des geeigneten Abtes bestimmt die Benediktsregel, dass dieser sich im Leben bewährt haben möge und Weisheit in der Lehre zeige. Die bisherige Stellung soll keine Relevanz haben (RB 64,2). Entscheiden sich die Mönche für einen Kandidaten, der diese Kriterien nicht erfüllt, so obliegt es dem Diözesanbischof beziehungsweise den Nachbaräbten oder den „Christen der Nachbarschaft", diesen fälschlich gewählten Abt zu verhindern

---

42 Vgl. BRECHTER, Bestellung, S. 49.

43 Vgl. SOMMERVILLE, Ordinatio abbatis, S. 263.

44 Die Modi, wie ein Vorsteher ausgewählt wird, sind in den frühen Regeltexten noch sehr unterschiedlich. Bei dem ägyptischen Mönch Pachomius (292–348) wurde der Abt durch den Generalabt ernannt. Basilius von Caesarea (330–379) lässt den Abt durch die Vorsteher der benachbarten Klöster wählen, Augustinus von Hippo (354–430) hat seine Oberen wohl selbst bestimmt. Caesarius von Arles (470–542) lässt die Nonnen ihre Äbtissin selbst wählen und überlässt die Bestätigung der Wahl dem Bischof von Arles, also ihm selbst, vgl. STEIDLE (Hg.), Regel St. Benedikts, S. 307, Anm. 2.

45 HEGGLIN, Abt, S. 30.

(RB 64,4–5). Ob der Bischof die Aufgabe hat, den neu gewählten Abt auch einzusetzen, kann nicht beantwortet werden, da die Regel über eine konkrete Einsetzungszeremonie schweigt. Möglich wäre es, wenn die Regel ihm in gewisser Hinsicht eine Aufsicht über die Wahl zukommen lässt.[46] Zudem erfährt man aus einem Brief Leos des Großen (440–461), dass der zuständige Diözesanbischof bei strittigen Wahlen bestimmte, wer „die gesündere Einsicht" habe.[47]

Der zweite Teil des Kapitels (RB 64,7–22) besteht aus einer Ermahnung an den bestellten Abt, mit seinem Amt sorgfältig umzugehen. Diese Passage erinnert an das Begleitwort zur Regelübergabe in der Magisterregel. Wie in der Magisterregel stellt auch die Benediktsregel dem Abt das Jüngste Gericht vor Augen. Er wird ermahnt, stets zu bedenken, „welche Bürde er auf sich genommen hat und wem er Rechenschaft über seine Verwaltung geben muss" (RB 64,7). Er solle stets wissen, „dass er mehr helfen als herrschen soll" (RB 64,8), appelliert der Regeltext weiter, „in seinen Befehlen sei er vorausschauend und besonnen" (RB 64,17), in der Unterscheidung „maßvoll" (RB 64,18). Über all seinem Tun solle stets die Regel stehen, die er „besonders wahre" (RB 64,20).

1.2.2 *Abtsweihe in der Benediktsregel?*

Die Beschreibung eines konkreten Ordinationsritus, wie ihn die Magisterregel aufweist, fehlt in der Benediktsregel. Das Kapitel schweigt über den genauen Verlauf der „ordinatio abbatis". Und doch wird in der Forschung diskutiert, ob der Verfasser der Benediktsregel eine „Abtsweihe" kannte oder nicht.

Gründe für die These, dass der Benediktsregel der Ritus der Abtsweihe bekannt war, gibt es viele: Verschiedene Zeugnisse aus dem sechsten Jahrhundert belegen, dass eine „ordinatio" eines Abtes und einer Äbtissin durch das Gebet eines Bischofs längst üblich war.[48] Insbesondere der ausgestaltete Ritus, wie ihn die Magisterregel zeigt, legt nahe, dass die „ordinatio abbatis" schon eine längere Tradition besaß, die der Verfasser der Benediktsregel kannte. Hilpisch geht davon aus, dass Benedikt die Magisterregel als Vorlage verwendet hat,[49] gleiches nimmt die Dinklager Benediktinerin Scholastika Häring an,[50] was es schwierig macht, auszuschließen, dass ihm eine „Segnung" für den Abt unbekannt war. Frei erklärt Benedikts Schweigen über einen konkreten Ablauf der „Einsetzung"

---

[46] So ist sich der Historiker Franz Felten sicher, dass der Bischof die Wahl bestätigte und auch für die Einsetzung und Bestellung des Abtes zuständig war, vgl. FELTEN, Herrschaft, S. 255. Zur Abtswahl in der Benediktsregel vgl. auch VOGÜÉ, Communauté, S. 348–367; HEGGLIN, Abt, S. 130–133; SOMMERVILLE, Ordinatio abbatis, S. 246–263; HALLINGER, Wahlrecht, bes. S. 241–243; DERS., Wahlgewohnheiten, bes. S. 115–117 u. S. 119.

[47] Vgl. STEIDLE (Hg.), Regel St. Benedikts, S. 307, Anm. 2.

[48] Vgl. die weiteren Abschnitte dieses Kapitels II 1.

[49] Vgl. HILPISCH, Abtsweihe, S. 56.

[50] Vgl. HÄRING, Weihe, S. 136.

für Äbte überzeugend damit, dass Benedikt „wie an anderen Stellen seiner Regel ... wohl auch bei der Regelung der Abtsnachfolge vor allem auf das ein[geht], was gegenüber seiner unmittelbaren Vorlage, der Magisterregel, anders ist".[51]

Auch der Benediktiner Heinrich Suso Brechter glaubt, dass Benedikt ein Ritus vorgelegen haben könnte. Der zweite Teil des 64. Kapitels erinnere „in seinem wohlgestalteten Aufbau wirklich überraschend an die Ermahnung des Bischofs vor der Diakonatsweihe oder Priesterweihe an die Kandidaten".[52] Diese Parallele bemerkt auch Steidle.[53] Ebenfalls geht der Liturgiewissenschaftler Valentin Thalhofer davon aus, dass Benedikt eine Benediktion der Äbte bekannt war. Er begründet seine These mit einem Hinweis aus dem 65. Kapitel der Regel, wonach die „ordinatio" des Priors in manchen Orten durch den gleichen Bischof erfolge, der auch die „ordinatio" des Abtes vornehme.[54] Auf diesen Vermerk stützt sich auch Hegglin. Man könne daraus zumindest ablesen, dass es für den Abt eine Art rituelle Amtseinsetzung durch den Bischof gab.[55] Der Dominikaner John Chapmann nimmt ebenfalls an, dass eine „Abtsweihe" zur Zeit Gregors des Großen am Ende des sechsten Jahrhunderts schon eine lange Überlieferung besaß – somit müsste auch Benedikt die Benediktion gekannt haben.[56] Der Benediktiner und Liturgiewissenschaftler Odo Casel bezieht sich auf das Kapitel 58 über die Aufnahme von neuen Brüdern. Casel setzt für das 58. Kapitel eine Mönchsweihe voraus und argumentiert, dass Benedikt schlicht keine Rituale beschreibe – also auch nicht für die Abtsweihe.[57] Der Maria Laacher Benediktiner Ildefons Herwegen führt für seine Argumentation wenig überzeugend den von Benedikt verwendeten Begriff „ordinatio" an, um zu belegen, dass die Benediktsregel eine „Abtsweihe" kannte.[58]

Steidle lässt die Frage, ob man hier eine Weihe voraussetzen kann oder nicht, offen. „Es ist möglich, daß St. Benedikt die Abtsweihe stillschweigend voraussetzt. Aus der Hl. Regel kann sie kaum erwiesen werden",[59] erklärt er. Auch der belgische Benediktiner Adrien Nocent sieht in Benedikts Äußerungen zur „Abtsbestellung" keinen Hinweis darauf, dass ihm eine Segnung bekannt war – Benedikt schweige über einen „Ritus einer Benediktion".[60]

Gleichwohl sieht Frei im 64. Kapitel der Benediktsregel die Grundlage für den sich entwickelnden Benediktionsritus für Äbte und Äbtissinnen. Die Benediktinerin geht davon aus, dass die Tradition sowohl der Abts- als auch der Äb-

---

[51] FREI, Äbtissinnenweihe, S. 221.

[52] BRECHTER, Bestellung, S. 54.

[53] Vgl. STEIDLE, Regel St. Benedikts, S. 309, Anm. 5.

[54] Vgl. THALHOFER, Handbuch II, S. 455. Vgl. auch BOMM, Der neue Ritus, S. 148.

[55] Vgl. HEGGLIN, Abt, S. 48f.

[56] Vgl. CHAPMAN, Benedict, S. 60. Vgl. auch HILPISCH, Abtsweihe, S. 54.

[57] Vgl. CASEL, Mönchsweihe, S. 23–26.

[58] Vgl. HERWEGEN, Sinn und Geist, S. 378.

[59] STEIDLE (Hg.), Regel St. Benedikts, S. 309, Anm. 5.

[60] Vgl. NOCENT, Benediktion, S. 202.

tissinnenweihe auf die „Abtsbestellung in der Benediktusregel" zurückgeht. Als Begründung für ihre These führt sie an, dass in den ältesten Zeugnissen die gleichen Orationen für beide Riten überliefert seien,[61] womit sie sich auf die frühen Sakramentare und Pontifikalientexte bezieht, die unten noch Thema sein werden. Damit widerspricht sie überzeugend Emmanuel von Severus, der verschiedene Wurzeln beider Riten annimmt. Die Wurzel der Abtsweihe verortet er in der Bischofsweihe, die der Äbtissinnenweihe in der Diakonissenweihe.[62]

Die Forschung des letzten Jahrhunderts hat sehr stichhaltige Gründe aufgezeigt, die Magisterregel vor die Benediktsregel zu datieren und sie obendrein als Vorlage zu vermuten. Das macht es allerdings schwierig, davon auszugehen, dass Benedikt einen Installationsritus nicht gekannt hat. Überzeugend ist auch der Hinweis von Thalhofer auf die Einsetzung des Priors durch den gleichen Bischof. Dennoch bleibt es eine Vermutung, dass Benedikt die Abtsweihe gekannt hat. Aus dem Regeltext selbst lassen sich keine Hinweise auf eine „Abtsweihe" herleiten.

1.2.3 Zur Rezeption der Regel durch Frauen

Die Benediktsregel ist für Männer verfasst. An keiner Stelle macht der Text eine Aussage zu Nonnenklöstern oder gar zu Äbtissinnen. Dennoch belegt die Rezeption der Regel die zentrale Rolle, die sie für die Geschichte der weiblichen Ordenszweige spielt. Bis heute berufen sich Orden auf die Benediktsregel, und zwar Frauen- wie Männerorden in gleichem Maße. In den weiblichen Gemeinschaften erhielt die Äbtissin eine ebenso bedeutende Position, wie der Abt sie in den äquivalenten, nach der Benediktsregel lebenden Männerklöstern innehatte. Wie der Abt der Stellvertreter Christi im Kloster und Vater der Mönche war, so galt dies auch für die Äbtissin, die als Mutter der Nonnen galt.[63]

Frei bemerkt, dass die Regel, obgleich sie nur für Mönchskloster geschrieben worden sei, von Frauen auch deshalb ohne Schwierigkeiten übernommen werden konnte, „da der Abt in den Klöstern des heiligen Benedikt zunächst ein Laienabt war".[64] Es gab also keine Schwierigkeiten hinsichtlich einer Jurisdiktion, die Frauen aufgrund ihres Geschlechtes und einer deshalb fehlenden Priesterweihe nicht übertragen werden konnte. Im Gegenteil: Gemäß der Benedikts-

---

61 Vgl. FREI, Äbtissinnenweihe, S. 224.

62 Vgl. SEVERUS, Abts- und Äbtissinnenweihe, S. 187. Mit den unterschiedlichen Wurzeln erklärt Reiner Kaczynski noch nach 1970 die Unterschiede zwischen beiden Riten, vgl. KACZYNSKI, Neues Pontifikale, S. 250. Dass diese Annahme jedoch nicht haltbar ist, wird durch diese Studie im weiteren Verlauf eindrücklich deutlich werden.

63 Vgl. BOWE, Superioresses, S. 5.

64 FREI, Äbtissinnenweihe, S. 221, Anm. 13.

regel war der (Laien-)Abt der ausnahmslos ranghöchste Mann im ganzen Kloster. Die Regel macht ganz deutlich, dass auch ein Priester oder Diakon keine höhere Stellung als der Abt hat und stets den Platz einnehmen muss, der ihrem Eintritt ins Kloster entspricht. Eine Ausnahme sieht die Regel für den Dienst am Altar vor (RB 62,5–6).

Die Benediktinerin Lazare de Seilhac illustriert, dass die Adaption der Benediktsregel durch Frauen auf verschiedene Weise erfolgte.[65] Sie unterscheidet grob zwei Arten der Annährung: Zum einen habe es Konvente gegeben, die „die Regel möglichst textgetreu weitertradierten und nur minimal im Genus veränderten". Andere Gemeinschaften hätten hingegen „auf der Grundlage der *Regula Benedicti* einen völlig neuen Text [erarbeitet], der als eigenständige Regel angesehen werden muss".[66] Dabei konnte de Seilhac zeigen, dass die zweite Variante die verbreitetere war. Ein wichtiger Zeuge für dieses Vorgehen, ist die ausdrücklich für Frauen verfasste „Regula cuiusdam" aus dem siebten Jahrhundert. Große Teile dieser Regel ähneln der Benediktsregel, teilweise bis in einzelne Phrasen hinein.[67]

Noch im zehnten Jahrhundert gab es keine einheitliche Lösung, wie Frauen die Benediktsregel adaptieren konnten. Die Historikerin Katrinette Bodarwé bemerkt, dass noch zu dieser Zeit Neuentwürfe und teilweise Veränderungen der Benediktsregel „einer textgetreuen Vervielfältigung mit kleinen Abweichungen des Genus" gegenüber stehen. Es gab somit zahlreiche verschiedene weibliche Versionen der Regel, die untereinander keine Abhängigkeit aufwiesen – was heißt, „jedesmal wurde das Rad neu erfunden".[68]

Für die Geschichte der Äbtissinnenweihe ist die Benediktsregel vor allem wegen dieser Rezeptionsgeschichte durch Frauen bedeutend. Die Nonnen, die nach der Benediktsregel lebten und leben, empfingen (nachweislich normiert seit dem zehnten Jahrhundert[69]) und empfangen bis heute eine Äbtissinnenweihe. Die karolingische Reform im achten Jahrhundert machte die Benediktsregel für den Westen zur grundlegenden Norm. Sie war nun (zumindest normativ) die zentrale ausschließlich zu befolgende Regel und damit keine Regel unter vielen mehr.[70]

---

65 Vgl. SEILHAC, Utilisation, S. 528f.

66 BODARWÉ, Männerregel, S. 259. Hervorhebung im Original.

67 Vgl. DIEM, Ende, S. 85.

68 BODARWÉ, Männerregel, S. 269.

69 Vgl. für die „ordinatio" der Benediktineräbtissin im 10. Jahrhundert Kapitel II 2.1.2

70 Vgl. LEIMGRUBER, Avantgarde, S. 47. Vgl. auch MELVILLE, Klöster, S. 42.

1.3 Die „ordinatio abbatissae" in Briefen Gregors des Großen

Für das späte sechste Jahrhundert gibt es keinen Zweifel mehr über die Existenz einer „ordinatio" von Äbtissinnen durch einen Bischof.[71] Im Oktober 596 sandte Papst Gregor der Große einen Brief an Respecta,[72] die Äbtissin des zu Ehren des heiligen Cassian gegründeten Klosters in Marseille, mit einer Anweisung für die Nachfolge des Klosters. Wenn die Äbtissin sterbe, so solle keine Auswärtige ordiniert („ordinetur") werden, sondern eine Nonne aus dem eigenen Kloster. Gregor bestimmt weiter, der Ortsbischof solle die Äbtissin ordinieren („loci episcopus ordinet").[73] Auch in einem Brief Gregors an eine Äbtissin namens Thalassia[74] ist von einer „Äbtissinnenordination" die Rede. Gregor wies an, die zur Äbtissin Erwählte des Klosters Sancta Maria solle ordiniert werden („... abbatissa praedicti monasterii ... ordinetur").[75]

Auch für die Äbte ist in den Briefen Gregors eine „ordinatio" belegt. So verfügte Gregor in einem Brief an einen Abt namens Gregorius Luminosus[76] des Kloster Sankt Thomas de Arimino, die Stelle des Abtes solle nach seinem Tod im Konsens mit der Gemeinschaft mit einem neuen Abt besetzt werden, der dieses Amtes würdig ist. Dieser müsse nach der Wahl ordiniert werden.[77] Gleiches verlangte Gregor auch in einem Schreiben an einen Subdiakon mit dem Namen Peter[78] in Campania. Hier bestimmte Gregor, ein Mann namens Theodosius[79] solle in einem Kloster St. Martin installiert und feierlich durch einen Bischof „ordiniert" werden.[80]

Wie diese „ordinatio" konkret ausgesehen hat, lässt sich aus den Briefen Gregors nicht erschließen. Man erfährt jedoch, dass sie Aufgabe des Bischofs ist. Aus den Briefen lässt sich ferner schließen, dass es sich bei der „ordinatio" nicht um eine rein rechtliche Amtseinsetzung handelte, sondern diese im Rahmen einer „feierlichen Messe" stattfand. Dies stützt ein Brief Gregors an einen Abt

---

71 Ähnlich wie die frühen Regeltexte für gewöhnlich für ein bestimmtes Kloster an einem bestimmten Ort verfasst worden sind und sich für andere Klöster auf Grundlage anderer Regeln neue Mischregeln bildeten, sind auch die folgenden Quellen zumeist auf eine Region beschränkt. Sie sind deshalb nicht auf die Situation der Gesamtkirche übertragbar, sondern zeigen immer nur einen Ausschnitt einer Praxis beziehungsweise Norm für einen bestimmten Ort zu einer bestimmten Zeit.

72 Person konnte nicht ermittelt werden.

73 Epistola XII, Liber VII; PL 77, 866f.

74 Person konnte nicht ermittelt werden.

75 Episola IX, Liber XIII; PL 77, 1265f., hier 1266.

76 Person konnte nicht ermittelt werden.

77 Epistola XLII, Liber II; PL 77, 580.

78 Person konnte nicht ermittelt werden.

79 Person konnte nicht ermittelt werden.

80 Epistola XXIII, Liber III; PL 77, 622.

namens Urbicus,[81] der auf das Jahr 598 datiert ist. Aus diesem Brief erfährt man, Abt Urbicus möge den Bischof Viktor von Palermo (590–602) einladen, die Messe zu feiern, um den neuen Abt eines sizilianischen Klosters zu „ordinieren".[82]

Wie schon die Magister- und Benediktsregel gebrauchte Papst Gregor den Begriff „ordinare" in dem Sinne, wie er aus der lateinischen Rechtsprechung bekannt war, nämlich in der weiten Bedeutung, jemanden in sein Amt einzusetzen. Gregor nutzte den Begriff auch für die Bestellung eines Priors. So forderte er einen Abt namens Johannes[83] auf, den Bruder Bonifacius[84] in seinem Kloster zum „praepositus" zu „ordinieren".[85] Dass es sich bei der Einsetzung von Äbten und Äbtissinnen dabei um mehr als einen einfachen Rechtsakt handelte, da dieser mit einem Segensritus verbunden gewesen sein dürfte, spricht nicht gegen diese Bedeutung. Die bisher verwendeten Quellen zeigen, dass der Terminus „ordinare" im sechsten Jahrhundert für den gesamten Prozess der Auswahl und Einsetzung von Abt und Äbtissin in ihr Amt üblich war. Der Dominikaner Yves Congar sieht diese weite Bedeutung des Wortes gar bis ins dreizehnte Jahrhundert als belegt an.[86]

1.4 Die Äbtissinnenweihe im Bußbuch Theodors von Canterbury

Das Bußbuch, welches Theodor von Canterbury[87] und somit dem siebten Jahrhundert zugeschrieben wird, ist eines der bekanntesten überlieferten Bußbücher.[88] Es handelt sich dabei um eine Sammlung von verschiedenen Gesetzen,[89] welche

---

81 Person konnte nicht ermittelt werden.

82 Vgl. SOMMERVILLE, Ordinatio abbatis, S. 261.

83 Person konnte nicht ermittelt werden.

84 Person konnte nicht ermittelt werden.

85 Epistola III, Liber III; PL 77, 605f., hier 605.

86 Vgl. CONGAR, Note, S. 7–14.

87 Theodor von Canterbury wurde etwa 602 in Tarsus geboren. Er wurde 668 in Rom zum Bischof von Canterbury geweiht, erreichte England jedoch erst ein Jahr später. Sein Wunsch war es, in ganz England römische Bräuche durchzusetzen. Theodor starb 690, vgl. TODT, Theodor von Canterbury, Sp. 869–874.

88 Aus dem Zeitraum vom 6. bis zum 12. Jahrhundert sind eine ganze Reihe Bußbücher überliefert. Die meisten stammen von den britischen Inseln. Sie wurden von Beichtvätern verwendet, für jede Sünde fand sich dort die entsprechende Bußleistung verzeichnet, vgl. SCHMITZ, Geschichte II, S. 133f.
Hier wird die Edition von Finsterwalder verwendet, FINSTERWALDER, Canones Theodori. Das Bußbuch ist in verschiedenen Handschriften überliefert, von denen Finsterwalder drei Versionen ediert hat. Für die Äbtissinnenweihe sind die Unterschiede in diesen Handschriften jedoch nicht relevant.

89 Vgl. SCHMITZ, Geschichte II, S. 134. Wie viel aus diesem Bußbuch tatsächlich von Theodor selbst stammt, „lässt sich kaum noch klären", so TODT, Theodor von Canterbury, Sp. 872.

„für das Mittelalter kirchenrechtliche Bedeutung erlangen sollte".[90] Die „Canones Theodori" zeigen insgesamt die Tendenz, „das bestehende Bußrecht im römischen Sinn zu vereinheitlichen".[91] Auch wenn das Bußbuch aus England stammt, beschreibt es also keinesfalls einen rein englischen Brauch, Äbtissinnen und Äbte zu „ordinieren", sondern skizziert eine (römische) Norm.

Das Bußbuch zeigt eine gemeinsame Bestimmung für die Äbte und Äbtissinnen: „Bei der Ordination des Priesters oder Diakons soll der Bischof Messen machen. Ähnlich machen sie es, wenn ein Abt oder eine Äbtissin gemacht wird".[92] Die „ordinatio" der Äbte und Äbtissinnen wird bemerkenswerterweise in einer Reihe mit den anderen bedeutenden Ämtern der Kirche genannt.[93]

Eine Besonderheit, die sich sonst nirgends in der Geschichte der Äbtissinnenweihe findet, ist die Möglichkeit, dass die „consecratio" der Äbtissin auch von einem Priester gefeiert werden kann.[94] Für die „Abtsordination" ist diese Variante nicht vorgesehen. Diese soll unzweifelhaft im Rahmen einer Messe durch den Bischof erfolgen.[95] Eine Erläuterung für diese geschlechtsspezifische Differenzierung fehlt.

Dass das Bußbuch für die Äbte den Begriff „ordinatio", für die Äbtissinnen hingegen „consecratio" verwendet, könnte ebenfalls eine geschlechtsbedingte Unterscheidung sein. Gegen diese Annahme spricht jedoch, dass die Canones Theodori für die Äbte an anderer Stelle den Terminus „benedicere" verwenden,[96] was eher Argument für einen synonymen Gebrauch der Begriffe ist.[97]

Das Bußbuch Theodors von Canterbury ist das erste Zeugnis für eine Assistenz durch zwei oder drei Brüder.[98] Dass auch die Äbtissin durch zwei oder drei Schwestern begleitet werden soll, muss aus der Bestimmung zur „Abtsordination" geschlossen werden, ein eigener Canon fehlt. Die Bestimmung über die „consecratio" der Äbtissin durch einen Priester lässt jedoch annehmen, dass Theodor Abweichungen für die Äbtissin genannt hätte. Hilpisch vermutet, dass sich diese Forderung der Assistenz auf andere Äbte bezieht und nicht auf einfache Mönche, da diese ja ohnehin anwesend seien. Er wertet dies als Angleichung

---

90 HILPISCH, Abtsweihe, S. 58.

91 SCHMITZ, Geschichte II, S. 133f.

92 „In ordinatione presbiteri sive diaconi oportet episcopis missas facere. Similiter faciunt quando abbatem faciunt vel abbatissam", FINSTERWALDER, Canones Theodori, S. 271.

93 Vgl. auch MUSCHIOL, Famula Dei, S. 282.

94 „Praesbiter potest abbatissam consecrare cum missa celebratione", FINSTERWALDER, Canones Theodori, S. 271.

95 „In abbatis ordinatione episcopus debet missas agere", ebd.

96 „... et eum benedicere inclinato capite", ebd.

97 Für die Bischofsweihe spricht etwa der „Ordo romanus 34" (OR) aus dem 8. Jahrhundert von einer „benedictio", OR 34,41, ANDRIEU (Hg.), Ordines III, S. 612. Ebenso verwendet OR 35 aus dem frühen 10. Jahrhundert immer wieder „benedicere", vgl. z. B. OR 35,65: „et benedicet eum ...", ANDRIEU (Hg.), Ordines III, 615.

98 „... cum duabus vel tribus de fratribus suis", FINSTERWALDER, Canones Theodori, S. 271.

an die Bischofsweihe, „bei der auch zwei Bischöfe mitbeteiligt sind“.[99] Belegen kann Hilpisch diese spekulative These nicht. Es ist eher davon auszugehen, dass Hilpisch Unrecht hat. Die Canones Theodori sind derart genau, dass sie formuliert hätten, wenn es die Begleitung nicht durch „Brüder“ („fratribus“) sondern durch andere Äbte erfolgen sollte.

Ferner bezeugt die Quelle, dass der Abt für die „ordinatio“ sein „Haupt geneigt“ habe.[100] Hilpisch nimmt an, dass es die später stets erwähnte „Prostratio“ bezeichnet.[101] Allerdings findet diese im römischen Ritus während der Litanei statt, die spätestens im zehnten Jahrhundert fester Bestandteil des Ritus ist.[102] Der geneigte Kopf ist hier sicherlich eher als eine Demutshaltung während des Gebetes zu verstehen, die im römischen Ritus später durch das Knien von Abt und Äbtissin erweitert wird.

Als Insignien erhält der Abt den Stab und „pedules“, also eine Art Strumpf.[103] Warum der Abt auch eine Fußbekleidung überreicht bekommt, ist insofern „eigenartig“,[104] als in der Benediktsregel alle Mönche Sandalen tragen. Im westgotischen Mönchtum trugen diejenigen Mönche sie im Winter, die sie benötigten. Joseph Braun glaubt, dass es sich um einen Schreibfehler handelt und dort „regulas“ [sic!] stehen müsste.[105] Dass er Recht haben könnte, zeigt das Pontificale Romano-Germanicum (PRG) des zehnten Jahrhunderts, das zwar die Formulierung aus dem Bußbuch Theodors inklusive der „pedules“ übernimmt,[106] jedoch deren Übergabe nicht bezeugt. Hier erhält der Abt tatsächlich nur Regel und Stab (PRG XXVI, 9–12). Bauerreiß glaubt hingegen, dass die „pedules“ tatsächlich übergeben wurden. Dass die Übergabe der Regel in der Rubrik nicht erwähnt wird, erklärt er mit der Selbstverständlichkeit ihrer Übergabe.[107] Hofmeister schätzt, dass die Sandalen die zweite Pontifikalinsignie sein könnten, die den Äbten zugestanden wurde.[108] Er wendet jedoch gleichzeitig ein, dass die Sandalen erst im zehnten Jahrhundert ein Vorrecht der Bischöfe wurden, bisweilen

---

99 Hilpisch, Abtsweihe, S. 58.

100 „inclinato capite“, Finsterwalder, Canones, S. 271.

101 Vgl. Hilpisch, Abtsweihe, S. 58.

102 Vgl. Kapitel II 2.

103 Vgl. Braun, Gewandung, S. 389.

104 So Hilpisch, Abtsweihe, S. 58.

105 Vgl. Braun, Gewandung, S. 389.

106 Die einführende Rubrik des PRG lautet: „Capitulum ex canone Theodori. In ordinatione abbatis episcopus debet missam complere et eum benedicere inclinato capite cum duobus vel tribus fratribus suis, et dat ei baculum et pedules“, „Abschnitt aus dem Kanon Theodors. Bei der Ordination des Abtes soll der Bischof die Messe erfüllen und ihn, nachdem er das Haupt geneigt hat, segnen im Beisein von zwei oder drei seiner Brüder, und er übergibt ihm Stab und *pedules*“ (PRG XXVI, 1).

107 Vgl. Bauerreiß, Abtsstab, S. 224.

108 Einen Beleg sieht er in einer Verleihungsurkunde aus dem Jahr 757. In dieser überreichte Papst Stephan III. (768–772) dem Abt Fulrad von St. Denis Sandalen und betont ausdrücklich, „dass sie ein ‚ornatus apostolici vestimenti‘ seien“, Hofmeister, Mitra und Stab, S. 6.

hätten auch Priester, Diakone, Subdiakone und sogar Akoluthen Sandalen getragen.[109] Da die „pedules“ in keiner weiteren Quelle mehr erwähnt werden, ist Brauns These überzeugender.

Ob auch der Äbtissin auf angelsächsischem Boden Insignien überreicht wurden, bleibt unklar. Für sie fehlen weitere spezifische Angaben. Vermutlich hätten die Canones aber ausdrücklich erwähnt, wenn sie die Insignien *nicht* erhalten sollen – das lässt zumindest der Canon über die „consecratio“ der Äbtissin durch einen Priester vermuten. Damit wäre für die Äbtissinnen die Übergabe eines Stabes für das siebte Jahrhundert auf angelsächsischem Boden belegt.

1.5 Zeugnisse altspanischer Liturgie

1.5.1 Handauflegung in der Vita des Fructuosus

Die Vita des heiligen Fructuosus[110] bezeugt die Existenz von „Abtsordinationen“ für das siebte Jahrhundert auf der iberischen Halbinsel.[111] Sie ist zugleich das erste Zeugnis für die Handauflegung bei der Abtsweihe:[112] Als der heilige Fructuosus merkt, dass sein Leben auf Erden sich dem Ende zuneigt, ordnet er an, dass er zur Kirche getragen wird. Er ruft seinen treuen Diener Decentius[113] herbei. Dann legt er ihm die Hand[114] auf und macht ihn zum Abt seines Hauptklosters Turonio.[115]

Es ist für die Geschichte der Abts- und Äbtissinnenweihe an dieser Stelle nicht sehr bedeutend, wie legendär die Geschichte vom Tod des heiligen Fructuosus ist. Wichtig ist, dass hier ein frühes Zeugnis vorliegt, das zeigt, dass man

---

109 Vgl. ebd.

110 Fructuosus war seit 656 Bischof des Erzbistums Braga, das im heutigen Portugal liegt. Er galt als großer Förderer des Mönchswesens. Zwei Mönchsregeln werden ihm zugeschrieben, die durch große Strenge und Askese gekennzeichnet sind, eine Regel mit 25 Kapiteln für das Kloster Complutum, dessen Abt beziehungsweise Aufseher er war, und eine „Regula communis“ mit 20 Kapiteln für solche Klöster, die ganze Familien aufnahmen, vgl. BAUTZ, Fructuosus, Sp. 145f.

111 Auf der iberischen Halbinsel entwickelten sich eigene, vom römischen Ritus unabhängige Riten, die seit dem 4. Jahrhundert belegt sind. Die mozarabische Liturgie Spaniens, auch altspanische oder westgotische Liturgie genannt, erhielt sich bis zum Ende des 11. Jahrhunderts. Am 22. März 1071 wurde in der königlichen Abtei von San Juan de la Pena in Aragonien schließlich die römische Liturgie eingeführt. Mit diesem Ereignis begann die Verdrängung der mozarabischen Liturgie aus ganz Spanien, vgl. SCHMITZ, Geschichte II, S. 327.

112 Vgl. RADÓ, Enchiridion Liturgicum, S. 1030.

113 Person konnte nicht ermittelt werden.

114 Hier steht „manum“ im Singular.

115 Wörtlich heißt es hier: „Jussit eum vocari, et imponens ei manum, ordinavit eum abbatem in praecipuo Turonio monasterio“, PL 87, 459–470, hier 469.

in Spanien im siebten Jahrhundert eine „Abtsordination“ mit Handauflegung durch einen Bischof kannte.

Auch wenn die Vita des heiligen Fructuosus das erste Zeugnis für eine Handauflegung ist, könnte die Handauflegung auch schon älter sein, vielleicht sogar ursprünglich zur Abts- und Äbtissinnenweihe dazu gehören. Für diese These spricht, dass die Handauflegung spätestens seit dem 3. Jahrhundert durch die Traditio apostolica für die „Bischofs-, Priester- und Diakonenordination“ bezeugt ist.[116] Ob die Handauflegung auch bei anderen „Weihen“ verwendet wurde, etwa auch bei Jungfrauen, Witwen oder Diakonissen, darüber sind die Angaben unterschiedlich.[117] Das Konzil von Nizäa schloss die Handauflegung für die Diakonissen aus und zählte sie deswegen zu den Laien.[118] Der Kirchenhistoriker Klaus Schatz interpretiert, die „Diakonissen“ seien dadurch „herabgestuft“ worden.[119] Möglicherweise ist dieser Canon also als Verbot zu verstehen, was zeigt, dass die Diakonissen mitunter die Handauflegung empfangen haben.

Casel nimmt an, dass auch die Mönche bei der „Mönchsweihe“ eine Handauflegung empfingen. Wie der Bischof durch die Taufe verbunden mit einem Gebet und der Handauflegung den Christen zeuge, so zeuge der Abt durch Einkleidung und Handauflegung mit Epiklese seinen geistlichen Sohn.[120] Er betont weiter, die Handauflegung unter Gebet sei ein so weit verbreitetes und vieldeutiges Symbol „daß niemand im Ernste glauben kann, die Handauflegung bei der Mönchsweihe sei eine Beeinträchtigung der klerikalen Weihen mit Handauflegung“.[121] Für die Jungfrauenweihe sieht er eine Handauflegung schon früh belegt.[122]

1.5.2 *„Ordo ad ordinandam abbatissam“ im Liber ordinum*

Welche Gestalt der Ritus einer Abts- und Äbtissinnenweihe zur Zeit des Fructuosus gehabt haben könnte, zeigt der Liber ordinum (LibO).[123] Er ist im Wesentlichen in zwei sich ergänzenden Handschriften überliefert, dem Liber ordinum

---

116 Bei der „Bischofsordination“ soll der Bischof von allen anwesenden Bischöfen die Handauflegung empfangen, beim Priester legt der Bischof allein die Hand auf, und die Priester sollen ihn berühren. Bei der „Ordination“ des Diakons soll allein der Bischof die Hand auflegen, vgl. GEERLINGS (Übers.), Traditio Apostolica. S. 215–243. Vgl. auch SANTANTONI, Ordinazione, S. 29f.

117 Vgl. BEHM, Handauflegung, S. 76. Vgl. zur frühen Tradition der Handauflegung bei verschiedenen Weihen auch RICHTER, Bischofsweihe, S. 114f.

118 Vgl. WOHLMUTH (Hg.), Dekrete, S. 15.

119 SCHATZ, Brennpunkte, S. 35.

120 Vgl. CASEL, Mönchsweihe, S. 19.

121 Ebd.

122 Ebd., S. 4.

123 Vgl. HILPISCH, Abtsweihe, S. 56.

von Silos und dem Liber ordinum von San Millán. Der Liber ordinum von Silos[124] dokumentiert zwei separate Ordinationsriten für Äbte (LibO XVIIII: „Ordo in ordinatione abbatis“)[125] und Äbtissinnen (LibO XXIII: „Ordo ad ordinandam abbatissam“). Diese Riten wurden vermutlich vom fünften bis zum elften Jahrhundert in der Westgotischen Kirche verwendet. Auch wenn seine Entstehung nach dem zehnten Jahrhundert angesetzt wird, so zeigt der Liber ordinum dennoch deutlich ältere Traditionen. Der Liturgiehistoriker Klaus Gamber vermutet, dass die meisten Gebete schon aus dem fünften Jahrhundert stammen,[126] ebenso Vogel.[127] Hilpisch datiert die ursprüngliche Quelle ins siebte Jahrhundert,[128] der Dogmatiker Georg Predel schätzt, dass der Liber ordinum in seiner Wurzel bis in das sechste Jahrhundert zurückgeht.[129]

Der Liber ordinum hat bereits die Gestalt eines Pontifikale beziehungsweise Rituale, da er sowohl Rubriken als auch euchologische Texte beinhaltet. Die Überschriften zeigen, dass der Begriff „ordinare“ für die Weihe der Äbte und Äbtissinnen auch in Spanien üblich war.[130] Der „Ordo ad ordinandam abbatissam“ findet innerhalb einer Messe statt. Deutlich wird dies, da der Diakon am Ende die Worte „Missa acta est“ (LibO XXIII, 113b) spricht.[131] Die Äbtissin wird zunächst in der Sakristei eingekleidet. Sie trägt ihren Nonnenhabit sowie eine „mitra religiosa“ (LibO XXIII, 113). Der Historiker und Herausgeber des Liber ordinum, Marius Férotin, verweist auf die Verwendung einer Mitra bei Isidor von Sevilla, der die Mitra als eine phrygische Mütze beschreibt, welche ein Kopfschmuck der Gottgeweihten war.[132] Für die Bischöfe ist eine Mitra erst seit dem elften Jahrhundert belegt,[133] es handelt sich bei dieser Kopfbedeckung also (noch) nicht um

---

124 Die überlieferte Handschrift lässt sich relativ präzise auf das Jahr 1052 datieren, Entstehungsort ist die Abtei Silos. Die Handschrift ist 1904 erstmals von Marius Férotin herausgegeben worden, FÉROTIN, (Hg.), Liber ordinum. Diese Edition ist 1991 durch Jose Janini neu überarbeitet worden, JANINI, (Hg.), Liber ordinum. Seine Edition wird hier im Folgenden verwendet.

125 Die Zitation des Ordo erfolgt unter Angabe von Ordonummer und Abschnittsnummer direkt im Text.

126 Vgl. GAMBER, Sakramentartypen, S. 19.

127 Vgl. VOGEL, Medieval Liturgy, S. 36.

128 Vgl. HILPISCH, Abtsweihe, S. 56.

129 Vgl. PREDEL, Presbyter, S. 209.

130 Der Liber ordinum verwendet den Begriff „ordinare“ für die „Ordination“ der Priester (LibO XVII, 95–99), Diakone (LibO XIIII, 87–91), Archdiakone (LibO XV, 92–93), Archpriester (LibO XVIII, 100–102) Subdiakone (LibO XIII, 83–86) und für die Ordination der Kleriker (LibO VIIII, 65–70). Einen Ritus für die Bischofsweihe überliefert der Liber ordinum nicht, vgl. auch SANTANTONI, Ordinazione, S. 89–106. Den Ordo für die Jungfrauenweihe hat der Liber ordinum hingegen mit „Ordo ad benedicendum virginem“ (LibO XXI, 108–110) überschrieben, was auf eine beginnende Spezifizierung der Begriffe hinweisen kann, aber nicht muss.

131 Die Nummer gibt die Abschnittszählung der Edition Janinis an.

132 FÉROTIN, Liber ordinum, Sp. 67, Anm. 1. Diese These stützt auch SIRCH, Mitra, S. 21f.

133 Vgl. SIRCH, Mitra, S. 29f. Zu der gleichen Datierung kommt BRAUN, Gewandung, S. 432.

ein pontifikales Abzeichen. Für diese These spricht auch, dass die Äbte im Liber ordinum keine „Mitra religiosa" überreicht bekommen.[134]

Nach der Einkleidung wird die Äbtissin in einer Kerzenprozession zum Chor geführt. Der Bischof geleitet sie zum Altar und hängt ihr dort das „Pallium" über den Kopf („... cooperit eam pallio per caput", LibO XXIII, 113). Dass es sich bei diesem Pallium um jene bischöfliche Insignie handelt, die die Äbtissin hier möglicherweise aufgrund ihrer besonderen Stellung erhielt und die später den Erzbischöfen vorbehalten war,[135] ist jedoch zu bezweifeln. Wahrscheinlicher ist, dass es sich bei diesem „Pallium" wie schon in der Magisterregel um einen Mantel handelt, den die Äbtissin als „Zeichen der neuen Würde"[136] erhielt.

Nach der Überreichung des „Pallium" spricht der Bischof ein Gebet über sie, das in dieser Form nirgends sonst zu finden ist.[137] Eine große Rolle spielt das Geschlecht. Gott wird zu Beginn dafür gepriesen, dass er keine Unterscheidung

---

[134] Welche Äbtissinnen eine Mitra getragen haben und um was für eine Art Kopfschmuck es sich dabei genau handelte, ist noch unzureichend erforscht. Recht sicher bezeugt ist die Mitra für Äbtissinnen nur für Conversano. In der Forschungsliteratur wird hier gemeinhin auf die Studie von Giovanni Mongelli verwiesen (MONGELLI, Giovanni, Le abbadesse mitrate di San Benedetto di Conversano, Montevergine 1960), vgl. z. B. PENCO, Storia del monachesimo, S. 337, Anm. 11 oder MORRIS, Bishop, S. 168, Anm. 4. Beide exemplarisch genannten Autor:innen haben das Werk jedoch anscheinend nicht angeschaut, sie geben jeweils keine Seitenzahlen an. Die Studie von Mongelli ist vergriffen und nur in sehr wenigen und ausschließlich italienischen Bibliotheken vorhanden.
Der Nuntius und Heraldiker Bruno Bernhard Heim vermutet, dass auch andere Äbtissinnen, vor allem die Äbtissinnen von Las Huelgas bei Burgos eine Mitra getragen haben, was aber Josémaria Escriva de Balaguer nicht bestätigt, vgl. HEIM, Wappenbrauch, S. 73; FÜRSTENBERG, Ordinaria loci, S. 135, Anm. 48. Für die Äbtissin der Benediktinerinnenabtei St. Georg in Prag ist der Gebrauch einer „Mitrella" überliefert, ebd., S. 135, Anm. 49.

[135] Vgl. KRANEMANN, Pallium, Sp. 1643f.

[136] HILPISCH, Abtsweihe, S. 55.

[137] „Omnipotens Domine Deus, apud quem non est discretio sexuum, nec ulla sanctarum disparilitas animarum; qui ita viros ad spiritalita certamina corroboras, ut feminas non relinquas: pietatem tuam humili supplicatione deposcimus, ut huic famule tue, quam sacrosancto gregi virginum nostrarum impositione manuum et hoc velaminis tegumento, in cenobio matrem fieri preoptamus, clementia tua roboratrix adveniat, adiutrix perpetuo non recedat. Da ei, Domine, fortitudinem [ad] spiritualia bella / gerenda, ut quondam Debbore bellatrici procinctum certaminis contra Sisare hostilem cuneum tribuisti: ut sicut ducatu illius Israelitici populi adversarii perierunt, ita vigilantia huius multitudo demonum [que] adversus animas sanctas quotidie dimicatur et militat, virtute tua penitus disturbetur et pereat. Adsit ei tua dextra consolatrix, que Judit vidue in perniciem non defuit Olofernes. Ita, Domine, sermonibus piis et tui adiutorio nominis, exterminet usquequaque Satan, ut Ester humilis infestum tuis plebibus exterminavit Aman. Da ei, Domine, castimonie custodiam indefessam et karitatis sincerissimam dulcedinem gratiosam. Sit sollers in creditarum sibi regimine animarum, et celer in suarum correctione culparum. Ita subditas sibi spiritali zelo coerceat, et materne pietatis affectu refoveat, [ut] nec blanditia dissolute, nec nimia coercioine reddantur pusillanimes aut proterve. Da ei, Christe Domine, Spiritum discretionis omnimode, ut nec honesta dilaceret, nec inhonesta delectetur: atque ita, te inluminante, sibi creditam multitudinem tuo sancto nomini iugiter admonendo faciat

zwischen den Geschlechtern macht und keine Verschiedenheit der „heiligen Seelen" kennt. Eine bemerkenswerte Aussage, die Indiz dafür ist, wie ebenbürtig die spanischen Äbtissinnen den Männern gegenüberstanden. Die Oration enthält viele biblische Anspielungen auf bedeutende Frauenfiguren des Alten Testaments wie Deborah, Judith und Esther. Die Äbtissin soll sie sich als Vorbild für ihren Dienst vor Augen halten.

Die Oration belegt auch für die spanischen Äbtissinnen eine Handauflegung, wenn es heißt, dass sie durch „das Auflegen der Hände" („impositione manuum") zur „Mutter" („mater") des Klosters bestellt werde. Für die Äbte sieht das Liber ordinum eine andere Oration vor, in der die Handauflegung nicht erwähnt wird.[138] In den Rubriken fehlt dort ebenfalls ein Hinweis auf eine Handauflegung. Ob den Äbten dennoch die Hände aufgelegt wurden, muss offen bleiben. Für eine Handauflegung sprechen das Zeugnis des Fructuosus sowie die erwähnte Handauflegung in der Oration der Äbtissin. Möglicherweise war sie so gebräuchlich, dass die liturgische Handschrift über diese Praxis schweigen konnte. Es ist nicht unüblich für liturgische Bücher, dass sie im Frühmittelalter zu Selbstverständlichkeiten schweigen.[139]

Im letzten Teil der Oration bittet der Bischof um Gottes Beistand für die Aufgaben der Äbtissin. Die Äbtissin ist verantwortlich für die Seelenleitung im Kloster. Für die ihr anvertraute „Herde der Jungfrauen" („gregi virginum") muss sie einst beim Jüngsten Gericht Rechenschaft ablegen, ein Motiv, das sich schon in der Magister- und Benediktsregel findet. So betet der Bischof darum, „sie möge klug die Seelen der ihr Anvertrauten leiten, und schnell sein in der Züchtigung ihrer Verschulden".[140] Der zweite Teil der Bitte zeigt, dass die Äbtissin auch für die Buße der ihr anvertrauten Schwestern zuständig ist.

Dass diese Aufgabe für Äbte und Äbtissinnen im Frühmittelalter gleichermaßen üblich war, bezeugen die Regeltexte. Die Benediktsregel etwa widmet der

---

inservire, ut quum nube flammivoma mundum veneris iudicare, postrema subditarum profectibus gloriosa, et de nullius perditione confusa, tue Genitricis adiungatur gloriosa cetibus, letabunda cum suis omnibus feliciter coronanda – Amen", LibO XXIII, 113b.

138 ORATIO. Omnipotens christe domine, a quo est omnis vera paternitas, et honorum omnium dignitas: te supplices inploramus ut huic famulo tuo *ill.* quem abbatis officio nunc preficimus ovibus tuis in monasterio sancti *ill.* qui est in loco discreto sancti ragiminis, et viscera digneris concedere pietatis. Regat sibi creditum gregem instanti vigilantia, et vigilanti constantia. Neminem de manu eius hostis callidi versutia rapiat, aut vite secularis temtatio calumniosa decipiat. Ad exortationem eius inobediens discat obedientiam, lascibus deserat petulantiam, aviciat furiosus insaniam, adprehendat incontinens castimoniam, / omnis errans sectetur et teneat disciplinam. Sit hic te propitiante omnipotens deus, moribus placidus, conversatione nitidus, et ospilitate precipuus. Ut tua in omnibus protectione munitus, et de subditorum nullatenus actione confusus, quum iudex adveneris metuendus, in sanctorum laetetur societate securus", LibO XVIIII, 105.

139 Vgl. EHRENSPERGER, Liturgiebücher, S. 126.

140 „Sit sollers in creditarum sibi regimine animarum, et celer in suarum correctione culparum", LibO XXIII, 113b.

Bußpraxis zwei ganze Kapitelgruppen. Die Kapitel 23–30 beschäftigen sich ausführlich mit Verfehlungen und Strafen, die durch den Abt qua Regel den einzelnen bei Verfehlungen auferlegt werden. Dem Abt obliegt es, die Schwere der Schuld zu bestimmen. In den Kapiteln 43 bis 46 macht die Regel genaue Vorgaben, welches Strafmaß dem Pönitenten bei welchem Vergehen auferlegt werden soll. Abt und Äbtissin sind somit nicht nur Lehrer:innen und Hirt:innen, sondern auch Richter:innen über die Mönche und Schwestern.[141] Die Regula cuiusdam hat ein eigenes Kapitel über die Sündenvergebung durch die Äbtissin, die Diem sogar „Beichte" nennt.[142]

Nach der Oration empfängt die Äbtissin zunächst einen Kuss vom Bischof („osculatur eam episcopus", LibO XXIII, 113b). Der Abt erhält bei der „Ordination" einen Kuss durch den Bischof nach der Übergabe der Insignien (LibO XVIII, 106). Der Kuss bekommt dadurch für die Äbtissin weniger den Charakter eines Bruderkusses wie bei der Abtsweihe als eher den einer Besiegelung der soeben vollzogenen Handlung durch den Bischof.[143] Für diese Deutung spricht zudem die Tatsache, dass keine Rede davon ist, dass auch die Schwestern ihre neu geweihte Äbtissin küssen, während die Brüder dem Abt ebenfalls den (Friedens-?)Kuss erteilen.

Die Äbtissin erhält eine Regel und hier auch nun ausdrücklich einen Stab. Um welche Regel es sich dabei im siebten Jahrhundert im Spanien vor der arabischen Invasion gehandelt hat, ist viel diskutiert worden. Möglich wäre durchaus schon die Benediktsregel, vermutet Férotin.[144] Bei der Regelübergabe handelt es sich um ein ganz ursprüngliches Element, sie ist bereits in der Magisterregel bezeugt und will zeigen, dass die Äbtissin der Regel unterstellt ist. Die Stabübergabe („tradit ... baculum") hingegen ist im Liber ordinum für die Äbtissin so ausdrücklich erstmalig bezeugt. Férotin datiert die Stabübergabe ins siebte Jahrhundert mit der etwas vagen Begründung, dass auch bei Theodor von Canterbury im siebten Jahrhundert bereits Stab und auch Sandalen übergeben wurden.[145]

Die Rubriken geben für die Äbtissinnen hier keinen Hinweis auf ein Geleitwort zur Stab- und Regelübergabe. Vielleicht hat man auf die Worte der Abtsweihe zurückgegriffen. Das Geleitwort für die Regelübergabe bei der Abtsweihe

---

141 Vgl. über die Zuständigkeit der Äbtissin für die Sünden der Schwestern MUSCHIOL, Famula Dei, S. 222–248. Die Frage inwieweit die Äbtissinnen „Absolutionen" im späteren sakramentalen Verständnis von Beichte erteilen konnten, wird in der Forschungsliteratur mitunter harsch diskutiert, vgl. exemplarisch MORRIS, Bishop, S. 140–143.

142 Vgl. DIEM, Ende, S. 108.

143 Als gleichwertige Küsse interpretieren hingegen Bauerreiß und Puniet diesen Friedens- beziehungsweise Bruderkuss. Puniet bezeichnet diesen Brauch des „Bruderkusses" für die Äbtissin jedoch als „ungewöhnlich" und sieht in ihm wie auch in der Stabübergabe Anleihen aus dem Zeremoniell der Bischofsweihe, vgl. PUNIET, Pontifikale, S. 127.

144 Vgl. FÉROTIN, Liber Ordinum, Sp. 59, Anm. 1.

145 Ebd.

betont die Aufgabe des Abtes, die ihm Unterworfenen („subiectorum") zu einem heiligen Leben zu führen: „Empfange dieses Regelbuch und studiere es, um dein oder das heiligste Leben deiner Untergebenen zu ordnen".[146] Das Geleitwort für die Stabübergabe lautet: „Empfange den Stab zur Erhaltung deines ehrenwerten Lebens".[147] Der Stab ist hier also noch nicht als Herrschafts- oder Hirtenzeichen zu verstehen, sondern er „dient dem Abt zunächst persönlich",[148] weil er ihn zu einem ehrenvollen Leben verhelfen soll. In Spanien sei dem Abt der Stab als Zeichen des „Geron" aber auch als Zeichen seiner äbtlichen Würde überreicht worden, erklärt Hilpisch.[149] Und tatsächlich hat die Formel noch keinen Hinweis auf eine spezifische Hirtenaufgabe des Abtes, wie es in späteren Geleitwörtern der Fall ist. Damit hätte auch der Stab für die Äbtissin hier noch nicht den Charakter eines Hirtenstabs, sondern den einer Erinnerung für sie selbst an ein sittliches Leben.

Für die Bischöfe ist der Stab (baculus) bei Isidor von Sevilla (+ 636) und in Kanon 28 der 4. Synode von Toledo (633) bezeugt.[150] Isidor von Sevilla erwähnt auch bereits die Übergabe von Ring und Stab bei der Bischofsweihe.[151] Das Konzil von Toledo bestimmte, dass Bischofsring und Stab zu den Insignien des Bischofs gehörten.[152] Welche Formel in Spanien bei der Bischofsweihe zur Überreichung des Stabes gesprochen wurde, erfährt man aus dem Liber ordinum nicht. Für die Bischofsweihe fehlt in dieser Quelle leider eine Darstellung.[153]

1.6 Die Äbtissinnenweihe in frühmittelalterlichen Sakramentaren

Die bisher dargestellten Quellen zeigen, dass eine Abts- und Äbtissinnenordination seit dem Ende des sechsten Jahrhunderts in Italien rund um Rom, spätestens seit dem siebten Jahrhundert auch in England und auf der iberischen Halbinsel Usus waren. Aus der Magisterregel sowie dem Bußbuch Theodors erfährt man auch schon rituelle Details, wie etwa Hinweise zur Übergabe von Insignien. Die

146 „Accipe hunc librum regularum studens ad tuam, vel ad subiectorum disponendam sanctissimam vitam", LibO XVIII, 106.

147 „Accipe baculum ad sustentationem tuae honestissimae vitae", LibO XVIIII, 106.

148 HILPISCH, Abtsweihe, S. 57.

149 Vgl. ebd.

150 Vgl. BRAUN, Bischofsstab, Sp. 792. Während Bauer wertet, der Stab sei schon hier als Zeichen des bischöflichen Hirtenamtes übergeben worden, will Bauerreiß zunächst ein noch eher weltliches Herrschaftszeichen im Bischofsstab erkennen, vgl. BAUERREIß, Abtsstab, S. 225.

151 PL 83, 783f.

152 PL 84, 375; vgl. auch ENGEMANN, Stab, Sp. 2160.

153 Vgl. SANTANTONI, Ordinazione, S. 89–106.

Vita des Fructuosus bezeugt eine Handauflegung. Die Segnung von Abt und Äbtissin oblag ausschließlich dem Bischof. Einen Einzelfall bildet das Bußbuch Theodors von Canterbury, das die „consecratio" von Äbtissinnen auch durch einen Priester gestattet. Mit Ausnahme des spanischen Liber ordinum, dessen Endfassung aus dem elften Jahrhundert stammt und das in der vorliegenden Überlieferung bereits die Gestalt eines Pontifikale beziehungsweise Rituale hat, schweigen jedoch alle Quellen über die Gebete, die der Bischof bei der „ordinatio" sprach.

Für das Frühmittelalter sind Orationen in sogenannten Sakramentaren zu finden. Sie beinhalten die Gebete, die der Vorsteher für die Feier der Liturgie benötigte. Die Sakramentare stammen aus einer Zeit, in der man begann, liturgische Handlungen sukzessive zu verschriftlichen, um einerseits zu verhindern, dass bisher mündlich weitergegebene Orationen in Vergessenheit gerieten, andererseits, um Willkür zu vermeiden.[154]

Die Sakramentarforschung hat mit der großen Schwierigkeit zu kämpfen, dass sie nur selten „über Hypothesen hinaus kommt".[155] Originale sind nie erhalten, zudem sind die Bücher im Mittelalter ständig an die jeweilige Situation angepasst und ergänzt worden. So muss erst mühsam der Versuch gemacht werden, aus verschiedenen Handschriften und Überlieferungen ursprüngliche Textpassagen zu rekonstruieren. Auch die Frage nach Verwandtschaften von einzelnen Handschriften untereinander wird häufig verschiedentlich beantwortet.[156]

Mittlerweile hat die Sakramentarforschung einen „gewissen Abschluss erreicht".[157] Viele Sakramentare sind mehrfach ediert. Für das frühe Mittelalter gelten insbesondere zwei konkurrierende Sakramentartypen „als die mit Abstand wichtigsten und am meisten angesehenen":[158] Das „Gregorianum" und das „Gelasianum". Für die Geschichte der Äbtissinnenweihe sind insbesondere diese beiden römischen Sakramentare von großer Relevanz. Ihre Orationen sind auf der hier normativ zu erarbeitenden Genese die mit Abstand bedeutendsten.

1.6.1 Die gregorianische Oration

Das Gregorianum[159] enthält die Feiern der Papstliturgie. Es hat insbesondere durch Karl den Großen (742–814) eine große Revisions- und Erfolgsgeschichte

154 Vgl. EHRENSPERGER, Liturgiebücher, S. 126f.

155 Ebd.

156 Zur Problematik der Sakramentarforschung vgl. ebd., S. 122f.

157 KLÖCKENER, Sakramentarstudien, S. 223.

158 WINTERER, Fuldaer Sakramentar, S. 251.

159 Die römische Urform des Gregorianischen Sakramentars ist nicht mehr erhalten. Es gibt jedoch Versuche, sie aus seinen Nachfolgern zu rekonstruieren, vgl. GAMBER, Urgregorianum. Eine kommentierte Übersicht über erhaltene Handschriften verschiedener Stadien und Typen, die zur Gruppe der gregorianischen Handschriften gezählt werden, bietet

erfahren – eigentlich hatte sich nämlich seit dem siebten Jahrhundert selbst in Roms Titelkirchen nicht das Gregorianum, sondern das Gelasianum durchgesetzt.[160] Schon Pippin der Jüngere (714–768) hatte 754 durch einen königlichen Erlass im Frankenreich die gregorianische Liturgie Roms verbindlich eingeführt. Neben politischen und kirchenpolitischen Motiven hatte diese Einführung durchaus auch religiöse Gründe: „Man wünschte eine engere Verbindung mit dem Himmelspförtner Petrus, seinem Grabe, seiner Stadt, seiner Liturgie".[161] Karl der Große (742–814) setzte die Vereinheitlichungsbemühungen seines Vaters fort. Er ließ sich von Papst Hadrian I. (772–795) eine Revision des gregorianischen Sakramentars senden, das sogenannte Aachener Urexemplar, dem man „aufgrund der geänderten Bedürfnisse der fränkischen Reichskirche Anhänge hinzufügte".[162] Diese Handschrift lag als Musterexemplar in der Hofbibliothek zu Aachen aus und wurde für die fränkischen Kirchen mehrfach kopiert. Es wird daher auch „Sacramentarium Gregorianum-Hadrianum" genannt.[163]

Das „Gregorianum-Hadrianum" enthält eine kurze gemeinsame Oration für die Abts- und Äbtissinnenweihe:[164]

GAMBER, Codices II, S. 325–367. Seinen Namen hat das Gregorianum in Anlehnung an Papst Gregor den Großen erhalten – möglicherweise ist es auch zu Beginn seines Pontifikats entstanden, vgl. GERHARDS/KRANEMANN, Liturgiewissenschaft, S. 71.
Gamber datiert die Urversion auf das Jahr 592 (vgl. GAMBER, Urgregorianum, S. 19) und glaubt, dass Gregor selbst der Verfasser des ursprünglichen Sakramentars ist, vgl. GAMBER, Codices II., S. 325. Martimort vermutet, dass Gregor es möglicherweise zusammengestellt hat, um ein Modell vorzulegen, vgl. MARTIMORT, Handbuch I, S. 307, ähnlich auch GAMBER, Sakramentartypen, S. 81. Henry Ashworth hingegen bezweifelte bereits in den fünfziger Jahren des vergangenen Jahrhunderts, dass das Sakramentar auf Gregor selbst zurückgeht, vgl. ASHWORTH, Sacramentary, S. 3–16. Heute wird angenommen, dass sich das Gregorianische Sakramentar beziehungsweise die Gregorianischen Sakramentare im Plural seit etwa 650 in drei „nach Aufbau u. Vollständigkeit versch. Typen" entwickelt haben, vgl. KLÖCKENER, Sakramentar, Sp. 1457. Der Liturgiewissenschaftler Reinhard Meßner datiert die Entstehungszeit auf das erste Viertel des siebten Jahrhunderts, vgl. MEẞNER, Liturgiewissenschaft, S. 45.

160 Vgl. GAMBER, Sakramentartypen, S. 84.

161 KLAUSER, Liturgiegeschichte, S. 75f.

162 GERHARDS/KRANEMANN, Liturgiewissenschaft, S. 71. Vgl. auch KLAUSER, Liturgiegeschichte, S. 76f.

163 Das „Gregorianum-Hadrianum" ist zu Beginn des 9. Jahrhunderts von Benedikt von Aniane wegen zahlreicher Lücken für die fränkische Liturgie ergänzt worden, vgl. KLÖCKENER, Sakramentar, Sp. 1458. Die ältere Forschung nahm Alkuin als Redaktor an, vgl. z. B. GAMBER, Codex Tridentinus, S. 295.

164 Für die Darstellung hier wird die Edition von Jean Deshusses verwendet, DESHUSSES, Sacramentaire grégorien I, S. 342.

> Gebet, um einen Abt oder eine Äbtissin zu machen („faciendum“)
> Gewähre, wir bitten dich, allmächtiger Gott, dass du deinen Diener hier, den wir zur Leitung der Seelen („regimen animare“) erwählen, mit der Gabe deiner Gnade beschenkst, auf dass wir dir durch unsere Wahl gefallen mögen: Durch ...[165]

Hilpisch interpretiert, die Überschrift bedeute, „jemanden durch eine Weihe in einen Stand bzw. in ein Amt einzuführen“.[166] Diese Deutung ist zu weit, da das Gregorianische Sakramentar keine Schlüsse über eine „Weihe“ geschweige denn die Gestalt einer „Weihe“ zulässt, da es nur dieses Gebet überliefert. Die Formulierung zeigt aber, dass diesem Gebet eine konstitutive Funktion zugesprochen wurde. Eine solche Titulierung findet sich im Gregorianum auch für die Orationen „ad diaconam faciendam“,[167] „ad clericum faciendum“[168] oder „ad catechumenen faciendum“.[169]

Die Oration „Concede quaesumus“ zeigt eine klassische römische Kürze. Sie besteht nur aus einem Satz und umfasst ausschließlich eine Bitte.[170] Das Gebet erbittet für den von der Gemeinschaft des Klosters zum Abt beziehungsweise der zur Äbtissin Erwählten Gottes Gnadengabe für seine beziehungsweise ihre Aufgabe. Die Oration nennt diese zentrale Aufgabe des Abtes und der Äbtissin auch, nämlich die „Leitung der Seelen“, weshalb Frei zu Recht vermutet, dass diese Oration „deutlich von der Benediktsregel geprägt“[171] sei. Die Wendung „regere animas“ taucht drei Mal im zweiten Kapitel der Benediktsregel über den Abt auf (vgl. RB 2,31.34.37). Auch Hilpisch sieht sich durch die Oration an die Benediktsregel erinnert: „Als Aufgabe des Abtes wird das regimen animarum bezeichnet, was der Regula Benedicti entspricht, die dem Abte die cura animarum, das regere animas zuweist“.[172] Puniet schätzt, dass die Orationen ausgenommen weniger Worte durchaus auch schon zur Zeit des heiligen Benedikt in der römischen Sammlung haben stehen können.[173] Probleme hat der Benediktiner jedoch mit dem „regere animare“ für die Äbtissinnen, denn auch bei ihrer Weihe wurde diese Oration gemäß der Überschrift verwendet. Puniet wendet ein, bei der Äbtissin könne natürlich „keine Rede sein ... von einer wirklichen Jurisdiktion“. Es gehe dabei um eine ständige „Sorge und Hingabe“, erklärt er seinen Leserinnen

---

165 „Oratio ad abbatem faciendum vel abbatissam. Concede quaesumus omnipotens deus ut famulum tuum ILLUM VEL ILLAM, quem ad regimen animarum eligimus, gratiae tuae dono prosequere ut te largiente cum ipsa tibi nostra electione placeamus: per.“ Da hier im Lateinischen mit Ausnahme des *illa* lediglich die maskuline Form steht, ist auch nur diese übersetzt worden.

166 HILPISCH, Abtsweihe, S. 59

167 DESHUSSES (Hg.), Sacramentaire grégorien, S. 341.

168 Ebd., S. 340.

169 Ebd., S. 189. Vgl. auch HILPISCH, Abtsweihe, S. 59.

170 Vgl. JUNGMANN, Missarum Sollemnia 1, S. 480.

171 FREI, Äbtissinnenweihe, S.

172 HILPISCH, Abtsweihe, S. 59.

173 Vgl. PUNIET, Pontifikale, S. 104.

und Lesern. Belege für seine geschlechtsspezifische Differenzierung kann Puniet nicht anführen. Das Gebet selbst macht keinen Unterschied zwischen dem „regere animas“ bei Abt und Äbtissin. Hier hat der Benediktinermönch Puniet wohl eher seine persönlichen Überzeugungen anlehnend an Stereotype des zwanzigsten Jahrhundert zur Basis seiner Interpretation gemacht.

Der Regeltext betont, „welch schwierige und mühevolle Aufgabe“ (RB 2,31) der Abt mit der „Leitung der Seelen“ auf sich nimmt.[174] Gleich zwei Mal hebt die Benediktsregel hervor, dass der Abt einst für diese Seelen, deren Leitung er übernommen hat, Rechenschaft ablegen muss.[175] Hier scheint die neutestamentliche Vorstellung vom Jüngsten Gericht durch, wonach ein jeder vor den Richterstuhl Christi treten muss, wo Jesus über die Bösen die ewige Strafe verhängt, den Guten aber das ewige Leben schenkt (vgl. Mt 25,31–46).[176] Wie groß die Angst vor dem Jüngsten Gericht zur Zeit der Abfassung des benediktinischen Regeltextes war, zeigen exemplarisch Darstellungen Gregors des Großen, der „nicht müde [wird], vom Schrecken des Gerichts zu sprechen“.[177] Die Vorstellung ist, dass die Frommen mit Glückseligkeit belohnt, die Gottlosen jedoch „von ewigem Höllenfeuer gepeinigt“[178] werden. Abt und Äbtissin gehen mit ihrem Amt also ein vielfach höheres Risiko ein, die ewige Verdammnis zu erlangen, wenn sie für die Taten ihrer Mönche und Schwestern zusätzlich zur Verantwortung gezogen werden. Zur Veranschaulichung dieser Stellung ist das zweite Kapitel der Benediktsregel über den Abt voll von Hirtenmetaphern. Der Abt ist der Hirte (und in der Rezeption damit auch die Äbtissin die Hirtin), dem die Herde, die Schafe anvertraut sind.

Die frühmittelalterlichen Klöster hatten noch keine Bedenken hinsichtlich Puniets Sorge einer falsch verstandenen Jurisdiktion bei der gregorianischen Oration. Dieses für die römische Liturgie typisch schlichte Gebet hatte eine große Erfolgsgeschichte: Noch in der letzten Editio typica-Ausgabe des PR von 1962 begann mit dieser Oration die Weihehandlung. Und sie ist entgegen der These verschiedener Ursprünge, wie sie Severus aufgestellt hat,[179] ein zentrales

174 Die Salzburger Äbtekonferenz übersetzt in ihrer Ausgabe das „regere animas“ jeweils mit „Menschen führen“, was einem modernen Verständnis des Abtsamtes besser gerecht wird. Für das Frühmittelalter jedoch ist die wörtliche Übersetzung von der Seelenleitung, die hier gewählt wird, passender.

175 „Sed semper cogitet quia animas suscepit regendas, de quibus et rationem redditurus est“, „... sondern er bedenke stets, dass er die Aufgabe übernommen hat, die Seelen zu leiten, für die er einmal Rechenschaft ablegen muss“ (RB 2,34); „Sciatque quia qui suscipit animas regendas paret se ad rationem reddendam“, „Und er soll wissen, dass derjenige, der die Seelenleitung auf sich nimmt, sich bereithalten muss, Rechenschaft abzulegen“ (RB 2,37).

176 Diese Vorstellung taucht häufig im Neuen Testament auf, etwa bei Paulus und in der Offenbarung des Johannes und findet sich auch schon im Alten Testament, vgl. BRANDENBURGER, Gericht Gottes, S. 469–483.

177 MERKEL, Gericht Gottes, S. 487.

178 Ebd.

179 Vgl. auch die Abschnitte II 1.2.2 und II 2.1.1

Zeugnis dafür, dass Abts- und Äbtissinnenweihe unzweifelhaft den gleichen Ursprung haben.

1.6.2 *Die Äbtissinnenweihe im Gelasianum*

Beim sogenannten Gelasianum ist die Forschung sich einig, dass es nicht auf Papst Gelasius I. (ca. 492–496) zurückgeht.[180] Die alte Form des Gelasianums, das sogenannte Gelasianum vetus, enthielt vermutlich keine Orationen für die Abts- und Äbtissinnenweihe.[181] Die Erklärung des Sakramentarforschers Antoine Chavasse, wonach das ursprüngliche Sakramentar ausschließlich für die von Presbytern geleiteten Gottesdienste gedacht war,[182] legt nahe, warum hier Orationen für die Äbte und Äbtissinnen fehlen, ist ihre „Ordination" doch von Beginn an Handlung des Bischofs. Erst nachdem eine Form dieses altgelasianischen Sakramentars im achten Jahrhundert ins Frankenreich gelangte, wurden auch Orationen für die Abts- und Äbtissinnenweihe aufgenommen. Dies zeigen die sogenannten junggelasianischen Sakramentare, die auch „Gelasianische Sakramentare des achten Jahrhunderts" genannt werden.[183]

Der bedeutendste Textzeuge für die junggelasianischen Sakramentare ist das Sakramentar von Gellone.[184] Es ist zugleich ein wichtiger Zeuge für die Verbindung von römischer und gallischer Tradition. Für die Abts- und Äbtissinnen-

---

180 Vgl. MARTIMORT, Handbuch I, S. 303; GERHARDS, Einführung, S. 71. Insbesondere den umfangreichen Arbeiten des französischen Kirchenhistorikers Louis Duchesne ist es zu verdanken, dass als relativ wahrscheinlich gilt, dass das Gelasianische Sakramentar trotz vieler nichtrömischer Zusätze ursprünglich römisch ist. Dagegen verorten Leo Mohlberg und Anton Baumstark Gallien als Entstehungsort des Archetypus. Dem widersprechen Bernhard Capelle und Klaus Gamber, vgl. GAMBER, Sakramentartypen, S. 6.
Im Gegensatz zum Gregorianum, das zuvorderst für die Papstliturgie ausgerichtet ist, ist das Gelasianum ein presbyterales Sakramentar, das vermutlich schon seit der Mitte des 7. Jahrhunderts an den römischen Titelkirchen verwendet wurde, vgl. MARTIMORT, Handbuch I, S. 304. So wird es in der Forschung zumindest nach der allerdings „keineswegs sicheren Hypothese" (MEẞNER, Einführung, S. 46) des französischen Liturgiewissenschaftlers Antoine Chavasse weithin rezipiert, vgl. CHAVASSE (Hg.), Sacramentaire Gélasien.

181 Es stammt aus dem 7. Jahrhundert und wird nur von einem Textzeugen, dem Codex Vaticanus Reginensis 316 überliefert; vgl. ebd., S. VI.

182 Ebd., S. VIf.

183 Vgl. KLÖCKENER, Sakramentar, Sp. 1457.

184 Es ist vermutlich etwa Ende des 8. Jahrhunderts in St. Croix in Meaux entstanden. Seit dem 9. Jahrhundert ist es in der Abtei Gellone nachweisbar. Es beinhaltet neben „Benedictiones episcopales" auch ein Martyrologium, Skrutinien-Ordines, einen „Ordo de sacris ordinibus benedicendis" und zahlreiche Benediktionen. Die Handschrift stellt demnach schon eine Verbindung eines Sakramentars mit einem bereits weithin ausgebildeten Pontifikale dar, vgl. GAMBER, Codices II, S. 392. Gleichwohl ist es noch kein Pontifikale im späteren Sinne. Es hat noch deutlichen Sakramentarcharakter, Rubriken fehlen auch für die Orationen der Pontifikalliturgie.

weihe findet sich nämlich auch die Oration „Concede quaesumus“ aus dem Gregorianischen Sakramentar wieder. Sie ist überschrieben mit dem Titel „Oratio ad abbatem faciendum“,[185] ist also vielleicht in der gelloneser Tradition nicht für die Äbtissin verwendet worden. Dafür bezeugt das Sakramentar zwei weitere gemeinsame Orationen für Abt und Äbtissin und eine dritte, neue Oration, die ausschließlich für die Äbtissin gedacht ist. Hilpisch vermutet, dass diese Orationen aus einer gallikanischen Quelle stammen. Während die römische Oration eine für die römische Liturgie dieser Zeit klassische Kürze zeigt, sind die anderen Orationen „lange Gebetsformeln, wie sie die gallikanische Liturgie liebt“.[186]

1.6.3 *Die gelasianischen Orationen im Einzelnen*

Die Orationen werden einfach hintereinander gebracht. Hilpisch urteilt, hiermit solle angedeutet werden, dass man sich bei den Formeln „nach Gutdünken bedienen kann“.[187] Für diese Annahme spricht auch der Singular in der Überschrift: Die beiden für die Abts- und Äbtissinnenweihe gemeinsamen Orationen sind überschrieben mit „Oratio quando abbas vel abbatissa ordinatur in monasterio“, „Gebet, wenn ein Abt oder eine Äbtissin im Kloster ordiniert wird“. Die erste gelasianische Oration ist die Oration „Cunctorum bonorum“:[188]

> Gott, Schöpfer von allem, der du durch deinen Diener Mose Vorsteher zur Leitung der Gemeinden eingesetzt hast, zu dir bringen wir flehentlich unsere Bitten und rufen dich mit ergebener Gesinnung an, für diesen deinen Diener,[189] den die Wahl deiner Dienerinnen heute zur Äbtissin [sic!] deiner Schafe aufgestellt hat. Er lenke die ihm anvertrauten Untertanen[190] so, dass er mit jenen allen das Himmelreich erlange, so dass er durch deine Hilfe, Herr, und beständig auf die Lehren der Apostel gestützt, mit hundertfacher Frucht fröhlich in die Tore des Paradieses eintrete, und es verdient habe, von dir, Herr, lobend zu hören: Herrlich, herrlich du guter und treuer Knecht, weil du über weniges getreu warst, will ich dich über Vieles setzen, geh ein in die Freude deines Herrn. Das selbst, durch den Herrn.[191]

Hier wird im Folgenden die Edition von Jean Deshusses und Anton Dumas verwendet, DESHUSSES/DUMAS (Hg.), Sacramentorum Gellonensis.

185 Vgl. ebd., S. 399.

186 HILPISCH, Abtsweihe, S. 61.

187 Ebd.

188 Wenngleich hier das „bonorum“ in der Fassung noch fehlt.

189 In ihrer Edition können Deshusses und Dumas nur eine teilweise rekonstruierte Form der Oration präsentieren. Bis auf das „abbatissam“ verwendet die Oration die maskuline Form, weshalb diese, der möglichst wörtlichen Übersetzung wegen, hier auch übersetzt worden ist.

190 Eigentlich Singular.

191 „Cunctorum institutae deus, qui pro moysen famulum tuum ad gubernandas ecclesias prepositus [praepositos] instituisti, tibi supplicis fundimus preces teque devotis mentibus

Wie die gregorianische Oration erbittet auch dieses Gebet Gottes Hilfe für die Aufgaben des Abtes beziehungsweise der Äbtissin, aber deutlich ausgeschmückter. Zentraler Auftrag ist die Leitung der „Untertanen" („subditus"), also die Leitung der dem Abt beziehungsweise der Äbtissin anvertrauten Brüder und Schwestern. Zwar wird das Wort „anima", „Seele" nicht verwendet, im Hintergrund steht jedoch unzweifelhaft das Jüngste Gericht, bei dem entschieden wird, ob die Brüder und Schwestern mit ihrem Abt beziehungsweise ihrer Äbtissin „in die Tore des Paradieses" eintreten oder nicht.

Als Vorbild für die „Leitung der Gemeinden" („ad gubernandas ecclesias") wird Mose genannt. Damit setzt die Oration einen auffallenden Akzent: Abt und Äbtissin sind Leiter und Leiterinnen der ihnen anvertrauten „ecclesias". Gleichzeitig stellt das Gebet dar, dass diese Stellung von Abt und Äbtissin Gottes Willen entspricht, wenn auf seine Grundlegung in Moses Bezug genommen wird. Puniet bemerkt, die Formulierung „ad gubernandas ecclesias praepositos instituisti" sei für eine Äbtissin erstaunlich, da sie „die einer Vorsteherin zuerkannten Befugnisse weit zu überschreiten scheinen. Doch", so wischt er diesen Einwand weg, „genügt es, sie zu erklären, indem man sich daran erinnert, daß sie anfänglich bestimmt sind, ausgedehntere Vollmachten zu kennzeichnen".[192]

Der Benediktiner hat Unrecht, wenn er Konzepte des zwanzigsten Jahrhunderts, in denen Frauen die geistliche Leitung von Gemeinden verwehrt wird,[193] mit seiner unpräzisen Argumentation rückdatiert und versucht, die Bedeutung der frühmittelalterlichen Äbtissin gegenüber der des Abtes abzuschwächen. Die Oration macht hier keinen Unterschied zwischen beiden Ämtern, Äbtissin und Abt sind gleichermaßen Vorsteherinnen und Vorsteher ihrer „ecclesiae" und als Hirtinnen und Hirten für die ihnen anvertrauten Schafe verantwortlich. Sie sind Leiterinnen und Leiter („regat") der ihnen anvertrauten Untertanen, heißt es in der Oration („regat subditus conmendatus"). Diese Oration findet sich für die Abts- und Äbtissinnenweihe ebenso wie die gregorianische Formel „Concede quaesumus" noch bis zum Zweiten Vatikanischen Konzil in den römischen Pontifikalien und wurde auch bei der eingangs skizzierten Weihe von Sr. Emmanuela Aichinger gebetet.

Dies gilt auch für die zweite für Abt und Äbtissinnen gemeinsame Oration, das Gebet „Affluentem spiritum":

---

exoramus ut hunc famulum tuum *ill.* que[m] cohibentia et ęlectio | famularum tuarum abbatissam hodie [o]vium tuorum esse instituit si[c]que regat [regere] subditus conmendatus et cum illis omnibus regna cęlorum adeptus quatenus te opitulante domine apostolicis iugiter fultu[a]s doctrinis, centissimo cum fructu[s] lętus introeat portas paradisi atque te domine conlaudante audire mereatur : Ęuge ęuge [famola] servę bone et fidelis, quia super pauca fuisti fidelis, supra multa te constituam, intra in gaudium domini tui. Quod ipse. Per dominum", DESHUSSES/DUMAS (Hg.), Sacramentorum Gellonensis, S. 399.

192 PUNIET, Pontifikale S. 123.

193 Vgl. weiterführend Kapitel III 2.3.3 dieser Arbeit.

> Allmächtiger, ewiger Gott, gieß aus im Überfluss jenen Geist deines Segens über deinen Diener, geneigt gemacht durch unser Beten, dass er, der durch unsere Handauflegung zur Äbtissin [sic!] bestellt wird, sie [oder er] sei deiner Heiligung würdig und bleibe deine Erwählte.[194] Er werde niemals später von deiner Gnade unwürdig getrennt. Er empfange heute durch dein Geschenk Beharrlichkeit in guten Werken, Standhaftigkeit im Unglück, Geduld in Bedrängnis, Sehnsucht im Fasten, Erbarmen gegenüber den Gottlosen, Herrschaft in Demut,[195] Hass wider den Stolz, Liebe im Glauben, Wachsamkeit in der Lehre, Selbstbeherrschung in der Keuschheit, Enthaltsamkeit gegen den Überfluss, im Wechsel maßvolles Verhalten, Weisheit in den Sitten. Durch dein Geschenk Herr, verharre er so in dieser Aufgabe, wie der von den Aposteln erwählte Levit, der heilige Stephanus auszudauern verdient hat. Von diesem Tage an erkenne er das Teuflische in der Lebensführung; durch die Verleihung deines Segens, Herr, schätze er das Gegenwärtige gering und versenke sich in das ewig Himmlische. Er sei Beispiel und Vorbild an Gerechtigkeit, um die Kirche treu zu lenken und zu leiten, er bewirke wie ein fähiger Hüter zwischen seinen Amtsbrüdern immer mehr. Er sei von großer Klugheit, voll Fleiß in Beurteilung, Wirksamkeit und Zucht. So diene er dir Herr, durch deine Gabe, mit reinem Herzen in allem nach deinem Auftrag ohne Tadel, so dass er den Siegespreis der himmlischen Berufung erhalte mit vielfachen Zinsen, mit hundertfacher Frucht und mit der Krone der Gerechtigkeit zu den Gaben der Himmelsschätze gelange. Durch den Herrn.[196]

Die Oration beginnt mit der Anrufung des allmächtigen Gottes und der Bitte um seinen reichen Segen. Das Gebet erwähnt dann eine Handauflegung („per manus

194 Im Lateinischen eigentlich fem. Pl. In der hier verwendeten Quellen sind genera und numera noch ungenau.

195 Hier steht „humilitatibus“ im Plural, in späteren Fassungen im Singular.

196 „ITEM ALIA BND. Omnipotens sempiterne deus, affluentem illum spiritum tui benedictionis super famulum tuum *ill.* nobis orantibus propitiatus infunde, ut qui per manus nostrę impositone[m] abbatissa instituętur sanctificatione tua dignitate ęlectas permaneat, ut nunquam pusmodum [postmodum, S.R.] de tua gratia separetur indigna. Suscipiat te largiente hodię domine hi bono opere [et] perseverantiam, in adversis constantiam, in tribulationibus tolerantiam, in ieiuniis desiderium, in [im]piętatibus misericordiam, in humilitatibus principatum, in superbia odium, in fide[m] dilectionem, in doctrina[m] pervigilantiam, in castitate[m] continentiam, in luxuria[m] abstinentiam, in vari[e]tatibus moderatione[m], in moribus doctrinam. Te munerante domine talis huic ministerium perseveret qualis lęvita ęlęctus ab apostolis sanctus stephanus meruit perdurare. Tota ab odia diabolica conversatione dispitiat; te domine benedictionem largitatem contempnat presentia[m], premia cęlestia desiderit sempiterna. Sit exemplum et forma iustitiae ad gubernandum [sic!] regendamque ęcclesiam fideliter, ut speculator idoneus inter suos collegiis semper efficiat. Sit magni consilii, industrię censurę, efficatiae, disciplinę. Ita te domine tribuente ut in omnibus mandatis tuis sine reprehensione tibi mundo corde deserviens, ad pravium superne vocationis multiplicati fenore cum centesimo fructu coronamque iustitiam et cęlestium thęsaurorum donativa perveniat. Per dominum“, Deshusses/Dumas (Hg.), Sacramentorum Gellonensis, S. 400. Der hier abgedruckte Text weist einige Fehler auf und ist – wie auch die Oration oben – im Genus nicht einheitlich. Für die Übersetzung habe ich die maskuline Form gewählt, da diese bis auf die die Passage „abbatissa“ und „electas“ das dominierende Genus ist. Die Pontifikalien haben diese Oration mit einigen stilistischen Korrekturen in ihren Bestand aufgenommen.

nostrę impositone[m]“). Da im Sakramentar von Gellone die Rubriken noch fehlen, ist eine Aussage darüber, ob mit diesen Worten auch bereits eine Handauflegung verbunden war, zwar nicht mit hundertprozentiger Sicherheit zu treffen, es ist aber sehr wahrscheinlich, dass sie ausgeführt worden ist. Andernfalls würden die Worte inhaltslos gesprochen. Zudem war die Handauflegung in Spanien zu dieser Zeit längst gebräuchlich, wie die Vita des Fructuosus sowie der Liber ordinum zeigen.[197]

Mit der Handauflegung werden zwei Bitten verbunden. Zum einen möge sich der beziehungsweise die Auserwählte der Heiligmachung („sanctificatione“) würdig erweisen, zum anderen sollen Abt und Äbtissin nie mehr von der hier empfangenen „Gnade ... getrennt“ werden. Diese Bitten zeigen, dass mit der Oration die Vorstellung einer Wirkung verbunden war: Abt und Äbtissin werden geheiligt und empfangen eine Gnade. Für ihren Dienst erbittet das Gebet eine ganze Reihe Tugenden. Auch in dieser Oration steckt wieder eine starke Jenseitsorientierung, ein Blick auf das Himmlische, das Abt und Äbtissin immer im Blick haben sollen.

Denn die Aufgabe, die Abt und Äbtissin mit ihrem Amt übernehmen, ist eine große: Sie sollen „Beispiel und Vorbild an Gerechtigkeit“ sein, „um die Kirche treu zu lenken und zu leiten“, heißt es in der Oration. Die Phrase „regendamque ecclesiam“ erinnert an die andere gelasianische Oration, in der von der Leitung der Gemeinden im Plural die Rede ist. Hier steht „ecclesia“ im Singular. Puniet bezieht den Begriff eng auf die „Klostergemeinde“, womit er offensichtlich vor allem den Herrschaftsbereich der Äbtissin für ein nach seinem Verständnis angemessenes weibliches Leitungsamt schärfen möchte.[198] Doch im Lateinischen Text steht „regendamque ecclesia“ wie auch bei der Oration für die Bischofsweihe aus dem Sakramentarium Veronese aus dem siebten Jahrhundert, in der es heißt: „Tribuas eis cathedram episcopalem ad regendam aeclesiam tuam et plebem universam“,[199] „weise ihm die bischöfliche Kathedra zu zur Leitung deiner Kirche und des ganzen Volks“. Hier würde Puniet vermutlich „aecclesia“

---

197 Schon in biblischer Zeit war es üblich, Personen durch Handauflegung in Ämter zu bestellen – ein Erbe aus dem Judentum, genauer der s^{e}mikhah im Alten Testament, vgl. BEHM, Handauflegung, S. 141. Das Neue Testament ist voll von Zeugnissen, wonach die Handauflegung „eine Übertragung übersinnlicher Gaben oder Elemente in sinnenfälliger Form“ darstellt, vgl. ebd., S. 147.

198 „Auf die Klostergemeinde angewandt, deren Leitung die Äbtissin empfängt, erklärt sich der Gedanke von der ‚Regierung der Kirche‘ leicht mit den sich aufdrängenden Abschwächungen“, PUNIET, Pontifikale, S. 124.

199 Ediert in SANTANTONI, Ordinazione, S. 233. Diese Oration „Deus honorum omnium“ war bis zur Reform des Bischofsweiheritus im Jahr 1968 die zentrale Konsekrationsoration, vgl. MCMILLAN, Episcopal Ordination, S. 16. Sie hat sonst keine Gemeinsamkeiten mit den Orationen der Abts- und Äbtissinnenweihe, weshalb auf die Oration der Bischofsweihe hier nicht näher eingegangen wird. Für eine Analyse der beiden zentralen Orationen „Deus honorum omnium“ und „Propitiare“ aus der Bischofsweihe vgl. MARTIMORT, Handbuch II, S. 23f.

nicht mit „Bistum“ übersetzen. Dieser Befund zeigt: Äbtissin und Abt übernahmen ähnlich wie ein Bischof als Hirtinnen und Hirten mit ihrem Amt eine Leitungsgewalt innerhalb der Kirche, nämlich die Leitung der ihnen anvertrauten Gemeinschaft der Schwestern und Brüder.

Eine dritte Oration „Domine Deus omnipotens“ ist ausschließlich für die Äbtissin gedacht:

> Herr, allmächtiger Gott, der du Miriam, die Schwester des Mose, als sie den übrigen Frauen zwischen den Meereswogen mit Pauken und im Tanzschritt voranging, fröhlich an das andere Ufer des Meeres gelangen ließest. Wir bitten dich flehentlich für diese deine treue Dienerin, die heute als Mutter auf der Kathedra zur Äbtissin über alle ihr Untergebenen bestellt wird; dass sie so nach monastischer Norm alle deine Dienerinnen beschütze, dass sie zur ewigen Herrlichkeit durch deine Hilfe mit ihnen allen voll Freude einziehe und, während sie dir jubelnd mit den Engeln neue Lieder singt, mögen sie dem Lamm folgen, wohin immer es geht, unserem Herrn.[200]

In Erinnerung an den Beistand, den Gott der Schwester des Mose zuteilwerden ließ, bittet die Oration für die neue Äbtissin um diese Unterstützung Gottes. Auch Miriam ist anderen Frauen mit Gottes Hilfe vorangegangen. Die Oration nennt spezifisch die „monastische Norm“ womit im Frankenreich des späten achten Jahrhundert gewiss die Benediktsregel gemeint ist.[201] Auch hier wird Gottes Hilfe für die Äbtissin für die große Verantwortung erbeten, die sie für die ihr anvertrauten Schwestern hat.

Ein Bestandteil des Gebetes lässt aufhorchen: Es erwähnt die „cathedra“ der Äbtissin. Schon im sechsten Jahrhundert bezeichnete man die Bischofskirche als „cathedralis ecclesia“. Mit der Kathedra wurde das Lehr- und Hirtenamt der Bischöfe hervorgehoben.[202] Der Sitz der Äbtissin wird also mit dem gleichen Begriff bezeichnet, wie der Sitz der Bischöfe, der Zeichen für ihr Amt ist. Da die Oration ausschließlich für die Äbtissinnen verwendet wurde, lässt sich die Kathedra hier nicht mit dem Vorwand erklären, dass es eine Oration für Äbte war, die man dann ohne Änderungen auch für die Äbtissinnen verwendet hat. Diese Oration zeigt vielmehr, dass auch das Amt der Äbtissinnen als Lehr- und Hirtenamt Parallelen mit dem der Bischöfe hatte.

Dieses Gebet hatte ebenso wie die anderen drei Orationen eine große Erfolgsgeschichte. Im zehnten Jahrhundert wurde es ebenfalls in das Pontificale

---

200 „ITĒ ALIA. | Domine deus omnipotens, qui sororem moysen mariam preeuntem cęteris mulieribus inter aequorias undas cum thympanis et choris lętam ad litus maris venire fecisti, te supplices deprecamur pro fidele famola tua *ill.* que hodiae in materna in cathedra universis subditis sibi abbatissa esse constituętur, ut ita a monastica nurma tuęatur cunctas famulas tuas quatenus aeternam ad gloriam te auxiliante[m] cum omnibus introeat lęta tibique exultantes cum angęlis, canentes cantica nova, sequantur agnum quocumque ierit prestante[m] <domino nostro>“, DUMAS, Liber Sacramentorum, S. 400f.

201 Vgl. HEGGLIN, Abt, S. 54.

202 APPUHN, Kathedra, Sp. 1074.

Romano-Germanicum aufgenommen und gelangte von dort in die römischen Nachfolgetexte.[203]

2 *Zur weiteren Entwicklung der Äbtissinnenweihe im Mittelalter*[204]

Hilpisch beschreibt das zehnte Jahrhundert als eine Zeit, in der der Ritus der Abtsweihe eine große „Veränderung" erfahren habe. Er bezeichnet diesen Zeitraum insgesamt als „die große liturgische Reform in der ottonischen Zeit, ... die zu einer neuen Form des römischen Pontifikale führte".[205] Als Hintergrund für diese Veränderungen in der Geschichte des Abtsweiheritus nennt Hilpisch die Stellung, die die Äbte „erst recht in Deutschland seit den Karolingern" erlangt hätten und die ihr Amt „an Einfluß und Macht sowohl im staatlichen [sic!] wie

---

[203] Die vier römischen Orationen hatten eine beträchtliche Verbreitungsgeschichte. Seit dem 8. Jahrhundert entwickelten sich neben den reinen Sakramentaren mit den Orationen langsam auch einzelne liturgische Bücher, in denen sich neben den Orationen auch Textteile mit Rubriken finden. Diese Ergänzung der Sakramentare durch Rubriken ist wohl der karolingischen Reform zu verdanken und bereitete den sich daraus entwickelnden Buchtypus des Pontifikale vor, vgl. KLÖCKENER, Pontifikale, S. 397. Viele dieser überlieferten ältesten Pontifikalien bezeugen auch die gregorianischen und gelasianischen Orationen für die Äbtissinnen. Exemplarisch sei hier für die Verbreitungsgeschichte das Baturich-Pontifikale genannt, welches wahrscheinlich im Kloster St. Emmeran zur Zeit des Regensburger Bischofs Baturich (817–848) entstanden ist. Das Pontifikale bezeugt für die Äbtissinnen neben der gregorianischen Oration „Concede quaesumus" auch die drei gelasianischen Orationen. Die Orationssammlung ist überschrieben mit „Oratio ad abbatem faciendum sive abbatissam" – die Orationen sind also alle (allerdings wohl mit Ausnahme der Oration „Domine deus") sowohl für die Äbte als auch für die Äbtissinnen verwendet worden, vgl. die Edition von UNTERKIRCHER (Bearb.), Kollektar-Pontifikale, S. 110–112.
Auch das sogenannte Freiburger Pontifikale, ein vermutlich an der Domkirche zu Basel im 9. Jahrhundert entstandenes Buch, überliefert die vier Orationen, vgl. METZGER, Karolingische Pontifikalien, S. 44–46*, ebenso das mit dem Freiburger Pontifikale beinahe identische Pontifikale von Donaueschingen, das Metzger gemeinsam mit dem Freiburger Pontifikale ediert hat. Als Entstehungsort des Pontifikale von Donaueschingen vermutet Gamber St. Gallen im 9. Jahrhundert. Empfänger des Pontifikale war Konstanz. Dies schließt Gamber daraus, dass das Original in der Konstanzer Dombibliothek zu finden war, vgl. GAMBER, Codices II, S. 562. Nur die gregorianische Oration erwähnt das Mailänder Pontifikale, ebenfalls aus dem 9. Jahrhundert, vgl. MAGISTRETTI (Hg.), Pontificale Mediolanensis, S. 54. Auch das Pontifikale von York, entstanden vermutlich im 10. Jahrhundert in York, überliefert neben einer eigenen Oration die gregorianische Oration „Concede quaesumus" für die Äbtissinnen, vgl. GREENWELL (Hg.), Pontifical of Egbert, S. 105f.

[204] Für die nun folgenden beiden Kapitel II 2 und 3 dient, wie einleitend skizziert, die Chronologie der römischen Pontifikalien nach Klöckener als Richtschnur. Eine Übersicht der Quellen findet sich im Anhang.

[205] HILPISCH, Abtsweihe, S. 62f.

im kirchlichen Leben nahe an das bischöfliche Amt rückte".[206] Der Ritus sei entsprechend der Stellung des Abtes so „ausgestaltet" worden, dass er „nicht hinter den großen Weihehandlungen der römischen Liturgie"[207] zurückstehen musste.[208]

Frei beobachtet eine ähnliche Entwicklung. Die Riten der Abts- und Äbtissinnenweihe, wie sie das Pontificale Romano-Germanicum zeige, sei „dort zu einem umfangreichen Ritus erweitert" worden, „in dem verstärkt die Angleichungen an die Bischofsweihe erkennbar sind".[209] Auch Puniet deutet die Ausgestaltungen des Ritus seit dem Mittelalter als von der „Bischofsweihe beeinflußt",[210] die „Entlehnungen" seien „offensichtlich".[211]

Während die beiden Benediktiner Frei und Hilpisch diese Entwicklung nennen, ohne sie eindimensional zu bewerten, war der für die Neugestaltung der Abts- und Äbtissinnenweihe verantwortlichen Studiengruppe nach dem Zweiten Vatikanischen Konzil insbesondere diese Zeit der mittelalterlichen Ausgestaltung der Riten seit dem zehnten Jahrhundert wegen der Analogien zur Bischofsweihe ein Dorn im Auge. Sie wurde als Entfremdung der monastischen Segnungsliturgie von der ursprünglichen, schlichten und als richtig bewerteten Liturgie hin zu einer verfälschten, (zu) bischofsähnlichen Weiheliturgie gedeutet.[212] Im Folgenden soll vor dem Hintergrund dieser These in der Darstellung der Äbtissinnenweihegenese ein zentrales Augenmerk auf die Entwicklung jener Ritusanalogien gelegt werden.

2.1 Die Äbtissinnenweihen im Pontificale Romano-Germanicum

Das Pontificale Romano-Germanicum (PRG) hat seinen Namen von dem Straßburger Liturgiewissenschaftler Michel Andrieu erhalten.[213] Klöckener wertet, dass diese Bezeichnung „wegen der damit verbundenen Charakterisierung des PRG zutreffender" sei, als „andere, früher gelegentlich vorkommende wie ‚Ottonisches Pontifikale' oder ‚Mainzer Pontifikale'".[214] Die Forschung ist sich einig,

---

[206] Ebd., S. 63.
[207] Ebd.
[208] Fast wortgleich übernimmt Hegglin Hilpischs These, vgl. HEGGLIN, Abt, S. 153.
[209] FREI, Äbtissinnenweihe, S. 224.
[210] PUNIET, Pontifikale, S. 103.
[211] Ebd., S. 99.
[212] Vgl. die Darstellung bei BUGNINI, Liturgiereform, S. 819 sowie die Erläuterungen im ersten Schema zur Neugestaltung der „Benediktion des Abtes", welche ausführlich in Abschnitt III 2 dargestellt werden.
[213] Vgl. ANDRIEU, Pontifical I, S. 4.
[214] KLÖCKENER, Diözesansynode, S. 29.

dass beim PRG ohne Zweifel von einem Pontifikale „im eigentlichen Sinn“[215] gesprochen werden kann, enthält es neben den Rubriken auch die euchologischen Texte. Zuvor war es nötig, zur Feier „des römischen Ritus“ sowohl das Sakramentar als auch die Libelli der Ordines Romani vorliegen zu haben, welche die rubrikalen Beschreibungen für die Riten beinhalteten.[216]

Das Pontificale Romano-Germanicum ist zwischen 950 und 961/63 in der Mainzer Benediktinerabtei St. Alban entstanden.[217] In Rom herrschten seit dem Ende des neunten Jahrhunderts chaotische Zustände. Das Papsttum durchlebte eine tiefe Krise und wurde zum Spielball römischer Adelsfamilien. Die Stadt versank als Zentrum der westlichen Kirche zunehmend in Bedeutungslosigkeit.[218] Dies hatte auch Konsequenzen für die Liturgie: Der Sinn für Liturgie in Rom drohte „völlig abzusterben“, in den Schreibstuben wurden schließlich keine liturgischen Bücher mehr hergestellt.[219] Zum neuen Zentrum der Liturgie entwickelte sich der „fränkisch-deutsche Boden“, in der die Liturgie nach einem „reicheren Zeremoniell“ gefeiert wurde.[220] Das PRG ist Zeugnis für die für diese Zeit typische Mischliturgie, „von der man im Frankenreich glaubte, sie sei römischen Ursprungs, die aber tatsächlich das Ergebnis der wechselnden Wanderbewegungen und Austauschbeziehungen zwischen der römischen Liturgie und den gallischen, fränkischen und germanischen Traditionen war“.[221]

Die Kompilatoren des PRG sichteten vielfältige liturgische Quellen, ordneten die liturgischen Handlungen des Bischofs neu an und bereicherten sie „mit Eigenem“.[222] So entstand ein „Werk, das zu den großen Leistungen der Kirche in

---

215 Vgl. McMillan, Episcopal Ordination, S. 71.

216 Vgl. ebd.

217 Vgl. Vogel, Précisions, S. 145–162.

218 Vgl. Denzler, Papsttum, S. 38–41.

219 Vgl. Klauser, Liturgiegeschichte, S. 78.

220 Ebd., S. 79.

221 Klöckener, Diözesansynode, S. 29f. Deutlich werde dies an vielen didaktischen Stücken sowie eucharistischen Formularen, die an sich nicht in ein Pontifikale, wie es heute definiert wird, hineingehören.

222 Gussone, Jungfrauenweihe, S. 26.
Michel Andrieu hat für die Formierungsgeschichte des Pontifikale erarbeitet, dass im Zuge der karolingischen Reform im Frankenreich Codices speziell mit liturgischem Material für den Bischof entstanden sind. Diese waren Sammlungen von Ordines, die mit euchologischen Texten aus den Sakramentaren ergänzt wurden, oder umgekehrt wurden die Texte der Sakramentare durch Ordines ergänzt. Dabei unterscheidet Andrieu zwei Typen von Handschriften. Zum einen die Handschriften rein römischen Ursprungs, die entweder im fränkischen Reich aus verschiedenen Ordines zusammengestellt wurden oder bereits als zusammengestellte Sammlung in das Frankenreich gelangten, vgl. Andrieu (Hg.), Ordines I, S. 465–548. Diese Ordines waren jedoch unvollständig und zu sehr an den römischen Verhältnissen orientiert, so dass sie für die pastoralen Bedürfnisse im Frankenreich nicht praktikabel waren. Es entstanden also weiterentwickelte Handschriften, die an den pastoralen Bedürfnissen vor Ort ausgerichtet waren. So wurden gallische und römische Ele-

ottonischer Zeit zählt",[223] wertet der Historiker Nikolaus Gussone. Das Original ist nicht erhalten, jedoch wurde das PRG häufig vervielfältigt und in Frankreich, England und Italien verbreitet. Durch die Reisen Ottos I. gelangte das PRG schon 962 oder 964 nach Rom. Klöckener bemerkt, die Verbreitung und große Bedeutung dieses Pontifikale sei „aufgrund der Vorrangstellung des Erzbistums Mainz leicht erklärbar".[224] Bis zur Gregorianischen Reform des elften Jahrhunderts war das PRG unbestritten das in Rom vorherrschende Buch. Klöckener vermutet, dass sogar Papst Gregor VII. (1073–1085) selbst es noch gebraucht haben könnte.[225]

Das PRG überliefert zwei verschiedene Ordinationsriten für die Äbtissinnen, nämlich die „Ordinatio abbatissae canonicam regulam profitentis" (PRG XXII),[226] sowie die „Ordinatio abbatisse [sic!] monasticam regulam profitentis" (PRG XXXII).[227] Der erste Ritus ist für eine Äbtissin vorgesehen, die einem Kanonissenstift vorsteht, der zweite Ritus für die Äbtissin eines monastischen Ordens, konkret also eines Benediktinerinnenklosters. Hier zeigt sich das karolingische Vermächtnis, neben der Regula Benedicti lediglich die Kanonissen zu erlauben.[228]

---

mente miteinander vermischt, vgl. ebd., S. 471. Dazu wurden entweder nicht-eucharistische Ordines mit den entsprechenden euchologischen Texten aus dem Sakramentar ergänzt oder es wurden andersherum Gebetstexte mit rubrizistischen Anweisungen hinzugefügt, vgl. VOGEL, Introduction, S. 184. Daneben wurden entsprechende liturgische Libelli gesammelt, zusammengebunden und als Sammlungen kopiert, vgl. KLÖCKENER, Pontifikale, S. 81. Diesen Vorgang hat Niels Krogh Rasmussen an zahlreichen Handschriften belegt, RASMUSSEN, Pontificaux, hier S. 414–427.

223 GUSSONE, Jungfrauenweihe, S. 26.

224 KLÖCKENER, Diözesansynode, S. 30.

225 Ebd., S. 30.
Nahezu fünfzig Handschriften des PRG sind überliefert, vgl. VOGEL (Hg.), Pontifical I, S. XII. Die Handschriften präsentieren häufig verschiedene Muster, oft sogar mit starken Varianten, Beifügungen oder Reduktionen. Eine einheitliche Liturgie gab es noch nicht, Liturgien waren von Region zu Region verschieden. Dennoch ist Vogel sich sicher, dass die einzelnen Handschriften untereinander in Verbindung stehen und letztlich alle den gleichen Ritus repräsentieren. Vogel hat auf der Grundlage der umfangreichen Sammlungen und Vorarbeiten von Andrieu die verschiedenen Überlieferungen gesichtet und versucht, so weit möglich eine Originalfassung zu rekonstruieren. Ergebnis dieser Arbeiten ist eine umfangreiche Edition des PRG, wofür Vogel letztlich zehn zentrale Handschriften berücksichtigt hat, vgl. ebd., S. XIII. Diese Edition wird für die folgende Darstellung und Untersuchung des PRG verwendet.

226 Ebd., S. 48–51.

227 Ebd., S. 76–82.

228 Vgl. RÜFFER, Mittelalterliche Klöster, S. 12.
Das PRG zieht damit eine Trennung zwischen den Äbtissinnen, die in der Realität oft nicht so scharf zu ziehen war. Insbesondere für die Zeit zwischen dem 9. und 11. Jahrhundert ist es schwierig, eine genaue Unterscheidung zwischen Kanonissen und monastischen Benediktinerinnen zu treffen. Häufig vermischten die beiden Formen. So gab es vielfach Gruppen von Klosterfrauen, die sich zur Gruppe der Religiosen zählten, nach der Benediktsregel lebten, aber auf die Freiheiten der Kanonissen nicht verzichteten, vgl. PARISSE, Kanonissen, Sp. 908. Am häufigsten waren die Kanonissen in Deutschland und Norditalien zu finden,

Beide Riten sind bereits sehr ausgestaltet und haben detaillierte Rubriken. Ein dritter Ritus ist überschrieben mit „Ordinatio abbatis" (PRG XXVI)[229] und zeigt die Tradition der „Abtsordination". Er ist der umfangreichste der drei Ordines. Nach einigen Handschriften dürfte dieser Ritus sowohl für die „ordinatio" des Abtes als auch für die „ordinatio" der Äbtissin verwendet worden sein.[230]

Alle drei „Ordinationshandlungen" finden innerhalb eines Pontifikalamtes statt (PRG XXII, 1; PRG XXXII, 1; PRG XXVI, 1) und beginnen unmittelbar vor dem Evangelium. Dass dies im PRG ein ganz üblicher Ort für „Ordinationen" und „Konsekrationen" ist, zeigen beispielsweise auch die Riten der Jungfrauenkonsekration („consecratio virginum", PRG XXII),[231] der „Diakoninnenkonsekration" („ad diaconam faciendam", PRG XXIV)[232] und nicht zuletzt der „Bischofsordination" („ordinatio episcopi", PRG LXII/LXIII).[233]

Für die Geschichte der Äbtissinnenweihe lässt sich die Bedeutung dieses Pontifikale nicht hoch genug schätzen. Es ist ein „Schlüsseltext",[234] welches verschiedene Traditionen aufnahm[235] und verarbeitete und eine prägende Rolle für spätere Traditionen hatte. Die Ordinationsriten der Kanonissenäbtissin sowie

---

hier insbesondere in den Hausklöstern der Königs- und Fürstendynastien. In Frankreich folgten Frauenklöster hingegen eher der Benediktsregel, vgl. ebd.

229 VOGEL (Hg.), Pontifical I, S. 62–69.

230 Dies zeigen einige Handschriften, in denen der Ritus überschrieben ist mit „Consecratio quando abbas vel abbatissa ordinatur in monasterio", vgl. ebd., S. 67f., vgl. auch PL 138, 1111–1112. Konkret sind dies zwei deutsche Handschriften, die erste aus der Staatlichen Bibliothek in Bamberg cod. Lit. 53 (= B). Dieser Codex ist grob zwischen 1000 und 1075 entstanden. Ähnlichen Inhalt weist zumeist auch die Handschrift aus dem bischöflichen Archiv in Eichstätt auf, das Pontifikale des Gundekar (= G), verfasst wohl zwischen 1057–1075, vgl. VOGEL (Hg.), Pontifical III, S. 32). Einen gemeinsamen Ritus bezeugt drittens auch die Handschrift aus dem italienischen Lucca cod. 607 (= L), die etwa zwischen 960 und 1000 entstanden ist. Dieser Codex 607 geht vermutlich direkt auf ein Exemplar aus Mainz zurück, vgl. ebd., S. 16; vgl. ferner ANDRIEU, Ordines I, S. 156–165). Viertens tradiert eine Handschrift aus Pistoja, cod. 141 (= K) (ca. 1050–1100) die gemeinsame „consecratio" für die Abts- und Äbtissinnenweihe, vgl. VOGEL (Hg.), Pontifical III, S. 17.

231 VOGEL (Hg.), Pontifical I, S. 51–54.

232 Ebd., S. 54–59. Der Ordo ist eigentlich überschrieben mit „ad diaconam faciendam". Da diese Wendung jedoch nicht schön zu übersetzen ist, wird hier auf die Übersetzung „Diakoninnenmachung" weitestgehend verzichtet. Stattdessen wird für die Diakoninnen auch der Begriff „Konsekration" verwendet – dieser Terminus ist für die Diakoninnen im Ordo für die „Witwenkonsekration" bezeugt, wo auf die „Diakoninnenkonsekration" verwiesen wird, vgl. PRG XXV, 16.

233 VOGEL (Hg.), Pontifical I, S. 199–226, hier S. 223. Zur Analyse der verschiedenen Überlieferungen der „Ordinatio episcopi" vgl. MCMILLAN, Episcopal Ordination, S. 71–99, ferner RICHTER, Ordination, S. 46.

234 So GUSSONE, Jungfrauenweihe, S. 26, der für die Bedeutung des PRG für die Geschichte der Jungfrauenweihe zum gleichen Ergebnis kommt.

235 Für die Äbtissinnenweihe zeigt sich dies bereits direkt zu Beginn. Hier zitiert das PRG aus dem Bußbuch Theodors von Canterbury, vgl. VOGEL (HG.), Pontifical I, S. 76. Daneben zeigt es die bereits dargestellten Orationen aus den gregorianischen und gelasianischen Sakramentaren.

der Benediktineräbtissin zeigen im PRG bereits alle Elemente, die bis zur Neugestaltung nach dem Zweiten Vatikanum wesentliche Bestandteile des Ritus bleiben sollten: Litanei mit Prostratio, Oration, Präfation (bei den monastischen Äbtissinnen mit Handauflegung), Übergabe der Regel mit anschließendem Gebet und dem Te Deum zum Abschluss.

2.1.1 *Die „ordinatio" der Kanonissenäbtissin*

Zu Beginn der Feier wird die „Erwählte" („electa") von zwei oder drei ihrer Schwestern zum Altar geführt. Die Rubrik hat hier die Formulierung aus den Canones Theodori übernommen. Sie verfügt, dass die „Electa" „mit zwei oder drei ihrer eigenen Schwestern", „cum duabus vel tribus de soribus suis" (PRG XXII, 2) zum Altar gehen soll. Auch für die „Ordination" des Abtes ist die Rubrik von Theodor übernommen. Der Abt soll ebenfalls von „zwei oder drei seiner Brüder" begleitet werden, „cum duobus vel tribus fratribus" (PRG XXVI, 1). Für die „ordinatio" des Bischofs ist im PRG eine Assistenz für den zum Bischof erwählten Kandidaten durch zwei ranggleiche Bischöfe bezeugt (PRG LXIII. 10) und das erstmals mit Sicherheit.[236] Auch für die „Ordination" eines Presbyters belegt das PRG eine Assistenz durch zwei Diakone oder Priester (PRG XVI, 21).

Dass die „Ordinationen" durch einen Bischof im PRG insgesamt analog gestaltet sind, demonstriert auch die Litanei. Am Altar vollzieht die zur Kanonissenäbtissin „Erwählte" die Prostratio zum Gesang der Litanei (PRG XXII, 2). Puniet vermutet, dass die Einführung des Litaneigesangs für die Abtsweihe[237] ebenfalls im Anschluss an die „höheren Weihen" geschehen ist. Man wollte dem Ritus der Abtsweihe, der in „uranfänglichen Zeiten die äußerste Einfachheit" gezeigt hatte, „mehr Glanz verschaffen, erklärt der Benediktiner.[238] Darüber könne sie dann auch in die Äbtissinnenweihe gelangt sein, vermutet er. Die Litanei ist jedoch im PRG nicht nur für die „höheren Weihen" überliefert, womit Puniet

[236] Möglicherweise ist eine Assistenz bei der Bischofsweihe bereits in den „Statuta ecclesiae antiqua" belegt, einer kleinen kanonischen Rechtssammlung aus dem späten 5. Jahrhundert, in der verfügt wird, dass zwei assistierende Bischöfe das Evangelienbuch auf den Nacken des Kandidaten legen und halten sollen, vgl. MUNIER (Hg.), Statuta Ecclesiae Antiqua, S. 177. Die Ordines romani schweigen noch über eine Assistenz durch andere Bischöfe, wenngleich sie eine grundsätzliche Begleitung des Kandidaten kennen. Im OR 34 ist angegeben, dass Mitglieder des Heiligen Stuhls den Erwählten begleiten, wenn die „Bischofsordination" durch den Papst vorgenommen wird. Alternativ übernimmt dies ein Erzdiakon. Im OR 35 findet sich darüber hinaus die Angabe, dass neben dem Erzdiakon noch weitere bei der Präsentation des Bischofs als Assistenz dabei sind. Der Ordo 36 zeigt die Begleitung des Bischofs durch einen Erzdiakon und einen Priester, vgl. MCMILLAN, Episcopal Ordination, S. 96f.

[237] Auch die Ordinationsriten der Äbte und monastischen Äbtissinnen beginnen im PRG mit der Litanei, vgl. PRG XXVI, 3; PRG XXII, 2.

[238] Vgl. PUNIET, Pontifikale, S. 102.

gemäß seines Verständnis aus dem zwanzigsten Jahrhunderts die Diakonen-, Priester- und Bischofsweihe meinen dürfte, sondern das PRG zeigt, dass die Litanei ein typisches Merkmal von verschiedenen „Ordinationen“ und „Konsekrationen“ durch den Bischof ist. Es bezeugt die Litanei sowohl für die „Ordination des Presbyters“ (PRG XVI, 21), für die „Diakoninnenkonsekration“ (PRG XXIV, 6) für die „Jungfrauenkonsekration“ (PRG XXIII, 6) und die „Konsekration der Witwen“ (PRG XXV, 6f.) und nicht zuletzt auch für die „Bischofsordination“ (PRG LXIII, 30).

Über die konkrete Form der Litanei fehlen an dieser Stelle präzise Angaben. Für den „Ordo ad benedicendam ecclesiam“, die „Ordnung zur Kirchensegnung“ ist im PRG die Allerheiligenlitanei abgebildet (PRG XL, 1). Es kann daher angenommen werden, dass die Allerheiligenlitanei auch für die anderen Feiern, in denen das PRG eine Litanei vorsieht, gesungen werden soll. Die Allerheiligenlitanei hatte sich nachweisbar seit dem siebten Jahrhundert als Mischform aus Anrufungs- und Anliegenlitaneien herausgebildet.[239] Dass Litaneien auch im monastischen Umfeld bekannt und üblich waren, zeigt schon die Benediktsregel, die für die Laudes am Sonntag eine Litanei kennt (RB 12,4).

Nach der Litanei spricht der Bischof eine Oration über die zur Kanonissenäbtissin „Erwählte“, wozu das PRG zwei Gebete zur Auswahl anbietet. Das erste Gebet „Exaudi domine“ lautet:

> Höre, Herr, unsere Bitten und sende deinen Geist der Segnung („benedictionis“) über diese deine Dienerin aus, dass sie durch das himmlische Amt[240] bereichert werde, und die Gnade deines Ansehens erwerben kann und für andere ein gutes Beispiel im Leben biete. Durch unseren Herrn Jesus Christus, deinen Sohn.[241]

Diese kurze Oration, die um den Geist der Segnung für die Äbtissin und um Gottes Beistand für ihr Amt und ihre Vorbildfunktion bittet, ist bereits im Gregorianischen Sakramentar für eine weibliche Diakonin bezeugt.[242] Über das Sakramentar gelangte sie wahrscheinlich auch ins PRG. Hier steht sie nicht nur für die Kanonissenäbtissin, sondern auch für die „ordinatio“ des männlichen Diakons (PRG XVI, 13) wie auch der weiblichen Diakonin (PRG XXIV, 7).[243] Dieser Befund

---

[239] Vgl. FISCHER, Art. Litanei, Sp. 954f., vgl. auch KNOPP, Allerheiligen-Litanei, S. 185–231.

[240] Im Lateinischen steht hier „munere“. Es wäre denkbar, dass hier „Amt“ gemeint ist, genauso könnte auch „Geschenk“ bezogen auf den Segen übersetzt werden.

[241] „Exaudi, domine, preces nostras et super hanc famulam tuam spiritum tuae benedictionis emitte, ut caelesti munere ditata et tuae gratiam maiestatis possit acquirere et bene vivendi aliis exemplum praebere. Per dominum nostrum Iesum Christum filium qui tecum“, PRG XXII, 3.

[242] „Exaudi domine preces nostras, et super hanc famulam tuam *illam* spiritum tuae benedictionis emitte, ut caelesti munere ditata et tuae gratiam possit maiestatis adquirere, et bene vivendi aliis exemplum prebere“, DESHUSSES (Hg.), Sacramentaire grégorien, S. 341.

[243] Das PRG zeigt einen vollständigen Ritus für die „Machung“ einer Diakonin, vgl. PRG XXIV. Macy interpretiert diesen Ritus als eine Kombination aus dem Ordinationsritus des männlichen Diakons und dem Ritus für eine Jungfrauen- oder Witwenweihe, vgl. MACY, Bedeu-

zeigt, dass die zu Beginn des zwanzigsten Jahrhunderts von Karl Heinrich Schäfer ausgelöste Debatte um die Frage, ob die Weihe der Kanonissenäbtissin „Erinnerung und Ersatz“[244] der frühchristlichen Diakonissenweihe sei, einen Boden hat.[245]

Zwar ist Schäfers These einer direkten Verbindung von der Diakonissenweihe zur Äbtissinnenweihe für die monastischen Äbtissinnen kaum haltbar,[246] jedoch stimmen einige Autorinnen und Autoren wie Adolf Kalsbach, Josef Funk, Joseph Baucher und Ida Raming, die Schäfers Thesen zwar größtenteils kritisieren, ihm darin zu, die Weihe der Kanonissenäbtissinnen sei an einigen Stellen analog zur Diakonats- beziehungsweise Diakonissenweihe gebildet worden.[247] Die katholische Theologin und Kämpferin für das Frauenpriestertum, Ida Raming, nimmt an, dass zumindest für das Frühmittelalter der Unterschied zwischen Äbtissinnen und Diakonissen nicht immer ganz klar gewesen sei.[248] Die gemeinsame Oration zeigt, dass hier tatsächlich Parallelen bestanden haben.

Die zweite Oration erfleht ebenfalls den Segen Gottes für die „Dienerin“ und bittet darum, dass die zur Äbtissin Erwählte „würdig“ sei, „den heiligen Ordo“ („sacrum ordinem“) anzunehmen, den sie durch die „Gnade der Konsekration“

---

tung, S. 339. Der Ordo „zum Diakoninmachen“ findet ebenfalls im Rahmen einer Messe statt und wird vom Bischof gefeiert. Die Feier beginnt mit einer Litanei mit Prostratio. Der Bischof spricht zunächst das Gebet „Exaudi Domine preces nostras“ gefolgt von einem weiteren Gebet „in modum praephationis“. Eine Handauflegung wird nicht erwähnt. Die Oration betont insbesondere die Keuschheit und die Vorbildrolle der neuen Diakonin. Nach dem Gebet erhält die Diakonin eine Stola, die ihr um den Hals gehängt wird. Sie empfängt zudem einen Schleier, einen Ring und eine Krone als Zeichen der Braut Christi. Noch das Pontifikale des Wilhelm Durandus aus dem späten 13. Jahrhundert hat einen eigenen Ritus für die Ordination der Diakoninnen mit der Oration „Exaudi, domine, preces nostras“; vgl. ANDRIEU (Hg.), Pontifical III, S. 411.

244 SCHÄFER, Kanonissenstifter, S. 219.

245 Vgl. über diese Debatte oben Abschnitt I 6. Raming vermutet, dass die Parallelisierung der Äbtissin mit der Diakonissin, „vermutlich auf einer Vorschrift Gregors d. Gr.“ beruhe, „die die Altersbestimmung aus dem sog. Diakonissengesetz (1 Tim 5,9) auch als Norm für die Jungfrauäbtissin aufstellte, ferner auch darauf, daß die Weihe der Kanonissen-Äbtissin analog zur Diakonatsweihe gebildet wurde“, RAMING, Priesteramt, S. 88.

246 Dennoch findet sich die Verbindung auch andernorts. So stützt sich Emmanuel von Severus in seiner These, Abts- und Äbtissinnenweihe hätten eindeutig unterschiedliche Wurzeln, auf diese Analogien. Dies hätten auch die Redaktoren des neuen Ordo zur Abts- und Äbtissinnenweihe gewusst, glaubt er. Die Quellen bezeugten „bis ins hohe Mittelalter deutlich Verquickung und Unsicherheit in der Beurteilung der Stellung der frühkirchlichen Diakonissin und der Äbtissin“, SEVERUS, Äbtissinnenweihe, S. 187. Ähnlich BESSE, Abbesse, Sp. 42, der die Äbtissinnen zumindest in gewisser Weise als „Erbinnen der Diakonissen“ ansieht.

247 Vgl. KALSBACH, Diakonissen; BAUCHER, Abbesses, S. 62–71; FUNK, Klerikale Frauen, S. 271–290; RAMING, Priesteramt.

248 Vgl. RAMING, Priesteramt, S. 86.

(„gratiam consecrationis") empfängt.[249] Dieses kurze Gebet offenbart, dass die „Ordination" der Kanonissenäbtissin als eine besondere Heiligung der Klostervorsteherin verstanden wurde.

Nach den beiden kurzen Orationen spricht der Bischof ein langes Gebet „in modo praephationis", also in der Weise einer Präfation, in der bezeichnenderweise das Geschlecht eine große Rolle spielt:[250] Zunächst wird die Allmacht Gottes gepriesen. Ihm gilt der Lobpreis in besonderem Maße, da er seine Kirche schmückt, indem er Männer und Frauen auserwählt, die als besonderes Beispiel vorangehen. Ausdrücklich wird betont, dass der Herr sogar aus dem schwachen Geschlecht („de infirmiori sexu") zu seinem Dienst erwählt. Dass in der Präfation für die Kanonissenäbtissin das Geschlecht eine derart markante Rolle spielt, könnte ebenfalls mit Einflüssen aus dem Ordo der Diakoninnenkonsekration zu tun haben. Denn auch in der „Präfation" für die Diakonin haben das Geschlecht und die Jungfräulichkeit einen deutlichen Akzent.[251]

---

249 „Omnipotentiam tuam, domine, humiliter imploramus, ut super hanc famulam tuam quam ad sacrum ordinem assumere dignatus es benedictionis tuae donum dignanter infundas eique gratiam consecrationis tribuas, ut quod te donante percipit, te protegente inlesum custodiat. Per", PRG XXII, 3,4.

250 „Domine, sancte pater, omnipotens, eterne Deus, adesto precibus, adesto votis, adesto famulationibus, adesto consecrationibus, qui omnia per verbum virtutis tuae mirabiliter dispensas et dispensanda ministras, qui diversis floribus tuam semper exornas ecclesiam, dum eam et virorum exemplis et illustrium feminarum irradias institutis; qui etiam de infirmiori sexu hanc famulam tuam servitutis tuae applicare dignatus es famulatui, effunde, quaseumus, domine, super hanc famulam tuam, quam in officium divinium fideliter dedicamus, gratiam spiritus sancti, ut tibi omnium tempore eius servitus dignanter complaceat, eamque dextra potentiae tuae benedicere et sanctificare sive consecrare digneris in opus ministerii tui condignum, quatinus actum ministrationis sibi creditae fideliter exequatur et eiusdem sancti spiritus septiformis gratiae virtutet corroboretur. Requiescat ergo super eam, precamur, domine, spiritus sapientiae et pietatis, ac repleas eam spiritu timoris tui. Concede ei quoque gravitatem actuum censuramque vivendi, ut in lege tua die ac nocte meditetur; mandata tua custodiat, dictis tuis obediat, sacris lectionibus insistat, terrena et transitoria despiciat, atque omni tempore bonis operibus inserviat. Omnem libidinem pravae voluptatis superet, amorem honestae castitatis teneat, ut tibi sponso venienti cum lampadibus inextinguibilibus possit occurrere et praecedentium virginum choro iungi, et ne cum stultis excludatur, sed regalem ianuam cum sapientibus virginibus licenter introeat. Abundet in ea totius forma virtutis, auctoritas modesta, pudor constans, innocentiae puritas et spiritalis observantia disciplinae, in moribus eius praecepta tua fulgeant ut suae castitatis exemplo cunctis sibi subditis imitationem praebeat puram et, bonum conscientiae testimonium ostendens, in Christo Iesu firma et stabilis perseveret atque ita perceptum ministerium, te auxiliante, peragat, qualiter ad aeternam remunerationem, te donante pervenire mereatur. Per eundem."

251 „Deus qui Annam filiam Phanuelis vix per annos septem sortitam iugale coniugium ita annos octoginta quatuor in sancta et intemeratat viduitate servasti, ut noctibus ac diebus orationes ieiuniaque miscentem, usque ad prohetiae gratiam sub circumcisione Christi tui, iustus remunerator adduceres, quique deinceps per apostolicam intentionem, sanctarum huius ordinationis manibus feminarum sexum ipsius adolescentulas ac iuniores instrui cum sancti chrismatis visitatione iussisti, suscipere dignare, omnipotens, piissime rerum

Für die Kanonissenäbtissin erbittet die Oration sodann verschiedene Gnadengaben wie den „Geist der Weisheit und der Frömmigkeit". Der Herr möge die Äbtissin „für die Aufgabe ihres Amtes segnen und heiligen". Sie möge die Kraft haben, „in ehrlicher Liebe die Keuschheit zu halten". Die Kanonissenäbtissin soll vereinigt mit dem Chor der Jungfrauen „Beispiel an Keuschheit, Disziplin und guten Sitten" sein (PRG XXII, 5). Hier hat die hohe Bedeutung der Jungfräulichkeit in der mittelalterlichen Kirche und Theologie ihren Niederschlag gefunden. Die Jungfraulichkeit galt als „frauliche Tugend". Der Verfasser des „Speculum virginum" (um 1100) lehrt die Jungfräulichkeit als sittlich-religiöse Tugend „im Ganzen der vier Kardinaltugenden und der göttl. Tugenden des Glaubens, Hoffens und Liebens".[252] Die Jungfräulichkeit verleihe der Frau ihre „unvergleichliche Würde, Freiheit und Selbstständigkeit und sichert ihr so auch ihren Rang in Gesellschaft und Kirche".[253]

Dass diese Oration in der Weise einer „Präfation" gebetet werden soll, taucht hier in der Geschichte der Äbtissinnenweihe erstmals auf, ist aber im PRG keine Besonderheit. Im Gegenteil: Auch in diesem Punkt zeigt die „Ordination" der Kanonissenäbtissin rituelle Analogien zu den anderen bischöflichen „Ordinationen" und „Konsekrationen" des PRG. Präfationen bezeugt das PRG nämlich auch für die „Konsekration der Witwen" (PRG XXV, 7) und der Jungfrauen (PRG XXIII, 6f.), für die „Ordination" des Subdiakons (PRG XVI, 7), für die „Ordinationen" des Diakons und des Presbyters (PRG XVI, 12; PRG XVI, 27) sowie für die „Konsekration" der Diakonin (PRG XXIV, 8) und auch für die „Ordination" des Bischofs (PRG LXIII, 33; 35). Ebenfalls haben die „Ordinationen" für den monastischen Abt und die monastische Äbtissin eine Präfation (PRG XXVI, 7; PRG XXXII, 8). All diese Orationen „in modum praephationis" preisen Gott und erbitten über die Personen die Gnadengaben, die sie zur Ausübung ihrer Ämter benötigen.

Nach der Präfation erhält die Äbtissin die Regel. Für die Übergabe ist folgendes Begleitwort vorgesehen:

> Empfange die Regel der heiligen Lebensführung und zugleich die Gnade göttlichen Segens, dass du durch diese die dir anvertraute Herde unbefleckt zum Tag des Jüngsten Gerichts dem Herrn vorführen vermagst, er selbst möge dich für würdig halten, dir zu helfen, mit Gott dem Vater und dem heiligen Geist.[254]

---

omnium Deus, huius famulae tuae arduum et laboriosum, nec satis discrepans a perfecta virginitate propositum, quia tu, creaturarum omnium conditor, probe nosti mundiales illecebras non posse vitari, sed cum ad te venitur per te, numquam animas semel vivificatas vel terribilies passiones vel deliciarum blandimenta sollicitant ...", PRG XXIV, 8.

[252] HÖDL, Jungfräulichkeit, Sp. 811.

[253] Ebd.

[254] „Accipe regulam sanctae conversationis, simulque gratiam divinae benedictionis, et ut per hanc cum grege tibi credito indistricti iudicii die, domino incontaminata representari valea, ipse te adiuvare dignetur, quicum Deo patre et spiritu sancto", PRG XXII, 6.

Das Begleitwort nutzt jene Hirtenmetapher, mit der schon die Magister- und Benediktsregel sowie die gregorianischen und gelasianischen Orationen die Aufgabe der Äbtissinnen und Äbte zeichnen. Die Kanonissenäbtissin ist die Hirtin im Kloster, die die Hirtensorge für die ihr anvertrauten Schwestern übernimmt, für die sie sich beim Jüngsten Gericht verantworten muss. Auffällig ist an diesem Geleitwort das Wort „incontaminata“, das so viel bedeutet wie „unbefleckt“ oder „rein“. Die hohe Bedeutung der Jungfräulichkeit, der Reinheit der Äbtissin und ihrer Schwestern, kommt hier wiederum zum Tragen.

Im Anschluss an die Regelübergabe spricht der Bischof die Oration „Domine deus“, wie sie vom gelasianischen Sakramentar speziell für die Äbtissinnen tradiert wird.[255] Statt „monastica norma“, monastische Regel, heißt es hier angepasst „canonica norma“, also kanonische Regel. Für diese Oration findet sich eine sehr knappe alternative Oration, in der darum gebeten wird, der Herr möge seine Dienerin immerzu mit Gnade ausstatten und sie tadellos zum ewigen Leben führen.[256] Diese Oration bezeugt das PRG auch als eine von vielen Alternativorationen für die „Ordination des Mönches“ (PRG XXX, 3), was wiederum demonstriert, dass die verschiedenen Ordinationsfeiern des PRG in Beziehung zueinander stehen.[257] Wenn in der Rezeption und Bewertung der Abts- und Äbtissinnenweihe ausschließlich die Analogien zur Bischofsweihe betont werden, so ist zumindest die „Ordination“ der Kanonissenäbtissin Zeugnis dafür, dass diese Interpretation zu einseitig ist. Die „ordinatio“ der Kanonissenäbtissin im PRG zeigt in den überlieferten Orationen Parallelen mit der „Konsekration“ der Diakonin, der „Ordination“ des Diakons und des Mönches. Die Betonung der Jungfräulichkeit hat sowohl Analogien mit den Orationen für die Diakonin als auch mit denen für die „Jungfrauenkonsekration“.[258]

Dass eine Bewertung der Ritualanalogien zur Bischofsweihe nicht nur als einseitig, sondern auch als eindimensional zu werten ist, wenn die Analogien einzig als „Angleichungen an die Bischofsweihe“ beurteilt werden, zeigt das Te Deum. Das PRG ist das erste Zeugnis für den Gesang des Te Deum am Ende der Äbtissinnenordination (PRG XII, 9.11). Die Benediktsregel kennt diesen Hymnus bereits und schreibt ihn für die sonntäglichen Vigilien vor dem Evangelium vor. Er soll dabei vom Abt gesungen werden (RB 11,8). Im PRG wird das Te Deum als akklamatorische Zustimmung verwendet. Später schmücken sich vor allem

---

255 Vgl. Kapitel II 1.6.3.

256 „Famulam tuam, quaesumus, domine, tua semper gratia benedicat et inculpabilem ad vitam perducat aeternam“, PRG XXII, 8.

257 Vgl. zur Mönchsweihe CASEL, Mönchsweihe, S. 1–47.

258 Dass die Riten untereinander in Beziehung stehen, zeigt auch der Ritus der „Jungfrauenkonsekration“, in dem in der Rubrik am Ende für eine Oration „Deus castitatis“ auf die „Diakoninnenkonsekration“ verwiesen wird, vgl. PRG XXV, 16.

große Feiern zunehmend mit diesem Gesang.[259] Das PRG bezeugt den Hymnus allerdings noch ausschließlich für die „Ordinationen" des Abtes (PRG XXVI, 16) und der beiden Äbtissinnen (PRG XXII, 11 sowie XXXII, 13). Bei allen anderen „Ordinationen" und „Konsekrationen" fehlt ein Hinweis auf ein Te Deum – selbst bei der „Bischofsordination", auch wenn Hilpisch glaubt, dass die Abtsweihe das Te Deum von dort übernommen habe.[260] Für die römischen Pontifikalien in der Chronologie nach Klöckener nimmt erst Wilhelm Durandus im späten dreizehnten Jahrhundert den Brauch auf, das Te Deum bei der „Bischofsordination" zu singen.[261]

Es stellt sich die Frage, warum es im PRG für die „Bischofsordination" fehlt, wenn es doch nach Hilpisch für die „Abts- und Äbtissinnenordination" von dort übernommen worden ist. Eine erste mögliche Antwort wäre, dass das PRG über diese Selbstverständlichkeit schweigt, das Te Deum so zweifellos zur „Bischofsordination" dazu gehört, dass es nicht erwähnt werden muss. Die zweite Lesart wäre, dass Hilpisch Unrecht hat und das Te Deum tatsächlich erst im späten dreizehnten Jahrhunderts Bestandteil der „Bischofsordination" wurde.

Für Letzteres spricht einiges: Die Rubriken für die „Abts- und Äbtissinnenordinationen" erwähnen das Te Deum jedes Mal. Zudem sind auch die Rubriken für die „Bischofsordination" in den römischen Pontifikalien seit dem zehnten Jahrhundert derart genau, dass zu bezweifeln ist, dass hier eine Auslassung vorliegt. Drittens zeigt die Benediktsregel, dass das Te Deum ein Hymnus mit monastischer Prägung ist. Für die These, dass das Te Deum bei der „Abts- und Äbtissinnenordination" ursprünglicher ist als im Ritus der „Bischofsordination" spricht auch der Wahl- und Ordinationsritus der Abtei von Montecassino. Die Überlieferung stammt zwar erst aus dem zwölften Jahrhundert, ihre Bestandteile sind jedoch deutlich älter, was nicht zuletzt die Aufnahme der alten Orationen zeigt.[262] Hier ist das Te Deum für den Zeitpunkt nach der erfolgten Wahl bezeugt, wenn die Teilnehmer ihr „Placet" gegeben haben.[263] Die „Ordinatio abbatis" aus der Handschrift Remigii Remensis, wobei es sich vermutlich um die Vita des Heiligen Remigius aus dem neunten Jahrhundert handelt,[264] zeigt ebenfalls schon ein Te Deum am Ende.

Dieser Befund demonstriert, dass die Entwicklung der Abts- und Äbtissinnenweihe nicht ausschließlich in eine Richtung gedacht werden darf, also nicht

---

259 Vgl. GERHARDS/LURZ, Te Deum, Sp. 1306–1308. Gerhard und Lurz nennen neben der „Abts- und Äbtissinnenweihe" die „Bischofsweihe", „Papstwahl" und „Königskrönung", vgl. ebd., S. 1307.

260 Vgl. HILPISCH, Abtsweihe, S. 64.

261 Vgl. ANDRIEU, Pontifical III, S. 391. Vgl. auch MCMILLAN, Episcopal Ordination, S. 173.

262 Vgl. MARTÈNE (Hg.), Ritibus II, Sp. 410–425.

263 Vgl. ebd., Sp. 410.

264 http://www.geschichtsquellen.de/repOpus_02798.html (Zugriff 22. Oktober 2016); MARTÈNE (Hg.), Ritibus II, Sp. 435–441.

nur von der Bischofsweihe ausgehend, aus der die Weiheriten für die Ordensoberen Elemente entlehnen, sondern dass auch andersherum die Bischofsweihe Elemente aus der Abts- und Äbtissinnenweihe entlehnt hat. Bauerreiß hat für den Stab längst die These vertreten, dass der Abtsstab sogar ursprünglicher sein könnte als der des Bischofs.[265] Dass dies auch für das Te Deum im Weiheritus gelten könnte, der Hymnus als Akklamation am Ende des Ritus monastischen Ursprungs sein könnte, zeigt die Tatsache, dass alle drei „Ordinationsriten" für die Ordensoberen das Te Deum haben, sogar der „Ordinationsritus" für die Kanonissenäbtissin.

Die Entlehnungen in beide Richtungen sind Indiz dafür, dass „Abts- und Äbtissinnenordination" im Mittelalter gleichberechtigt neben der „Ordination" der Bischöfe gestanden haben. Wenn sogar für den Ritus der „Bischofsordination", also der „Ordination", die das Zweite Vatikanische Konzil später als „Fülle des Weihesakramentes" definieren sollte, Elemente aus der „Abts- und Äbtissinnenordination" übernommen worden sind, zeigt dies, welche enorme Bedeutung die „Ordination" der Ordensoberinnen und Ordensoberen im Mittelalter gehabt hat.

Dieser Wert lässt sich möglicherweise auch an den Begrifflichkeiten ablesen, die im PRG recht präzise gewählt zu sein scheinen. Während das PRG für die Jungfrauen, Witwen und Diakoninnen ziemlich stringent den Terminus „consecratio" verwendet, steht der Begriff „ordinatio" bei jenen liturgischen Feiern, bei denen männliche Personen „ordiniert" werden, also bei der Mönchsordination sowie den Ordinationen, die später zum Weihesakrament gezählt werden, nämlich der Ordination der Subdiakone, der Diakone, Presbyter und Bischöfe. Und der Begriff steht bei den Äbtissinnen, und zwar sowohl bei den monastischen Äbtissinnen als auch bei den Kanonissenäbtissinnen. Ohne die spätere Bedeutung des Begriffes „Ordination" ins zehnte Jahrhundert zurückdatieren zu wollen, sind die Termini des PRG doch Indiz dafür, dass hinter der kongruenten Bezeichnung der Riten ein gleichwertiges Verständnis der Weiheakte stehen könnte.

---

[265] Vgl. BAUERREIß, Abtsstab, S. 221f., S. 226. Bauerreiß nimmt an, dass der Abtsstab „nach schriftlichen Zeugnissen aber auch nach der nicht zu verachtenden Sprache der Legenden frühmittelalterlicher Äbte und Abtbischöfe wesentlich zum Abt" gehört. Für die frühkarolingische Zeit seien Belege für den Bischofsstab noch selten, der Stab „spielt gerade in der irischen und angelsächsischen Kirche eine auffallend wichtige Rolle", ebd., S. 226. Hofmeister lässt diese Frage offen: Da die Ursprünge des Abtsstabes und letztlich auch des Bischofsstabes aber im Dunkeln liegen, müsse die Frage, ob „der Stab ursprünglich nur bei den Bischöfen sich fand und dann erst später von den Aebten übernommen wurde, oder ob er nicht ein zuerst bloss den Aebten zukommendes Insignie war, und erst später bei den Bischöfen in Gebrauch kam, ... offen gelassen werden". Da aber der Stab in derselben Zeit, in der er für die Bischöfe und Äbte belegt ist, auch bei den Äbtissinnen in Gebrauch ist, spreche viel „für die letztere Auffassung", glaubt Hofmeister, vgl. HOFMEISTER, Mitra und Stab, S. 6.

2.1.2 Die „ordinatio" der Benediktinerābtissin

Aus den Canones Theodors von Canterbury hat das PRG die Rubrik kopiert, die „Ordination der Äbtissin" solle innerhalb einer Messe stattfinden. Die Möglichkeit, dass auch ein Priester die „Äbtissinnenkonsekration"[266] feiern kann, hat das PRG jedoch nicht übernommen. Hier ist auch für die Äbtissin ausschließlich eine Ordination durch den Bischof vorgesehen (PRG XXXII, 1).

Wie die Kanonissenäbtissin wird die Benediktineräbtissin zu Beginn der Feier von zwei oder drei ihrer Schwestern zum Bischof vor den Altar geführt, wo sie sich zur Litanei niederwirft (PRG XXXII, 2). Im Unterschied zur „Ordination" der Kanonissenäbtissin wird nach der Litanei zunächst noch das Vaterunser gebetet sowie das „Capitulum"[267] „Salvam fac ancillam" mit anschließenden „preces", Bitten, (PRG XXXII, 3), die gleichfalls für die „Ordination des Abtes" an dieser Stelle vorgesehen sind (PRG XXVI, 4).

Das PRG hat für beide Geschlechter die Orationen aufgenommen, wie sie von den gregorianischen und gelasianischen Sakramentaren überliefert werden. Die drei Gebete, die für beide Geschlechter vorgesehen sind, werden hintereinander aufgeführt. Als erstes steht die gregorianische Oration „Concede quaesumus" und zwar in einer längeren Fassung als im Gregorianischen Sakramentar (PRG XXXII, 4). Ergänzt worden ist nach dem „omnipotens Deus" der Zusatz „affectui nostro tuae miserationis effectum", „gewähre unserem Verlangen die Erfüllung deiner Barmherzigkeit",[268] wohl „um das et vor famulum tuum, mit dem ja die Bitte nach dem Concede beginnt, zu rechtfertigen",[269] erklärt Hilpisch.

An zweiter Stelle steht die gelasianische Oration „Cunctorum bonorum". Dass vermutlich zwischen den Orationen ausgewählt werden soll, lässt sich zum einen herleiten aus der Rubrik „sequitur oratio", also „es folgt die Oration" im Singular (PRG XXXII, 4), die vor dem Gebet „Concede quaesumus" aufgeführt ist. Der Singular von „oratio" spricht dafür, dass das „alia" vor der Oration „Cunctorum bonorum" in seiner Bedeutung als „ein anderes" im alternativen Sinne zu verstehen ist. Würden beide Orationen hintereinander gesprochen, so stünde

---

266 Bei Theodor von Canterbury steht der Begriff „consecrare" für die Äbtissin, FINSTERWALDER (Hg.), Canones Theodori, S. 271, vgl. auch Abschnitt II 1.4.

267 So die Bezeichnung für dieses Versikel in den Ordines aus dem „Sacramentorum Moisacensis" (MARTÈNE (Hg.), Ritibus II, Sp. 425) sowie im Ordo aus dem Pontificale ecclesiae Bisuntinae, ebd., Sp. 426.

268

SACRAMENTARIUM GREGORIANUM	PRG
Concede quaesumus omnipotens deus ut famulum tuum ILLUM VEL ILLAM, quem ad regimen animarum eligimus, gratiae tuae dono prosequere ut te largiente cum ipsa tibi nostra electione placeamus: per.	Concede, quaesumus, omnipotens Deus, *affectui nostro tuae miserationis effectum* et famulum tuum, quem ad regimen animarum elegimus, gratie tuae dono prosequere, ut, te largiente, cum ipsa tibi nostra electione placeamus. Per.

269 HILPISCH, Abtsweihe, S. 60.

diese Rubrik vermutlich im Plural. Ferner spricht für diese These, dass die Oration „Concede quaesumus“ mit einer Gebetseinladung „Dominus vobiscum“ beginnt, diese Gebetseinladung aber nicht vor der Oration „Cunctorum bonorum“ wiederholt wird, obwohl die Oration „Concede quaesumus“ mit einer Doxologie endet. Zudem bietet das PRG insgesamt an vielen Stellen Alternativen.[270] Und auch inhaltlich ist es sinnvoll, die beiden Orationen als Alternativen zu verstehen, erbitten doch beide die Gnaden Gottes für die Aufgaben der Äbtissin.

Bei der dritten Oration „Affluentem spritum“ hingegen kann mit Sicherheit davon ausgegangen werden, dass sie keine Alternative, sondern fester Bestandteil der Feier war. Sie wird eingeleitet mit der Rubrik „Tunc inponat (sic!) ei manum super caput dicens hanc orationem in modo praephationis“, also „dann legt er ihr seine Hände auf den Kopf diese Oration in der Weise einer Präfation sprechend“ (PRG XXXII, 8). Das Adverb „tunc“ gibt den Hinweis, dass das „Affluentem spiritum“ nach der vorigen Oration gebetet werden soll, das Gebet also keine Auswahl ist. Neu ist, dass die Oration hier den Charakter einer Präfation angenommen hat, wie es das PRG, wie skizziert, auch für andere „Ordinationen“ und „Konsekrationen“ bezeugt.[271]

Das PRG belegt für die Äbtissinnen nun auch rubrikal eine Handauflegung: „Dann lege er seine Hand auf ihren Kopf, diese Präfation sprechend“.[272] Dieses Zeugnis für eine Handauflegung für Frauen durch eine normative Quelle ist sowohl in diachroner[273] als auch in synchroner Perspektive außergewöhnlich: Auf synchroner Ebene ist die Benediktineräbtissin die einzige Frau, für die im PRG eine Handauflegung durch den Bischof bezeugt ist. Für die Witwen, Diakoninnen und Jungfrauen und auch für die „Ordination“ der Kanonissenäbtissinnen fehlt eine derartige Rubrik. Dass die Handauflegung ein zentraler Bestandteil der „Abts- und Äbtissinnenordination“ ist, belegt auch der Ritus der „Abtsordination“ im PRG: Auch dem Abt werden während der Präfation „Affluentem spiritum“ die Hände aufgelegt (PRG XXVI, 7/PRG XXVI, 14).

Bei den „Ordinationen“ der Männer ist die Handauflegung nur für jene Feiern bezeugt, die später zu den „höheren Weihen“ gezählt werden, also für die „Ordinationen“ der Diakone, Presbyter und Bischöfe. Für den Diakon heißt es, dass nur ein Bischof, und zwar, „qui eos benedicit“, also der, der ihn segnet, seine Hände auflegt (PRG XVI, 9). Der Presbyter bekommt die Hände des Bischofs und anschließend auch die aller anwesenden Presbyter aufgelegt (PRG XVI, 26). Für die „Bischofsordination“ ist eine Handauflegung ebenfalls Bestandteil, diese erfolgt allerdings nicht während der Präfation, sondern bei der Oration unmittel-

[270] Diese können hier im Einzelnen nicht Thema sein.

[271] Vgl. den entsprechenden Abschnitt in II 2.1.1 über die Weihe der Kanonissenäbtissin.

[272] „Tunc imponat ei manum super caput, dicens hanc praephationem“, PRG XXXII, 7.

[273] Dass die Handauflegung auch auf der diachronen Ebene für Frauen eine Besonderheit ist, wird im Verlauf der Arbeit noch hinlänglich deutlich werden.

bar davor (PRG LXIII, 31). Für die Subdiakone ist eine Handauflegung ausdrücklich ausgeschlossen.[274]

Die „Ordination" der Äbtissin zeigt damit nicht nur in der Wahl der Begriffe Parallelen zu den „Ordinationsfeiern" der kirchlichen Hierarchie, sondern auch Entsprechungen in einer zentralen Komponente der Feier. Der ausdrückliche Ausschluss der Handauflegung für die Subdiakone belegt, dass diese Geste schon im zehnten Jahrhundert ein zentrales und wichtiges Element war, wenn ihr auch freilich noch nicht jene konstitutive Bedeutung zukam, die in der mittelalterlichen Theologie diskutiert und im zwanzigsten Jahrhundert durch Pius XII. bestimmt wurde.[275] Dass den Diakoninnen, Witwen und Jungfrauen bei ihrer „Konsekration" – zumindest gemäß den normativen Vorgaben des PRG – die Hände aufgelegt wurden, kann ausgeschlossen werden. Die Rubriken des PRG sind derart exakt, dass sie eine Handauflegung erwähnt hätten.

Für die Benediktineräbtissin ist eine „Ordination" mit Handauflegung jedoch unbestritten Usus. Das bezeugen alternative Traditionen, die das PRG an dieser Stelle nennt. Auch diese Handschriften belegen eine Handauflegung.[276] Die alternativen Traditionen zeigen zunächst eine Oration „Exaudi quaesumus", die wahrscheinlich als Alternativoration zu den Orationen „Concede quaesumus" und „Cunctorum bonorum" zu verstehen ist, was ein „alia" in der Handschrift V nahelegt. Die Oration erbittet Gottes Segen für die Äbtissin und erwähnt die Handauflegung des Bischofs, die die Äbtissin in ihrer Funktion als Schatzmeisterin unter den Gläubigen empfängt, und bittet, dass diese dem Herrn mit den ihr anvertrauten Herden [sic!] gefallen möge.[277] Der erste Teil der Oration, in dem um die Gnade Gottes gebeten wird, erinnert an die Oration „Exaudi domine", wie sie für die „Ordination" der Kanonissenäbtissin sowie des Diakons und der „Konsekration" der Diakonin belegt ist. Der zweite Teil könnte

---

274 „... manus impositionem non accipiunt", PRG XVI, 5.

275 Vgl. weiterführend Kapitel II 3.3 dieser Arbeit.

276 Dazu gehören zwei italienische Handschriften, konkret der Codex 451 aus der Abtei Monte-Cassino (= C) sowie der Codex 5 aus der Bibliothek Vallicella in Rom (= D). C ist ein Beispiel für den Gottesdienst, wie er in Rom zur Zeit Kaiser Ottos III. (996–1002) gefeiert wurde, vgl. ANDRIEU (Hg.), Pontificale I, S. 5. Die Handschrift D wird etwa auf das Jahr 1050 datiert, vgl. VOGEL (Hg.), Pontifical III, S. 32. Diese beiden Handschriften haben insgesamt häufig zusätzliche eigene Traditionen. Auch wenn ihr Überlieferungsdatum nicht sonderlich von den anderen Handschriften abweicht, die alle etwa aus dem 11. Jahrhundert stammen, konnte Vogel zeigen, dass sie doch den ältesten Text aufweisen, vgl. ebd. Ähnliche Traditionen wie C und D weist auch der Codex lat. 701 aus der Wiener Nationalbibliothek auf (= T). Diese Handschrift, die eine Kopie aus einem PRG ist, das sich in Passau verorten lässt, ist etwa zwischen 1002 und 1024 entstanden, vgl. ebd., S. 18. Und auch der Codex 14 aus dem französischen Vendôme (= V) dokumentiert häufig gleiche Textbestände wie C, D und T.

277 „Exaudi, quaesumus, domine, preces humilitates nostrae et super hanc famulam tuam N. gratiam tuae benedictionis effunde, quatinus per nostrae manus impositionem inter fideles dispensatrices inveniatur et cum subditis sibi gregibus placere tibi mereatur", PRG XXXII, 6.

eine eigene Mainzer Tradition sein, die die vier Handschriften weiter tradiert haben und die schließlich zugunsten der römischen Gebete verloren gehen sollte. Sie findet sich in der Form nur für die monastischen Äbtissinnen im PRG.

Neben der Oration „Exaudi quaesumus“ belegen die vier Handschriften auch eine eigene Präfation.[278] Sie ist ähnlich lang wie die gelasianische Präfation und dürfte von ihr beeinflusst sein, zumindest zeigt sie auch inhaltlich viele Parallelen etwa bei den einzelnen Bitten um Geistesgaben für das Amt der Klostervorsteherin. Anders als die gelasianische Präfation erwähnt diese Präfation nicht selbst eine Handauflegung, doch gibt die voranstehende Rubrik an, dass der Äbtissin während der Präfation die Hände aufgelegt werden sollen (PRG XXXII, 7), wie es ja auch zuvor die Oration „Exaudi quaesumus“ bereits angekündigt hatte. Diese Zeugnisse dokumentieren, wie selbstverständlich die Handauflegung zur „Ordination“ einer Äbtissin im zehnten Jahrhundert dazu gehörte.

Nach der Präfation erhält die Äbtissin durch den Bischof die Regel. Dazu sieht das PRG folgendes Geleitwort vor:

> Empfange die Regel, die von unseren heiligen Vätern überliefert worden ist, zur Leitung und Bewahrung der dir von Gott anvertrauten Herde, Gott selbst wird dich stärken und dir deine menschliche Schwäche gestatten.[279]

---

[278] „Vere dignum, aequum et salutare, nos tibi semper et ubique gratias agere, domine, sancte pater, omnipotens eterne Deus. Respice, quaesumus, super hanc famuluam tuam, quam in tui nominis vice custodem monacharum ordinamus. Immitte ei, domine, spiritum sapientiae et intellectus, spiritum concilii et fortitudinis, spiritum scientiae et pietatis, et reple eam spiritu timoris tui, quatinus tua gratia praeventa nihil contra tuum praeceptum faciat, doceat, constituat vel iubeat, sed magis mentes discipularum tam exemplis, bonorum operum quam verbis instruat, et quae discipulabus docuerit esse contraria, in operibus suis iudicet non agenda. Sit in omnibus suis provida et considerata; sit sobria et casta; sit vita probabilis; sit sapiens et humilis; sit benigna et caritativa; sit in pauperum peregrinorum susceptione assidua; sit in hospitalitate hilaris; sit pia et misericors et semper misericordiam exaltet iudicio, et ipsa ante aequissimum iudicem veniam consequatur. Fac eam, domine, te solum totis viribus suis diligere, ieiunium amare, corpus castigare, delicias non appetere, tribulantibus subvenire, neminem odisse, zelum iniustum et invidiam non habere, suspitionem omnimodo devitare, in tuo nomine pro inimicis exorare. Fac eam semper agnoscere quia tibi redditura est rationem villicationis suae et quantas sub cura sua animas habuerit, ipsas sine dubio ante sedem maiestatis tuae sit latura. Quapropter tibi piissmo pastori supplicamus, ut ad humilitatis nostrae orationes cor eius gratia tua illustres, quo possit quaeque singula ita discernere atque temperare, ut fortes habeant quod cupiant et infirmae quod non refugiant. Da illi, domine, spiritum compunctionis, ut caelestia semper diligat et inextinguibilem gehennae ignem ante mentis oculos proponat, quatinus supernorum dulcedine gaudiorum et infernalium amaritudine tormentorum semetipsam inreprehensibilem custodiat, ut cum creditis sibi ovibus in tremendo examine gaudeat et cum omnibus sanctis tuis inmarcescibilem caelestis regni coronam accipiat. Per Christum“, PRG XXXII, 7.

[279] „Accipe regulam a sanctis patribus nobis traditam, ad regendum custodiendumque gregem tibi a Deo creditum, quantum Deus ipse te confortaverit ac fragilitas humana permiserit“, PRG XXXII, 9.

Dieses Geleitwort nutzt ebenfalls jene Hirtenmetapher, die auch das Begleitwort zur Regelübergabe für die Kanonissenäbtissin zeigt, um die Aufgabe der Äbtissin im Kloster zu beschreiben. Die Äbtissin hat die Sorge über die ihr anvertraute Herde inne. Sie soll die Schwestern leiten und behüten, was auch die Benediktsregel im zweiten Kapitel betont, die die Äbtissin hier erhält (RB 2,6–9). Das Geleitwort steht im PRG in gleicher Form bei der „Ordination" des Abtes (PRG XXVI, 9). Es wurde vom PR XII und dem PCR XIII übernommen und von Wilhelm Durandus im späten dreizehnten Jahrhundert erweitert.[280]

Das PRG zeigt eindrücklich, dass Severus Unrecht hat, wenn er behauptet, die Äbtissinnenweihe habe von der Abtsweihe verschiedene Wurzeln.[281] Für die Benediktineräbtissin ist die „ordinatio" in weiten Teilen konform zur „ordinatio" des Benediktinerabtes gestaltet. Beide Feiern bestehen im Wesentlichen aus einer Litanei mit Prostratio, der gregorianischen Oration „Concede quaesumus" oder der gelasianischen Oration „Cunctorum bonorum" gefolgt von der Präfation „Affluentem spiritum" mit Handauflegung, Übergabe der Regel mit anschließendem Gebet und dem Te Deum zum Abschluss mit einer Oration für das empfangene Amt.

2.1.3 *Zusätzliche Bestandteile der „Abts- und Bischofsordination"*

Die „ordinatio" des Abtes hat zwei zusätzlich Elemente, die für die „ordinato" der Äbtissin im PRG nicht aufgeführt sind. Zu Beginn der Zeremonie zeigt das PRG für die „Abtsordination" eine kurze Ansprache des Bischofs, deren Wortlaut es exakt vorgibt.[282] In dieser Ansprache kündigt der Bischof an, Untersuchungen anstellen zu wollen, ob der Erwählte seine Versprechen und die Regel des heiligen Benedikts bewahren werde, und ob er gegenüber den ihm untergebenen Mönche sowie den Besitzungen des Klosters und den Armen das zu erfüllen bereit ist, was zu den Aufgaben eines Abtes gehöre. Hier deutet sich bereits das zukünftige Examen[283] mit einzelnen Abfragen für die Äbte an.

---

280 Vgl. unten Kapitel II 3.1.

281 Vgl. SEVERUS, Äbtissinnenweihe, S. 187.

282 „Aecclesiae nostrae, fratres karissimi, pater electus suum adest ordinem ad sucipiendum. Unde apostolica prius eum censemus auctoritate examinandum, suum propositum et sancti Benedicti regulam si velit ipse observare, sibique subiectos ut ipsum faciant, diligenter instruere, res quoque aecclesiae ubique locorum hactenus dispersas iniuste, quantum prevalet, congregare, easque in usus aecclesiae et fratrum pauperum etiam et peregrinorum observare, sicque dignum esse ad ordinem accipere", PRG XXVI, 2.

283 Den Begriff „Examen" für die Befragung des zum Abt erwählten Kandidaten zu Beginn der Feier durch den Bischof verwendet etwa PUNIET, Pontifikale, S. 99. Die Editio typica des Pontificale Romanum von 1962 betitelt diesen Teil ebenfalls mit „Examen", PR 1962, 210f. Frei nennt diese Befragung für den Ordo von 1970 „Scrutinium", vgl. FREI, Äbtissinnenweihe, S. 227. In dieser Arbeit wird, so weit möglich, jener Begriff verwendet, den die Quellen dafür jeweils vorsehen.

Zweitens erhält der Abt neben der Regel auch den Stab, was das PRG für die Äbtissin nicht belegt. Ob Äbtissinnen im zehnten Jahrhundert bereits einen Stab getragen haben, ist unklar. Der spanische Liber ordinum bezeugt bereits eine Stabübergabe, diese könnte jedoch auch spät in den Text gelangt sein und erst aus dem elften Jahrhundert stammen. Braun vermutet, dass der Stab seit dem elften Jahrhundert als Amtsinsignie der Äbtissin in Gebrauch gekommen ist, da ältere Belege – im Gegensatz zum Stab des Abtes – fehlen.[284] Ein erstes frühes Zeugnis für einen Äbtissinnenstab ist in der Schlosskirche zu Quedlinburg erhalten, er soll der Äbtissin Adelheid I. (999–1044) gehört haben und aus der ersten Hälfte des elften Jahrhunderts stammen.[285] Bauerreiß ist sich hingegen sicher, dass Äbtissinnen den Stab schon vor dem elften Jahrhundert getragen haben, kann diese These jedoch nicht ausreichend belegen.[286] Das PRG kann seine These nicht stützen.

Die beiden zusätzlichen Elemente der „Abtsordination" bezeugt das PRG ebenfalls für die „Bischofsordination". Für diese dokumentiert das PRG bereits ein ausführliches Examen mit einer kurzen Ansprache und ausformulierten Fragen über die Gesinnung und den Glauben des Kandidaten (PRG LXIII, 12–17).[287] Auch eine Stabübergabe ist Bestandteil des Ritus der „Bischofsordination" im PRG. Die Geleitworte für die Stabübergabe beider Riten bezeichnen den Stab sowohl für den Abt als auch für den Bischof als Zeichen des Hirten und Richters, wie folgende Synopse darstellt:

Geleitwort für die Übergabe des Abtsstabs	Geleitwort für die Übergabe des Bischofsstabs
Empfange den Hirtenstab, den du der dir anvertrauten Herde voranträgst als gerechtes Beispiel der Strenge und des Tadels.[288]	Empfange den Stab deines Hirtenamtes,[289] und sei gütig beim Zurechtweisen von Verfehlungen, halte Gericht ohne Zorn, schmeichle den Herzen der Zuhörer beim

284 Vgl. Braun, Bischofsstab, Sp. 794.

285 Vgl. Bauerreiß, Abtsstab, S. 225.

286 Vgl. ebd. Spätestens seit dem Spätmittelalter gehörte der Stab im Reich selbstverständlich zur Äbtissin. Dies belegen zahlreiche Abbildungen und Skulpturen. So wurde etwa Gertrud von Nivelles (626–659) in (früh-)neuzeitlichen Darstellungen stets mit Stab abgebildet.

287 Das Examen des Bischofskandidaten wird in der Überschrift im PRG als gallischen Ursprungs angegeben: „Incipit examinatio in ordinatione episcopi secundum Gallos", PRG LXIII, 12. Tatsächlich findet sich bereits in den Statuta Ecclesiae Antiqua ein Hinweis auf ein Examen: „Qui episcopus ordinandus est, ante examinetur si natura prudens est ...", Munier, Statuta Ecclesiae Antiqua, S. 75f.; vgl. über die Geschichte des Examens bei der „Bischofsordination" auch Santantoni, Ordinazione, S. 126–137.

288 „Accipe baculum pastoralis, quem praeferas catervae tibi commissae ad exemplum iuste severitatis et correptionis", PRG XXVI, 12.

289 Es wäre auch denkbar, dass sich „pastoralis" auf „baculum" bezieht. So übersetzt Pius Parsch „Nimm hin den Hirtenstab deines Amtes", vgl. Parsch, Bischofsweihe, S. 23.

Pflegen der Tugenden, in ruhiger Strenge
unterlasse nicht die Prüfung.[290]

Als metaphorische Hirten haben Bischof und Abt die Aufgabe, die verlorenen Schafe wieder einzufangen, wenn sie gefehlt haben, weshalb der Stab „oben gekrümmt“[291] ist. Für den Bischof wird die Funktion des Richters stärker akzentuiert, wenn es heißt, er möge „Gericht ohne Zorn“ halten, beim Abt ist die Richterrolle mit der Formulierung „Beispiel der Strenge und des Tadels“ kürzer gefasst.

Gemäß der Benediktsregel üben die Äbtissinnen die gleiche Hirtensorge und Richterfunktion im Kloster aus, wie sie das Geleitwort für die Stabübergabe der Äbte äußert.[292] Dass Äbtissinnen den Hirtenstab im PRG nicht erhalten, ist in dieser Hinsicht also nicht zu erklären. Hintergrund der im PRG fehlenden Stabübergabe dürfte die Tatsache sein, dass der Stab des Bischofs zunehmend den „Charakter eines liturgischen Ornates“[293] bekam. Die monastische Sinndeutung des Stabes geriet in den Hintergrund. Durch die parallele Stellung von Abt und Bischof im Reich wurde auch der Hirtenstab immer mehr als Pontifikalzeichen verstanden, weshalb das Fehlen des Stabes für die Äbtissinnen im PRG vor diesem Hintergrund geschlechtsspezifisch sein dürfte.

„Abts-, Äbtissinnen- und Bischofsordination“ sind allerdings im PRG längst nicht so identisch, wie es die Darstellungen von Puniet, Brogi und Hilpisch vermuten lassen. Für die Bischöfe ist im PRG ein umfangreicher und ausgestalteter „Ordinationsritus“ überliefert. Dem Bischofskandidaten wird nach der Litanei zur Handauflegung das Evanglium auf den Nacken und die Schultern gelegt. Alle anwesenden Bischöfe legen dem Kandidaten die Hände in Stille auf (PRG XIII, 31). Abt und Äbtissin „empfangen“[294] die Handauflegung gemäß der Normvorgaben ausschließlich von dem Bischof, der die Messe feiert. Die Präfation wird bei der Bischofsweihe erst nach der Handauflegung gebetet. Während der Präfation, die sich inhaltlich von der Präfation der Äbte und Äbtissinnen unterscheidet,[295]

---

290 „Accipe baculum pastoralis officii et sis in corrigendis vitiis pie seviens, iudicium sine ira tenens, in fovendis virtutibus auditorium animos demulcens, in tranquillitate severitatis censuram non deserens“, PRG LXIII, 41.

291 Puniet, Pontifikale, S. 109.

292 Vgl. weiterführend Kapitel II 3.1.3.

293 Braun, Bischofsstab, Sp. 793.

294 Für die Subdiakone steht „manus impositionem non accipiunt“, weshalb hier der Terminus „Empfang der Handauflegung“ aus den Quellen belegt ist, vgl. PRG XVI, 5.

295 „Vere dignum aeterne Deus. Honor omnium dignitatum quae gloriae tuae sacratis famulantur ordinibus, Deus qui Moysen famulum tuum secreti familiaris affatu, inter cetera caelestis documenta culturae, de habitu quoque indumenti sacerdotalis instituens, electum Aaron mistico amictu vestiri inter sacra iussisti, ut intellegentiae sensum de exemplis priorum caperet secutura posteritas, ne eruditio doctrinae tuae ulli deesset etati, cum et apud veteres reverentiam ipsa significationum species optineret, et apud nos certiora essent experimenta rerum quam enigmata figuram. Illius namque sacerdotii anterioris habitus nostrae mentis ornatus est et pontificalem gloriam non iam nobis honor commendat

wird das Haupt des Kandidaten mit Chrisam gesalbt.[296] Zusätzlich überliefert das PRG eine Salbung der Hände (PRG LXIII, 36).[297] Salbungen finden sich weder für die Äbtissinnen noch für die Äbte im PRG. Auch spätere Pontifikalienquellen haben sie nicht aufgenommen.[298]

Der Bischof erhält neben dem Stab auch einen Ring (PRG LXIII, 44).[299] Für die Äbte ist eine Ringübergabe erstmals im späten dreizehnten Jahrhundert bei Wilhelm Durandus bezeugt.[300] Ein Te Deum wird bei der „Bischofsordination", wie skizziert, nicht gesungen. Eine Fokussierung lediglich auf „Angleichungen zur Bischofsweihe" ist demnach zu eng.

Die „Äbtissinnenordination" im PRG zeigt ebenso Analogien mit anderen „Ordinationen" und „Konsekrationen" im PRG, etwa mit der „Mönchsordination", mit der die „Äbtissinnenordination" eine gemeinsame Oration hat. Die „ordinatio" der Kanonissenäbtissin hat mehr Parallelen mit der „Konsekration" einer Diakonin oder Jungfrau, als mit der „Ordination" des Bischofs. Und Präfationen weist das PRG für nahezu alle „Ordinations- und Konsekrationsriten" auf.

Dass in der Rezeption der Riten, also in der Umsetzung der Normvorgaben, möglicherweise stärkere Anlehnungen an die „Bischofsordination" gemacht wurden, ist aufgrund der ähnlichen Stellung von Bischof und Abt sowie Äbtissin aber sehr wahrscheinlich. So zeigt ein ausführlicher Bericht über die „Ordination" von dem Nachfolger des am 1. Januar 1049 gestorbenen Abt Odilo von

vestium, sed splendor animarum, quia et illa quae tunc carnalibus blandiebantur obtutibus, ea potius, quae in ipsis erant intellegenda, poscebant. Et idcirco huic famulo tuo quem ad summi sacerdotii ministerium elegisti, hanc quaesumus, domine, gratiam largiaris, ut quicquid illa velamina in fulgore auri, in nitore gemmarum et in multimodi operis varietate signabant, hoc in eius moribus actibusque clarescat. Comple, domine, in sacerdote tuo mistierii tui summam et ornamentis totius glorificationis instructum caelestis unguenti rore sanctifica", PRG LXIII, 35.

296 Der Kirchenrechtler Eduard Eichmann glaubt, die Salbung aus der Königsweihe herleiten zu können, vgl. EICHMANN, Königs- und Bischofsweihe, S. 70. Richter hingegen sieht eher einen Anklang an die Salbung des alttestamentlichen Hohenpriesters. Schon das alte bischöfliche Weihegebet habe „eine an die Salbung des alttestamentlichen Hohenpriesters erinnernde Bildsprache, die aus dem Psalm 132 schöpft", deutet Richter. So hätten „germanische Symbolfreude" zu den Worten des Weihegebetes „einen Salbungsritus" erfunden, vgl. RICHTER, Bischofsweihe, S. 119. Vgl. ferner MARTIMORT, Handbuch II, S. 38.
Die Salbung des Hauptes ist wahrscheinlich im 8. Jahrhundert in die gallikanische Liturgie gekommen. Zeuge ist etwa Amalar von Metz (+ um 850), der sowohl die Handsalbung der Priester als auch die Hauptsalbung der Bischöfe erwähnt, vgl. OTT, Weihesakrament, S. 51

297 Auch die Salbung der Hände ist nördlich der Alpen bereits seit dem 8. Jahrhundert bekannt und fand im 9. Jahrhundert Eingang in die römische Liturgie, vgl. RICHTER, Bischofsweihe, S. 119, MARTIMORT, Handbuch II, S. 38.

298 Ob Äbtissinnen und Äbte mitunter vielleicht dennoch bei ihrer Weihe gesalbt wurden, insbesondere, wenn sie Oberinnen und Obere einer Abtei nullius waren, ist noch nicht erforscht.

299 Vgl. für die Ring- und Stabübergabe bei der Bischofsweihe SALMON, Mitra und Stab, S. 28.

300 Für die Äbtissinnen ist nicht ganz sicher, ob sie den Ring bei Durandus ebenfalls erhalten, vgl. Kapitel II 3.1.2.

Cluny (ca. 961–1049),[301] dass bei seiner Abtsweihe dem Bischof nicht, wie es vom PRG vorgesehen war, zwei Brüder seines Klosters assistierten, sondern zwei Äbte, die vermutlich aus benachbarten Klöstern stammten.[302] Für die Äbtissinnenweihe von Mathilde (955–999, Äbtissin von 966–999),[303] der Tochter Kaiser Ottos I. (912–973), wird überliefert, dass sie 966 in Quedlinburg nicht „wie es Brauch war, von einem, sondern angeblich von allen Erzbischöfen und Bischöfen des Reiches zur Äbtissin geweiht worden" ist,[304] was ebenfalls an die Bischofsweihe erinnert, bei der alle anwesenden Bischöfe die Hände auflegten.[305]

2.2 Die Äbtissinnenweihe im Pontificale Romanum aus dem zwölften Jahrhundert

Das elfte Jahrhundert war bestimmt vom Investiturstreit sowie den Reformen Papst Gregors VII. (1073–1085).[306] Das Papsttum gewann wieder an Autorität. Dies hatte auch Konsequenzen für die Entwicklung der Liturgie. Seit Gregor VII. nahmen die Päpste die Führung der römischen Liturgie wieder fest in die eigene Hand, hatten sie diese doch für etwa 300 Jahre den Herrschern und Bischöfen jenseits der Alpen überlassen.[307] Gregor VII. wollte den Gottesdienst nach römischen Vorgaben vereinheitlichen.[308]

Die Reformbewegungen des elften und zwölften Jahrhunderts machten auch vor der Pontifikalienliturgie nicht Halt. Insbesondere in der zweiten Hälfte des elften Jahrhunderts begann eine langsame Verschlankung der ausgestalteten

---

301 Odilo von Cluny war der fünfte Abt von Cluny. Er wurde nur drei Jahre nach seinem Eintritt im Jahr 991 zum Abt gewählt und übte dieses Amt bis zu seinem Tod 55 Jahre lang aus, vgl. WEISE/WOLFES, Odilo, Sp. 1171–1176.

302 Über die Weihe von Odilo von Cluny ist ein ausführlicher Bericht enthalten, den Johannes Polzin in seiner Dissertation über Abtswahlen aus dem Jahr 1908 ausgewertet hat, vgl. POLZIN, Abtswahlen, S. 29–32. Der Quellentext ist dort in Anm. 3 wiedergegeben. Die Darstellung zeigt, dass viele Elemente, die das PRG aufweist, wohl auch in der Praxis Bestandteil des Ritus waren: Die Frage nach der Gültigkeit der Wahl, Litanei mit Prostratio und sowie die Orationen und Übergabe der Insignien. Auch der Hymnus Te Deum wird hier am Schluss gesungen, vgl. ebd., S. 55.

303 Vgl. über die Äbtissin von Quedlinburg die Biographie von SCHLENKER, Äbtissin Mathilde.

304 Vgl. ALTHOFF, Ottonische Frauengemeinschaften, S. 43.

305 „... reliqui omnes episcopi qui assunt manibus suis caput eius tanguunt", PRG LXIII, 31.

306 Gregor forderte die „libertas ecclesiae", die „Freiheit der Kirche" von weltlichem Einfluss. Er bekämpfte Simonie, Nikolaitismus (Priesterehe) und Laieninvestitur. Zentrum der Reform war Cluny, vgl. LAUDAGE, Gregorianische Reform, S. 61–75; S. 87–107.

307 Vgl. KLAUSER, Liturgiegeschichte, S. 97.

308 Insbesondere die vom römischen Ritus stark abweichenden Liturgien des mailändischen und mozarabischen Ritus waren dem „erwachenden liturgischen Zentralismus Roms ein Dorn im Auge", vgl. KLAUSER, Liturgiegeschichte, S. 97. Eine „wirkliche Vereinheitlichung" konnte er jedoch „besonders wegen der unzureichenden Kommunikationsmöglichkeiten" nicht erreichen, vgl. KLÖCKENER, Liturgiereform, S. 1084.

und reichen Riten des PRG. Abschriften begannen, den Ritus zunehmend zu beschneiden.[309] In der Zeit des Investiturstreits und der gregorianischen Reform wollte man sich auch in der Liturgie frei machen von fremden Einflüssen und das stärken, was als „römisch" galt. Man wollte zurück zu einem möglichst klaren und objektiven Ordo.[310] Ergebnis ist das Pontificale Romanum des zwölften Jahrhunderts (PR XII).[311]

Im Gegensatz zum PRG überliefert das PR XII einen gemeinsamen Ritus für die Abts- und Äbtissinnenweihe, was zeigt, dass die Riten im zwölften Jahrhundert als weitgehend gleichwertig angesehen wurden. In den Quellen ist eine Langform deutlich von einer kürzeren Fassung zu unterscheiden.[312] Einen Ritus für die Kanonissenäbtissin hat es nicht mehr aufgenommen.

---

309 Vgl. ANDRIEU (Hg.), Pontifical I, S. 8.

310 Vgl. ebd., S. 11.

311 Treffender wäre es, von *den* römischen Pontifikalien des 12. Jahrhunderts im Plural zu sprechen. Ein „Urtyp" des PR XII ist nicht erhalten – es gibt ihn wohl auch gar nicht. Für das 12. Jahrhundert lässt sich vielmehr eine Vielzahl von rituellen Feiern ausmachen, die in Rom in Gebrauch waren. Ihnen allen ist gemeinsam, dass sie vom PRG abstammen, vgl. KLÖCKENER, Diözesansynode, S. 31. Beim PR XII handelt es sich demnach um eine Rekonstruktion der Gemeinsamkeiten verschiedenster Handschriften, die untereinander teils durch lokale Riten bedingte Abweichungen zeigen. Beispiel für eine solche Mischung aus römischen und lokalen Traditionen einer PR XII-Handschrift ist die Handschrift Vaticanus 7114, die für einen französischen Erzbischof in der zweiten Hälfte des 13. Jahrhunderts erstellt worden ist. Sie präsentiert eine Mischform eines römischen Pontifikale und eines lokalen Pontifikale, wobei die meisten Teile dem römischen Pontifikale angehören, das durch lokale Eigenheiten lediglich ergänzt wurde. Andrieu hat es als eine von neun Handschriften für seine Edition verwendet, vgl. ANDRIEU (Hg.), Pontifical I., S. 91f. Doch obwohl die Bearbeiter „unabhängig voneinander und ohne Kontrolle durch eine übergeordnete Autorität vorgingen, ist die Gruppe dieses Pontifikaletyps klar zu erkennen", so KLÖCKENER, Diözesansynode, S. 31.
Andrieu bemerkt, dass es kein anderes historisches Buch gibt, das derartig ausgiebig die Geschichte der römischen Liturgie zeigt, vgl. ANDRIEU (Hg.), Pontifical I, S. VI. Das PR XII ist in der Reihe der Quellen, die hier bislang Gegenstand der Untersuchung waren, die erste Quelle, die tatsächlich und unbestritten eine wirklich römische Quelle ist.
Die Kopisten des PR XII löschten viele Stücke aus dem PRG, die sie für entbehrlich hielten. Gleichzeitig besserten sie bestimmte Rubriken nach und glichen sie an die römische Praxis der Zeit an, fügten einige Zusätze bei und zeichneten damit ein neues römisches Liturgiemodell, vgl. ebd., S. 9. So wurde aus dem einstigen Mainzer Pontifikalienbuch ein römisches Pontifikale, vgl. ebd., S. 15. Andrieu wertet, dass der Einfluss, den dieses Buch auf die abendländischen Liturgien hatte, nicht zu unterschätzen ist. So findet man überall in Paris, Reims, Canterbury oder Köln Merkmale von römischen Einflüssen im 12. Jahrhundert. Keine lokale Tradition sei von diesen römischen Einflüssen verschont geblieben, vgl. ebd., Pontifical I, S. VII. Die Verbreitung des PR XII liegt wohl in der historischen Tatsache begründet, dass das Ansehen des Papsttums auf einen Höhepunkt stieg, vgl. KLÖCKENER, Diözesansynode, S. 32.

312 Michel Andrieu hat über 100 Handschriften untersucht, wovon er mehr als 60 Handschriften aus dem Zeitraum vom 12. bis zum 15. Jahrhundert als Abschriften des PR XII ausmachen konnte. Dabei ist zu beachten, dass das Pontificale Romanum des 12. Jahrhunderts

2.2.1 *Eine neue Überschrift*

Das PR XII[313] hat für den Weiheritus der Äbte und Äbtissinnen eine neue Überschrift gewählt. Während beinahe alle bislang hier berücksichtigten Quellen und auch die unmittelbare Vorlage des PR XII, nämlich das PRG, von einer „ordinatio" sprechen, betitelt das PR XII den Ritus mit „Ordo ad abbatem benedicendum vel abbatissam". Auch innerhalb des Ritus taucht ausschließlich der Begriff „benedicere" in den Rubriken auf. Hintergrund dieser begrifflichen Modifikation dürfte die Entwicklung einer Sakramententheologie durch die scholastische Theologie sein.

Im ersten Jahrtausend war die Frage, was ein „Sakrament" ist, sehr weit gefasst. Das Wort „Sakrament" hat keinen biblischen Ursprung. Erst alte lateinische Übersetzungen geben das biblische Wort „μυστήριον" mit dem lateinischen Begriff „sacramentum" wieder, und das obwohl der Begriff „μυστήριον" in der Heiligen Schrift nirgends einen heiligen Ritus im späteren sakramentalen Sinne bezeichnet.[314] Auch der Begriff „sacramentum" ist in seiner klassisch antiken Bedeutung (Eid, Fahneneid) dem christlichen Sinngehalt kaum gewachsen, urteilt der evangelische Systematiker Gunther Frenz.[315] Erst um die Wende vom zweiten zum dritten Jahrhundert wurden „μυστήριον" und „sacramentum" zu festen Termini für christliche Ritenvollzüge. Die Kirchenväter Tertullian (155–220) und Cyprian (200–258) gaben dem Begriff „sacramentum" im 2. und 3. Jahrhundert bereits erste charakteristische Prägungen. Tertullian bezeichnete erstmals Taufe und Eucharistie und auch die Ehe als „sacramenta".[316] Eine umfassendere und explizite Sakramententheorie zu christlichen Heilszeichen unter dem Begriff „sacramentum" bot Augustinus.[317] Er rechnete die Sakramente unter dem Einfluss platonischer Ontologie „zu den sichtbaren Zeichen, denen eine unsichtbare Wirklichkeit entspricht, die durch das Zeichen versinnbildlicht wird".[318]

---

keine eigene Bezeichnung der Manuskripte ist, sondern erst in den folgenden Jahrhunderten zur Bezeichnung für die Handschriften dieses Buchtyps geworden ist, vgl. ANDRIEU (Hg.), Pontifical I, S. 16. Für seine Edition hat Andrieu insgesamt neun Handschriften berücksichtigt. Eine ausführliche Darstellung der einzelnen Handschriften findet sich bei ANDRIEU (Hg.), Pontifical I, S. 89–112. Hier beschreibt er auch ihren Verwandtschaftsgrad mit dem PRG. Auf der Grundlage der verschiedenen Handschriften hat Andrieu versucht, eine möglichst ursprüngliche Lesart herauszuarbeiten. Dabei ergibt sich die Schwierigkeit, dass es einen Prototyp im Gegensatz zum PRG für das PR XII nie gegeben hat. So gilt vor allem die Variante als die beste, welche die meisten Zeugen hat, vgl. ebd., S. 115.

313 Das PR XII lässt sich grob in zwei Handschriftengruppen gliedern: In eine kürzere und in eine längere Form. Auf der Grundlage dieser Versionen hat Andrieu den Text ediert, unter Umständen verschiedene Lesarten der Kurz- und Langform berücksichtigt und dargestellt.

314 Vgl. FINKENZELLER, Sakramente, S. 1006.

315 Vgl. WENZ, Sakramente I, S. 663.

316 Vgl. MÜLLER, Dogmatik, S. 632.

317 Vgl. WENZ, Sakramente I, S. 665. Vgl. auch SCHANZ, Begriff, S. 531–576.

318 FINKENZELLER, Sakramente, S. 1008.

Dieser weite Sakramentenbegriff der Kirchenväter ließ es für das erste Jahrtausend zu, viele heilige Riten als Sakramente zu zählen, die heute unter die Kategorie der „Sakramentalien“ fallen sollen. So zählten im Frühmittelalter auch Königssalbung, Bischofssalbung, Fürstenweihe, Mönchsweihe, die Weihe der Kanoniker, der Einsiedler, der Nonnen, kirchlicher Gefäße und der Altäre sowie die Kirchweihe, Weihung von Chrisam, Leichenfeierlichkeiten und die Begräbnisse und auch die Fußwaschung als Sakrament.[319] Ob die Krankenölung zu den Sakramenten zählte, war lange umstritten.[320] Verschiedene Angaben aus dem Frühmittelalter zeigen, wie wenig eine genaue Zählung der Sakramente möglich war – hier gab es große Variationsbreiten.[321] So nannte der Benediktinermönch Petrus Damiani (um 1006–1072) zwölf Sakramente, Bernhard von Clairvaux (1090–1153) zehn. Die Bischöfe Fulbert von Chartres (um 950–1028/29) sowie Bruno von Würzburg (1005–1045) erkannten nur zwei Sakramente an: Taufe und Eucharistie.[322] Auch die Abts- und mit ihr die Äbtissinnenweihe galten nach mittelalterlichen Vorstellungen mitunter als Sakrament. Noch das dritte Laterankonzil (1179) nannte die „ordinatio“ von Bischöfen und Äbten in einem Atemzug und verstand beides als Sakrament.[323]

In der Frühscholastik entwickelten insbesondere Hugo von St. Viktor (1096–1141) und Petrus Lombardus (um 1095–1160) einen Sakramentsbegriff, der für die weitere Geschichte besondere Bedeutung haben sollte. Nach Hugo sind für ein Sakrament drei Dinge wesentlich: 1. Die geistige Versinnbildung durch ein körperliches Ding, 2. die Einsetzung durch Christus, 3. die Heiligung des Zeichens und Anwendung durch den Priester.[324] Hugo klassifizierte drei Arten von Sakramenten: 1. Die „sacramenta salutis“, auf denen vorwiegend das Heil der Menschen beruhe, 2. die „sacramenta exercitationis“, die das Heil fördern, aber nicht heilsnotwendig sind – viele Riten, die Hugo in diese Kategorie einordnete, wurden später zu den Sakramentalien gezählt, 3. „sacramenta praeparationis“, die zur Vorbereitung oder Verwaltung der übrigen Sakramente gehören. Zu ihnen zählte Hugo auch die Ordinationen und Konsekrationen sowie die Weihen von Dingen.[325] Bei Hugo deutete sich demnach schon eine Einteilung in Sakramente und Sakramentalien an.

---

319 Vgl. Diósi, Königssalbung, S. 17.

320 Vgl. Finkenzeller, Sakramente, S. 1010f.

321 Vgl. ebd., S. 1013f.

322 Vgl. Geyer, Siebenzahl, S. 325–338.

323 Dort heißt es in Canon 7 im Zusammenhang mit einem Verbot über die Simonie und Steuererhöhung: „Darum ist es besonders schlimm, wenn in einigen Kirchen die Käuflichkeit ... einen solchen Raum einnimmt, daß für die Einsetzung von Bischöfen, Äbten oder sonstigen kirchlichen Amtsträgern, für die Einführung von Presbytern in eine Kirche, sowie für Begräbnisse, Exsequien und die Segnung der Brautleute oder für andere Sakramente etwas verlangt wird“, Wohlmut (Hg.), Dekrete II, S. 214f.

324 Vgl. Finkenzeller, Sakramente, S. 1015.

325 Vgl. ebd., S. 1016.

Petrus Lombardus gebrauchte in seinem Sentenzenwerk als erster den Ausdruck „sacramentalia“. Er unterschied mit diesem Begriff „*catechismus* und *exorzismus* von der zentralen Handlung der Taufe“: diese seien „eher Sakramentalien als Sakrament“[326] zu nennen. Bei ihm findet sich auch bereits die Siebenzahl der Sakramente. Mitte des zwölften Jahrhunderts unterschied der Kanonist Rufinus von Bologna (vor 1130 – vor 1192) in seiner Dekretsumme zwischen „sakramentaler, zum Zweck des Altardienst erteilter Ordination und der zu irgendeinem anderen kirchlichen Dienst gespendeten Ordination (besser: Benediktion)“.[327] Die Äbtissinnenweihe gehört gemäß Rufinus' Differenzierung der Kategorie der „nichtsakramentalen Ordinationen“ an.[328] Macy deutet die Unterscheidung des Rufinus als einen Bruch des traditionellen Verständnisses von Ordinationen in den frühen Jahrhunderten. Im ursprünglichen Verständnis von „Ordination“ seien alle „Ordinationen“ „Bestellungen zu einem bestimmten Amt“ gewesen, nicht nur jene zum Altar.[329]

Dass hinter der neuen Überschrift für die Abts- und Äbtissinnenweihe im PR XII tatsächlich dieses veränderte Verständnis stehen könnte, stützt auch ein Blick in die anderen Riten. So sind die „heiligen Grade“, die „sacri ordines“ des „ordo“ im PR XII allesamt mit „ordinatio“ überschrieben,[330] für die anderen Feiern wie Jungfrauenweihe oder Mönchsweihe[331] werden ausschließlich die Begriffe „consecratio“, „benedictio“ oder schlicht „facere“ verwendet.[332] Für die Bischofsweihe steht ebenfalls der Begriff „consecrare“ (PR XII X). Die Bischofs-

---

326 „... magis sacramentalia quam sacramenta“, MEẞNER, Sakramentalien, S. 649f.

327 RAMING, Priesteramt, S. 85. Vgl. auch GILLMANN, Weibliche Kleriker, S. 244. Macy erklärt, Rufinus habe vor dem „Dilemma“ gestanden, dass das Konzil von Chalzedon auf die Ordination von Diakonissen Bezug genommen habe, der Ambrosiaster solche Ordinationen aber nun verboten habe, vgl. MACY, Hidden History, S. 98.

328 Vgl. RAMING, Priesteramt, S. 85. Die Definition einer Hinordnung von Sakramenten auf das eigentliche Sakrament, wie sie bei Petrus Lombardus erstmals zu finden ist, wurde auch von Autoren der Hochscholastik übernommen. So bezeichnete Thomas von Aquin die Sakramentalien als jene Handlungen, welche „irgendwie auf jene hauptsächlich beabsichtigte Wirkung hingeordnet sind, ohne jedoch diese Wirkung voll zu erreichen“, MEẞNER, Sakramentalien, S. 650.

329 MACY, Hidden History, S. 99.

330 „Ordinatio ostiarii“ (PR XII IV), „ordinatio lectoris“ (PR XII V) usw. Petrus Lombardus etwa zählte noch jeden der „sieben Grade“ als „Sakrament im eigentlichen Sinne ... da sie alle Gnade verleihen“, OTT, Weihesakrament, S. 50.

331 Die Mönchsweihe hatte das PRG noch mit „ordinatio monachi“ betitelt, PRG XXIX.

332 Die Jungfrauenweihe ist nun mit „Incipit ordo ad virginem benedicendam“ beziehungsweise weiterhin mit „consecratio virginis“ (PR XII XII) überschrieben, die Mönchsweihe mit „Ordo ad monachum faciendum“ (PR XII XVI).
Da die Begrifflichkeiten jedoch letztlich bis in das 20. Jahrhundert und darüber hinaus strittig und nicht abschließend geklärt sind, ist die hier aufgestellte These anfechtbar. Es ist aber in jedem Fall auffällig, dass im PR XIII eine begriffliche Modifikation stattfindet, die sicherlich nicht zufällig ist.

weihe wurde von vielen Theologen der Früh- und mehr noch von der Hochscholastik nicht zum sakramentalen Ordo gerechnet.[333]

2.2.2 Der „Ordo ad abbatem benedicendum vel abbatissam" in der Kurzform

Für den Ordo zur „Abts- und Äbtissinnensegnung" zeigt sich die von der gregorianischen Reform motivierte Entschlackung des PRG sehr deutlich: So ist die im PRG enthaltene Ansprache des Bischofs mit dem Hinweis auf ein Examen getilgt worden. Ferner fehlt ein Verweis auf assistierende Mönche beziehungsweise Schwestern. Besonders auffällig ist, dass auch das Te Deum nicht aus dem PRG übernommen worden ist. Vielleicht ist es als nicht römisch genug und zu prunkvoll empfunden worden.

Die Kurzform des PR XII hat zunächst zentrale Bestimmungen zur Wahl der Ordensoberen aufgenommen.[334] Die Äbtissin soll von der ganzen Gemeinschaft im Beisein des Bischofs gewählt werden. Nach erfolgter Wahl treten der Bischof und die Äbtissin gemeinsam zum Altar. Das Wahlergebnis wird vom Ambo aus verkündet und vom Bischof bestätigt. Hier zeigt sich sehr deutlich, dass das PR XII ein normativer Text ist, der eine Idealvorstellung darstellt. Zwar zeichnete sich schon in der Benediktsregel ab, dass der Diözesanbischof bei strittigen Wahlen einen gewissen Einfluss auf die Wahl hat (vgl. RB 64,4–5), dass er jedoch die Wahl bestätigte, war nur bei jenen Abteien üblich, die ihm jurisdiktionell auch tatsächlich unterstellt waren.[335]

Nach der Bestätigung der Wahl wirft die Äbtissin sich gemeinsam mit dem Bischof vor dem Altar nieder. Während sie ausgestreckt auf dem Boden liegen, wird die Litanei gesungen (PR XII XV, 1). Wie schon im PRG werden nach der Litanei zunächst das Vaterunser, dann der Versikel „Salvum fac servum" mit den Bitten gebetet (PR XII XV, 2).

Bis auf die gregorianische Oration „Concede quaesumus" und die gelasianische Oration „Cunctorum bonorum" (PR XII XV, 5 u. 6) hat das PR XII alle anderen vom PRG bezeugten Alternativorationen getilgt. Dass die beiden Orationen hier wie schon im PRG zur Auswahl stehen, lässt die einführende Rubrik vor der

---

333 So zählte etwa Petrus Lombardus den Episkopat nicht als eigenen sakramentalen Ordo, sondern als erweiterte Würde des Priesteramtes. Als Begründung führte er an, der Bischof könne nichts Größeres tun als der einfache Priester, nämlich den Leib des Herrn zu konsekrieren vgl. OTT, Weihesakrament, S. 50. Vgl. auch Kapitel II 2.3.3.

334 Das PR XII verwendet sowohl in den Rubriken als auch in den Orationen ausschließlich die maskuline Form. Da der Ritus jedoch gleichwertig für die Weihe der Äbtissinnen vorgesehen ist und deren Geschichte hier dargestellt werden soll, verwende ich im Folgenden ausschließlich die weibliche Form und spreche von den Äbtissinnen.

335 Vgl. SCHREIBER, Kurie, S. 126.

Oration „Concede quaesumus" vermuten, wenn es heißt: „His ita peractis, dicit episcopus hanc orationem", also „ist dies so erfolgt, spricht der Bischof diese Oration". „Hanc orationem" steht hier eindeutig im Singular.

Übernommen hat das PR XII aus dem PRG auch die Oration „Affluentem spiritum" als Präfation mit der Handauflegung (PR XII XV, 7). In einer Zeit, in der der Sakramentenbegriff stetig ausgebildet und diskutiert wurde, war die Handauflegung nicht mehr unumstritten. So forderte der Bischof und Kanonist Ivo von Chartres (um 1040–1115) in einem Schreiben an einen Abt Bernard, man solle den Äbten nicht die Hände auflegen, sondern über sie solle bloß ein einfaches Gebet gesprochen werden.[336] Sein Einwand wurde nicht gehört. Die Handauflegung blieb.

Die Früh- und insbesondere die Hochscholastik verstand in erster Linie auch nicht die Handauflegung als Materie des Weihesakramentes, sondern machte vielfach die Übergabe der Geräte stark. Der angehende Diakon erhielt das Evangelienbuch, der Presbyterkandidat einen Kelch mit Wein und die Patene mit Brot.[337] Nach dem Dekretisten Johannes Faventinus (+ um 1190) bestand der Ritus bei der Diakonissin in der Übergabe des Schleiers.[338] Bemerkenswert ist in diesem Zusammenhang der Fall der Gräfin Judith von Nordheim (+ nach 1150).[339] Sie wurde 1146 von Kardinallegat Thomas[340] als Stiftsäbtissin von Eschwege und Kemnade abgesetzt, da sie diese neben ihrem Stift Geseke mit Gewalt besetzt habe. Fürstenberg skizziert, die Absetzung sei recht einfach gewesen, da Judith weder den heiligen Schleier in einer „Konsekration" durch den Bischof empfangen habe noch die Herrschaft über die Abtei von einem Bischof empfangen habe.[341] Der Übergabe des Schleiers wurde damit eine konstitutive Funktion zugesprochen.

Vor dem Hintergrund dieses Verständnisses ist wohl zu erklären, warum die Äbtissin im Anschluss an die Präfation zwar die Regel erhält (PR XII XV, 10), die ihr mit dem gleichen Begleitwort übergeben wird wie im PRG,[342] eine Stabübergabe für sie in der Langform aber ausdrücklich ausgeschlossen wird.

---

336 Ivo v. Chartres ad Bernardum abbatem, Epistola LXXIII; PL 162, Sp. 92–95, hier Sp. 94.

337 Vgl. OTT, Weihesakrament, S. 54–56; 92–96.

338 Vgl. GILLMANN, Weibliche Kleriker, S. 246, Anm. 2. Anders der französische Dekretist Stephan von Tournai (1128–1203), der die Jungfrauenkonsekration unter Handauflegung als Sakrament zählte, vgl. ebd., S. 246. Auf welchen Ritus Stephan sich bezieht, wird nicht deutlich, die hier herangezogenen Riten zeigen für die „Jungfrauenkonsekration" keine Handauflegung.

339 Der letzte Bericht über die Äbtissin von Geseke stammt aus diesem Jahr, als der Papst den Besitz von Kemnade endgültig dem Corveyer Abt Wibald (1098–1158) zusprach, vgl. LÖER, Cyriakus zu Geseke, S. 294.

340 Person konnte nicht ermittelt werden.

341 Vgl. FÜRSTENBERG, Ordinaria loci, S. 25, Anm. 6.

342 „Empfange die Regel, die von unseren heiligen Vätern überliefert worden ist, zur Leitung und Bewahrung der dir von Gott anvertrauten Herde, Gott selbst wird dich stärken und dir deine menschliche Schwäche gestatten", PR XII XV, 8.

2.2.3 *Der „Ordo ad abbatem benedicendum vel abbatissam" in der Langform*

Die Langfassung ist hinsichtlich der Stabübergabe für Äbtissinnen eindeutig. Sie ist insgesamt gekennzeichnet durch klare und ausführliche Rubriken.[343] Direkt zu Beginn verfügt eine Rubrik, dass die „Benediktionen" beider Geschlechter zwar weitestgehend gleich seien, die Äbtissin aber keine besondere Kleidung trage, die für die Äbte in der Langform genau festgelegt ist, sondern nur ihren gewöhnlichen Habit und: dass sie keinen Stab überreicht bekommt.[344]

Diese Differenzierung ist unzweifelhaft als geschlechtsspezifisch zu bewerten. Das zwölfte Jahrhundert ist auch ein bedeutendes Zeitalter für die Entwicklung der Kanonistik. Diese stellte Weichen für einen Amtsbegriff in der katholischen Kirche, an dem bis heute festgehalten wird. Wichtiger Eckpunkt ist die Entstehung des Decretum Gratiani, des ersten Teils des Corpus Iuris Canonici, der bis zum Inkrafttreten des CIC von 1917 von autoritativer Kraft war.[345] Für die Äbtissinnen und ihre Weihe ist das Decretum deshalb bedeutsam, weil es eine wichtige Weiche stellt für die Unfähigkeit von Frauen, ein kirchliches Amt zu übernehmen. Die Frau wird nicht als Abbild Gottes angesehen. Einige frühscholastische Theologen äußerten zwar dagegen, Mann und Frau seien gleichermaßen nach dem Bild Gottes geschaffen – „diese Theologen belasten Eva aber umso stärker mit den Folgen des Sündenfalls".[346] Frauen waren demnach sowohl in scholastischer als auch kanonistischer Perspektive als Amtsträgerinnen zunehmend undenkbar. Macy konstatiert, Äbtissinnen seien in dieser Zeit zu einfachen Laien geworden.[347]

Dessen ungeachtet haben die Äbtissinnen im Reich einen Äbtissinnenstab jedoch zunehmend getragen. Hofmeister glaubt, der „Gebrauch des Stabes durch

---

343 So legt sie genau fest, an welche Stelle der Bischof sich etwa zur Litanei niederwerfen soll. Auch schreibt sie vor, dass die Äbtissin sich nach dem römischen Bittgebet „Actiones nostras" wieder erheben und mit geneigtem Kopf vor den Bischof treten soll, der dann die Orationen über sie spricht. Die Langform des PR XII will noch weniger als die Kurzform etwas dem Zufall überlassen.

344 „Consimilis est enim utriusque benedictio, nisi quod abbatissa in benedictione sua non induitur nisi consuetis vestibus, nec datur ei baculus", PR XII XV, 1. Für den Abt wird bestimmt, dass er über seinem gewohnten Habit Albe und Rauchmantel tragen soll. Die meisten Äbte waren im 12. Jahrhundert bereits geweihte Priester. Deutlich wird das etwa an Cluny und der Anzahl der gefeierten Messen, vgl. ANGENENDT, Liturgik, S. 134–136; vgl. zur Klerikalisierung des Ordens auch HÄUSSLING, Mönchskonvent, S. 156–159.

345 Vgl. GÖSSMANN, Frauenpriestertum, S. 10f.

346 GÖSSMANN, Frauenpriestertum, S. 11.

347 „Abbesses were now simply lay-women", MACY, Hidden History, S. 102. Der Streit der Kanonisten ging insbesondere um die Diakoninnenweihe, vgl. GÖSSMANN, Frauenpriestertum, S. 13. Die Einwände der Kanonisten hatten Erfolg: Schon bei Wilhelm Durandus im 13. Jahrhundert hatte der Ritus nur noch marginale Bedeutung und verschwand schließlich ganz aus den Pontifikalien der abendländischen Kirche.

Äbtissinnen ist aber alt",[348] und bezieht sich dabei auf die Bestimmungen des spanischen Liber ordinum, in dem die Äbtissinnen den Stab zweifellos erhalten haben.[349] Für das Kloster Frauenchiemsee ist er sicher seit 1242 belegt.[350] Für die Zisterzienser sah ihn das Generalkapitel von 1242 vor.[351] Die Äbtissinnen der Benediktinerinnenabtei St. Walburg in Eichstätt trugen wohl ebenfalls über Jahrhunderte einen Stab. Jedoch fehlen Belege, seit wann der Äbtissinnenstab in Gebrauch war. Aus dem Jahr 1602 stammt ein Hinweis, dass die Äbtissin Susanna Lodenmayrin (um 1560 – 1625)[352] im Rahmen der Visitation ihr Bedauern darüber ausdrückte, „nicht mehr das Privileg des Stabes zu besitzen",[353] was dokumentiert, dass er zuvor in Gebrauch war. Seit 1698 wurde den Äbtissinnen von St. Walburg der Stab wieder erlaubt.[354]

Die Äbte erhielten hingegen auch gemäß den Normvorgaben des PR XII einen Stab. Für das Begleitwort hat das PR XII eine Anleihe aus dem Begleitwort für die Stabübergabe der Bischöfe gemacht und den ersten Teil des Begleitwortes aus der „Bischofskonsekration" übernommen: „Empfange den Stab des Hirtenamtes, auf dass du liebevoll und streng seist bei der Zurechtweisung von Verfehlungen, und wenn du erzürnt bist, der Barmherzigkeit gedenkst." Es ist für die Bischöfe sowohl im PRG als auch im PR XII bezeugt (PRG LXIII, 41; PR XII X, 27).[355]

---

348 Hofmeister, Äbtissinnenstab, S. 81.

349 Er bemängelt, dass man sich „der Erforschung des Äbtissinnenstabes ... bisher weder im liturgischen noch im künstlerischen Bereich intensiv zugewendet habe", ebd., S. 80. Dieses Desiderat besteht bis heute.

350 Vgl. ebd., S. 81.

351 Vgl. ebd.

352 Susanna Lodenmayrin stammte aus Ingolstadt. Sie trat 1572 in das Kloster St. Walburg ein, zu dessen Äbtissin sie im Jahr 1600 gewählt wurde, vgl. Zunker, St. Walburg, S. 649.

353 Ebd., S. 221.

354 Vgl. ebd.

355

GELEITWORT FÜR DEN ABTSSTAB IM PR XII	GELEITWORT FÜR DEN BISCHOFSSTAB IM PR XII
„Accipe baculum pastoralis officii, ut sis in corrigendis vitiis pie seviens et, cum iratus fueris, misericordiae memoreris", PR XII XV, 10.	„Accipe baculum pastoralis officii ut sis in corrigendis vitiis pie seviens, iudicium sine ira tenens, in fovendis virtutibus auditorium animos demulcens, in tranquillitate severitatis censuram non deserens", PRG LXIII, 41/ PR XII X, 27.

2.3 Die Äbtissinnenweihe im Pontifikale der Römischen Kurie aus dem dreizehnten Jahrhundert

Das dreizehnte Jahrhundert ist das Jahrhundert eines mächtigen Papsttums, gerahmt von den beiden Päpsten Innozenz III. (1198–1216) und Bonifaz VIII. (1294–1303). Die scholastischen Wissenschaften und das Kirchenrecht verhalfen den Päpsten zu ihrer Macht, indem sie mit ihrer methodischen Rationalität „den Grund für die ekklesiologische und kanonistische Legitimierung des zentralen päpstlichen Leitungsanspruchs im 13. Jahrhundert“[356] legten. Das Kirchenrecht wurde zu päpstlichem Recht. Insbesondere die päpstliche Gesetzgebungsgewalt, deren Grenze für den Papst erst beim göttlichen Recht lag, wurde „stärker und bewusster“ gehandhabt.[357]

Innozenz begann eine „Periode kirchlicher Reformbemühungen“, die das Christentum zu einer Einheit unter dem Papst formen wollte.[358] Innozenz griff die Anliegen der Gregorianischen Reform wieder auf und versuchte, sie „nachhaltig zur Ausführung“ zu bringen.[359] Deutlich dominierte er das Vierte Laterankonzil (1213–1215), dessen verabschiedete Konstitutionen wohl nicht vom Konzil formuliert wurden, sondern vielmehr als Verfügungen des Papstes angesehen werden müssen.[360]

In dieses Jahrhundert eines zentralistischen Papsttums fiel auch die Entstehung eines neuen Pontifikale, das eindeutig als Pontifikale der Päpste zu klassifizieren ist. Es war die Frucht der liturgischen Restauration, die an Innozenz III. anknüpfte.[361] Dieses Pontifikale ist eine „offizielle Zusammenstellung im Auftrag der Kurie“.[362] Es nahm sich seine beiden Vorgängerpontifikalien PRG und PR XII zum Vorbild. Für das „Pontificale secundum consuetudinem et usum romane Curiae“ (PCR), wie Andrieu es nach den Eingangsworten einiger Handschriften bezeichnet,[363] lässt sich im Gegensatz zum PR XII ein Urtyp annehmen.[364] Im Ver-

---

356 KÖRNTGEN, Wandel, S. 15.

357 Vgl. JEDIN, Handbuch III/2, S. 289.

358 Vgl. OHST, Kirche im 13. Jahrhundert, S. 63.

359 Vgl. JEDIN, Handbuch III/2, S. 175.

360 Vgl. OHST, Kirche im 13. Jahrhundert, S. 83; vgl. auch SCHATZ, Brennpunkte, S. 108–112.

361 Vgl. ANDRIEU (Hg.), Pontifical II, S. IV.

362 RICHTER, Ordination, S. 58.

363 Vgl. ANDRIEU (Hg.), Pontifical II, S. III.

364 Andrieu ordnet diesen Urtyp der Kurzform α zu. Insgesamt lassen sich die Überlieferungen des PCR drei Grundtypen zuordnen: einer Kurzform α, einer Langform γ und einer Mischform β. Die Handschriften, die Andrieu zur Gruppe α zählt, repräsentieren die ursprünglichste Form. α bietet die kürzeste Variante und ist zu Beginn des 13. Jahrhunderts unmittelbar in Rom an der römischen Kurie entstanden. Sie hat nur wenige Ergänzungen zu ihrer Vorlage, dem PRG, vgl. RICHTER, Ordination, S. 58. Trotz kleinerer Schwankungen unter

lauf des dreizehnten Jahrhunderts setzte sich die kuriale Fassung gegen ihre Vorgänger durch.[365]

2.3.1 *Die „Benedictio abbatis vel abbatisse"*

Das PCR[366] weist wie sein unmittelbarer Vorgänger PR XII einen gemeinsamen Ritus für die Äbte und Äbtissinnen auf. Die Darstellung des Ritus ist auf das Nötigste beschränkt, die Rubriken sind knapp und skizzieren nur das Wesentliche.

---

den einzelnen Codices lässt sich bei α deutlich die Verwandtschaft mit den beiden Vorgängerpontifikalien PRG und PR XII erkennen, vgl. ANDRIEU (Hg.), Pontifical II, S. 247. Andrieu rückt sie nah an die liturgischen Reformen Innozenz' III, vgl. ebd., S. 309

365 Dies bedeutete jedoch keinesfalls, dass die Vielfalt der andernorts existierenden diözesanen Pontifikalien dadurch verdrängt wurde, vgl. KLÖCKENER, Pontifikale, S. 81f.

366 Hier wird für die Darstellung ebenfalls die Edition von Andrieu verwendet. Andrieu hat für die Edition insgesamt neun Handschriften der Kurzform α berücksichtigt, für deren Entstehungszeit noch das 13. Jahrhundert angenommen werden kann, vgl. ANDRIEU (Hg.), Pontifical II, S. 242. Sechs dieser Handschriften sind nahezu identisch. Sie weisen exakt gleiche Stücke auf und sind in der gleichen Reihenfolge angeordnet. Sie gehen daher mit großer Sicherheit auf einen gemeinsamen Urtyp zurück und haben ihre Vorlage treu übernommen. Die meisten dieser Handschriften sind wohl auch als Exemplar an der Kurie verwendet worden, vermutet Andrieu, vgl. ebd., S. 241. Handschriften mit einer längeren Form des PCR ordnet Andrieu der Gruppe γ zu. Die längere Form ist größtenteils durch Erweiterungen der Rubriken entstanden sowie durch einige zusätzlich aufgenommene Ordines. Die Rubriken sind insgesamt ausführlicher und präziser als in der Kurzform. Jedes Detail der päpstlichen Zeremonie in Rom wird beschrieben, selbst die einzelnen Bauwerke werden skizziert. Gelegentlich werden in γ Prozessionen und Reiterzüge durch die Stadt Rom gezeichnet, die Marschrouten sind ganz genau festgeschrieben, wohl um vor Veränderungen in der Zukunft zu schützen, vgl. ebd., S. 240.
Die meisten Handschriften dürften aus der zweiten Hälfte des 13. Jahrhunderts stammen. Für die Edition berücksichtigt Andrieu insgesamt sechs Handschriften der Langform. Diese Handschriften bilden eine homogene Gruppe, was zeigt, dass sie sehr nah an einem Prototyp anzusiedeln sind, ebd., S. 247. Der Kompilator dieses Prototyps nahm vermutlich ein Exemplar der Handschriftengruppe α und fügte Ordines hinzu, die anderswo existierten. Bei den neu hinzugefügten Ordines handelt es sich insbesondere um Sachbenediktionen, vgl. ebd., S. 248. Auch die Rubriken ergänzte er – die euchologischen Formeln hingegen tastete er nicht an.
Die Langform hat die Kurzform jedoch nicht abgelöst. Beide bestanden nebeneinander, ebd., S. 314. Zeuge für diese These sind die Handschriften, die Andrieu als dritte Gruppe β des PCR ausmacht. Diese Handschriften weisen eine Mischform auf. Sie stimmen mal mit Handschriften der Kurzform, mal mit Handschriften der Langform überein. Auch wenn zwischen den einzelnen drei Gruppen deutliche Unterschiede bestehen, so beschränken sie sich auf die Rubriken. Die Orationen blieben von Veränderungen und Erweiterungen nahezu unberührt.
Während die drei Handschriftengruppen im späten 13. Jahrhundert noch nebeneinander existierten, setzte sich während des 14. Jahrhunderts die Langform durch. Hintergrund dürfte das Avignonesische Exil der Päpste sein, wodurch umfangreichere Rubriken wünschenswert wurden, vgl. ebd.

Es fehlen Hinweise auf die Wahl, wie sie im PR XII beschrieben wird, auf die Litanei und auch auf das Te Deum. Ob diese Elemente dennoch Bestandteil des Ritus waren oder möglicherweise wegen des Wunsches einer weiteren Verschlankung des Ritus weichen mussten, kann nicht beantwortet werden. Es ist auch möglich, dass die Quellen hier über Selbstverständlichkeiten schweigen.[367]

Die Darstellung beginnt mit der Gebetseröffnung „Dominus vobiscum", „Der Herr mit Euch", und den Orationen „Concede quaesumus" (PCR XVI, 16) sowie „Cunctorum bonorum" (PCR XVI, 17), gefolgt von der Präfation „Affluentem spiritum" mit Handauflegung (PCR XVI, 18). Abt und Äbtissin erhalten die Regel, zu dessen Übergabe das gleiche Geleitwort vorgesehen ist wie schon in den beiden Vorgängerpontifikalien.[368]

Geändert hat sich gegenüber dem PR XII wiederum das Begleitwort für die Übergabe des Stabes.[369] Hier hat das Pontifikale der Römischen Kurie die Formel aus dem PR XII „Accipe baculum pastoralis offici" übernommen, mit der auch das Begleitwort der Stabübergabe für die Bischöfe beginnt, und hat diese um den Zusatz aus dem PRG „quem praeferas catervae tibi commissae", „den du der dir anvertrauten Schar" nach dem „pastoralis officii" ergänzt. Das gesamte Begleitwort für die Stabübergabe lautet im PCR nun:

> Empfange den Stab des Hirtenamtes, den du der dir anvertrauten Schar vorantragen sollst, auf dass du liebevoll und streng seist bei der der Zurechtweisung von Verfehlungen, und wenn du erzürnt bist, der Barmherzigkeit gedenkst (PCR XVI, 20).

Mit diesen Worten wurde gemäß der hier für die Darstellung der historischen Genese zugrunde gelegten Quellen der Stab für die Äbte noch bis zur Editio typica-Ausgabe des Pontificale Romanum von 1962 übergeben.[370] Ob auch die Äbtissinnen gemäß dem PCR einen Stab erhielten, ist nicht eindeutig zu beantworten. Hofmeister hält es für wahrscheinlich, dass eine Übergabe in Rom auch für Äbtissinnen üblich war, da beide Pontifikalien des zwölften und dreizehnten Jahrhunderts für die Äbtissinnenweihe lediglich auf die Abtsweihe verweisen.[371]

---

367 Erst Wilhelm Durandus nahm Ende des 13. Jahrhunderts diese Elemente in sein Pontifikale wieder auf, vgl. Kapitel II 3.1.

368 „Empfange die Regel, die von unseren heiligen Vätern überliefert worden ist, zur Leitung und Bewahrung der dir von Gott anvertrauten Herde, Gott selbst wird dich stärken und dir deine menschliche Schwäche gestatten", PCR XVI, 19.

369 „Accipe baculum pastoralis officii, ut sis in corrigendis vitiis pie seviens et, cum iratus fueris, misericordiae memoreris", PR XII XV, 10.
„Accipe baculum pastoralis officii, quem preferas caterve tibi commisse, ut sis in corrigendis vitiis pie seviens et cum iratur fueris misericordie memoreris", PCR XVI, 20.

370 Für die Äbtissinnen fehlt die Stabübergabe in den römischen Pontifikalien seit dem 14. Jahrhundert sicher. Lediglich das Pontifikale des Franzosen Durandus bezeugt die Übergabe des Stabes für die weiblichen Ordensoberinnen, vgl. Kapitel II 3.

371 Vgl. HOFMEISTER, Äbtissinnenstab, S. 80.

Allerdings übersieht er bei dieser Argumentation, dass das PR XII in der Langform die Übergabe des Stabes für die Äbtissinnen ausdrücklich verbietet (PR XII XV, 1). Das PRG zeigt ebenfalls keine Stabübergabe für die Äbtissinnen, letztlich würde das PCR hier (zumindest normativ) eine Neuerung einführen.

Für eine Stabübergabe im PCR spricht höchstens, dass es diese im Gegensatz zum PR XII nicht explizit verbietet. Einige Handschriften des PCR[372] bestimmen am Ende des Ritus, dass die unten angegebene Oration „Domine deus", die das gelasianische Sakramentar speziell für die Äbtissinnen vorsieht,[373] nach dem erfolgen solle, was über den Abt gesagt worden ist, „post predictam de abbate". Da diese Passage keinen Hinweis auf Auslassungen für die Äbtissinnen beinhaltet, ist davon auszugehen, dass für die Äbtissinnen *alles* so erfolgen soll, wie es auch für den Abt bestimmt ist, sie also auch den Stab erhält. Letztlich muss die Frage, ob Äbtissinnen einen Stab erhalten, hier aber offen bleiben.

Die Kurzform α endet nach der Stabübergabe. Die Langform γ bezeugt zusätzlich erstmals noch eine Übergabe des Ringes. Dabei spricht der Bischof

> Empfange den Ring, das Zeichen der Treue, dass du die Braut, nämlich Gottes heilige Kirche, mit unverbrüchlicher Treue geschmückt, unversehrt behüten mögest.[374]

Dieses Geleitwort entstammt der „Bischofskonsekration" und ist für diese bereits im PRG bezeugt (PRG LXIII, 44). Auch im PCR wird dem Bischof mit den gleichen Worten der Ring übergeben (PCR XI, 29). Dass die Ringübergabe nur durch die Langform überliefert ist, zeigt, dass sie nicht ursprünglich zum Ritus dazu gehörte, sondern erst seit dem dreizehnten Jahrhundert langsam Einzug hielt.[375]

2.3.2 *„... vel abbatisse?"*

Auch wenn der Ordo mit „vel abbatisse" überschrieben ist und die gelasianische Oration „Domine deus" für Äbtissinnen am Ende der Feier aufgenommen ist (PR XII XVI, 24), so ist doch zu bezweifeln, dass die Kompilatoren bei der Erstellung des Ritus tatsächlich auch die weiblichen Äbtissinnen im Blick hatten. Der Fokus liegt eindeutig auf der „Benediktion" des Abtes. Diese Annahme stützen zudem

---

372 In den meisten von Andrieu verwendeten Handschriften fehlt der Hinweis jedoch, weshalb dieses Argument nur wenig stichhaltig ist, vgl. ANDRIEU (Hg.), Pontifical II, S. 413, Anm. 24.

373 Vgl. Kapitel II 1.6.3.

374 „Accipe anulum fidei scilicet signaculum, quatenus sponsam, Dei videlicet sanctam ecclesiam, intemerata fide ornatus illibate custodias", PCR XVI, 21.

375 Viel früher bezeugt ist eine Ringübergabe für die Diakoninnen. Ihnen wurde der Ring sowohl gemäß dem PRG wie auch dem PR XII übergeben. Sie empfingen den Ring mit den Worten: „Empfange den Ring der Treue, Zeichen des Heiligen Geistes, dass du Braut Christi genannt wirst, wenn du ihm treu dienst", „Accipe anulum fidei, signaculum spiritus sancti, ut sponsa Christi voceris, si fideliter ei servieris", PRG XXIV, 12/PR XII XIV, 14. Auch hier ist der Ring Zeichen der Brautsymbolik und Treue.

einige jüngere Handschriften des PCR, die umfangreiche Bestimmungen für die Weihe eines Abtes überliefern, der das Privileg hatte, Pontifikalien zu tragen.[376]

Die Verleihung von Pontifikalprivilegien durch Päpste an Äbte war bereits seit dem zehnten Jahrhundert zunehmend „häufiger und allgemeiner“[377] geworden. So war in Cluny im dreizehnten Jahrhundert das Pontifikalprivileg für die Äbte so weit ausgedehnt, dass sie sich für ewige Zeiten der „Mitra, des Ringes, der Handschuhe, der Sandalen, aller anderen Pontifikalien erfreuen und nach Art der Bischöfe den Segen geben dürfen“.[378] Als Gründe für die Verleihung der Pontifikalabzeichung nennt Hofmeister besondere Verdienste des Abtes oder seines Klosters, die er durch „Treue und Ergebenheit gegenüber dem Heiligen Stuhl sich erworben hatte“.[379] Daneben beabsichtigte die Römische Kurie, exemte Klöster durch die Auszeichnung mit Pontifikalien enger an sich zu binden.[380] Auch konnten die Äbte durch die Verleihung der Pontifikalien mitunter Pontifikalfunktionen selbst vornehmen, wenn etwa der Bischof verhindert war.[381]

---

376 „In benedictione abbatis habentis pontificalia“, PCR XVI, 1–15. Die Rubrik ist in drei Handschriften der Langform überliefert, nämlich in P (Paris, B. N. Lat 959), Y (Rom, Vat. lat. 4748 I) und Z (Rom, Vat. lat. 4748 II), sowie in den Handschriften F (Parisin 17336) und H (Parisin 15619), die zu der Gruppe der Mischform gehören. Die Handschriften P und Y der Langform sowie die Handschrift F, die in einigen Teilen bereits von dem Pontifikale des Durandus beeinflusst ist und in weiten Teilen (und dazu gehört auch die „Benedictio abbatis vel abbatisse“) der Gruppe α folgt, haben diese Rubrik an einer anderen Stelle in Form eines Anhangs oder Beiblatts. Die Handschrift Z, die zur Langform γ zählt, und die Handschrift H der Gruppe β haben diese Rubrik im Zusammenhang mit der „Benedictio abbatis vel abbatisse“, jedoch nicht zu Beginn des Ritus aufgeführt, also nicht an der Stelle, an die Andrieu diese Rubrik stellt. Es gehört also nicht ursprünglich zur Langform dazu, sondern ist später im Verlauf des 14. Jahrhunderts in das Pontifikale hineingekommen, vgl. ANDRIEU (Hg.), Pontificale II, S. 408, Anm. 40. Dass dieser Text nicht ursprünglich Bestandteil der Langform war, zeigt auch die Tatsache, dass er in den Handschriften A (Paris, Arsenal 333) und V (Rom, Vat. lat. 1152) fehlt, die sonst insgesamt die lange Form zeigen, vgl. ebd., S. 236.

377 HEGGLIN, Abt, S. 157; vgl. auch SALMON, Insignes, S. 51. Hofmeister konnte zeigen, dass die Verleihung der Pontifikalien an die Äbte ausschließlich durch den Apostolischen Stuhl selbst und nicht etwa durch einen Bischof verliehen wurden, vgl. HOFMEISTER, Mitra und Stab, S. 15.

378 Ebd., S. 8f. Für Sandalen, Dalmatik und Tunicella wurde nie eine feierliche Übergabe gebräuchlich, vgl. ebd., S. 11.

379 Ebd., S. 16. Schmitz urteilt, unter Papst Alexander IV. (1254–1261) seien „die *Pontificalia* sehr freigiebig an die Äbte ausgeteilt, um nicht zu sagen verschleudert“ worden, SCHMITZ, Geschichte III, S. 67. Auch der Brauch oder „besser Missbrauch“ der Reservate-Politik habe „immer größere Ausmaße“ angenommen, beklagt Schmitz. Diesem Missbrauch sei es zuzuschreiben, dass die Abtswürde zunehmend auch Nicht-Benediktinern verliehen wurde, sogar Weltgeistlichen, die die Abtsweihe empfingen, vgl. ebd. Dieses Phänomen weitete sich besonders in der Frühneuzeit aus, was Rudolf Reinhard fragen ließ, ob die Abtsweihe eine „kleine Bischofsweihe“ sei, REINHARD, Abtsweihe, vgl. auch Abschnitt II 3.2.4.

380 Vgl. HOFMEISTER, Mitra und Stab, S. 16.

381 So hatte das Domkapitel aus Lüttich im Jahr 1245 bei Papst Innocenz IV. (1243–1254) um die Pontifikalien für den Abt von St. Jakob in Lüttich gebeten, „damit er in Abwesenheit

Der zusätzliche Abschnitt im PCR regelt bis ins kleinste Detail Vorbereitungen (PCR XVI, 1) und Ablauf der Feier (PCR XVI, 2–9), einen Ritt des Abtes auf einem weißen Pferd zum bischöflichen Haus (PCR XVI, 10f.) bis hin zum anschließenden Mittagessen, das ebenfalls einem klaren Ritual folgt (PCR XVI, 12–15). Der Abschnitt ist entweder als vorgeschobene Bemerkung oder an einer anderen Stelle in Form eines Anhangs oder Beiblattes überliefert.[382]

Zu Beginn informiert eine Rubrik ausführlich über die Vorbereitungen, die getroffen werden müssen, bevor die Zeremonie beginnt. So sollen zwei oder drei Teppiche, ein Faldistorium, Wasser und ein Tuch zum Reinigen der Hände bereit gelegt werden, ein anderes Tuch zum Abwischen des Mundes und Gesichtes. Für das Offertorium werden zwei große Brote, zwei Ampullen Wein (eine für Weißwein, eine für Rotwein), zwei Äpfel oder andere Früchte und zwei große Kerzen aus Wachs benötigt. Die Lebensmittel sollen zum Schutz mit Decken bedeckt werden. In nahezu identischer Weise werden diese Vorbereitungen auch für die „Bischofskonsekration" im PCR beschrieben (PCR XI, 9).

Für den Abt sollen ein Gewand, Albe, Zingulum, Manipel, Stola und Chormantel bereit liegen.[383] Diese, so wird bestimmt, soll er angezogen haben, bevor die Messe beginnt. Zur Verfügung stehen sollen auch schon die Pontifikalien, konkret Sandalen, Tunizella, Dalmatik, Handschuhe, Ring, Mitra, die Regel seines Ordens und der Hirtenstab. Damit der Abt das Offizium sprechen kann, ist ein Missale nötig. Nicht zu vergessen das weiße, mit einer Decke bedeckte Pferd, das für den Ritt des Abtes zum „Haus des Papstes", „ad domum pontificis" (PCR XVI, 10), bei dem die Äbte wie die Bischöfe segnend durch die Gemeinde ritten.[384] Dass dieser Brauch hier – wie auch für die „Bischofskonsekration" durch die Päpste – derart ausführlich skizziert wird, zeigt, dass diesem nichtliturgischen Brauchtum eine wesentliche Bedeutung zugeschrieben wurde. Richter vermutet, dass

---

des Bischofs in diesem bischöflichen Schmuck das hl. Opfer feiern könne", vgl. HOFMEISTER, Mitra und Stab, S. 18; vgl. auch SCHREIBER, Kurie und Kloster I, S. 163.

382 Vgl. ANDRIEU (Hg.), Pontifical II, S. 250. Da prominente und ursprüngliche Handschriften der Gruppe γ diesen Teil nicht aufgenommen haben, vermutet Andrieu, dass es sich bei diesem Abschnitt um eine Interpolation handelt, die nachträglich in den ursprünglichen Text der Handschriftengruppe γ aufgenommen worden ist. Sehr wahrscheinlich stammt diese Ergänzung aus Avignon.
Andrieu hat diesen Zusatz der besseren Lesbarkeit wegen als „Präambel" ediert. Aus diachroner Perspektive könnte auch eine weitere Begründung angeführt werden, auf die Andrieu jedoch verzichtet: Eine derartig einleitende Präambel wurde schon bei Wilhelm Durandus, spätestens aber mit dem „Pontificalis liber" und damit auch mit dem nachtridentinischen Pontificale Romanum üblich. Bis heute sind die Riten der Abts- und Äbtissinnenweihe zunächst mit einleitenden Vorbemerkungen versehen, bevor der eigentliche Ritus dargestellt wird.

383 Aus dem Laienabt war also spätestens jetzt ein Priester geworden.

384 Eine Prozession zu Pferd ist im PCR auch für die Bischofsweihe durch den Papst bezeugt, PCR XIII, 32–40. Die Marschroute ist genau vorgegeben.

für die Päpste darin „zunehmend gar die eigentliche Festfeier gesehen wurde".[385] Diese deutliche Parallele zur Prozession nach der „Bischofskonsekration" macht deutlich, dass die Äbte rund um die Römische Kurie eine bischofsähnliche Stellung hatten.

Dass dieser Ritus für Äbte mit Pontifikalienprivilegien insbesondere für die „Benediktion" eines Abtes durch den Papst selbst gedacht war, wird durch die ständige Ehrbezeichnung in Form von Hand-, Mund- und vor allem Fußküssen deutlich, die als besonderes Privileg des Papstes gelten.[386] Wesentliche Elemente „dieser Abtsbenediktion" sind die Segnung („benedictio")[387] durch den Papst, Übergabe von Regel, Stab und Ring sowie der Eid auf das Evangelium. Was dieser Eid beinhaltet, verrät das PCR nicht.[388]

Für die Äbtissinnen galten diese Bestimmungen „habentis pontificalia" nicht. Die lieblose Überlieferung der Äbtissinnenweihe im PCR könnte auch ein Hinweis darauf sein, dass die Praxis, Äbtissinnen zu „benedizieren" rund um Rom zurückgegangen war. Dies folgert Thomas Bowe aus Bestimmungen der Päpste am Ende des dreizehnten und zu Beginn des vierzehnten Jahrhunderts, die die Notwendigkeit der „Äbtissinnenbenediktion" deklarieren.[389]

2.3.3 Kein offizieller Platz mehr für Frauen

Macy ist der Ansicht, dass in der Kirche des dreizehnten Jahrhunderts insgesamt kein Platz mehr für Frauen war.[390] Die amerikanische Philosophin Prudence Allen erklärt diese Bedetungslosigkeit von Frauen damit, dass die mittelalterliche Kirche im Rückgriff auf Aristoteles der festen Überzeugung war, dass die Frauen den Männern logischerweise unterlegen waren. Frauen galten als exakter Gegensatz zu den Männern, als schwach und irrational.[391] So bezeichnete etwa Thomas von Aquin (1124 od. 1225–1274) Frauen unter Bezugnahme auf

---

385 RICHTER, Ordination, S. 71.

386 Vgl. KLAUSER, Liturgiegeschichte, S. 74.

387 Dass hier wie schon im PR XII ausschließlich von „benedictio" die Rede ist, zeigt, dass die Unterscheidung der scholastischen Theologie in sakramentale und nichtsakramentale Weihen weiter ihren Niederschlag fand.

388 Eine erste Überlieferung für einen Eid innerhalb der Abtsweihe findet sich bei Durandus, vgl. Kapitel II 3.1.

389 Bonifaz VIII. (1294–1303) verfügte, dass eine zur Äbtissin Erwählte und Bestätigte auch die „Benediktion" empfangen solle, Clemens V (1305–1314) fügte neue Gesetze hinzu, die regelten, dass, wenn es Brauch des Klosters sei, die Äbtissin die „Benediktion" innerhalb eines Jahres von der Zeit ihrer Bestätigung im Amt erteilt werden solle oder sie ansonsten ihr Amt verliere, zit. nach BOWE, Superioresses, S. 15.

390 Vgl. MACY, Hidden History, S. 125.

391 Vgl. ALLEN, Concept, S. 328–473. Vgl. auch MACY, Hidden History, S. 119f.

Aristoteles als „fehlerbehaftet“ und erklärte so ihre Unfähigkeit, Regierungsgewalt zu übernehmen.[392]

Bis ins zwölfte Jahrhundert hinein waren auch Frauen in liturgische Feiern eingebunden.[393] Sie übernahmen teilweise Aufgaben, die später Diakonen und Subdiakonen vorenthalten waren. Sie halfen bei der Einkleidung der Nonnen, die Äbtissinnen waren für die Gerichtsbarkeit im Kloster zuständig, hörten „Beichte“ und wiesen Bußen zu.[394] Sie übernahmen Begräbnisse, predigten und verkündigten das Evangelium.[395] Am 11. Dezember 1210 erließ Innozenz III. das Dekretale „Nova quaedam“ an die Bischöfe von Palencia, Burgos und den Abt von Marimond.[396] Darin verbot er es den Äbtissinnen von Las Huelgas in Burgos ausdrücklich, die Jungfrauenweihen zu spenden, Beichte abzunehmen, das Evangelium zu verkündigen oder zu predigen,[397] was zeigt, dass Äbtissinnen diese Handlungen vollzogen haben.

Der Dominikaner und Kanonist Raimund von Peñafort (ca. 1180–1275) erklärte in seiner „Summa de casibus poenitentia“,[398] dass Frauen wegen ihres Geschlechtes und wegen der entgegenstehenden Anordnung der Kirche nicht den Charakter einer klerikalen Weihe empfangen könnten.[399] Er schließt daraus, dass

---

392 Vgl. ebd., S. 120. Für die Quellen vgl. die Anm. 48 und 49. Eine englische Übersetzung dieser Quellen findet sich bei COOKE/MACY, History I.

393 Zur Beteiligung von Nonnen an der Liturgie vgl. MUSCHIOL, Psallere et legere, S. 77–126.

394 Vgl. LEIMGRUBER, Avantgarde, S. 148.

395 Vgl. ebd. Die Mittelalterhistorikerin Dagmar Beate Baltrusch-Schneider sieht im Ausschluss der Frauen aus der Liturgie den Grund für das Ende der Doppelklöster, also Klöstern, in denen Mönche und Nonnen gemeinsam unter einem gemeinsamen Ordensoberen lebten. Diese Doppelklöster im angelsächsischen Raum wurden fast immer von einer Äbtissin geleitet. Dieses Modell war im Hochmittelalter nicht mehr möglich, nachdem die Frauen zunehmend aus dem liturgischen Dienst ausgeschlossen worden seien, vgl. BALTRUSCH-SCHNEIDER, Doppelklöster, S. 75.

396 Vgl. FÜRSTENBERG, Ordinaria loci, S. 309.

397 Vgl. LEIMGRUBER, Avantgarde, S. 148. Vgl. auch SCHLOTHEUBER, Klostereintritt, S. 108.
Dass sich die Äbtissinnen fortan uneingeschränkt an dieses Verbot hielten, wäre jedoch ein Irrglaube. Im Jahr 1244 hatte die Äbtissin von Las Huelgas der Tochter des Königs von Kastilien die Jungfrauenweihe gespendet, während der Bischof die Messe feierte. Papst Innozenz IV. verurteilte das Vorgehen und erinnerte an das Verbot, vgl. PUNIET, Pontifikale, S. 131, Anm. 14.

398 Die Summa entstand von 1224–1226. Sie war als Leitfaden für die Mitglieder des Dominikanerordens gedacht, vgl. REICHBERG, Christianity, S. 84.

399 Vgl. RAMING, Priesteramt, S. 135f.
In der scholastischen Theologie wurde die Vorstellung eines durch den Empfang der Weihe eingeprägten Charakters, der der ordinierten Person ihr Amt und ihre Macht gibt, vorherrschend, vgl. MACY, Hidden History, S. 106. Dieser „character“ galt zunehmend als unverlierbar. So lehrten Ende des 12. Jahrhunderts beispielsweise die Kanonisten Sikard von Cremona (1155–1215), Hugoccio (+ 1210) und Johannes Teutonicus (+1245), der Verfasser der Glossa ordinaria zum Gratianischen Dekret, die Wirklichkeit und die Unverlierbarkeit des Weihecharakters. Der Charakter bleibt nach dieser Lehre auch im Degradierten zurück, vgl. OTT, Weihesakrament, S. 59

deshalb selbst Äbtissinnen „weder predigen, noch segnen, noch ein mit irgendeinem Ordo verbundenes Amt ausüben [können], wenn sie auch noch so gelehrt, heilig und religiös seien".[400] Papst Innozenz IV. (1243–1254) fügte den Weisungen Innozenz' III. noch die Verbote zur Erteilung der Absolution, „das Lehren, die Ausübung der Richterfunktion und die Übergabe des Schleiers an die Nonnen durch die Äbtissin".[401]

Eine nochmals erweiterte Liste zeigen die Glossa ordinaria zum Liber extra. Deren Verfasser, der Kanonist Bernard de Botono (+1266), gestand den Äbtissinnen zu, vielleicht bei der Matutin das Evangelium zu lesen.[402] Im Anschluss an das Predigtverbot Innozenz' III. stellte er „einen ganzen Katalog von liturgischen Funktionen und anderen Ämtern auf, von denen die Frau um ihres geringgeachteten Geschlechtes willen ausgeschlossen ist".[403] Dazu gehört auch „das Berühren der geweihten Gefäße". Ferner verbot er, wie schon Innozenz IV., jegliche Richtertätigkeit durch Frauen sowie Lehrtätigkeit.[404]

Diese präzisen Verbote sind Indiz dafür, dass Frauen diese untersagten Funktionen ausgeübt haben. Dass Nonnen gegenüber ihrer Äbtissin ihre Sünden bekannten beziehungsweise eine Art Gewissensrechenschaft ablegten, war nicht unüblich, zumal sogar einige Ordensregeln diese Praxis bezeugen.[405] Innozenz und Co. ging es hier jedoch um die „potestas clavium", also die Schlüsselgewalt, „worunter im Mittelalter hauptsächlich die durch den Ordo verliehene Binde- und Lösegewalt verstanden wurde".[406] Diese konnten die Äbtissinnen mangels nicht empfangener Priesterweihe nach mittelalterlichem Verständnis nicht (mehr) ausüben. Hier zeigt sich zugleich, dass die theologische Reflexion über das Bußsakrament mittlerweile Gestalt angenommen hatte[407] und man gegen die Laienbeichte vorging.

Die Vollmachten, die Äbtissinnen über Jahrhunderte ausgeübt hatten, spielten die Theologen des dreizehnten Jahrhunderts scheinbar lässig herunter. Der Franziskaner Bonaventura (1221–1274) erklärte, die Herrschaft der Äbtissinnen komme ihnen nicht in eigener Vollmacht („praelatio ordinaria") zu, sondern sie stünden gewissermaßen an der Stelle des Abtes, „um die Gefahren des Zusammenlebens von Männern und Frauen zu vermeiden".[408] Weil sie keine eigene

---

400 RAMING, Priesteramt, S. 136. Für den lateinischen Text vgl. die Edition bei ebd., S. 135, Anm. 61.

401 Ebd., S. 138, vgl. auch ebd., Anm. 70.

402 Vgl. RAMING, Priesteramt, S. 139.

403 Ebd., S. 140.

404 Vgl. ebd.

405 Vgl. ebd., S. 121f., Anm. 10; vgl. auch POSCHMANN, Kirchenbuße sowie MUSCHIOL, Famula Dei, bes. S. 222–263.

406 RAMING, Priesteramt, S. 121f., Anm. 10; zur Schlüsselgewalt vgl. HÖDL, Schlüsselgewalt, Sp. 422–425.

407 Vgl. BERNARDS, Speculum virginum, S. 115f.

408 MÜLLER, Empfänger, S. 342f. Dieses Argument findet sich auch bei Petrus von Trantasia, dem späteren Innozenz V. (1224–1276), vgl. ebd., S. 346.

Vollmacht hätten, fehle ihnen auch eine Binde- und Lösegewalt. Thomas von Aquin konstruierte eine ähnliche Begründung. Äbtissinnen hätten „keine ordentliche Vorsteherschaft, sondern gleichsam nur eine übertragene, wegen der Gefahr des Zusammenwohnens von Männern mit Frauen".[409] Eine geistliche Jurisdiktion für Frauen schloss Thomas völlig aus. So habe auch die biblische Figur Debora lediglich einen Vorrang im weltlichen Bereich, nicht aber im priesterlichen gehabt, „wie ja auch heute Frauen im weltlichen Bereich Herrschaft ausüben können".[410]

Das PCR zeigt sehr deutlich, dass für Frauen kein offizieller Raum mehr in der Kirche übrig war. Für die Äbtissinnen illustriert dies die lieblose Überlieferung des Äbtissinnenweiheritus. Einen Ritus für die Ordination der Diakonissen hat das PCR gar nicht mehr aufgenommen. Macy erklärt, dass dieser Ritus wegen des neuen Platzes, den Frauen im öffentlichen Leben der Kirche einnehmen mussten, nicht mehr nötig war.[411] Die Unterscheidung in der Theologie des zwölften und dreizehnten Jahrhunderts in „sakramentale Weihen" und „nichtsakramentale Segnungen" und die zunehmende Systematisierung eines Sakramentbegriffes durch eine entstehende Sakramententheologie machten die Äbtissinnenweihe per definitionem zu einem sogenannten Sakramentale, einer einfachen Segnung.[412]

Diese Unterscheidung wurde jedoch rein nach „systematischen Gesichtspunkten", nicht nach liturgischen getroffen.[413] Am Ritus selbst lässt sich diese

---

[409] MÜLLER, Empfang, S. 326. Über das Frauenbild von Thomas von Aquin vgl. HEINZELMANN, Frau und Konzil, S. 20–44.

[410] Vgl. THOMAS VON AQUIN, Deutsche Thomas-Ausgabe, Bd. 32, S. 309–312.
Mit der (Neu-)Definition von „Ordination" wurde die Weihe auf das Priesteramt beschränkt. Ordination war nun keine Zeremonie mehr, die den Eintritt in ein bestimmtes Kirchenamt beziehungsweise einen bestimmten Dienst markierte, sondern sie wurde zu einer Zeremonie, die ein männliches Mitglied der Kirche dazu ermächtigte, Brot und Wein zu konsekrieren, vgl. MACY, Hidden History, S. 108. Mit der Entstehung dieser „absoluten Ordination", wonach ausschließlich die Befähigung zur Wandlung von Brot und Wein verstanden wurde, und nicht die Einsetzung in ein bestimmtes Kirchenamt, wurde auch die Trennung der geistlichen Jurisdiktion in eine „potestas ordinis" und eine „potestas iurisdictionis" begünstigt. Um „potestas ordinis" ausüben zu können, brauchte man eine „Ordination" nach neuem Verständnis, also mindestens die Diakonenweihe. Die konnten die Äbtissinnen als Frauen nicht empfangen, demnach konnten sie auch all jene Funktionen, die dem Bereich der „potestas ordinis" zugeordnet waren, nicht ausüben. Vgl. zur Differenzierung der potestas, KRÄMER, Dienst.

[411] Vgl. MACY, Hidden History, S. 104.

[412] Nach Thomas von Aquin ist ein Sakrament, „eine gewisse Heiligung ..., die dem Menschen mit einem sichtbaren Zeichen dargeboten wird", OTT, Weihesakrament, S. 87. Auch die Siebenzahl wurde zunehmend Konsens, was nicht zuletzt den Glossatoren des Gratianischen Dekretes zukam. Sie wurde für die Hoch- und Spätscholastik schließlich mehr und mehr „eine unbestrittene Wahrheit", vgl. FINKENZELLER, Sakramente, S. 1019.

[413] So drückte es der Benediktiner und Liturgiewissenschaftler Angelus Häußling aus, vgl. HÄUSSLING, Weihe, Sp. 2107.

Entwicklung nicht ablesen. Den Äbtissinnen wurden nach wie vor die Hände aufgelegt und sie erhielten die Regel, vielleicht sogar den Stab (PCR XVI, 19 u. 20). Die „Äbtissinnenbenediktion" hatte formal weiterhin Ähnlichkeit mit den als „sakramental" bestimmten Ordinationen,[414] in denen die Kandidaten ebenfalls eine Handauflegung empfingen, in denen eine Präfation gebetet wurde und in denen sie „Geräte" überreicht bekamen. In der Diskussion des zwölften und dreizehnten Jahrhunderts verlagerte sich im Verständnis, wie das Sakrament zustande kommt, der Konsens zunehmend auf die Bestimmung, dass als Materie des Weihesakramentes die Übergabe der Geräte angesehen wurde.[415] Die Äbtissinnenweiheritus entsprach auch in dieser Hinsicht liturgisch-praktisch den Bestimmungen für eine sakramentale Weihe, wenn die Äbtissinnen die Regel und in der Praxis auch einen Stab überreicht bekamen.

Thomas von Aquins apodiktische „Lösung" für diese Diskrepanz zwischen der von Rom bestimmten Norm, dass Frauen vom sakramentalen Ordo ausgeschlossen sind, und der Wirklichkeit, wonach der Bischof für die Äbtissinnen eine sakramental anmutende Zeremonie feierte, lautete schlicht: Auch wenn gegenüber Frauen alles vollzogen wird, „was bei den Weihen so geschieht, so empfängt sie dennoch das Sakrament nicht".[416]

Diese neue und enge Definition von Ordination hatte nicht nur zur Konsequenz, dass die Äbtissinnen fortan als nicht-ordinierte Frauen verstanden wurden, die es im Übrigen nach dieser Auffassung auch nie gegeben hatte.[417] Mit der scholastischen Engführung der Ordination auf das sakramentale Priestertum wurden auch die Äbte und ihre „Benediktion" im Prinzip laisiert.[418] In der mittelalterlichen Definition einer sakramentalen Ordination auf das Priestertum hin hatte auch die Bischofsweihe keinen Platz. Viele Theologen der Früh- und Hochscholastik, unter ihnen Thomas von Aquin, Bonaventura und Albertus Magnus († 1280), zählten den Episkopat nicht als sakramentalen Ordo und ihre

---

414 Als sakramentale Weihen wurden Diakonen- und Priesterweihe angesehen, die Sakramentalität der Bischofsweihe wurde von den meisten Theologen der scholastischen Theologie abgelehnt, vgl. OTT, Weihesakrament, S. 80f.; vgl. auch BARTMANN, Dogmatik II, S. 442.

415 Vgl. für die Diskussion in der scholastischen Theologie OTT, Weihesakrament, S. 54–56; 92–96.

416 MÜLLER, Empfänger, S. 325.

417 Macy zeigt auf, dass die ordinierten Frauen fortan aus der Geschichte „wegdefiniert" werden mussten. Presbyterae waren dann eben die Frauen, die das Brot backten und die Wäsche für die Kirche machten. Diakonissen waren Nonnen mit einem speziellen Segen, die das Evangelium lesen durften. Bestenfalls waren sie Frauen von ordinierten Männern zu einem Zeitpunkt, zu dem ordinierte Männer noch heiraten durften, vgl. MACY, Hidden History, S. 100.

418 Faktisch waren sie jedoch keineswegs Laien. Während der Abt in der Benediktsregel und auch in der Magisterregel ein Laienabt war, waren die meisten Äbte bereits im 12. Jahrhundert geweihte Priester, vgl. ANGENENDT, Liturgik, S. 134–136; vgl. auch HÄUßLING, Mönchskonvent, S. 156–159.

Weihe nicht als Sakrament sondern – wie die „Abts- und Äbtissinnenbenediktion“ – als „Sakramentale“.[419]

Thomas unterschied zwei Bedeutungen des Wortes „ordo“: ordo als Sakrament und ordo als officium (Amt). Im ersteren Sinne ist der Episkopat nach Thomas dann kein Ordo, „weil der Bischof keine höhere Gewalt über den Leib des Herrn besitzt als der Priester“. In der zweiten Bedeutung des Wortes als „officium“ zählte Thomas den Episkopat als Ordo, „weil der Bischof über den Priester hinaus Gewalt besitzt zu hierarchischen Tätigkeiten bezüglich des mystischen Leibes, wie firmen und ordinieren“.[420]

3 *Zur Äbtissinnenweihe seit dem späten dreizehnten Jahrhundert*

Die drei Jahrhunderte zwischen der Errichtung der Ritenkongregation 1588 und dem Pontifikat Pius X. (1903–1914) werden vonseiten der Liturgiewissenschaft mitunter als Zeit der Stagnation und „Periode der Einheitsliturgik und Rubrizistik“[421] bezeichnet. Die These, dass sich die Liturgie nach dem Konzil von Trient nicht mehr verändert habe, ist nicht unumstritten.[422] Für die Pontifikalienliturgie und insbesondere für den Ritus der Abts- und Äbtissinnenweihe lässt sich auf der hier zu erarbeitenden normativen Ebene eine Stagnation der Liturgie jedoch eindeutig feststellen. Der Stillstand beginnt schon mit dem Erscheinen der ersten Druckausgabe im Jahr 1485, dem „Pontificalis Liber“ (PLib). Dieses Werk war die Grundlage für die Erstellung des für die Gesamtkirche verbindlichen Pontificale Romanum von 1595/96. Sharon McMillan bezeichnet das PLib gar als „Editio princeps“ des Pontifikale von 1595,[423] wenngleich es sich

---

419 Vgl. OTT, Weihesakrament, S. 80. Ein kurzer Traktat von Wilhelm von Auvergne (+1249) beschreibt die Sakramentalien als „Beifügungen“ (adjumenta) der Sakramente, die die Heiligkeit, die durch die Sakramente gewährt werde, noch steigere und vollende. Die Bezeichnung „Sakramentalie“ wurde nun zunehmend üblicher, vgl. BARTMANN, Dogmatik II, S. 246. Wilhelm bezeichnete auch die Abt- und Nonnenweihe als „Sakramentalien“ und sah in ihnen eine Art Ergänzung zur Taufgnade. Spätestens seit dem 13. Jahrhundert gab es demnach durchaus schon eine Tendenz, die Abts- und Äbtissinnenweihe zu den Sakramentalien zu zählen. Insgesamt hatte der Sakramentalienbegriff aber noch eine recht marginale Bedeutung, vgl. MEßNER, Sakramentalien, S. 651.

420 Ebd., S. 81. Vgl. auch TERNUS, Untersuchungen, S. 354–386.

421 Vgl. KLAUSER, Liturgiegeschichte, S. 120. Vgl. auch JOUNEL, Trient. S. 50.

422 So charakterisiert der Liturgiewissenschaftlichtler Jürgen Bärsch die Barockzeit als ein „exponiertes Beispiel für eine höchst innovative Entwicklungsphase des katholischen Gottesdienstes“, BÄRSCH, Geschichte, S. 131. Auch Benedikt Kranemann spricht sich gegen eine „Erstarrung der Liturgie“ nach dem Konzil von Trient aus, vgl. KRANEMANN, Nachtridentinische Liturgiereform, S. 493.

423 Vgl. MCMILLAN, Episcopal Ordination, S. 203.

beim PLib und seinen Nachdrucken noch nicht um „offizelle, amtlich vorgelegte und verbindliche liturgische Bücher“[424] handelte.

Das PLib ist auf Wunsch von Papst Innozenz VIII. (1484–1492) erstellt worden, der daneben auch das Messbuch und das Brevier überarbeiten ließ. Der Papst wollte ein Pontifikale schaffen, das für den Gebrauch in allen Diözesen geeignet war.[425] Modell für die Überarbeitung war das Pontifikale des Wilhelm Durandus von Mende (1230–1296)[426] (PGD) aus dem späten dreizehnten Jahrhundert. Papst Innozenz wollte diese Vorlage für die Belange der Gesamtkirche nutzbar machen.[427]

Das Pontifikale des Wilhelm Durandus[428] präsentiert im Vergleich zu seinen Vorgängerpontifikalien einen ausgestalteten Ritus, der bereits alle wesentlichen Elemente zeigt, wie sie bis ins zwanzigste Jahrhundert hinein üblich waren.[429] Sein Pontifikale steht daher am Anfang dieses Kapitels.

3.1 Die Äbtissinnenweihe im Pontifikale des Durandus von Mende

Durandus stützte sich bei der Erstellung seines Pontifikale „auf eine umfangreiche Sammlung älterer Quellen“,[430] wozu auch das PRG, das PR XII sowie das PCR

---

424 Haunerland, Einheitlichkeit, S. 452.

425 Vgl. Dykmans, Pontifical Romain révisé, S. 108.

426 Wilhelm Durandus nimmt mit seinen liturgischen Werken in der Geschichte der römischen Liturgie eine zentrale Stellung ein, vgl. Maier, Reform, S. 346. Durandus war zunächst lange Jahre als Kanonist an der Römischen Kurie beschäftigt, bevor er Bischof der südfranzösischen Diözese Mende wurde. Dort erstellte er zwischen 1293 und 1295 ein Pontifikale, das er ganz auf die Bedürfnisse der bischöflichen Liturgie zuschnitt, vgl. Bärsch, Bischof, S. 213.

427 Vgl. Klöckener, Diözesansynode, S. 19.

428 Dass Durandus selbst der Verfasser dieses Pontifikale ist, gilt als sehr sicher, vgl. Klöckener, Diözesansynode, S. 35.

429 Hegglin urteilt sogar, dass es dieser Ritus sei, der „von Clemens VIII. in die offizielle Ausgabe des Pontificale Romanum vom Jahre 1596 aufgenommen und als einheitlicher Ritus allgemein vorgeschrieben“ worden sei, vgl. Hegglin, Abt, S. 153, ähnlich auch Hilpisch, Abtsweihe, S. 70. Viele Änderungen sind tatsächlich nicht mehr vorgenommen worden, wie im Folgenden deutlich wird.

430 Ebd., S. 36. Durandus wollte ein „echtes Pontifikale“ (so Klöckener, Diözesansynode, S. 37) für den persönlichen Gebrauch erstellen, also ein Buch, das sich mehr als seine Vorgänger auf die Texte und Rubriken für die bischöfliche Liturgie beschränkte, vgl. Andrieu (Hg.), Pontifical I, S. VIII. Dazu strich er mehrere Feiern, die noch Bestandteil des PCR gewesen waren: Die Sakramente der Taufe, Buße, Eucharistie, Krankensalbung und Ehe. Durandus begründete diesen Schritt damit, diese Sakramente könnten schließlich von jedem Priester gespendet werden. Ferner war Durandus bemüht, alles möglichst präzise zu ordnen und festzuschreiben, nichts mehr der Wahl des Zelebranten zu überlassen sowie die

gehörten. Hauptsächliche Quelle dürften die verschiedenen Handschriften des PCR gewesen sein.[431] Zwar änderte Durandus häufig Rubriken, jedoch nur selten euchologische Formeln.[432] Er schuf mit seinem Pontifikale eine Idealgestalt von Liturgie, die er nicht nur für seine eigene Diözese verwendet wissen wollte, sondern bei deren Verfassung er auch andere Diözesen im Blick hatte.[433] So strich er auch all jene Texte aus dem Pontifikale, die nicht außerhalb Roms verwendet werden konnten und fügte Ergänzungen zu, die von allen Bischöfen übernommen werden konnten. Damit bekam die römische Pontifikalliturgie einen neuen Aufguss: Ihr kam zunehmend eine Rolle als universale Liturgie zu.[434]

3.1.1 *„De benedictione abbatissae" im PGD*

Nachdem das PR XII und das PCR einen gemeinsamen Ritus für die „Abts- und Äbtissinnenbenediktion" bezeugten, hat Durandus wieder separate Riten für den Abt (PGD XX) und die Äbtissin (PGD XXI). Der Bischof von Mende ordnete diese beiden Feiern dem „Liber I" seines dreiteiligen Pontifikale zu. Hier finden sich auch die anderen bischöflichen Feiern für Personen. So hat Durandus so-

Rechtsvorschriften auf das genaueste zu beachten. Daran werde seine kanonistische Herkunft deutlich, urteilt KLÖCKENER, Diözesansynode, S. 37.

431 Vgl. ANDRIEU (Hg.), Pontifical III, S. 309.

432 Vgl. KLÖCKENER, Diözesansynode, S. 36.

433 Bärsch erklärt, dass Durandus häufig verschiedene Bräuche nebeneinander stellte, „die er gelegentlich zu kommentieren und beurteilen weiß". Dies zeige, dass er bei der „Abfassung seines Werkes nicht nur seinen Sprengel Mende und die Bistümer seines Metropolitanbezirks Bourges im Blick hatte, sondern auch andere Diözesen der römisch-fränkischen Liturgietradition", BÄRSCH, Bischof, S. 213, vgl. auch MAIER, Reform, S. 359. Einige Handschriften zeigen, dass das PGD tatsächlich von anderen Bistümern übernommen und an deren spezifische Bedürfnisse angepasst wurde. So etwa eine französische Handschrift aus dem 14. Jahrhundert, die rund um Burgund entstanden sein dürfte (Lyon, Bibliothèque de l'Université Cod. 11; ANDRIEU (Hg.), Pontifical III, S. 124). Hier ist im Ordo für die Abtsbenediktion verfügt, dass der Abt in der Kirche von Autun benediziert wird und nicht der Bischof von Mende, sondern dementsprechend der Bischof von Autun die Benediktion vornimmt. Ihm muss der Abt auch Gehorsam versprechen, vgl. ebd., S. 287. Gordon Blennemann glaubt, dass der Ritus der Jungfrauenweihe aus dem PGD bereits im 14. Jahrhundert von Metzer Benediktinerinnen verwendet worden ist, vgl. BLENNEMANN, Benediktinerinnen, S. 147.

434 Vgl. ANDRIEU (Hg.), Pontifical III, S. VII. Dass Durandus' Werk auch von Zeitgenossen als römisch erachtet wurde, zeigt etwa eine Bemerkung des Bischofs von Sinigaglia namens Pierre Amiel (um 1309–1389), einem alten Sakristan Urbans V. (1362–1370) und Bibliothekars Gregors XI. (1370–1376) am Ende des 14. Jahrhunderts. Er feiere die Ordinationen nach dem Pontifikale des Wilhelm Durandus, denn alles darin bewahre die spezifische Tradition der römischen Kirche, vgl. ANDRIEU (Hg.), Pontifical III, S. 19.
Von Durandus' Pontifikale sind zahlreiche Handschriften aus dem 14. und 15. Jahrhundert erhalten geblieben. Andrieu hat für die hier verwendete Edition 21 Handschriften berücksichtigt, vgl. ANDRIEU (Hg.), Pontifical III, S. 23.

wohl jene „Ordinationen“[435] dort eingeordnet, die nun zum „sakramentalen Ordo“ gezählt werden, sowie die „Bischofsordination und -konsekration“ („De examinatione, ordinatione et consecratione episcopi“, PGD XIV), die „Jungfrauenbenediktion und -konsekration“ („De benedictione et consecratione virginum“, PGD XXIII), die „Witwenbenediktion“ („De benedictione vidue“, PGD XXIV), die „Benediktion für den König und die Königin“ („Ordo romanus ab benedicendum regem vel reginam, PGD XXV) und die „Mönchsmachung“ (De monacho vel alio religiosa faciendo, PGD XVIII).[436]

Im Vergleich zu den Vorgängerpontifikalien hat der Kanonist Durandus die Rubriken weit ausführlicher gestaltet. Peter Maier erklärt die Ergänzungen und Modifikationen der Rubriken mit dem „Streben des geschulten Kanonisten nach Homogenität und Vollständigkeit ..., nach Klarheit und Präzision der Rubriken ... und leichter Handhabbarkeit des Buches“.[437] Der Kanonist Durandus wollte nichts dem Zufall überlassen. Die Eingangsrubrik legt fest, dass die „zur Äbtissin Erwählte und Bestätigte an einem Sonntag oder Feiertag benediziert werden soll“.[438] Zudem schreibt Durandus vor, dass sie ebenso wie der Abt zunächst gegenüber dem Bischof, also ihm selbst, einen Gehorsamseid ablegen muss. Den Wortlaut dieses Eides legt er für beide Geschlechter gemeinsam genau fest:

> Ich N., zu ordinierender Abt oder zu ordinierende Äbtissin des folgenden Klosters N., verspreche vor Gott und seinen Heiligen und den Brüdern[439] dieser Gemeinschaft feierlich Treue, Gehorsam und Ehrerbietung gegenüber meiner Mutter Kirche, und dir G.,[440] meinem Herrn und Bischof derselben Kirche und deinen Nachfolgern, gemäß dem heiligen kanonischen Recht und so wie es die unverletzliche Autorität des römischen Bischofs anordnet. Und ich bekräftige dieses durch den Eid mit der eigenen Hand auf diesem Altar oder über dieses heilige Evangelium Gottes. So wahr mir Gott helfe und dieses heilige Evangelium.[441]

---

435 Alle „sieben klerikalen Ordines“ (so bezeichnet von Durandus in einem Abschnitt „de septem ordinibus clericorum“, PGD V) vom Ostiarier bis zum Priester werden mit „de ordinatione“ betitelt, vgl. ANDRIEU (Hg.), Pontifical III, S. 688.

436 Insgesamt gliedert Wilhelm Durandus sein Pontifikale in drei Teile. In einem Prolog, den er seinem Pontifikale voranstellt, erklärt er den Aufbau. Der erste Teil (Liber I) umfasst die Personensegnungen, -ordinationen und -konsekrationen (de personarum benedictionibus, ordinationibus et consecrationibus), Liber II die Sachbenediktionen. Der Liber III enthält bestimmte kirchliche Feiern, die dem Bischof vorbehalten sind.

437 MAIER, Reform, S. 357.

438 „Electa in abbatissam et confirmata benedici debet in diebus dominicis vel festivis“, PGD XXI, 1.

439 Hier fehlt eine weibliche Entsprechung im lateinischen Text.

440 Hiermit ist Wilhelm Durandus (Guillaume Durand) selbst gemeint.

441 „Ego H., talis monasterii ordinandus abbas vel abbatissa, promitto, coram Deo et sanctis eius et fratrum hac congregatione sollemni, fidelitatem, dignamque subiectonem, obedientiam et reverentiam matri mee ecclesie tali, tibique G. domino meo eiusdem ecclesie episcopo et successoribus tuis, secundum sacrorum statuta canonum et prout precepit in-

Das Ablegen eines Eides ist ein neues Element, das Durandus hier in sein Pontifikale aufgenommen hat. Wegen der neutestamentlichen Eidesächtung durch Mt 5,33–35[442] war ein Eid in der Kirche erst „entscheidend durch germanischen Einfluß“ möglich geworden, vor allem „was die Vielfalt der Treu- und Gehorsamseide“ betrifft.[443] Die scholastische Theologie hatte ausgehend von der Kanonistik und der kirchlichen Praxis intensiv über das Wesen des Eides diskutiert. Thomas von Aquin erklärte den Eid schließlich gar als „Akt der ‚religio‘ und Gottesverehrung“.[444] Die Formel „so wahr mir Gott helfe“, ist typisch für diese Zeit.[445]

Die Eidesformel, die Durandus aufgenommen hat, bekundet sein klares Bild von der Stellung der Äbtissin und auch von der Stellung des Abtes gegenüber dem Bischof: Beide sind dem Diözesanbischof zum Gehorsam verpflichtet. Die Eingangsrubrik zeigt zugleich, dass die Wahl des Abtes beziehungsweise der Äbtissin einer Bestätigung („confirmata“, PGD XXI, 1) bedarf, die ebenfalls dem Bischof, in Mende also ihm selbst, obliegt. Durandus hat hier offensichtlich seine Idealvorstellung verschriftlicht. In der Praxis dürften vor allem die Äbtissinnen nullius dioecesis, also jene Äbtissinnen, die quasibischöfliche Jurisdiktion über ein zur Abtei gehörendes Territorium ausübten und die unmittelbar dem Papst unterstellt waren,[446] gegenüber dem Bischof wohl kaum einen Gehorsamseid abgelegt haben. Dies gilt gleichfalls für die exemten Äbte und mehr noch für die Äbte nullius dioecesis. Der Kirchenhistoriker Georg Schreiber bemerkt, dass „einer großen Zahl von Benediktinerklöstern ... die Leistung eines Obedienzversprechens wegen der Natur ihrer exemten Stellung zuwider und sachlich unmöglich“ gewesen sei. „Mit der Exemtion war ein Obedienzversprechen eidlichen Charakters und ein daraus künftig zu realisierender Gehorsam nicht zu vereinbaren, ganz abgesehen davon, dass auch der alte Gedanke des päpstlichen Eigenklosters sich dagegen sträuben mochte“.[447]

---

violabilis auctoritas pontificum romanorum. Et hec manu propria super hoc altare vel super hec sacrosancta Dei evangelia iureiurando firmo. Sic me Deus adiuvet et hec evangelia sacrosancta“, PGD XXI, 1.

442 „Ihr aber habt gehört, dass zu den Alten gesagt worden ist: Du sollst keinen Meineid schwören, und: Du sollst halten, was du dem Herrn geschworen hast. Ich aber sage euch: Schwört überhaupt nicht, weder beim Himmel, denn er ist Gottes Thron, noch bei der Erde, denn sie ist der Schemel seiner Füße, noch bei Jerusalem, denn es ist die Stadt des großen Königs!“ Mt 5,33–35, Einheitsübersetzung.

443 Vgl. ZAPP, Eid, Sp. 1675. Bei Origines, Tertullian und besonders bei Johannes Chrysostomos waren im Anschluss an die neutestamentliche Eidesproblematik starke Tendenzen hin zum Eidesverbot zu verzeichnen, vgl. ebd.

444 GERWING, Eid, Sp. 1674.

445 Alexander von Hales hatte diese „moderne Formel“ in seinen „Glossa“ als sprachphilosophisch richtiger gewertet als die klassischen biblischen Eidesformeln, vgl. ebd., Sp. 1674.

446 Vgl. HANSER, Abbatissae nullius, S. 219–221.

447 SCHREIBER, Kurie S. 127.

Dass ein Oboedienzeid auch gegenüber dem Papst nicht unstrittig war, zeigt ein Streit aus Italien zwischen der Abtei Montekassino und Papst Honorius II. (1124–1130) aus dem zwölften Jahrhundert, auf den Puniet verweist. Der Abt weigerte sich, ein ausdrückliches Treueversprechen gegenüber dem Apostolischen Stuhl abzulegen und begründete die Ablehnung damit, „daß die Mönche von Kassino nie abgewichen seien von der beharrlichsten Treue gegen den Apostolischen Stuhl".[448]

Der nicht-exemte Abt war zunehmend angehalten, „in die Hände des Diözesanbischofs einen Gehorsamseid abzulegen, im Augenblick, wo ihm dieser die feierliche Abtsweihe erteilte; ... Das vom Abt schriftlich bezeugte Gehorsamsversprechen wurde im Archiv der Kathedralkirche sorgfältig aufbewahrt, bewies es doch die Stellung des Klosters gegenüber dem Bischof",[449] erklärt der Benediktiner Philibert Schmitz. Die nicht-exemten Äbte wurden jedoch seit dem zwölften Jahrhundert zunehmend seltener, da die Päpste durch die Verleihung von Exemtionen ihre unmittelbare Jurisdiktion vermehrt ausdehnten.[450] Auch hieran zeigt sich, dass der Eid vor allem ein frommer Wunsch des Bischofs von Mende ist. Zeugnis dafür, dass ein Eid gegenüber dem Diözesanbischof durch Äbtissinnen aber durchaus geleistet wurde, ist etwa das Kanonissenstift und Benediktinerinnenkloster Herzebrock, für das ein Juramentum gegenüber dem Diözesanbischof nach der Konfirmation überliefert ist.[451]

Nach dem Eid der Äbtissin folgt die Litanei mit Prostratio vor dem Altar. Hier enden die Verfügungen über den Ablauf der „Äbtissinnenbenediktion". Für den weiteren Verlauf verweist Durandus auf den Ritus der „Abtsbenediktion": Es solle alles so ablaufen, wie es für die Benediktion des Abtes gesagt sei bis zur Oration „Exaudi domine". Die maskulinen Formen sollen entsprechend in feminine verändert werden, heißt es in der Rubrik.[452]

3.1.2 *„Äbtissinnenbenediktion" gleich „Abtsbenediktion"?*

Diese Bestimmung zur Gleichförmigkeit gilt für den Ablauf der Feier von der Litanei bis zur Oration „Exaudi domine", die bei der „Abtsbenediktion" nach dem Te Deum vorgesehen ist. Während der Litanei liegt die Äbtissin gemäß den Rubriken für die „Abtsbenediktion" mit ausgebreiteten Armen vor dem Altar auf einem eigens dort platzierten Teppich. Der Bischof steht zu ihrer Rechten und

---

448 PUNIET, Pontifikale, S. 100f.

449 SCHMITZ, Geschichte IV, S. 256.

450 Vgl. ebd., S. 301.

451 Vgl. KLUETING, Herzebrock, S. 112.

452 „Deinde prosternit se ante altare supra tapetum et statim sorores eius incipiunt letaniam. Et proceditur in eius benedictione per omnia sicut in abbatis benedictione dictum est usque in finem, verbis masculini generis in femininum mutatis, hoc salvo quod loco ultime orationis, scilicet *Exaudi domine*", PGD XXI, 2.

hält dabei seinen Bischofsstab an seiner linken Seite (PGD XX, 12). Nach der Litanei wird das Vaterunser mit dem anschließenden Versikel „Salvum fac servum" gesprochen (PGD XX, 13), ein Brauch, der bereits aus dem PRG stammt (PRG XXXII, 3).

Wie in den Vorgängerpontifikalien folgen die alte gregorianische Oration „Concede quaesumus", die gelasianische Oration „Cunctorum bonorum" und die seit dem PRG in der Weise einer Präfation gebetete gelasianische Oration „Affluentem spiritum" (PGD XX, 14–16). Für die mit der Präfation verbundene Handauflegung hat Durandus die Rubriken präzisiert. Sie geben genau an, zu welchem Zeitpunkt die Hände aufgelegt werden sollen, nämlich an der Stelle „et qui per nostre manus hodie impositionem abbas instituitur", „und der (beziehungsweise die) heute durch unsere Handauflegung zum Abt (beziehungsweise zur Äbtissin) bestellt wird". An diese Stelle hat der Kanonist eine Rubrik eingefügt die bestimmt: „hic imponat manus super caput illius", „hier legt er seine Hände auf den Kopf jenes (beziehungsweise jener)". Nach „separetur indignus"[453] folgt der Hinweis „Hic removat manus de super caput", „hier nimmt er die Hände wieder vom Kopf" (PGD XX, 16). Die Bedeutung der Handauflegung war im dreizehnten und vierzehnten Jahrhundert stark zurückgetreten, weshalb Durandus offensichtlich keine Probleme hatte, diese als Bestandteil der Feier zu belassen.[454]

Durandus sieht im Anschluss an die Präfation noch drei weitere Orationen vor, die er hier neu beziehungsweise wieder aufgenommen hat. Bei der ersten handelt es sich um die Oration „Deus cui"[455] (PGD XX, 17), die aus dem PRG stammt, und in der darum gebetet wird, dass die Äbtissin ihr Amt stets zu Gottes Wohlgefallen ausübe. Eine weitere Oration „Omnium domine"[456] (PGD XX, 18) ist ebenfalls schon im PRG bezeugt.[457] Sie erbittet, dass die Äbtissin das erlangte Amt

---

453 Vgl. für den Text der gesamten Oration oben Kapitel II 1.6.3.

454 Nur wenige Theologen lehrten noch eine „Einprägung eines Charakters" durch Handauflegung, wie etwa Alexander von Hales (+1245) oder der frühe Albertus Magnus. Als Materie des Weihesakramentes wurde nun, wie skizziert, gemeinhin die Übergabe der Geräte angesehen, vgl. OTT, Weihesakrament, S. 54–56; 92–96.

455 „Deus cui omnis potestas et dignitas famulantur, da huic famulo tuo prosperum sue dignitatis effectum, in qua te semper timeat tibique iugiter placere contendat. Per Christum. Amen", PGD XX, 17.

456 „Omnium, domine, fons bonorum iustorumque provectus, tribue, quesumus, isti adeptam bene dignitatem regere et a te sibi prestitam bonis operibus comprobare. Per Christum. Amen", PGD XX, 18.

457 Diese beiden Orationen standen im PRG zur Auswahl, um bei der „Ordination" der Benediktineräbtissin am Ende der Feier gebetet zu werden, vgl. PRG XXXII, 14 und 15. Durandus hat also nicht nur das PCR aus dem 13. Jahrhundert als Vorlage verwendet, sondern daneben aus weiteren Quellen für sein Pontifikale geschöpft. Das PR XII hatte diese Oration getilgt. Durandus nimmt für sein Pontifikale insgesamt wieder verschiedene Gebete auf, ordnet sie neu an, ohne den Wortlaut der euchologischen Texte zu verändern. Damit erhielten die Riten der „Abts- und Äbtissinnenbenediktion" deutlich mehr Orationen.

gut ausübe und dass sie das von Gott Gewährte durch gute Werke anerkennen möge.

Eine dritte Oration[458] hat Durandus neu in sein Pontifikale aufgenommen. Es handelt sich dabei vermutlich um eine französische Tradition, die aus dem Raum Reims stammen könnte.[459] Dieses Gebet betont das Hirtenamt, das die Äbtissin übernimmt und bittet um Gottes Beistand für ihre Aufgaben. Dazu erbittet es unter Anrufung des heiligen Benedikt beziehungsweise des heiligen Augustinus zahlreiche Gnadengaben und Tugenden für die Äbtissin wie Gerechtigkeit, Geduld, Güte, Keuschheit und Frömmigkeit. Stellenweise erinnert es dabei an die gelasianische Oration „Affluentem spiritum".[460] Dass hier ausdrücklich und nur

---

458 Diese Oration beginnt ebenfalls mit „Exaudi, Domine, preces nostras ...". Es handelt sich um eine andere Oration „Exaudi domine", als jenes knappe Gebet, das Durandus nach dem Te Deum vorsieht (PGD XX, 28) und das schon das PRG für die „Ordination" der Kanonissenäbtissin bezeugt (PRG XXII, 3). Zur besseren Unterscheidung der beiden Orationen werden für diese Oration, wie sie Durandus hier erstmals bezeugt, nicht die beiden Anfangsworte zur Abkürzung verwendet, sondern die ersten beiden Worte, die sich von der anderen „Exaudi"-Oration unterscheiden, nämlich „In conspectu".

459 Martène zeigt diese Oration als Bestandteil eines sehr ausgestalteten Ritus, den er als Ordo IV ediert und mit „ex ms. Remigii Remensis annorum 500" angibt, vgl. MARTÈNE (Hg.), Ritibus II, Sp. 435–441. Es ist jedoch sehr unwahrscheinlich, dass der Ritus auf Remigius von Reims (um 436–533) zurückgeht. Er zeigt bereits alle Elemente, wie sie das PRG aus dem 10. Jahrhundert aufweist, inklusive Handauflegung und Stabübergabe.
Durandus griff neben den römischen Quellen für die Bearbeitung seines Pontifikale vielfach auch auf Traditionen „aus dem Umkreis seines Bistums Mende zurück", KLÖCKENER, Diözesansynode, S. 36, Anm. 176.

460 „Exaudi, domine, preces nostras quas in conspectu tue maiestatis super hunc famulum tuum fundimus, qui vice tui nominis ad gubernationem ovium tuarum statuitur, ut eum respicere et, interveniente beato Benedicto (vel beato Augustino) patrono et gubernatore nostro bene + dicere digneris et, qui ad redemptionem et protectionem nostram de celo descendisti et mundo te verum et summum pastorem exhibuisti, dicens: ‚Ego sum pastor bonus', te invocamus, te suppliciter deprecamur, ut huic servo tuo, quem pastoralitatis culmen subire voluisti, tua bonitas adsit et benedictio omnibus diebus vite sue. Protege eum, domine, et defende ab omnibus visibilium et invisibilium adversitatibus inimicorum. Dirige gressus eius in viam pacis et iustitie et largire tuarum dona virtutum, iustitiam, temperantiam, prudentiam, caritatem, sobrietatem, patientiam, longanimitatem, fortitudinem, constantiam insuperabilem, fidem non fictam, spem inconcussam, mentem devotam, humilitatem perfectam, intelligentiam rectam, benignitatem, modestiam, unanimitatem, pacem, concordiam, castitatem, abstinentiam, vigilantiam, discretionem, rectitudinem, scientiam, pietatem, consilium, et in cunctis actibus bonis inviolatam perseverantiam. Aufer, domine Iesu Christe, ab eo quicquid anime nocuum, superbiam, iactantiam, vanam gloriam, elationem et quicquid ad ultimum tibi displicens esse potest. Circumda eum exterius et interius tue protectionis auxilio, ut te defensore sit tutus, te protegente securus, te docente scius. Ostende ei viam per quam ambulet. Tribue ei thesauros sapientie, ut sciat et habeat unde nova et vetera proferat. Fac eum in omnibus tua sequi vestigia et de sua ministratione gaudium bonum adipisci, ut post huius seculi excursum, cum ante tuum tribunal venerit, illud ei premium et omnibus quos tibi presentabit largiaris, quod fidelibus dispensatoribus esse in celis", PGD XX, 19.

Benedikt und Augustinus genannt werden zeigt, dass die Oration noch aus karolingischer Zeit stammen dürfte.[461]

Für die Übergabe von Regel und Stab schöpfte Durandus aus dem Vollen und verknüpfte für die Begleitworte verschiedene Traditionen miteinander. Das Begleitwort zur Regelübergabe bestand nun aus zwei Teilen, eigentlich zwei zusammengesetzten Übergabeformeln. Der erste Teil stammt aus dem PRG:

> Empfange die Regel, die von unseren heiligen Vätern überliefert worden ist, zur Leitung und Bewahrung der dir von Gott anvertrauten Herde, Gott selbst wird dich stärken und dir deine menschliche Schwäche gestatten.[462]

Mit diesem Geleitwort sollte den Äbtissinnen und Äbten gemäß den Vorgaben des PRG und seiner Nachfolger die Regel übergeben werden. Daran angefügt hat Durandus die Worte:

> Nimm an die väterliche [sic!] Sorge für die Herde des Herrn und die Leitung der Seelen, und in der Erfüllung der Gebote des göttlichen Gesetzes sei ihr ein Führer zur Weide des himmlischen Erbes, unterstützt durch unseren Herr Jesus Christus.[463]

Diese Worte zur Regelübergabe stammen aus dem Sakramentar von Moisac[464] und sind deutlich monastisch geprägt. Sie beschreiben die Hirtenaufgabe der Ordensoberen, die ihnen anvertraute Herde nach den göttlichen Gesetzen zu leiten. Durandus hat diese Alternative aufgenommen und an die alte römische Formel angefügt. Diese Ergänzung wurde vom PLib übernommen. Bis ins zwanzigste Jahrhundert blieb das Begleitwort in dieser ausgeschmückten Form Bestandteil des Ritus der „Abts- und Äbtissinnenbenediktion".

Als Geleitwort zur Stabübergabe weist das PGD die Variante aus dem PCR auf:

> Empfange den Stab des Hirtenamtes, den du der dir anvertrauten Schar vorantragen sollst, auf dass du liebevoll und streng seist bei der der Zurechtweisung von Verfehlungen, und wenn du erzürnt bist, der Barmherzigkeit gedenkst.[465]

---

461 Die Aachener Synode hatte ausschließlich die Benediktsregel zur Grundlage „aller die Klosterreform betreffenden Beschlüsse der Synode" gemacht, vgl. SEMMLER, Beschlüsse, S. 22. Daneben erlaubte es die Kanonissen, für die es mit der Institutio canonicorum Aquisgranensis" eine „verbindliche Satzung" erstellt hatte, ebd., S. 16. Vgl. auch MELVILLE, Klöster, S. 45.

462 „Accipe regulam a sanctis patribus nobis traditam, ad regendum custodiendumque gregem tibi a Deo creditum, quantum Deus ipse te confortaverit ac fragilitas humana permiserit", PRG XXXII, 9.

463 „Accipe gregis dominici paternam providentiam et animarum procurationem et, per divine legis incendendo precepta, sis ei dux ad celestis hereditatis pascua, adiuvante domino nostro Iesu Christo", PGD XX, 20.

464 Vgl. MARTÈNE (Hg.), Ritibus II, Sp. 427 u. 429.

465 „Accipe baculum pastolis officii, quem preferas caterve tibi commisse, ut sis in corrigendis vitiis pie seviens et cum iratus fueris, misericordie memoreris", PCR XVI, 20/PGD XX, 21.

Einige Handschriften des PGD bezeugen zusätzlich eine Übergabe des Ringes.[466] Als Geleitwort zur Ringübergabe verweist Durandus auf die „Bischofsbenediktion“[467] und übernimmt so die Vorgabe des PCR in der Langform. Damit wurde der Ring Abt und Äbtissin im PGD mit den gleichen Worten übergeben wie dem Bischof:

> Empfange den Ring, das Zeichen der Treue, dass du die Braut, nämlich Gottes heilige Kirche, mit unverbrüchlicher Treue geschmückt, unversehrt behüten mögest.[468]

Im Unterschied zum Pontifikale der Römischen Kurie findet sich bei Durandus kein Hinweis, dass die Äbtissinnen Ring und Stab nicht erhalten sollen. Dies könnte Indiz sein, dass die Äbtissinnen in Frankreich Ring und Stab ebenso selbstverständlich trugen wie die Äbte, er nur rund um die Römische Kurie nicht gern in der Hand einer Frau gesehen war.[469] Die Riten der Abts- und Äbtissinnenweihe zeigen damit im Pontifikale des Durandus eine nahezu identische Gestalt. Lediglich zwei Unterschiede sind auszumachen:

Für die Äbtissinnen fehlt ein Hinweis auf eine Befragung. Dass Durandus die „Interrogatio“, so der Begriff für dieses Element in der entsprechenden Rubrik (vgl. PGD XX, 8), für die Äbtissinnen nicht vorsieht, wird dadurch deutlich, dass er den parallelen Ablauf erst danach beginnen lässt. Für die Äbte hat Durandus eine „Interrogatio“ aufgenommen, für die er weitestgehend aus der Bischofsweihe geschöpft hat (PGD XX, 8 u. PGD XIV, 19). Für die Bischöfe ist eine Befragung bereits im PRG bezeugt (vgl. PRG LXIII, 12). Richter kann zeigen, dass diese „Fragen nach dem Willen des Weihekandidaten zur Erfüllung seiner Amtsobliegenheiten und nach seinem Glauben alter gallischer Überlieferung“ entstammen und bis zum „dreizehnten Jahrhundert die in Rom am Vorabend der Weihe übliche Scrutinium-Form“ verdrängten.[470] Durandus hat sich für die „Interrogatio“ der Äbte eindeutig bei der Bischofsweihe bedient.[471]

---

466 Für die Handschriften vgl. ANDRIEU (Hg.), Pontifical III, S. 407, Anm. 23. Die Ringübergabe hielt erst im Verlauf des 13. Jahrhunderts langsam Einzug in den Ritus der „Abts- und Äbtissinnenbenediktion“. Zur Zeit des Durandus war sie noch nicht überall üblich. Andrieu vermutet aber, dass sie kein späterer Zusatz ist, sondern bei Durandus bereits zum „Archetypus“ gehörte, vgl. ebd.

467 „Deinde dat ei anulum dicens: *Accipe,* ut supra, in benedictione episcopi“, PGD XX, 23.

468 „Accipe anulum fidei scilicet signaculum, quatenus sponsam, Dei videlicet sanctam ecclesiam, intemerata fide ornatus illibate custodias“, PCR XVI, 21/PGD XIV, 42.

469 Im deutschsprachigen Raum haben die meisten Äbtissinnen seit dem späten Mittelalter Ring und Stab getragen, obwohl das Pontificale Romanum keine Übergabe dieser Insignien für die weiblichen Ordensoberen vorsah, vgl. BOMM, Kommentar, S. 1f., vgl. auch Kapitel III 3.1.4 dieser Arbeit.

470 RICHTER, Bischofsweihe, S. 118f.

471 Eine Gegenüberstellung der beiden Interrogationes, die Anleihen für die Abtsweihe aus der Bischofsweihe offenbart, findet sich im Anhang dieser Arbeit.

Zweitens fehlen im Ritus der „Äbtissinnenbenediktion“ die sieben Bußpsalmen,[472] die Durandus für die „Abtsbenediktion“ nun vorsieht (PGD XX, 11). Der Bischof von Mende hat hier vermutlich einen Brauch aus Cluny übernommen, wo es schon im elften Jahrhundert üblich war, die Bußpsalmen an dieser Stelle bei der Abtsweihe zu sprechen.[473] Thalhofer wertet die Bußpsalmen als Zeichen dafür, dass der Ordensmann in „ganz besonderer Weise Mann der Entsagung, des büßenden Ernstes sein“ solle. Im Kloster habe der Abt „den Geist der Buße durch Befehl und Beispiel aufrechtzuhalten“. Er bedürfe also einer besonderen Gnade, weshalb bei seiner Benediktion nicht nur wie bei der Priester- und Bischofsweihe die Allerheiligenlitanei, sondern derselben die Bußpsalmen vorausgeschickt würden.[474]

Aus Durandus’ Pontifikale wird nicht deutlich, warum er weder die „Interrogatio“ noch die Bußpsalmen für die Äbtissinnenweihe aufgenommen hat. Mit der Deutung Thalhofers könnte der Hintergrund für das Fehlen der Bußpsalmen bei der „Äbtissinnenbenediktion“ im PGD sein, dass die weiblichen Äbtissinnen mit der Definition der Beichte als Sakrament[475] nicht (mehr) für die Buße im Kloster zuständig waren.[476] Die fehlende „Interrogatio“ könnte in der Vermeidung einer Ritualanalogie zur „Bischofskonsekration“ für die Äbtissinnen begründet liegen. Allerdings zeigt auch die „Äbtissinnenbenediktion“ im Pontifikale des Durandus insgesamt auffällig große Parallelen zur Feier der „Bischofskonsekration“.

3.1.3 *Ritualanalogien mit der „Bischofskonsekration“*

Das PGD hat durch die weitgehende Gleichgestaltung der Riten auch einige im PCR den männlichen Äbten vorbehaltene Elemente für die Äbtissinnen ergänzt. So bezeugt Durandus Pontifikale zum Offertorium auch für die Äbtissinnen, dass sie dem Bischof Kerzen, Wein und Brot überbringen (PGD XX, 24). Dieser Brauch ist erstmals durch die Langform des PCR für die Äbte „habentis pontificalie“ überliefert und ist sowohl im PCR als auch im PGD ebenso Bestandteil der „Bischofskonsekration“ (PGD XIV, 49). Zwar nennt Durandus diesen Brauch nicht explizit innerhalb der Feier für die Äbtissinnen, aber er ist Bestandteil der „Abtsbenediktion“, dessen Bestimmungen in gleicher Weise für die Äbtissinnen gelten sollen. Die Rubriken sind bei Durandus derart genau, dass er sicherlich klar

---

472 Dabei handelt es sich konkret um die Psalmen 6, 31, 37, 50, 101, 129 und 142 in der Vulgata-Zählung.

473 Vgl. PUNIET, Pontifikale, S. 102. Über die Zusammenstellung der Bußpsalmen und ihre liturgische Verwendung außerhalb der Abtsweihe vgl. AMIET, Gesetzgebung, S. 80–82.

474 Vgl. THALHOFER, Handbuch II, S. 497.

475 Vgl. MUSCHIOL, Famula Dei, S. 262f.

476 Vgl. z. B. das Dekretale „Nova quaedam“ von Innozenz III. aus dem Jahr 1210, vgl. FÜRSTENBERG, Ordinaria loci, S. 309.

artikuliert hätte, wenn die Äbtissinnen dem Bischof zum Offertorium diese Gaben nicht hätten bringen sollen.

Eine Angleichung in die andere Richtung hat Durandus mit dem Hymnus Te Deum vorgenommen. Er fügte das Te Deum nicht nur für die „Abts- und Äbtissinnenbenediktion" wieder ein, nachdem sowohl das PR XII als auch das PCR ihn nicht bezeugten, sondern ergänzte ihn auch erstmals für den Ritus der „Bischofskonsekration" (PGD XIV, 62). In allen drei Ordnungen steht dieser feierliche Hymnus an der gleichen Stelle, nämlich unmittelbar nach der Inthronisation auf der „cathedra". Die Installation der Äbtissin auf der „cathedra", also auf dem Platz, der ihr speziell als Obere im Nonnenchor vorbehalten ist, ist in der Reihe der hier berücksichtigten Pontifikalien erstmals Bestandteil der „Äbtissinnenbenediktion".[477] Der Kanonist Durandus scheint keine Probleme mit dieser Parallele zum Sitz des Bischofs zu haben, der Symbol für das Lehr- und Hirtenamt des Bischofs ist und seine Rolle als Richter hervorhebt.[478] Dieses „Symbol des bischöflichen Amtes, besonders des Lehr- und Hirtenamtes"[479] hatte seit dem Mittelalter seinen Platz an der Evangelienseite des Altars und wurde bei feierlichen Pontifikalämtern und -vespern vom Bischof und mitunter auch vom Abt verwendet.[480]

Da Äbtissinnen keinen Pontifikalämtern vorstehen konnten, ist es umso erstaunlicher, dass sie hier wie Abt und Bischof bei ihrer Weihe auf der Kathedra installiert werden.[481] Jedoch sind Äbtissinnen in ihrem Kloster gemäß der Benediktsregel[482] durchaus als Stellvertreterinnen Christi für die Ausübung des Lehr-, Richter- und Hirtenamtes zuständig. Der Benediktiner Benno Hegglin, der sich in den sechziger Jahren in einer Studie mit dem benediktinischen Abt in rechtsgeschichtlicher Entwicklung beschäftigt hat, erklärt, der heilige Benedikt wolle in seinem Kloster die „Kirche im kleinen [sic!]" abbilden.[483] Die Benediktsregel definiert im zweiten Kapitel, der Abt (und damit auch die Äbtissin) vertrete die Stelle Christi im Kloster (RB 2,2; vgl. auch 63,13). Wie der Abt ist auch die Äbtissin Hirtin (RB 2,7), Lehrerin (2,24), Richterin (RB 3,2; 24,2), und Ärztin (RB 27,2) im Kloster. Daneben ist sie „Verwalterin der Gemeinschaft" (RB 64,7) sowie die

---

477 Die Installation ist jedoch keinesfalls als neues Element zu deuten. Dies zeigt etwa die Magisterregel, in der bereits ein ausgestalteter Installationsritus für den Abt vorliegt. Neu ist, dass der Installationsritus als Bestandteil der „Benediktionsfeier" eingefügt ist.

478 Vgl. APPUHN, Kathedra, Sp. 1074.

479 BRAUN, Bischofsstuhl, Sp. 809.

480 Vgl. ebd., Sp. 814.

481 Für den Abt verwendet Durandus den Begriff „cathedra" gar nicht. Hier spricht er vom „Sitz des Vorgängers" im Chor, auf dem der Abt installiert wird: „ducit illum ad chorum et, statuens eum in sede sui predecessoris", PGD XX, 25. Für den Bischof hingegen heißt es ausdrücklich, dass er auf der „Kathedra" inthronisiert wird: „intronizent eum, ponendo in cathedram", PGD XIV, 61.

482 Auch andere Regeltexte betonen das Lehr- und Hirtenamt für die weiblichen Ordensoberen, vgl. dazu Kapitel III 2.3.3.

483 Vgl. HEGGLIN, Abt, S. 27.

„Letzverantwortliche für deren materielle Dinge“ (RB 32,3).[484] Ihr Amt übt die Äbtissin „im Auftrag und mit der Vollmacht des Herrn aus“.[485] Wer seinem Oberen gehorcht, der gehorcht Gott selbst, heißt es im fünften Kapitel (RB 5,15). So dürfen Abt und Äbtissin „nur lehren oder bestimmen und befehlen, was der Weisung des Herrn entspricht“ (RB 2,4).

Mehrfach wird der Abt in der Benediktsregel als „Hirte“ bezeichnet. Das zweite Kapitel spricht von der „Hirtensorge“, die dem Oberen obliegt (RB 2). Gemäß der Regel hat die Äbtissin die Hirtensorge über die ihr anvertrauten Seelen. Die Regel stellt hohe Anforderungen an die Stellvertreter und Stellvertreterinnen Christi im Kloster, sowohl was das eigene sittliche Verhalten als auch die Aufgaben der männlichen und weiblichen Oberen gleichermaßen angeht. Als „Kirche im kleinen“[486] haben der Abt und damit auch die Äbtissin viele Aufgaben, die „im Großen“ dem Bischof zukommen.

Zweifellos waren Äbtissinnen über Jahrhunderte Trägerinnen von bischöflicher Jurisdiktion. Bis in die Neuzeit hinein lassen sich zahlreiche Belege finden, wonach Äbtissinnen Jurisdiktionsgewalt aus dem Bereich der potestas iurisdictionis erlaubterweise ausüben konnten und auch ausgeübt haben. Berühmte Beispiele sind die Äbtissinnen von Las Huelgas in Spanien oder Conversano in Italien. Die Äbtissinnen von Las Huelgas waren bereits seit 1188 exemt, der Jurisdiktion des Bischofs von Burgos also entzogen.[487] Ihnen wurden zugleich alle spanischen Zisterzienserinnenabteien unterstellt, womit sie sowohl mächtige Landesherrinnen als auch im geistlichen Bereich eine quasi-bischöfliche Stellung erlangten. Insgesamt siebzig Pfarreien gehörten zu ihrem Sprengel. Die Äbtissin „vergab alle kirchlichen Stellen, Benefizien und Pfründe, sie hatte die Oberaufsicht über die Seelsorge, sie ernannte Pfarrer und Kapläne und setzte sie ab“.[488] Sie war auch zuständig, den Beichtvätern die Vollmacht zur Lossprechung zu erteilen, womit ihre Vollmacht in gewisser Hinsicht sogar den Bereich des „forum internum“ berührte.

Auch die Zisterzienserinnenäbtissinnen von Conversano hatten eine quasibischöfliche Stellung. Ihnen war im dreizehnten Jahrhundert sowohl die Jurisdiktion über das Kloster von Conversano selbst als auch über weitere Gebiete übertragen worden. Die Äbtissinnen besetzten auch hier die Pfarreien, übertrugen Benefizien und waren für die Gerichtbarkeit des Klerus zuständig. Sie hatten zudem einen Vertreter beim Heiligen Stuhl, einen Prokurator, den die Äbtissinnen selbst ernannten.[489] Diese Jurisdiktion von Frauen auch über Personen männlichen Geschlechts war durchaus unwillkommen. Für das sechzehnte Jahrhundert ist belegt, dass einige Kleriker ihres Sprengels sich als Franziskaner ver-

---

484 HÄRING, Weihe, S. 134.
485 HEGGLIN, Abt, S. 35.
486 Ebd., S. 27.
487 Vgl. WOLF, Krypta, S. 45.
488 Ebd., S. 46.
489 Vgl. FÜRSTENBERG, Ordinaria loci, S. 293.

kleidet hatten, um der Jurisdiktion der Äbtissin zu entgehen. Pius V. stellte daraufhin in einem Motuproprio 1569 fest, dass der Klerus der Äbtissin weiterhin unterstellt sei und bestätigte gleichzeitig die potestas ordinaria der Äbtissin von Conversano. Zu ihrer Jurisdiktionsgewalt gehörte auch das Visitationsrecht. „Durch ihren Vikar verhängte sie Exkommunikationen, Suspension, Interdikt und Zensur".[490] Sie ernannte frei einen Bischof für die Erteilung der höheren Weihen in ihrem Sprengel. Seit 1751 war ihr Generalvikar immer auch Titularbischof.[491]

Auch im Reich hat es mächtige Äbtissinnen gegeben. Zu den berühmtesten gehören die Äbtissinnen der Stifte Herford, Quedlinburg, Essen und Gandersheim, deren Äbtissinnen ebenfalls quasi-bischöfliche Jurisdiktion besaßen. Die Äbtissin von Herford musste für ihr Volk „die ordnungsgemäße Spendung der Taufe und des Altarsakramentes, die Beerdigung und das Beichtehören gewährleisten".[492] Diese Aufgaben unternahm der Herforder Klerus, für Pontifikalhandlungen setzte die Äbtissin einen Bischof ein – meist einen Weihbischof.

Die Äbtissinnen von Gandersheim vergaben ebenfalls als Eigenherrinnen beziehungsweise Patronatsherrinnen „alle im Besitz des Stiftes befindlichen Pfarreien".[493] Ihnen oblag es auch, die Leiter der dem Stift unterstehenden Klöster Brunshausen, St. Marien und Clun zu bestätigen. Es könnten noch viele andere Beispiele genannt werden, in denen die Äbtissinnen ihre Hirtengewalt nicht nur innerhalb des Klosters ausgeübt haben, sondern sie als Quasi-Bischöfinnen Jurisdiktion über ein ihnen unterstelltes kirchliches Gebiet innehatten. Im französischen Raum sind vor allem Fontevrault und Jouarre für ihre mächtigen Äbtissinnen berühmt.[494]

Das Begleitwort des PGD zur Inthronisation legt zudem nahe, dass der Äbtissin nicht nur die äußere und temporelle Macht, sondern auch die innere und spirituelle Macht gegeben wird, wenn es heißt: „Empfange die volle und freie Gewalt, dieses Kloster und seine Gemeinschaft und alles, was zur Leitung desselben innen und außen, geistlich und weltlich gehört, zu regieren".[495] Das PLib und so auch das PR 1595/96 haben diese Formel übernommen. Hofmeister ist sich sicher, dass die Äbtissinnen „in einzelnen Fällen auch eine iurisdictio ecclesiastica", also eine kirchliche Amtsgewalt ausüben konnten.[496] Versteht man

---

490 Ebd., S. 295.

491 Vgl. HANSER, Abbatissae nullius, S. 220.

492 FÜRSTENBERG, Ordinaria loci, S. 143.

493 GOETTING, Gandersheim, S. 154.

494 Hier sei lediglich auf entsprechende Literatur verwiesen. Eine gute Übersicht über Frauenklöster mit quasi-bischöflicher Jurisdiktion mit weiterführenden, wenn auch nicht mehr ganz aktuellen Literaturangaben bietet FÜRSTENBERG, Ordinaria loci, S. 206–332.

495 „Accipe plenam et liberam potestatem regendi hoc monasterium et congregationem eius et omnia que ad illud interius et exterius spiritualiter et temporaliter pertinere noscuntur", PGD XXI, 25.

496 Vgl. HOFMEISTER, Ordensoberinnen, S. 373. In einem anderen Beitrag über Nonnenklöster zeigt Hofmeister, dass die Nonnenklöster stetig Klausurverschärfungen unterlagen, ferner

diese Worte des Geleitwortes zur Installation also im Hinblick auf Befugnisse, die aus dem Bereich der potestas ordinis stammen, so legt diese Formulierung nahe, dass auch der Äbtissin mehr als ein einfaches Vorsteheramt übertragen wird, nämlich dass sie eine geistliche Gerichtsbarkeit über das Kloster, über ihre Gemeinde, empfängt.[497]

Nickel erklärt diese Gerichtsbarkeit damit, einige Äbtissinnen seien „Werkzeuge" des Papstes und könnten „ministeraliter" geistliche Jurisdiktion ausüben.[498] Puniet versucht diesen Brauch, „der etwas überraschen könnte",[499] mit der „potestas dominativa", also der Hausgewalt über ihr Kloster, zu erklären. Tatsächlich war aber etwa die Äbtissin von Herford auch für die kirchlichen Disziplinarmaßnahmen zuständig. Sie verhängte Strafen gegen Klerus und Laien.[500] Zur Ausübung von Jurisdiktion, für die eine Priesterweihe vonnöten war, bediente sich die Herforder Äbtissin eines „Capellanus Abbatissae", den sie selbst ernannte.[501]

Das Begleitwort, das das PGD und seine Vorgänger für die Übergabe des Stabes tradieren, erinnert sehr an jene Richterfunktion der Äbtissin beziehungsweise des Abtes über das Kloster, wenn es heißt:

> Empfange den Stab des Hirtenamtes, den du der dir anvertrauten Schar vorantragen sollst, auf dass du liebevoll und streng seist bei der der Zurechtweisung von Verfehlungen, und wenn du erzürnt bist, der Barmherzigkeit gedenkst (PGD XX, 21).

Die Feiern der „Abts- und Äbtissinnenbenediktion" zeigen im PGD mehr noch als in den Vorgängerpontifikalien über viele Strecken eine Konformität mit dem Ritus der „Bischofskonsekration".[502] Hintergrund dürfte zum einen die ähnliche jurisdiktionelle Stellung der beiden Ämter sein, die in den „Ordinations-" beziehungsweise „Konsekrations-" oder „Benediktionsriten" ihren Niederschlag gefunden hat. Zum anderen ist diese Parallele trotz der mittelalterlichen Entwick-

---

versucht wurde, etwaige Exemtionen einzudämmen und Frauenklöster dem jeweiligen Ordinarius zu unterstellen, HOFMEISTER, Nonnenklöstern, S. 3–96, S. 353–437.

497 Der Theologe Markus Adam Nickel (1800–1869) bemerkt, „wie weit aber diese geistliche Gerichtsbarkeit sich erstrecken könne, und aus welcher Quelle sie abzuleiten sei, ist schwer zu erörtern". Er ist jedoch entschieden, dass diese Gerichtsbarkeit nicht aus der „Schlüsselgewalt", „oder aus dem von Christus den Hirten der Kirche verliehenen göttlichen Rechte entspringen kann, vgl. NICKEL, Pontifikale, S. 330.

498 Vgl. ebd.

499 PUNIET, Pontifikale, S. 127.

500 Vgl. FÜRSTENBERG, Ordinaria loci, S. 148.

501 Vgl. ebd., S. 140.

502 Allerdings sind auch nach wie vor große Unterschiede zu verzeichnen. Für die „Prüfung, Ordination und Konsekration des Bischofs" („de examinatione, ordinatione et consecratione episcopi"), wie die Feier vollständig überschrieben ist, sieht Durandus vor, dass der Metropolitan die „Prüfung, Ordination und Konsekration" des Bischofs vornimmt, PGD XIV, 5. Auch fehlen Salbungen für Abt und Äbtissin sowie das Auflegen des Evangelienbuches.

lung einer Sakramententheologie insofern unproblematisch, als die Theologen des zwölften und dreizehnten Jahrhunderts die Sakramentalität der Bischofsweihe größtenteils ablehnten.[503] Durandus selbst zählte den Episkopat nicht zu den „heiligen und höheren Ordines“. Dies offenbart sein Pontifikale selbst, in dem Durandus in einer einleitenden Rubrik „de sacris ordinibus. Rubrica“, „über die heiligen Ordinationen“ erklärt: „Sacri et maiores ordines sunt subdiaconatus, diaconatus et presbiteratus“ (PGD X, 1), „die heiligen und höheren Ordines sind der Subdiakonat, der Diakonat und der Prebyterat“.

3.2 Die Äbtissinnenweihe im Pontificalis Liber und Pontificale Romanum[504]

Die Kurie, die seit 1309 in Avignon ansässig war, brauchte nicht lange, bis sie das Pontifikale des Bischofs von Mende kennen lernte. Bei der Rückkehr der Päpste von Avignon nach Rom nahmen sie das PGD mit.[505] Im Jahr 1485 entschied Papst Innozenz VIII. schließlich, das PGD zum offiziellen Pontifikale der römischen Kirche zu machen,[506] als er zwei päpstlichen Zeremoniaren, Agostino Patrizi Piccolomini (ca. 1436–1496) und Johannes Burckard (um 1450–1506),[507] den Auftrag gab, auf der Grundlage des PGD die erste Druckausgabe des Pontifikale zu erstellen.[508] Hintergrund für die Entscheidung Innozenz’ war sicherlich die Tatsache,

---

503 Ähnlich wie schon Petrus Lombardus begründeten die Theologen der Hochscholastik die Nichtsakramentalität von der Eucharistie her. Die Bischofsweihe verleihe in dieser Hinsicht keine neue Gewalt, sei also eine hierarchische Stufe, kein Sakrament. Johannes Duns Skotus (1266–1308) erörterte Pro und Contra, entschied sich in der Frage aber letztlich nicht, vgl. BARTMANN, Dogmatik II, S. 442.

504 Diese beiden Pontifikalien zeigen für den Ritus der Äbtissinnenweihe eine derart gleiche Gestalt, dass sie in einem gemeinsamen Kapitel behandelt werden.

505 Nichtsdestotrotz blieb das PCR auch weiterhin zunächst das offizielle Buch im Umfeld des Papstes. Unausweichlich traten jedoch Einflüsse des französischen PGD in die römischen Riten. Zahlreiche Handschriften aus dem 14. und 15. Jahrhundert zeigen diese Vermischung zwischen PCR und PGD, vgl. ANDRIEU, Pontifical II, S. 314. Diesen Mischformen war jedoch kein langer Erfolg beschieden, vgl. MAIER, Reform, S. 360.

506 Vgl. ANDRIEU, Pontifical II, S. 315.

507 Agostino Patrizi Piccolomini kam schon früh als Sekretär Pius II. (1458–1464) an die päpstliche Kurie. 1466 wurde er päpstlicher Zeremonienmeister, 1484 Bischof von Pienza-Montalcino, vgl. HACK, Patrizi de Piccolomini, Sp. 1120–1130. Als Piccolomini 1483 vom Amt des Zeremonienmeisters pausierte, wohl wegen seiner Ernennung zum Bischof (vgl. ebd.), rückte Johannes Burckard nach, der bis 1503 Zeremonienmeister der römischen Kurie blieb, vgl. ELZE, Burckard, Sp. 34.

508 Vgl. MAIER, Reform, S. 360.
Überliefert ist ein Brief Piccolominis an Papst Innozenz, in dem er ausdrückt, mit welcher Sorgfalt sie bei der Überarbeitung dem PGD so weit wie möglich gefolgt waren. Er selbst und sein Kollege Johannes Burckard hätten die Riten soweit wie möglich übernommen und

dass Durandus Pontifikale deutlich besser auf die Bedürfnisse bischöflicher Liturgie zugeschnitten war, als die seiner Vorgänger. Zudem war es präziser hinsichtlich konkreter Details der Liturgie sowie wegen seiner durchdachten Gliederung und zahlreicher Querverweise leichter handhabbar „und es berücksichtigte sowohl die zeitgenössische Kanonistik als auch andere Pontifikalliturgie verwandte Themen".[509]

Von Durandus haben Piccolomini und Burckard die Einteilung in drei Bücher übernommen. Auch bei der Anordnung der Riten haben sie nur einige wenige Umstellungen vorgenommen.[510] Der Ritus für die „Äbtissinnenbenediktion" („de Benedictione Abbatisse")[511] findet sich wie auch schon bei Durandus gemeinsam mit den „niederen Ordinationen" („de minoribus ordinibus"), den „heiligen Ordinationen" („de sacris ordinibus") und der Bischofskonsekration („de consecratione episcopi") im ersten Buch unmittelbar nach der „Benediktion des Abtes" („de benedictione abbatis"), welche wiederum direkt im Anschluss an die Bischofskonsekration angeordnet ist.

3.2.1 „De Benedictione Abbatisse" im PLib

Die grundsätzliche Struktur der Feier, wie sie seit dem PRG überliefert ist, ließen die Kompilatoren unangetastet. Zentrale Elemente der „Benediktion" sind die Vorstellung der zur Äbtissin Erwählten, der Eid, den Durandus eingefügt hatte, die Allerheiligenlitanei, die bekannten Orationen inklusive der Präfation mit

---

für die Überarbeitung auf verschiedene Handschriften zurückgegriffen, um daraus ein klares neues Buch zu schaffen, vgl. DYKMANS, Pontifical Romain révisé, S. 108f., Anm. 1. Dazu tilgten sie auch Riten, die außer Gebrauch gekommen waren, wie etwa die Feier der Versöhnung an Gründonnerstag, vgl. SODI (Hg.), Pontificalis liber, S. VII. Nicht mehr aufgenommen wurden auch der Ritus der Witwenweihe sowie der Ritus für die Diakonissenweihe, wobei vor allem letzterer wohl eher außer Gebrauch kommen sollte.

509 MAIER, Reform, S. 358. Innozenz VIII. ließ daneben auch Messbuch und Brevier überarbeiten.
Piccolomini und Burckard strichen noch radikaler als 200 Jahre zuvor Durandus all das aus dem Pontifikale, was nicht ausschließlich Liturgie des Bischofs war, und kündigten einen zweiten Band für Priester an. Zudem tilgten sie alle nicht mehr vollzogenen Liturgiefeiern des Bischofs. Dass das PGD insgesamt ein Erfolg war und die Mehrzahl der Bischöfe im 15. Jahrhundert bereits das Pontifikale des Durandus oder zumindest eine Mischform nutzten, vermutet Blennemann aufgrund der Tatsache, dass sich für das 15. Jahrhundert kaum noch reine Manuskripte des PCR finden, vgl. BLENNEMANN, Benediktinerinnen, S. 147.

510 Vgl. dazu die Übersicht bei SODI (Hg.), Pontificalis liber, S. XXXIII–XLII.

511 Für die Darstellung wird die Edition von Manlio Sodi verwendet. Dieser hat einen anastatischen Druck ediert, dessen Vorlagedruck wiederum direkt aus dem Jahr 1485 stammt und in der Biblioteca Ambrosiana verwahrt wird, vgl. SODI (Hg.), Pontificalis liber.
Die Riten im PLib sind nicht mehr nummeriert. Der Herausgeber hat die einzelnen Abschnitte im Ganzen fortlaufend gezählt, so dass im Folgenden im Fließtext die Quelle PLib und die jeweilige Abschnittnummer angegeben werden.

Handauflegung sowie die Übergabe der Regel, das Te Deum und der Friedenskuss. Mehr noch als bei Durandus zeigt das PLib die Bestrebung, nichts mehr dem Zufall zu überlassen. Die Rubriken geben bis ins kleinste Detail präzise Angaben über Vorbereitung und Ablauf der Weihe. Selbst die Kleider- und Sitzordnung ist klar vorgeschrieben. Zu Beginn stellt das PLib eine ausführliche Rubrik über Zeitpunkt und Weise der Feier voran. Sie soll an einem Sonn- oder Feiertag stattfinden und zwar innerhalb eines Pontifikalamtes am Hauptaltar der Weihekirche (PLib 575). Dieser Zeitpunkt der Feier ist eine Entsprechung mit der Bischofskonsekration, für die ebenfalls vorgeschrieben ist, dass sie an einem Sonn- oder Feiertag stattfinden solle (PLib 331).[512]

Bis zum Evangelium lauscht die „zur Äbtissin Erwählte" („Electa in Abbatissam") in ihrer Ordenstracht der Messe und zwar kniend an einem Ort, von dem aus sie den Bischof zelebrieren sehen kann (PLib 575). Zur „benedictio" tritt sie zum Bischof, der auf seinem Faldistorium sitzt, das in der Mitte vor dem Altar aufgestellt ist. „Gemäß dem Brauch ihres Klosters" („iuxta morem illius monasterii sibi", PLib 580) wird sie dem Bischof vorgestellt. Die Äbtissin kniet sich dann vor den Bischof hin. In den Händen hält sie eine Schrift, die mit ihrem Siegel versehen ist und auf dem das Treueversprechen steht, welches sie vorliest. Das PLib hat hier den Text des Durandus übernommen und ihn entsprechend generalisiert:

> Ich N., zu ordinierende Äbtissin des Klosters N., verspreche vor Gott und seinen Heiligen und vor dieser Gemeinschaft der Schwestern feierlich Treue und angemessene Unterwerfung, Gehorsam und Ehrfurcht gegenüber meiner Mutter Kirche N. (hier soll die Kirche genannt werden, unter dessen ordentlicher Jurisdiktion sie steht), und dir N., meinem Herrn, Bischof derselben Kirche und deinen Nachfolgern gemäß den Anordnungen des heiligen Rechts und wie es die unverletzliche Autorität der römischen Päpste vorsieht.

Sie legt beide Hände auf das geöffnete Evangeliar und sagt: „So wahr mir Gott helfe und dieses heilige Evangelium Gottes".[513] Danach übergibt sie dem Bischof die Schrift mit dem Treueversprechen. Auf den Treueid folgen die Litanei und der Versikel „Salvam fac ancillam". Der Bischof kniet dazu vor dem Faldistorium nieder. Die zur Äbtissin Erwählte wirft sich auf einem Teppich zur linken Seite des Bischofs. Die Litanei soll entweder von den Nonnen selbst oder von einem Chor gesungen werden, bestimmt das PLib (PLib 583–585).

---

[512] Die „höheren Weihen" wurden hingegen „nur am Samstag" erteilt, vgl. SEITZ, Recht, S. 526f., vgl. auch OTT, Lehre, S. 70.

[513] „Ego A. monasterii A. ordinanda Abbatissa promitto coram Deo et Sanctis eius et hac solemni sororum congregatione fidelitatem dignamque subiectionem, obedientiam et reverentiam matri mea Ecclesiae A. (nominando Ecclesiam, cuius iurisdictioni ordinarie subiecta exsistit), tibique N. Domino meo, eiusdem Ecclesiae Episcopo et Successoribus tuis, secundum sacrorum canonum instituta et prout praecipit inviolabilis auctoritas Pontificum Romanorum. Sic me Deus adiuvet et haec sancta Dei Evangelia", PLib 581f.

Für die Präfation haben Piccolomini und Burckard Noten eingefügt, sie soll also durch den Bischof nun nach einer vorgegebenen Melodie gesungen werden (PLib 589). Wie bei Durandus gibt eine Rubrik genau an, an welcher Stelle der Bischof die Hände auf den Kopf der Äbtissin auflegen und an welcher Stelle er sie wieder ausgestreckt vor der Brust halten soll (PLib 591 u. 592). Nach der Präfation folgen ebenfalls weitere Orationen, die wohl einfach hintereinander im Anschluss gebetet werden sollen.[514] Lediglich die französische Oration „In conspectu“, die erstmals und für die „Äbtissinnenbenediktion“ einzig bei Durandus steht,[515] haben Piccolomini und Burckard nicht übernommen. Stattdessen haben die beiden Zeremoniare die gelasianische Oration „Domine Deus“, die speziell für die Äbtissinnen bestimmt ist, an diese Stelle gestellt. Durandus hatte diese Oration erst am Ende der Feier nach dem Te Deum beziehungsweise nach der Oration „Exaudi domine“ vorgesehen (PGD XX, 4).

Im Anschluss an die Gebete erhält die Äbtissin die Regel (PLib 598f.). Das dazugehörige Geleitwort hat das PLib in der durch Durandus erweiterten Form aus dem PGD kopiert.[516] Eine Stab- und Ringübergabe fehlt im PLib für die Äbtissinnen, obwohl angenommen werden darf, dass die Äbtissinnen in der Vorlage PGD Stab und Ring erhalten haben. Rund um die Römische Kurie war dies jedoch nicht Usus oder sollte es nicht sein, so dass Piccolomini und Burckard die Übergabe der beiden Insignien für die Äbtissinnen nicht übernahmen.

Am Ende der Messfeier wird die Äbtissin auf ihrem Sitz – die römischen Kompilatoren vermeiden das von Durandus verwendete Wort „cathedra“ und sprechen hier lieber von „in sua sede“ – vom Bischof inthronisiert. Dazu greift das PLib ebenfalls auf die Vorlage des Durandus zurück und damit auch auf dessen Inthronisationsformel.[517] Für den Fall, dass die „Benediktion“ außerhalb des Klosters stattfindet, wird die Äbtissin auf dem Faldistorium des Bischofs vor dem

---

[514] Ein „alia“, das eventuell etwas anderes vermuten ließe, fehlt hier, PLib 594–597.

[515] Für die Äbte findet sich diese Oration bis zur Editio typica-Ausgabe des Pontificale Romanum von 1962 an der gleichen Stelle, an der sie von Durandus eingefügt worden ist, PR 1962, 383.

[516] „Empfange die Regel, die von unseren heiligen Vätern überliefert worden ist, zur Leitung und Bewahrung der dir von Gott anvertrauten Herde, Gott selbst wird dich stärken und dir deine menschliche Schwäche gestatten. Nimm an die mütterliche Sorge für die Herde des Herrn und die Leitung der Seelen, und in der Erfüllung der Gebote des göttlichen Gesetzes sei ihr ein Führer zur Weide des himmlischen Erbes, unterstützt durch unseren Herr Jesus Christus.“ Da die Äbtissinnenbenediktion im Gegensatz zu der Darstellung bei Durandus selbst vollständig ausgestaltet abgebildet ist und ohne Verweise auskommt, haben Piccolomini und Burckard hier nun auch die „väterliche Sorge“ entsprechend in die „mütterliche Sorge“ („maternam providentiam“) verändert, PLib 599.

[517] „Accipe plenam et liberam potestatem regendi hoc monasterium et congregationem eius, et omnia quae ad illius regimen interius et exterius, spiritualiter et temporaliter pertinere noscuntur“, PLib 615.

Altar installiert.[518] Statt der Worte „Empfange die volle und freie Gewalt, dieses Kloster zu leiten ..." spricht er dann: „Stehe fest in der Gerechtigkeit und Heiligkeit und nimm die Stellung ein, die dir von Gott gegeben ist. Denn Gott ist mächtig, dass er in dir seine Gnade mehre".[519] Auf die Installation folgt sodann das Te Deum. Während des Gesangs treten die Nonnen des Klosters zu ihrer Äbtissin, machen vor ihr eine Kniebeuge und empfangen den Friedenskuss (PLib 619).

3.2.2 „De benedictione Abbatissae" im nachtridentischen Pontifikale

Auf der letzten Konzilssitzung des Trienter Konzils am 4. Dezember 1563 beschlossen die Konzilsväter, die liturgischen Bücher gesamtkirchlich zu erneuern. Erstmals wurde eine „zentralkirchliche Liturgiereform in Angriff genommen",[520] die unter der Zuständigkeit des Papstes stand. 1568 wurde als erstes der überarbeiteten und vom Papst approbierten Bücher das Breviarium Romanum veröffentlicht, zwei Jahre später das Missale Romanum.[521]

Das Pontificale Romanum erschien 1595 (so die Angabe auf dem Titelblatt). Die Veröffentlichungsbulle „Ex quo in Ecclesia Dei" von Papst Clemens VIII. (1592–1605) ist auf den 10. Februar 1596 datiert. Mehr als noch bei den anderen Büchern trat neben das Traditionsargument als Ziel der Überarbeitung der Wunsch nach „Eintracht und Einheit".[522] Das Pontificale Romanum 1595/96 (PR 1595/96) wurde für alle Kirchen verbindlich vorgeschrieben und war von nun an die einzig erlaubte Vorlage für die bischöfliche Liturgie in der lateinischen Kirche. Auch die 200-Jahr-Klausel, die für regionale Messriten zunächst gestattet wurde, galt hier nicht.[523] Fortan hatten (zumindest normativ) alle Weiheriten gemäß den Vorgaben des Pontificale Romanum zu erfolgen.[524]

Gegenüber seinem unmittelbaren Vorgänger, dem PLib, zeigt das nachtridentinische Pontificale Romanum für den Ritus der Äbtissinnenweihe nur noch wenige Änderungen, womit die Entwicklung Ende des 15. Jahrhunderts auf der

---

518 Puniet glaubt, dass dies ziemlich häufig der Fall gewesen ist, so dass diese Regelung in das Pontifikale aufgenommen werden musste, vgl. PUNIET, Abtsweihe, S. 129.

519 „Sta in iustitia et sanctitate et tene locum a deo tibi delegatum potens est enim deus ut augeat tibi gratiam suam Amen", PLib 617.

520 BÄRSCH, Geschichte, S. 102.

521 Vgl. JOUNEL, Konzil, S. 47f.

522 HAUNERLAND, Einheitlichkeit, S. 453.

523 Das PR 1595/96 war „in Rom innerhalb von zwei Monaten, im übrigen Italien innerhalb von acht Monaten und in den Ländern nördlich der Alpen innerhalb eines Jahres einzuführen", KLÖCKENER, Pontifikale, S. 83.

524 Bis zur letzten Editio typica-Ausgabe von 1962 gab es insgesamt fünf revidierte Fassungen des PR 1595/96, vgl. die Darstellung bei KLÖCKENER, Pontifikale, S. 83f. Für die Äbtissinnenweihe sind keine nennenswerten Änderungen in den Nachfolgeausgaben vorgenommen worden.

normativen Ebene weitestgehend zu ihrem Abschluss gekommen ist.[525] Eine Neuerung ist, dass die Äbtissin dem Bischof zum Offertorium nur noch zwei angezündete Wachskerzen („duo intortitia accensa") überreichen soll (PR 1595/96 300). Die beiden Brote sowie die beiden Ampullen mit Wein, wie sie Äbte und Bischöfe seit dem PCR dem Bischof zum Offertorium übergeben, sind für die Äbtissinnen nicht mehr vorgesehen. Hintergrund für das Fehlen ist sicherlich, dass das PR 1595/96 für die weiblichen Äbtissinnen keinerlei Bezug zum Leib und Blut Christi herstellen wollte und die Oblation daher auf die Kerzen beschränkte.

Eine Änderung, die die Kompilatoren des PR 1595/96 vorgenommen haben, ist sehr bemerkenswert: In all den hier untersuchten normativen Quellen sind die Orationen nie inhaltlich verändert, höchstens einmal stilistisch angepasst worden.[526] Im PR 1595/96 sind jedoch aus der gelasianischen Oration „Domine deus" rabiat die Worte „materna in cathedra" gestrichen worden. Damit wird die Äbtissin gemäß der veränderten Oration nun nicht mehr als „Mutter auf der Kathedra" zur Äbtissin bestellt, sondern die Passage lautet schlicht: „Wir bitten dich flehentlich für diese deine treue Dienerin, die heute zur Äbtissin über alle ihr Untergebenen bestellt wird".[527] Puniet vermutet, man habe den Ausdruck wohl „kühn gefunden".[528] Als „kühn" ist hier eher das Vornehmen der Streichung zu bezeichnen. Eine „cathedra" für Frauen erachteten die römischen Redaktoren wegen ihrer Analogie zum Sitz des Bischofs vermutlich als derart unpassend, dass sie diesen Begriff aus der alten gelasianischen Oration löschten. Auch die fehlende Stab- und Ringübergabe zeigen, dass Analogien zur Bischofsweihe für die Äbtissinnen nicht erwünscht waren.

3.2.3 *Entsprechungen von „Abtsbenediktion" und „Bischofskonsekration"*

Anders sieht das sowohl im PLib als auch im PR 1595/96 für die Äbte aus: Hier zeigen die Pontifikalien einen stark ausgestalteten Ritus für die Äbte „auctori-

---

525 Bei den meisten dieser Revisionen des PR 1595/96 handelt es sich um kleinere, nicht nennenswerte Änderungen, die in der Regel dem Versuch geschuldet waren, die Rubriken noch präziser zu gestalten. So ist in der Rubrik zur Litanei beispielsweise die Variante gestrichen worden, dass die Schwestern die Litanei singen, im PR 1595/96 ist nur von einem Chor die Rede, PR 1595/96, 283.

526 Einzige Ausnahme ist die gregorianische Oration „Concede quaesumus", die im PRG, wie dargestellt, um den Zusatz „affectui nostro tuae miserationis effectum" erweitert worden war, PRG XXIII, 4.

527 „Te supplices deprecamur pro hac fideli famula tua, quae hodie super universas sibi subditas Abbatissa constituitur", PR 1595/96 293

528 PUNIET, Pontifikale, S. 127.

tate apostolica" (PR 1595/96, 218–265),[529] also für die exemten Äbte, die unmittelbar dem Papst unterstellt waren.[530] Dieser Ritus beginnt wie die „Bischofskonsekration" damit, dass der Bischof um das „Mandatum apostolicum" bittet, also um das „offizielle Aktenstück, das bezeugt, daß der Heilige Stuhl die Wahl des Kandidaten genehmigt und die Vornahme der Weihe erlaubt".[531] Daran schließt sich der Treueid des zum Abt Erwählten gegenüber dem Papst an, der über weite Strecken mit dem Treueid des Bischofs konform ist.[532]

Die darauf folgende „Interrogatio" des Abtes ist im Vergleich mit dem des Bischofs zwar deutlich kürzer, jedoch in der Form übernommen, wie sie Durandus gestaltet hatte, und somit deutlich von der „Bischofskonsekration" inspiriert.[533] Für den Abt fehlen jedoch die Glaubensfragen. Nach der „Interrogatio" wird der Abt von zwei ihm assistierenden Äbten in seine Kapelle beziehungsweise an seinen Altar geleitet, wo er – wie der Bischof bei der „Bischofskonsekration" – gleichzeitig mit der „Messe fortfährt", „procedit in Missa" (PR 1595,151 u. 224).

Zum Offertorium soll der Abt dem Bischof „eine Naturaloblation"[534] in Form der zwei Wachskerzen, zwei Brote und zwei Fässchen mit Wein darbringen. Diese Oblation ist ebenfalls, wie dargestellt, eine Analogie zur „Bischofskonsekration" (PR 1595/96, 174).

Eine weitere Entsprechung besteht in der Übergabe der Mitra und Handschuhe nach der „Postcommunio". Die Mitra gilt gemeinhin als „Zeichen des bischöflichen Amtes".[535] Es gibt jedoch bereits aus dem elften Jahrhundert Belege, wonach auch Äbten mitunter die Mitra verliehen worden ist, 1088 etwa erhielt sie Abt Hugo von Cluny (1024–1109) durch Papst Alexander II. (1061–1073).[536] Er hatte auch das Recht, an den Hauptfesten im Jahr Dalmatik, Sandalen und Handschuhe zu tragen.[537]

Anfänglich erfolgte die Verleihung von Pontifikalien, also derjengien Insignien, die die Bischöfe „in der liturgischen Kleidung vor dem einfachen Priester

---

529 Im Folgenden werden die Angaben aus dem PR 1595/96 gemacht. Der Ritus findet sich in gleicher Form im PLib.

530 Zur Exemtion der Ordensoberen vgl. HEGGLIN, Abt, S. 105–110.

531 PUNIET, Abtweihe, S. 99.

532 Eine tabellarische Gegenüberstellung der beiden Eidesformeln befindet sich im Anhang dieser Arbeit.

533 Vgl. ebenfalls die tabellarische Gegenüberstellung der Interrogationes im Anhang dieser Arbeit.

534 So bezeichnet von THALHOFER, Handbuch II, S. 455.

535 Ebd., S. 456.

536 Vgl. HOFMEISTER, Mitra und Stab, S. 7. Insgesamt zeichnet sich seit dem 10. Jahrhundert ab, dass die Verleihung der Pontifikalprivilegien durch Päpste an Äbte „immer häufiger und allgemeiner" stattfand, vgl. HEGGLIN, Abt, S. 15, vgl. auch SALMON, Insignes, S. 51.

537 Dalmatik, Handschuhe und Sandalen trug er an Epiphanie, Christi Himmelfahrt und Kirchweihe, die Mitra durfte er nur bei den Prozessionen und beim feierlichen Hochamt aufsetzen, vgl. SCHMITZ, Geschichte I, S. 249.

auszeichneten",[538] lediglich an einzelne Äbte persönlich. Im Laufe des vierzehnten Jahrhunderts wurden die Pontifikalien „immer mehr zu Realprivilegien, das heißt sie wurden mit dem Amt verbunden und waren mit dem Amt gegeben".[539] Damit wurden die Pontifikalien auch nicht mehr einzeln nacheinander verliehen, sondern alle auf einmal.[540]

Dass die Übergabe von Mitra und Sandalen im PLib sowie im nachtridentinischen Pontifikale nun fester Bestandteil der normativen Pontifikalienliturgie war,[541] demonstriert, wie gleichartig sowohl Stellung als auch „Benediktion" beziehungsweise „Konsekration" von Abt und Bischof geworden waren.[542] Auch das Durchschreiten der Kirche während des Te Deum ist eine Gemeinsamkeit mit der Bischofsweihe. Dabei segnet der Abt ebenso wie der Bischof das Volk (PR 1595/96, 185 u 263).

Gemäß den normativen Vorgaben des PR 1595/96 sollten die Äbtissinnen im Gegensatz zu den Äbten keine Pontifikalien erhalten, geschweige denn tragen. Faktisch ist jedoch der Gebrauch einer Mitra für die Äbtissinnen von Conversano überliefert.[543] Die Äbtissinnen von Prag etwa durften seit 1303 den Äbtissinnenstab tragen, außerdem trugen sie Pontifikalhandschuhe.[544] Zwar hatte die Ritenkongregation verfügt, dass das Pontificale Romanum fortan uneingeschränkt zu gelten hatte, dass sich die Klöster jedoch artig an diese Maßgabe gehalten haben, wäre ein Irrglaube. Insbesondere für die mächtigen Äbtissinnen im Reich, die quasibischöfliche Jurisdiktion innehatten und Ring und Stab trugen, war die im

538 So die Definition von HOFMEISTER, Mitra und Stab, S. 1.

539 HEGGLIN, Abt, S. 158; vgl. auch HOFMEISTER, Mitra und Stab, S. 23. Zu den Pontifikalien zählen Stab, Mitra, Ring, Brustkreuz, Scheitelkäppchen, Dalmatik, Tunicella, Handschuhe und Sandalen, vgl. ebd., S. 1.
Hegglin bemerkt, „zeitweise war die Reaktion vonseiten der Bischöfe gegen diese Vorrechte der Äbte sehr heftig, da sie sich in ihrer bischöflichen Würde herabgesetzt vorkamen", HEGGLIN, Abt, S. 157. Dies illustriert ein Zeugnis über den Unwillen des Bischofs Marbod von Rennes im 11. Jahrhundert: „Ein Abt, der die dem Episkopate vorbehaltenen Abzeichen trägt, Ring, Handschuhe, Sandalen und Mitra, ist, da er mehr als ein Abt und weniger als ein Bischof ist, weder das eine noch das andre. Er ist eine Art Monstrum. Er äfft den Bischof nach, bleibt aber nichtsdestoweniger Abt", zit. nach PUNIET, Pontifikale, S. 111. Auch aus dem Mönchtum selbst kam mitunter Widerstand. So forderte Bernhard von Clairvaux in einem Brief an Henricum, den Erzbischof von Senon, dass die Äbte keine Pontifikalien tragen sollten, vgl. HEGGLIN, Abt, S. 158. Cîteaux erhielt jedoch zwischen 1359 und 1375 selbst das Privileg der pontifikalen Abzeichen für immer, damit war auch bei den Zisterzienseräbten „die Bahn frei für einen allgemeinen Gebrauch der Pontifikalien", ebd.; vgl. auch HOFMEISTER, Mitra und Stab, S. 20f.

540 Vgl. ebd., S. 23.

541 Bereits das PCR bezeugt jedoch für die Äbte „habentis pontificalia" Mitra und Sandalen, PCR XVI, 10.

542 Zu Beginn des 17. Jahrhunderts trugen schließlich fast alle Äbte Pontifikalinsignien, vgl. HOFMEISTER, Mitra und Stab, S. 25.

543 Vgl. FÜRSTENBERG, Ordinaria loci, S. 135., vgl. auch die Darstellungen in Kapitel II 1.5.2.

544 Ebd., S. 135.

Vergleich zur „Abtsbenediktion" eher schlichte „Äbtissinnenbenediktion" des römischen Pontifikale kaum angemessen. Der in der Einleitung bereits skizzierte Weiheritus von Sr. Maria Magdalena Haidenbucher (+1650) aus dem Jahr 1609 im Kloster Frauenchiemsee zeigt exemplarisch, dass fehlende Elemente aus der „Abtsbenediktion" für die Äbtissinnen adaptiert wurden. So wurden auch über Sr. Maria Magdalena die sieben Bußpsalmen gebetet, die das Pontificale Romanum eigentlich nur für die „Benediktion" der Äbte vorsah. Auch übergab sie dem Bischof zum Offertorium nicht nur die beiden Kerzen, sondern ebenso wie die Äbte es gemäß den normativen Vorgaben taten, auch Brot und Wein.[545]

Die Äbtissinnen aus dem Kloster St. Benedikt in Conversano sind ebenfalls Zeuginnen dafür, dass zwischen römischen Vorgaben und gelebter Praxis nach dem Konzil von Trient erhebliche Diskrepanzen bestanden. Die Äbtissinnen trugen nicht nur Stab und Mitra,[546] sondern bei liturgischen Feiern auch Pektorale, Pluviale und Pontifikalhandschuhe. Mitra und Stab wurden neben beziehungsweise hinter ihr gehalten. Am Tag ihrer Thronsetzung empfing sie die Huldigung des ihr unterstehenden Klerus und ihrer Nonnen.[547] Für das Zisterzienserinnenkloster Frauenroth im unterfränkischen Teil Bayerns ist für das Jahr 1550 eine Stabübergabe für die Äbtissinnen überliefert.[548] Auch die Äbtissinnen des Zisterzienserinnenklosters Wald trugen „zum Zeichen ihrer Würde und Herrschaftsgewalt" Ring, Stab und Pektorale.[549] Aus der Benediktinerinnenabtei St. Walburg in Eichstätt zeigen Quellen aus dem siebzehnten Jahrhundert,[550] dass die Äbtissinnen im Rahmen der Äbtissinnenweihe[551] neben der Regel auch den Ring und am Ende der Feier auch den Äbtissinnenstab vom Bischof überreicht bekamen.[552]

3.2.4 *Gleicher Ritus – unterschiedliche „Wirkungen"?*

Bereits im Jahr 1210 hatte Papst Innozenz III. bestimmt, dass kein Abt die „niederen Weihen spenden" könne, „wenn er nicht zum Priester geweiht und zur äbtlichen Würde gesegnet worden ist".[553] Am 16. November 1427 verlieh Papst

---

545 Vgl. WEITLAUFF, Benediktion, S. 391–400.

546 Dieses Recht wurde im Jahr 1272 durch Papst Gregor X. (1271–1276) bestätigt, vgl. FÜRSTENBERG, Ordinaria loci, S. 293.

547 Vgl. ebd., S. 296.

548 Vgl. KRENIG, Frauenklöster, S. 105.

549 Vgl. KUHN-REFUS, Zisterzienserinnenkloster Wald, S. 153.

550 Vgl. ZUNKER, St. Walburg, S. 219.

551 So der von Zunker verwendete Begriff, vgl. ebd.

552 Vgl. ebd., S. 219f.

553 „Nihilominus ex iure positivo Innocentius III. anno 1210 antiquam legem renovavit, ex qua nullus Abbas minores ordines conferre posset nisi esset in sacerdotali ordine consecratus, et in abbatiali dignitate benedictus", vgl. Ephemerides liturgicae 21 (1907), S. 25. Positiv formuliert heißt das, ein Abt kann die „niederen Weihen spenden", wenn er zum Priester geweiht ist und zur Würde des Abtes benediziert worden ist.

Martin V. (1417–1431) dem Abt des Zisterzienserklosters Altzelle durch die Bulle „Gerentes ad vos" sogar das Privileg, „seinen Mönchen und Untergebenen auf die Dauer von fünf Jahren alle Ordines, auch die höheren (d. h. Subdiakonats-, Diakonats- und Priesterweihe) zu spenden".[554] Am 9. April 1489 erlaubte Papst Innozenz VIII. dem Abt von Citaeux, allen Religiosen des Ordens die Subdiakonats- und sogar die Diakonatsweihe zu spenden. Gleichfalls gestattete er ihm, die „Abts- und Äbtissinnenbenediktion" zu feiern.[555] Das Konzil von Trient erteilte den benedizierten Äbten in der 23. Sitzung insgesamt die Erlaubnis, den ihnen unterstellten Regularen die „niederen Weihen" zu „verleihen",[556] worunter es alle Weihestufen bis zum Subdiakonat zählte.[557]

Der CIC von 1917 nahm diese Bestimmung auf. Die „Benediktion des Abtes" wird in Canon 625 geregelt. Dort heißt es, die regierenden Äbte sollen innerhalb von drei Monaten nach der Wahl die Benediktion von dem Bischof empfangen, in dessen Diözese ihr Kloster liegt.[558] Canon 964,1/CIC 1917 regelt, dass der Abt „die erste Tonsur und die niederen Weihen" an diejenigen „spenden" darf, die mindestens durch „einfache Profess" seine „Untergebenen" sind.[559] Als Voraussetzung nennt der Canon, dass der Abt Priester ist, was seit dem Konzil von

---

554 OTT, Weihesakrament, S. 106f.

555 Vgl. KING, Liturgies, S. 76. Die Bulle „Exposit" ist verloren, es existiert lediglich eine Abschrift aus dem Jahr 1713. Das Privileg wurde 1595 von Clemens VIII. bestätigt und nochmal in 1604. Auch die Könige von Frankreich bestätigten dieses Privileg. Ausführlich zu den Privilegien und weiteren Bestätigungen insgesamt vgl. ebd., S. 75–77.

556 Das Konzil formulierte negativ, Äbten, die „innerhalb der Grenzen einer Diözese leben", sei es in Zukunft „nicht erlaubt, ... jemandem, der ihnen nicht als Regulare untergeben ist, die Tonsur oder die niederen Ordostufen zu verleihen", vgl. WOHLMUTH (Hg.), Dekrete III, S. 748.

557 Vgl. ebd., S. 742.

558 „Abbates regulares de regimine, legitime electi, debent intra tres menses ab electione benedictionem accipere ab Episcopo dioecesis in qua monasterium situm est", can. 625/CIC 1917. Handelt es sich bei dem Abt um einen exemten Abt, so benötigt der Ortsbischof die Vollmacht des Apostolischen Stuhls. Nach can. 615/CIC 1917 sind alle benediktinischen Äbte exemt, so dass sie alle die Weihe „auctoritate apostolica" empfingen; vgl. HEGGLIN, Abt, S. 153. Bei all diesen Weihen musste demnach das „Mandatum Apostolicum" verlesen werden; vgl. ebd., S. 155. Für die „Benediktion" der Benediktineräbte sind die Bischöfe vom Heiligen Stuhl ein für allemal bevollmächtigt, vgl. das „Breve Apostolicum" von BENEDIKT XV, AAS 13 (1921), S. 416f. Mit diesem Breve gab er das ständige „Mandatum Apostolicum" für die Abtsweihen der Benediktiner, die außerhalb der Römischen Kurie erteilt werden sollen; vgl. HEGGLIN, Abt, S. 153, Anm. 209; vgl. auch MÖRSDORF, Kirchenrecht I, S. 536, Anm. 1. Can. 322,2/CIC 1917, der den gefreiten Äbten den Empfang der „Benediktion" innerhalb von drei Monaten nach Eintreffen der päpstlichen Bestätigung auferlegt, zeigt, dass die Dreimonatsfrist erst mit der Bestätigung der Wahl beginnt: „Erst mit der Bestätigung wird die Wahl vollständig", HEGGLIN, Abt, S. 155.

559 „Abbas regularis de regimine, etsi sine territorio nullius, potest conferre primam tonsuram et ordines minores, dummodo promovendus sit ipsi subditus vi professionis saltem simplicis", can. 964,1/CIC 1917.

Vienne (1311–1312) vorgeschrieben war und spätestens für die Zeit nach Trient für alle Äbte galt,[560] und dass der Abt die „Abtsbenediktion empfangen hat".[561]

Für die Äbte nullius, also jene Äbte, die Vorsteher einer exemten Territorialabtei mit mindestens drei eigenen Pfarreien sind,[562] galten noch weitere bischöfliche Privilegien. Sie durften auf dem ihnen unterstellten Gebiet firmen, Kirchen und Altäre weihen und die Jungfrauenweihe spenden.[563] Vor der Entstehung des CIC und dem Canon 964,1 durften die Äbte mitunter auch außerhalb ihres Sprengels die Tonsur erteilen und jene Riten feiern, die zu den „niederen Weihen" gezählt wurden.[564] Aus der „Abtsbenediktion" leiteten sich vor dem CIC von 1917 also in gewisser Weise Vollmachten für den Abt ab, die es ihm sogar erlaubten, gültig, wenn auch unerlaubt, Weihen außerhalb seines eigenen Klosterbereiches zu spenden.[565]

Zwar konnte auch jedem geweihten Priester in Delegation das Recht zukommen, als außerordentlicher Spender niedere Weihen und Tonsur spenden zu dürfen, so dass die Maßgabe, dass der Abt dazu die Abtsweihe empfangen haben müsse, auf den ersten Blick verwundert. Im Unterschied zum gemeinen Diözesanpriester benötigte der benedizierte Abt jedoch keine eigene Delegation eines Bischofs, um immer in seinem Bereich die Weihehandlungen vornehmen zu dürfen.[566]

Dies erweckt den Eindruck, als würde durch die Abtsweihe eine „potestas" verliehen, wodurch den Äbten nach der „Abtsbenediktion" neue Befugnisse gleichsam automatisch zukommen. So ist es folgerichtig, wenn der Kirchenhistoriker Rudolf Reinhard die Frage stellt, ob die „Abtsweihe" nicht den Charakter einer „kleinen Bischofsweihe" habe. Reinhard kann vor allem für das 18. Jahrhundert nachweisen, dass weltgeistlichen Prälaten im Grunde als Ersatz für die Bischofsweihe die Abtsweihe gespendet wurde, wodurch sie das Pontifikalienrecht erhielten sowie über weitreichende Exemtion verfügten.[567] Reinhard kon-

---

560 Vgl. HEGGLIN, Abt, S. 127, Anm. 43 sowie S. 156, Anm. 227: Dass Äbte geweihte Priester sind, sei heute eine „Selbstverständlichkeit". Bereits seit dem 9. Jahrhundert hatten Synoden die Priesterweihe als Voraussetzung für die Abtsweihe gefordert. Das Konzil von Vienne 1311/12 erhob die Vorrausetzung der Priesterweihe zur universalkirchlichen Rechtsnorm, vgl. SEVERUS, Abts- und Äbtissinnenweihe, S. 186.

561 „... ipse vero sit presbyter et benedictionem abbatialem legitime acceperit", can. 964,1/CIC 1917.

562 Vgl. PUNIET, Pontifikale, S. 115f.

563 Vgl. ebd., S. 113f. Der CIC schreibt darüber hinaus fest, dass der benedizierte Abt das Privileg der Pontifikalinsignien, des Thrones und der Feier von Pontifikalämtern in seiner Klosterkirche hat, er darf das Brustkreuz sowie einen Ring mit Edelsteinen tragen, can. 325/CIC 1917, vgl. MÖRSDORF, Kirchenrecht I, S. 536. Nicht erlaubt ist dem benedizierten Abt der violette Pileolus, can. 625/1917.

564 Vgl. MÖRSDORF, Kirchenrecht I, S. 536, Anm. 2. Vgl. auch MAYER, Ordensrecht II, S. 148.

565 Vgl. HEGGLIN, Abt, S. 157.

566 Vgl. ebd.

567 REINHARD, Abtsweihe, S. 86.

statiert, hier sei die Abtsweihe letztlich aus ihrem ursprünglich monastischen Umfeld und zu einer „absoluten Weihe“ herausgehoben worden, was ihn zu der These führt, die Abtsweihe sei hier als „kleine Bischofsweihe“ verstanden worden, eine Weihe, die irgendwo zwischen der Priester- und Bischofsweihe angesiedelt war.[568]

Brogi hingegen spricht sich klar gegen die Verleihung einer „potestas“ aus der „Abtsbenediktion“ heraus aus. Das Recht des „benedizierten“ Abtes, die niederen Weihen zu spenden, stamme nicht aus der „Abtsbenediktion“, sondern sei ein „kirchliches Privileg“, erklärt er.[569] Dieser Ansicht ist auch Hofmeister. Er spricht ebenfalls ausschließlich von „Privilegien“, die Äbten verliehen wurden. Dass Äbte keine Vollmachten aus ihrer Abtsweihe empfangen, zeige sich, so Hofmeister, etwa daran, dass Papst Alexander III. (1159–1181) den Zisterzienseräbten gestattete, dass sie ihre Mönche auch dann weihen durften, wenn sie die „Abtsbenediktion“ noch nicht empfangen hatten. Sie mussten den Bischof jedoch zuvor dreimal vergeblich um eine Benediktion gebeten haben.[570]

Ob die Abtsweihe beim Abt etwas „bewirkt“, also eine „potestas“ verleiht, oder ob durch die Weihe ein verliehenes kirchliches Privileg in Kraft gesetzt wird, kann nicht beantwortet werden. Letztlich kann nur festgestellt werden, dass die Äbte beziehungsweise auch die weltgeistlichen Prälaten nach der Feier der Abtsweihe andere rituelle Handlungen vornahmen beziehungsweise auch vornehmen durften als vorher. Die weiblichen Äbtissinnen durften das nicht. Ob sie es mitunter dennoch taten, ist noch nicht erforscht. Dass die Äbte nach der Abtsweihe anders handelten, als die Äbtissinnen nach der Äbtissinnenweihe, obwohl beide Riten weitgehend formgleich waren, hat ihren Grund in der von den Äbten zuvor empfangenen Priesterweihe. Wenn auch die Äbte nach dem Empfang der Abtsweihe im nachtridentinischen Zeitalter regelhaft „niedere Weihen“ spendeten, so ist Reinhards Frage, ob die Abtsweihe nicht als eine „kleine Bischofsweihe“ verstanden worden ist, für diese Zeit zu bejahen.

Die Parallelität von Bischofs- und Abtsweihe war insofern unproblematisch, als beide Riten von den meisten Theologen zu den „Sakramentalien“ gezählt

---

568 Vgl. ebd., S. 88. Einen ähnlichen „Missbrauch“ konstatierte der Benediktiner Philibert Schmitz aus der Abtei Maredsous Mitte des 20. Jahrhunderts in seiner „Geschichte des Benediktinerordens“. Dass die Abtswürde immer mehr auch Nicht-Benediktinern verliehen worden sei – also Angehörigen anderer Orden aber auch Weltgeistlichen – sieht Philibert Schmitz darin begründet, dass diese die den Äbten zugestandenen Pontifikalien erhalten wollten, vgl. SCHMITZ, Geschichte III, S. 67. Schmitz selbst streift in seinem vierbändigen Werk die Abtsweihe häufig in Zusammenhang mit der Geschichte der Abtswahl sowie mit Blick auf die rechtliche Situation mit Schwerpunkt auf das Pontifikalienrecht, vgl. SCHMITZ, Geschichte I, S. 244–249; SCHMITZ, Geschichte III, S. 67, S. 156; SCHMITZ, Geschichte IV, S. 225. Ein Seitenblick auf die Äbtissinnenweihe fehlt jedoch und auch die Gestalt des Ritus spielt keine Rolle.

569 Vgl. BROGI, Benedizione, S. 35.

570 Vgl. HOFMEISTER, Mitra, S. 75.

wurden. Das Konzil von Trient hatte die Frage nach der Sakramentalität der Bischofsweihe nicht entschieden und offen gelassen, woher die Bischöfe ihre geistliche Gewalt haben, also ob sie kraft göttlichen Rechtes den Priestern übergeordnet sind, oder nicht.[571] Außerhalb der „thomistischen Schule“ wurde die Bischofsweihe jedoch zunehmend als „Sakrament“ verstanden.[572] Der Jesuit Robert Bellarmin (1542–1621) war sich der Sakramentalität der Bischofsweihe zwar ganz sicher, dachte das Sakrament aber vom Priestertum und zählte, um die Siebenzahl der Ordines zu erhalten, Priester- und Bischofsweihe als einen Ordo, der zwei Stufen umfasst.[573]

Noch in der ersten Hälfte des zwanzigsten Jahrhunderts waren sich die Theologen in der Frage nach der Sakramentalität der Bischofsweihe uneinig.[574] So nahm der Dogmatiker Bernhard Bartmann in den zwanziger Jahren des zwanzigsten Jahrhunderts sieben, beziehungsweise acht Weihestufen an, zunächst die vier niederen Weihestufen bis zum Akolythen und dann drei, beziehungsweise in Klammern vier, höhere Weihestufen vom Subdiakon bis zum Priester. Den Episkopat klammerte Bartmann ein und begründete diese doppelte Möglichkeit der Zählung mit der „neueren Theologie“, die gegen die Auffassung der Scholastik den Episkopat „als eigenen Ordo“ zähle, woraus sich die Achtzahl ergebe.[575] Insgesamt werde der Episkopat jedoch „heute von der Mehrzahl für ein Sakrament gehalten“,[576] erklärt er. Die Weichen für eine neue Bischofstheologie waren also bereits gestellt, die Frage nach der Sakramentalität der Bischofsweihe sollte schon bald entschieden werden – mit erheblichen Konsequenzen für die Abts- und Äbtissinnenweihe.

3.3 Zur Äbtissinnenweihe am Vorabend des Zweiten Vatikanischen Konzils

Noch in der Editio typica-Ausgabe des Pontificale Romanum von 1962 heißt es in der Rubrik zur Präfation: „Der Bischof legt beide Hände ... auf den Kopf der Er-

---

571 Vgl. für die Diskussion GANZER, Primatsauffassung, S. 109–163. Das Konzil von Trient hatte sich während der zweiten Sitzungsperiode (1551–52) mit dem Weihesakrament beschäftigt. Am 20. Januar 1552 wurden acht Kanones über das Weihesakrament überreicht. Umstritten war insbesondere Kanon 8, in dem formuliert war, die Bischöfe seien „iure divino“ eingesetzt. Das Weihesakrament wurde in der dritten Sessio erneut verhandelt. Die Frage nach der Einsetzung der Bischöfe „göttlichen Rechts“ wurde erneut scharf diskutiert. Eine Einigung über die Frage nach dem Ursprung der bischöflichen Jurisdiktionsgewalt wurde nicht erzielt. So umging man die Frage.

572 OTT, Weihesakrament, S. 137.

573 Vgl. ebd., S. 138.

574 Vgl. BARTMANN, Dogmatik II, S. 442.

575 Vgl. ebd., S. 438.

576 Ebd., S. 442.

wählten".[577] Eine Rubrik, die im zwanzigsten Jahrhundert Erstaunen auslöste, wie zum Beispiel Eisenhofers „Grundriss der katholischen Liturgik" zeigt, wenn er bemerkt: „selbst die Handauflegung wird an der Äbtissin vollzogen".[578]

Dass die Handauflegung in den römischen Riten des zweiten Jahrtausends für die Äbte und Äbtissinnen eine Besonderheit ist, wurde deutlich. Nur den Äbten und Äbtissinnen wurden neben den Diakonen, Priestern und Bischöfen gemäß den normativen Vorgaben die Hände aufgelegt. Seit dem neunzehnten und spätestens im zwanzigsten Jahrhundert ergab sich zunehmend die Spannung, dass theologisch mit der Handauflegung die Übertragung eines „character indelebilis" gedacht wurde, also eines untilgbaren Prägemals, das ausschließlich jenen Weihen zugestanden wurde, die zu den „höheren sakramentalen Weihen" gezählt wurden. Das Konzil von Trient hatte in der 23. Sitzung am 15. Juli 1563 gegen die „Irrlehren der Reformatoren" definiert, mit der Taufe, der Weihe und der Firmung werde ein „character" eingeprägt, der „weder zerstört noch weggenommen werden kann".[579]

3.3.1 *Die Enzyklika „Sacramentum ordinis"*

Am 30. September 1947 entschied Papst Pius XII. mit der Enzyklika „Sacramentum ordinis" die jahrhundertealte Streitfrage nach „Form" und „Materie" des Weihesakraments neu. Die scholastische Theologie, die diese Kategorien aufgestellt hatte, hatte häufig die Übergabe der Geräte als Materie der Weihe angesehen.[580] Eine (schließlich nur erste) Klärung in dieser Frage brachte das Konzil von Florenz (1439–1445) im Dekret für die Armenier.[581] Hinsichtlich des „Weihesakramentes" bestimmte es, Materie sei das, „durch dessen Übergabe die Weihe

---

577 „Pontifex imponit ambas manus ... super caput Electae", PR 1962, 450.

578 EISENHOFER, Grundriss, S. 277.

579 Vgl. WOHLMUTH (Hg.), Dekrete III, S. 742f.

580 Vgl. OTT, Weihesakrament, S. 54–56; 92–96.
Dass jedoch trotz der Bestimmungen des Florenzer Konzils auch weiterhin die Vorstellung vertreten wurde, dass die Handauflegung das Sakrament „bewirke", zeigt etwa eine Äußerung des Theologen François Hallier. Dieser bemerkte 1636 in seinem Traktat über den Ordo, er sei sich sicher, dass die Äbtissin vergeblich die Händeauflegung empfängt. Sie könne auch nicht den sakramentalen Charakter aufnehmen, wann auch immer sie sich der Zeremonie der Ordination unterzöge. Die Äbtissinnen seien für den Empfang des Ordo nicht geeignet, auch wenn sie geistliche Jurisdiktion innerhalb ihres Klosters über andere Frauen ausübten, vgl. HALLIER, Electionibus, Sp. 821–854, für die Äbtissinnen besonders Sp. 828 und 850–853. Hallier stellt klar, die Benediktion der Äbtissinnen sei „keine heilige Ordination", weil Frauen qua Geschlecht vom Empfang der Weihe ausgeschlossen sind und es gegen die Natur verstoße, wenn eine Frau Jurisdiktion über Männer ausübe, vgl. ebd., Sp. 853.

581 Vgl. WOHLMUTH (Hg.), Dekrete II, S. 534–559, über den Ordo besonders S. 549f.

verliehen wird".[582] Für die Priesterweihe legte man die Darreichung des Kelches mit Wein und der Patene mit Brot als Materie fest, für die Diakonatsweihe die Übergabe des Evangelienbuches, für den Subdiakonat die Übergabe des leeren Kelches mit der daraufgelegten Patene. Als Form sah man das jeweils zugehörige Geleitwort an, welches der Priester bei der Übergabe der Geräte sprach. Für die Bischofsweihe stellte man keine Klärungen an, was zeigt, dass das Konzil von Florenz diese in der Tradition des Thomas von Aquin[583] nicht zum Ordo zählte.

Doch trotz der Klärung durch das Florenzer Konzil blieb die Frage strittig. Noch nach dem Konzil von Trient gingen die Ansichten über Form und Materie des Weihesakraments ziemlich auseinander. Zumeist sah man die Bestimmungen des Armenierdekrets als gültig an. Beim Subdiakonat wurde weitestgehend die Übergabe des leeren Kelches und der leeren Patene mit den damit verbundenen Worten als konstitutive Akte verstanden (Form).[584] Für die Diakonenweihe hatte noch im sechzehnten und siebzehnten Jahrhundert die Auffassung weite Verbreitung, dass die Materie allein in der Übergabe des Evangelienbuches bestehe, die Form aus den dabei gesprochenen Worten. Die Frage nach der Notwendigkeit der Handauflegung wurde aber durchaus diskutiert. Dass sie nicht Materie sei, begründeten Gegner damit, es werde nur die rechte Hand des Bischofs aufgelegt, nicht beide wie bei der Priesterweihe.[585] Robert Bellarmin etwa befürwortete die Sicht, wonach sowohl die Übergabe des Evanglienbuches als auch die Handauflegung die wesentliche Materie der Diakonenweihe sei.[586] Die Zugehörigkeit der Handauflegung sei maßgeblich aus der Heiligen Schrift begründet.[587]

Ebenfalls herrschte bei der Priesterweihe noch bis ins achtzehnte Jahrhundert hinein keine Einigkeit über Materie und Form des Sakramentes. Viele Theologen sahen die Materie noch immer in der Übergabe des Kelchs mit Wein und der Patene mit Brot, die Form in den dabei gesprochenen Worten „Empfange die Gewalt, Gott das Opfer darzubringen ...". „Es sind nahezu dieselben Autoren, die das Wesen der Diakonatsweihe in die Übergabe des Evangelienbuches und in die dabei gesprochenen Worte verlegen".[588] Die Befürworter beriefen sich auf das Konzil von Florenz, die Lehre des Thomas von Aquin sowie die Dekretale „Pres-

---

582 Vgl. ebd., 549.

583 Vgl. DAUFRATSHOFER, Lehramt, S. 325–237. Der Münsteraner Kirchenhistoriker Matthias Daufratshofer zeigt, dass Papst Eugen IV. (1431–1447) bei der Erstellung des Armenierdekrets über große Strecken fast wörtlich die Ausführungen über die Sakramente aus der Schrift „De articulis fidei et Ecclesiae sacramentis" von Thomas übernommen hat.

584 Vgl. OTT, Weihesakrament, S. 139.

585 Vgl. ebd., S. 142.

586 Vgl. ebd., S. 143.

587 Vgl. ebd., S. 144.

588 Ebd., S. 145f.

byter" von Papst Gregor IX. (1227–1241), aus der man folgerte, dass die Handauflegung nicht zum Wesen des Sakramentes gehöre.[589]

Bei der Bischofsweihe war ja gar strittig, ob sie überhaupt zu den Sakramenten zu zählen war. Demnach war die Frage nach Form und Materie bei der Bischofsweihe auch lediglich für diejenigen Theologen relevant, die die Bischofsweihe als Sakrament verstanden. Entweder wurde die Auflegung des Evangelienbuches zusammen mit der Handauflegung als Materie betrachtet, einige sahen auch die Übergabe von Stab, Ring und Evangelienbuch als „Teilmaterie", was auch erklärt, warum das Pontificale Romanum für die Äbtissinnen keine Stab- und Ringübergabe vorsah.[590] Immer lauter wurden jedoch Stimmen, die die Ursache der bischöflichen Gnaden ausschließlich in der Handauflegung sahen und dies aus der Geschichte heraus begründeten, wonach die alte Kirche den Ritus der Auflegung des Evangelienbuches noch nicht kannte, jedoch schon die Handauflegung.[591] So verlegten die meisten Theologen die Materie der Bischofsweihe „in die Handauflegung der Bischöfe und die Form in die dabei gesprochenen Worte: ‚Empfange den Heiligen Geist' oder in das alte Weihegebet".[592]

In der ersten Hälfte des zwanzigsten Jahrhunderts erhielt das Heilige Offizium vermehrt Anfragen, die Zweifel über die Gültigkeit von einzelnen Priesterweihen äußerten und um Klärung baten.[593] „Angesichts der immer wieder nach Rom geschickten Dubia und der nicht abreißen wollenden Unsicherheit und Diskussion über die Gültigkeit und wesentliche Materie sowie Form des Weihesakraments sowohl unter Theologen als auch Bischöfen wurde eine Klärung dieser Streitfrage durch das kirchliche Lehramt immer drängender."[594] So beendete Papst Pius XII. am 30. November 1947 kraft seiner „höchsten Apostolischen Autorität"[595] diese Streitfrage (erneut)[596]:

> Bei der D i a k o n e n w e i h e ist die Materie die Handauflegung des Bischofs, die im Ritus dieser Weihe ein einziges Mal vorkommt. Die Form aber besteht in den Worten der „Präfation", von denen die folgenden wesentlich und deshalb zur Gültigkeit erforderlich sind: „Sende auf ihn, so bitten wir, Herr, den Heiligen Geist, damit er für die Aufgabe, deinen Dienst treu zu erfüllen, mit dem Geschenk deiner siebenförmigen Gnade gestärkt werde.

---

589 Vgl. ebd., S. 146.

590 Noch aus dem 18. Jahrhundert gibt es Zeugnisse, die die Auflegung des Evangelienbuches als „Teilmaterie" der Bischofsweihe werteten, wie der französische Theologe Honoré Tournely (1658–1729), vgl. ebd., S. 154.

591 Vgl. ebd., S. 154.

592 Ebd., S. 155.

593 Vgl. DAUFRATSHOFER, Lehramt, S. 312.

594 Vgl. ebd., S. 314.

595 AAS 40 (1948), S. 5. Hier wird im Folgenden die Übersetzung des Enchiridion Symbolorum von Heinrich Denzinger und Peter Hünermann verwendet (DH).

596 Eine prägnante Gegenüberstellung der gegensätzlichen Aussagen des Armenierdekrets (1439) und „Sacramentum ordinis" (1947) findet sich bei DAUFRATSHOFER, Lehramt, S. 338f.

> Bei der Priesterweihe ist die Materie die erste Auflegung der Hände des Bischofs, die schweigend geschieht, nicht aber die Fortsetzung ebendieser Auflegung durch die Ausstreckung der rechten Hand, und auch nicht die letzte, mit der die Worte verbunden werden: „Empfange den Heiligen Geist: denen du die Sünden vergibst, usw.“. Die Form aber besteht in den Worten der „Präfation“, von denen die folgenden wesentlich und deshalb zur Gültigkeit erforderlich sind: „Verleihe, so bitten wir, allmächtiger Vater, diesem deinem Diener die Würde des Priestertums; erneuere in seinem Herzen den Geist der Heiligkeit, damit er das von Dir, Gott, empfangene Amt des zweiten Ranges fest halte und durch das Beispiel seines Lebenswandels die Zucht der Sitten fördere.
> Schließlich ist bei der Bischofsweihe bzw. -konsekration die Materie die Auflegung der Hände, die vom konsekrierenden Bischof geschieht. Die Form aber besteht in den Worten der „Präfation“, von denen die folgenden wesentlich und deshalb zur Gültigkeit erforderlich sind: „Vollende in deinem Priester die Fülle deines Dienstes und heilige den mit den Kostbarkeiten der ganzen Verherrlichung Ausgestatteten mit dem Tau himmlischen Salböls“ (DH 3860).

Hinsichtlich der Entscheidungen des Konzils von Florenz argumentierte der Papst, die römische Kirche habe „die nach griechischem Ritus ohne Übergabe der Geräte gespendeten Weihen stets für gültig gehalten, so dass selbst auf dem Konzil von Florenz ... den Griechen keinesfalls auferlegt wurde, den Weiheritus zu ändern oder ihm die Übergabe der Geräte einzufügen“ (DH 3858). Zusätzlich versicherte Pius XII. abschließend, die Bestimmungen hätten „keine rückwirkende Kraft“ (DH 3861).[597]

Mit dieser Apostolischen Konstitution änderte Pius XII. nicht nur die Bestimmungen eines früheren Konzilsbeschlusses[598] hinsichtlich Materie und Form des Weihesakramentes,[599] sondern setzte zumindest implizit auch erstmals in einem lehramtlichen Dokument die Sakramentalität der Bischofsweihe voraus und legte damit den Grundstein für die Neudefinition von Bischofsamt und Bischofsweihe durch das Zweite Vatikanische Konzil.[600] Sowohl die neue Bestimmung, wie das Weihesakramentes zustande kommt, als auch die Neuerfindung des sakramentalen Bischofsamtes, die sich in „Sacramentum ordinis“ bereits andeutete, waren ein Paukenschlag für die Geschichte der Äbtissinnenweihe und bildeten die Grundlage, die in römischer Perspektive das Ende der „ersten Tradition“ und eine Erfindung einer „zweiten Tradition“ nötig machte.[601] Denn auch bei der Äbtissinnenweihe wurde eine Präfation gespro-

[597] Die Entstehungsgeschichte dieser Enzyklika findet sich bei DAUFRATSHOFER, Lehramt, S. 339–354.

[598] Daufratshofer stellt ausführlich Argumente verschiedener Theologen zur Frage nach der lehramtlichen Autorität des Armenierdekrets vor, die seit dem Beginn des 20. Jahrhunderts versuchten, zugunsten eines Kontinuitäts*narrativs* die Verbindlichkeit des Armenierdekrets abzuschwächen, vgl. ebd., S. 360–374.

[599] Zur Frage, ob Pius XII. hier ein Dogma verändert hat, vgl. ebd., S. 387–402.

[600] Vgl. ausführlicher Abschnitt III 1.3 dieser Arbeit.

[601] Vgl. zur „Erfindung der zweiten Tradition“ Abschnitt III dieser Arbeit.

chen und der Bischof legte ihnen währenddessen die Hände auf. Die Äbtissinnenweihe erfüllte somit formal genau jene neuen lehramtlich definierten Bestimmungen, die zum Zustandekommen des Weihesakramentes nötig waren – und das über einen Zeitraum von 23 Jahren auch nachweislich nach 1947.

3.3.2 Äbtissinnenweihen nach „Sacramentum ordinis"

Am 6. Juni 1949 fand die „Äbtissinnenbenediktion" von Sr. Juliana Tüte (1897–1979, Äbtissin von 1949–1972)[602] im Benediktinerinnenkloster Varensell statt. Das Kloster war erst kurz zuvor am 15. Dezember 1948 zur Abtei erhoben worden.[603] Auskunft über den „Ablauf des Weiheritus"[604] gibt ein 17 Seiten umfassender, maschinengeschriebener Leitfaden.[605] Über Sr. Juliana wurde die Präfation „Affluentem spiritum" gesprochen und der Paderborner Erzbischof Lorenz Jaeger (1892–1975) legte ihr die Hände auf.[606] In der Zeremonie hielt man sich weitestgehend eng an die Richtlinien des römischen Pontifikale PR 1595/96. Sr. Juliana Tüte erhielt jedoch ganz selbstverständlich auch Stab und Ring. Für die Begleitworte griff man auf jene zurück, die das Pontifikale für die Abtsweihe vorsah. So erhielt Sr. Juliana den „Stab des Hirtenamtes" durch Bischof Jaeger mit den Worten:

> Empfange den Stab des Hirtenamtes, den du der dir anvertrauten Schar vorantragen sollst: auf dass du liebevoll und streng seist bei der der Zurechtweisung von Verfehlungen; und wenn du erzürnt bist, der Barmherzigkeit gedenkst.[607]

Bei der Übergabe des Ringes sprach Bischof Jaeger:

> Empfange den Ring, das Zeichen der Treue, dass du die Braut, nämlich Gottes heilige Kirche, mit unverbrüchlicher Treue geschmückt, unversehrt behüten mögest.[608]

---

602 Sr. Juliana Tüte wurde 1897 als Elisabeth Tüte in Sendenhorst geboren. 1918 trat sie in das Benediktinerinnenkloster Varensell ein. Während der Zeit des Nationalsozialismus und des Zweiten Weltkriegs führte sie das Kloster seit 1935 als Priorin. Nachdem das Kloster 1948 zur Abtei erhoben worden war, wurde Sr. Juliana Äbtissin des Klosters. 1972 „legte sie das Amt aus Altersgründen nieder", Tüte, Juliana, in: Bibliographia Benedictina.

603 Vgl. http://www.abtei-varensell.de/wer-wir-sind/geschichte/?type=13 (Zugriff 05. Dezember 2016).

604 Die Begriffe „Benediktion" und „Äbtissinnenweihe" wurden demnach synonym verwendet.

605 De benedictione abbatissae, 1949. Ablauf des Weiheritus von Sr. Juliana Tüte, 6. Juni 1949; Archiv der Abtei Varensell, 33397 Rietberg.

606 Ebd., S. 8.

607 „Accipe baculum Pastoralis officii, quem praeferas catervae tibi commissae: ut sis in corrigendis vitiis pie saeviens; et cum irata fueris misericordiae memoreris", ebd., S. 13.

608 „Accipe anulum, fidei scilicet signaculum; quatenus sponsam Dei, sanctam videlicet Ecclesiam, intemerata fide ornata, illibate custodias", ebd., S. 13.

Damit hat Sr. Juliana den Ring mit den gleichen Worten überreicht bekommen, mit denen ihn auch die Bischöfe gemäß dem PR empfangen. Die neue Äbtissin von Varensell erhielt auch das Pektorale innerhalb des Weiheritus direkt nach der Übergabe des Ringes. Dies war vom Pontificale Romanum ebenfalls nicht vorgesehen, auch nicht für die „Abtsbenediktion“.[609]

Noch nach dem Ende des Zweiten Vatikanischen Konzils wurden Äbtissinnen weiter die Hände aufgelegt. Am 9. Januar 1966 fand die „Äbtissinnenbenediktion“ von Sr. Diethild Eickhoff (1911–2010, Äbtissin von 1965/66–1986)[610] statt. Sr. Diethild war die erste Äbtissin des 1962 neu errichteten Klosters Engelthal, welches 1965 schließlich zur Abtei erhoben worden war. Die „Benediktion“ feierte der damalige Bischof von Mainz, Hermann Volk (1903–1988).[611] Aus den Annalen erfährt man, dass der Ritus „zum letzten Mal in lateinischer Sprache gehalten wurde“.[612]

Die Beschreibung der „Weihe“[613] durch die Annalistin Sr. Paschasia Stümpf zeigt, welch große Bedeutung die Äbtissinnenweihe für die Schwestern hatte. Ganz selbstverständlich setzt Sr. Paschasia die Äbtissinnenweihe parallel zu anderen Weihen: „Die Äbtissinnenweihe wird – wie alle großen Weihen der Kirche – nach dem Graduale gespendet“.[614] Als Zentrum der Weihehandlung skizziert sie die „Weihepräfation“ – „Höhepunkt der hl. Handlung“ – mit der Handauflegung, „Gestus der Übertragung einer heiligen Kraft“. Sr. Diethild ist sogar zweifach die Hand aufgelegt worden: Sowohl durch die Handauflegung des Mainzer Bischofs Volk als auch des Abtpräses empfing sie „die Gnade ihres Amtes“.[615]

---

609 Segnung und Übergabe des Pektorale waren auch bei der „Abtsbenediktion“ und der „Bischofskonsekration“ nicht Bestandteil der „Benediktions- bzw. Konsekrationsfeier“, vgl. auch NUSSBAUM, Brustkreuz, S. 31.

610 Sr. Diethild Eickhoff wurde 1911 als Anna Eickhoff geboren. 1923 trat sie in der Abtei Herstelle ein. Als von der Abtei Herstelle im Jahr 1962 das Tochterkloster Engelthal gegründet wurde, übernahm Sr. Diethild zunächst das Amt der Priorin. 1965 wurde sie „zur ersten Äbtissin eingesetzt und empfing am 9. Januar 1966 die Benediktion“, Eickhoff, in: Biographia Benedictina.

611 Zeugnis über die Zeremonie geben ein ausführlicher Bericht von Sr. Paschasia Stümpf in den Annalen des Klosters (STÜMPF, Paschasia, Annalen der Benediktinerinnenabtei Kloster Engelthal 1966; Archiv der Benediktinerinnenabtei Kloster Engelthal, 63674 Altenstadt/Hessen), sowie das erhaltene Heftchen zur „Äbtissinnen-Benediktion“ (Äbtissinnen-Benediktion von Frau Diethild Eickhoff am 9. Januar 1966 in der Benediktinerinnenabtei zur Heiligen Maria zu Engelthal durch Bischof H. Volk, Mainz; Archiv der Benediktinerinnenabtei Kloster Engelthal, 63674 Altenstadt/Hessen). Herzlichen Dank an Sr. M. Gabriel Cosack, die mir diese Quellen als Kopie zur Verfügung gestellt hat.

612 STÜMPF, Paschasia, Annalen der Benediktinerinnenabtei Kloster Engelthal 1966; Archiv der Benediktinerinnenabtei Kloster Engelthal, 63674 Altenstadt/Hessen, S. 1.

613 So der Begriff, den Sr. Paschasia verwendet.

614 Ebd., S. 2.

615 Ebd., S. 2.

In gleicher Weise wie Diethild Eickhoff ist auch die „Äbtissinnenbenediktion“ von Sr. Beatrix Kolck (1924–2000, Äbtissin von 1966–1994)[616] in der Abtei vom Heiligen Kreuz Herstelle am 25. März 1966 gefeiert worden. Hier war der in Engelthal verwendete Ritus auch erarbeitet, übersetzt und den Schwestern in Engelthal zur Verfügung gestellt worden. Die „Benediktion“ unter Präfation und Handauflegung spendete der damalige Abtpräses der Beuroner Benediktinerkongregation, Abt Petrus Borne (1910–1976, Abt von 1947 (St. Matthias) bzw. 1949 (Tholey) bis 1976) der Benediktinerabtei Tholey.[617]

Auch über Sr. Emmanuela Aichinger wurde bei ihrer Äbtissinnenweihe[618] am 21. Mai 1967, wie eingangs skizziert, die Präfation „Affluentem spiritum“ gesprochen, wobei ihr der Passauer Bischof Simon Konrad Landersdorfer die Hände auflegte.[619] Die Äbtissinnenweihe fand innerhalb eines lateinischen Choralamtes am Hochaltar in der Benediktinerinnenabtei St. Gertrud in Tettenweis statt.[620]

Die Beispiele zeigen: Auch nach 1947, sogar noch in den späten 1960er Jahren, wurde über die Äbtissinnen die alte gelasianische Präfation gesprochen und ihnen wurden die Hände aufgelegt. Und das nicht nur in der Praxis, wie die Beispiele zeigen, sondern es war sogar vom römischen Normtext von 1962 vorgesehen. Damit stand die jahrhundertealte Tradition, Äbtissinnen unter Präfation und Handauflegung zu weihen, diametral im Konflikt mit jener neuen lehramtlichen Bestimmung von „Sacramentum ordinis“, wonach die Handauflegung Materie und die Präfation Form des Weihesakramentes seien. Die Äbtissinnenweihe unter Präfation und Handauflegung entsprach damit seit 1947 formal einer sakramentalen Weihehandlung, sollte aber in lehramtlicher Perspektive ein Sakramentale sein.

---

616 Sr. Beatrix Kolck wurde 1924 als Helene Kolck in Xanten geboren. Sie war die zweite Äbtissin der Abtei Herstelle, vgl. Kolck, in: Biographia Benedictina.

617 De benedictione abbatissae – Die Äbtissinnenweihe von Mutter Beatrix Kolck OSB am 25. März 1966 in der Abtei vom Heiligen Kreuz Herstelle; Archiv der Abtei vom Hl. Kreuz Herstelle, 37688 Beverungen: BI 4. Wahl und Weihe der Äbtissinnen, Ritus: B. Kolck, 1966. Herzlichen Dank für die Materialien an Sr. M. Eunike Wilkens.

618 So bezeichnet in dem „Durchschlag zur Weihe von Mutter Emmanuela Aichinger“.

619 Vgl. Äbtissinnen-Weihe; maschinengeschriebener Notizzettel der Äbtissin in Stichpunkten; Archiv der Abtei St. Gertrud, 94167 Tettenweis; „Dienen in Liebe“; maschinengeschriebener Informationszettel über den Tagesablauf für die Schwestern in Stichpunkten; Archiv der Abtei St. Gertrud, 94167 Tettenweis sowie Äbtissinnenweihe in St. Gertrud, Tettenweis, am Fest d. Hlst. Dreifaltigkeit, 21. Mai 1967; ausformulierter, maschinengeschriebener Ablauf für die Schwestern mit hds. Korrekturen, Durchschlag; Archiv der Abtei St. Gertrud, 94167 Tettenweis. Ferner informiert ein Blatt über die verwendeten Messorationen (lateinisch/deutsch), die zweite Meßoration für die Äbtissinnenweihe; Blatt mit den verwendeten Messorationen; Archiv der Abtei St. Gertrud, 94167 Tettenweis, ein weiteres Blatt über zehn Fürbitten für die Weihe, die trotz der Litanei zusätzlich auf Deutsch gebetet worden sind, Fürbitten zur Äbtissinnenweihe am 21. Mai 1967; Archiv der Abtei St. Gertrud, 94167 Tettenweis.

620 Das Kloster ist eine Neugründung der Abtei Frauenwörth aus dem Jahr 1899.

Ein weiteres Problem für die „erste Tradition“ der Äbtissinnenweihe entstand mit der Definition der Bischofsweihe als Sakrament durch das Zweite Vatikanische Konzil. Die „Neuerfindung“ von Bischofsamt und Bischofsweihe, die im folgenden Teil der Arbeit noch ausführlich Gegenstand sein wird, bewirkte, dass die jahrhundertealten Ritualanalogien der Abts- und Äbtissinnenweihe mit der Bischofsweihe systematisch unerträglich wurden: Elemente der Äbtissinnenweihe wie die Übergabe von Stab und Ring, der Gesang des Te Deums am Ende der Feier oder die Inthronisation der Äbtissin auf ihrem Sitz (oder gar ihrer Kathedra) sorgten zusätzlich für „Verwirrungen“ hinsichtlich einer „falsch verstandenen“ Sakramentalität der Äbtissinnenweihe, die, wie einleitend skizziert, das erste Schema zur Überarbeitung der Abtsweihe deutlich beklagte.[621]

4 *Zur „ersten Tradition“ der Äbtissinnenweihe – Zusammenfassung*

In den Kapiteln 1 bis 3 dieses Abschnittes wurde die historische Genese der Äbtissinnenweihe von den Anfängen bis zum Zweiten Vatikanischen Konzil, einleitend als „erste Tradition“ der Äbtissinnenweihe bezeichnet, rekonstruiert.

1. Frühe Spuren dieser „ersten Tradition“ finden sich in der Magisterregel, die im 93. Kapitel eine Einsetzungszeremonie („ordinatio“) für den männlichen Abt zeigt (vgl. Kapitel II 1.1). Die Magisterregel ist für die Geschichte der Äbtissinnenweihe deshalb bedeutend, weil sie nach aktuellem Forschungsstand eine wichtige Vorlage für die Benediktsregel bildete, die sowohl durch männliche als auch weibliche Ordenszweige rezipiert wurde und wird (vgl. Kapitel II 1.2.3). Die „ordinatio“ in der Magisterregel besteht im Wesentlichen aus der Überreichung der Regel durch den Vorgängerabt, der Übergabe des Klosterbesitzes und eines Mantels („pallium“), der Installation des neuen Abtes durch seinen Vorgänger sowie aus einem Gebet des Bischofs und einem Friedenskuss. Bemerkenswert ist die marginale Rolle des Bischofs, dem neben dem Gebet über den neuen Abt nur zwei weitere Aufgaben zukommen, nämlich die Besiegelung des Testaments und die Eintragung des Namens des Abtes in das Diptychon des Klosters. Steidle urteilt treffend, die Magisterregel sei ein Zeugnis dafür, dass der Abt eine „gleiche Autorität der göttlichen Stellvertretung“[622] im Kloster hatte, wie der Bischof in seiner Diözese (vgl. Kapitel II 1.1.1).

2. Zwar ist das 64. Kapitel der Benediktsregel mit „ordinatio“ überschrieben, womit in Anlehnung an Sommerville wie auch schon in der Magisterregel wohl der gesamte Prozess einer „Einsetzung“ in ein Amt zu verstehen ist. Die Be-

---

[621] Vgl. CECL 307a, S. 9.

[622] STEIDLE, Einsetzung, S. 182f.

schreibung einer Abtsweihe fehlt jedoch, weshalb in der Forschung lange diskutiert wurde, ob der Verfasser der Benediktsregel eine Abtsweihe kannte. Da die Priorität der Magisterregel mittlerweile Forschungskonsens[623] ist (vgl. Kapitel II 1.2.2) und weitere Zeugnisse aus dem sechsten Jahrhundert wie etwa Briefe Papst Gregors des Großen die Existenz einer „ordinatio“ von Äbtissinnen durch einen Bischof im Rahmen einer Messfeier belegen (vgl. Kapitel II 1.3), ist es sehr wahrscheinlich, dass der Verfasser der Benediktsregel ebenfalls eine Abts- beziehungsweise Äbtissinnenweihe kannte.

3. Das Bußbuch Theodors von Canterbury aus dem siebten Jahrhundert dokumentiert gemeinsame Normen für die „Ordination“ beziehungsweise „Benediktion“ von Äbten und Äbtissinnen. Erstmals bezeugt es eine Assistenz durch zwei oder drei Schwestern beziehungsweise zwei oder drei Brüder und die Übergabe eines Stabes. Daneben erhalten Abt und Äbtissin die Regel. Das Bußbuch zeigt eine auffällige geschlechtsspezifische Differenzierung, indem es für die „consecratio“ der Äbtissinnen bestimmt, dass diese auch durch einen Priester erfolgen könne. Diese Bestimmung ist in der Geschichte der Äbtissinnen einmalig, ist die Abts- und Äbtissinnenweihe von Beginn an eine Handlung des Bischofs. Hinsichtlich der Begrifflichkeiten zeigen die „Canones Theodori“ eine wohl synonyme Verwendung der Termini „benedictio“, „ordinatio“ und „consecratio“ (vgl. Kapitel II 1.4).

4. Die Vita des Fructuosus nennt erstmals eine Handauflegung für die „ordinatio“ des Abtes auf der iberischen Halbinsel im siebten Jahrhundert. Der Liber ordinum, ein Zeugnis für westgotische Liturgie im frühen Mittelalter, überliefert in der Gestalt eines Pontifikale bereits einen ausführlichen Ritus für die „ordinationes“ der Äbte und Äbtissinnen. Wie in der Magisterregel erhält die Äbtissin ein „pallium“, einen Mantel als „Zeichen der neuen Würde“,[624] der Bischof spricht über sie ein Gebet westgotischer Tradition und legt ihr dabei die Hände auf. Nach der Oration empfängt die Äbtissin einen Kuss des Bischofs und erhält Regel und Stab. Der Liber ordinum ist ebenso wie das Bußbuch Theodors ein frühes Zeugnis für die Überreichung eines Stabes an die Äbtissinnen (vgl. Kapitel II 1.5), was Bauerreiß etwa veranlasst hat, die These aufzustellen, der Abtsstab könnte sogar ursprünglicher sein als der des Bischofs.[625]

5. Besonders bedeutend sind für die „erste Tradition“ der Äbtissinnenweihe vier Orationen, die durch die beiden „mit Abstand wichtigsten“[626] Sakramentare des Frühmittelalters bezeugt sind. Das sogenannte Gregorianum-Hadrianum zeigt die kurze Oration „Concede quaesumus“, die es sowohl für den Abt als auch für die Äbtissin vorsieht (vgl. Kapitel II 1.6.1). Das „Gelasianum“ (vgl. Kapitel II

---

623 Vgl. z. B. FREI, Äbtissinnenweihe, S. 223.

624 HILPISCH, Abtsweihe, S. 55.

625 Vgl. BAUERREIß, Abtsstab, S. 221f., S. 226.

626 WINTERER, Fuldaer Sakramentar, S. 251.

1.6.2) ergänzte die schlichte römische Oration um zwei weitere Orationen „Cunctorum bonorum“ sowie „Affluentem spiritum“. Letztere beinhaltet eine Handauflegung. Beide Orationen sind sowohl für die „ordinatio“ der Äbte als auch für die der Äbtissinnen vorgesehen. Eine dritte Oration „Domine Deus omnipotens“ ist ausschließlich für die Äbtissin bestimmt. Es erwähnt die „cathedra“ der Äbtissin und bezeichnet damit den Sitz der Äbtissin mit dem gleichen Wort, wie es schon im sechsten Jahrhundert für den Sitz des Bischofs als Zeichen seines Lehr- und Hirtenamtes[627] üblich war (vgl. Kapitel II 1.6.3). Diese vier Orationen wurden im zehnten Jahrhundert vom Pontificale Romano-Germanicum aufgenommen und gelangten von dort in jene Nachfolgepontifikalien, die Quellengrundlage dieser Studie sind. Die Bedeutung dieser vier Orationen ist für die Geschichte der „ersten Tradition“ nicht zu unterschätzen.

6. Das Pontificale Romano-Germanicum aus dem zehnten Jahrhundert zeigt das karolingische Vermächtnis, neben der Benediktsregel lediglich die Kanonissen zu erlauben, indem es zwei separate „Ordinationen“ für die Kanonissenäbtissin und die monastische Äbtissin tradiert. Die beiden Ordinationsriten sind im Wesentlichen identisch aufgebaut, unterscheiden sich jedoch in den Orationen sowie dem Begleitwort zur Regelübergabe. Hinsichtlich der Gebete weist die „Ordination“ der Kanonissenäbtissin stärkere Parallelen mit der „ordinatio“ der Diakonin und der „ordinatio“ des männlichen Diakons auf (vgl. Kapitel II 2.1.1). Für die „Ordinationen“ der monastischen Äbtissin sowie des Abtes sieht das PRG hingegen jene drei Orationen vor, die es aus dem Gregorianum und dem Gelasianum aufgenommen hat (vgl. Kapitel II 1.6).

Das PRG ist ein bemerkenswerter Zeuge dafür, dass die „Ordination“ der monastischen Äbtissin gleichberechtigt neben den „Ordinationen“ der Diakone, Priester und Bischöfe stand und damit gleichberechtigt neben jenen „Ordinationen“, die später zu den „höheren Weihen“ gezählt werden sollten. Dies zeigt sich insbesondere durch die Handauflegung, die gemäß den Vorgaben des PRG neben den Diakonen, Priestern und Bischöfen nur die Äbte und die monastischen Äbtissinnen erhielten. Für die Subdiakone verbietet das PRG eine Handauflegung ausdrücklich, was auch veranschaulicht, dass diese Geste im zehnten Jahrhundert kein unbedeutendes Element war, auch wenn ihr freilich noch nicht jene konstitutive Bedeutung zukam, die Pius XII. ihr im zwanzigsten Jahrhundert geben sollte (vgl. Kapitel II 2.1.2).

Zum Abschluss der Feier ist im PRG für die „Ordination“ sowohl der Kanonissenäbtissin als auch der monastischen Äbtissin sowie des Abtes der Gesang des Te Deum bezeugt. Ein Hinweis auf ein Te Deum bei der Bischofsweihe fehlt im PRG, weshalb angenommen werden darf, dass das Te Deum ursprünglich aus der Abts- und Äbtissinnenweihe entstammt und als Anleihe erst von Durandus im späten dreizehnten Jahrhundert aus dem monastischen Kontext für die

[627] Vgl. APPUHN, Kathedra, Sp. 1074.

Bischofsweihe übernommen worden ist, was die Parität der Riten sowie Entlehnungen in beide Richtungen dokumentiert (vgl. Kapitel II 2.1.1).

7. Das Pontificale Romanum aus dem zwölften Jahrhundert zeigt einen gemeinsamen Ritus für Abt und Äbtissin. Die Feier ist gegenüber dem PRG deutlich beschnitten worden. Es fehlen die Assistenz durch Schwestern beziehungsweise Brüder, die das PRG aus den Canones Theodori übernommen hatte, sowie das Te Deum. Hintergrund dieser rituellen Reduzierung dürfte die Gregorianische Reform sein. Alles, was als „unrömisch“ galt, ist getilgt worden. Für die Äbtissinnen hat das PR XII die Übergabe des Stabes ausdrücklich ausgeschlossen. Hintergrund für den Ausschluss ist sicherlich die Entstehung des Decretum Gratiani, das die Weiche stellte für die Unmöglichkeit von Frauen, ein kirchliches Amt zu übernehmen. Der Stab galt zunehmend als Zeichen für das bischöfliche Hirtenamt (vgl. Kapitel II 2.2.3).

Die Riten haben im PR XII eine neue Überschrift erhalten, sind nun nicht mehr mit „ordinatio“, sondern mit „benedictio“ überschrieben. Dieser Wandel in der Terminologie liegt gewiss in der zunehmenden Entwicklung der scholastischen Sakramententheologie begründet, die gleichzeitig eine Differenzierung der Begrifflichkeiten mit sich brachte (vgl. Kapitel II 2.2.1).

8. Die Kompilatoren des Pontificale der Römischen Kurie aus dem dreizehnten Jahrhundert hatten bei seiner Erstellung wohl nicht die Äbtissinnenweihe im Fokus. Das PCR zeigt eine lieblose Überlieferung der „Äbtissinnenbenediktion“ (vgl. Kapitel II 2.3.2), einerseits ein Hinweis darauf, dass die Praxis, Äbtissinnen zu „benedizieren“, rund um Rom zurückgegangen war, andererseits Frauen insgesamt keinen offiziellen Platz in der Kirche mehr haben sollten[628] (vgl. Kapitel II 2.3.3). Für die männlichen Äbte bezeugt das PCR ein neues Begleitwort zur Stabübergabe und erwähnt erstmals die Übergabe des Ringes, der bezeichnenderweise mit den gleichen Worten übergeben werden soll, mit denen auch der Bischof den Ring bereits im PRG erhielt (vgl. Kapitel II 2.3.1). Derartige Angleichungen an die „Bischofskonsekration“ tauchen im PCR insbesondere für die „Benediktion“ jener Äbte auf, die das Recht hatten, Pontifikalien zu tragen. So ist ein Zusatz, der für diese Äbte bis ins kleinste Detail einen außerliturgischen Brauch mit Ritt auf einem weißen Pferd bis hin zum Mittagessen regelt, in ähnlicher Weise für die Bischöfe im PCR zu finden (vgl. Kapitel II 2.3.2).

9. Das Pontifikale des französischen Kanonisten und Bischof von Mende, Wilhelm Durandus, aus dem späten dreizehnten Jahrhundert weist offensichtliche Ritusanalogien der „Abts- und Äbtissinnenbenediktion“ mit der „Konsekration“ der Bischöfe auf. Abt, Äbtissin und Bischof erhalten Ring und Stab. Aus dem PRG hat Durandus das Te Deum wieder in die Feiern der Abts- und Äbtissinnenweihe aufgenommen und diesen Brauch auch erstmals für die Bischofsweihe ergänzt. Er übernahm also nicht nur Elemente aus der Bischofsweihe für die Abts- und Äbtissinnenweihe, sondern machte genauso Anleihen aus der Abts- und

[628] Vgl. MACY, Hidden History, S. 125.

Äbtissinnenweihe für die Bischofsweihe. Für alle drei Riten sieht das PGD eine Installation auf der Kathedra vor, auch für die Äbtissin. Es zeigt zudem die Oblation von Brot, Wein und Kerzen für alle drei Weiheakte (vgl. Kapitel II 3.1.3). Diese Ritusanalogien zeugen von der ähnlichen jurisdiktionellen Stellung der drei Ämter. Sie sind noch unproblematisch, da die Theologen des zwölften und dreizehnten Jahrhunderts die Sakramentalität der Bischofsweihe größtenteils ablehnten.

Geschlechtsspezifische Unterschiede machte Durandus allerdings insofern, als für die „Benediktion" der Äbtissinnen, wie schon im PRG, eine „Interrogatio" fehlt, die das PGD für die Bischöfe und Äbte wieder aufgenommen hat. Zudem hat Durandus nur für die Äbte die Bußpsalmen, einen Brauch aus Cluny, in die Feier aufgenommen, vielleicht, weil Verbindungen mit der Beichte für die Äbtissinnen vermieden werden sollten.[629] Die Feier der Äbtissinnenweihe hat eine zusätzliche Oration, die wohl eine französische Tradition ist, und die bereits das nachfolgende PLib Ende des fünfzehnten Jahrhunderts wieder tilgte (vgl. Kapitel II 3.1.2).

10. Im Pontificalis Liber, einem Pontifikale, das Papst Innozenz VIII. 1485 in Auftrag gegeben hatte, übernahmen die beiden Kompilatoren, Johannes Burckard und Agostino Patrizi Piccolomini, die grundsätzliche Struktur der Feiern aus dem PGD, nahmen jedoch eindeutige geschlechtsspezifische Differenzierungen vor. So vermieden sie für die Installation der weiblichen Ordensoberin die von Durandus auch für die Äbtissin gewählte Bezeichnung „Kathedra" und sprachen lieber von „in sua sede", „auf ihrem Sitz". Zudem strichen die römischen Kompilatoren erstmals offiziell die Ring- und Stabübergabe für die Äbtissinnen – rund um die Römische Kurie waren Ring- und Stabübergabe nicht üblich oder sollten es nicht sein (vgl. Kapitel II 3.2.1).

11. Die Kompilatoren des nachtridentinischen Pontificale Romanum kopierten fast wortgetreu die Riten für die „Benediktion" des Abtes und der Äbtissin aus dem PLib, nahmen jedoch noch eine weitere gewichtige geschlechtsspezifische Differenzierung vor, indem sie aus der gelasianischen Oration für die Äbtissinnen „Domine deus" die Passage „materna in cathedra" strichen. Circa 900 Jahre war die Oration unverändert tradiert worden, nun empfanden die römischen Kompilatoren des PR 1595/96 diese Textstelle wegen ihrer Analogie zum Sitz des Bischofs wohl als zu unpassend (vgl. Kapitel II 3.2.2).

Starke Analogien zeigt das nachtridentinische Pontifikale für die „Benediktion" der Äbte auctoritate apostolica, also jene Äbte, die direkt dem Papst unterstellt waren und das Recht hatten, Pontifikalien zu tragen, mit der „Bischofskonsekration". Einzelne Beispiele veranschaulichen, dass insbesondere jene Äbtissinnen, die (quasi-)bischöfliche Jurisdiktion hatten und Ring und Stab trugen, für ihre Weihe fehlende Elemente aus der Abtsweihe adaptierten (vgl. Kapitel II

[629] Vgl. THALHOFER, Handbuch II, S. 497.

3.2.3). Hierzu sind weitere Forschungen an deskriptiven Quellen in Zukunft nötig und wünschenswert.

Bemerkenswert ist, dass die Äbte nach der Weihe gültig, wenn auch nicht immer erlaubt, rituelle Handlungen vornahmen, die eigentlich den Bischöfen vorbehalten waren, wie Firmung, Spenden der Tonsur und der niederen Weihen, Altarweihe sowie Jungfrauenweihe. Den Äbten scheint also durch die Abtsweihe gleichsam automatisch eine neue „potestas“ zugekommen zu sein, weshalb Rudolf Reinhard zurecht gefragt hat, ob die Abtsweihe nicht den Charakter einer „kleinen Bischofsweihe“ habe. Obwohl die Äbtissinnen formal die gleiche „Benediktion“ feierten, der Bischof ihnen ebenso die Hände auflegte, die gleiche Präfation sprach und sie in der Praxis häufig ebenfalls neben der Regel auch Stab und Ring erhielten, galt Übertragung einer neuen „potestas“ für sie jedoch nicht, was damit begründet wurde, dass sie nicht zuvor die Priesterweihe empfangen hatten (vgl. Kapitel II 3.2.4).

12. Die Ritusanalogien der Abts- und mehr noch der Äbtissinnenweihe mit der Bischofsweihe waren so lange unproblematisch, bis das Zweite Vatikanum die Bischofsweihe als Sakrament definierte. Zuvor hatte Papst Pius XII. die Sakramentalität der Bischofsweihe in „Ordinatio sacerdotalis“ 1947 zunächst implizit bereits vorausgesetzt. Gleiches galt für die Handauflegung und die Präfation. Auch sie waren für Abt und Äbtissin so lange unproblematisch, bis Pius XII. sie in der genannten Enzyklika als Materie und Form des Weihesakramentes bestimmte (vgl. Kapitel II 3.3.1). Im Hinblick auf die eingangs gestellte Frage nach einer sakramentalen Äbtissinnenweihe konnte Kapitel II 3.3.2 zeigen, dass die Äbtissinnenweihen zumindest im Zeitraum 1947 bis 1970 formal und praktisch genau jenen Kriterien eines sakramentalen Weiheritus entsprachen.

Die neuen dogmatischen Bestimmungen hinsichtlich des Weihesakramentes sowie die Neudefinition von Bischofsamt und Bischofsweihe sorgten dafür, dass jene alte, über Jahrhunderte gewachsene rituelle Praxis, eine Äbtissin zu weihen, seit „Sacramentum ordinis“ und spätestens seit dem Zweiten Vatikanischen Konzil systematisch unerträglich geworden war. Damit die Feier der Äbtissinnenweihe nicht weiterhin mit den neuen lehramtlichen Bestimmungen diametral kollidierte, musste die „erste Tradition“ den neuen Definitionen entsprechend angepasst werden, um „Missverständnisse“ hinsichtlich einer „Sakramentalität“ der Äbtissinnenweihe zu vermeiden. Von dieser Revision des Ritus, oder vielleicht sollte man hier besser von einer „Deformation“ der „ersten“ und der Begründung einer „zweiten Tradition“ der Äbtissinnenweihe sprechen, handelt der nun folgende Teil der Studie.

III. Zur „Erfindung“ von Tradition II: Die Neugestaltung der Äbtissinnenweihe im Gefolge des Zweiten Vatikanischen Konzils

1 *„Notwendigkeit und Zweck der Erneuerung“*[1]

Mit Dekret vom 9. November 1970[2] veröffentlichte die Kongregation für den Gottesdienst unter ihrem damaligen Präfekten Benno Kardinal Gut (1897–1970)[3] den neuen „Ordo Benedictionis Abbatis et Abbatissae“ (OBenAbb/OBenAbbatissa), die erneuerte liturgische „Ordnung für die Benediktion der Äbte und Äbtissinnen“. Der Text des Dekrets erklärt, es sei „in diesen Tagen als günstig erachtet worden, die Formen zu prüfen, so dass der Ritus möglichst klar die geistliche Aufgabe jener herausstelle, die einer klösterlichen Gemeinschaft vorstehen“.[4] Entfallen sei das, „was dem menschlichen Empfinden unserer Zeit weniger entspricht“.[5]

„Günstig“ war der Zeitpunkt insofern, als die Überarbeitung sich in die „allgemeine Erneuerung der Liturgie“ einfügte, wie sie das Zweite Vatikanische Konzil mit seiner Liturgiekonstitution „Sacrosanctum Concilium“ angestoßen hatte: „Damit das christliche Volk in der heiligen Liturgie die Fülle der Gnaden mit größerer Sicherheit erlange, ist es der Wunsch der heiligen Mutter Kirche, eine allgemeine Erneuerung der Liturgie sorgfältig in die Wege zu leiten“ (SC 21).[6]

---

1 Der dritte Abschnitt des ersten Schemas zur „Benediktion des Abtes“ ist überschrieben mit: „Necessitas et scopus huius renovationis rituum de Benedictione Abbatis“, CECL 307a, S. 9.

2 Ordo Benedictionis Abbatis et Abbatissae, Decretum, 9. November 1970, in: Notitiae 7 (1971), S. 32.

3 Benno Gut war ein Schweizer Benediktiner der Abtei Einsiedeln. 1947 wurde er zum Abt von Einsiedeln gewählt, 1959 wurde er Abtprimas der Benediktiner. 1967 zum Kardinal kreiert, übernahm er 1968 die Leitung der Ritenkongregation und war Präsident des Consilium, vgl. SAUSER, Gut, Benno, Sp. 586f.

4 „Nostris ergo diebus opportunum visum est traditas formas recognoscere, ut ritus munus spiritale in clariore luce collocaret illius, qui religiosae familiae praeest“, Notitiae 7 (1971), S. 32.

5 „... iis demptis partibus, quae ingenio hominum nostrae aetatis minus congruerent“, Notitiae 7 (1971), S. 32.

6 Die Zitation erfolgt im Text mit dem Kürzel SC sowie der jeweiligen Abschnittnummer. Als Textausgabe wird das von Rahner und Vorgrimler herausgegebene „Kleine Konzilskompendium“ verwendet.

1.1 Auftrag zur „Erneuerung" der Liturgie

Dass der Wunsch nach einer „allgemeinen Erneuerung der Liturgie" (SC 21) insgesamt drängend war, zeigt zum einen die lange Vorlaufphase, die die durch das Zweite Vatikanische Konzil angestoßene Liturgiereform hatte.[7] Zudem betrafen in der akuten Vorbereitungsphase des Konzils fast ein Drittel der Rückmeldungen, die die Bischöfe des Weltepiskopats sowie die Theologischen Fakultäten in den erbetenen Vorschlägen für die Konzilsberatungen äußerten, liturgische Reformwünsche.[8] Und so widmete sich das Konzil direkt zu Beginn dieser zentralen Frage und verabschiedete bereits am 4. Dezember 1963 die Konstitution „Sacrosanctum Concilium" mit 2147 Stimmen bei lediglich vier Nein-Stimmen.[9]

---

[7] Vgl. NEUHEUSER, Liturgische Bewegung, S. 401–416. Vgl. auch GUARDINI, Aufgabe der Liturgie, S. 9–18.
Bereits Mitte des 19. Jahrhunderts hatte sich ausgehend von Frankreich ein „lange nicht mehr gekanntes Interesse an der Liturgie" entwickelt, aus der schließlich der Wunsch nach einer „Erneuerung des gottesdienstlichen Lebens" erwuchs, vgl. KACZYNSKI, Sacrosanctum Concilium, S. 12. Diese „Liturgische Bewegung" (schon 1851 hatte Abt Prosper Guéranger von Solesmes (1805–1875) diese Entwicklung mit „mouvement liturgique" bezeichnet, vgl. ebd.), griff an der Jahrhundertwende auf Deutschland über. Der Beginn der Liturgischen Bewegung wird heute im Allgemeinen mit dem sogenannten Melchener Ereignis 1909 angesetzt. Dahinter steht ein Referat von Lambert Beauduin OSB (1873–1960), das dieser am 23. September 1909 anlässlich eines „Congrès national des Oeuvres catholiques" in Mecheln gehalten hat. Beauduin prangerte in diesem Referat den religiösen Individualismus in der gottesdienstlichen Versammlung an, der Gemeinschaftscharakter sei verloren. Prägend ist die Vorstellung von der Kirche als „Corpus Christi mysticum" geworden, die Beauduin mit seiner Forderung nach liturgischer Erneuerung in Verbindung brachte, vgl. ebd., S. 25. Es entstanden Quelleneditionen, das Jahrbuch für Liturgiewissenschaft wurde gegründet, die Bändchen der Reihe „Ecclesia Orans" fanden weite Verbreitung, vgl. ebd., S. 28. Das Zweite Vatikanum nahm verschiedene Impulse aus der Liturgischen Bewegung auf, so etwa die Entdeckung der liturgischen Reichtümer insbesondere in wiedererstarkten benediktinischen Abteien (Solesmes). Inspirierend wirkte vor allem die Entdeckung alter Quellen römischer Liturgie, wie sie etwa Edmond Martène „De antiquis ecclesiae ritibus" ediert hatte oder die Quelleneditionen „Consuetudines monasticae" von Bruno Albers und Kassius Hallingers „Consuetudines", vgl. Notitiae 7 (1971), S. 35. Diese Quellen dienten zwar nicht primär als Grundlage bei der Überarbeitung der Abts- und Äbtissinnenweihe, werden im Schema aber als angeblich berücksichtigte Quellen zur Neugestaltung der Riten angegeben, vgl. dazu unten den Abschnitt III 1.2.1.

[8] Vgl. BÄRSCH, Geschichte, S. 168.

[9] Vgl. BUGNINI, Liturgiereform, S. 59.

1.1.1 *Kriterien der Liturgiekonstitution*

Für die „allgemeine Erneuerung der Liturgie“ forderte die Konstitution,[10] dass die „Texte und Riten so geordnet werden, dass sie das Heilige, das sie bezeichnen, klarer ausdrücken, und dass dies das christliche Volk so leicht wie möglich erfassen und daran in voller, tätiger und der Gemeinschaft eigentümlicher Feier teilnehmen kann“ (SC 21). Zur konkreten Umsetzung formulierte das Konzil Regeln (SC 22–40) und zwar zunächst „Allgemeine Regeln“ (SC 22–25), „Regeln aus der Natur der Liturgie als einer hierarchischen und gemeinschaftlichen Handlung“ (SC 26–32), „Regeln aus dem belehrenden und seelsorglichen Charakter der Liturgie“ (SC 33–36) sowie „Regeln zur Anpassung an die Eigenart und die Überlieferungen der Völker“ (SC 37–40).

Die „gesunde Überlieferung“ sollte beibehalten, gleichzeitig „der Weg für einen berechtigten Fortschritt erschlossen werden“, weshalb das Konzil zu gründlichen „theologische[n], historische[n] und pastorale[n] Untersuchungen“ (SC 23) aufrief. Es sprach sich gegen Neuerungen aus, es sei denn, „ein wirklicher und sicher zu erhoffender Nutzen der Kirche verlange es“ (SC 23.). Neue Formen sollten stets aus den schon bestehenden Formen „organisch herauswachsen“ (SC 23).[11] Das Konzil unterschied zwischen einem von Gott eingesetzten unveränderlichen Teil und Teilen der Liturgie, „die dem Wandel unterworfen sind“ (SC 21).

Eine zentrale Forderung war die tätige Teilnahme des Volkes (SC 21). Dazu wünschte die Konzilskonstitution zum einen eine starke Vereinfachung der Riten, so dass sie „knapp“ und „durchschaubar“ seien und „frei von unnötigen Wiederholungen“. „Sie seien der Fassungskraft der Gläubigen angepaßt und sollen im allgemeinen nicht vieler Erklärungen bedürfen“ (SC 34). Auch in anderen Zusammenhängen wie den Akklamationen des Volkes, den Antworten, Psalmen und Antiphonen rief das Konzil dazu auf, die „tätige Teilnahme zu fördern“ (SC 30). Gleiches galt für die Revision der liturgischen Bücher, in denen die Rubriken künftig auch „den Anteil der Gläubigen vorsehen“ sollten (SC 31).

---

[10] Die Konstitution umfasst 130 Artikel sowie einen Anhang. Die 130 Artikel sind in insgesamt sieben Kapitel unterteilt. Ihnen vorangestellt ist ein kurzes Vorwort (SC 1–4). Das erste Kapitel (SC 5–46) beinhaltet „Allgemeine Grundsätze zur Erneuerung und Förderung der heiligen Liturgie“. Das zweite Kapitel beschäftigt sich mit dem „Heiligen Geheimnis der Eucharistie“ (SC 47–58), im dritten Kapitel (SC 59–82) werden die Sakramente und Sakramentalien behandelt, in Kapitel vier (SC 83–101) die Tagzeitenliturgie, im fünften Kapitel das liturgische Jahr (SC 102–111). Kapitel sechs handelt von der Kirchenmusik (SC 112–121), Kapitel sieben über „Die sakrale Kunst. Liturgisches Gerät und Gewand“ (SC 122–130).

[11] Über die Frage, ob die „Liturgiereform“ tatsächlich „organisch“ war, ist nach dem Zweiten Vatikanum immer wieder gestritten worden. Gegenüber standen sich jene, die die „Reformen“ radikal verteidigten, und diejenigen, die diese radikal ablehnten, vgl. exemplarisch RATZINGER, Organische Entwicklung, S. 36 und BLEEKER, Organische Entwicklung, S. 121f. sowie ANGENENDT, Liturgik, S. 180–186.

Als für das Volk „sehr nützlich“ (SC 36,2) wurde auch die bereitere Gewährung der Muttersprache in der Liturgie erachtet, insbesondere in den „Lesungen und Hinweisen und in einigen Orationen und Gesängen“ (SC 36,2). Zur „Anpassung an die Eigenart und Überlieferung der Völker“ stellte das Konzil Regeln auf (SC 37–40), für deren konkrete Umsetzung die jeweiligen „kirchlichen Autoritäten“ zuständig seien, womit nach SC 22,2 die „für bestimmte Gebiete zuständigen Bischofsvereinigungen verschiedener Art“ gemeint sind.[12] Ihnen stehe es zu, „innerhalb der Grenzen, die in der ‚editio typica‘ der liturgischen Bücher bestimmt werden ... Anpassungen festzulegen, besonders hinsichtlich der Sakramentenspendung, der Sakramentalien, der Prozessionen, der liturgischen Sprache, der Kirchenmusik und der sakralen Kunst“ (SC 39). Die Konzilskonstitution stellte zugleich klar, die „zuständigen kirchlichen Autoritäten“ hätten sich bei der Durchführung stets an die „Grundregeln“ der Konstitution „Sacrosanctum Concilium“ zu halten (SC 39). Wenn die jeweiligen Bischofskonferenzen eine Anpassung für sinnvoll erachten, so solle diese dem Apostolischen Stuhl vorgelegt werden und dürfe erst mit seinem Einverständnis eingeführt werden (vgl. SC 40,1).

Einen klaren Auftrag gab das Konzil hinsichtlich der liturgischen Bücher: Sie „sollen baldigst revidiert werden“ (SC 25). Zur Revision gebot das Konzil, Fachleute aus der ganzen Welt heranzuziehen sowie Bischöfe zu befragen (SC 25). Auch das Pontifikale sollte überarbeitet werden. Konkrete Hinweise hinsichtlich einer künftigen Funktion und Konzeption, sowie Aufbau und Inhalt des Buches für die bischöfliche Liturgie gab die Konstitution jedoch nicht.[13]

Die Arbeit an den liturgischen Büchern wurde aufgenommen, noch während das Konzil lief. Bereits im Herbst 1963 – noch vor der Verabschiedung von „Sacrosanctum Consilium“ – wurde das „Consilium ad exsequendam Constitutionem de sacra Liturgi“ als zentrale Kommission errichtet. Präsident des Consi-

---

12 Im Vergleich zu Trient und der Enzyklika „Mediator Dei“ vom 20. November 1947 (AAS 39 (1947), S. 521–595) sowie der Instruktion der Ritenkongregation über die Reform der Karfreitagswoche von 1955 (AAS 47 (1955), S. 838–841) versuchte das Zweite Vatikanum mit SC 22,2 die Zuständigkeit des Bischofs beziehungsweise der Bischofskonferenzen für die Liturgie stärker zu betonen, vgl. zu diesem Paragraphen auch NIKOLASCH, Recht, S. 142f.

13 Vgl. KLÖCKENER, Pontifikale, S. 84f. Um einige „Zweifel“ hinsichtlich der „Auslegung dieser Dokumente“ auszuräumen, veröffentlichten die Ritenkongregation und das Consilium am 26. September 1964 die Instruktion „Inter oecumenici“ „zur ordnungsgemäßen Durchführung der Konzilskonstruktion“, vgl. AAS 56 (1964) S. 877–900, in der präzisere Angaben zu noch offenen Fragen gemacht wurden, etwa zu Modalitäten bei der Übersetzung der Riten in die Volkssprache.

lium war Giacomo Kardinal Lercaro (1891–1976),[14] Sekretär Annibale Bugnini (1912–1982).[15]

1.1.2 *„Erneuerung“ des Pontificale Romanum*

Am 15. Januar 1964 trat das Consilium[16] zur konstituierenden Versammlung zusammen.[17] In dieser Sitzung legte der Sekretär Annibale Bugnini das erste Schema zur Arbeitsaufteilung vor. Die Revisionsarbeit wurde im Wesentlichen nach den liturgischen Buchtypen strukturiert, wie sie das Konzil von Trient bereits entwickelt hatte. Es waren zwei Phasen der Überarbeitung vorgesehen: Zuerst sollten Brevier, Missale, Pontifikale, Rituale und Martyrologium überarbeitet werden, in einer zweiten Phase wollte man sich dann dem Zeremoniale der Bischöfe und dem liturgischen Gesetzbuch widmen.[18]

Gemäß den sechs zu überarbeitenden liturgischen Büchern wurden sechs Unterkommissionen gebildet,[19] die nochmals in eine als erforderlich erachtete Anzahl „Sektionen“ unterteilt wurden. Die Sektionen arbeiteten parallel. „Jedes liturgische Buch wurde in zwei oder mehr Sektoren eingeteilt, die den verschiedenen Elementen entsprachen ... Jeder Sektor wurde einer ‚Studiengruppe zugeteilt. Es gab zwei Arten von Studiengruppen: a) Studiengruppen, die die Schemata ausarbeiten sollten (= 1. Abteilung: Redaktionsarbeit); b) Studiengruppen, die die erarbeiteten Schemata wissenschaftlich überprüfen sollten (2. Abteilung:

---

[14] Giacomo Lercaro war seit 1947 Erzbischof von Ravenna, 1953 wurde er zum Kardinal ernannt. Während des Konzils setzte er sich sehr für die Messfeier in der Volkssprache ein. Papst Paul VI. ernannte ihn nach dem Konzil zum Präsidenten des Consilium. Dieses Amt legte er 1968 ab, nachdem er öffentlich die Bombenangriffe in Vietnam verurteilt hatte, vgl. SAUSER, Lercaro, Giacomo, Sp. 1188–1191.

[15] Bugnini war seit 1957 Professor für Liturgik an der Päpstlichen Lateranuniversität, 1964 wurde er Sekretär des Consiliums, vgl. BUGNINI, Liturgiereform, S. 8.

[16] Das Consilium bestand bis zum 8. Mai 1969. An diesem Tag teilte Paul VI. mit der Apostolischen Konstitution „Sacra Rituum Congregatio“ die Ritenkongregation in zwei Kongregationen auf, in eine Kongregation für den Gottesdienst und eine Kongregation für Heiligsprechungsverfahren, vgl. RENNINGS (Hg.), DEL 1, Nr. 98, S. 755–759; Notitiae 5 (1969), S. 129–134. Seit diesem Zeitpunkt wurde die Revision der liturgischen Bücher von der Kongregation für den Gottesdienst weiter geführt, vgl. KACZYNSKI, Sacrosanctum Concilium, S. 91. Ab dem 11. Juli 1975 war dann die neu organisierte Kongregation für die Sakramente und den Gottesdienst zuständig, so verfügt von Papst Paul VI. in der Apostolischen Konstitution „Constans nobis studium“, vgl. RENNINGS/KLÖCKENER (Hg.), DEL 2, Nr. 198, 3403–3409, ab dem 5. April 1984 die (neue) Kongregation für den Gottesdienst, vgl. KLÖCKENER (Hg.), DEL 3, 4796, ab dem 1. März 1989 dann die Kongregation für den Gottesdienst und das Sakramentenrecht, vgl. DEL 3, 6218–6226. 6246. 6327. Vgl. auch KACZYNSKI, Anmerkungen, S. 1008.

[17] Vgl. BUGNINI, Liturgiereform, S. 72–76.

[18] Vgl. ebd., S. 84f.

[19] Vgl. ebd., S. 85.

Überprüfungsarbeit)“.[20] Man hoffte mit diesem Vorgehen eine Garantie für „ernste und gediegene Arbeit“[21] zu haben.

Die Schemata mussten zuerst eine lange Reihe von Redaktionen durchlaufen, bevor sie nacheinander an folgende Unterkommissionen gingen: „Theologie, Pastoral, Stilistik, Gesang und an eine übergeordnete Kommission der zuständigen Spezialisten, die das Ganze ein letztes Mal überprüft.“ Erst danach wurde das jeweilige Schema dann an das Consilium weitergeleitet. Nach der Bestätigung durch den Papst erhielten schließlich die Bischofskonferenzen die Schemata, um – zumindest formal – ihre Voten abgeben zu können.[22]

Für die Revision des Pontificale Romanum wurden zwei Studiengruppen vom Consilium beauftragt. Coetus 20 „De Pontificali I“ sollte sich mit der Revision des ersten Teils befassen, also mit den Riten, die zu den „sakramentalen Ordinationen“[23] zählten, konkret Diakonen-, Priester- und Bischofsweihe. Coetus 21 war für die Bände zwei und drei des Pontificale Romanum zuständig, also für die „Personen- und die Sachbenediktionen“, die dem Bischof vorbehalten sind.[24] Aufgrund der großen Vielfalt wurden für die „Benediktionen“ von Personen zusätzlich Sondergruppen aufgestellt. Für die Neugestaltung der „Abts- und Äbtissinnenweihe“ wurde eine von den Coeti 20 und 21 unabhängige Studiengruppe gegründet, deren Hauptverantwortlicher der Benediktiner und Professor für Liturgie am Päpstlichen Athaneum Sant'Anselmo, Adrien Nocent (1913–1996),[25] war.[26]

---

[20] Ebd., S. 89, zur Zusammensetzung vgl. S. 89f.

[21] Ebd., S. 89.

[22] Vgl. ebd., S. 85. Am 3. April 1969 unterzeichnete Papst Paul VI. die Apostolische Konstitution „Missale Romanum“, am 26. März 1970 trat das neue Missale in Kraft. Von 1971 bis 1972 folgten die Neuausgaben der vier Bände „Liturgia Horarum iuxta Ritum Romanum“, 1984 wurde das neue „Caeremoniale Episcoporum“ veröffentlicht. Das „Rituale Romanum“ wurde in seiner erneuerten Fassung in verschiedenen Teilbänden im Zeitraum 1969 bis 1984 veröffentlicht. Einige Teilbände sind mittlerweile in der zweiten Auflage erschienen, so der „Ordo celebrandi Matrimonium“ von 1991.

[23] Vgl. KACZYNSKI, Anmerkungen, S. 1008.

[24] Notitiae 3 (1967), S. 47–49, hier S. 49.

[25] Adrien Nocent war ein belgischer Benediktiner. 1933 trat er in der Abtei Maredsous ein. Nocent studierte bei Bernard Capelle und Bernard Botte in der Abtei Mont-César bei Löwen. Nach seiner Promotion lehrte und forschte er an der päpstlichen Universität Sant'Anselmo in Rom, wo er gemeinsam mit Cipriano Vagaggini und Salvatore Marsili ein Institut für Liturgiewissenschaft errichtete. Von dort aus war er beratend beim Zweiten Vatikanum und später beim Consilium tätig. 1984 gründete er die Zeitschrift „Ecclesia orans“. Nocent starb am 9. Dezember 1996 in Rom, vgl. In Memoriam Dom Adrien Nocent, S. 11–13.

[26] Vgl. BUGNINI, Liturgiereform, S. 818f.

1.1.3 *Auftrag zur „Erneuerung“ der Äbtissinnenweihe?*

Das erste Schema zur „Benediktion des Abtes“[27] konnte dem Consilium auf der elften Vollversammlung im Oktober 1968 vorgelegt werden.[28] Ein zweites[29] und drittes Schema[30] zur „Abtsbenediktion“ zeigt die einzelnen Überarbeitungsstufen.[31] Das dritte Schema wurde auf der zwölften Vollversammlung im November 1969 präsentiert.

Für die „Benediktion der Äbtissin“ existiert hingegen nur ein einziges offizielles Schema, das auf den 26. September 1969 datiert ist.[32] Es macht einen recht lieblosen Eindruck, viele Dinge, die zu dem Zeitpunkt im zweiten und dritten Schema für die „Benediktion des Abtes“ schon ausgereifter sind, sind bei dem Schema für die „Benediktion der Äbtissin“ noch auf dem Stand von Herbst 1968. Dass der Fokus bei der Überarbeitung der Riten tatsächlich zunächst nicht auf der Abtsweihe lag, zeigt ein Kommentar in der von der Gottesdienstkongregation herausgegebenen Zeitschrift „Notitiae“: Man habe zunächst die „Benediktion des Abtes“ überarbeitet und diesen Ritus dann mit den „nötigen Anpassungen“[33] auch für die „Benediktion der Äbtissinnen“ verwendet, heißt es dort. Eine Dokumentation über die Aussprache nach einer Tagung von Äbtissinnen und Priorinnen, die vom 26. bis zum 30. April 1971 in Maria Laach stattfand, bestätigt dieses Verfahren zusätzlich. Der damalige Abt-Primas Rembert Weakland (*1927) informierte die Teilnehmerinnen der Tagung im Anschluss an die Konferenz über das Vorgehen bei der Überarbeitung der Abts- und Äbtissinnenweihe. Nach seiner Darstellung hat sich das Consilium ausschließlich mit der Überarbeitung der Abtsweihe befasst. Die Äbtissinnenweihe sei dagegen „von der Kongregation ‚pro cultu divino‘ ausgearbeitet worden“.[34]

Am Tag der Veröffentlichung des ersten Schemas zur „Benediktion der Äbtissin“, dem 26. September 1969, war das Consilium bereits Geschichte, nachdem am 8. Mai 1969 die Gottesdienstkongregation gegründet worden war.[35] Weaklands Äußerung zeigt, dass die „Benediktion der Äbtissin“ erst nach dem 8. Mai 1969 erarbeitet worden ist, also lange nachdem die ersten Schemata zur „Benediktion des Abtes“ vorlagen. Dass das Schema trotzdem das Consilium als Verfasser angibt, zeigt, dass die Vorlage vermutlich schon vor der Auflösung des

---

27 CECL 307a, CECL 307b.

28 Notitiae 4 (1968), S. 348–355.

29 CECL 321.

30 CECL 340.

31 Die einzelnen Überarbeitungsschritte werden in Kapitel III 2 ausführlich dargestellt.

32 CECL 351.

33 Notitiae 7 (1971), S. 36.

34 Aussprache im Anschluß an die Konferenz von V. Abt-Primas (29.4.1971); APr 1691, Abtei St. Gabriel, Inghilterra, Lussemburgo, Spagna, Fereacion Catalana; Archiv des Abtprimas St. Anselmo.

35 Vgl. Rennings, DEL 1, Nr. 98, S. 755–759

Consilium fertig war. Da die „Abtsbenediktion" gemäß den Anmerkungen der Notitiae Vorlage für die revidierte Fassung der „Äbtissinnenbenediktion" war, ist es nötig, den Prozess der Neugestaltung im weiteren Verlauf zunächst anhand der Abtsweihe darzustellen.

1.2 Ziele der Überarbeitung

Das erste Schema zur „Benediktion des Abtes" dokumentiert den Versuch, der Konzilsforderung nach gründlichen „theologische[n], historische[n] und pastorale[n] Untersuchungen" gemäß SC 23 nachzukommen. Das Schema ist in vier Bestandteile gegliedert. In einem ersten Abschnitt, angekündigt mit „Analysis fontium principalium", „Untersuchung der hauptsächlichen Quellen",[36] nennt es Quellen, die einen Ritus für die „Benediktion eines Abtes" (CECL 307a, S. 1–7) zeigen. Eine zweite Passage illustriert auf der Grundlage einiger dieser „fontes principales" eine Art geschichtliche Entwicklung der „Abtsbenediktion" betitelt mit „Conspectus brevis historicus de evolutione rituum", „ein kurzer historischer Blick über die Entwicklung des Ritus" (CECL 307a, S. 8). Ein dritter Abschnitt bekundet die „Notwendigkeit" („necessitas", CECL 307a, S. 9) zur Überarbeitung des Ritus (CECL 307a, S. 9–12), bevor viertens ein konkreter Vorschlag für einen künftigen Ritus zur „Benediktion des Abtes" vorgestellt wird (CECL 307a, S. 13–17).[37]

1.2.1 *„Kurze historische Betrachtung"*[38]

Für den historischen Überblick hat die „Sondergruppe"[39] um Nocent insgesamt 17 „fontes principales", „hauptsächliche Quellen" berücksichtigt (CECL 307a, S. 1–5). Neben dem Sacramentarium Gregorianum-Hadrianum und dem Sakramentar von Gellone[40] führt das Schema insbesondere die mittelalterlichen (römischen) Pontifikalien PRG, PR XII, PCR sowie das PGD an, die der Studiengruppe

---

36 Das Adjektiv „principalis" könnte auch mit „ursprünglich" übersetzt werden, was jedoch im Hinblick auf die Quellenauswahl nicht sinnvoll ist, da das Schema auch Quellen wie das PGD aus dem 13. Jahrhundert anführt.

37 Angehängt ist zusätzlich ein „Ritus renovatus" (CECL 307b, S. 1–4), der mit fünf noch offenen Fragen im Hinblick auf den überarbeiteten Ritus schließt (CECL 307b, S. 5).

38 „Conspectus brevis historicus", CECL 307a, S. 8.

39 So die Bezeichnung Bugninis, vgl. BUGNINI, Liturgiereform, S. 817. Wer konkret zu dieser Studiengruppe um Nocent gehörte, ist weder durch Bugnini noch durch Schemata belegt. Protokolle der Sitzungen oder andere Aufzeichnungen über den Prozess der Neugestaltung fehlen leider.

40 Vgl. zu diesen Quellen Kapitel II 1.6.

bereits in den Editionen von Vogel und Andrieu vorlagen.[41] Zusätzlich nennt es die Quelleneditionen des französischen Benediktiners Edmont Martène[42] und dokumentiert insgesamt zehn Riten aus verschiedenen Sakramentaren und Pontifikalien aus Martènes Sammlung.[43] Als letzte Quellengrundlage werden die „Consuetudines monasticae“ aus der Edition des Beuroner Benediktiners Bruno Albers angegeben.[44]

Ein Kommentar zur Überarbeitung des Ritus in den „Notitiae“ berichtet, die von Martène und Albers edierten Quellen seien besonders („specie“)[45] zur Überarbeitung herangezogen worden. Die Gottesdienstkongregation wollte wohl vermitteln, dass man neben den klassischen römischen auch weitere Quellen verwendet hatte. Dass insbesondere die „Consuetudines monasticae“ jedoch kaum eine hilfreiche Grundlage für die Überarbeitung des Ritus war, bemerkte schon Urbanus Bomm, da in Albers Edition nur eine „Consuetudo“, nämlich „die des Klosters Farfa, den Ritus der Abtsweihe [überhaupt] miteinbezieht“.[46] Und auch die von Martène edierten Riten hatten bei der Revision tatsächlich nur in Einzelfällen Bedeutung.[47] Für den Versuch, einen historischen Überblick über die Entwicklung der „Abtsbenediktion“ zu bieten, zog man sie überhaupt nicht heran.

Der Ankündigung des Schemas, es handele sich bei diesem Abschnitt um eine „Analysis fontium principalium“, wird die Quellenübersicht nicht gerecht. Eine Einordnung oder gar Darstellung der Quellen fehlt. Abgesehen vom PRG,

---

41 Vgl. Kapitel II 2 sowie den Abschnitt II 3.1.

42 Und zwar sowohl auf die Quellenedition „De antiquis ecclesiae ritibus“ als auch auf das Werk „De antiquis monachorum ritibus“, welches 1690 in Lyon erschienen ist. Im Schema steht fälschlich „De antiquis monachis ritibus“, CECL 307a, S. 5.

43 Im Einzelnen führt das Schema folgende von Martène edierte Quellen auf: Das Sacramentarium Moiacense (zu finden bei MARTÈNE (Hg.), Ritibus II, S. 152f.), das Pontificale Ecclesiae Bisontinae (MARTÈNE (Hg.), Ritibus II, S. 153), das Pontificale Ecclesiae Conchensis (MARTÈNE (Hg.), Ritibus II, S. 153f.), das Pontificale Ecclesiae Senonensis (MARTÈNE (Hg.), Ritibus II, S. 155), das Manuskript S. Remigii Remenis (MARTÈNE (Hg.), Ritibus II, S. 156), das Pontificale metropolitanae Ecclesiae Apamensis (MARTÈNE (Hg.), Ritibus II, S. 158), das Pontificale Ecclesiae Arelatensis (MARTÈNE (Hg.), Ritibus II, S. 158) sowie das Pontificale Moguntinum (MARTÈNE (Hg.), Ritibus II, S. 159f.).
Zwei Riten stammen aus einer weiteren Edition Martènes, „De antiquis monachorum ritibus“. Hier nennt die Studiengruppe die Consuetudines Montis Cassini (MARTÈNE (Hg.), Monachorum ritibus II, S. 148–151) und die „Forma generalis benedictionis Abbatis“ (MARTÈNE (Hg.), Monachorum Ritibus V, S. 216). Die von Martène edierten Quellen sind zumeist stark von den römischen Quellen beeinflusst, teilweise sind sie in Abschnitt II dieser Studie ebenfalls berücksichtigt.

44 Konkret wird hier auf einen deutlich von den römischen Pontifikalien beeinflussten Ritus zur Abtsweihe verwiesen, ALBERS (Hg.), Consuetudines monasticae 1, S. 141f.

45 Vgl. Notitiae 7 (1971), S. 35.

46 BOMM, Der neue Ritus, S. 149.

47 Konkret hat man sich hier etwa für ein Begleitwort zur Stabübergabe bedient, vgl. unten Kapitel III 2.1.1.

dem PR XII und dem PCR erfährt man aus dem Schema nicht einmal, aus welcher Zeit die einzelnen Quellen stammen. Es findet sich lediglich eine kurze, stichpunktartige Auflistung einzelner Elemente der Feier, die durch die jeweiligen Quellen überliefert sind.

Die durch die Quellen überlieferten „formulae euchologicae“, die „euchologischen Formeln“, worunter die Studiengruppe die Begleitworte sowie die Gebete gleichermaßen fasst, werden in einem eigenen Abschnitt fortlaufend aufgeführt und nummeriert (CECL 307a, S. 6). Dabei werden nur diejenigen Formeln erfasst, die auch im nachtridentinischen, also dem zu überarbeitenden Pontifikale, zu finden waren. Ein weiterer Absatz führt sodann die 17 berücksichtigten Quellen nachfolgend auf und stellt anhand der Nummern, mit denen die „euchologischen Formeln“ versehen wurden, recht übersichtlich dar, welche Orationen und Begleitworte in welchen Quellen auftauchen (CECL 307a, S. 7). Diese Übersicht zeigt sehr deutlich: Wesentlicher Bestandteil fast aller Quellen war die gregorianische Oration „Concede quaesumus“, daneben wiesen die meisten Riten auch die beiden gelasianischen Orationen „Cunctorum bonorum“ und „Affluentem spiritum“ auf.[48]

Auf der Grundlage dieser Quellenstudien beziehungsweise -darstellung stellt das Schema sechs Entwicklungsschritte der „Abtsbenediktion“ besonders heraus:

1) Der gregorianischen Oration „Concede quesumus“ wird eine große Bedeutung zuerkannt. Diese Oration finde sich in allen weiteren Dokumenten, wenn auch mit einigen Veränderungen.[49] Offensichtlich beeinflusst sei sie durch die Benediktsregel. So stehe im zweiten Kapitel der Mönchsregel: „... sciatque quam difficilem et arduam rem suscepit, regere animas“, „... er wisse, welch schwierige und mühevolle Aufgabe er auf sich nimmt, die Seelen zu leiten ...“.[50] Wenn es in der Oration heißt „quem ad regimen animarum eligimus“, „den wir zur Leitung der Seelen erwählt haben“, so sei dies eine Anspielung auf die genannte Passage der Benediktsregel (CECL 307a, S.8).

2) Das Sacramentarium Gellonese des achten Jahrhunderts habe die gregorianische Oration um zwei weitere Orationen ergänzt, nämlich um die Orationen „Cunctorum bonorum“ und „Affluentem spiritum“, also die spätere Präfation.

3) Im PRG aus dem zehnten Jahrhundert sei der Ritus weiter angereichert worden. Die Litanei bereite nun den „Segensritus“ vor. Beinahe verwundert heißt es im Schema, dass nun die Handauflegung bei der Oration „Affluentem spiritum“ Einzug gehalten habe und von dort in viele andere Dokumente übernommen worden sei, obwohl es sich doch bei dem Ritus um eine „Benediktion“

---

48 Vgl. zu den Orationen die Abschnitte II 1.6.1 und 1.6.3.

49 Gemeint ist hier wohl der Zusatz „affectui nostro tuae miserationis effectum“, der erstmals im PRG zu finden ist, vgl. Kapitel II 2.1.2.

50 Bei dieser Passage handelt es sich um ein Zitat aus RB 2,31.

und nicht um eine „wahre Ordination“ handele.[51] Kritisch äußert sich das Schema darüber, dass der Abt dem Bischof von den Wählern oder auch von zwei Äbten desselben Ordens vorgestellt werden könne. Damit habe eine „Verwirrung“ („confusio“) in den Ritus Einzug gehalten, da es zwischen den Äbten keine Kollegialität gebe, wie sie zwischen den Bischöfen bestehe,[52] erklärt das Schema in unhistorischer, weil aus dem Verständnis des zwanzigsten Jahrhunderts beurteilter Weise.[53]

4) Das PR XII zeige den Wunsch nach Vereinfachung des Ritus, den schon das PCR wieder ausgeschmückt habe.

5) Vor allem das Pontifikale des Durandus habe dann den Ritus so weit ausgestaltet, wie er es bis in „unsere Zeit“[54] geblieben sei.

6) In einem letzten Abschnitt äußert sich das Schema noch knapp zu den Insignien des Abtes. Die Stabübergabe sieht die Studiengruppe als seit dem siebten Jahrhundert bezeugt an. Er sei Zeichen der Jurisdiktion und Hirtensorge des Abtes gewesen, habe jedoch nicht in liturgischen Feiern herangezogen werden dürfen. Als Beleg für diese Behauptung wird im Schema unspezifisch auf die Vita von Columban sowie auf das Bußbuch Theodors von Canterbury verwiesen. Zwar belegen beide Quellen einen Stab für den Abt, jedoch kein Verbot, den Stab bei liturgischen Feiern heranzuziehen. Einen Hinweis auf eine Kathedra des Abtes finde sich am Ende des sechsten Jahrhunderts, dies zeigten die Untersuchungen von Pierre Salmon.[55] Der Abt habe zum Ende des neunten Jahrhunderts häufig das Privileg besessen, die bischöflichen Insignien auch in der Liturgie zu verwenden, konstatiert die Studiengruppe.

Dieser knappe Überblick zeigt deutlich, worauf die „Sondergruppe“ in ihrer „historischen Untersuchung“ ihr Hauptaugenmerk gelegt hatte: Sie war in erster Linie den Gemeinsamkeiten der Abtsweihe mit der Bischofsweihe auf der Spur. Ihr Ergebnis dieser enggeführten „Betrachtung“:[56] Die „Benediktion des Abtes“ habe sich mehr oder weniger gänzlich („totalem“) in Nachahmung an die

---

51 „Hic ritus, etsi sine iustificatione quando agitur de benedictione et non de vera ordinatione, invenitur in multis documentis“, CECL 307a, S. 8.

52 „Etenim non existit ‚collegialitas‘ abbatum sicut collegialitas episcoporum“, CECL 307a, S. 8.

53 Die dogmatische Konstitution über die Kirche „Lumen gentium“ hatte die Kollegialität der Bischöfe betont, vgl. LG 22.

54 „... ad nostrum tempus“, CECL 307a, S. 8.

55 Gemeint ist Salmons Werk „Mitra und Stab“.

56 Dieser zweite Abschnitt ist überschrieben mit „Conspectus brevis historicus de evolutione rituum“, CECL 307a, S. 8.

„Bischofskonsekration“[57] entwickelt.[58] Dies verstand man jedoch als Fehlentwicklung und charakterisierte den Ritus des römischen Pontifikale als eine Verfälschung der ursprünglich einfachen „Abtsbenediktion“. Gemäß dieser Interpretation ergab sich für die Studiengruppe eine zwingende „Notwendigkeit“, den Ritus zu erneuern.

1.2.2 „Die Verwirrung vermeiden“

In einer Zusammenstellung über die nachvatikanische Liturgiereform, im Untertitel „Zeugnis und Testament“ genannt, erklärt Bugnini, die Abtsweihe habe „ihre geistliche Dimension verloren und legte Wert auf prunkvoll Elemente, die an die Bischofsweihe erinnerten“.[59] In seinem Bericht zur elften Vollversammlung[60] stellt er dar, bei der Erarbeitung des Schemas sei „besondere Sorgfalt“ darauf verwendet worden, die „Verwirrung zwischen der Benediktion des Abtes und der Konsekration des Bischofs, also zwischen einer Benediktion und einem Sakrament, zwischen dem Priestertum und einer Jurisdiktion innerhalb einer religiösen Gemeinschaft zu vermeiden“.[61]

Das erste Schema zur Abtsweihe zeigt, dass die für die Neugestaltung des Ritus verantwortliche Studiengruppe nicht nur „besondere Sorgfalt“ hinsichtlich dieser „Verwirrung“ verwendete, sondern dass es sogar ihr erklärtes Hauptziel war, den Ritus der „Abtsbenediktion“ formal von der „Bischofskonsekration“ zu unterscheiden. So folgt auf die bereits auf diesen Punkt hin eng geführte historische Betrachtung eine Auflistung von Kritikpunkten am aktuellen Ritus der „Abtsbenediktion“ mit einer daran anknüpfenden Begründung, weshalb und wie der Ritus zu überarbeiten sei. Die Ritusanalogien werden im Schema knapp und unpräzise mit den politischen Umständen des Mittelalters und der besonderen Stellung begründet, die der Abt inne gehabt habe. Diese Stellung habe sich unweigerlich auch im Ritus des Römischen Pontifikale aus dem zwölften Jahr-

---

57 Dass die Studiengruppe hier noch den vor dem Zweiten Vatikanischen Konzil für die Bischofsweihe gängigen Begriff „Bischofskonsekration“ verwendet, zeigt, dass das Bestreben, die lateinischen Begrifflichkeiten zu spezifizieren und dementsprechend für die „sakramentalen Weihen“ ausschließlich den Begriff „ordinatio“ zu benutzen (vgl. FEULNER, Anmerkungen, S. 166, der dies als „erfreuliche Änderung bzw. Anpassung der Terminologie“ wertet), in der Praxis schwierig war. Die Editio princeps des erneuerten Ritus für die Bischofsweihe betitelt und bezeichnet diese als „Ordinatio Episcopi“.

58 „Evolutio rituum benedictionis Abbatis progressit versus imitationen plus minusve totalem consecrationis Episcopi“, CECL 307a, S. 8.

59 Vgl. BUGNINI, Liturgiereform, S. 819.

60 Notitiae 4 (1968), S. 348–355.

61 „Lo schema ... ha avuto cura di evitare ogni confusione tra benedizione dell’abate e consecrazione episcopale, cioè tra una benedizione e un sacramento, tra il sacerdozio e una giurisdizione nella Congregazione religiosa“, Notitiae 4 (1968), hier S. 350.

hundert niedergeschlagen, erklärt das Schema fälschlicherweise, und widerspricht damit zugleich der zuvor gemachten Beobachtung, wonach das PRG im zehnten Jahrhundert erste Parallelen zum Ritus der Bischofsweihe zeige, das PR XII hingegen den Ritus wiederum entschlackt habe.

Durch die Nachbildung sei eine „Verwirrung" („confusio") zwischen der „Benediktion des Abtes" und der „Konsekration des Bischofs" entstanden. Das Pontifikale des Wilhelm Durandus und auch das spätere Pontificale Romanum hätten diese „Verwirrung" fortgeführt. Ritus und Formeln stimmten daher nicht mit dem heutigen Bedürfnis nach dem „authentischen" Amt des Abtes überein.[62]

Die Studiengruppe erklärt, der Ritus müsse insgesamt vereinfacht werden. Durch den historischen Überblick sei gezeigt worden, in welcher Weise es dem Ritus und auch den Formeln an Wesentlichem mangele, behaupten die Verfasser des Schemas.[63] Worin dieser Mangel besteht, der angeblich aus der historischen Betrachtung deutlich wird, erläutert das Schema jedoch nicht. Vielleicht ist die mangelnde Übereinstimmung des Ritus und der Formeln mit einem „authentischen" Abtsamt gemeint, wie sie im Absatz zuvor skizziert wird.

Gegnern der Neugestaltung versuchen die Verantwortlichen sogleich den Wind aus den Segeln zu nehmen: Sie wüssten um die Furcht, die einige davor hätten, dass dieser „Erneuerungsprozess" zu einer Verarmung des Ritus führe. Man wolle jedoch dafür Sorge tragen, dass ein Gleichgewicht erzielt werde zwischen der Wahrhaftigkeit der liturgischen Überlieferung, womit wohl jener Teil der Liturgie gemeint ist, den das Zweite Vatikanum den „von Gott eingesetzten unveränderlichen Teil" genannt hatte, und einer Weite von Ritus und Formeln, die gemäß der Definition der Liturgiekonstitution als jene Teile der Liturgie charakterisiert sind, „die dem Wandel unterworfen sind" (SC 21).[64] Sicherlich hatte man hier auch jene Anordnung des Konzils im Sinn, wonach neue Formen aus bestehenden „organisch herauswachsen" sollten (SC 23).

Im Konkreten müsse es aber vor allem darum gehen, die „Verwirrung" zwischen der „Benediktion" eines Abtes und der „Konsekration" eines Bischofs zu vermeiden, heißt es im Schema weiter. Auch in der Form müsse herausgestellt werden, dass es eine Unterscheidung gibt zwischen dem „Sakrament der Bischofskonsekration" und der „einfachen Benediktion eines Abtes, die nicht zu den Sakramenten zählt".[65] Man müsse deutlich zwischen dem „sacerdotium",

---

62 „Qua propter hodierna di hi ritus et formulae saepissime omnino non conveniunt cum contemporaneo desiderio authenticitatis", CECL 307a, S. 9.

63 „Conspectus historicus satis ostendit quomodo ritus adaptatione profunda indigeant et etiam formulae", CECL 307a, S. 9.

64 „In hac renovatione tamen timenda est aliqua depauperisatio rituum, etsi caeremoniale secundarium sit quoad veritatem liturgicae. Quaerendum est ergo equilibrium inter veritatem et aliquam amplitudinem rituum et formularum", CECL 307a, S. 9.

65 Wörtlich heißt es im Schema: „In concreto videtur necessarium vitare confusionem inter benedictionem Abbatis et consecrationem Episcopi. Opportuna videtur distinctio inter

also dem Priesteramt, und der „potestas“, die ein Abt innerhalb einer Religiosengemeinschaft hat, differenzieren können. Hier kommt nun auch erstmals die Äbtissin ins Spiel: Die „potestas“ eines Abtes innerhalb seines Ordens unterscheide sich nämlich in keiner Weise von der einer Äbtissin innerhalb ihres Ordens. Somit könne das Priestertum aus sich heraus schon nicht wesentlich zum Amt des Abtes dazu gehören. Weil der „Autor des Ritus der Abtsbenediktion“, von dem hier plötzlich in völlig unhistorischer Weise die Rede ist, viele Ähnlichkeiten bei der Erschaffung des Ritus zur Bischofsweihe bewirkt habe, seien viele Riten und auch Formeln zwischen den beiden Feiern identisch.[66] Wer dieser „Autor“ ist, darüber bleibt das Schema eine Antwort schuldig. Redundant betont es hingegen nochmals die Hauptaufgabe der Neugestaltung: Die verantwortliche „Sondergruppe“ möchte die zahlreichen Ähnlichkeiten zwischen der „Abtsbenediktion“ und der „Bischofskonsekration“, die in der Vergangenheit zu vielen falschen Schlüssen geführt hätten, tilgen und die „große Verwirrung“ („confusio magna“) beenden.

1.2.3 *Veränderungen, Streichungen und Verbesserungen*

Anknüpfend an die beiden formulierten Ziele zur Überarbeitung skizziert das Schema, welche Elemente der Abtsweihe konkret verändert beziehungsweise künftig ganz gestrichen oder verbessert werden sollen.

A. Verschiebung an eine andere Stelle[67]

Der Eid des Abtes soll in Zukunft vor dem „Benediktionsritus“ stattfinden. Bislang hatte der Treueid seinen Ort nach der Vorstellung des Erwählten durch die beiden Äbte und dem Verlesen des „Mandatum Apostolicum“ am Beginn der Messfeier. Der Bischof fragte zunächst die assistierenden Äbte, ob der Erwählte würdig sei und unterzog diesen dann der Befragung nach der Bereitschaft. Nach der Befragung legte der zum Abt Erwählte dann seinen Eid kniend vor dem Ordinarius ab, sofern er dem Ordinarius unterstellt war.[68] Bei der „Benediktion der Äbtissin“ legte die zur Äbtissin Erwählte den Eid erst nach dem Graduale oder Tractus ab. Nun soll der Eid außerhalb der Feier geleistet werden. Einen Grund für die Verschiebung des Eides gibt das Schema nicht, es erklärt aber, dass der

---

sacramentum consecrationis Episcopi et simplicem benedictionem, quae non pertinet ad sacramentum“, CECL 307a, S. 9.

66 „Nunc autem confusio magna existit, quia auctor ritus Benedictionis Abbatis similtudinem efformare voluit inter consecrationem Episcopi et benedictionem Abbatis“, CECL 307a, S. 9.

67 „A. Alia loco ponitur“, CECL 307a, S. 9.

68 Vgl. auch Kapitel II 3.1.

Treueid auch heute noch wertvoll („validas“) für den Abt sei, wohl um zu begründen, warum man ihn nicht ganz gestrichen hat.

B. Streichungen[69]

Damit die gesteckten Ziele, den Ritus erstens zu vereinfachen und zweitens die Angleichungen an die Bischofsweihe zu entfernen, erreicht werden konnten, ging man äußerst rabiat ans Werk: Insgesamt neun Streichungen sieht das erste Schema für die „Benediktion des Abtes“ vor.[70] Sämtliche Elemente, die als der „Bischofskonsekration“ zu ähnlich angesehen wurden, sollten geändert oder ganz gestrichen werden.

1) Dran glauben mussten aus diesem Grund die Bußpsalmen, die Wilhelm Durandus für die „Abtsbenediktion“ in sein Pontifikale eingefügt hatte. Begründet wird die Streichung mit dem Argument, dies sei eine Imitation der Bischofskonsekration gewesen, die aber zum „wahrhaft sakramentalen Ordo“ gehöre.[71] Inwiefern Durandus aus der „Bischofskonsekration“ geschöpft hat, als er die Bußpsalmen in den Ritus der „Abtsbenediktion“ aufnahm, zeigt das Schema nicht, kann es auch nicht, weil diese Argumentation nicht stimmt. Für die römischen Pontifikalien ist das Beten der Bußpsalmen für die Bischofsweihe überhaupt nicht belegt. Zwar gab es im Mittelalter den Brauch, an großen Festtagen im Anschluss an die Prim in der Sakristei die Bußpsalmen mit einer anschließenden Litanei als Vorbereitung auf die Messfeier zu beten.[72] So ist dieser Brauch möglicherweise auch vor Bischofsweihen geübt worden. Er entstammt jedoch nicht speziell der „Bischofskonsekration“. Hingegen gibt es Hinweise, dass diese Tradition bereits im elften Jahrhundert in Cluny üblich war,[73] sie also vermutlich monastische Wurzeln hat. Die Streichung der Bußpsalmen ist daher als Ergebnis einer mangelhaften historischen Analyse zu bewerten.

2) Zweitens verfügt das Schema, die gelasianische Präfation „Affluentem spiritum“ zu tilgen. Der Grund für diese Streichung liegt auf der Hand: Man wollte insbesondere das Problem mit der Stelle „qui per nostrae manus impositionem hodie Abbas constituitur“, also „der durch die Handauflegung heute zum Abt bestellt wird“ lösen, das sich durch eine veränderte Sakramententheologie und insbesondere durch die Bestimmungen der Enzyklika „Sacramentum ordinis“ gebildet hatte, wonach die Handauflegung „Materie“ des Weihesakramentes ist.[74] Als Form hatte die Enzyklika gemäß den scholastischen Kategorien die Präfation bei den sakramentalen Weihen bestimmt. Vor diesem Hintergrund ist

---

69 „B. omittuntur“, CECL 307a, S. 9.

70 All diese Streichungen wurden später auch für die „Benediktion der Äbtissin“ übernommen, sofern sie überhaupt Bestandteil der Feier gewesen sind.

71 „... ad imitationem Episcopi, quae consistit in vero sacramento Ordinis“, CECL 307a, S. 9.

72 Vgl. AMIET, Gesetzgebung, S. 81f.

73 Vgl. BROGI, Benedizione, S. 89; vgl. auch PUNIET, Pontifikale, S. 102.

74 AAS 40 (1948), S. 6f.

die Entscheidung zu erklären, nicht nur die Handauflegung, sondern die gesamte Präfation „Affluentem spiritum“ zu streichen.

Die gelasianische Oration ist jedoch eine der ältesten und am besten bezeugtesten Orationen in der Geschichte der Abts- und Äbtissinnenweihe, weshalb die Studiengruppe um Nocent große Mühe hatte, die Streichung aus den Quellen zu begründen. Man versuchte das Dilemma zu lösen, indem man die Handauflegung als ein nachträgliches und nicht von allen Quellen überliefertes Element konstruierte, das nicht ursprünglich zur „Benediktion des Abtes“ gehörte: Die Handauflegung finde sich nicht im Gelasianum und auch nicht im Pontifikale der römischen Kurie, argumentiert das Schema. Daneben berief man sich auf die von Martène und Albers edierten Riten.[75] Die Handauflegung fehle im Sakramentar von Moisac, dem Pontifikale Ecclesiae Bisontinae sowie den Pontifikalien Ecclesiae Conchensis und Senonensis sowie in den Cosuetudines Farfenses. Erst durch das PRG sei die Handauflegung „eingeführt worden“ („introducta est“; CECL 307a, S. 9).

Diese Beweisführung ist jedoch keineswegs stichhaltig. Tatsächlich ist etwa im gelasianischen Sakramentar zwar keine Handauflegung bezeugt. Das dürfte aber damit zusammen hängen, dass das Sakramentar überhaupt keine Rubriken hat, die eine Handauflegung bezeugen könnten. Es ist durchaus anzunehmen, dass zu einer Oration, in der eindeutig von einer Handauflegung die Rede ist, diese Geste auch schon früh ausgeführt worden ist. Zudem ist die Handauflegung bei der Abtsweihe für Spanien im siebten Jahrhundert bereits eindeutig bezeugt,[76] es ist also nicht unwahrscheinlich, dass sie auch in Italien zu dieser Zeit bereits in Gebrauch war. Die von Martène edierten Riten, die im Schema zur Rechtfertigung der Streichung angeführt werden, haben ebenfalls die gelasianische Oration. Auch hier fehlen jeweils Rubriken, die auf die Handauflegung verweisen. Dennoch ist die Geste sicherlich ausgeführt worden, wenn das Gebet sie erwähnt. Das Argument, die Handauflegung finde sich nicht im Pontifikale der Römischen Kurie, ist schlicht falsch.[77]

Um zu legitimieren, dass nicht nur die Handauflegung, sondern die gesamte Präfation gestrichen werden soll, nutzt man ein ähnliches Argumentationsmuster und versucht die Form einer „Präfation“ als nachträglich zu kennzeichnen. In den Anfängen sei das Gebet „Affluentem spiritum“ eine einfache Oration gewesen. Dies bezeugten frühe Quellen wie etwa das Gelasianum, das PRG, das Sakramentar von Moisac, das spanische Pontificale Ecclesiae Conchensis sowie das syrische Pontificale metropolitanae Ecclesiae Apamensis. Erst in Imitation zur

---

75 Das ist übrigens die einzige Stelle, an der die Studiengruppe sich (zumindest belegbar) auf die Edition von Albers bezieht, entgegen der Behauptung von Bugnini, wonach die Editionen von Albers und Martène besonders berücksichtigt worden seien, vgl. Notitiae 7 (1971), S. 35.

76 Vgl. Kapitel II 1.5 dieser Arbeit.

77 Vgl. PCR XVI, 18, wo die entsprechende Rubrik eindeutig eine Handauflegung bei der Präfation vorsieht.

„Bischofskonsekration“ sei daraus eine Präfation geworden und zwar erstmals bezeugt im PR XII, wird im Schema irrtümlich konstatiert. Tatsächlich hat die Oration „Affluentem spiritum“ aber bereits im PRG Präfationscharakter (PRG XXXII, 8).[78] Und das PRG bezeugt nicht nur für die „Bischofsordination“ und die „Ordinationen“ der Äbte und Äbtissinnen eine Präfation, sondern sieht für alle zentralen „Ordinationen“ und „Konsekrationen“ eine Oration in der Weise einer Präfation vor.[79] Die Deutung, das Beten der Oration „Affluentem spiritum“ als Präfation sei eine Imitation der „Bischofskonsekration“, greift demnach zu kurz. Auch das syrische Pontifikale metropolitanae Ecclesiae Apamensis bezeugt für die „Abts- und Äbtissinnenbenediktion“,[80] die Oration „Affluentem spiritum“ solle in der Weise einer Präfation, „in modum praefationis“, unter Handauflegung des Bischofs gebetet werden.[81] Es kann daher in der Beweisführung ebenfalls nicht als Argument dienen.

Mit der Streichung der Präfation „Affluentem spiritum“ entstand zudem das Problem, dass die älteste und ursprünglichste der Orationen, die gregorianische Oration „Concede quaesumus“, allein blieb. Dies wird von der Studiengruppe als Unmöglichkeit erachtet: sie sei zu kurz und zu belehrend, urteilt sie. Wähle man diese ursprüngliche Oration als alleinige Segensoration, so sei dies wahrhaft eine „Verarmung des Ritus“.[82] Über den Verbleib der zweiten gelasianischen Oration „Cunctorum bonorum“ schweigt das Schema an dieser Stelle.

Um dieses Problem zu lösen, wird im Schema bestimmt, dass die Oration „Concede quaesumus“ innerhalb der liturgischen Feier einen neuen Ort bekommen und fortan als Gebetseinladung für die „Bitten“ verwendet werden soll.[83] Dabei werden zwei Varianten für möglich erachtet. Zum einen könne die Oration gänzlich vom Bischof gebetet werden. In der zweiten Variante spreche der Bischof nur das „Oremus, fratres carissimi“, „Lasset uns beten, liebste Brüder“ und ein alter Mönch die Oration. Für diese zweite Variante spreche, dass im Text der Oration von dem Abt die Rede ist, „den wir gewählt haben“ („quem elegimus“). Das beziehe sich nun einmal auf die Mönche und nicht auf den Bischof, so dass diese zweite Variante im Schema befürwortet wird (CECL 307a, S. 10).

Die zweite gelasianische Oration „Cunctorum bonorum“ soll als Grundlage dienen, um aus mehreren Teilen dieser Oration eine neue Oration zu schaffen.

---

78 Die dazugehörige Rubrik des PRG gibt an, dass die Oration „Affluentem spiritum“ „in modum praephationis“ gebetet werden soll.

79 So für die „Konsekration der Witwen“ (PRG XXV, 7) und die „Konsekration der Jungfrauen“ (PRG XXIII, 6f.), die „Ordination“ des Subdiakons (PRG XVI, 7) die „Ordination“ des Diakons- und die „Machung der Diakonin“ (PRG XVI, 12; PRG XXIV, 8), die „Ordination des Presbyters“ (PRG XVI, 27) und auch für die „Ordination“ des Bischofs (PRG LXIII, 33; 35); vgl. auch oben Kapitel II 2.1.

80 „Ordo ad abbatem benedicendum vel abbatissam“, Martène (Hg.), Ritibus II, Sp. 442.

81 Vgl. ebd.

82 „Esset vera depauperizatio rituum“, CECL 307a, S. 10.

83 „Oratio Concede sub forma invitationis ad precem sequentem adhibetur“, CECL 307a, S. 10. Hervorhebung im Original.

Mit dieser Lösung sollte gewährleistet sein, dass der Reichtum der alten Orationen auf der einen Seite bewahrt und nur das adaptiert werde, was in die heutige Zeit passt (CECL 307a, S. 10). Man wollte wohl auf diese Weise den Forderungen des Konzils nachkommen, dass Altes bewahrt werden und neue Formen stets aus den schon bestehenden Formen „organisch wachsen“ sollten (SC 23). So solle die „Wahrhaftigkeit der Liturgie“ gewährleistet werden, gleichzeitig müsse die Struktur der Liturgie dahingehend vereinfacht werden, dass man nicht eine Masse von Gebeten hat, die im Prinzip alle das Gleiche erbitten, erklärt das Schema.[84]

3) Weitere Streichungen sollten für die Übergabe von Insignien durchgeführt werden. Die Segnungen von Stab und Mitra sollen laut Schema nicht mehr wie bisher innerhalb des „Segnungsritus“ stattfinden, sondern vorher, wie es auch bei der „Bischofskonsekration“ geschieht – eine überaus verwirrende Begründung, wenn man an das Hauptziel der Überarbeitung denkt, die Ritusanalogien zur Bischofsweihe zu streichen.[85]

4) Ganz gestrichen werden soll die Übergabe der Handschuhe. Auch an dieser Stelle wird im Schema irritierenderweise wieder auf die „Bischofskonsekration“ verwiesen, wo die Übergabe der Pontifikalhandschuhe ebenfalls getilgt worden ist.

5) Die Mitra soll dem Abt in Zukunft schweigend übergeben werden.[86]

6) Künftig soll die Überreichung von Brot, Wein und Kerzen an den Bischof durch den Abt zum Offertorium nicht mehr Bestandteil des Ritus sein. Dieser Brauch war erstmals in der Langform des PCR für die Äbte vorgesehen (PCR XVI, 1). Auch für die Bischofskonsekration ist dieses Element im neuen Pontifikale nicht mehr berücksichtigt worden.[87]

7) Ferner soll auch die Inthronisation des Abtes innerhalb der Feier aufgegeben werden. Diese finde schließlich bereits unmittelbar nach der Wahl statt, wenn die Mönche ihrem neuen Abt gegenüber das Gehorsamsversprechen able-

84 „Eo modo divitiae harum antiquarum oraionum asservantur, sed veritas etiam servatur et structura simplex liturgiae quae omnino repugnat ad congeriem orationum quae eadem dicunt“, CECL 307a, S. 10.

85 CECL 307a, S. 10.

86 Im nachtridentinischen Pontificale Romanum segnete der Bischof die Mitra zunächst und setzte sie dem Abt dann mit folgenden Worten auf: „Imponimus, Domine, capiti huius famuli tui Abbatis galeam munitionis et salutis, quatenus, decorata facie et aramato capite cornibus utriusque Testamenti terribilis appareat adversariis veritatis; et, te ei largiente gratiam, impugnator eorum robustus existat, qui Moysi famuli tui faciem, ex tui sermonis consortio decoratam, lucidissimis tuae claritatis ac veritatis cornibus insignisti, et capiti Aaron Pontificis tui tiaram imponi iussisti“, PR 1962, 401.

87 Der erste Band des erneuerten Pontificale Romanum war bereits 1968 unter dem Titel „De Ordinatione Diaconi, Presbyteri et Episcopi“ veröffentlicht worden, vgl. De Ordinatione Diaconi, Presbyteri et Episcopi. Editio typica, Vatikanstadt 1968.

gen. Zudem solle der Abt auch deshalb nicht unmittelbar nach seiner Benediktion installiert werden, weil er kein Bischof ist, erklärt das Schema.[88]

8) Aus dem gleichen Grund soll künftig auch die Segnung des Volkes durch den Abt am Ende der Feier entfallen. Hier wird wiederum mit der nötigen Unterscheidung zur „Bischofskonsekration“ argumentiert: Die „Benediktion des Abtes“ sei schließlich keine „Konsekration“ oder „Ordination“, führt das Schema zum wiederholten Male als Begründung an. Der neue Abt empfange keine neue Macht im priesterlichen Amt, weshalb die Segnung als tilgungswert angesehen wird.[89]

9) Als letzte Streichung nennt das Schema die Oration nach dem Hymnus Te Deum, also die Oration „Exaudi Domine“. Hier erscheint es der Studiengruppe „günstig“, „neue und andere Gebete“ am Ende des Segnungsritus einzufügen.[90]

C. Verbesserungen[91]

Neben den Streichungen und Verschiebungen nennt das Schema vier Punkte, bei denen die Studiengruppe deutlichen Korrekturbedarf sieht:

1) Kräftig nachbessern will man bei der „Befragung des Erwählten“ („interrogatio Electi“, CECL 307a, S. 10) zu Beginn des Ritus. Die Fragen nach der Bereitschaft zur Übernahme des Amtes waren erstmals von Durandus in den Ritus der Abtsweihe aufgenommen worden. Dieser hatte dabei überwiegend aus der „Bischofskonsekration“ geschöpft, was mit der Zielsetzung der nachvatikanischen Überarbeitung nicht länger konvergent war. Das Schema selbst erläutert, dass die Befragung verändert werden müsse, hänge damit zusammen, dass im neuen Ritus die „Interrogatio“ vom Gehorsamseid des Abtes losgelöst werden soll. Dieser soll, wie skizziert, künftig außerhalb des Ritus stattfinden.

Eine Änderung soll es auch hinsichtlich der beiden Äbte geben, die dem Abt als Assistenten zur Seite stehen. Weil es keine Kollegialität zwischen den Äbten gebe, wie es bei den Bischöfen der Fall ist, hält man es für sinnvoller, wenn zwei Mönche, etwa Prior und Subprior des jeweiligen Klosters, ihren Abt dem Bischof präsentieren.[92] So fungierten die beiden Mönche quasi als Delegaten der Ge-

---

88 „Ergo Abbas, quia non episcopus, non installatur post suam benedictionem“, CECL 307a, S. 10.

89 „... quia non agitur de consecratione vel ordinatione. Abbas nullam novam potestam accipit in ordine sacerdotali“, CECL 307a, S. 10.

90 „Opportunum videtur tollere novas et alias preces post ritum ipsum benedictionis et celebrationem missae“, CECL 307a, S. 10.

91 „Emendationes vel mutationes subeunt“, CECL 307a, S. 10.

92 Papst Pius XII. hatte in der Apostolischen Konstitution „Episcopalis Consecrationis“ 1944 festgelegt, dass die beiden Bischöfe, die als Assistenten bei der Bischofsweihe fungierten, gleichzeitig die Mitkonsekratoren sein sollten, nicht lediglich assistierende Bischöfe, wie dies noch im PR vorgesehen war, vgl. AAS 36 (1944), S. 131.

meinschaft, die den Abt gewählt hat. Mit dieser Änderung verhelfe man dem Ritus dazu, die Verwirrungen zu vermeiden,[93] erklärt das Schema.

2) Eine weitere Veränderung betrifft das Begleitwort zur Regelübergabe. Im nachtridentinischen Pontificale Romanum war jenes Begleitwort zur Regelübergabe vorgesehen, welches Durandus am Ende des dreizehnten Jahrhunderts aus zwei Bestandteilen zusammengebastelt hatte.[94] Es lautete:

> Empfange die Regel, die von unseren heiligen Vätern überliefert worden ist, zur Leitung und Bewahrung der dir von Gott anvertrauten Herde, Gott selbst wird dich stärken und dir deine menschliche Schwäche gestatten. Nimm an die väterliche Sorge für die Herde des Herrn und die Leitung der Seelen, und in der Erfüllung der Gebote des göttlichen Gesetzes sei ihr ein Führer zur Weide des himmlischen Erbes, unterstützt durch unseren Herr Jesus Christus.[95]

Dies erschien der für die Überarbeitung verantwortlichen Studiengruppe als „zu allgemein“ („nimis generalis“, CECL 307a, S. 11). Zukünftig solle das spezifisch Mönchische sowie der Gründer des Ordens stärker in den Blick genommen werden. Diese Absicht entspricht der im Dekret zum neuen Ordo formulierten Zielsetzung, die „Abtsbenediktion“ insgesamt monastischer zu gestalten beziehungsweise, die „geistliche Aufgabe jener“ herauszustellen, „die einer klösterlichen Gemeinschaft vorstehen“.[96]

3) Auch für die Stabübergabe soll das Begleitwort verändert werden. Im Schema wird dieser Schritt damit begründet, man halte die Formel des PR für zu „juridisch und ausländisch“ („iuridicam et exteriorem“ CECL 307a, S. 11). Diese Begründung erscheint sonderbar. Das für zu „ausländisch“ gehaltene Geleitwort ist bereits im zwölften Jahrhundert im PR XII, also dem ersten wirklich römischen Pontifikale,[97] belegt und vom PCR, dem Pontifikale der Römischen Kurie, im dreizehnten Jahrhundert um den Zusatz „quem praeferas catervae tibi commissae“, „den du der dir anvertrauten Schar“, ergänzt worden, der wiederum aus dem PRG stammt.[98] Das gesamte Geleitwort lautete seither:

---

93 „Quia videtur melius et secundum veritatem tollere hunc usum qui inducit ad confusiones omnino vitandas“, CECL 307a, S. 11.

94 Vgl. Kapitel II 3.1.2.

95 „Accipe regulam a sanctis Patribus traditam, ad regendum custodiendumque gregem tibi a Deo creditum, quantum Deus ipse te confortaverit, et fragilitas humana permiserit. Accipe gregis dominici paternam providentiam et animarum procurationem, et per divinae legis incedendo praecepta sis ei dux ad caelestis hereditatis pascua, adiuvante Domino nostro Iesu Christo ...“, PR 1962, 384.

96 „... ut ritus munus spiritale in clariore luce collocaret illius, qui religiosae familiae praeest“, Notitiae 7 (1971), S. 32.

97 Vgl. ANDRIEU (Hg.), Pontifical I, S. VI.

98 Vgl. PRG XXVI, 12.

> Empfange den Stab des Hirtenamtes, den du der dir anvertrauten Schar vorantragen sollst, auf dass du liebevoll und streng seist bei der der Zurechtweisung von Verfehlungen, und wenn du erzürnt bist, der Barmherzigkeit gedenkst.[99]

Noch sonderbarer erscheint diese Begründung im Hinblick auf die Entscheidung der Studiengruppe, stattdessen eine kurze und schlichte Formel aus dem Pontificale Ecclesiae Bisontinae, einem Pontifikale aus dem französischen Bistum Besançon, zu wählen. Begründet wird diese Entscheidung knapp mit dem Satz: „Wir wählen den Text aus dem PB, weil er am besten passt".[100] Das Geleitwort dieses Pontifikale stellt die Sorge um die dem Abt anvertrauten Brüder in den Vordergrund:

> Empfange den Hirtenstab und trage Sorge für die dir anvertrauten Seelen, für die du Gott Rechenschaft geben wirst.[101]

Es erinnert an das zweite Kapitel der Benediktsregel, das die Hirtensorge des Abtes für die ihm anvertraute Herde betont.[102] Vielleicht hat die Studiengruppe sich deshalb für diese Form entschieden.

4) Die Übergabe des Ringes wird von der Studiengruppe als fakultativ angesehen, weil sie keine wahrhaftig monastische Tradition sei und erst im Laufe des zwölften Jahrhunderts in den Ritus der Abtsweihe Einzug gehalten habe. Nur wenige Dokumente überlieferten die Ringübergabe überhaupt, so das Argument. Tatsächlich ist die Ringübergabe in der Chronologie der römischen Pontifikalien sogar erstmals im PCR aus dem dreizehnten Jahrhundert bezeugt und hier auch nur durch die Langform (PCR XVI, 21).[103] Künftiges Begleitwort für die Ringübergabe soll jene Formel bleiben, wie sie das PCR bereits überliefert, jedoch in nicht unerheblich modifizierter Form: In Zukunft soll für die Äbte die Brautmetaphorik zur Kirche gestrichen werden. Stattdessen wird der Ring als Symbol für die Treue zum Kloster gekennzeichnet.[104]

---

99 „Accipe baculum pastoralis officii, quem preferas caterve tibi commisse, ut sis in corrigendis vitiis pie seviens et cum iratur fueris misericordie memoreris", PCR XVI, 20, vgl. auch PR 1962, 386.

100 „Textum PB eligimus, quia melius adaptatum", CECL 307a, S. 12. Im Schema sind zuvor aus den verschiedenen konsultierten Quellen mögliche Alternativen aufgeführt. Die gewählte Formel wird ausschließlich vom Pontifikale aus Besançon bezeugt.

101 „Accipe baculum pastoralem et animarum tibi commissarum gere sollicitudinem pro quibus Deo redditurus es rationem", CECL 307a, S. 12. Vgl. für den Quellentext MARTÈNE (Hg.), Ritibus II, Sp. 428.

102 Vgl. etwa RB 2,31; RB 2,5.

103 Vgl. auch oben Kapitel II 2.3.1.

104 Die Modifikationen zeigt eine tabellarische Übersicht. Die Veränderungen gegenüber dem PCR sind kursiv gesetzt.

CECL 307a, S. 12.	PCR XVI, 21
„Accipe annulum, fidei signaculum, *ut hanc Congregationem (vel hunc monachorum coe-*	„Accipe anulum fidei scilicet signaculum, *quatenus sponsam, Dei videlicet sanctam eccle-*

D. Bestandteile „ad libitum"

In einem letzten Abschnitt werden drei weitere Elemente aufgeführt, die zukünftig als fakultativ anzusehen sind.

1) Erneut genannt wird die Übergabe des Ringes („vide supra", CECL 307a, S. 12).

2) Daneben soll auch die Übergabe der Mitra insgesamt fakultativ sein. Das Geleitwort war von der Studiengruppe ohne jede Begründung bereits als tilgungswert gewertet worden, hier erläutert das Schema nun, der Begleittext des PR für die Übergabe der Mitra sei „ohnehin nicht passend für das Amt des Abtes".[105] Die Mitra solle – wenn überhaupt – schweigend aufgesetzt werden. Es scheint, als hätte die für die Neugestaltung der Abtsweihe verantwortliche Studiengruppe die Überreichung der Mitra an die Äbte am liebsten gänzlich gestrichen. Dieser Brauch sei auch nur in sehr wenigen Handschriften überliefert, skizziert das Schema. Das PGD sehe sie nicht vor, lediglich das aktuelle PR sowie das von Martène edierte Pontificale Moguntium bezeugten diese Tradition.[106]

3) Drittens wird der Hymnus Te Deum als für die Abtsweihe nicht zwingend notwendig bestimmt. Schließlich sei schon während des gesamten Benediktionsritus und in der Messe ausreichend Dank gesagt worden, so die fadenscheinige Begründung (CECL 307a, S. 12), die jedoch kaum überzeugen kann. Im Hintergrund für die Tilgung steckt sicherlich die Absicht, auch hier um jeden Preis eine unliebsame Analogie zum Ritus der Bischofsweihe zu streichen. Dabei ist gerade das Te Deum eben nicht ursprünglich für die Bischofsweihe bezeugt, sondern typischer Bestandteil der Abts- und Äbtissinnenweihe – und das bereits erstmals im PRG aus dem zehnten Jahrhundert.[107] Für die Bischofsweihe findet sich der Gesang des Te Deum zum ersten Mal bei Durandus, also im späten dreizehnten Jahrhundert. Damit erklärt die Studiengruppe zur Durchsetzung ihrer Ziele ein frühes und typisch monastisches Element für fakultativ.

---

tum), intemerata fide ornatus et virtute roboratus, illibate custodias." *siam,* intemerata fide ornatus illibate custodias."

105 „Textus a PR propositus omnino non est adaptatus ad onus Abbatis", CECL 307a, S. 12.

106 Vgl. PR 1962, 401; vgl. für das Pontificale Moguntinum MARTÈNE (Hg.), Ritibus II, Sp. 445–448, hier Sp. 447.
Dass es jedoch schon Zeugnisse aus dem 11. Jahrhundert gibt, wonach Äbte eine Mitra trugen, konnte Puniet zeigen, vgl. PUNIET, Pontifikale, S. 111. Vgl. zur Mitra auch Abschnitt II 3.2.3 dieser Arbeit.

107 Vgl. ausführlicher Abschnitt II 2.1.1.

1.2.4 *Historische Rekonstruktion gegen ein pseudowissenschaftliches Konstrukt*

In seinem Bericht zur elften Vollversammlung des Consilium, auf dem das erste Schema zur Benediktion des Abtes vorgelegt worden ist, lobte der Sekretär des Consilium, Annibale Bugnini, das Schema sei ein „glanzvolles Beispiel von gründlicher und sorgfältiger wissenschaftlicher Untersuchung“.[108] Tatsächlich ist dieses erste Schema ein pseudowissenschaftliches, ideologisches Konstrukt. Die angekündigte „historische Analyse“ findet nicht statt. Die Arbeit an den ausgewählten Quellen, für die jede historische Einordnung fehlt,[109] ist rein interessengeleitet, die Argumentation, warum einzelne Elemente getilgt oder verändert werden sollen, ist häufig haltlos und fehlerhaft, was im Folgenden an fünf Punkten noch einmal illustriert werden soll. Dazu werden in einer Art Synopse die historisch gewonnenen Ergebnisse aus Abschnitt II dieser Studie mit den im Grunde ahistorischen Behauptungen des Consiliums verglichen.

1. Als zentrales Ergebnis der sogenannten „kurzen historischen Betrachtung“[110] wurde bekräftigt, die „Benediktion“ des Abtes habe sich mehr oder weniger gänzlich („totalem“) in Nachahmung der „Bischofskonsekration“ entwickelt.[111] Diese Behauptung der Studiengruppe diente dem Vorhaben, die (historisch definiert seit Mitte des zwanzigsten Jahrhunderts, für die Studiengruppe in a-priori-dogmatischer Perspektive schon immer) durch das Zweite Vatikanum zum Sakrament erhobene Bischofsweihe auch historisch höher zu stellen als die Abts- und damit auch die Äbtissinnenweihe, die für Thomas von Aquin und das Ordo-Dekret des Tridentinums ebenso wenig Sakramente waren, wie die Ordination des Bischofs. Anleihen, die die Abtsweihe bei der Bischofsweihe gemacht hat, sind gemäß dieser Darstellung insofern als Fehlentwicklung zu bewerten, als sie einen ursprünglich schlichten Ritus der „Abtsbenediktion“ fälschlich mit Elementen aus der (sakramentalen) Bischofsweihe auf- beziehungsweise überladen hätten. Die Bezichtigung einer falschen und einseitigen Nachahmung der Bischofsweihe durch die Abtsweihe bildete die argumentative Grundlage für nahezu sämtliche Streichungen und Veränderungen, die die Studiengruppe für die Abtsweihe vornahm.

Dabei ist diese Theorie in mehrfacher Hinsicht korrekturbedürftig. Zum einen ist die Grundvoraussetzung, die Bischofsweihe sei das „Sakrament“, die Abtsweihe das „Sakramentale“, in historischer Perspektive schwierig. Eine ausführliche systematische Lehre von den Sakramentalien entwickelte sich erst seit

---

108 „... un splendido esempio di accuarata e diligente indagine scientifica“, Notitiae 4 (1968), S. 350.

109 Vgl. oben III 1.2.1.

110 „Conspectus brevis historicus“, CECL 307a, S. 8.

111 „Evolutio rituum benedictionis Abbatis progressit versus imitationen plus minusve totalem consecrationis Episcopi“, CECL 307a, S. 8.

dem neunzehnten Jahrhundert durch die neuscholastische Theologie, die im Rückgriff auf die scholastische Unterscheidung in „sakramentale Weihen“ und „nichtsakramentale Segnungen“ versuchte, „Sakramente“ von „Sakramentalien“ zu unterscheiden.[112] Für die Bischofsweihe war gerade bei den strikten Thomisten bis zum Zweiten Vatikanischen Konzil überhaupt strittig, sie als Sakrament anzusehen.[113] Die für die Neugestaltung der Abtsweihe Verantwortlichen übertrugen also theologische Konzepte der Neuzeit, genauer eine „Erfindung“ des Zweiten Vatikanums, auf das Mittelalter, um ihre Streichungen am Ritus der Abtsweihe zu legitimieren.

In Teil II der vorliegenden Studie konnte nachgewiesen werden, dass die Riten von Abts- und Äbtissinnenweihe mindestens vom Pontificale Romano-Germanicum bis zum Pontifikale des Wilhelm Durandus gleichberechtigt neben dem Ritus der Bischofsweihe standen. Vor allem PRG und PGD galten der Studiengruppe jedoch als die Übeltäter, die den Abtsweiheritus fälschlicherweise pompös überladen und der Bischofsweihe angeglichen hätten.[114] Dass diese Perspektive einseitig ist, zeigt eindrücklich das PRG, das nicht nur Analogien der Abts- und Äbtissinnenweihe mit der Bischofsweihe zeigt, sondern insgesamt bestrebt war, die Personenweihen analog zu gestalten, indem es etwa für all jene Feiern eine Präfation sowie eine Litanei mit Prostratio vorsah (vgl. Kapitel II 2.1.1).

Die Behauptung der Studiengruppe, die „Abtsbenediktion“ habe einseitig aus der Bischofsweihe geschöpft, konnte insbesondere anhand der Bußpsalmen und des Te Deum widerlegt werden. Beide Elemente stammen eindeutig aus dem monastischen Kontext und waren zuerst für die Abts- und Äbtissinnenweihe üblich, bevor sie von dort in die Bischofsweihe gelangten. Insbesondere diese beiden Elemente sind Zeugnis dafür, dass die Abts- und Äbtissinnenweihe zumindest im Mittelalter gleichberechtigt neben der Bischofsweihe standen und die Entlehnungsprozesse nicht einseitig von der Bischofs- in die Abts- und Äbtissinnenweihe erfolgten, sondern als Relationen in beide Richtungen zu verstehen sind.

2. Zunächst zum Te Deum: Wie dargestellt, bestimmte die Studiengruppe im ersten Schema, der Hymnus Te Deum sei künftig für die Abtsweihe nur noch ein Bestandteil „ad libitum“ (CECL 307a, S. 12). Als Begründung für diese Entscheidung erklärte man, es sei während der Feier schon genügend gedankt worden. Diese „Begründung“ kann freundlich als dünn, spärlich, schwach oder wackelig bezeichnet werden, letztlich ist sie aber vor allem ein Witz, weil sie dokumentiert, dass es keinen stichhaltigen Grund gibt, das Te Deum für die Abts- und damit auch für die Äbtissinnenweihe lediglich noch als beliebigen Bestandteil zu erklären. Die Untersuchungen dieser Studie zur Abts- und Äbtissinnenweihe im

---

112 Vgl. zu diesem Punkt ausführlich das folgende Kapitel III 1.3.1.

113 Vgl. zur Frage nach der Sakramentalität der Bischofsweihe ausführlich unten Kapitel III 1.3.3.

114 Vgl. CECL 307a, S. 9.

PRG konnten zeigen, dass das Te Deum erstmals dort für die „Ordinationen" der Kanonissenäbtissin und der monastischen Äbtissin sowie des Abtes belegt ist. Und zwar nur für sie. In allen anderen „Ordinationen" von Personen fehlt das Te Deum, auch für die Bischofsweihe (vgl. Kapitel II 2.1.1). Erst das Pontifikale des Wilhelm Durandus übernahm aus der Abts- und Äbtissinnenweihe den Brauch, das Te Deum auch für die Bischofsweihe zu singen.[115] Die Studiengruppe erklärte hier also ein ursprüngliches und eindeutig monastisches Element der Abts- und Äbtissinnenweihe für fakultativ.

3. Während das Te Deum immerhin noch als fakultatives Element bestimmt wurde, sollten die Bußpsalmen künftig sogar gar kein Bestandteil der „Abtsbenediktion" sein. Begründet wurde diese Streichung mit dem Argument, die Einfügung der Bußpsalmen durch Wilhelm Durandus sei eine unerlaubte Imitation der Bischofsweihe gewesen.[116] Hier zeigt sich ebenfalls deutlich, dass es sich bei der angeblichen „historischen Analyse" im ersten Schema keinesfalls um ein „glanzvolles Beispiel von gründlicher und sorgfältiger wissenschaftlicher Untersuchung"[117] handelt, wie es Bugnini lobte, sondern dass die „Ergebnisse" der ideologischen Absicht geschuldet waren, jegliche Ritusanalogie zwischen Abts- und Bischofsweihe um jeden Preis zu tilgen. Eine tatsächlich „gründliche und sorgfältige wissenschaftliche Untersuchung" hätte anhand der von der Studiengruppe angeblich verwendeten Quellengrundlage leicht zeigen können, dass die Bußpsalmen keine Tradition der Bischofsweihe sind. Für die römischen Pontifikalien ist das Beten der Bußpsalmen, wie skizziert, überhaupt nicht belegt, sondern es war, wie oben in Kapitel II 3.1.2 erarbeitet, ein spezifisches Charakteristikum der „Benediktion des Abtes". Zur Durchsetzung der Ziele, die Abtsweihe von der Bischofsweihe abzusetzen und sie zu verharmlosen, wurden historische Tatsachen rücksichtslos umgedeutet oder schlicht ignoriert.

4. Auch die Präfation „Affluentem spiritum" wurde im Schema als fälschliche Imitation zur „Bischofskonsekration" interpretiert. Hier zeigt sich das Dilemma, vor dem die Studiengruppe stand, sogar zweifach. Die Präfation, gemäß dem neuen Deutungssystem nach „Sacramentum ordinis" nun in scholastischen Kategorien gesprochen „Form" des Weihesakraments, sowie die in der Präfation genannte und rubrikal dokumentierte Handauflegung, gemäß dem neuen Deutungssystem nun „Materie" des Weihesakraments, waren aus der Sicht der Kommission für die Abts- und Äbtissinnenweihe zu einer theologischen Katastrophe geworden. Beide Elemente mussten um jeden Preis verschwinden. Um die Tilgung zu legitimieren, wurde in Schema 307a versucht, beide Elemente als nachträglich, damit nicht ursprünglich und somit tilgungswert zu charakterisieren. Ein schwieriges Unterfangen, das nur mithilfe von falschen Behauptungen ge-

115 Vgl. ANDRIEU, Pontifical III, S. 391. Vgl. auch MCMILLAN, Episcopal Ordination, S. 173.
116 Vgl. CECL 307a, S. 9.
117 Notitiae 4 (1968), S. 350.

lingen konnte.[118] Exemplarisch für diese Geschichtsklitterung sei noch einmal das Argument der Studiengruppe genannt, im PRG sei die Präfation „Affluentem spiritum" noch eine einfache Oration gewesen. Das ist schlicht falsch. Gerade das PRG ist eindrücklicher Zeuge dafür, dass nicht nur bei der „Ordination" des Bischofs eine Präfation gebetet wurde, sondern dass bei allen zentralen „Ordinationen" und „Konsekrationen" von Personen[119] eine Präfation Bestandteil der Feier war.

5. Die Handauflegung ist ebenfalls keineswegs als nachträgliches Element der Abts- und Äbtissinnenweihe zu qualifizieren, wie die Studiengruppe gerne glauben machen möchte. Für Spanien ist die Handauflegung durch die Vita des Fructuosus bereits im siebten Jahrhundert sicher belegt.[120] Zudem zeigt der westgotische Liber Ordinum eine Oration, die ebenfalls eine Handauflegung für die Äbtissinnen eindeutig nachweist.[121] Das Argument der Studiengruppe, im gelasianischen Sakramentar sei für die Oration „Affluentem spiritum" keine Handauflegung bezeugt, kann in keiner Weise überzeugen, da Sakramentare keine Rubriken haben. Es ist sehr unwahrscheinlich, dass die Geste der Handauflegung, von der in der Oration „Affluentem spiritum" die Rede ist, wenn es dort heißt „qui per manus nostrę impositone[m] abbatissa instituętur", „der durch unsere Handauflegung zur Äbtissin [sic!] bestellt wird",[122] nicht ausgeführt worden ist. Auch das Argument, die Handauflegung finde sich nicht im Pontifikale der Römischen Kurie, ist nicht korrekt[123] und zeigt, dass die Studiengruppe zur Legitimierung ihrer Streichungen im Ritus gezwungen war, falsche Tatsachen zu konstruieren.

Diese Illustration des hier als „pseudowissenschaftlich" und ideologisch erwiesenen Vorgehens der Studiengruppe anhand von fünf Punkten ist letztlich als eine hilflose Reaktion auf jene Neudefinition von Materie und Form des Weihesakramentes zu bewerten, die Pius XII. mit der Enzyklika „Sacramentum ordinis" vorgelegt hatte. Und sie stellt einen Reflex auf die Erfindung der Bischofsweihe als Sakrament dar, die durch das Zweite Vatikanische Konzil erfolgte. Hinsichtlich „Sacramentum ordinis" musste die Studiengruppe jenen von dem Münsteraner Dogmatiker Michael Seewald „Autokorrekturmodus" genannten Weg mitgehen, wonach das, was „früher einmal (*aliquando*) gelehrt wurde,

---

[118] Vgl. oben S. 165f.

[119] So zeigen die „Konsekration der Witwen" (PRG XXV, 7) und die „Konsekration der Jungfrauen" (PRG XXIII, 6f.), die „Ordination" des Subdiakons (PRG XVI, 7) die „Ordination" des Diakons- und die „Machung der Diakonin" (PRG XVI, 12; PRG XXIV, 8), die „Ordination des Presbyters" (PRG XVI, 27) und auch die „Ordination" des Bischofs (PRG LXIII, 33; 35) eine Präfation; vgl. auch Kapitel II 2.1 dieser Arbeit.

[120] PL 87, 469. Vgl. Kapitel II 1.5.1.

[121] LibO XXIII, 113b. Vgl. Kapitel II 1.5.2.

[122] DESHUSSES/DUMAS (Hg.), Sacramentorum Gellonensis, S. 400.

[123] Vgl. PCR XVI, 18, wo die entsprechende Rubrik eindeutig eine Handauflegung bei der Präfation vorsieht.

von dem, was fortan (*in posterum*) zu gelten habe“, ausdrücklich unterschieden wird.[124] Wenn die Studiengruppe in Schema 307a mit derartigem Nachdruck betonen muss, dass die Bischofsweihe ein Sakrament, die Abtsweihe aber ein Sakramentale ist, so ist das eine Reaktion auf jenen „erst kürzlich zurückliegenden, autokorrektiven Akt“ des Lehramts,[125] konkret die Erfindung der Bischofsweihe als Sakrament, die selbst nicht als Erfindung thematisiert werden darf, weil eine Thematisierung „eine Selbstkritik nach sich ziehen würde, die man zu vermeiden sucht“.[126] Gleiches gilt für die Reaktion auf „Sacramentum ordinis“ – auch hier wird von der Studiengruppe nachdrücklich versucht, in einer von Seewald als „Innovationsverschleierungsmodus“ bezeichneten Weise zu vertuschen, dass es sich bei den Kategorien von Handauflegung und Präfation als Materie und Form des Weihesakraments um eine „Autokorrektur“ des Lehramts handelt.[127] Stattdessen strebte die Studiengruppe mit allen Mitteln an zu zeigen, dass sich die rituelle Form der Abtsweihe fehlerhaft entwickelt hat und versucht, ein „Narrativ der Kontinuität“[128] aufrecht zu erhalten, indem auf angebliche, noch nicht verfälschte Ursprünge der Abts- und Äbtissinnenweihe verwiesen wird, die es wiederherzustellen gelte.

Vor diesem Hintergrund ist zu erklären, warum das einzige Ziel der von Bugnini als „wissenschaftliche Untersuchung“ bezeichneten Darstellung eine deutliche Abstufung der „Benediktion des Abtes“ von der „sakramentalen Konsekration des Bischofs“ ist. Im Schema wird erklärt, die Ähnlichkeiten der Abtsweihe mit der Bischofsweihe hätten in der Vergangenheit oft „zu falschen Schlüssen“ („ad falsitatem“) geführt.[129] Diese „falschen Schlüsse“ haben ihre Grundlage unzweifelhaft in jenen Neudefinitionen rund um das Bischofsamt, die nun im Folgenden ausführlich dargestellt werden sollen.

1.3 Eine unliebsame Verwandtschaft

1.3.1 Die Lehre von den „Sakramentalien“

Das Bestreben, derartigen „Fehlschlüssen“ entgegen zu wirken, lässt sich bereits in der Forschungsliteratur zur Abts- und Äbtissinnenweihe aus der ersten Hälfte des zwanzigsten Jahrhunderts erkennen, wenn etwa Ludwig Eisenhofer sich veranlasst sieht, in seinem „Handbuch zur Liturgiewissenschaft“ zu erklären, dass

124 Vgl. SEEWALD, Reform, S. 84f. Vgl. auch den Abschnitt „Und das Lehramt bewegt sich doch ...“ bei DAUFRATSHOFER, Lehramt, S. 387–390.

125 SEEWALD, Reform, S. 97.

126 Ebd.

127 Vgl. ebd., S. 74–87; vgl. auch DAUFRATSHOFER, Lehramt, S. 336–339.

128 Ebd., S. 333.

129 „... et saepissime haec similtudo ad falsitatem inducit“, CECL 307a, S. 9.

die Abts- und Äbtissinnenweihe keine „consecratio“, sondern eine einfache Segnung sei.[130] Auch Pierre de Puniet fühlt sich in seinem Kommentar zum Pontificale Romanum dazu aufgerufen zu betonen, dass die „äbtliche Benediktion weder sakramentalen Charakter noch Ordinationsgnade verleiht“.[131] Germano Brogi belehrt seine Leserinnen und Leser ebenfalls darüber, die „Benediktion des Abtes“ sei „kein Sakrament, sondern ein Sakramentale“,[132] gleiches schärft auch der Artikel über den Abt aus dem „Liturgisch Woordenboek“ seinen Leserinnen und Lesern ein.[133] Benno Hegglin bittet zu „beachten“, dass es sich bei der Abtsweihe um eine „benedictio“ und nicht um eine „consecratio“ handle,[134] der Benediktinerpater Heinrich Suso Mayer klärt in einem Band über das Benediktinische Ordensrecht der Beuroner Kongregation ebenfalls darüber auf, die Abtsweihe sei eine „Benediktion“ und keine „Konsekration“ und daher von der sakramentalen Bischofsweihe wesentlich verschieden,[135] und auch der Kirchenrechtler Johann Baptist Sägmüller verdeutlicht in seinem „Lehrbuch des katholischen Kirchenrechts“: „die Benediktion der Äbtissin ist keine sakramentale Ordination“.[136]

Damit wird die liturgische Feier für die Äbte und Äbtissinnen in ein Konstrukt eingeordnet, dass zwar im Prinzip der mittelalterlichen Theologie entstammt, jedoch insbesondere von der neuscholastischen Theologie systematisch entwickelt worden war. Im Rückgriff auf die Unterscheidungen der Scholastik in „sakramentale Weihen“ und „nichtsakramentale Segnungen“[137] hatte die neuscholastische Theologie im neunzehnten Jahrhundert erstmals eine ausführliche systematische Lehre von den „Sakramentalien“ entwickelt.[138] Man versuchte, eine möglichst klare Begriffsbestimmung zu erreichen und die Fragen

---

130 EISENHOFER, Handbuch, S. 427.
131 PUNIET, Pontifikale, S. 125.
132 BROGI, Benedizione, S. 29.
133 Vgl. VERHEULEN, Abt, Sp. 32.
134 HEGGLIN, Abt, S. 154.
135 MAYER, Ordensrecht II,1, S. 148.
136 SÄGMÜLLER, Lehrbuch, S. 25.
137 Vgl. auch Kapitel II 2.3.3.
138 Vgl. ARENDT, De sacramentalibus. Die nachtridentinische Theologie hatte die Sakramentalien aufgrund der reformatorischen Offensive der Protestanten eingehender als noch die Scholastiker reflektiert. Robert Bellarmin verteidigte in seiner Schrift „De caeremoniis sacramentorum in genere“ das Recht der Kirche, Zeremonien wie Sakramentalien festzulegen. Ihr geistlicher Effekt sei nicht infrage zu stellen, vgl. MEẞNER, Sakramentalien, S. 652. Fancisco Suárez verstand Sakramentalien noch im ausdrücklichen Anschluss an Thomas als „Zeremonien bei der Feier der Sakramente“. Er entwickelte jedoch in seinem Sakramententraktat eine erste systematische Ausarbeitung über die Sakramentalien, die jedoch erst im 19. Jahrhundert von der neuscholastischen Theologie weitergeführt wurde, vgl. SCHILSON, Sakramentalien, Sp. 1453. Zu Beginn des 17. Jahrhunderts erschien die erste Monographie zu den Benediktionen, die „Libri duo de benedictionibus et tertius de maledictionibus“ von Jakob Gretser (+1625) aus dem Jahr 1615, vgl. FRANZ, Benediktionen, S. 6. Insgesamt herrschte in der nachtridentinischen Kontroverstheologie keine einheitliche

nach der Einsetzung[139] und der Wirksamkeit von Sakramentalien zu beantworten.[140] Es entwickelte sich eine Systematik, die die Sakramentalien im Wesentlichen in zwei Gruppen einteilte: In Segnungen und Exorzismen.[141] Die verschiedenen Segnungen wurden weiter in „invokative“ und „konstitutive“ Segnungen unterteilt, also in solche Segnungen, die eine vorübergehende Heiligung hervorrufen, und solche, welche eine dauernde Heilung verliehen.[142] Die Abts- und Äbtissinnenweihe ließen sich gemäß dieser Systematik fortan unter die konstitutiven Personenbenediktionen einordnen.[143]

Der CIC von 1917 nahm die neuscholastische Definition von Sakramentalien auf. Hier heißt es in Canon 1144: „Die Sakramentalien sind Sachen oder Handlungen, deren sich die Kirche in einer gewissen Nachahmung der Sakramente zu bedienen pflegt, um dadurch auf Grund ihres Gebets bestimmte Wirkungen, besonders geistlicher Art, zu erlangen“.[144] Die „Wirkung“ der Sakramentalien geschieht demnach (zumindest nicht bei allen) nicht „ex opere operato“, sondern „ex opere operantis“ und kraft der Fürbitte der Kirche. Der Dogmatiker Ludwig

---

Definition. Es lassen sich grob zwei Richtungen ihrer Ansichten unterscheiden. Die eine Richtung unterschied die Sakramentalien sehr wesentlich von den Sakramenten und sprach den Sakramentalien lediglich eine subjektive Wirkung kraft der persönlichen Frömmigkeit des Empfängers zu (opus operantis). Die andere Richtung dagegen betonte zwar auch einen wesentlichen Unterschied zu den Sakramenten, ging aber doch von einer objektiven Wirkung (opus operatum) aus und bemühte sich, die Trennung zwischen Sakramenten und Sakramentalien nicht allzu strikt zu ziehen, vgl. BARTMANN, Dogmatik II, S. 246f. Die zweite Richtung konnte sich jedoch nicht durchsetzen.

139 Die Frage der Einsetzung der Sakramentalien war natürlich problematisch. Insgesamt wollte man eine Abgrenzung der Sakramentalien von den Sakramenten insofern erreichen, als die Sakramente von Jesus Christus, die Sakramentalien von der Kirche eingesetzt wurden. Dieses Kriterium ist jedoch sowohl für die Sakramente als auch die Sakramentalien keineswegs einzuhalten. So lässt sich zum Beispiel fragen, wo Jesus die Ehe eingesetzt hat. Auf der Hochzeit zu Kana oder in seiner Kritik an der mosaischen Ehescheidung? Der Wiederholungsbefehl „Tut dies zu meinem Gedächtnis“ ist von der historisch-kritischen Exegese als „nachösterlich, den Vollzug spiegelnd in das Formular eingetragen“ enthüllt worden, gehört also nicht zum ursprünglichsten Überlieferungsbestand. Theodor Schneider fragt demnach, ob die massive Aussage von Trient, „alle Sakramente seien von unserem Herrn Jesus Christus eingesetzt“ nicht doch erheblich in Frage gestellt werden durch diese Erkenntnisse, „jedenfalls im landläufigen Verständnis des Wortes ‚eingesetzt‘“, SCHNEIDER, Sakramententheologie, S. 45. Gleichzeitig gilt für die Sakramentalien, dass sich hier zweifellos Einsetzungen durch Christus erkennen lassen. So wird etwa für die Fußwaschung sowie die Exorzismen eine Einsetzung durch Christus diskutiert, vgl. MEẞNER, Sakramentalien, S. 653.

140 Vgl. ebd., S. 652.

141 Vgl. ebd., S. 653.

142 Vgl. ebd.

143 Meßner bemerkt, die „Unschärfe des Begriffs“ sei jedoch „nie ganz verschwunden“, ebd., S. 652.

144 „Sacramentalia sunt res aut actiones quibus Ecclesia, in aliquam Sacramentorum imitationem, uti solet ad obitnendos ex sua imperatione effectus praesertim spirituales“, ebd., S. 653.

Ott gibt an, die konstitutiven Segnungen, „die eine Person oder eine Sache dauernd dem Dienste Gottes weihen, bringen diese Wirkung unfehlbar hervor, während bei den übrigen Sakramentalien der impetratorische Einfluß der Kirche nicht unfehlbar ist“.[145]

Das Zweite Vatikanische Konzil sowie die nachvatikanische Theologie versuchten zwar einerseits, die strikte Systematik der neuscholastischen Theologie zu überwinden, gleichzeitig behielten sie jedoch im Großen und Ganzen die Einteilung der Segnungen in einfache Segnungen und sogenannte Weihungen bei, ohne jedoch die neuscholastische Begrifflichkeit zu verwenden. Das dritte Kapitel der Liturgiekonstitution „Sacrosanctum Concilium“ behandelt die Sakramente außer der Eucharistie und Sakramentalien (SC 59–82). In SC 59 erfolgen zunächst erklärende Ausführungen zu den Sakramenten, wobei man sich deutlich an einige Kanones des Trienter Konzils anlehnte.[146] In SC 60 wird eine positive Definition zu den Sakramentalien gegeben, die beinahe wortgleich mit Canon 1144/CIC 1917 ist: „Diese sind heilige Zeichen, durch die in einer gewissen Nachbildung der Sakramente Wirkungen, besonders geistlicher Art, bezeichnet und aufgrund der Fürbitte der Kirche erlangt werden.“

Die Sakramentalien werden als „im Laufe der Geschichte gewachsene[.], ‚kraft des fürbittenden Eintretens der Kirche‘ (ex opere operantis Ecclesiae) heilvermittelnde[.] gottesdienstliche[.] Zeichen und Zeichenhandlungen“ definiert.[147] Die Segnungen werden nach einer zweifachen Funktion unterschieden in jene, die den Menschen auf den Empfang der Sakramente vorbereiten, womit die enge Hinordnung der Sakramentalien auf die Sakramente, wie sie insbesondere die Scholastik betont hatte, deutlich wird. Es handelt sich dann um ausdeutende Riten innerhalb der Sakramentenspendung.[148]

Zum anderen werden jene Segnungen genannt, die das ganze Leben heiligen. Darunter fallen die Benediktionen, also selbstständige Zeremonien, und damit auch die Abts- und Äbtissinnenweihe. Hier findet sich demnach in Ansätzen noch die Unterteilung, wie sie die Theologen des neunzehnten Jahrhunderts getroffen hatten, allerdings ohne eine konkretere Systematik.[149]

---

145 Ott, Grundriss, S. 418.

146 Vgl. Kaczynski, Kommentierung, S. 143.

147 Vgl. ebd., S. 144.

148 Vgl. Müller, Dogmatik, S. 641. Die Exorzismen wurden nicht mehr berücksichtigt.

149 Meßner bemängelt, eine systematische Auseinandersetzung mit den Sakramentalien sei bislang in der Forschung nicht erfolgt, beziehungsweise stehe noch „ganz am Anfang“, Meßner, Sakramentalien, S. 655. Wie schwierig eine Systematik der Sakramentalienlehre ist, zeigen verschiedene Versuche, die Sakramentalien zu systematisieren. Ein Versuch von liturgiewissenschaftlicher Seite findet sich bei Thalhofer, Handbuch II, S. 525f. Noch schwerer tat sich die Kanonistik. In der von Listl u. a. herausgegebenen Ausgabe „Grundriss des nachkonziliaren Kirchenrechts“ von 1980, also noch drei Jahre vor dem Erscheinen des neuen Codex, unterscheidet Heinrich Reinhardt die Sakramentalien weiterhin in „Weihungen“ und „Segnungen“. Diese Unterscheidung kann analog gesehen werden zur neuscholastischen Differenzierung in invokative und konstitutive Segnungen, vgl. Reinhardt,

Die Negativbestimmungen durch Puniet, Brogi, Sägmüller und Co., die erklären müssen, dass die Abts- und Äbtissinnenweihe im Gegensatz zur Bischofsweihe in dieses Konstrukt der „Sakramentalien“ einzuordnen sind, sind Symptom für den Konflikt zwischen einer liturgischen Form und neuen, nicht mit dieser Form kongruenten lehramtlichen Maßstäben, die durch eine veränderte Bischofstheologie entstanden sind. Im Zuge der nachvatikanischen Liturgiereform sollte diese Spannung nun dringend aufgelöst werden. Wenn das Dekret der Gottesdienstkongregation zum erneuerten Ordo der „Abtsbenediktion“ davon spricht, es sei das entfallen, „was dem menschlichen Empfinden unserer Zeit weniger entspricht“,[150] ist vor allem dieses im Schema redundant ausgedrückte Ziel nach einer Entbischöflichung der Abtsweihe gemeint. Die Neugestaltung des Ordo sollte künftig auch formal den Unterschied zwischen der „Abtsbenediktion“ und der „Bischofskonsekration“ offensichtlich machen.

1.3.2 *„Vom Fürsten zum Hirten“*[151]

In historischer Perspektive lässt sich ein Ereignis ausmachen, welches als Keimzelle für die Entwicklung einer neuen Bischofstheologie anzusehen ist: Die Säkularisation von 1803 und der Verlust der weltlichen Herrschaft für die Bischöfe. Denn mit dem Verlust der weltlichen Herrschaft erfolgte jene Aufwertung des geistlichen Bischofsamtes, die das Konzil von Trient theologisch vorbereitet und die ihren Gipfel im Zweiten Vatikanischen Konzil hatte.

Mit dem Reichsdeputationshauptschluss von 1803 wurden die geistlichen Fürstentümer aufgelöst und die Gebiete den weltlichen Fürsten als Entschädigung für linksrheinische Einbußen gegeben.[152] Mit dem Verlust ihrer weltlichen Territorien verloren die Bischöfe ihre Doppelfunktion als weltliche und geistliche Herrscher, die sie etwa tausend Jahre innegehabt hatten und die endgültig

---

Sakramentalien, S. 623f. „Weihungen“ und „Segnungen“ werden aber nicht als identisch mit den Begriffen „Konsekration“ und „Benediktion“ angesehen. Konsekrationen werden von den Benediktionen abgesetzt und als Weihungen in Verbindung mit Ölsalbungen verstanden, während Benediktionen Weihungen ohne Ölsalbung seien. Die Äbtissinnenweihe zählt also nach dieser Systematik zu den Benediktionen, da sie eine „Änderung der weltlichen Zweckbestimmung“ beinhaltet, und da sie keine Ölsalbung hat, gehört sie konkret hier auch weiterhin zu den Benedictiones constitutivae. Der CIC von 1983 nahm Abstand von diesen Begrifflichkeiten, er unterschied „consecrationes“ (Weihen) und „dedicationes“ (Weihungen) und nannte daneben noch die „benedictiones“, die Segnungen (can. 1166–1172/CIC 1983). Damit ist die Sakramentalienlehre undurchsichtiger denn je, vgl. auch AYMANNS, Kanonisches Recht III, S. 537–539.

[150] „... iis demptis partibus, quae ingenio hominum nostrae aetatis minus congruerent“, Notitiae 7 (1971), S. 32.

[151] So der Titel eines Beitrags von Winfried Romberg, vgl. ROMBERG, Vom Fürsten zum Hirten, S. 119.

[152] Vgl. WOLF, Kirchengeschichte, S. 100.

im Wormser Konkordat von 1122 festgeschrieben worden war.[153] Spätestens seit dem Hochmittelalter war der Bischof der ottonisch-salischen Reichskirche zwar geistlicher Vorsteher seiner Kirche, „zugleich aber auch Landesherr eines geistlichen Fürstentums“.[154] Durch die Wahl zum Diözesanbischof wurde man also zugleich Landesfürst, was die Bistümer im Reich insbesondere für nachgeborene Adelssöhne attraktiv machte.

So hatten sich die deutschen Bischöfe spätestens seit dem Spätmittelalter „zuerst und vor allem als Landesfürst“ gefühlt.[155] Sie waren vornehmlich Verwalter ihrer Hochstifte.[156] Oftmals waren sie Bischöfe, ohne die Bischofsweihe – ja sogar ohne die Priesterweihe empfangen zu haben. Für die geistlichen Aufgaben in der Diözese stellten sie durch die Bischofsweihe befähigte Weihbischöfe an, die „jene Verpflichtungen in Delegation erfüllten, deren sich die Fürstbischöfe zu Gunsten ihrer landesherrlichen Aufgaben schließlich völlig enthielten, nämlich der Ausübung ihrer Weihegewalt“.[157] Für diese Praxis, die den Trennungsgedanken von Weihe und Jurisdiktion maßgeblich zeigt, gibt es insbesondere für den Zeitraum der Frühen Neuzeit zahlreiche Beispiele.[158] Bis zur Säkularisation stand letztlich der geistliche Fürst vor dem Seelsorger.[159]

Insbesondere diese Landesherren, die Bischöfe waren, ohne jemals eine Bischofsweihe oder Priesterweihe empfangen zu haben, zeigen eine eminente Parallelität mit Vorsteherinnen und Vorstehern mächtiger Abteien. Der Historiker Karl Hörger konnte Anfang des zwanzigsten Jahrhunderts in seiner Dissertation eine beeindruckende Liste reichsunmittelbarer Frauenabteien erstellen, deren Äbtissinnen nicht nur geistliche Herrscherinnen über ihren Sprengel, sondern gleichfalls mächtige Landesherrinnen waren.[160] Für die geistlichen Aufgaben, für die eine Priester- oder Bischofsweihe nötig war, bediente sich auch die Äbtissin Bischöfen oder Priestern.[161]

Im ersten Jahrtausend verband sich der Bischof durch die Bischofsweihe fest mit einer bestimmten Ortskirche. Die Translation eines Bischofs verstand man als geistlichen Ehebruch.[162] Der Hintergrund für das Auseinanderdriften von Weihe und Jurisdiktion ist im Eigenkirchenwesen der Reichskirche zu suchen,[163] das die Weihe von der Amtsübertragung trennte. Die Weihe wandelte sich so von

153 Vgl. BRAUN, Princeps et episcopus, S. 21.

154 Vgl. GATZ, Diözesanbischof, S. 250.

155 Vgl. BRANDT, Fürstbischof und Weihbischof, S. 7.

156 Vgl. SCHUBERT, Geistliche Reichsfürsten, Sp. 392–395.

157 BRANDT, Fürstbischof, S. 15.

158 Vgl. AYMANS, Kanonisches Recht, S. 390. Vgl. auch REINHARD, Dynastien, S. 213–225.

159 Vgl. GATZ, Diözesanbischof, S. 251.

160 Vgl. HÖRGER, Fürstäbtissin, S. 195–270.

161 Die Äbtissin von Herford hatte beispielsweise einen „Capellanus Abbatissae“, der jene Aufgaben übernahm, für die eine Priesterweihe nötig war, vgl. FÜRSTENBERG, Ordinaria loci, S. 140.

162 Vgl. WOLF, Konklave, S. 61.

163 Vgl. zum Eigenkirchenwesen LANDAU, Eigenkirchenwesen, S. 399–404.

einer relativen Ordination zu einer rein geistlichen Befähigung, die nicht mehr an die Übertragung einer bestimmten Kirche gebunden war. Der Grundherr suchte sich aus dem Kreis der Befähigten denjenigen aus, den er anstellen wollte.[164] So entwickelte sich die absolute Ordination, wonach der absolut Ordinierte zwar die Befähigung hatte, geistliche Handlungen vorzunehmen, nicht jedoch den öffentlichen Dienst der Kirche ausüben durfte. „Für letzteres bedurfte es der Anstellung bzw. der Übertragung eines bestimmten Amtes. Damit waren die geistlichen Befähigungen aus der Weihe und jene Befähigungen, die erst aufgrund einer konkreten Amtsübertragung ausgeübt werden konnten, unterschieden und in der ursprünglich einheitlich verstandenen heiligen Gewalt zwei verschiedenartige Elemente freigelegt“.[165] Die Weihe wurde als eine zeitlich und örtlich unbegrenzte Gewalt verstanden. Anders die Jurisdiktionsgewalt: Sie wurde durch besonderen Rechtsakt verliehen und konnte bei gegebenem Anlass auch wieder entzogen werden.

Nach dem Verlust der weltlichen Herrschaft durch die Säkularisation wurde im Verlauf des neunzehnten Jahrhunderts das nun ausschließlich verbliebene geistliche Bischofsamt zunehmend erhöht. Der Bischof wurde vom „Fürsten zum Hirten“.[166] Man berief sich auf das Bischofsideal, wie es schon das Konzil von Trient für die Bischöfe gefordert hatte[167] und stellte die seelsorgerlichen Aufgaben der Bischöfe ins Zentrum.[168] Das neunzehnte Jahrhundert war jedoch insgesamt geprägt von ultramontanen Bewegungen und einem starken Papsttum. Erst das Zweite Vatikanische Konzil bildete den Höhepunkt dieser Entwicklung. Ergänzend zu den starken Papstdogmen des Ersten Vatikanischen Konzils (1869/70)[169] versuchte es, die Bedeutung des Bischofsamtes und seine geistliche Jurisdiktion aufzuwerten.

1.3.3 *Das neue Bischofsamt des Zweiten Vatikanischen Konzils*

In seiner Ansprache zur Eröffnung der dritten Sitzungsperiode des Zweiten Vatikanischen Konzils betonte Papst Paul VI. (1963–1978) im September 1964 eindrücklich, dass in dem neu vorgelegten Kirchenschema die Aussagen über die

---

164 Vgl. AYMANS, Kanonisches Recht, S. 389.

165 Ebd.

166 ROMBERG, Vom Fürsten zum Hirten.

167 Für das Bischofsideal des Konzils von Trient und seine Umsetzung im 19. Jahrhundert vgl. etwa GATZ, Bischofsideal, S. 204–228.

168 Vgl. WOLF, Krypta, S. 169. Wolf unterscheidet daher das Bischofsideal des Konzils von Trient vom „tridentinischen“ Bischofsideal des 19. Jahrhunderts.

169 Über die Unfehlbarkeit des Papstes sowie den Jurisdiktionsprimat, die in der dogmatischen Konstitution „Pastor aeternus“ definiert wurden, vgl. SCHATZ, Vaticanum I, S. 15–167.

Bischöfe das Kernstück bilden sollten. Die Lehre des Ersten Vatikanum „bedürfe hier wesentlicher Ergänzungen und einer grundsätzlichen Neubesinnung“.[170]

Die Konstitution über die Kirche „Lumen gentium“ (LG) bestimmt, die Kirche sei „in Christus gleichsam das Sakrament, das heißt Zeichen und Werkzeug für die innigste Vereinigung mit Gott wie für die Einheit der ganzen Menschheit“ (LG 1). Die Lehre vom Weihesakrament entfaltete das Zweite Vatikanum in dieser „Communio-Ekklesiologie“.[171] Als Wurzel des „sakramentalen Amtes“ bekundete es „jene göttliche Sendung, die Christus den Aposteln anvertraut hat“ (LG 20). Amtsnachfolger der Apostel sind die Bischöfe, deren Amt „nach dem Zeugnis der Überlieferung ... einen hervorragenden Platz“ einnimmt, „die zum Bischofsamt bestellt sind und kraft der auf den Ursprung zurückreichenden Nachfolge Ableger apostolischer Pflanzungen besitzen“ (LG 20). Um ihre Aufgaben zu erfüllen, seien die Apostel mit „einer besonderen Ausgießung des herabkommenden Heiligen Geistes von Christus beschenkt worden“, diese „geistliche Gabe“ ist durch die Auflegung ihrer Hände ihren Helfern übertragen worden und in der Bischofsweihe „bis auf uns gekommen“ (LG 21).

Über die Bischofsweihe wird bestimmt, dass durch sie „die Fülle des Weihesakramentes übertragen“ werde (LG 21).[172] Sie ist also nunmehr Ausgangspunkt, „an der die anderen Weihestufen je auf ihre Weise Anteil haben“.[173] Der Episkopat bildet somit die oberste Stufe der Weihehierarchie, die Bischofsweihe wurde nun das eigentliche Sakrament. Das Konzil von Trient hatte die Bischofsweihe noch nicht als Sakrament aufgefasst.[174] Die Apostolische Konstitution „Sacramentum Ordinis“ (1947) von Pius XII. hatte die Sakramentalität der Bischofsweihe bereits implizit vorausgesetzt. Nun war sie nach jahrhundertelangem Streit[175] vom Zweiten Vatikanischen Konzil definiert worden.

Die Gewalt des Bischofs begründete das Zweite Vatikanum „sakramental in der Bischofskonsekration“:[176] Die Bischofsweihe übertrage mit dem „Amt der Heiligung auch die Ämter der Lehre und der Leitung“ (LG 21). Mit dieser Aussage füllte das Konzil jene Lücke, die das Konzil von Trient in dieser Frage gelassen hatte. In Fortführung der Bestimmungen von „Sacramentum ordinis“ verfügte

---

170 KIENZLER, Bischofsamt, S. 155f.

171 Vgl. MÜLLER, Dogmatik, S. 753.

172 Bereits am 30. Oktober 1963 hatten die Konzilsväter die Aussage über die Sakramentalität der Bischofsweihe „fast einstimmig“ beschlossen, vgl. KRÄMER, Dienst und Vollmacht, S. 37. Die Bischofskonsekration war dabei im zweiten Entwurf zunächst in traditioneller Denkweise als „die oberste Stufe des Weihesakramentes“ bestimmt worden, vgl. PHILIPS, Geschichte, S. 144.

173 Vgl. KRÄMER, Dienst, S. 37.

174 Vgl. JEDIN, Geschichte des Konzils von Trient III, S. 358. Ebenfalls unbeantwortet hatte das Konzil von Trient die Frage nach der Sakramentalität der „niederen Weihen“ gelassen, vgl. ebd. Hubert Wolf bezeichnet die Neudefinition der Bischofsweihe als Sakrament daher als sakramententheologischen Bruch, vgl. WOLF, Krypta, S. 58.

175 Vgl. OTT, Weihesakrament, S. 87–91; S. 136–139.

176 Vgl. MARITZ, Diözesanbischof, S. 260.

es, dass „durch die Handauflegung und die Worte der Weihe die Gnade des Heiligen Geistes so übertragen und das heilige Prägemal so verliehen wird, daß die Bischöfe in hervorragender und sichtbarer Weise die Aufgabe Christi selbst, des Lehrers, Hirten und Priesters, innehaben und in seiner Person handeln“ (LG 21). So stellt das Bischofsamt die Vollgestalt des kirchlichen Amtes dar.[177]

Gleichzeitig betonte das Konzil den kollegialen Charakter des Bischofsamtes, also die Notwendigkeit, dass die Bischöfe Glieder im Kollegium der Bischöfe sind, dessen Haupt der Papst ist (LG 22).[178] Nur in der hierarchischen Gemeinschaft mit „dem Haupt und den Gliedern des Bischofskollegiums“ können die Bischöfe die Ämter der Lehre und der Leitung ausüben.[179] Die Gewalt der Bischöfe bestimmte das Konzil als eine „eigene, ordentliche und unmittelbare“ mit der Einschränkung, dass „ihr Vollzug letztlich von der höchsten kirchlichen Autorität“, also dem Papst geregelt wird (LG 27).

Den Bischöfen ist das „Hirtenamt“ anvertraut, „das heißt die beständige tägliche Sorge für ihre Schafe“. Sie sollen sich stets „das Beispiel des guten Hirten vor Augen halten, der nicht gekommen ist, sich bedienen zu lassen sondern zu dienen ... und sein Leben für die Schafe hinzugeben“ (LG 28). Das „Dekret über die Hirtenaufgabe der Bischöfe in der Kirche“, „Christus Dominus“, führt die Lehre über das sakramental begründete Amt der Bischöfe weiter aus. Dort heißt es, die Bischöfe sind „durch den Heiligen Geist, der ihnen mitgeteilt worden ist, wahre und authentische Lehrer des Glaubens, Priester und Hirten geworden“ (CD 2). Ganz deutlich wird betont, dass sie das bischöfliche Amt „durch die Bischofsweihe empfangen haben“ (CD 3), die bischöfliche Jurisdiktion wird also an den Empfang der Weihe gebunden.

Der gesamte Prozess der Neugestaltung von Abts- und Äbtissinnenweihe ist letztlich ein Negativspiegel dieser Neudefinitionen von Bischofsamt und Bischofsweihe durch das Zweite Vatikanische Konzil: Wenn das Konzil die Sakramentalität der Bischofsweihe definiert, muss der Ritus, der so viele formale Parallelen zeigt, zwangsläufig so umgestaltet werden, dass eine Verwechslung mit einer „sakramentalen Weihe“ ausgeschlossen werden kann. Wenn das Konzil die Kollegialität des Bischofskollegiums betont, wäre es missverständlich, wenn Abt und Äbtissin auch künftig durch zwei andere Äbte beziehungsweise Äbtissinnen bei der Weihe assistiert würde. Wenn das Konzil in Fortführung der Konstitution „Sacramentum ordinis“ die Handauflegung als Materie und die Präfation als Form des Weihesakramentes definiert, so können diese Elemente nicht länger Bestandteile der Abts- und Äbtissinnenweihe sein, die zu den „Sakramentalien“ zu zählen sind. Wenn das Konzil bestimmt, dass durch die sakramentale Weihe eine Jurisdiktion übertragen wird, können jene Ausdrücke in den Orationen der

---

177 Vgl. POTTMEYER, Bischof, Sp. 487.

178 Über Streit und Problematik des Verhältnisses von Papst und Bischofskollegium auf dem Zweiten Vatikanum vgl. z. B. KRÄMER, Bischöfe, S. 114–128.

179 Vgl. OTT, Weihesakrament, S. 184.

Abts- und Äbtissinnenweihe, die auf die Übertragung von Jurisdiktion schließen lassen, nicht weiter verwendet werden. Diese Koordinaten gaben der Studiengruppe die Richtung für die Neugestaltung der Riten vor.

2 *Der Prozess der Neugestaltung*

2.1 Die Schemata im Einzelnen

Wichtigste Grundlage für die Rekonstruktion des Überarbeitungsprozesses sind die Schemata. Sie demonstrieren in chronologischer Abfolge die einzelnen Entwicklungsschritte der Neugestaltung und lassen den sukzessiven Fortschritt nachvollziehen. Für die „Erneuerung“ der Abts- und Äbtissinnenweihe liegen, wie skizziert, insgesamt vier Schemata vor, drei für die „Abtsbenediktion“ und eines für die „Äbtissinnenbenediktion“.[180] Zusätzlich wurden für einige Vollversammlungen des Consilium Berichte in den Notitiae publiziert, die zumindest geringfügig Auskunft über den Gang der Neugestaltung geben. Weitere Quellen fehlen leider. Protokolle der einzelnen Sitzungen der Studiengruppe konnten nicht ermittelt werden.[181] Der heutige Kurienkardinal und damalige Sekretär von Annibale Bugnini, Piero Marini, bedauert, dass die Geschichte der einzelnen Versammlungen leider unbekannt bleiben muss.[182]

Der besseren Lesbarkeit und Nachvollziehbarkeit wegen wird der Überarbeitungsprozess hier thematisch gegliedert dargestellt. Ein erster Abschnitt widmet sich der „Erneuerung“ der einzelnen Elemente sowie der Struktur insgesamt, ein zweites Unterkapitel illustriert die Überarbeitung der Orationen.

---

180 Für die „Ordination“ des Bischofs brauchte es bis zur Endredaktion sogar acht Schemata. Eine Zusammenstellung mit inhaltlicher Darstellung bietet MARINI, Elenco, S. 704–707. Für die Neugestaltung der „römischen Ordinationsriten von 1968 und 1990“ insgesamt vgl. den Beitrag von STEFANSKI, Ordinationsriten, S. 129–159.

181 Eine Anfrage vom 25. September 2015 an das Archiv der Abtei Maredsous nach Notizen, Protokollen oder anderen Unterlagen des Leiters der Studiengruppe Adrien Nocent, der Mönch der Abtei war, blieb leider ohne Ergebnis. Dort liegen keine Unterlagen, in denen der Prozess der Neugestaltung dokumentiert ist. Auch eine Durchsicht des Findbuchs des Archivs von Sant'Anselmo blieb ergebnislos.

182 Vgl. MARINI, Elenco, S. 456.
Dokumente, die insgesamt als zur „Liturgiereform“ zugehörig angesehen werden, sind 1976 unter dem Titel „Enchiridion Documentorum Instaurationis Liturgicae“ von Reiner Kaczynski ediert worden (EDIL). Eine deutsche Edition zentraler Dokumente hat der Liturgiewissenschaftler und ehemalige Leiter des Deutschen Liturgischen Instituts Heinrich Rennings unter Fortführung von Martin Klöckener herausgegeben, RENNINGS, (Hg.), DEL 1; RENNINGS/KLÖCKENER (Hg.), DEL 2; KLÖCKENER (Hg.), DEL 3. Wenn hier im Folgenden aus dem Dokumenten zitiert wird, erfolgt die Angabe in der Form DEL mit Bandangabe und Abschnittsnummer.

2.1.1 *Der erste Entwurf zur „Benediktion des Abtes" in Schema 307a*

Das erste Schema schließt mit einem kommentierten Vorschlag eines „Ritus Renovatus", eines „erneuerten Ritus" (CECL 307a, S. 13–17).[183] Dieser erste Entwurf des neuen Ritus für die „Abtsbenediktion" ist im Vergleich zum langen Ritus im nachtridentinischen Pontificale Romanum gemäß den formulierten Zielvorgaben deutlich verkürzt und vereinfacht worden. Die Feier ist in 22 nummerierte Abschnitte unterteilt. Acht Vorbemerkungen regeln zunächst grundlegende Bestimmungen für den Ablauf der Zeremonie.

1) Die erste Verfügung setzt fest, dass die „Benediktion des Abtes" dem Bischof vorbehalten sei, in dessen Diözese das Kloster des „zum Abt Erwählten" („Abbatis electi") liege (CECL 307a, 1). Für den Fall, dass der „Ortsbischof" („Episcopo loci") verhindert ist, könne der zum Abt Erwählte die „Benediktion" auch von einem vom Ortsbischof delegierten anderen Bischof „empfangen".[184] Diese Anordnung zeigt das Bestreben, den Diözesanbischof zu stärken.

In einer Anmerkung zu diesem Abschnitt spricht sich das Schema deutlich gegen die Möglichkeit aus, dass ein anderer Abt die „Abtsbenediktion" vornimmt, auch nicht in Delegation.[185] Begründet wird diese Verfügung damit, dass zwischen Äbten keine „Collegialitas Abbatum", also keine „Abtskollegialität" bestehe, wie sie das Zweite Vatikanische Konzil in LG 22 für die Bischöfe definiert hatte.[186] Die Äbte seien nur Priester und keine Bischöfe, erklärt das Schema.[187]

2) Für den Treueid wird bestimmt, nach dem Verlesen des „Mandatum Apostolicum" sei ein „günstiger Zeitpunkt und Ort".[188] Hier ist die Möglichkeit vorgesehen, dass der zum Abt Erwählte den Eid auch vor einem vom Ortsbischof delegierten Abt ablegen könne, der gemäß der ersten Anmerkung die „Benediktion des Abtes" nicht vornehmen darf. In einer Anmerkung zu diesem zweiten Punkt erläutert das Schema, das Lesen des apostolischen Mandats sowie der Treueid hätten zwar nicht getilgt werden können, aber weil beim Versprechenden kein sakramentaler Ordo hervorgebracht werde und auch keine wahre Konsekration, erscheine es besser, diesen Eid nach dem Verlesen des apostolischen Mandats,

183 Im Folgenden werden die Riten in den einzelnen Schemata wieder in Kurzform unter Angabe von Schema und Abschnittsnummer statt Seitenzahl im Text zitiert.

184 „Episcopo loci impedito, ab alio Episcopo ad hoc delegato Abbas electus benedictionem accipiat", CECL 307a, 1.

185 „Non opportere [sic!] videtur alius Abbas, etiam delegatus, ritum benedictionis Abbatis persolvere", CECL 307a, Anm. 1.

186 Vgl. Kapitel III 1.3.3.

187 „... quia non existit sic dicta ‚Collegialitas' Abbatum, qui sunt tantum sacerdotes" CECL 307a, Anm. 1.

188 „Post lectionem Mandati Apostolici iuramentum fiat tempore et loco opportuno", CECL 307a, 2. Zur Notwendigkeit des apostolischen Mandats vgl. auch Kapitel II 3.2.4 dieser Arbeit.

und zwar vor die Messe und vor den Benediktionsritus zu legen.[189] Es scheine hier auch nichts dagegen einzuwenden zu sein, heißt es weiter, wenn ein vom Bischof beauftragter Abt diesen Eid als Zeuge hört, wenn der Bischof selbst verhindert ist.[190]

3) Neu aufgenommen worden ist die Möglichkeit zur Konzelebration. Der CIC von 1917 hatte eine Konzelebration mit Ausnahme der Bischofs- und Priesterweihe noch verboten (vgl. can. 803/CIC 1917). Bei der Abtsweihe feierte der Bischof gemäß den Bestimmungen des Pontificale Romanum von 1595/96 die Messe am Hauptaltar, während der Abt die Messe an einem eigenen kleinen Altar las. Nicht mitsprechen durfte er die „verbis consecrationis", die „Wandlungsworte".[191] Das Zweite Vatikanum hatte die Konzelebration ermöglicht (SC 57f., PO 7). Im ersten Schema zur Benediktion des Abtes sind nun neben dem „zum Abt Erwählten" auch weitere Konzelebranten vorgesehen (CECL 307a, 3). Deren Paramente sollen gemäß den Vorgaben des Schemas in der Sakristei bereit gelegt werden.

4) Beim Einzug soll der Bischof an letzter Stelle einziehen, der „zum Abt Erwählte" hat seinen Platz unmittelbar vor ihm (CECL 307a, 4).

5) Für die Konzelebration bestimmt das Schema weiter, dass der „zum Abt Erwählte" den Platz des ersten Konzelebranten zur Rechten des Bischofs einnehmen solle (CECL 307a, 5).

6) Alles solle dann so laufen, wie es im Ritus für die Konzelebration („in ritu concelebrationis")[192] aufgeführt ist bis zum Evangelium (CECL 307a, 6).

7) In einer siebten Vorbemerkung bestimmt das Schema, die Homilie könne dann wegfallen, wenn der Bischof „innerhalb des Benediktionsritus" eine „kurze Ansprache" halte (vgl. CECL 307a, 7).

8) Aufgenommen werden soll eine „oratio universalis", ein „Allgemeines Gebet", das das Zweite Vatikanische Konzil „wiedereingeführt" hatte (SC 53).[193] In dieser „oratio universalis" sollen besonders Bitten für den Erwählten und sein Amt ihren Platz haben, bestimmt das Schema. Zwei der Bitten schreibt das Schema konkret vor: „... ut affluentem spiritum supernae benedictionis Abbas electus abundatur recipiat, Deum deprecemur", „... dass der zum Abt Erwählte den überströmenden Geist der Segnung im Überfluss empfange, lasst uns Gott

---

[189] „Attamen, quia non agitur de sacramento Ordinis recipiendo et de vera consecratione, melius videtur hoc iuramentum post lectionem Mandati apostolici ante missam et ritus benedictionis proponere", CECL 307a, Anm. 2.

[190] „Ad hoc iuramentum nihil impedire videtur quominus, Episcopo loco impedito, Abbas delegatus iuramentum Electi audiat ut testis", CECL 307a, Anm. 2.

[191] Vgl. PR 1962, 391.

[192] Gemeint ist vermutlich die Darstellung des Ablaufs der Konzelebration, wie sie die „Allgemeinen Einführung" im Messbuch zeigt, vgl. Missale Romanum, Editio typica 1970, 157–208.

[193] Eine Faszikel des Consilium über das Fürbittgebet vom 17. April 1966 gibt Erklärungen und Hilfestellungen zur „oratio universalis" an die Hand, vgl. DEL 1, 56.

bitten“, sowie „... ut in bono opere perseverantiam, in adversis constantiam, in tribulationibus tolerantiam, in subiectorum regimine disciplinam, iustitiam, caritatem obtinet, Deum deprecamur“, „... dass er im guten Werk verharre, im Unglück Standhaftigkeit habe, in der Not Geduld, in der Leitung der Untergebenen Disziplin, Gerechtigkeit und Liebe, lasst uns Gott bitten“.

Diese beiden Bitten entstammen der gelasianischen Oration „Affluentem spiritum“, die wegen ihres Präfationscharakters und der mit ihr verbundenen Handauflegung künftig kein Bestandteil der Abts- und Äbtissinnenweihe mehr sein sollte. In einer Anmerkung zu diesem Punkt erklärt das Schema zum wiederholten Male, man habe die „bis zu unserer Zeit gebräuchliche Präfation“ tilgen müssen, weil die „benedictio abbatis“ eine „Benediktion“ und kein „echtes Sakrament“ sei.[194] Um die alte Oration zumindest in Teilen zu bewahren, habe man sich für diesen Vorschlag entschieden, zwei Teile aus der Oration im „Allgemeinen Gebet“ wieder aufzunehmen, erklärt eine Anmerkung im Schema (CECL 307a, S. 13, Anm. 3).

Das erste Schema zur „Benediktion des Abtes“ sieht unmittelbar nach dem „Allgemeinen Gebet“ den Zeitpunkt für die „benedictio“ vor. In den Vorgängerpontifikalien hatten die verschiedenen als „Ordinationen“, „Benediktionen“ und „Konsekrationen“ bezeichneten Handlungen ihren Ort unmittelbar nach dem Graduale. Nun soll die „Benediktion des Abtes“ erst nach der „oratio universalis“ stattfinden, wie ein „postea“, „darauf“ im Punkt neun des Schemas zeigt. Dieses wiederum hat seinen Platz nach der Homilie.[195]

Der Erwählte wird dem Bischof durch zwei „ältere Mönche oder Kanoniker“[196] des Klosters vorgestellt. Hier haben die für die Neugestaltung Verantwortlichen also ihre Absicht umgesetzt, wonach es für den Abt keine Assistenz mehr durch zwei andere Äbte geben soll, um Analogien zu dem vom Zweiten Vatikanischen Konzil forcierten Bischofskollegium zu vermeiden.[197] Als Text für die Vorstellung ist weiterhin jene Formulierung vorgesehen, die bereits durch die Vorgängerpontifikalien für die „Benediktion des Abtes“, nicht jedoch für die „Benediktion der Äbtissin“, bezeugt ist:

> Hier ist, hochwürdigster Vater, der Erwählte unseres Klosters N. vom Orden des heiligen N. aus der Diözese N., den wir aus einem Teil des Konvents desselben Klosters zu Euch hochwürdigstem Vater führen, um ihn vorzustellen: demütig erbitten wir

[194] „Ut supra dicitur, Praefatio usque ad nostrum tempus usitata in Benedictione Abbatis omnino non convenit, quia haec benedictio verum sacramentum non constitutit“, CECL 307a, Anm. 3.

[195] In SC 53 heißt es: „Nach dem Evangelium und der Homilie soll – besonders an den Sonntagen und gebotenen Feiertage – das ‚Allgemeine Gebet‘ oder ‚Gebet der Gläubigen‘ wiedereingeführt werden“.

[196] „... a duobus senioribus religiosis vel canonicis“, CECL 307a, 9.

[197] Vgl. CECL 307a, S. 10, vgl. auch CECL 307a, S. 14, Anm. 3.

> von Euch, dass Ihr denselben als Abt des genannten Klosters kraft der Euch verliehenen apostolischen Vollmacht zu segnen für würdig erachtet.[198]

Der Bischof erkundigt sich, ob die Wahl kanonisch verlaufen sei. Die beiden Mönche bezeugen dies und der Bischof antwortet „Deo gratias“, „Dank sei Gott“.

Der Text für die Präsentation ist nahezu wörtlich aus dem nachtridentinischen Pontificale Romanum übernommen worden.[199] Noch das PR 1962 bezeugt ihn in gleicher Weise. Im ersten Schema zur „Benediktion des Abtes“ ist jedoch eine nicht unbedeutende Vokabel ausgetauscht worden: Statt des Wortes „ordinare“ steht hier nun in semantischer Konsequenz das Wort „benedicere“.[200]

Nach der Präsentation sieht das Schema vor, dass der Bischof „ad libitum“, „nach Belieben“ eine kurze Ansprache halten kann, falls die Homilie nach dem Evangelium entfallen ist (vgl. CECL 307a, 10). Dann folgen die Fragen an den Kandidaten nach der Bereitschaft zur Übernahme des Amtes (CECL 307a, 10), welche das erste Schema zur „Benediktion des Abtes“ noch exakt aus dem nachtridentinischen Vorgängerpontifikale übernommen hat. Durandus hatte diese erstmals eingeführt und bei der Erstellung der Fragen aus der „Bischofskonsekration“ geschöpft.[201] Erst die Version im Anhang des ersten Schemas setzt das Vorhaben der verantwortlichen Studiengruppe um, die Befragung für den Abt zu „verbessern“.[202]

Wie in den Zielvorgaben formuliert, hat der erste Entwurf des Benediktionsritus für den Abt die Bußpsalmen sowie den Versikel „Salvum fac servum“ und das Vaterunser getilgt. Die Litanei wird mit einer abgewandelten Form der alten gregorianischen Oration „Concede quaesumus“ eingeleitet (CECL 307a, 11):

> Lasset uns beten, liebe Brüder, dass unser Gott und Herr seinem Diener N., den er zur Leitung der Seelen dieses Konventes erwählt hat, das Geschenk seiner Gnade spende.[203]

---

198 „Adest, Reverendissime Pater, Electus nostri monaterii N. Ordinis Sancti N. Dioecesis N., quem ad Vestram Reverendissimam Paternitatem, ex parte Conventus eiusdem Monasterii duximus praesentandum: humiliter postulantes a Vobis, ut ipsum in Abbatem dicit Monasterii, auctoritate Apostolica vobis commissa benedicere dignemini“, CECL 307a, 9. Erstmals bezeugte Durandus diesen Text für die Präsentation des Abtes, vgl. PGD XX, 6.

199 Im nachtridentinischen Vorgängerpontifikale fand die Vorstellung des zum Abt Erwählten unmittelbar vor dem Treueid statt (vgl. PR 1595/96, 218), die jedoch nun, wie zu Beginn des Schemas gefordert, an dieser Stelle wegfällt.

200 Vgl. auch CECL 307a, S. 14, Anm. 3. Die Anmerkung weist lediglich auf den Austausch der Wörter hin, eine genaue Erläuterung fehlt. Letztlich liegt sie auch auf der Hand, beziehungsweise ist schon einige Male zuvor gegeben worden, wenn es heißt, die Abtsweihe sei keine sakramentale Ordination, sondern eine einfache Benediktion.

201 Vgl. Kapitel II 3.1.2.

202 Vgl. für die Veränderung des Examens in Schema 307b Kapitel III 2.1.2.

203 Eine Übersicht zeigt die Veränderungen. Entsprechungen sind kursiv gedruckt.

GREGORIANISCHE ORATION	GEBETSEINLADUNG IN CECL 307A
Oremus	Oremus fratres carissimi,
	ut *Deus* et Dominus Noster

Durch den neuen Ort und die Überarbeitung hat die älteste überlieferte Oration für die Abts- und Äbtissinnenweihe ihre Gestalt völlig verändert. Die Entsprechungen sind so marginal, dass man die gregorianische Oration nur dann erkennen kann, wenn man weiß, dass die Gebetseinladung aus ihr heraus entstanden ist. Sie hat nun nicht mehr die Struktur einer Segensoration, sondern einer Gebetseinladung. So wird Gott nicht mehr selbst angeredet, sondern er wird nun in dritter Person genannt, „famulum suum", „gratia suae". Das „regimen animarum", die „Seelenleitung", mit der bereits Puniet in den dreißiger Jahren des zwanzigsten Jahrhunderts seine Schwierigkeiten hatte,[204] wird durch das Genitivattribut „eius conventus", „seines Konvents" spezifiziert, wohl um ganz eindrücklich zu zeigen, dass das „regimen animarum" des Abtes auf diesen Bereich beschränkt ist.

Im Anschluss an die Gebetseinladung sieht der Entwurf des ersten Schemas eine „brevis litania", eine „kurze Litanei" vor. Die Rubrik erläutert, diese „kurze Litanei" sei speziell für jene Riten gedacht, in denen „Konsekrationen und feierliche Benediktionen gespendet werden".[205] Man wollte wegen der Unterscheidung zu den sakramentalen Ordinationen eine weniger feierliche Litanei für die nichtsakramentalen Segnungen schaffen. Das Schema verweist dazu auf Texte, die von einer zuständigen Gruppe vorbereitet worden sein sollen. Diese sind jedoch offenbar nie verwertet worden. Es finden sich zumindest in späteren Schemata und auch in der approbierten Version keinerlei Hinweise mehr auf eine solche eigene Litanei. Stattdessen wird auch weiterhin die Allerheiligenlitanei gebetet. Bereits das zweite Schema zur „Benediktion des Abtes" fügte die Allerheiligenlitanei in den Ritus ein (CECL 321, 21).[206]

Für die „Anrufungen" („invocationes", CECL 307a, 12) am Ende der Litanei ist eine spezielle Bitte für den zum Abt Erwählten überarbeitet worden: „Dass du diesem Erwählten durch deine Gnade helfen wollest".[207] In einer Fußnote wird erläutert, die Worte „benedicere" oder „consecrare" seien an dieser Stelle nicht nötig. Vorlage ist die „Anrufung", wie sie im PR 1595/96 am Ende der Litanei für den Abt zu finden war: Hier hieß die Bitte noch „dass du diesen anwesenden Erwählten segnen wollest"[208] beziehungsweise beim zweiten Mal „dass du diesen

Concede, quaesumus, omnipotens *Deus*, affectui nostro tuae miserationis effectum:	
et *hunc famulum* tuum, *quem ad regimen animarum* eligimus,	*hunc famulum* suum *N. quem ad regimen animarum* eius conventus elegit,
gratiae tuae *dono* prosequere, ut, te largiente, cum ipsa tibi nostra electione placeamus. Per Christum ... (PR 1962, 373).	*gratiae* suae *dono* prosequatur (CECL 307a, 11).

[204] Vgl. PUNIET, Pontifikale, S. 104.

[205] „Vide textus a Coetu competenti praeparatos quoad litanias: ‚Litania sanctorum pro ritibus in quibus conferuntur consecrationes et solemnes benedictiones'", CECL 307a, 12.

[206] Für das zweite Schema vgl. Abschnitt III 2.1.3.

[207] „Ut hunc Electum gratia tua adiuvare digneris", CECL 307a, 12.

[208] „Ut hunc praesentem Electum benedicere digneris", PR 1595/96, 237.

anwesenden Erwählten segnen und heiligen wollest“.[209] Nun entschied man sich hier für das schlichtere und neutralere „adiuvare“. Nach der Litanei sieht das Schema eine kurze Zeit für ein stilles Gebet aller vor (CECL 307a, 13), wohl um die vom Zweiten Vatikanischen Konzil geforderte „tätige Teilnahme“ („participationem actuosam“ SC 14) der Gläubigen zu berücksichtigen.

Nach der Segensoration folgt die Übergabe der Insignien. Vorgesehen sind die Übergabe von Regel, Stab und Mitra sowie fakultativ („ad libitum“) auch des Ringes. Die Begleitworte des PR 1595/96 erschienen den Verfassern des „Ritus renovatus“ als nicht passend (CECL 307a, 15, Anm. 4). So haben sie das Geleitwort für die Regelübergabe in der ursprünglicheren und kürzeren Form gewählt, wie es unter anderem vom PRG (PRG XXXII, 9) und PR XII (PR XII XV, 8) überliefert ist[210] – dieses jedoch ergänzt um die Worte „et a Fundatore Ordinis tui asservatam“, „und vom Gründer deines Ordens bewahrt“. Diese Ergänzung haben die Verfasser selbst eingefügt, sicherlich um einerseits das Monastische stärker zu betonen, andererseits wollte man wohl zusätzlich die Möglichkeit schaffen, andere Orden als die benediktinischen Zweige mit einzubeziehen (CECL 307a, S. 11).[211] Die vollständige Version der Begleitworte zur Regelübergabe in 307a lautet nun:

> Empfange die Regel, die von den heiligen Vätern überliefert und vom Gründer deines Ordens bewahrt worden ist, zur Leitung und Bewahrung der dir von Gott anvertrauten Herde, so weit Gott selbst dich stärkt und dir menschliche Schwäche gestattet.[212]

Für die Stabübergabe hat die Studiengruppe ein neues Begleitwort eingefügt, welches, wie oben dargestellt, vom Pontifikale Ecclesia Bisuntinae überliefert wird (CECL 307a, 16). Es lautet:

> Empfange den Hirtenstab und trage Sorge für diese dir Anvertrauten (die dir anvertrauten Mönche), für die du einst Rechenschaft ablegen musst.[213]

---

209 „Ut hunc praesentem Electum benedicere et sanctificare digneris“, PR 1595/96, 237.

210 Das Schema erläutert in einer Fußnote, dieses Geleitwort sei von Martène überliefert. Dort findet es sich z. B. auch im Pontificale ecclesiae Conchensis, der Handschrift S. Remigii Remensis (vgl. MARTÈNE (Hg.), Ritibus II, Sp. 435–441) sowie dem Pontificale metropolitane ecclesiae Apamiensis (ebd., Sp. 441f.) und dem Pontificale Moguntino (ebd., Sp. 445–448). Auch das Pontificale ecclesiae Arelatensis (ebd., Sp. 442) überliefert diese Begleitformel als Alternative zu einer eigenen Fassung.

211 Dieser Einschub ist schon im zweiten Entwurf des ersten Schemas wieder getilgt worden, vgl. CECL 307b, 20.

212 „Accipe Regulam a sanctis Patribus traditam et a Fundatore Ordinis tui asservatam ad regendum custodiendumque gregem tibi a Deo creditum, quantum Deus ipse te confortaverit et fragilitas humana permiserit“, CECL 307a, 15.

213 „Accipe baculum pastoralem et eorum (vel monachorum) tibi commissorum gere sollicitudinem pro quibus redditurus es rationem“, CECL 307a, 16.

Das Begleitwort für die als fakultativ erklärte Ringübergabe haben die Verfasser des Ritus renovatus aus dem PR 1595/96 übernommen und stark verändert, wie ein Vergleich zeigt:

Begleitwort zur Ringübergabe 307a	Begleitwort zur Ringübergabe PR 1595/96
Empfange den Ring, Zeichen der Treue, dass du diese Kongregation (oder diese Vereinigung der Mönche) geschmückt mit reinem Glauben und gestärkter Tugend unversehrt bewahren mögest.	Empfange den Ring, nämlich das Zeichen der Treue; dass du die Braut Gottes, nämlich die heilige Kirche, geschmückt mit reinem Glauben unversehrt bewahren mögest.[214]

Das Grundgerüst der Formel aus dem PR ist übernommen worden. Jedoch hat man die Brautmetaphorik aus dem Begleitwort getilgt und durch einen spezifischen Bezug zum Orden ersetzt. Hintergrund dürfte wiederum die Abgrenzung zur Bischofsweihe sein – schließlich ist die Brautmetaphorik eng mit der Ringübergabe bei der Bischofsweihe verbunden. Im Schema selbst wird diese Veränderung mit dem schwachen Argument begründet, die Reform biete dazu eine günstige Gelegenheit.[215] Die Mitra wird dem Abt schweigend übergeben (CECL 307a, 18).

Im Anschluss an die Insignienübergabe wird der Abt von den beiden ihm assistierenden Brüdern zu seinem Sitz geführt („ad sedem", CECL 307a, 19) und empfängt dort sitzend die Brüder zum Kuss („ad osculum", CECL 307a, 19). Währenddessen könne ein Psalm oder ein „beim Volk bekanntes Lied" („cantus popularis", CECL 307a, 19.) gesungen werden. Die Inthronisation des Abtes durch den Bischof, wie sie das nachtridentinische Pontificale Romanum als Element sowohl für die „Abtsbenediktion" als auch für die „Äbtissinnenbenediktion" bezeugt, hatte die Studiengruppe in den Zielformulierungen ausgeschlossen, weil der Abt kein Bischof sei.[216] Die ehemals vom Bischof gesprochenen Inthronisationsworte sind ebenfalls nicht mehr vorgesehen.

Nach der Messe, die in gewohnter Weise fortgeführt werden soll (CECL 307a, 20), sieht das Schema vor, dass der Bischof zum Altar zurückkehrt, und gemäß dem Brauch („de more", CECL 307a, 21), das Volk segnet, danach gehen alle in Frieden. Das nachtridentinische Pontifikale hatte hier eine Segnung durch den neuen Abt vorgesehen. Dieser zog unter dem Gesang des Te Deum segnend durch

---

[214]

SCHEMA 307A	PR 1595/96
Accipe annulum fidei signaculum, ut hanc congregationem (vel hunc monachorum coetum), intemerata fide ornatus et virtute roboratus, illibate custodias.	Accipe annulum, fidei *scilicet* signaculum; *quatenus sponsam Dei, sanctam videlicet Ecclesiam,* intemerata fide ornatus, illibate custodias.

[215] „Oratio PR mutatur opportunitatis causa", CECL 307a, S. 17, Anm. 1.

[216] „Ergo Abbas, quia non episcopus, non installatur post suam benedictionem", CECL 307a, S. 10.

die Gemeinde (PR 1962, 407). Diese Parallele zum Ritus der „Bischofskonsekration“, der ebenfalls während des Te Deum die Gemeinde segnete (PR 1962, 297), sollte nicht weiter fortbestehen.[217]

Das Te Deum kann nun gemäß den Bestimmungen des ersten Schemas zur „Benediktion des Abtes“ während des Auszuges der Zelebranten gesungen werden. Alternativ könne ein Gemeindelied gesungen werden, heißt es in der Rubrik. Damit ist der Zielvorgabe Rechnung getragen worden, die Bedeutung des Te Deum für die Abtsweihe zu schmälern und es bei Bedarf wegzulassen.[218]

2.1.2 Der zweite Entwurf zur Benediktion des Abtes in Schema 307b

Neben dem kommentierten „Ritus renovatus“ zur „Benediktion des Abtes“ ist dem ersten Schema eine weitere Version angehängt. Diese Version im Anhang ist im Vergleich zu der am Ende des Schemas angefügten und kommentierten Variante weiter ausgestaltet. Sie umfasst nun 26 Abschnitte, wovon 13 in Form von Vorbemerkungen den Ablauf des Ritus regeln. Die Befragung nach der Bereitschaft des Kandidaten ist überarbeitet worden, gleiches gilt für die Orationen, was zeigt, dass es sich bei der Version im Anhang um eine spätere Variante als 307a handelt.

Die Grundgestalt des Entwurfs 307a ist beibehalten. Eine erste Änderung zu 307a betrifft die Möglichkeit, dass die Benediktion des Abtes durch einen anderen Abt vorgenommen werden könne. In 307a war diese Option nicht zugelassen worden (vgl. CECL 307a, 1), Entwurf 307b regelt nun, dass der gewählte Abt die Benediktion auch von einem anderen Abt empfangen könne, wenn der Fall es erfordert und sofern der Ortsbischof einverstanden ist.[219] Dabei betont die entsprechende Rubrik gleichzeitig, dass die Benediktion des Abtes „regelhaft“ („regulariter“) dem Ortsbischof zustehe, zu dessen Diözese das Kloster gehört.

Für den Fall, dass der Abt von einem anderen Abt benediziert wird, bestimmt 307b, dass der Abt, „der die Benediktion spendet“ („qui benedictionem confert“), während des Wortgottesdienstes den Vorsitz übernimmt (CECL 307b, 7). Die Eucharistiefeier soll hingegen der „benedizierte Abt“ als Hauptzelebrant feiern, sofern die Benediktion in dessen Abtei stattfindet.[220]

---

[217] Das aktuelle Pontificale Romanum sieht eine Segnung der Gemeinde durch den „neugeweihten Abt“ nur noch für jene Äbte vor, die „Jurisdiktion über ein eigenes Gebiet haben“, vgl. Deutsches Pontifikale 2, S. 40.

[218] Vgl. Abschnitt III 1.2.3.

[219] „Sed etiam, si casus fert et Ordinario loci consentiente, ab alio Episcopo vel etiam ab alio Abbate Abbas electus benedictionem recipere potest“, CECL 307b, 1.

[220] „Si benedictio Abbatis ab alio Abbate fit, in liturgia verbi, Abbas qui benedictionem confert, praesidet celebrationem. Ab offertorio autem Abbas benedictus quando benedicitur in sua Abbatia Eucharistiam celebrare potest ut celebrans principalis“, CECL 307b, 7.

Eine neue Bestimmung hat das Schema bezüglich des Ortes eingefügt, an dem die Segnungshandlung erfolgen soll: Die Benediktion des Abtes solle „de more", „gemäß dem Brauch" (CECL 307b, 6) am Sitz des Vorstehers („ad sedem Praesidentis", CECL 307b, 6) stattfinden. Dies gelte aber nur dann, wenn die Teilnahme der Gläubigen („participationem fidelium", CECL 307b, 6) trotzdem möglich ist. Sollten die Gläubigen die Benediktion des Abtes so nicht sehen können, solle für den Bischof ein eigener Sitz zwischen Altar und Kanzel gestellt werden, so dass die Mönche und die Gläubigen die gesamte liturgische Handlung („ut tota actio liturgia", CECL 307b, 6) gut verfolgen können. Diese Rubrik demonstriert die Absicht, die Forderung des Zweiten Vatikanischen Konzils nach der „aktiven Teilnahme" (z. B. SC 14) der Gläubigen zu berücksichtigen. Die approbierte Version von 1970 hat diese Bestimmung aufgenommen, was zeigt, dass dieser Punkt vom Consilium und der Gottesdienstkongregation als wichtig erachtet wurde.

Während 307a die „oratio universalis" vorgesehen hatte, erklärt 307b sie für tilgungswert mit der Begründung, dass die Litanei gesungen werde. Damit fallen auch jene beiden Bitten weg, die die Studiengruppe noch aus der alten Präfation „Affluentem spiritum" gerettet hatte. Aus dem gleichen Grund solle auch das Kyrie weggelassen werden (CECL 307b, 11 und 13).

Deutlich überarbeitet hat die Studiengruppe die Befragung für die Äbte (CECL 307b, 15). Für die Revision sind sowohl alte Fragen aus dem PR 1595/96 übernommen und bearbeitet, als auch gänzlich neue geschaffen worden.[221] Eine Übersicht zeigt die Veränderungen:

Befragung im Schema 307b	**Befragung im PR 1595/96**
Die alte Anordnung der heiligen Väter lehrt und gebietet, dass der, welcher zur Leitung der Seelen erwählt wird, geprüft und gefragt werden soll über die verschiedenen Angelegenheiten und Bräuche, die dazu gehören und notwendig sind. Folglich fragen wir dich durch dieselbe Autorität, geliebtester Bruder:	Die alte Anordnung der heiligen Väter lehrt und gebietet, dass der, welcher zur Leitung der Seelen erwählt wird, geprüft und gefragt werden soll über die verschiedenen Angelegenheiten und Bräuche, die dazu gehören und notwendig sind. Folglich fragen wir dich durch dieselbe Autorität, geliebtester Bruder:
1) Willst du dein heiliges Versprechen und die Regel des heiligen N. bewahren und deine Brüder dazu anhalten, dasselbe zu tun und sie so zur Liebe Gottes, zu einem Leben gemäß dem Evangelium und brüderlicher Liebe antreiben?	1) Willst du dein heiliges Versprechen und die Regel des heiligen N. bewahren und die dir Untergebenen dazu anhalten, dasselbe zu tun?
2) Willst du deine Brüder im sittlichen Verhalten durch Lehre und Beispiel, mehr durch Taten als durch Worte, unterrichten?	2) Willst du deine Gewohnheiten vor allem Bösen bewahren und so viel du kannst mit Gottes Hilfe dich zu allem Guten bekehren?

221 In den alten Pontifikalien war ein Examen durch den Bischof für die Äbtissinnen nicht vorgesehen. Die approbierte Version OBenAbb von 1970 führt dieses jedoch auch für die Äbtissinnen ein, weshalb die Entwicklung des Examens hier dargestellt wird.

3) Willst du, an Christi Stelle im Kloster handelnd, nicht das Heil der dir anvertrauten Seelen gering schätzen und deine Brüder zu Gott, dem allmächtigen Vater, führen?	3) Willst du Keuschheit, Mäßigkeit, Demut und Geduld mit Gottes Hilfe bei dir selbst üben und deine Untergebenen so lehren?
4) Willst du den Besitz des dir anvertrauten Klosters treu hüten und deine Sorge nicht den vergänglichen und unbedeutenden Dingen widmen, sondern vielmehr den dir anvertrauten Besitz zum Nutzen der Brüder, der Armen und Pilger verwenden?	4) Willst du das Eigentum des dir anvertrauten Klosters treu bewahren und für die Bedürfnisse der Kirche, der Brüder, der Armen und Pilger verwenden?
5) Willst du der heiligen Mutter, der römischen Kirche, und Seiner Heiligkeit, unserem Papst N. und seinen Nachfolgern Treue, Gehorsam und Ehrfurcht ergeben und treu in allem beständig erweisen?	5) Willst du der heiligen Mutter, der römischen Kirche, und Seiner Heiligkeit unserem Herrn, dem Papst N. und seinen Nachfolgern Treue, Unterwürfigkeit, Gehorsam und Ehrfurcht ergeben und getreu in allem immerdar erweisen?[222]

[222] Größere Veränderungen sind kursiv gehalten, einzelne Veränderungen unterstrichen.

CECL 307B	PR 1595/96
Antiqua sanctorum Patrum institutio docet et praecepit ut is, qui ad regimen animarum eligitur, examinari et interrogari debeat de diversis causis et moribus, quae huic regimini congruunt, ac necessaria sunt. Eadem igitur auctoritate, te, frater carissime, interrogamus	Antiqua sanctorum Patrum institutio docet et praecepit ut is, qui ad regimen animarum eligitur, examinari et interrogari debeat de diversis causis et moribus, quae huic regimini congruunt, ac necessaria sunt. Eadem igitur auctoritate, te, frater carissime, interrogamus
1) Vis tuum sanctum propositum et Sancti N. Regulam observare atque fratres tuos ut idipsum faciant, diligenter instruere *et ita ad amorem Dei, ad vitam evangelicam et caritatem fraternam impellere?*	1) Vis tuum sanctum propositum et sancti N. regulam observare, tibique subiectos, ut idipsum faciant, diligenter instruere?
2) Vis conversatione morum, doctrina et exemplo, factis amplius quam verbis, fratres tuos edocere?	2) Vis mores tuos ab omni malo temperare, et quantum, adiuvante Domino, poteris, ad omne bonum commutare?
3) Vis, vices agens Christi in monasterio non parvipendere salutem animarum tibi commissarum et ad Deum Patrem omnipotentem fratres tuos conducere?	3) Vis castitatem, sobrietatem, humilitatem et patientiam, cum Dei adiutorio, in te ipso custodire, subditosque tuos talia docere?
4) Vis res monasterii tibi commissi fideliter custodire *nec gerere sollicitudinem de rebus transitoriis atque caducis sed potius res* tibi commissas *sapienter* ad usum fratrum pauperum et peregrinorum distribuere?	4) Vis res monasterii tibi commissi fideliter custodire et in usus *Ecclesiae*, fratrum, pauperum et peregrinorum distribuere?
5) Vis Sanctae Matri Ecclesiae Romanae, ac Sanctissimo Domino Nostro N. Summo Pontifici, eiusque successoribus fidem, obedientiam et reverentiam devote et fideliter per omnia perpetuo exhibere?	5) Vis sanctae matri Ecclesiae Romanae ac sanctissimo Domino nostro N. Summo Pontifici eiusque Successoribus fidem, *subiectionem* obedientiam et reverentiam devote et fideliter per omnia perpetuo exhibere?

Die einführenden Worte des Bischofs „Antiqua sanctorum Patrum" sind unverändert aus dem nachtridentinischen Pontifikale übernommen worden, ebenso die erste Frage. Ausgetauscht worden ist das Wort „subiectos", „Untergebene" in „tuos fratros", „deine Brüder". Mit dieser semantischen Veränderung wird das Verhältnis zwischen dem Abt und seinen Mönchen weniger als herrschaftlich denn als brüderlich gezeichnet. Die erste Frage ist ferner durch den Einschub am Schluss „und sie so zur Liebe Gottes, zu einem Leben gemäß dem Evangelium und brüderlicher Liebe antreiben" erweitert worden.

Die zweite Frage ist neu formuliert. Der Fokus liegt nun nicht mehr auf dem sittlichen Verhalten des Abtes allein, sondern auf seiner Aufgabe, die ihm anvertrauten Brüder zu einem sittlichen Verhalten anzuleiten. Dabei soll der Abt nicht nur durch Worte, sondern vielmehr durch Taten als gutes Beispiel vorangehen. Diese neu formulierte Frage stammt zweifellos aus der Benediktsregel. Dort heißt es im zweiten Kapitel über den Abt, er solle „alles Gute und Heilige mehr durch sein Leben als durch sein Reden sichtbar" machen (RB 2,12).

Die dritte Frage ist ebenfalls neu erarbeitet worden und setzt neue Akzente. Während die dritte Frage des nachtridentinischen Pontifikale den Abt nach der Bereitschaft fragte, die eigene „Keuschheit, Mäßigkeit, Demut und Geduld mit Gottes Hilfe" bei ihm selbst zu üben, und demgemäß die Untergebenen („subditos") zu unterweisen, betont die neue Frage getreu der Benediktsregel die Rolle des Abtes als „Stellvertreter Christi" im Kloster (RB 2,2). In dieser Funktion obliegt ihm die Hirtensorge über die ihm anvertrauten Seelen.[223] So sieht 307b die Frage nach seiner Bereitschaft vor, die „Brüder zu Gott ... zu führen".

Ein neues Kolorit hat auch die vierte Frage erhalten. Im PR 1595/96 wurde der zum Abt Erwählten nach seiner Bereitschaft gefragt, die Güter des Klosters für die Kirche, die Brüder, die Armen und Pilger einzusetzen. 307b hat die „Kirche" gestrichen, nun stehen nur noch die Brüder, Armen und Pilger an der Stelle. Ergänzt wurde in der Frage der Zusatz, dass der Abt sich nicht über vergängliche oder hinfällige Dinge sorgen solle. Auch hier ist wiederrum eindeutig die Benediktsregel Grundlage, wo es im zweiten Kapitel über den Abt heißt, er solle das Heil der ihm Anvertrauten nicht gering schätzen und sich nicht größere Sorgen um „vergängliche, irdische und hinfällige Dinge" machen.[224]

Die fünfte Frage nach der Bereitschaft, der Kirche und dem Papst und seinen Nachfolgern „Treue, Gehorsam und Ehrfurcht" zu erweisen, ist nahezu wörtlich aus dem nachtridentinischen Pontifikale übernommen worden. Gestrichen hat die Studiengruppe das Wort „subiectionem", „Unterwürfigkeit".

Die bereits in 307a zur Gebetseinladung umgestaltete gregorianische Oration „Concede quaesumus" ist weiter verändert worden. Statt der Formulierung

223 Die Benediktsregel verwendet für den Abt häufig das Bild des Hirten, der über seine Herde wachen soll (z. B. RB 2, 7–10; 2. 39), vgl. auch im Folgenden Kapitel III 2.3.3.

224 „Ante omnia, ne dissimulans aut parvipendens salutem animarum sibi commissarum, ne plus gerat sollicitudinem de rebus transitoriis et terrenis atque caducis", RB 2,33.

„quem ad regimen animarum eius conventus elegit“, „den die Gemeinschaft zur Leitung der Seelen auserwählt hat“, formuliert der neue Entwurf „qui ad regimen fratrum suorum electus est“, also „der zur Leitung seiner Brüder erwählt worden ist“. Damit wird die Oration noch stärker von ihrer ursprünglichen Formulierung entfremdet. Mit dem neuen Wortlaut wird erreicht, dass der seit dem Zweiten Vatikanischen Konzil für Äbte und vor allem Äbtissinnen nicht ganz unproblematische Begriff der „Seelenleitung“ aus der Oration verschwindet.[225] Stattdessen ist nun schlicht von der „Leitung der Brüder“ die Rede, was als Versuch gewertet werden kann, theologische Assoziationen hinsichtlich des Bischofsamtes zu vermeiden.

Nach der Regelübergabe kann „ad libitum“ die Übergabe des Ringes erfolgen (307b, 21). Hier hat sich also im Vergleich zu 307a die Reihenfolge verändert, wo zunächst der Stab und dann erst der Ring übergeben werden sollte und zum Schluss die Mitra. Eine Begründung für diese Verschiebung gibt das Schema nicht. Im Begleitwort für die Ringübergabe ist die Formulierung „vel hunc monachorum coetum“, „oder diese Vereinigung der Mönche“ von 307a, durch „vel hunc monachorum familiam“, „oder diese Familie der Mönche“ ersetzt worden, wodurch die Mönchsgemeinschaft weniger als rechtliche Vereinigung denn als geistliche Familie charakterisiert wird. Ferner ist das Wort „illibate“, „unversehrt“, durch „in caritate fraterna“, „in brüderlicher Liebe“ ersetzt worden, so dass das Begleitwort nun lautet:

> Empfange den Ring, Zeichen der Treue, dass du diese Kongregation (oder diese Familie der Mönche) geschmückt mit reinem Glauben und gestärkter Tugend in brüderlicher Liebe bewahren mögest.[226]

Nach der Ringübergabe folgt zunächst die Übergabe der Mitra (CECL 307b, 21), dann erst ist die Stabübergabe vorgesehen (CECL 307b, 22). Im Begleitwort für die Stabübergabe ist das Pronomen „eorum“ in 307a durch das Substantiv „fratrum“ ersetzt und somit spezifiziert worden.

Am Ende des zweiten Entwurfs sind im Schema 307b fünf Fragen formuliert, die in der nächsten Vollversammlung vom Consilium diskutiert werden sollen.[227] Die Fragen offenbaren, welche Punkte bei der Überarbeitung strittig waren. Erster Streitpunkt war die Frage, ob die „Abtsbenediktion“ mit der Zustimmung des Bischofs auch von einem anderen Abt gespendet werden könne. Dass dies bei der Überarbeitung ein fraglicher Punkt war, zeigen schon die unterschiedlichen Vorgehensweisen in 307a, wo diese Möglichkeit grundsätzlich ausgeschlossen wird, und in 307b, das diese Möglichkeit vorsieht.

---

[225] Vgl. zu diesem Problem unten Kapitel III 2.3.3.

[226] „Accipe annulum, fidei signaculum, ut hanc congregationem (vel hunc monachorum familiam) intemerata fide ornatus et virtute roboratus, in caritate fraterna custodias“, CECL 307b, 21.

[227] Alle Fragen beginnen mit einem „Placetne Patribus“; CECL 307b, S. 5.

Zweitens fragt die Arbeitsgruppe, ob das Consilium damit einverstanden ist, dass das Verlesen des „Mandatum Apostolicum" und der Eid sowohl aus der Feier selbst als auch schließlich außerhalb der Feier gestrichen worden sind. In Schema 307a hatte man zunächst noch überlegt, dass der Eid vor der eigentlichen Segensfeier abgelegt werden solle,[228] in 307b sieht man nun einen Eid sowie das Verlesen des „Mandatum Apostolicum" als gar nicht mehr erforderlich an.

Drittens soll die Vollversammlung diskutieren, ob der benedizierte Abt, wenn er von einem anderen Abt benediziert worden ist, ab dem Offertorium Hauptzelebrant sein sollte oder nicht. 307b sieht dies vor (307b, 24). Die vierte Frage bezieht sich auf die Befragung des Kandidaten. Die Studiengruppe erbittet eine Rückmeldung darüber, ob die überarbeiteten Fragen mehr den „positiven Geist"[229] zeigen, als die alten Fragen.

Die fünfte und letzte Frage rekurriert auf die beiden in 307b zur Auswahl vorgeschlagenen Orationen. Die Studiengruppe bittet das Consilium um eine Stellungnahme, ob die beiden aufgeführten Segensorationen beibehalten werden sollen. Sie fügt erklärend hinzu, die erste der beiden Orationen sei eher allgemein gehalten, die zweite beziehe sich stärker auf das Mönchtum.[230]

2.1.3 Das zweite Schema zur „Benediktion des Abtes" 321

Das erste Schema zur „Benediktion des Abtes" stellte der Leiter der Studiengruppe, Adrien Nocent, dem Consilium auf der 11. Vollversammlung vor. Diese fand vom 14. bis 17. Oktober 1968 in der Aula von Santa Marta im Vatikan statt.[231] Das Schema fand den „einmütigen Konsens der Väter".[232] Nur zwei Tage nach dem Ende der elften Vollversammlung des Consilium war ein abermalig überarbeitetes Schema zur „Benediktion des Abtes" erstellt. Es ist datiert auf den 19. Oktober 1968 (CECL 321).

Bei der Erstellung des zweiten Schemas hat die verantwortliche Studiengruppe den Ordo für die Abtsbenediktion durch Zwischenüberschriften gegliedert. Die „Praenotanda", „Vorbemerkungen" umfassen zehn Rubriken (CECL 321, 1–10). Einige Abschnitte regeln den „Wortgottesdienst", überschrieben mit „De liturgia verbi" (CECL 321, 11–15).[233] Der längste Teil des Ritus trägt den Titel

---

228 CECL 307a, S. 9.

229 „... mentem magis positivam praebeat", CECL 307b, S. 5.

230 Die Studiengruppe war sich also generell darüber einig, dass neue Segensorationen geschaffen werden müssen. Es ging ihnen hier um die Frage des „Wie", nicht um die Frage des „Ob". Für die Überarbeitung der Orationen vgl. Kapitel III 2.2.

231 Vgl. Notitiae 4 (1968), S. 348.

232 „... che ha ricosso il consenso unanime dei Padri", Notitiae 4 (1968), S. 350.

233 Für den Ablauf des Wortgottesdienstes verweisen die Rubriken auf den üblichen Messordo, CECL 321, 12. Für die Lesungstexte sind nun erstmals Anweisungen eingefügt: Sie können ganz oder zum Teil vom Tag gelesen werden oder es kann auf die Texte zurückgegriffen

„De benedictione Abbatis“ (CECL 321, 16–29) und umfasst die Orationen sowie die Übergabe der Insignien. Der letzte Teil „De liturgia eucharistica“ nennt einige Bestimmungen zur Feier der Eucharistie (CECL 321, 30–32).

In den „Vorbemerkungen“ ist die Rubrik aus den alten Pontifikalien wieder aufgenommen worden, wonach die Feier an einem Sonn- oder Feiertag stattfinden soll (CECL 321, 1). Der Frage, ob der Abt auch durch einen anderen Abt benediziert werden dürfe, scheint das Consilium stattgegeben zu haben. Das zweite Schema lässt diese Möglichkeit zu (CECL 321, 2).[234]

Beim Examen hat die Studiengruppe für die vierte und fünfte Frage Kürzungen vorgenommen.[235] In der vierten Frage ist der Einschub aus der Benediktsregel „nec gerere sollicitudinem de rebus transitoribus atque caducis sed potius res tibi commissas sapienter ...“, „und deine Sorge nicht den vergänglichen und unbedeutenden Dingen widmen, sondern vielmehr den dir anvertrauten Besitz klug ...“ wie er von 307b eingefügt worden war, wieder gestrichen worden. Die vierte Frage lautet nun: „Willst du den Besitz des dir anvertrauten Klosters treu hüten und ihn klug zum Nutzen der Brüder, der Armen und der Pilger verteilen?“[236] Eine Begründung für diese Streichung wird nicht gegeben.

Aus der fünften Frage ist das „Matri“ sowie „Romanae“ der Wendung „Vis Sanctae Matri Ecclesiae Romanae“ gestrichen, so dass diese nun in schlichterer Gestalt lautet: „Willst du der heiligen Kirche ...“, „Vis Sanctae Ecclesiae ...“ (CECL 321, 20). Ebenfalls dezenter ist die Bezeichnung des Papstes in dieser Frage gestaltet. Sie ist vom ehemals stark ehrbezeugenden „ac Sanctissimo Domino Nostro N. Summo Pontificio“, „und seiner Heiligkeit, unserem Herrn, dem höchsten Bischof N.“ zum einfachen „ac Romano Pontifici“, „und dem römischen Bischof/und dem Papst“ geändert worden.[237]

Das zweite Schema fügt nun entgegen der ursprünglichen Überlegung des ersten Schemas, für die nicht sakramentalen Benediktionen eine schlichtere Litanei zu erarbeiten (vgl. CECL 307a, S. 12), die Allerheiligenlitanei ein (CECL 321, 21). Die Rubrik erklärt, für die konkrete Feier könnten je nach Ort und Brauch weitere Heilige eingefügt werden. Am Ende der Litanei sind fünf Anrufungen

---

werden, wie sie ein Anhang enthält, CECL 321, 13. Ein solcher „Anhang“ findet sich erst am Ende des dritten Schemas, in dem mögliche Lesungen zur Abtsweihe aus dem Alten und Neuen Testament sowie Antwortpsalmen, Halleluja-Verse und Evangeliumstexte angegeben sind.

[234] Wenn die Benediktion durch einen anderen Abt erfolgt, so ist im zweiten Schema geregelt, dass der benedizierte Abt auf Einladung des benedizierenden Abtes den Vorsitz der Eucharistiefeier übernehmen kann, vgl. CECL 321, 5.

[235] Die ersten drei Fragen sind wortgetreu aus 307b übernommen worden.

[236] „Vis res monasterii tibi commissi fideliter custodire et eas ad usum fratrum, pauperum et peregrinorum sapienter disponere?“, CECL 321, 20. Ausgetauscht ist auch das Wort „distribuere“ in „disponere“.

[237] Die neugestaltete fünfte Frage lautet nun: „Willst du der Kirche und dem Papst und seinen Nachfolgern Treue, Gehorsam und Ehrfurcht ergeben und treu in allem beständig erweisen?“, CECL 321, 20.

(„inovocationes“) vorgesehen: Die erste für die Kirche, die zweite für den Papst und alle im geistlichen Stand, die dritte erbittet den Frieden für die Völker, die vierte erfleht Standhaftigkeit aller Betenden und die fünfte bittet für den zu benedizierenden Abt um Kraft für seine Aufgaben.[238]

Das Begleitwort zur Regelübergabe hat die Studiengruppe erneut ein wenig verändert. Die Passage „intemerata fide ornatus et virtute roboratus, in caritate fraterna custodias“, „mit reinem Glauben und gestärkter Tugend in brüderlicher Liebe bewahren mögest“ lautet nun: „intemerata fide roboratus et constanti virtute praecinctus, in fraterna caritate custodias“, „gestärkt durch reinen Glauben und mit feststehender Tugend umgürtet, in brüderlicher Liebe bewahren mögest“.

2.1.4 Das dritte Schema zur „Benediktion des Abtes“ 340

Das dritte Schema zur „Benediktion des Abtes“ ist auf den 26. Februar 1969 datiert. Es ist also in den drei Monaten nach der elften Vollversammlung im Oktober 1968 erarbeitet worden. Das Schema konnte dem Consilium, beziehungsweise der „Commissio specialis ad instaurationem liturgicam absolvendam“, wie das Organ nach der Gründung der Gottesdienstkongregation am 8. Mai 1969 nun genannt wurde, auf der zwölften Vollversammlung vorgestellt werden. Diese tagte vom 10. bis zum 14. November 1969 in der Aula von Santa Marta.[239] Dass zwischen der Erstellung des dritten Schemas und der Vollversammlung ein derart langer Zeitraum liegt, erklärt sich dadurch, dass die zwölfte Vollversammlung ursprünglich bereits im April tagen sollte, jedoch war es einigen Studiengruppen nicht möglich gewesen, bis zu diesem Zeitpunkt ihre Unterlagen vorzubereiten.[240] Bei der Vollversammlung war auch der Abtprimas der Benediktiner, Rembert Weakland, anwesend, insgesamt nahmen 42 „Väter“ teil sowie 37 „Periti“.[241]

In einem einleitenden Bericht erinnerte der Sekretär der Gottesdienstkongregation, Annibale Bugnini, daran, dass bis zum Ende des Jahres 1969 bereits viele überarbeitete Bücher ediert worden waren[242] Für das neue Jahr kündigte

---

238 „Ut Ecclesiam tuam sanctam regere et conservare digneris, Ut domnum [sic!] apostolicum et omnes ecclesiasticos ordines in sancta religione conservare digernis, Ut cunctis populis pacem et veram concordiam donare digneris, Ut nosmetipsos in tuo sancto servitio confortare et conservare digneris, Ut hunc Abbatem electum benedicere et confirmare digneris“, CECL 321, 21.

239 Notitiae 5 (1969), S. 436–441; vgl. auch BUGNINI, Liturgiereform, S. 819.

240 Vgl. BUGNINI, Liturgiereform, S. 206.

241 Zu den „Vätern“ zählten der Abtprimas, 31 Erzbischöfe sowie 10 Kardinäle; vgl. Notitiae 5 (1969), S. 436.

242 Erschienen waren bereits der „Ordo celebrandi Matrimonium“ (19. März 1969), das „Calendarium romanum“ (9. Mai 1969), der „Ordo Missae“ sowie die „Institutio generalis Missalis

Bugnini unter anderem das Erscheinen der Riten der Abts- und Äbtissinnenbenediktion an. Damit trat die Neugestaltung des Benediktionsritus für die Äbte und Äbtissinnen nun in die Endphase ein.[243]

Das dritte Schema zur „Benediktion des Abtes“ ist der letzte Entwurf, bevor die endgültige Version OBenAbb approbiert wurde. Gegenüber Schema 321 sind nur noch wenige Änderungen vorgenommen worden. Gestrichen hat die Studiengruppe den Aufruf zur Stille nach der Litanei (CECL 340, 21).[244] Weitere Änderungen betreffen die Orationen, was zeigt, wie sehr man bei der Neugestaltung der „Abtsbenediktion“ vor allem um diese gerungen hat.[245]

Das Schema ist einstimmig angenommen und ohne größere Schwierigkeiten approbiert worden. Nach der Approbation durch das Consilium wurde das fertige Schema am 2. Juni 1970 versandt. Die Religiosenkongregation approbierte es am 18. Juni ihrerseits. Das „placet“ der Glaubenskongregation folgte am 12. September 1970. Am 7. Oktober 1970 wurde das Schema schließlich dem Papst vorgelegt. Mit einem Brief des Staatssekretariats vom 19. Oktober gestattete dieser die Veröffentlichung.[246] Die Riten wurden schließlich feierlich mit Dekret der Gottesdienstkongregation am 9. November 1970 veröffentlicht und der sofortige Gebrauch ausdrücklich erlaubt.[247]

---

romani“ (3. April 1969), der „Ordo lectionum Missae (25. Mai 1969), der „Ordo Baptismi parvulorum“ (15. Mai 1969) sowie der „Ordo Exsequiarum“ (15. August 1969); vgl. BUGNINI, Liturgiereform, S. 207.

243 Erstmals lag auch ein Schema für die „Benediktion der Äbtissin“ vor. Dieses ist das erste und einzige Schema für die Äbtissinnenweihe. Deren Neugestaltung wird unten in Kapitel III 2.3 eigens betrachtet.

244 Eine weitere Änderung betrifft die Territorialäbte, die in den vorherigen Schemata nicht berücksichtigt worden waren. Sie haben nun wieder einen Platz im Ritus. Der Bischof fragt in diesem Fall nun doch nach dem Mandatum Apostolicum, CECL 340, 18. Ferner hat der Ritus für das Examen drei spezielle Fragen für den Territorialabt eingefügt, CECL 340, 20. Diese Fragen beziehen sich vor allem auf die Hirtenaufgaben des Abtes. Sie sind hier nicht relevant, weil die Möglichkeit einer Territorialäbtissin nicht vorgesehen ist. Der Territorialabt darf zudem nach der Kommunion den Pontifikalsegen spenden, wobei er durch die Gemeinde zieht. Unterdessen soll das Te Deum oder ein anderer passender Hymnus gesungen werden, CECL 340, 32. Warum der Territorialabt nach vorheriger Streichung nun doch wieder eine besondere Rolle spielt, kann hier nur vermutet werden. Es ist nicht unwahrscheinlich, dass die verbliebenen Territorialäbte auf ihr altes Recht bestanden haben und forderten, dass ihre besondere Stellung im Benediktionsritus auch angemessen gewürdigt wird.

245 Die Neugestaltung der Segensorationen wird im Anschluss an dieses Kapitel III 2.1 gesondert dargestellt.

246 Vgl. BUGNINI, Liturgiereform, S. 820.

247 Notitiae 7 (1971), S. 32f.

2.1.5 *Der approbierte Ritus OBenAbb*

Die „Benediktion des Abtes" beginnt nach dem Evangelium (OBenAbb 16). Der zu benedizierende Abt wird von zwei Mönchen seines Klosters zum Bischof geführt und vorgestellt (OBenAbb 17). Einer der Mönche bittet den Bischof, den zum Abt Erwählten zu segnen.[248] Gleichzeitig bestätigt der Mönch, dass die Wahl kanonisch verlaufen ist.[249] Im Examen fragt der Bischof den Abt nach der Bereitschaft zur Übernahme des Amtes und prüft seine Gesinnung (OBenAbb 19). Es folgen die neue Gebetseinladung „Concede quaesumus" und die Litanei (OBenAbb 20 u. 21), ein Segensgebet (OBenAbb 23) und schließlich die Übergabe der Insignien Regel (OBenAbb 24) und Hirtenstab (OBenAbb 27) sowie, sofern üblich, Ring (OBenAbb 25) und Mitra (OBenAbb 26). Am Ende der Feier erhält der benedizierte Abt („Abbas modo benedictus", OBenAbb 29) von dem „Prälaten, der ihm die Benediktion erteilt hat" („a Praelato, qui benedictionem contulit", OBenAbb 29) sowie von allen anwesenden Äbten den Friedenskuss („osculum pacis" OBenAbb 29).

Lange umstritten war in der Studiengruppe die Frage, ob ein Abt auch von einem anderen Abt benediziert werden könne. Schema 307a hatte diese Möglichkeit noch nicht vorgesehen, 307b hatte sie aufgenommen, jedoch am Ende als Frage ans Consilium formuliert, 321 sah sie vor. OBenAbb bestimmt schließlich, dass die „Benediktion" durch den Ortsbischof der Regelfall sein solle, die „Benediktion" durch einen anderen Bischof als den Ordinarius oder sogar durch einen anderen Abt möglich ist (OBenAbb, 2). Dass dieser Punkt bis zuletzt jedoch strittig war, zeigt das Votum eines Konsultors, das dem „placet" der Gottesdienstkongregation vom 12. September 1970 beigefügt war. Dieser setzte sich hartnäckig dafür ein, dass die Abtsbenediktion nur durch den jeweiligen Diözesanbischof oder aber einen von diesem beauftragten Bischof gespendet werden solle und sprach sich gegen die Möglichkeit aus, dass auch ein Abt die Segnung vornehmen könne. Die Gottesdienstkongregation hingegen plädierte dafür, dass die Benediktion auch durch einen anderen Abt erteilt werden könne, wenn der Ortsordinarius zustimme. Der Papst nahm das Votum des Konsultors nicht an, sondern stimmte dem Vorschlag der Gottesdienstkongregation zu.[250]

Eine Änderung gegenüber Schema 321 hat die dritte Frage des Examens erfahren (OBenAbb 20). Hier ist die Passage „quia vices agis Christi in monasterio", „weil du an Christi Stelle im Kloster handelst" (CECL 340, 20) gestrichen worden. Motivation für die Streichung dürfte erneut die im ersten Schema geäußerte Befürchtung sein, dass die Assoziationen zum Amt des Bischofs zu stark seien. Man

---

248 „... ut ipsum in Abbatem praedicti monasterii benedicere digneris", OBenAbb 18.

249 Der Bischof fragt den Mönch: „Scitis illum rite electum fuisse?" worauf der Mönch antwortet „Scimus et testificamur", OBenAbb 18.

250 Vgl. BUGNINI, Liturgiereform, S. 820, Anm. 2.

tilgte diese Passage, obwohl es sich dabei um ein Zitat aus der Benediktsregel handelt (vgl. RB 2,2).

Wiederholt ist das Begleitwort für die Ringübergabe verändert worden (OBenAbb, 24). Die verantwortliche Studiengruppe hat die Passage „intemerata fide roboratus“, „gestärkt durch reinen Glauben“ gestrichen. So lautet das Begleitwort nun in der approbierten Version:

> Empfange den Ring, Zeichen der Treue, dass du diese Kongregation (oder diese Familie der Mönche) mit feststehender Tugend umgürtet in brüderlicher Liebe bewahren mögest.[251]

2.2 Das Ringen um die Neugestaltung der „Segensorationen“

Als der neue „Ordo Benedictionis Abbatis et Abbatissae“ am 9. November 1970 veröffentlicht wurde, enthielt dieser vier „Segensorationen“[252] zur Auswahl. Um die ersten beiden Orationen ist lange gerungen worden. Die an erster Stelle stehende Oration „Deus Pater omnipotens“ hat einige redaktionelle Stufen durchlaufen, was die einzelnen Schemata gut demonstrieren. Sie steht auch im aktuellen Pontifikale an erster Stelle (PR 94, 20) und ist die gebräuchlichste „Segensoration“.[253] Das Ringen um die zweite Oration „In conspectu“ ist durch die Schemata ebenfalls gut dokumentiert.[254] Die dritte und vierte Oration sind erst unmittelbar vor der Veröffentlichung entstanden.[255]

2.2.1 *Eine neue Oration aus Altem in 307a*

Das erste Schema zur „Benediktion des Abtes“ zeigt eine neue „Oration zur Segnung des Abtes“,[256] die aus verschiedenen Traditionen zusammengebastelt worden ist. In einer Fußnote ist angegeben, die Orationstraditionen stammten aus

---

251 „Accipe anulum, fidei signaculum, ut hanc congregationem (vel hanc monachorum familiam), constanti virtute praecinctus, in fraterna caritate custodias“, OBenAbb, 25.

252 Im Ordo selbst wird die Segensoration als „oratio benedictionis“ bezeichnet, vgl. OBenAbb 24, OBenAbbatissa 19.

253 Vgl. Frei, Äbtissinnenweihe, S. 232.

254 Im Folgenden wird die Entstehungsgeschichte der Orationen einzeln dargestellt. Die Oration „In conspectu“ ist eine Kurzform der langen Oration „In Conspectu“, wie sie erstmals bei Durandus bezeugt ist, PGD XX, 19. Auch diese begann mit „Exaudi Domine“, ist aber zur Unterscheidung der bereits im PRG bezeugten knappen Oration „Exaudi Domine“ mit „In conspectu“ abgekürzt worden, was auch für die neugeschaffene Kurzform hier beibehalten wird.

255 Über deren Redaktion fehlen leider Unterlagen.

256 „Oratio ... ad Benedictionem Abbatis“, CECL 307a, 14.

dem Gelasianum sowie verschiedenen Dokumenten wie dem Pontificale Romanum.[257] Den Präfationston habe man, „wie oben gesagt worden ist“, aufgehoben.[258] Die Handauflegung ist gestrichen. Der Bischof solle die Oration „mit ausgestreckten Händen“ („manibus extensis“, CECL 307a, 14) sprechen. Die Hände sollten nicht aufgelegt werden, heißt es in einer Fußnote, um „die Verwirrung mit einer Ordination zu vermeiden“.[259]

Eine tabellarische Übersicht illustriert, aus welchen Passagen des nachtridentinischen Pontificale Romanum die für die Neugestaltung des Ritus verantwortliche Studiengruppe geschöpft hat:

Neugeschaffene Oration in 307a	Ermittelte Provenienz aus dem PR 1595/96
Allmächtiger, ewiger Gott, den überströmenden Geist deines Segens gieße auf deinen Diener N. auf unsere Gebete hin	Heiliger Herr, allmächtiger Vater, ewiger Gott, den überströmenden Geist deines Segens gieße auf diesen deinen Diener auf unsere Gebete hin. (PR 1595/96, 241)
und diesem deinen Diener, dem du das Hirtenamt beschieden hast, stehe deine Güte bei und du mögest ihn segnen alle Tage seines Lebens. Zeige ihm den Weg, auf dem er gehen soll, verleihe ihm den Schatz der Weisheit, dass er wisse und habe, woraus er Neues und Altes hervorbringe. Lass ihn in allem deinen Spuren folgen und durch seinen Dienst große Freude erlangen, dass er am Ende dieser Zeit	Dass diesem deinen Diener, dem du den Gipfel des Hirtenamtes beschieden hast, deine Güte beistehe und der Segen alle Tage seines Lebens. Zeige ihm den Weg, auf dem er gehen soll; verleihe ihm den Schatz der Weisheit, dass er wisse und habe, woraus er Neues und Altes hervorbringe. Lass ihn in allem deinen Spuren folgen und durch seinen Dienst große Freude erlangen; dass er am Ende dieser Zeit (PR 1595/96, 264)
fröhlich durch die Tore des Paradieses gehe,	fröhlich durch die Tore gehe;
und von dir, Herr, das Lob zu hören verdiene: Sehr gut, du guter und treuer Knecht, weil du über weniges getreu warst, will ich dich über vieles stellen, tritt ein in die Freude deines Herrn.	und von dir, Herr, das Lob zu hören verdiene: Sehr gut, du guter und treuer Knecht, weil du über weniges getreu warst, will ich dich über vieles stellen, tritt ein in die Freude deines Herrn (PR 1595/96, 240).[260]

[257] „Prima oratio praeposita ex orationibus traditionalibus in Gel et aliis documentis ut PR componitur“, CECL 307a, S. 15, Anm. 3.

[258] CECL 307a, S. 15, Anm. 3.

[259] „... ad vitandam confusionem cum Ordinatione“, CECL 307a, 14.

[260]

NEUGESCHAFFENE ORATION IN SCHEMA 307A	ERMITTELTE PROVENIENZ AUS DEM PR 1595/96
Omnipotens sempiterne Deus, affluentem spiritum tuae benedictionis famulo tuo N. nobis orantibus propitiatus infunde	Domine sancte, Pater omnipotens, aeterne Deus, affluentem spiritum tuae bene+dictionis super hunc famulum tuum, nobis orantibus, propitius infunde. (PR 1595/96, 241)
et huic famulo tuo quem pastorale officium subire voluisti tua bonitas adsit et illum bene+dicere digneris omnibus diebus vitae suae. Ostende ei viam per quam ambulet, tribue ei thesaurum sapientiae, ut sciat et habeat unde nova et vetera profe-	ut huic famulo tuo, quem pastoralis officij culmen subire voluisti, tua bonitas adsit, et bene+dictio, omnibus diebus vitae suae. ... Ostende ei viam, per quam ambulet; tribue ei thesaurum sapientiæ; ut sciat, & habeat unde nova, & vetera proferat. Fac eum in

Die neugeschaffene Oration ist aus drei verschiedenen Orationen des PR 1595/96 zusammengestellt. Die Provenienz wird in den Anmerkungen des Schemas angegeben. Bei dem ersten Abschnitt handelt es sich um den Anfang der alten gelasianischen Präfation „Affluentem spiritum“. Der Quellennachweis in der Fußnote betont an dieser Stelle redundant, dass die Worte „durch unsere Handauflegung“ weggelassen werden sollen.[261] Der mittlere Teil besteht aus zwei Auszügen der langen Oration „In conspectu“, die im nachtridentinischen Pontificale nur für die „Abtsbenediktion“ vorgesehen war.[262] Der letzte Abschnitt ist der ursprüngliche Abschluss der gelasianischen Oration „Cunctorum bonorum“.[263]

Für die Geschichte der Äbtissinnenweihe hat diese aus alten Traditionen neu komponierte Oration keine Bedeutung. Sie ist bereits im Entwurf 307b für die „Benediktion des Abtes“ getilgt. Die Oration dokumentiert jedoch, wie sehr die für die Neugestaltung der „Abts- und Äbtissinnenbenediktion“ Verantwortlichen damit gerungen haben, die „Segensorationen“ für den neuen Ordo so zu gestalten, dass sie den in „Sacrosanctum Concilium“ geforderten Kriterien nachkommen, nämlich die „gesunde Überlieferung“ (SC 23) zu bewahren und neue Formen „organisch“ aus schon bestehenden Formen herauswachsen zu lassen (SC 23), und gleichzeitig das Hauptziel umsetzen, wonach die neugestaltete „Abtsbenediktion“ künftig Ritusanalogien zu den zu den sakramentalen Ordinationen gezählten Weiheriten, insbesondere der „Bischofsordination“, vermeidet.

rat. Fac eum in omnibus tua sequi vestigia et de sua ministratione gaudium bonum adipisci ut post huius saeculi excursum,	omnibus tua sequi vestigia, & de sua ministratione gaudium bonum adipisci; ut post huius sæculi excursum, (PR 1595/96, 264)
laetus introeat portas paradisi, atque a te, Domine, collaudante audire meratur: Euge, serve bone et fidelis, quia super pauca fuisti fidelis, super multa te constituam, intra in gaudium Domini tui. Per Dominum ...	laetus introeat portas paradisi; atque a te, Domine, collaudante audire mereatur, Euge serve bone, et fidelis quia super pauca fuisti fidelis, super multa te constituam, intra in gaudium Domini tui (PR 1595/96, 240).

261 „Sed tolluntur verba: per manus nostrae impositionem“, CECL 307a, S. 15, Anm. 5. Hervorhebung im Original.

262 CECL 307a, S. 16, Anm. 1. Diese Oration war im PR 1595/96 als dritte Oration nach der Präfation, der Oration „Deus, cui omnis potestas“ sowie der Oration „Ominum, Domine, fons bonorum“ vorgesehen. Für die Äbtissinnen stand an dieser Stelle statt der langen Oration „In conspectu“ das Gebet „Domine Deus, omnipotens“, das erstmals das gelasianische Sakramentar überlieferte und welches ausschließlich für die Äbtissin vorgesehen und verwendet worden ist, vgl. auch Kapitel II 1.6.3 dieser Arbeit. Die Oration „In conspectu“ ist erstmals bei Durandus bezeugt und dort sowohl für die Äbte als auch für die Äbtissinnen vorgesehen, vgl. PGD XX, 19.

263 CECL 307a, S. 16, Anm. 2.

2.2.2 *Die Entstehung der Oration „Deus Pater omnipotens“*

Diese Spannung wird für die Entstehung der Orationen in den folgenden Schemata sehr deutlich. Der Entwurf 307b zeigt statt des aus alten Bestandteilen der Orationen des PR 1595/96 zusammengestellten Gebetes ein völlig neu gestaltetes „Segensgebet“:

> Gott, allmächtiger Vater, der du deinen eingeborenen Sohn in die Welt gesandt hast, damit er diene und sein Leben für seine Schafe hingebe, segne und unterstütze diesen deinen Diener N., der zum Abt und Vater dieses Klosters gewählt worden ist. Und gewähre ihm, dass er immer daran denke, dass er mehr helfen statt herrschen solle, er wisse, welch schwierige und mühevolle Aufgabe er auf sich genommen hat, die Seelen zu leiten und den Eigenarten vieler zu dienen. Er möge sich sehr bemühen und mit ganzem Scharfsinn und Engagement dafür sorgen, dass er keines der ihm anvertrauten Schafe verliert, und er regle und ordne alles so, dass die Seelen heil werden. Er treibe seine Brüder stets in Liebe und brüderlicher Zuneigung zum Gottesdienst, zum Dienst an der Kirche und zum Heil der ganzen Welt an; dass er, wenn einst der Herr am Jüngsten Tag kommen wird, den Lohn seines Dienstes empfangen wird.[264]

Die Oration beginnt mit einer Anrufung und dem Lobpreis Gottes. Darauf folgt die Bitte, dass der Herr den vom Kloster gewählten Abt segnen und ihm beistehen möge. Es wird dann im Einzelnen genannt, welche Aufgaben auf den zum Abt Erwählten zukommen werden, wofür also konkret die Hilfe Gottes erbeten wird. Das Schema selbst gibt keine Auskunft darüber, auf welcher Grundlage und mit welcher Intention diese Oration geschaffen worden ist. In der vorangestellten Rubrik wird sie als ein Gebet speziell für einen „Abbatem monachorum“, also einen Abt von Mönchen, angekündigt. Sie ist also speziell für jene Orden gedacht, die der Benediktsregel folgen. Diese ist auch unverkennbare Grundlage der Oration. Eine Übersicht zeigt anhand des lateinischen Textes die Herkunft der einzelnen Passagen:

Neugeschaffene Oration in 307b	Ermittelte Provenienz
Deus, Pater omnipotens, qui Filium tuum Unigenitum misisti in mundum ut ministraret et vitam suam pro ovibus suis daret, hunc famulum tuum N. Abbatem et patrem	*Lobpreis und Bitte an „Gott, den allmächtigen Vater“*

264 „Deus, Pater omnipotens, qui Filium tuum Unigenitum misisti in mundum ut ministraret et vitam suam pro ovibus suis daret, hunc famulum tuum N. Abbatem et patrem hius monasterii electum, bene+dicere et adiuvare digneris. Et concede, ut memor sit semper opportere (sic!) prodesse magis quam praesse, sciat quam difficilem et arduam rem suscipit regere animas et multorum servire moribus, magnopere sollicitudinem gerat et omni sagacitate et industria curet, ne aliquam de ovibus sibi creditis perdat, omnia temperet atque disponat ut animae salventur: in amore et caritate fraterna ad Opus Dei, ad servitium Ecclesiae totiusque mundi salutem fratres suos impellat; ut cum Dominus iudicandum venerit, proemium (sic!) servitutis suae accipiat“, CECL 307b, 19.

hius monasterii electum, bene+dicere et adiuvare digneris.	
Et concede, ut memor sit semper opportere (sic!) prodesse magis quam praesse, sciat quam difficilem et arduam rem suscipit regere animas et multorum servire moribus, magnopere sollicitudinem gerat et omni sagacitate et industria curet, ne aliquam de ovibus sibi vreditis perdat,	sciatque sibi oportere prodesse magis quam praeesse (RB 64, 8); Sciatque quam difficilem et arduam rem suscipit regere animas et multorum servire moribus, (RB 2, 31); Magnopere enim debet sollicitudinem gerere abbas et omni sagacitate et industria currere, ne aliquam de ovibus sibi creditis perdat. (RB 27, 5);
omnia temperet atque disponat ut animae salventur:	Et sic omnia temperet atque disponat qualiter et animae salventur (RB 41, 5)
in amore et caritate fraterna ad Opus Dei, ad servitium Ecclesiae totiusque mundi salutem fratres suos impellat; ut cum Dominus iudicandum venerit, proemium servitutis suae accipiat.	

Die letzte Passage findet sich in der Form zwar so nicht wörtlich in der Regula Benedicti, sie ist jedoch inhaltlich eindeutig von ihr inspiriert. Die Regel erinnert den Abt im zweiten Kapitel ständig daran, dass er einst Rechenschaft beim Jüngsten Gericht über seine Taten ablegen muss.[265] Mit der Neuschaffung dieser benediktinischen Oration erreicht die verantwortliche Studiengruppe, dass die „Segensoration“ für den Abt und die Äbtissin eine deutlich monastischere Prägung bekommt, wie es das Dekret zur Veröffentlichung des neuen „Ordo Benedictionis“ auch als Ziel formuliert.[266]

Im zweiten Schema zur „Benediktion des Abtes“ ist die benediktinische Oration weiter modelliert und verlängert worden:[267]

Modellierte Oration in Schema 321	Erster Entwurf der benediktinischen Oration in Schema 307b
Gott, allmächtiger Vater, der du deinen eingeborenen Sohn in die Welt gesandt hast, damit er *den Menschen* dient und sein Leben *als Guter Hirte* für seine Schafe hingibt, *dich bitten wir:*	Gott, allmächtiger Vater, der du deinen eingeborenen Sohn in die Welt gesandt hast, damit er diene und sein Leben für seine Schafe hingebe,
segne und stärke diesen deinen Diener N., der zum Abt und Vater dieses Klosters gewählt worden ist. Und gewähre ihm, *wir bitten dich, dass er durch vortreffliche Lebensweise jenes vorlebe, was gesagt wird, es werde*	segne und unterstütze diesen deinen Diener N., der zum Abt und Vater dieses Klosters gewählt worden ist. Und gewähre ihm, dass er immer daran denke, dass er mehr helfen statt herrschen solle,

[265] Z. B. RB 2,6; 2,9; 2,38.

[266] „... ut ritus munus spiritale in clariore luce collocaret illius, qui religiosae familiae praeest“, Notitiae 7 (1971), S. 32.

[267] Änderungen sind kursiv gesetzt, Entsprechungen an unterschiedlichen Stellen unterstrichen.

zum Sauerteig göttlicher Gerechtigkeit in den Herzen der Schüler.	
Er wisse, welch schwierige und mühevolle Aufgabe er auf sich genommen hat, die Seelen zu leiten und den Eigenarten vieler zu dienen; er denke immer daran, dass er mehr helfen statt herrschen soll,	er wisse, welch schwierige und mühevolle Aufgabe er auf sich genommen hat, die Seelen zu leiten und den Eigenarten vieler zu dienen
Er möge sich *durch deine Inspiration* sehr bemühen und mit ganzem Scharfsinn und Engagement dafür sorgen, dass er keines der ihm anvertrauten Schafe verliert, sondern er regle und ordne alles so, *dass alle in der Liebe zu Christus und in der Nächstenliebe zu den Brüdern beständig wachsen und dass sie mit weitem Herzen den Weg deiner Gebote gehen. Dein Geist, Herr, erfülle ihn würdig bei den Aufgaben, dass er deinen Ruhm und deine Ehre suche und zum Dienst an der Kirche ermuntert werde,* und er auch die Brüder unaufhörlich dazu antreibt. *Weder soll er Christus etwas vorziehen, noch dies lehren, bei der Ankunft des*	Er möge sich sehr bemühen und mit ganzem Scharfsinn und Engagement dafür sorgen, dass er keines der ihm anvertrauten Schafe verliert, und er regle und ordne alles so, dass die Seelen heil werden. Er treibe seine Brüder *stets in Liebe und brüderlicher Zuneigung zum Gottesdienst, zum Dienst an der Kirche und zum Heil der ganzen Welt an;* *dass er, wenn einst der Herr am jüngsten Tag kommen wird, den Lohn seines Dienstes empfangen wird.*[268]

[268] Die Gegenüberstellung des lateinischen Textes zeigt durch Hervorhebungen die einzelnen Revisionen und Erweiterungen.

MODELLIERTE ORATION IN SCHEMA 321	ERSTER ENTWURF DER BENEDIKTINISCHEN ORATION IN SCHEMA 307B
Deus, Pater omnipotens, qui Filium tuum Unigenitum in mundum misisti, ut *hominibus* ministraret, et vitam suam pro ovibus traderet *Pastor Bonus: supplices te rogamus,*	Deus, Pater omnipotens, qui Filium tuum Unigenitum misisti in mundum ut ministraret et vitam suam pro ovibus suis daret,
ut hunc famulum tuum N. Abbatem et Patrem huius monasterii electum, benedicere et *confirmare* digneris.	hunc famulum tuum N. Abbatem et patrem huius monasterii electum, bene+dicere et adiuvare digneris.
Concede, quaesumus, ei, *ut praeclara conversatione illud ostende esse quod dicitur, quo salubrius doctrina eius fermentum divina iustitiae in discipulorum mentibus conspergatur. (RB 2,5)*	Et concede, ut memor sit semper opportere (sic!) prodesse magis quam praesse,
Sciat *ipse, Domine*, quam difficilem rem suscipiat arduumque sit onus regendi animas et multorum moribus serviendi; meminerit quantum se oporteat magis semper prodesse quam praeesse.	sciat quam difficilem et arduam rem suscipit regere animas et multorum servire moribus,
Magnopere igitur, *te inspirante*, sollicitudinem gerat, et omni sagacitate curet et industria, ne de ovibus sibi commissis *ullam amittat; sed* cuncta temperet atque disponat, ut omnes, in amore *Christi* et caritate fraternitatis *iugiter procedentes, in via mandatorum tuorum dilatato corde festinent.*	magnopere sollicitudinem gerat et omni sagacitate et industria curet, ne aliquam de ovibus sibi creditis perdat, omnia temperet atque disponat ut animae salventur: in amore et caritate fraterna *ad Opus Dei,*

Jüngsten Tages soll er in gleicher Weise mit den Brüdern das seine erwerben und glücklich in dein Reich gelangen.

Das Grundgerüst der Oration ist bestehen geblieben. Die zugefügten Erweiterungen der Oration im zweiten Schema stammen ebenfalls aus der Benediktsregel. So findet sich die Bitte, die Lehre des Abtes werde zum „Sauerteig göttlicher Gerechtigkeit in den Herzen der Schüler“ als Anforderung an den Abt im zweiten Kapitel der Benediktsregel (RB 2,5). Die Mahnung im letzten Teil der Oration, der Abt solle Christus nichts vorziehen, ist ebenfalls der Benediktsregel entnommen und zwar dem 72. Kapitel über den „guten Eifer der Mönche“. Dort werden die Mönche in 72,10 mit den Worten ermahnt: „Christus sollen sie überhaupt nichts vorziehen“.

Das dritte Schema und schließlich auch die approbierte Version von 1970 haben diese Version des zweiten Schemas weitestgehend übernommen. Die Oration hat lediglich noch einen letzten Feinschliff erhalten, insofern einzelne Wörter ersetzt oder umgestellt worden sind, was hier im Einzelnen nicht Gegenstand sein muss (CECL 340, 23/ OBenAbb 23).

2.2.3 *Die Entstehung der neuen Oration „In conspectu“*

Als Ersatz zu der aus verschiedenen Bestandteilen alter Orationen zusammengestellten Oration in 307a zeigt 307b eine Kurzfassung der langen Oration „In conspectu“, aus der man, wie gezeigt, auch bereits für die Erstellung der ersten „Segensoration“ in 307a geschöpft hat. Da diese Oration in der 1970 approbierten Version auch Bestandteil der „Äbtissinnenbenediktion“ ist, zeigt eine nun folgende Übersicht die Änderungen gegenüber der Version,[269] wie sie erstmals von Durandus für die Weihe von Abt und Äbtissin bezeugt und vom nachtridentinischen Pontifikale für die Abts-, nicht aber für die Äbtissinnenweihe übernommen worden war:

Spiritus tui, Domine, ipsum dignare implere muneribus, ut ad gloriam laudemque tuam Ecclesiaeque servitium et se excitet, et fratres indesinenter impellat.
Christo omnino nihil praeponat, nihil doceat praeponendum, quatenus Illius adveniente die, pariter cum fratribus suis mereatur in regnum tuum feliciter pervenire.

ad servitium Ecclesiae *totiusque mundi salutem* fratres *suos* impellat; *ut cum Dominus iudicandum venerit, proemium (sic!) servitutis suae accipiat.*

269 Streichungen sind im ursprünglichen Text kursiv gesetzt, Änderungen unterstrichen.

DIE MODIFIZIERTE ORATION IN SCHEMA 307A
Erhöre, Herr, unsere Bitten, welche wir im

DIE ORATION IM PR 1595/96[270]
Erhöre, Herr, unsere Bitten, welche wir im

---

[270] ORATION IN SCHEMA 307A
Exaudi, Domine, preces nostras quas in conspectu maiestatis tuae super hunc famulum tuum fundimus, qui vice tui nominis ad gubernationem ovium tuarum statuitur, ut eum respicere et interveniente beato Benedicto (vel. N.) patrono, bene+dicere digneris, et qui ad redemptionem nostram de celo descendisti et mundo te verum et summum pastorem exhibuisti dicens: „Ego sunt pastor bonus“ (sic!), te suppliciter deprecamur, ut huic serve tuo, quem ad regimen huius monasterii designasti, tua bonitas adsit et benedictio omnibus diebus vitae suae.

Dirige gressus eius in viam pacis et iustitiae et largiere tuarum dona virtutum.

Ostende ei viam per quam ambulet. Tribue ei thesauros sapientiae, ut sciat et habeat unde nova et vetera proferat. Face um in omnibus sequi vestigia et de sua ministratione gaudium bonum adipisci, ut post huius saeculi excursum

proemium aeternum largiaris.

ORATION IM PR 1595/96
Exaudi, Domine, preces nostras, quas in conspectu tuae maiestatis super hunc famulum tuum fundimus, qui vice tui nominis ad gubernationem ovium tuarum statuitur; ut eum respicere, et interveniente beato N. bene+dicere digneris; et qui ad redemptionem, et protectionem nostram de caelo descendisti, et mundo te verum, et summum pastorem exhibuisti, dicens, Ego sum pastor bonus, te invocamus, te suppliciter deprecamur; ut huic famulo tuo, quem pastoralis officij culmen subire voluisti, tua bonitas adsit, et bene+dictio, omnibus diebus vitae suae. *Protege eum, Domine, et defende ab omnibus visibilium, et invisibilum adversitantibus, inimi corum;*
dirige gressus eius in viam pacis, et iustitiae, et largire tuarum dona virtutum,
iustitiam, temperantiam, fortitudinem, prudentiam, caritatem, sobrietatem, patientiam, longanimitatem, constantiam, insuperabilem, fidem non fictam, spem inconcussam, mentem devotam, humilitatem perfectam, intelligentiam rectam, benignitatem, modestiam, unanimitatem, pacem, concordiam, castitatem, abstinentiam, vigilantiam, discretioinem, rectitudinem, scientiam, pietatem, consilium, & in cunctis actibus bonis inviolatam perseverantiam. Aufer, Domine Iesu Christe, ab eo, quidquid pravum, & distortum est, quidquid saluti contrarium, quidquid animæ nociuum; superbiam, iactantiam, vanam gloriam, elationem, & quidquid ad ultimum tibi displicens esse potest. Circumda eum interius, & exterius tuæ protectionis auxilio; ut, te defensore, sit tutus; te protegente, secures; te docente, scius.
Ostende ei viam, per quam ambulet; tribue ei thesaurum sapientiæ; ut sciat, & habeat unde nova, & vetera proferat. Fac um in omnibus tua sequi vestigia, & de sua ministratione gaudium bonum adipisci; ut post huius sæculi excursum, *cum ante tribunal tuum venerit, cum multiplici fructu animarum,* illud ei præmium largiaris cum omnibus *quos tibi præsentabit, quod fidelibus dispensatoribus tuis, pro tuo nomine laborantibus in terries, te promisisti daturum esse in cœlis.*

Angesicht deiner Erhabenheit für diesen deinen Diener aussprechen, der in deinem Namen zur Leitung deiner Schafe bestellt wird, dass du auf ihn blicken und auf die Fürbitte des hl. Benedikt (oder N.), dem Schutzheiligen, segnen mögest;	Angesicht deiner Erhabenheit für diesen deinen Diener aussprechen, der in deinem Namen zur Leitung deiner Schafe bestellt wird, dass du auf ihn blicken und auf die Fürbitte des hl. N. segnen mögest;
und zu dir, der du zu unserer Erlösung und zu unserem Schutz vom Himmel herabgestiegen bist und dich der Welt als wahrer und höchster Hirte gezeigt hast, sagend: Ich bin [wörtl. sind] der gute Hirt, dich bitten wir demütig, dass diesem deinen Diener, den du zur Leitung dieses Klosters bestellt hast, deine Güte beistehe und der Segen an allen Tagen seines Lebens.	und zu dir, der du zu unserer Erlösung und zu unserem Schutz vom Himmel herabgestiegen bist und dich der Welt als wahrer und höchster Hirte gezeigt hast, sagend: Ich bin der gute Hirte, zu dir rufen wir und flehen demütig; dass diesem deinen Diener, dem du den Gipfel des Hirtenamtes beschieden hast, deine Güte beistehe und der Segen an allen Tagen seines Lebens.
Leite seine Schritte auf dem Weg des Friedens und der Gerechtigkeit und schenke ihm die Gaben deiner Tugenden.	*Beschütze ihn, Herr, und behüte ihn vor allen Widerwärtigkeiten der sichtbaren und unsichtbaren Feinde;* leite seine Schritte auf dem Weg des Friedens und der Gerechtigkeit und schenke ihm die Gaben deiner Tugenden, *Gerechtigkeit, Mäßigkeit, Tapferkeit, Klugheit, Nächstenliebe, Enthaltsamkeit, Geduld, Langmut, unüberwindliche Standhaftigkeit, ungeheuchelten Glauben, unerschütterliche Hoffnung, eine fromme Gesinnung, vollkommene Demut, rechte Einsicht, Güte, Bescheidenheit, Einmütigkeit, Friede, Eintracht, Keuschheit, Wachsamkeit, Unterscheidungsvermögen, rechte Gesinnung, Kenntnis, Frömmigkeit, Rat und in allen guten Taten unversehrte Beharrlichkeit. Nimm von ihm, Jesus Christus, was auch immer schlecht und verzerrt ist, was auch immer dem Heil entgegen steht, was auch immer der Seele schädlich ist; Hochmut, Prahlerei, eitle Ruhmsucht, Stolz, und was auch immer dir zuletzt missfallen kann. Umgib ihn innen und außen mit der Hilfe deines Schutzes; dass er, mit dir als Verteidiger, so geschützt sei; durch dich beschützt, sei er sicher, von dir belehrt, sei er weise.*
Zeige ihm den Weg, auf dem er gehen soll. Verleihe ihm die Schätze der Weisheit, dass er wisse und habe, woraus er Neues und Altes hervorbringe. Lass ihn in allem deinen Spuren folgen und durch seinen Dienst große Freude erlangen; dass du ihm am Ende dieser Zeit den ewigen Lohn schenken mögest.	Zeige ihm den Weg, auf dem er gehen soll; verleihe ihm den Schatz der Weisheit, dass er wisse und habe, woraus er Neues und Altes hervorbringe. Lass ihn in allem deinen Spuren folgen und durch seinen Dienst große Freude erlangen; dass du ihm am Ende dieser Zeit, *wenn er vor dein Gericht kommt, mit vielfacher Frucht der Seelen, mit allen, die er dir vorstellen wird,* jenen Lohn schenken mögest, *den du deinen treuen Verwaltern, die in deinem Namen auf Erden arbeiten, versprochen hast, im Himmel zu geben.*

Die Oration ist stark verkürzt worden. Insbesondere die lange Aufzählung der Tugenden, um die für den Abt im PR 1595/96 gebeten wurde, hat die Studiengruppe getilgt. Änderungen am Wortlaut sind kaum erfolgt, mit einer signifikanten Ausnahme: Ersetzt worden ist die Passage „quem pastoralis officij culmen subire voluisti", „dem du den Gipfel des Hirtenamtes beschieden hast". Sie lautet in der modifizierten Variante „quem ad regimen huius monasterii designasti", „den du zur Leitung dieses Klosters bestellt hast." Die Konstitution „Christus Dominus" „Über die Hirtenaufgabe der Bischöfe" hatte die Bischöfe als „wahre und authentische ... Hirten" (CD 3) bestimmt.[271] Die neue Formulierung der modifizierten „In conspectu"-Oration vermeidet dementsprechend Analogien hinsichtlich eines Hirtenamtes, indem die verliehene Leitung konkret auf das Kloster bezogen wird.

Noch stärker zeigt der zweite Entwurf in 307b das Ziel der Bearbeitung, Kongruenzen zum bischöflichen Hirtenamt zu vermeiden. Dazu ist die „Segensoration" „In conspectu" nochmals um einige Textstellen mit Hirtenmetaphorik gekürzt worden:

Weiter verkürzte und überarbeitete Oration in Schema 307b	**Oration in Schema 307a**[272]
Erhöre, Herr unsere Bitten, welche wir im	Erhöre, Herr, unsere Bitten, welche wir im

[271] Vgl. auch den Abschnitt „Das neue Bischofsamt des Zweiten Vatikanischen Konzils", III 1.3.3.

[272]

ORATION IN SCHEMA 307B	ORATION IN SCHEMA 307A
Exaudi, Domine, preces nostras quas in conspectu maiestatis tuae super hunc famulum tuum fundimus, qui vice tui nominis ad gubernationem ovium tuarum statuitur, ut eum respicere et interveniente beato N. bene+dicere digneris.	Exaudi, Domine, preces nostras quas in conspectu maiestatis tuae super hunc famulum tuum fundimus, qui vice tui nominis ad gubernationem ovium tuarum statuitur, ut eum respicere et interveniente beato Benedicto (vel. N.) patrono, bene+dicere digneris, *et qui ad redemptionem nostram de celo descendisti et mundo te verum et summum pastorem exhibuisti dicens: „Ego sunt pastor bonus" (sic!), te suppliciter deprecamur,*
Et concede ut huic servo tuo, quem ad regimen huius monasterii designasti, tua bonitas adsit et benedictio omnibus diebus vitae suae. Dirige gressus eius in viam pacis et iustitiae et largiere tuarum dona virtutum.	ut huic servo tuo, quem ad regimen huius monasterii designasti, tua bonitas adsit et benedictio omnibus diebus vitae suae. Dirige gressus eius in viam pacis et iustitiae et largiere tuarum dona virtutum.
Ostende ei viam per quam ambulet. Tribue ei thesauros sapientiae, ut sciat et habeat unde nova et vetera proferat. Fac eum in omnibus sequi vestigia,	Ostende ei viam per quam ambulet. Tribue ei thesauros sapientiae, ut sciat et habeat unde nova et vetera proferat. Fac eum in omnibus sequi vestigia *et de sua ministratione gaudium bonum adipisci,*
ut proemium aeternum valeat accipere.	ut post huius saeculi excursum proemium aeternum largiaris.

Angesicht deiner Erhabenheit für diesen deinen Diener aussprechen, der in deinem Namen zur Leitung deiner Schafe bestellt wird, dass du auf ihn blicken und auf die Fürbitte des hl. N. segnen mögest.

Und gewähre, dass diesem deinen Diener, den du zur Leitung dieses Klosters bestellt hast, deine Güte beistehe und der Segen an allen Tagen seines Lebens.
Leite seine Schritte auf dem Weg des Friedens und der Gerechtigkeit und schenke ihm die Gaben deiner Tugenden.
Zeige ihm den Weg, auf dem er gehen soll. Verleihe ihm die Schätze der Weisheit, dass er wisse und habe, woraus er Neues und Altes hervorbringe. Lass ihn in allem deinen Spuren folgen,
dass er erreiche, den ewigen Lohn zu empfangen.

Angesicht deiner Erhabenheit für diesen deinen Diener aussprechen, der in deinem Namen zur Leitung deiner Schafe bestellt wird, dass du auf ihn blicken und auf die Fürbitte des hl. Benedikt (oder N.), *dem Schutzheiligen, segnen mögest; und zu dir, der du zu unserer Erlösung und zu unserem Schutz vom Himmel herabgestiegen bist und dich der Welt als wahrer und höchster Hirte gezeigt hast, sagend: Ich bin [wörtl. sind] der gute Hirt, dich bitten wir demütig*, dass diesem deinen Diener, den du zur Leitung dieses Klosters bestellt hast, deine Güte beistehe und der Segen an allen Tagen seines Lebens.
Leite seine Schritte auf dem Weg des Friedens und der Gerechtigkeit und schenke ihm die Gaben deiner Tugenden.
Zeige ihm den Weg, auf dem er gehen soll. Verleihe ihm die Schätze der Weisheit, dass er wisse und habe, woraus er Neues und Altes hervorbringe. Lass ihn in allem deinen Spuren folgen *und durch seinen Dienst große Freude erlangen; dass du am Ende dieser Zeit* den ewigen Lohn schenken mögest.

Im zweiten Schema zur „Benediktion des Abtes“ ist die ohnehin schon stark verkürzte Oration noch weiter beschnitten worden. Zudem haben die verantwortlichen Redakteure auch Korrekturen in den Formulierungen der alten Oration selbst gemacht, um verbliebene Hirtenmetaphorik wie die Phrase „ad gubernationem ovium tuarum“, „zur Leitung deiner Schafe“ zu tilgen. Die Oration im zweiten Schema formuliert hier stattdessen „qui ad gubernationem fratrum suorum statuitur“, „der zur Leitung seiner Brüder bestellt wird“ (CECL 321, 23).[273]

---

[273] ORATION IN SCHEMA 321
Exaudi, Domine, preces nostras quas in conspectu tuae maiestatis *effundimus*, ut hunc famulum tuum N., qui ad gubernationem *fratrum* suorum statuitur, interveniente beato N., benedicere *et confirmare* digneris.

Dirige, *quaesumus*, gressus eius in viam pacis et iustitiae eique largire tuarum dona virtutum.
Tribue ei thasauros sapientiae, ut sciat et habeat unde nova et vetera proferat *diligenter.*

ORATION IN SCHEMA 307B
Exaudi, Domine, preces nostras quas in conspectu maiestatis tuae super hunc famulum tuum *fundimus*, qui *vice tui nominis* ad gubernationem ovium tuarum statuitur, ut eum respicere et interveniente beato N. bene+dicere digneris.
Et concede ut huic servo tuo, quem ad regimen huius monasterii designasti, tua bonitas adsit et benedictio omnibus diebus vitae suae. Dirige gressus eius in viam pacis et iustitiae et largiere tuarum dona virtutum.
Ostende ei viam per quam ambulet. Tribue ei thesauros sapientiae, ut sciat et habeat unde nova et vetera proferat.

Weiter gekürzte und bearbeitete Oration in Schema 321	Oration in Schema 307b
Erhöre, Herr, unsere Bitten, welche wir im Angesicht deiner Erhabenheit aussprechen, dass du diesen deinen Diener, der zur Leitung der Brüder bestellt wurde, auf die Fürbitte des hl. N. segnen und stärken mögest.	Erhöre, Herr unsere Bitten, welche wir im Angesicht deiner Erhabenheit für diesen deinen Diener aussprechen, *der in deinem Namen zur Leitung deiner Schafe bestellt wird, dass du auf ihn blicken und* auf die Fürbitte des hl. N. segnen mögest. *Und gewähre, dass diesem deinem Diener, den du zur Leitung dieses Klosters bestellt hast, deine Güte beistehe und der Segen an allen Tagen seines Lebens.*
Leite, wir bitten [dich], seine Schritte auf dem Weg des Friedens und der Gerechtigkeit und schenke ihm die Gaben deiner Tugenden.	Leite seine Schritte auf dem Weg des Friedens und der Gerechtigkeit und schenke ihm die Gaben deiner Tugenden. *Zeige ihm den Weg, auf dem er gehen soll. Verleihe ihm die Schätze der Weisheit, dass er wisse und habe, woraus er Neues und Altes hervorbringe.*
Lass ihn in allem deinen Weisungen gehorchen; dass er es verdiene, den ewigen Lohn zu empfangen.	Lass ihn in allem deinen Spuren folgen, dass er erreiche, den ewigen Lohn zu empfangen.

Das Ergebnis der erneuten Überarbeitung ist eine völlige Deformation der alten „Segensoration" „In conspectu", wie sie das PGD überliefert. Das Gebet ist auf ein Minimum zusammengekürzt und hat mit seiner ursprünglichen Vorlage kaum mehr etwas gemein. Dass die verantwortliche Studiengruppe mit dem Ergebnis der Revision nicht glücklich war, zeigt das dritte Schema, in dem das Gebet schließlich ganz fehlt. Hier steht die benediktinische Oration „Deus Pater omnipotens" allein (CECL 340, 23).

In der approbierten Version „Ordo Benedictionis Abbatis" ist die Oration „In conspectu" wieder aufgenommen worden, nachdem die zuständige Studiengruppe sie einer weiteren Revision unterzogen hat:

Fac eum in omnibus tuis oboedire mandatis, ut proemium aeternum accipere mereatur.	Fac eum in omnibus sequi vestigia, ut proemium aeternum valeat accipere.

Überarbeitete Oration in OBenAbb

Erhöre, Herr unsere Bitten, welche wir im Angesicht deiner Erhabenheit für diesen deinen Diener aussprechen, der zur Leitung dieser Gemeinschaft erwählt worden ist, und der als Hirte deiner Schafe an die Stelle deines Sohnes aufgestellt ist.

Blicke auf ihn und schenke ihm die Gaben deiner Tugenden. Mach' ihm die Schätze der Weisheit *zugänglich, woraus* er Neues und Altes hervorbringe. Lenke seine Schritte auf dem Weg des Heils und des Friedens und

lass ihn stets die Spuren deines Sohnes verfolgen, dass er es verdiene, den ewigen Lohn zu empfangen.

Oration in Schema 321[274]

Erhöre, Herr, unsere Bitten, welche wir im Angesicht deiner Erhabenheit aussprechen, dass du diesen deinen Diener, der zur Leitung der Brüder bestellt wurde, auf die Fürbitte des hl. N. segnen und stärken mögest.

Leite, wir bitten [dich], seine Schritte auf dem Weg des Friedens und der Gerechtigkeit *und schenke ihm die Gaben deiner Tugenden.*

Verleihe ihm die Schätze der Weisheit, dass er Neues und Altes sorgfältig hervorbringe

Lass ihn in allem deinen Weisungen gehorchen; dass er es verdiene, den ewigen Lohn zu empfangen.

Durch die Umstellungen, zahlreichen Tilgungen und Neuformulierungen hat die neue „Segensoration“ „In conspectu“, wie sie in der approbierten Version des „Ordo Benedictionis Abbatis“ steht, kaum noch etwas mit ihrer ursprünglichen Form im PGD sowie dem PR 1595/96 gemein. Zwar zeigt der Prozess der Überarbeitung das Bemühen der Studiengruppe, der Forderung von „Sacrosanctum Concilium“ nachzukommen, wonach Neues aus Altem „organisch herauswachsen“ solle (SC 23), dieses Bemühen hat man jedoch von Revisionsstufe zu Revisionsstufe mehr vernachlässigt.

In den ersten Revisionen hat die Studiengruppe die Oration primär durch Kürzungen editiert und nur wenig an den Formulierungen geändert. In der finalen Überarbeitung vor der Approbation des neuen „Ordo Benedictionis Abbatis“ ist auch der Wortlaut der „Segensoration“ verstärkt modelliert worden. Weitere Kürzungen der drastisch geschrumpften Oration wären ohnehin kaum möglich

---

274 ORATION IN OBENABB

Exaudi, Domine, preces nostras, quas in conspectu maiestatis tuae super hunc famulum tuum N. effundimus,

qui ad regimen huius congregationis electus est, et vice Filii tui ovium tuarum pastor statuitur.

Respice eum et tribue ei omnia tuarum dona virtutum.

Aperi ei sapientiae thesauros, unde proferat nova et vetera. Gressus eius dirige in viam *salutis* et pacis,

et fac eum Filii tui semper sequi vestigia, ut aeterna praemia consequi mereatur.

ORATION IN SCHEMA 321

Exaudi, Domine, preces nostras quas in conspectu tuae maiestatis effundimus, ut hunc famulum tuum N.,

qui ad gubernationem fratrum suorum statuitur, interveniente beato N., benedicere et confirmare digneris.

Dirige, quaesumus, gressus eius in viam pacis et iustitiae eique largire tuarum dona virtutum. Tribue ei thasauros sapientiae, ut sciat et habeat unde nova et vetera proferat diligenter.

Fac eum in omnibus tuis oboedire mandatis, ut proemium aeternum accipere mereatur.

gewesen. Eine überraschende Ergänzung ist die Passage: „und der als Hirte deiner Schafe an die Stelle deines Sohnes aufgestellt ist“, ist doch die Hirtenmetaphorik in den einzelnen redaktionellen Stufen tendenziell aus der Oration getilgt worden. Die Zufügung hat einen monastischen Hintergrund und stammt sinngemäß aus der Benediktsregel, in der der Abt, wie hier bereits mehrfach dargelegt, immer wieder als „pastor“, „Hirte“ bezeichnet und seine Rolle als Stellvertreter Christi betont wird.

Neugestaltet worden ist auch der erste Teil dieser Passage. Hier ist der Textteil „der zur Leitung der Brüder bestellt wurde“ („qui ad gubernationem fratrum suorum statuitur“) durch die Formulierung „der zur Leitung dieser Gemeinschaft erwählt worden ist“ („qui ad regimen huius congregationis electus est“) ersetzt worden. Mit dieser Änderung des ersten Satzteils stehen die Hirtenmetaphorik und die Stellvertreterfunktion des Abtes in direktem Bezug zur Leitung des Klosters, das den Abt gewählt hat („electus est“), was vielleicht Gewähr genug war, dass die Studiengruppe „Verwirrungen“ hinsichtlich des bischöflichen Hirtenamtes ausschließen und die Passage so formulieren konnte.

Neu formuliert und umgestellt ist auch der nachfolgende Abschnitt. Die einleitenden Worte „respice eum“, „blicke auf ihn“ sind neu zugefügt. Wieder aufgenommen ist der zuvor getilgte Teil „tribue ei sapientiae thesauros ...“, wobei das Verb „tribue“, „verleihe“ durch „aperi“, „mach’ zugänglich“ ersetzt worden ist.

2.2.4 Die dritte und vierte „Segensoration“ in OBenAbb

Der erneuerte „Ordo Benedictionis Abbatis“ enthält insgesamt vier „Segensorationen“. Während die Schemata für die Entstehung der ersten beiden Orationen einen langen Prozess dokumentieren, liegen für die Oration „Respice, quaesumus, Domine“ und die Oration „Deus, Pater omnipotens“ in der Kurzfassung keine Unterlagen für die Redaktion vor. Sie tauchen erstmals 1970 in der approbierten Endversion auf. Die beiden Orationen werden in der Praxis sehr vernachlässigt, insbesondere im benediktinischen Raum wird fast ausschließlich die erste Oration verwendet. Es ist das Gebet, welches „dem Geist und dem Wort der Benediktusregel am nächsten steht, das längste, bedeutendste und auch am meisten in unseren Männer- und Frauenklöstern, wenn nicht sogar immer verwandte“, bemerkt Judith Frei.[275] Der Vollständigkeit halber werden die beiden Orationen hier dennoch kurz aufgeführt.

Die Oration „Respice, quaesumus, Domine“ lautet:

> Blicke, wir bitten dich, Herr, auf diesen deinen Diener N., der nach deinem Willen zur Leitung dieser Kongregation gewählt wurde, und segne und heilige ihn, dass seine

[275] Vgl. FREI, Äbtissinnenweihe, S. 232.

Absicht und sein Tun gemäß deinem Wohlgefallen gerichtet sei. Er möge den Brüdern durch sein Wort und sein Beispiel die Liebe zu Gott und zu dem Nächsten schöntun, und, obwohl er den Taten des Diesseits fremd sein soll, so bemühe er sich um die Nöte der Menschen, sei es des Leibes oder der Seele. Er höre nicht auf, den Brüdern das Werk Gottes (den Gottesdienst) und die heiligen Lesungen zu empfehlen, und mit jenen gemäß dem Evangelium zu leben, dass alle zur ewigen Freude gelangen. Durch Christus unseren Herrn. Amen.[276]

Die vierte Oration ist eine Kurzfassung der ersten benediktinischen Oration, die im Wesentlichen deren Textgehalt übernommen hat:

Lange Fassung der Segensoration „Deus, Pater omnipotens“	**Kurze Fassung der Segensoration „Deus, Pater omnipotens“**
Gott, allmächtiger Vater, der du deinen eingeborenen Sohn in die Welt gesandt hast, damit er den Menschen dient und sein Leben als Guter Hirte für seine Schafe hingibt, dich bitten wir:	Gott, allmächtiger Vater, der du deinen Sohn in die Welt gesandt hast, damit er diene und sein Leben für die Schafe gebe,
segne und stärke diesen deinen Diener N., der zum Abt und Vater dieses Klosters gewählt worden ist. Und gewähre ihm, wir bitten dich, dass er durch vortreffliche Lebensweise jenes vorlebe, was gesagt wird, es werde zum Sauerteig göttlicher Gerechtigkeit in den Herzen der Schüler.	segne und heilige diesen deinen Diener N., der zum Abt dieser Gemeinschaft erwählt worden ist, und gewähre ihm,
Er wisse, welch schwierige und mühevolle Aufgabe er auf sich genommen hat, die Seelen zu leiten und den Eigenarten vieler zu dienen; er denke immer daran, dass er mehr helfen statt herrschen soll,	dass er die mühevolle Aufgabe, die Seelen zu leiten, auf sich nehme und mit deiner Hilfe den Eigenarten der vielen diene.
Er möge sich durch deine Inspiration sehr bemühen, und mit ganzem Scharfsinn und Engagement dafür sorgen, dass er keines der ihm anvertrauten Schafe verliert, sondern er regle und ordne alles so, dass alle in der Liebe zu Christus und in der Nächstenliebe zu den Brüdern beständig wachsen und dass sie mit weitem Herzen den Weg deiner Gebote gehen. Dein Geist, Herr, erfülle ihn würdig bei den Aufgaben, dass er deinen Ruhm und deine Ehre suche und zum Dienst an der Kirche ermuntert werde, und	Er möge große Sorge tragen für diese, die ihm anvertraut sind, für die Brüder, dass er es nicht hinnehme, einen von ihnen zu verlieren,

[276] „Respice, quaesumus, Domine, super hunc famulum tuum N., quem ad regimen huius congregationis eligi voluisti, atque eum benedicere + et sanctificare dignare ut eius cogitatio et operatio secundum tuum beneplacitum dirigantur. Caritatem Die et proximi fratribus verbo et exemplo insinuet, et, licet a saeculi actibus sit alienus, hominum necessitatibus, sive corporis sive animae, sit intentus. Opus Dei et sacras lectiones fratribus commendare non desinat, et cum illis secundum Evangelium conversetur, ut omnes ad gaudia perveniant aeterna. Per Christum Dominum nostrum. R. Amen“, OBenAbb 23.

er auch die Brüder unaufhörlich dazu antreibt. Weder soll er Christus etwas vorziehen, noch dies lehren, bei der Ankunft des Jüngsten Tages soll er in gleicher Weise mit den Brüdern das seine erwerben und glücklich in dein Reich gelangen.

damit er, wenn der Herr am Jüngsten Tag erscheinen wird, den Lohn für seine Aufgabe empfangen wird.[277]

---

[277] Eine Gegenüberstellung der lateinischen Texte zeigt die Gemeinsamkeiten und Unterschiede, Änderungen sind in der Kurzfassung unterstrichen, Neuerungen in der Kurzfassung kursiv gesetzt. Rein stilistische und grammatikalische Änderungen sind nicht gekennzeichnet.

LANGE FASSUNG	KURZE FASSUNG
Deus, Pater omnipotens, qui Filium tuum unigenitum in mundum misisti, ut hominibus ministraret, et, pastor bonus, vitam suam pro ovibus traderet, supplices te rogamus,	Deus, Pater omnipotens, qui Filium tuum in mundum misisti, ut ministraret et animam daret pro ovibus,
ut hunc famulum tuum N., Abbatem huius monasterii electum, benedicere + et confortare digneris. Concede, quæsumus, ei, ut præclara conversatione eum se ostendat esse qui dicitur, quo salubrius doctrina ipsius fermentum divinæ iustitiae in discipulorum mentibus conspergatur. Sciat quidem, Domine, quam difficilem rem ipse suscipiat,	hunc famulum tuum N., Abbatem hius congregations electum, benedicere + et sanctificare digneris, eique concede,
et quam arduum sit onus regere animas multorumque moribus servire; sciatque sibi oportere prodesse magis quam præesse.	ut onus arduum, quod suscipit animas regendi et multorum moribus serviendi *tuo auxilio* exsequatur.
Magnopere igitur, te inspirante, sollicitudinem gerat, et omni sagacitate curet et industria, ne de ovibus sibi commissis ullam amittat; sed cuncta semper temperet atque disponat, ut omnes, in amore Christi et caritate fraternitatis iugiter procedentes, in via mandatorum tuorum dilatato corde festinent. Spiritus tui, Domine, ipsum implere dignare muneribus, ut ad gloriam tuam Ecclesiæque servitium et se excitet, et fratres indesinenter impellat. Christo nihil omnio præponat, nihil doceat præponendum, quatenus,	Magnopere sollicitudinem gerat de iis, qui sibi comissi sunt, fratribus, nec ullum ex eis perdere patiatur,
illius die adveniente supremo, pariter cum fratribus suis regnum tuum consequi mereatur.	*ut, cum Dominus in novissimo die apparebit, præmium suæ dispenstionis accipiat.*

2.3 Drastische Differenzierungen: Die Neugestaltung der Äbtissinnenweihe

2.3.1 *Das Schema zur „Benediktion der Äbtissin" 351*

Erst über ein Jahr, nachdem das erste Schema für die „Benediktion des Abtes" erstellt worden war, lag auch ein Schema für den überarbeiteten Ritus zur „Benediktion der Äbtissin" vor. Das Schema ist auf den 26. September 1969 datiert. Obwohl zum Zeitpunkt der Veröffentlichung schon das zweite und dritte Schema zur „Benediktion des Abtes" existierten, ist das Schema zur „Benediktion der Äbtissin" unzweifelhaft anhand des Entwurfs 307b entwickelt worden. Dies zeigen zahlreiche Entsprechungen in Formulierungen und in einzelnen Elementen zwischen den Schemata 307b und 351, die in den zum Zeitpunkt der Entstehung von Schema 351 bereits vorliegenden revidierten Entwürfen für die „Benediktion des Abtes" längst geändert sind

So beginnt das Schema für die „Benediktion der Äbtissinnen" wie auch das Schema 307b mit einer Rubrik, die regelt, dass die „Benediktion" der Äbtissin regelhaft von dem Bischof vorgenommen werden solle, in dessen Diözese das Kloster der zur Äbtissin Erwählten steht. Zugelassen wird auch für die Äbtissinnen die Möglichkeit, dass die „Benediktion" mit der Zustimmung des „Ordinarius loci", des „Ortsbischofs" von einem anderen Abt gefeiert werden könne. Bemerkenswerterweise weicht die Formulierung hier insofern von der Rubrik für die Äbte ab, als man für die Äbtissinnen auf das Adverb „etiam", „sogar" verzichtet hat. Die „Benediktion" der Äbtissinnen kann also von einem anderen Abt vorgenommen werden, die „Benediktion" der Äbte „sogar" von einem anderen Abt, eine Nuance, die direkt zu Beginn des Schemas offenbart, dass die für die Neugestaltung der „Benediktionsriten" verantwortliche Studiengruppe offensichtlich geschlechtsspezifische Abstufungen zwischen dem männlichen Abt und der weiblichen Äbtissin voraussetzt.

Abschnitt 3 entstammt ebenfalls der Vorlage 307b. Das Kyrie solle in der Messe wegfallen, weil es in der Litanei vorkomme (CECL 351, 3/CECL 307b, 11), heißt es dort. Dieser Hinweis war aus den späteren Schemata zur „Benediktion des Abtes" gestrichen worden, also auch aus jenen, die zum angegebenen Entstehungszeitpunkt des Schemas zur „Benediktion der Äbtissin" schon vorlagen. Die approbierte Version verzichtet weiterhin auf diese Bemerkung. Ebenso stammt die Bestimmung, der Bischof könne zunächst „ad libitum", „nach Belieben" eine kurze Ansprache halten (CECL 351, 9), wörtlich aus 307b (CECL 307b, 15). Auch der weitere Verlauf des Schemas 351 zeigt eindrücklich die Abstammung von Schema 307b.[278]

---

[278] Dieser Aspekt wird im weiteren Verlauf dieses Abschnitts immer wieder deutlich werden, weshalb es nicht nötig ist, hier alle Entsprechungen aufzuführen.

Vermutlich hatte die Studiengruppe bereits im Nachklang zu Schema 307a und b auch ein äquivalentes Schema für die „Benediktion der Äbtissin" erstellt, welches jedoch in den folgenden Monaten nicht weiter beachtet wurde und erst im September 1969 wieder auf den Tisch kam. Dieser Verdacht erklärt die fehlenden Fortschritte und Erweiterungen, die im September 1969 im dritten Schema zur „Benediktion des Abtes" schon vorlagen, das, wie gezeigt, mit Ausnahme der „Segensorationen" mit dem Text der approbierten Version schon nahezu identisch war. Die Möglichkeit, dass auf dem Schema zur „Benediktion der Äbtissin" ein Datierungsfehler erfolgt und das Schema bereits im September 1968 und damit zwei Wochen nach dem Schema 307 erstellt worden sein könnte, entfällt, da es die Nummer 351 trägt. Die Schemata wurden fortlaufend nummeriert. Dass die zuständige Studiengruppe das Schema zur „Benediktion der Äbtissin" im September 1969 nicht an den Stand der „Abtsbenediktion" angepasst hat, muss vielmehr als Indiz für die geringe Bedeutung gewertet werden, die die Studiengruppe der Überarbeitung der „Äbtissinnenbenediktion" beigemessen hat.

Im Vergleich zu 307b umfasst das Schema zur „Benediktion der Äbtissin" nur 16 statt 26 Abschnitte und ist lediglich halb so lang wie das zweite und dritte Schema für die „Benediktion der Äbte". Einige Kürzungen und Unterschiede lassen sich damit erklären, dass die Äbte im Gegensatz zu den weiblichen Ordensoberinnen geweihte Priester sind, so dass für die Äbtissinnen Bestimmungen zur (Kon-)Zelebration der Messe und Vorschriften zu liturgischer Kleidung entfallen. Andere Differenzierungen zwischen der Vorlage 307b und dem Schema 351 zeigen jedoch, dass hinter der Neugestaltung der Äbtissinnenweihe mehr noch als für die Revision der Abtsweihe das Ziel stand, die „Benediktion der Äbtissin" als einfache Segnungszeremonie zu zeichnen.

Im Gegensatz zur „Abtsbenediktion" beginnt die „Benediktion der Äbtissin" gemäß Schema 351 damit, dass der Bischof die Äbtissin an der Klausurtür abholt (CECL 351, 6).[279] Wenn die Prozession die Kirche betritt, wird der Introitus angestimmt (CECL 351, 7). Die gewählte Äbtissin tritt in Begleitung ihrer beiden Assistentinnen zu ihrem Platz. Nach dem Evangelium stellen die Assistentinnen dem Bischof die „Erwählte" („Electa") vor (CECL 351, 8), wofür das Schema zur „Benediktion der Äbtissin" die gleichen Worte vorsieht, wie sie auch in den Schemata für die „Benediktion der Äbte" festgelegt sind (vgl. z. B. CECL 307b, 14):

> Hier ist, hochwürdigster Vater, die Erwählte unseres Klosters N. vom Orden des heiligen N. aus der Diözese N., die wir aus einem Teil des Konvents desselben Klosters zu Euch, hochwürdigstem Vater, führen, um sie vorzustellen: demütig erbitten wir

---

279 Vgl. über die Geschichte und die Bedeutung der Klausur für die Frauenorden BAUER, Moniales, S. 45–73.

von Euch, dass ihr dieselbe als Äbtissin des genannten Klosters zu segnen für würdig erachtet.[280]

Nach der Vorstellung wird die Äbtissin vom Bischof auf ihre Bereitschaft zur Übernahme des Äbtissinnenamtes befragt (CECL 351, 9). Dies ist eine Neuerung für die Äbtissinnen und eine Angleichung an den Ritus der Abtsweihe. Die Befragung für die Äbtissinnen war in den römischen Pontifikalien bislang nicht vorgesehen. Diese scheinbar neue Parität endet jedoch bereits in den Formulierungen der dritten und vierten Frage, wie eine Übersicht zeigt:

Befragung der Äbtissin in Schema 351	**Befragung der Äbte in Schema 307b**
	Die alte Anordnung der heiligen Väter lehrt und gebietet, dass der, welcher zur Leitung der Seelen erwählt wird, geprüft und gefragt werden soll über die verschiedenen Angelegenheiten und Bräuche, die dazu gehören und notwendig sind. Folglich fragen wir dich durch dieselbe Autorität, geliebtester Bruder:
1) Willst du dein heiliges Gelübde und die Regel des heiligen N. bewahren und deine Schwestern dazu anhalten, dasselbe zu tun und sie so zur Liebe Gottes, zu einem Leben gemäß dem Evangelium und brüderlicher Liebe antreiben?	1) Willst du dein heiliges Gelübde und die Regel des heiligen N. bewahren und deine Brüder dazu anhalten, dasselbe zu tun und sie so zur Liebe Gottes, zu einem Leben gemäß dem Evangelium und brüderlicher Liebe antreiben?
2) Willst du der heiligen Mutter, der römischen Kirche, und Seiner Heiligkeit, unserem Papst N. und seinen Nachfolgern Treue, Gehorsam und Ehrfurcht ergeben und treu in allem beständig erweisen?	5) Willst du der heiligen Mutter, der römischen Kirche, und Seiner Heiligkeit, unserem Papst N. und seinen Nachfolgern Treue, Gehorsam und Ehrfurcht ergeben und treu in allem beständig erweisen?
3) Willst du deinem Ordinarius Gehorsam erweisen bei der Leitung deines Klosters gemäß dem Kirchenrecht und den Konstitutionen der Kongregation?	
4) Willst du deine Mitschwestern zur Liebe der Traditionen des religiösen Lebens bewegen aber auch sorgsam dazu antreiben, sich der Nöte des Diesseits anzunehmen und die Belange der Kirche zu lieben?	2) Willst du deine Brüder im sittlichen Verhalten durch Lehre und Beispiel, mehr durch Taten als durch Worte, unterrichten?
	3) Willst du, an Christi Stelle im Kloster handelnd, nicht das Heil der dir anvertrauten

280 „Adest, Reverendissime Pater, Electa nostri monaterii N. Ordinis Sancti N. Dioecesis N., quam ad Vestram Reverendissimam Paternitatem, ex parte Conventus eiusdem Monasterii duximus praesentandam: humiliter postulantes a Vobis, ut ipsam in Abbatissam dicti Monasterii benedicere digneris", CECL 351, 8. Dieser Text war, wie gezeigt, mit den beschriebenen Anpassungen aus dem alten Pontifikale übernommen worden, vgl. Abschnitt III 2.1.1.

Seelen gering schätzen und deine Brüder zu Gott, dem allmächtigen Vater, führen?
4) Willst du den Besitz des dir anvertrauten Klosters treu hüten und deine Sorge nicht den vergänglichen und unbedeutenden Dingen widmen, sondern vielmehr den dir anvertrauten Besitz zum Nutzen der Brüder, der Armen und Pilger verwenden?[281]

Die erste Frage für die Äbtissinnen ist mit der ersten Frage für die Äbte identisch, freilich mit den entsprechenden Anpassungen im Genus. Die zweite Frage in 351 ist ebenfalls Schema 307b entnommen worden. Dort steht sie für die Äbte als fünfte und damit letzte Frage. Sie prüft Abt und Äbtissin nach der Bereitschaft zum Gehorsam gegenüber der Kirche und dem Papst und entstammt noch dem alten Ritus.

---

[281] SCHEMA 351

1) Vis tuum sanctum propositum et Sancti N. Regulam observare et sorores tuas ut idipsum faciant diligenter instruere, itaque ad amorem Dei, ad vitam evangelicam et caritatem fraternam impellere
2) Vis Sanctae Matri Ecclesiae Romanae ac Domino Nostro N. Summo Pontifici, eiusque successoribus fidem, obedientiam et reverentiam devote et fideliter per omnia perpetuo exhibere?
3) Vis Ordinario tuo oboedientiam exhibere in regimine monasterii tui, secundum leges canonicas et constitutiones Congregationes?
4) Vis sorores tuas impellere ad amorem traditionum vitae religiosae sed etiam ad necessitates huius saeculi et Ecclesiae succurrendas diligenter incitare? (CECL 351, 9).

SCHEMA 307b
Antiqua sanctorum Patrum institutio docet et praecepit ut is, qui ad regimen animarum eligitur, examinari et interrogari debeat de diversis causis et moribus, quae huic regimini congruunt, ac necessaria sunt. Eadem igitur auctoritate, te, frater carissime, interrogamus
1) Vis tuum sanctum propositum et Sancti N. Regulam observare atque fratres tuos ut idipsum faciant, diligenter instruere et ita ad amorem Dei, ad vitam evangelicam et caritatem fraternam impellere?
2) Vis conversatione morum, doctrina et exemplo, factis amplius quam verbis, fratres tuos edocere?
3) Vis, vices agens Christi in monasterio non parvipendere salutem animarum tibi commissarum et ad Deum Patrem omnipotentem fratres tuos conducere?
4) Vis res monasterii tibi commissi fideliter custodire nec gerere sollicitudinem de rebus transitoriis atque caducis sed potius res tibi commissas sapienter ad usum fratrum pauperum et peregrinorum distribuere?
5) Vis Sanctae Matri Ecclesiae Romanae, ac Sanctissimo Domino Nostro N. Summo Pontifici, eiusque successoribus fidem, obedientiam et reverentiam devote et fideliter per omnia perpetuo exhibere? (CECL 307b, 15).

Die dritte Frage für die Äbtissinnen fragt nach der Bereitschaft zum Gehorsam gegenüber dem Ordinarius. Die Äbtissin soll versichern, dass sie in der Ausübung ihres Amtes bei der Leitung des Klosters dem Bischof gehorsam ist gemäß den Vorgaben des kanonischen Rechts und den Konstitutionen der Kongregation. Eine solche Frage ist für die Äbte in keinem der Schemata und auch nicht in der approbierten Fassung vorgesehen. Sie ist eine Neuschaffung, die speziell für die Äbtissin verfasst worden ist.[282]

Eine Neuschaffung ist auch die vierte und zugleich letzte Frage. Die Äbtissin soll versichern, dass sie die Schwestern zur „Liebe gegenüber der Ordenstradition“ sowie zu den „Nöten des Diesseits“ antreiben wolle. Diese Frage zielt auf die Aufgaben der Äbtissin und ist wohl als Äquivalent zur dritten Frage für die Äbte formuliert worden. Diese fragt den Abt nach seiner Bereitschaft, als „Stellvertreter Christi im Kloster handelnd“ das „Heil der ihm anvertrauten Seelen“ nicht gering zu schätzen und die „Brüder zu Gott ... zu führen“. Dass die verantwortliche Studiengruppe diese Frage für die Äbtissinnen nicht übernommen, sondern stattdessen diese Variante erstellt hat, demonstriert eine binär motivierte, geschlechterdifferenzierende Revision der Äbtissinnenweihe, für die noch mehr als für die Äbte Anklänge an eine vom Zweiten Vatikanum in „Christus Dominus“ definierte bischöfliche Hirtensorge vermieden werden sollten. Dabei ist das „vices agens Christi in monasterio“, „als Stellvertreter Christi im Kloster handelnd“, ein beinahe wörtliches Zitat aus dem zweiten Kapitel der Benediktsregel,[283] die in der Rezeption in gleicher Weise für Äbte wie Äbtissinnen galt.[284]

Aus dem gleichen Grund fehlt für die Äbtissinnen sicherlich auch der die Befragung einleitende Text „Antiqua sanctorum Patrum ...“, in dem ebenfalls von einer „Seelenleitung“, „regimen animarum“, die Rede ist, zu der der Abt erwählt ist. Und auch aus der im Schema für die „Benediktion der Äbtissin“ ebenfalls zu einer Gebetseinladung vor der Litanei umfunktionierten gregorianischen Oration „Concede quaesumus“ hat die zuständige Studiengruppe die ursprüngliche Formulierung „quam ad regimen animarum eligimus“, „die wir zur Leitung der Seelen erwählt haben“, durch die Passage „quae ad regimen huius monasterii electa est“, „die zur Leitung dieses Klosters erwählt worden ist“, ersetzt (CECL 351, 10).[285] Die Leitungsfunktion ist so unmissverständlich auf das

282 Für die Äbte „auctoritate Ordinarii“ gab es im nachtridentinischen Pontificale Romanum eine Frage, die nach der Bereitschaft der Abtes fragte, dem Bischof zu gehorchen: „Vis sanctae Ecclesiae N. mihique eiusdem Patriarchae vel Archiepiscopo vel Episcopo et meis successoribus fidem, subiectionem, obedientiam et reverentiam devote et fideliter perpetuo exhibere?“, PR 1962, 431.

283 Dort heißt es wörtlich: „Christi enim agere vices in monasterio creditur“, RB 2,2.

284 Vgl. auch BOWE, Superioresses, S. 5; ferner SEILHAC, Utilisation, S. 528f.

285 Bei den Äbten hatte man, wie dargestellt, bereits in Schema 307b das „regimen animarum“ in „regimen fratrum suorum“, „zur Leitung seiner Brüder“ ersetzt, CECL 307b, 16.

Kloster bezogen und lässt keine Assoziationen hinsichtlich bischöflicher Hirtensorge zu.

Noch offensichtlicher wird anhand der „Segensoration“, dass für die Äbtissinnenweihe gegenüber der Abtsweihe geschlechtsspezifische Differenzierungen vorgenommen worden sind. Schema 351 sieht für die Äbtissinnen lediglich die Oration „Deus, Pater omnipotens“ vor. Diese steht in 307b für die Äbte an zweiter Stelle als Alternative zur Oration „In Conspectu“ (CECL 351, 12). Drei Änderungen, die die Studiengruppe für diese Oration der Äbtissinnen vorgenommen hat, offenbaren ihre Absicht, für die Äbtissinnen mehr noch als für die Äbte alle Assoziationen im Hinblick auf ein weibliches Hirtenamt zu vermeiden, wie eine Gegenüberstellung der Orationen für Abt und Äbtissinnen eindrücklich zeigt:

Oration für die Äbtissinnen in Schema 351

Gott, allmächtiger Vater, der du deinen eingeborenen Sohn in die Welt gesandt hast, damit er diene und sein Leben für seine Schafe hingebe, segne und unterstütze diese deine Dienerin N., die zur Äbtissin und Mutter dieses Klosters gewählt worden ist. Und gewähre ihr, dass sie immer daran denke, dass sie mehr helfen statt herrschen solle, sie wisse, welch schwierige und mühevolle Aufgabe sie auf sich genommen hat, andere zu lenken („dirigere alias“) und der Eigenarten vieler zu dienen

Sie möge sich sehr bemühen und mit ganzem Scharfsinn und Engagement dafür sorgen, dass sie keine der ihr anvertrauten Schwestern verliere.

Sie treibe ihre Schwestern stets in Liebe und brüderlicher (‚fraterna‘) Zuneigung zum Gottesdienst, zum Dienst an der Kirche und zum Heil der ganzen Welt an; dass sie, wenn einst der Herr zum Gericht kommen wird, den Lohn ihres Dienstes empfangen wird.

Oration für die Äbte in Schema 307b

Gott, allmächtiger Vater, der du deinen eingeborenen Sohn in die Welt gesandt hast, damit er diene und sein Leben für seine Schafe hingebe, segne und unterstütze diesen deinen Diener N., der zum Abt und Vater dieses Klosters gewählt worden ist. Und gewähre ihm, dass er immer daran denke, dass er mehr helfen statt herrschen solle, er wisse, welch schwierige und mühevolle Aufgabe er auf sich genommen hat, die Seelen zu leiten („regere animas“) und der Eigenarten vieler zu dienen

Er möge sich sehr bemühen und mit ganzem Scharfsinn und Engagement dafür sorgen, dass er keines der ihm anvertrauten Schafe verliere, *und er regle und ordne alles so, dass die Seelen heil werden.*

Er treibe seine Brüder stets in Liebe und brüderlicher Zuneigung zum Gottesdienst, zum Dienst an der Kirche und zum Heil der ganzen Welt an; dass er, wenn einst der Herr zum Gericht kommen wird, den Lohn seines Dienstes empfangen wird.[286]

---

[286] SCHEMA 351

Deus, omnipotens Pater, qui Filium tuum unigenitum misisti in mundum ut ministraret et vitam suam pro ovibus suis daret, hanc famulam tuam N. Abbatissam et matrem huius monasterii electam bene+dicere et adiuvare digneris. Et concede: Ut memor sit semper opportere prodesse magis quam praeesse, sciat quam difficilem et arduam rem suscipit **dirigere alias** et multorum ser-

SCHEMA 307b

Deus, Pater omnipotens, qui Filium tuum Unigenitum misisti in mundum ut ministraret et vitam suam pro ovibus suis daret, hunc famulum tuum N. Abbatem et patrem huius monasterii electum, bene + dicere et adiuvare digneris. Et concede, ut memor sit semper opportere prodesse magis quam praeesse; sciat quam difficilem et arduam rem suscipit **regere animas** et multorum

Die Wendung „regere animas“, „die Seelen zu leiten“ ist für die Äbtissinnen durch die Phrase „dirigere alias“, „andere zu lenken“ ersetzt worden – und das, obwohl es sich bei dieser Passage um eine wörtliche Entlehnung aus der Benediktsregel handelt.[287] Zweitens tauschte die Studiengruppe die Metapher der „ihm anvertrauten Schafe“, „ovibus sibi creditis“ durch „ihr anvertraute Schwestern“, „sororibus sibi creditis“. Ganz gestrichen hat sie den Halbsatz „omnia temperet atque disponat ut animae salventur“, „er regle und ordne alles so, dass die Seelen heil werden“. Hier hatte die zuständige Studiengruppe wegen der Anklänge an das Beichtsakrament sicherlich Schwierigkeiten mit dem „animae salventur“, also mit der „Rettung“ beziehungsweise „Erlösung der Seelen“.

Schema 351 sieht sowohl die Regelübergabe (CECL 351, 13) als auch bemerkenswerterweise die Stabübergabe für die Äbtissinnen vor. Das nachtridentinische Pontificale Romanum und auch die meisten der normativen Vorgängertexte bezeugten, wie dargestellt, keine Stabübergabe. Die die Stabübergabe regelnde Rubrik merkt jedoch an, der Stab solle nur dann übergeben werden, wenn es im Kloster Brauch ist.[288] Diese Bemerkung zeigt, dass der Studiengruppe zumindest die Praxis nicht entgangen ist, wonach vor allem in Klöstern in Deutschland und Frankreich eine Stabübergabe für Äbtissinnen üblich war. Eine Ringübergabe fehlt für die Äbtissinnen. Im Schema wird diese Entscheidung damit begründet, dass die Äbtissin den Ring bereits bei der Profess und Jungfrauenweihe erhalten habe (CECL 351, 14).[289]

Für die Regelübergabe sieht das Schema für die „Benediktion der Äbtissinnen“ das gleiche Begleitwort wie im Schema 307b für die „Benediktion der Äbte“ vor, nämlich das als in der „Analyse“ im ersten Schema als „monastisch“ bezeichnete Begleitwort, wie es unter anderem vom PRG und PR XII überliefert ist:

---

vire moribus. Magnopere sollicitudinem gerat et omni sagacitate et industria curat ne aliquam de sororibus sibi creditis perdat. In amore et caritate fraterna ad opus Dei, ad servitium Ecclesiae et totius mundi salutem sorores suas impellat: Ut, cum Dominus ad iudicandum venerit, praemium servitutis suae accipiat (CECL 351, 12).

servire moribus, magnopere sollicitudinem gerat et omni sagacitate et industria curet, ne aliquam de ovibus sibi creditus perdat, *omnia temperet atque disponat ut animae salventur:* in amore et caritate fraterna ad Opus Dei, ad servitium Ecclesiae totiusque mundi salutem fratres suos impellat; ut cum Dominus iudicandum venerit, proemium servitutis suae accipiat (CECL 307b, 19).

[287] „Sciatque quam difficilem et arduam rem suscipit regere animas et multorum servire moribus“, RB 2,31.

[288] „Deinde, si mos fert in hoc monasterio, Pontifex tradit ei baculum“, CECL 351, 14.

[289] Dass diese sonderbare Begründung insbesondere bei den Nonnen Unverständnis hervorrief, beschreibt Kapitel III 3.1.2.

> Empfange die Regel, die von den heiligen Vätern überliefert ist, zur Leitung und Bewahrung der dir von Gott anvertrauten Schwestern, so weit Gott selbst dich stärkt und dir menschliche Schwäche gestattet.[290]

Dieses alte Begleitwort ist in der approbierten Version für beide Geschlechter vorgesehen.

Für die Stabübergabe ist in Schema 351 das knappe Geleitwort aus dem Schema 307b übernommen worden. Es stammt, wie dargestellt, aus dem Pontifikale Bisontinae und tauchte für die Äbte erstmals im ersten Entwurf 307a auf. Wiederum ist für die Äbtissinnen die Hirtenmetaphorik bestmöglich aus dem Begleitwort getilgt worden. Der Stab wird bei der Übergabe nicht „baculum pastoralem“, „Hirtenstab“ genannt, sondern im Schema steht für die Äbtissinnen schlicht „hunc baculum“, „diesen Stab“ (CECL 351, 14).

Im Anschluss an die Übergabe der Insignien wird die Äbtissin in Begleitung ihrer Assistentinnen zu ihrem Sitz geführt (CECL 351, 15). Auch für die weiblichen Ordensoberinnen ist die feierliche Inthronisation durch den Bischof am Ende der Feier gestrichen worden.[291] Nach der Messe führt der Bischof die Äbtissin zurück zur Klausur. Dabei soll das Te Deum oder ein anderes passendes Lied gesungen werden.

2.3.2 *Die „Benediktion der Äbtissin“ in OBenAbbatissa*

Das noch recht vorläufige Schema 351 wurde bis zur Veröffentlichung des neuen Ritus am 9. November 1970 noch einmal gründlich überarbeitet. Die Rubriken sind erweitert und präzisiert worden. Die erste Rubrik regelt nun, die „Äbtissinnenbenediktion“ solle im Beisein der Schwestern und der Gläubigen stattfinden, und zwar wenn möglich an einem Sonn- oder Feiertag (OBenAbbatissa 1). Gefeiert werden solle sie vom Ortsbischof („Episcopo loci“), ausnahmsweise und „wenn es einen Grund gibt“ („iusta interveniente causa“) darf auch ein anderer Bischof oder Abt mit Erlaubnis des Ortsbischofs die Benediktion vornehmen (OBenAbbatissa, 2). Die Äbtissin hat einen Platz im Chor, von dem sie die Feier gut verfolgen können soll (OBenAbbatissa 3). Sie wird am Beginn der Feier vom Bischof an der Klausurtür abgeholt (OBenAbbatissa 6).

Der Leiter der Studiengruppe, Adrien Nocent, erklärt in einem Beitrag über die Abtsweihe in der französischen Neuauflage von Martimorts „Handbuch der Liturgiewissenschaft“ aus den achtziger Jahren, die Struktur der „Äbtissinnenbenediktion“ sei wie die der „Abtsbenediktion“, jedoch mit den „nötigen Anpas-

---

[290] „Accippe Regulam a Sanctis Patribus traditam ad regendas custodiendasque sorores tibi a Deo creditas, quantum Deus ipse te confortaverit et fragilitas humana permiserit“, CECL 351, 13. Vgl. auch die Abschnitte II 2.1, II 2.2 und III 1.1.

[291] Auch für die Äbte hatte die Studiengruppe die feierliche Inthronisation durch den Bischof getilgt, vgl. Kapitel III 1.2.3 dieser Arbeit.

sungen“.[292] In der Struktur ist der „Ordo“ für die „Benediktion“ der Äbtissin tatsächlich mit dem der „Abtsbenediktion“ weitgehend identisch. Wie die „Benediktion“ des Abtes beginnt die „Äbtissinnenbenediktion“ in der approbierten Version nach dem Evangelium beziehungsweise der Homilie (OBenAbbatissa 11). Die zur Äbtissin „Erwählte“ („Electa“) wird von den beiden ihr assistierenden Schwestern dem Bischof vorgestellt.[293] Diese bestätigen, dass die Wahl kanonisch verlaufen sei.[294]

Es folgt ebenfalls die Befragung der Äbtissin auf ihre Bereitschaft, das Äbtissinnenamt zu übernehmen und der Bischof überprüft die Gesinnung der gewählten Ordensoberin (OBenAbbatissa 15). Die Allerheiligenlitanei wird wie bei der „Benediktion“ des Abtes mit der neuen Gebetseinladung „Concede quaesumus“ eingeleitet (OBenAbbatissa 16), der Bischof spricht sodann eine der vier „Segensorationen“ über die Äbtissin (OBenAbbatissa 18) und übergibt ihr im Anschluss die Regel (OBenAbbatissa 19).

Auch wenn die Grundstruktur zwischen beiden Riten im Wesentlichen identisch ist, sind im Einzelnen jedoch große Diskrepanzen geschaffen worden. Einige Unterschiede lassen sich mit dem Priestertum des Abtes erklären. So umfassen die „Praenotanda“, die „Vorbemerkungen“, doppelt so viele Abschnitte bei den Äbten wie bei den Äbtissinnen, da sie Regelungen zur Konzelebration und zur Kleidung des Abtes enthalten. Andere Differenzierungen, die die Studiengruppe zwischen den Riten getroffen hat, können nicht so einfach mit der fehlenden Priesterweihe der Äbtissin erklärt werden, sondern sind eindeutig als geschlechtsbedingte Degradierung der weiblichen Ordensoberin gegenüber dem männlichen Pendant zu qualifizieren.

Für die Äbtissinnen fehlen in der approbierten Version wie schon in Schema 351 die für die Äbte seit dem Pontifikale des Durandus (PGD XX, 8) bezeugten einleitenden Worte „Antiqua sanctorum Patrum ...“.[295] Der Grund für das Fehlen dürfte die Wendung „qui ad regimen animarum eligitur“, „der zur Leitung der Seelen gewählt worden ist“, sein. Schon Schema 351 hatte versucht, Bezüge zu einem Hirtenamt für die weiblichen Ordensoberinnen möglichst zu tilgen.

Wie in Schema 351 bestätigt die zur Äbtissin Erwählte zunächst, die Regel treu zu befolgen und gemäß der Regel die Schwestern zur Liebe Gottes, zum Evangelium und zu schwesterlicher Liebe anzuleiten. Zweitens verspricht sie Treue gegenüber Kirche und Papst, drittens gegenüber dem Ordinarius.

---

292 „La structure est celle de la bénédiction de l’abbé avec les adaptions nécessaires“, NOCENT, Bénédiction, S. 328.

293 „Electa a monialibus sibi assistentibus adducitur ante eiusdem Praelati sedem“, OBenAbbatissa 12.

294 Der „Prälat“ fragt die Schwestern: „Scitis illam rite electam fuisse“, worauf eine von beiden antwortet: „Scimus et testificamur“, OBenAbbatissa 13.

295 Durandus hatte für die in den Ritus aufgenommene Befragung des Abtes aus der „Bischofskonsekration“ geschöpft, für die die einleitenden Worte bereits im PRG ebenfalls bezeugt sind, vgl. PRG LXIII, 12.

Die vierte Frage ist neu eingefügt worden, so dass nun auch für die Äbtissin insgesamt fünf Fragen vorgesehen sind. Sie lautet: „Willst du deine Schwestern im sittlichen Verhalten durch Beispiel und Taten mehr als durch Worte lehren?" Diese Frage findet sich in ähnlicher Form an zweiter Stelle des Examens für die Äbte. Für die Äbtissinnen hat man jedoch das Wort „doctrina", „Lehre" gestrichen. Diese Streichung steht wiederum im Kontext des weiblichen Geschlechtes der Äbtissin[296] und galt der Studiengruppe um Nocent wohl als eine jener „nötigen Anpassungen". Träger des Lehramtes ist der Bischof als Nachfolger der Apostel (DV 7),[297] und zwar in Gemeinschaft mit dem Papst. Das Lehramt ist Teil der drei Ämter Christi (LG 25), weshalb die Streichung des Wortes „doctrina" als geschlechtsspezifisch zu werten ist.[298]

Vollständig überarbeitet worden ist die in Schema 351 an vierter Stelle stehende Frage nach der Bereitschaft, die Schwestern zur Tradition des Ordenslebens anzuleiten sowie dazu, die Bedürfnisse des Diesseits und die Belange der Kirche auf sich zu nehmen. Die revidierte, nun an fünfter Stelle stehende Frage, stellt das kontemplative Leben der Schwestern in den Fokus:

> Willst du deine Schwestern zur Treue gegenüber den Überlieferungen des Ordenslebens anleiten und dazu, dass das Volk Gottes durch die geheimnisvolle apostolische Fruchtbarkeit des kontemplativen Lebens wachse?[299]

Die Gestaltung der Frage geht auf einen Vorschlag der Religiosenkongregation zurück.[300] Ihr Wunsch war es, dass die letzte Frage an die Äbtissin stärker der Konzilsverordnung über die zeitgemäße Erneuerung des Ordenslebens, „Perfectae caritatis" Artikel 7, angepasst werde. Dem Wunsch der Religiosenkongregation wurde entsprochen: „Sie bringen Gott ein erhabenes Lobopfer dar und schenken dem Volk Gottes durch überreiche Früchte der Heiligkeit Licht, eifern es durch ihr Beispiel an und lassen es in geheimnisvoller apostolischer Fruchtbarkeit wachsen",[301] heißt es in PC 7. Hieraus hat die verantwortliche Studien-

---

[296]

VIERTE FRAGE FÜR DIE ÄBTISSINNEN	ZWEITE FRAGE FÜR DIE ÄBTE
„Vis conversatione morum, exemplo et factis, magis quam verbis, sorores tuas edocere?" (OBenAbbatissa 15).	„Vis conversatione morum, doctrina et exemplo, factis magis quam verbis, fratres tuos edocere?" (OBenAbb 20).

[297] „Damit das Evangelium in der Kirche für immer unversehrt und lebendig bewahrt werde, haben die Apostel Bischöfe als ihre Nachfolger zurückgelassen und ihnen ‚ihr eigenes Lehramt' überliefert", DV 7.

[298] Für die Äbte hingegen vertritt etwa Steidle die These, dass sie als Stellvertreter Christi wie die Bischöfe „Lehrer und Hirten" seien, vgl. STEIDLE, Einsetzung, S. 182. Steidle belegt diese These mit dem Herrenwort in der Regel Lk 10,16 „wer euch hört, hört mich": „Das Herrenwort bezeugt die göttliche Einsetzung und Sendung der Bischöfe und Äbte", vgl. ebd.

[299] „Vis sorores tuas ad vitae religiosae traditionibus fidelitatem et ad populum Dei arcana vitae contamplativae fecunditate apostolica dilatandum incitare?", OBenAbbatissa 15.

[300] Vgl. BUGNINI, Liturgiereform, S. 820, Anm. 2.

[301] „Deo enim eximium laudis sacrificium offerunt, populum Dei sanctitatis uberrimis fructibus collustrant atque exemplo movent necnon arcana fecunditate apostolica dilatant", PC 7.

gruppe teils wörtlich Passagen für die letzte Frage der Äbtissin übernommen. Die Konstitution „Perfectae caritatis“ gilt jedoch für männliche und weibliche Religiose gleichermaßen. Die Frage hätte daher auch für die Äbte aufgenommen worden können. Dass für diese stattdessen eine für die Äbtissinnen fehlende Frage nach der Verwaltung des Besitzes vorgesehen ist,[302] ist wiederum Zeugnis für die geschlechterdifferenzierende Überarbeitung der Riten.

Einen geschlechtsspezifischen Hintergrund hat sicherlich auch die veränderte Rubrik zur Litanei, wonach die Äbtissin im Gegensatz zum Abt lediglich mit den anderen niederknien soll.[303] Die entsprechende Rubrik der „Abtsbenediktion“ schreibt hingegen vor, der Abt solle sich zur Litanei auf den Boden legen.[304] Vermutlich steckt hinter dieser Modifikation für die Äbtissinnen[305] die Absicht, Analogien zu den zu den sakramentalen Weihen gezählten Feiern, bei denen die Weihekandidaten während der Litanei auf dem Boden liegen, für sie mehr noch als für die Äbte zu vermeiden.

Für die „Äbtissinnenbenediktion“ stehen in OBenAbbatissa die gleichen vier „Segensorationen“ zur Auswahl wie für die „Benediktion des Abtes“. Jedoch sind bei drei der Orationen im „Benediktionsritus“ der Äbtissinnen drastische Kürzungen und Änderungen vorgenommen worden:

Erste Segensoration für die Äbtissin	Erste Segensoration für den Abt
Gott, allmächtiger Vater, der du deinen eingeborenen Sohn in die Welt gesandt hast, damit er den Menschen dient und sein Leben als Guter Hirte für seine Schafe hingibt, dich bitten wir demütig: segne und stärke diese deine Dienerin N., die zur Äbtissin dieses Klosters gewählt worden ist.	Gott, allmächtiger Vater, der du deinen eingeborenen Sohn in die Welt gesandt hast, damit er den Menschen dient und sein Leben als Guter Hirte für seine Schafe hingibt, dich bitten wir demütig: segne und stärke diesen deinen Diener N., der zum Abt und Vater dieses Klosters gewählt worden ist.

302 In der deutschen Ausgabe von 1975 lautet diese Frage: „Sind Sie bereit, als ein guter Hausvater den Besitz des Klosters treu zu verwalten zum Nutzen der Brüder, der Gäste und der Armen?“, FAbtsweihe 20.

303 „Electa quoque ceterique omnes suis locis genua flectunt“, OBenAbbatissa 16.

304 Im Lateinischen steht „Electus vero procumbit“, OBenAbb21. Das Verb „procumbere“ kann zwar auch „niederknien“ bedeuten, da der Diakon jedoch zuvor alle Anwesenden dazu aufruft, niederzuknien („flectamus genua“), und die Rubrik skizziert, dass auch der Bischof vor seinem Sitz niederkniet („et mox Praelatus ante sedem suam genua flectit“), zeigt das „vero“, „aber“, dass der zum Abt Erwählte eben nicht niederkniet, sondern „procumbit“ hier mit „er wirft sich nieder“ übersetzt werden muss.

305 In den Vorgängerpontifikalien war es sowohl für die Äbtissinnen als auch für die Äbte gleichermaßen vorgesehen, dass sie sich zur Litanei niederwerfen. Im PR 1962 heißt es, „Electa vera prosternit se super tapete ...“, PR 1962, 443. Zeugnis über geübte Praxis gibt der Bericht über die Weihe von Sr. Diethild Eickhoff in der Abtei Engelthal am 9. Januar 1966. Die Annalistin Paschasia Stümpf schreibt: „Die Gewählte wirft sich vor dem Altare zu Boden und verharrt während der Allerheiligenlitanei und der folgenden Gebete in dieser Haltung“, vgl. STÜMPF, Paschasia, Annalen der Benediktinerinnenabtei Kloster Engelthal 1966; Archiv der Benediktinerinnenabtei Kloster Engelthal, 63674 Altenstadt/Hessen, S. 2.

Gewähre ihr, wir bitten dich, dass sie durch vortreffliche Lebensweise jenes vorlebe, was gesagt wird;

sie wisse stets, dass sie mehr helfen statt herrschen soll.
Sie möge sich durch deine Inspiration sehr bemühen,

und in der brüderlichen Nächstenliebe beständig wachsen, sie gehe mit weitem Herzen den Weg deiner Gebote. Dein Geist, Herr, erfülle sie würdig bei den Aufgaben, dass sie deinen Ruhm und Ehre suche und zum Dienst an der Kirche ermuntert werde, und sie auch die Schwestern unaufhörlich dazu antreibt. Nichts soll sie Christus vorziehen,

bei der Ankunft des Jüngsten Tages soll sie in gleicher Weise mit den Schwestern das Ihre erwerben und in dein Reich gelangen.

Gewähre ihm, wir bitten dich, dass er durch vortreffliche Lebensweise jenes vorlebe, was gesagt wird, *seine gesunde Lehre werde zum Sauerteig göttlicher Gerechtigkeit in den Herzen der Schüler.*
Er wisse jedenfalls, welch schwierige Aufgabe er auf sich genommen hat, und wie mühevoll es ist, die Seelen zu leiten und den Eigenarten vieler zu dienen;
er wisse stets, dass er mehr helfen statt herrschen soll.
Er möge sich durch deine Inspiration sehr bemühen, *und mit ganzem Scharfsinn und Engagement dafür sorgen, dass er keines der ihm anvertrauten Schafe verliert, sondern er regle und ordne alles so, dass alle in der Liebe zu Christus wachsen* und in der brüderlichen Nächstenliebe beständig wachsen, er gehe mit weitem Herzen den Weg deiner Gebote. Dein Geist, Herr, erfülle ihn würdig bei den Aufgaben, dass er deinen Ruhm und deine Ehre suche und zum Dienst an der Kirche ermuntert werde, und er auch die Brüder unaufhörlich dazu antreibt. Nichts soll er Christus vorziehen, *noch dieses Vorziehen lehren,* bei der Ankunft des Jüngsten Tages soll er in gleicher Weise mit den Brüdern das Seine erwerben und in dein Reich gelangen.[306]

---

306 ERSTE ORATION FÜR DIE ÄBTISSIN
Deus, Pater omnipotens, qui Filium tuum unigenitum in mundum misisti, ut hominibus ministraret, et, pastor bonus, vitam suam pro ovibus traderet, supplices te rogamus, ut hanc famulam tuam N., Abbatissam huius monasterii electam, benedicere + et confortare digneris. Concede, quæsumus, ei, ut præclara conversatione eam se ostendat esse qui dicitur;

sciatque sibi oportere prodesse magis quam præesse.
Magnopere igitur, te inspirante, sollicitudinem gerat,

ERSTE ORATION FÜR DEN ABT
Deus, Pater omnipotens, qui Filium tuum unigenitum in mundum misisti, ut hominibus ministraret, et, pastor bonus, vitam suam pro ovibus traderet, supplices te rogamus, ut hunc famulum tuum N., Abbatem huius monasterii electum, benedicere + et confortare digneris. Concede, quæsumus, ei, ut præclara conversatione eum se ostendat esse qui dicitur, *quo salubrius doctrina ipsius fermentum divinæ iustitiae in discipulorum mentibus conspergatur.Sciat quidem, Domine, quam difficilem rem ipse suscipiat, et quam arduum sit onus regere animas multorumque moribus servire;*
sciatque sibi oportere prodesse magis quam præesse.
Magnopere igitur, te inspirante, sollicitudinem gerat, *et omni sagacitate curet et industria, ne de ovibus sibi commissis ullam amittat; sed cuncta semper temperet atque disponat, ut omnes, in amore Christi* et caritate fraternitatis

Zweite Segensoration für die Äbtissin	Zweite Segensoration für den Abt[307]
Erhöre, Herr, unsere Bitten, welche wir im Angesicht deiner Erhabenheit für diese deine Dienerin aussprechen, die zur Leitung dieser Gemeinschaft erwählt worden ist.	Erhöre, Herr unsere Bitten, welche wir im Angesicht deiner Erhabenheit für diesen deinen Diener aussprechen, der zur Leitung dieser Gemeinschaft erwählt worden ist, *und der als Hirte deiner Schafe an die Stelle deines Sohnes aufgestellt ist.*
Blicke auf sie und schenke ihr alle Gaben deiner Tugenden.	Blicke auf ihn und schenke ihm alle Gaben deiner Tugenden. *Offenbare ihm die Schätze der Weisheit, woraus er Neues und Altes hervorbringe.*
Lenke ihre Schritte auf dem Weg des Heils und des Friedens und lass sie stets die Spuren deines Sohnes verfolgen, dass sie es verdiene, den ewigen Lohn zu empfangen	Lenke seine Schritte auf dem Weg des Heils und des Friedens und lass ihn stets die Spuren deines Sohnes verfolgen, dass er es verdiene, den ewigen Lohn zu empfangen.

et caritate fraternitatis iugiter procedentes, in via mandatorum tuorum dilatato corde festinent. Spiritus tui, Domine, ipsam implere dignare muneribus, ut ad gloriam tuam Ecclesiæque servitium et se excitet, et sorores indesinenter impellat. Christo nihil omnio præponat, quatenus, illius die adveniente supremo, pariter cum sororibus suis regnum tuum consequi mereatur.	iugiter procedentes, in via mandatorum tuorum dilatato corde festinent. Spiritus tui, Domine, ipsum implere dignare muneribus, ut ad gloriam tuam Ecclesiæque servitium et se excitet, et fratres indesinenter impellat. Christo nihil omnio præponat, *nihil doceat præponendum,* quatenus, illius die adveniente supremo, pariter cum fratribus suis regnum tuum consequi mereatur.

307

ZWEITE ORATION FÜR DIE ÄBTISSIN	ZWEITE ORATION FÜR DEN ABT
Exaudi, Domine, preces nostras, quas in conspectu maiestatis tuæ super hanc famulam tuam N. effundimus, quæ ad regimen huius congregationis electa est.	Exaudi, Domine, preces nostras, quas in conspectu maiestatis tuæ super hunc famulum tuum N. effundimus, qui ad regimen huius congregationis electus est, *et vice Filii tui ovium tuarum pastor statuitur.*
Respice eam et tribue ei omnia tuarum dona virtutum.	Respice eum et tribue ei omnia tuarum dona virtutum. *Aperi ei sapientiæ thesauros, unde proferat nova et vetera.*
Gressus eius dirige in viam saltuis et pacis, et fac eam Filli tui semper sequi vestigia, ut æterna præmia consequi mereatur.	Gressus eius dirige in viam salutis et pacis, et fac eum Filii tui semper sequi vestigia, ut æterna præmia consequi mereatur.

Dritte Segensoration für die Äbtissin
Blicke, wir bitten dich, Herr, auf diese deine Dienerin N., die nach deinem Willen zur Leitung dieser Gemeinschaft gewählt worden ist, segne und heilige sie, dass ihr Denken und Tun nach deinem Wohlgefallen gerichtet ist. Sie leite ihre Schwestern durch Wort und Beispiel zur Liebe Gottes und zum Nächsten an, und, mag ihr das weltliche Treiben fremd sein, so sei sie dennoch aufmerksam auf die Notwendigkeiten der Menschen an Leib und Seele. Sie höre nicht auf, die Schwestern zum Gottesdienst und zu den heiligen Lesungen zu ermuntern und sich mit jenen gemäß dem Evangelium zu verhalten, dass alle zur ewigen Freude gelangen.

Drittes Segensoration für den Abt[308]
Blicke, wir bitten dich, Herr, auf diesen deinen Diener N., der nach deinem Willen zur Leitung dieser Gemeinschaft gewählt worden ist, segne und heilige ihn, dass sein Denken und Tun nach deinem Wohlgefallen gerichtet ist. Er leite seine Brüder durch Wort und Beispiel zur Liebe Gottes und zum Nächsten an, und, mag ihm das weltliche Treiben fremd sein, so sei er dennoch aufmerksam auf die Notwendigkeiten der Menschen an Leib und Seele. Er höre nicht auf, die Brüder zum Gottesdienst und zu den heiligen Lesungen zu ermuntern und sich mit jenen gemäß dem Evangelium zu verhalten, dass alle zur ewigen Freude gelangen.

Vierte Segensoration für die Äbtissin
Gott, allmächtiger Vater, der du deinen Sohn in die Welt gesandt hast, dass er diene und sein Leben für die Schafe hingebe,

Vierte Segensoration für den Abt[309]
Gott, allmächtiger Vater, der du deinen Sohn in die Welt gesandt hast, dass er diene und sein Leben für die Schafe hingebe,

---

308 DRITTE ORATION FÜR DIE ÄBTISSIN
Respice, quæsumus, Domine, super hanc famulam tuam N., quam ad regimen huius congregationis eligi voluisti, atque eam benedicere + et sanctificare dignare, ut eius cogitato et operatio secundum tuum beneplacitum dirigantur. Caritatem Dei et proximi sororibus suis verbo et exemplo insinuet, et, licet a sæculi actibus sit aliena, hominum necessitatibus, sive corporis sive animæ, sit intenta. Opus Dei et sacras lectiones sororibus commendare non desinat, et cum illis secundum Evangelium conversetur, ut omnes ad gaudia perveniant æterna.

DRITTE ORATION FÜR DEN ABT
Respice, quæsumus, Domine, super hunc famulum tuum N., quem ad regimen huius congregationis eligi voluisti, atque eum benedicere + et sanctificare dignare, ut eius cogitato et operatio secundum tuum beneplacitum dirigantur. Caritatem Dei et proximi fratribus verbo et exemplo insinuet, et, licet a sæculi actibus sit alienus, hominum necessitatibus, sive corporis sive animæ, sit intentus. Opus Dei et sacras lectiones fratribus commendare non desinat, et cum illis secundum Evangelium conversetur, ut omnes ad gaudia perveniant æterna.

309 VIERTE ORATION FÜR DIE ÄBTISSIN
Deus, Pater omnipotens, qui Filium tuum in mundum misisti, ut ministraret et animam daret pro ovibus, hunc famulam tuam N., Abbatissam hius congregations electam, benedicere et sanctificare digneris,

Magnopere sollicitudinem gerat de iis, quæ sibi comissæ sunt, sororibus,

ut, cum Dominus in novissimo die apparebit, præmium suæ dispensationis accipiat.

VIERTE ORATION FÜR DEN ABT
Deus, Pater omnipotens, qui Filium tuum in mundum misisti, ut ministraret et animam daret pro ovibus, hunc famulum tuum N., Abbatem huius congregations electum, benedicere et sanctificare digneris, *eique concede, ut onus arduum, quod suscipit animas regendi et multorum moribus serviendi tuo auxilio exsequatur.* Magnopere sollicitudinem gerat de iis, qui sibi comissi sunt, fratribus, *nec ullum ex eis perdere patiatur,* ut, cum Dominus in novissimo die apparebit, præmium suæ dispensationis accipiat.

segne und heilige diese deine Dienerin N., die zur Äbtissin dieser Gemeinschaft gewählt worden ist.	segne und heilige diesen deinen Diener N., der zum Abt dieser Gemeinschaft gewählt worden ist, *gewähre ihm, dass er die schwierige Last zu tragen vermag, welche er in der Leitung der Seelen auf sich nimmt, und dem Lebenswandel der vielen mit deiner Hilfe dienen kann.*
Sie sei sehr bemüht um die Schwestern, welche ihr anvertraut sind,	Er sei sehr bemüht um die Brüder, welche ihm anvertraut sind, *dass er keinen von ihnen verliere,*
dass sie, wenn der Herr am Jüngsten Tag erscheinen wird, ihren Lohn empfängt.	dass er, wenn der Herr am jüngsten Tag erscheinen wird, seinen Lohn empfängt.

Besonders groß sind die Unterschiede im ersten und letzten Segensgebet, also ausgerechnet in jenen Segensgebeten, die auf der Grundlage der Benediktsregel geschaffen worden sind. Lediglich das dritte Segensgebet „Respice quaesumus“ ist für beide Geschlechter paritätisch. Aus den anderen drei Orationen sind all jene Passagen getilgt worden, in denen Begriffe rund um „Lehre“ („docere“ (lehren), „doctrina“ (Lehre), „discipulum“ (Schüler)) oder „Seelenleitung“ („regere animas“) vorkommen. Ferner ist für die Äbtissinnen auch in den Orationen jegliche Hirtenmetaphorik vermieden worden. So ist etwa im ersten Segensgebet die Passage um „ovibus sibi commissis“, „die ihm anvertrauten Schafe“ gestrichen worden, im zweiten Segensgebet fehlt der Teil „et vice Filii tui ovium tuarum pastor statuitur“, „und an Stelle deines Sohnes als Hirte deiner Herde aufgestellt wurde“. Man könnte es auch positiv deuten: Der Äbtissin werden eben keine Schafe, sondern Schwestern anvertraut. Verwehrt wird ihr im zweiten Segensgebet auch der Zugang zu den „Schätzen der Weisheit, aus denen Altes und Neues“ hervorgebracht werden soll. Man wollte der Äbtissin in den Segensgebeten lediglich die administrativen Funktionen zugestehen. Eine geistliche Leitung bleibt ihr verwehrt.[310]

Das zeigt sich auch bei der Übergabe der Insignien. Die approbierte Version hat die in 351 für die Äbtissinnen vorgesehene Stabübergabe wieder gestrichen. Dafür hat OBenAbbatissa eine Übergabe des Ringes aufgenommen, die Schema 351 nicht vorgesehen hatte mit der Begründung, der Ring sei bei der Jungfrauenweihe schon übergeben worden. Die Einschränkung hat die approbierte Variante jedoch beibehalten: Der Ring könne dann übergeben werden, heißt es in der entsprechenden Rubrik, wenn die Äbtissin ihn noch nicht bei ihrer Profess und Jungfrauenweihe empfangen habe.[311] Diese nicht sehr plausible Begründung hatte Nocent bereits im Beitrag zur Äbtissinnenweihe in Martimorts „Handbuch der Liturgiewissenschaft“ aus dem Jahr 1965 angeführt,[312] was zeigt, dass die fak-

---

310 Vgl. dazu auch Kaczynksi, Pontifikale, S. 250.

311 „Anulus non traditur, si Abbatissa illum iam recepit in die suae professionis et consecrationis. Si vero Abbatissa anulum non recepit, Praelatus potest ei immittere in digitum anularem dexterae manus, dicens: ...“, OBenAbbatissa 20.

312 Vgl. Nocent, Benediktion, S. 206.

tische Tilgung der Ringübergabe für die Äbtissinnen im approbierten „Ordo Benedictionis Abbatissae“ auf ihn zurückgeht.

Der Äbtissinnenring hat jedoch eine andere Bedeutung als der Ring, den die Nonnen bei der Jungfrauenweihe erhalten. Er ist Symbol für die Verbundenheit der Äbtissin mit ihrem Kloster, ähnlich wie der Bischofsring das Symbol ist, dass der Bischof mit seinem Bistum aufs engste verbunden ist. Dies zeigt die Brautmetapher der Begleitworte, die in den alten Pontifikalien für Abt und Bischof die gleichen waren.[313] Der Professring hingegen gilt als Zeichen der Vermählung mit Christus.[314]

Ein überzeugenderes Argument für eine Streichung der Ringübergabe lieferte Nocent in seinem Beitrag in der Neuauflage von Martimorts Handbuch aus den achtziger Jahren. Hier plädierte er dafür, dass auch die Übergabe des Ringes für die Äbte fakultativ sein solle. Sein Argument: Viele Äbte würden nicht mehr auf Lebenszeit gewählt. Der Ring sei jedoch ein Symbol für eine unwiderrufliche Einheit zwischen dem Abt und seinem Kloster.[315] Ähnlich argumentierte auch Urbanus Bomm, der sich für eine Ringübergabe für einen Abt auf Lebenszeit aussprach: „Für einen Abt auf Lebenszeit hat aber zum mindesten der Ring als Zeichen der Treue zu seiner ihm ‚angetrauten‘ klösterlichen Kirche seinen vollen Sinn bewahrt“.[316] Dass Nocent diese Position wohl auch bei der Neugestaltung der Abtsweihe eingebracht hat, zeigt die Rubrik zur Ringübergabe für die Äbte. Hier heißt es, der Ring „kann angesteckt werden“ („immittere potest“, OBenAbb 25). Die Ringübergabe ist also auch für die Äbte letztlich fakultativ. Es fehlt allerdings jene Bedingung, wie sie für die Äbtissinnen formuliert worden ist.

Für den Fall, dass die Äbtissin den Ring erhält, sieht der Ordo das gleiche Geleitwort vor, wie es auch für die Äbte in OBenAbb angegeben ist:

> Empfange den Ring, Zeichen der Treue, dass du diese Kongregation mit feststehender Tugend umgürtet in brüderlicher Liebe bewahren mögest.[317]

Dieses Geleitwort benennt jene treue Verbundenheit der Äbtissin mit ihrem Kloster, für die der Ring Zeichen ist.

---

313 Vgl. PR 1595/96, 172 u. 249.

314 Vgl. Bomm, Der neue Ritus, S. 151.

315 Vgl. Nocent, Bénédiction, S. 328.

316 Bomm, Der neue Ritus, S. 151.

317 „Accipe anulum, fidei signaculum, ut hanc congregationem, constanti virtute praecincta, in fraterna caritate custodias“, OBenAbbatissa 20.

2.3.3 *Die Lehre von der „sacra potestas“ und das Ende der weiblichen Hirtin*

Diese massiven Ungleichheiten zwischen dem neuen Ordo für die „Benediktion der Äbtissin“ und dem neuen Ordo für die „Benediktion des Abtes“ haben ihre Ursache in einer veränderten Weihe- und Ämtertheologie des Zweiten Vatikanischen Konzils. Das Konzil definierte nicht nur das Bischofsamt als „sakramentales Amt“ und legte fest, dass der Bischof aus der Bischofsweihe die Ämter der „Heiligung ... Lehre und der Leitung“ (LG 21) erhalte, sondern es war insgesamt bestrebt, die Ausübung von Jurisdiktionsgewalt eng mit dem neu definierten Weihesakrament und somit mit dem Klerus zu verbinden.

Dass das Verhältnis der beiden Gewalten, der „potestas iurisdictionis“ und der „potestas ordinis“ einer dringenden Klärung bedurfte, zeigen Anträge der Bischöfe, Kongregationen der Römischen Kurie sowie der Universitäten und Fakultäten, die schon in der ersten vorbereitenden Konzilsphase, also in den Jahren 1959 und 1960 eingingen. Man wünschte, dass das Konzil die „potestas“ der kirchlichen Amtsträger erhelle und insbesondere die Beziehung zwischen den beiden Gewalten aufschlüsselte.[318]

Das kirchliche Gesetzbuch von 1917 war hier in seinen Angaben „widersprüchlich“.[319] So führt Canon 109/CIC 1917 aus, die „potestas ordinis“ werde durch die „heilige Ordination“ („sacra ordinatione“) verliehen, die „potestas iurisdictionis“ durch „kanonische Sendung“ („canonica missione“). Die Canones 145,1 und 210 erklären hingegen, die „potestas ordinis“ sei mit einem Kirchenamt verbunden und könne „auf nichtsakramentale Weise weitergegeben werden“; Canon 948 legt nahe, Weihe- und Jurisdiktionsgewalt würden gleichermaßen sakramental verliehen.[320]

Die Vorentwürfe zu den einzelnen Konstitutionen des Zweiten Vatikanum beschäftigten sich zunächst auch tatsächlich mit der Unterscheidung der Weihe- und Jurisdiktionsgewalt. Im Verlauf der Auseinandersetzungen nahm man jedoch immer mehr Abstand von dem Thema. Man sprach schließlich nur noch von der „una sacra potestas“, von der „einen heiligen Gewalt“ in Verbindung mit der Lehre von den „tria munera“, den „drei Ämtern“.[321] Eine Unterscheidung von „potestas ordinis“ und „potestas iurisdictionis/regiminis“ sucht man in den Konzilsdokumenten vergeblich.[322]

---

318 Vgl. KRÄMER, Dienst, S. 23.

319 KRÄMER, Vollmacht, S. 166f.

320 „Ordo ex Christi institutione clericos a laicis in Ecclesia distinguit ad fidelium regimen et cultus divini ministerium“, can. 948/CIC 1917; KRÄMER, Vollmacht, S. 167.

321 Vgl. AYMANS, Kanonisches Recht I, S. 387

322 Die Begriffe kommen nicht einmal vor, sieht man von einer einzigen Stelle im Priesterdekret ab, wo die „sacra Ordinis potestas“ Erwähnung findet (PO 2,2). Häufiger ist von der

Der Kirchenrechtler Peter Krämer wertet, das Konzil habe aufgrund seiner pastoralen Ausrichtung bewusst diesen Weg eingeschlagen und jeden Juridismus sowie juristische Begriffe, die noch sehr verschiedene Interpretationen zuließen, vermeiden wollen. Zudem sei das Konzil auch deshalb von der Zwei-Gewalten-Lehre mehr und mehr abgerückt, weil es die Vollmacht der Bischöfe und Priester als eine einheitliche Größe darstellen wollte. Dies zeige insbesondere der Werdegang der einzelnen Schemata, wie sich das Konzil von Entwurf zu Entwurf der Einheit der „sacra potestas" genähert habe.[323] So sei das Konzil nach und nach in die Einsicht hineingewachsen, „daß es bei jeglicher Gewalt in der Kirche vor aller Entscheidung um die *eine* Vollmacht des Herrn geht".[324] Das Konzil hat also einen neuen Akzent gesetzt, wonach die Kirchengewalt grundsätzlich in ihrer Einheit zu sehen ist.[325] Damit ist klar, dass Weihe- und Leitungsgewalt eng aufeinander bezogen sind, die Trennung der beiden Gewalten wird aufgegeben.[326]

Diese Lehre von der „einen heiligen Vollmacht" wird dem Drei-Ämter-Schema, dem in der Endfassung der Konzilstexte große Bedeutung zukommt, gegenübergestellt.[327] Das Drei-Ämter-Schema bildet den „gegenständlichen Bereich, auf den die eine ‚sacra potestas' der Bischöfe und Priester bezogen ist. Dadurch nehmen die Bischöfe und Priester in besonderer Weise an der Sendung Christi teil, der selbst ‚Lehrer, Priester und König' ist".[328] Die Konstitution über die Kirche bestimmt, wie skizziert, dass die Bischofsweihe „mit dem Amt der Heiligung auch die Ämter der Lehre und der Leitung" übertrage (LG 21). Die heilige Vollmacht kommt also in den drei Ämtern zur Entfaltung.[329]

„iurisdictio" oder auch von „regimen" und von dem „ordo" in seinen vielfältigen Bedeutungen die Rede, vgl. AYMANS, Kanonisches Recht I, S. 386, Anm. 6.

323 Vgl. KRÄMER, Dienst und Vollmacht, S. 26f.

324 AYMANS, Kanonisches Recht I, S. 387. „Sacra potestas" wird im Deutschen zumeist mit „geistlicher Vollmacht" oder „heiliger Vollmacht" statt mit „Gewalt" wiedergegeben, vgl. SCHMITZ, Vollmachten, S. 3.

325 Vgl. AMANN, Laien, S. 113.

326 Unklar bleibt aber, wie sie sich konkret zueinander verhalten und inhaltlich zu füllen sind. Hier gibt es unterschiedliche Interpretationsansätze. In der nachvatikanischen Kanonistik haben sich insbesondere zwei Ansätze von Wilhelm Bertrams (BERTRAMS, Quaestiones fundamentales) und Klaus Mörsdorf (MÖRSDORF, Heilige Gewalt, S. 582–597) durchgesetzt, vgl. AYMANS, Kanonisches Recht I, S. 394f. Krämer fügt noch einen weiteren hinzu, vgl. KRÄMER, Vollmacht, S. 169–171, bes. S. 170f.

327 Vgl. KRÄMER, Dienst, S. 28.

328 Ebd., S. 30.

329 In welchem Verhältnis die „sacra potestas" zu der Lehre von drei Ämtern konkret zu verstehen ist, bleibt aber ebenfalls offen. Es ergibt sich also die Konstellation: Drei Ämter, zwei Gewalten, eine „heilige Vollmacht". Das Verhältnis dieser drei Komponenten wird unterschiedlich verstanden, viele Fragen sind ungeklärt. Gemäß der Drei-Ämter-Lehre versuchte man auch, die entsprechende Kirchengewalt dreizuteilen in die Weihegewalt („potestas ordinis"), das Lehramt der Lehrgewalt („potestas magisterii") und das Leitungsamt

Vor diesem Hintergrund erklärt sich, warum für die Äbtissinnen mehr noch als für die Priester-Äbte all jene Passagen aus dem neugestalteten Ordo zur „Benediktion“ gestrichen werden mussten, die an jene drei Ämter „der Lehre, des Leitens und des Heiligens“ erinnern. Denn durch diese neue Ämter- und Weihetheologie des Zweiten Vatikanischen Konzils und insbesondere durch die Bindung der Jurisdiktion an die Weihe war ein Konflikt zwischen einer neuen lehramtlichen Vorgabe und einer jahrhundertealten rituellen Praxis entstanden, den die zuständige Studiengruppe bei der Neugestaltung des Ritus für die „Benediktion der Äbtissin“ durch die dargestellten drastischen Verkürzungen und Modifikationen gegenüber der „Benediktion des Abtes“ zu lösen versuchte.

Dieser Konflikt lässt sich konkret so fassen: Auf der einen Seite standen die neuen kirchenrechtlichen und dogmatischen Bestimmungen, wonach die als „sakramental“ verstandenen Weihen nun auf das dreigliedrige Weiheamt des „Diakonates, Presbyterates“ und neuerdings auch des „Episkopates“ beschränkt waren. Das Sakrament kommt gemäß den Bestimmungen der Apostolischen Konstitution „Sacramentum ordinis“ durch Präfation und Handauflegung zustande. Alle anderen im Deutschen als „Weihen“ von Personen bezeichneten Feiern wie die Weihe des Abtes, des Mönches, der Äbtissin oder der Jungfrau sind demnach als nichtsakramentale Benediktionen zu qualifizieren. Die neue Ämtertheologie des Konzils, die die „eine heilige Vollmacht“ des Lehrens, Leitens und Heiligens an den Empfang der sakramentalen Weihe knüpfte, machte es für die Äbtissinnen unmöglich, auch jene Lehr- und Hirtengewalt, die nicht unmittelbar in den Bereich der „potestas ordinis“ hineinragt, weiter auszuüben.

Auf der anderen Seite stand eine den kirchenrechtlichen und dogmatischen Normen diametral entgegenstehende Praxis, wonach Äbtissinnen in der Geschichte nachweislich Trägerinnen von Jurisdiktion gewesen sind. Die Benediktsregel bestimmt den Abt und somit in der Rezeption auch die Äbtissin als Stellvertreterin Christi im Kloster (RB 2,2; RB 63,13), als Lehrerin (RB 2,24) und Hirtin (RB 2,7).[330] Mit der Erfindung der „sacra potestas“-Lehre ist es für die Äbtissinnen unmöglich geworden, jene Jurisdiktion weiter auszuüben, die zum Bereich der „potestas iurisdictionis“ gehört. Als Laien sollen sie nun nicht (mehr) die Habilität für den Empfang von Lehr- oder Hirtengewalt besitzen. Canon 129,2/CIC 1983 bestimmt schließlich, dass Laien bei der Ausübung der Jurisdiktionsgewalt „nach Maßgabe des Rechtes mitwirken“ können.[331] Träger beziehungsweise Subjekt von Hirtengewalt sollen sie nicht (mehr) sein. Konsequenz

mit der Leitungsgewalt („potestas regiminis“), was sich aber nicht recht durchsetzte, vgl. RUDIGER, Leitungs- und Machtfrage, S. 38.

330 Vgl. auch Abschnitt II 3.1.3.

331 Von kirchenrechtlicher Seite tat man sich schwer, die Konzeption der „una sacra potestas“ in den neuen Codex aufzunehmen. Die Codex-Kommission beziehungsweise deren Konsultoren-Kommissionen hat sich „durch das Konzil nicht veranlaßt gesehen, undifferenziert nur von der ‚potestas sacra‘ zu sprechen.“ Man entschied, die alte Unterscheidung von

dieser Lehre ist, dass zur Vermeidung des Eindrucks, durch die „Benediktion der Äbtissin" würde eine „potestas" verliehen, im neuen Ordo sogar all jene Passagen gestrichen wurden, die nachweislich aus der Benediktsregel stammen.

Schon die ältesten Regeltexte nutzen die Metapher des Hirten, um die Gewalt der Ordensoberen und Ordensoberinnen im Kloster zu bezeichnen. Gleiches gilt für die Rolle des Lehrers. Die Magisterregel bezeichnet den Abt als Stellvertreter Christi in seinem Kloster, der das Lehr- und Hirtenamt Christi innehat. Die Regel ermahnt den Abt, sich dieses Hirtenamtes stets bewusst zu sein, denn jener, „der Seelen zu leiten übernimmt", müsse „bereit sein", beim Jüngsten Gericht „Rechenschaft" (RM 2,35) für seine Herde zu leisten:

> Der Abt muß auch wissen, daß es dem Hirten als Schuld angelastet wird, wenn der Hausvater irgendeinen Verlust an den Schafen feststellt. Doch ebenso gilt, daß der Hirte, der einer unruhigen und ungehorsamen Herde alle Hirtensorge geschenkt hat und gegen ihr krankhaftes Tun alle Heilkunst angewandt hat, im Gericht des Herrn freigesprochen wird (RM 2,7–9).

Als Lehrer der Mönche ist es seine Aufgabe, seinen Schülern die Gebote des Herrn darzulegen und ihnen in all seinem Tun Vorbild und Beispiel der Demut

---

„potestas ordinis" und „potestas iurisdictionis" sei beizubehalten, vgl. AYMANS, Kanonisches Recht I, S. 395. Um begrifflich eine Annährung der Gewaltenlehre an die Drei-Ämter-Lehre (munus regendi) zu erreichen, änderte man den Begriff „iurisdictionis" zu „regiminis", vgl. ebd. Aymans sieht die Änderung in der Terminologie sachlich als unbedenklich an, „solange keine Gleichsetzung von *‚potestas regiminis'* mit *‚munus regendi'* und damit ein erster Schritt in Richtung auf eine Drei-Gewalten-Lehre erfolgt", ebd. Der entsprechende Canon 129 über das Verhältnis von Weihe und Jurisdiktion orientiert sich eng an der Interpretation, wie der Kirchenrechtler Klaus Mörsdorf die beiden Gewalten zueinander bestimmt hatte. Nach Mörsdorf vermittelt die Weihe nicht inhaltlich die ganze Vollmacht, sondern zum einen vermittelt sie die „potestas ordinis", zum zweiten entwickelt sie die „seinsmäßige Befähigung zum Empfang der potestas iurisdictionis". Damit bleibt Mörsdorf bei der Zweiteilung der Gewalten, die in der einen „potestas" verbunden sind. Die Hirtengewalt wird dann nach näherer rechtlicher Bestimmung dem Geweihten übertragen – einzelne Vollmachten ergeben sich aus der Sendung, also dem Amt beziehungsweise der Delegation, vgl. ebd. Wörtlich heißt es in can. 129,1/CIC 1983: „Zur Übernahme von Leitungsgewalt (*potestas regiminis*), die es aufgrund göttlicher Einsetzung in der Kirche gibt und die auch Jurisdiktionsgewalt (*potestas iurisdictionis*) genannt wird, sind nach Maßgabe der Rechtsvorschriften diejenigen befähigt, die die heilige Weihe empfangen haben". Die *potestas regiminis* wird also als im göttlichen Recht grundgelegt bestimmt. Durch die Weihe wird nicht die Jurisdiktion selbst, sondern die grundsätzliche Befähigung verliehen, Jurisdiktion ausüben zu können. Hier hat sich das kirchliche Gesetzbuch sehr eng an der Interpretation Mörsdorfs orientiert. Die Befähigung ist nicht für jeden Geweihten gleich, sondern hängt von dem Grad der Weihestufe ab. Damit trägt der Codex der „una sacra potestas-Lehre" des Zweiten Vatikanums Rechnung, weil ausgedrückt wird, dass die Hirtengewalt „nicht real abtrennbar ist von der Weihegewalt und sich demzufolge nicht als eine zweite Gewalt eigenen Ursprungs verselbständigen kann", AYMANS, Kanonisches Recht I, S. 399. Die Jurisdiktionsgewalt oder Hirtengewalt kann nur in Verbindung mit der Weihegewalt wirksam werden.

zu sein (vgl. RM 2,37f.). Welche Gebote und welche „heilige Kunst“ der Abt lehren soll, wird im dritten Kapitel detailliert beschrieben (RM 3).

Die „Nonnenregel“ des Caesarius bestimmt, dass der „mater monasterii“, die in der Regel auch schon „abbatissa“ genannt wird, direkt nach Gott Gehorsam geschuldet sei. Ähnlich wie der Abt in der Magisterregel und Benediktsregel ist die Äbtissin für das Seelenheil der Schwestern verantwortlich.[332] Die Äbtissin ist für den Besitz des Klosters zuständig und muss dafür sorgen, dass die Schwestern ernährt werden können.[333] Sie verteilt die Arbeiten im Kloster und es wird ausdrücklich gesagt, dass niemand sich mit etwas anderem beschäftigen darf, als es von der Äbtissin angeordnet ist.[334]

Und auch die „Regula cuiusdam“ (RC), eine Regel aus dem siebten Jahrhundert, die ausdrücklich für Frauen verfasst ist,[335] betont die besondere Rolle der Äbtissin als Leiterin der Seelen und als Hirtin des Klosters. Der erste Abschnitt der Regel handelt davon, wie die Äbtissin sein soll. Die Regel hebt hervor, die Äbtissin solle sich durch ihre Weisheit und Heiligkeit auszeichnen, denn es sei ihre Aufgabe, die „Seelen gerecht zu erziehen“. Wörtlich heißt es:

> Die Mutter habe deshalb so viele Seelen, wie sie Töchter unter ihrer Herrschaft hat, so dass sie die Laster aller entsprechend des Charakters jeder einzelnen zu züchtigen weiß (RC I,16).

Die Äbtissin hat in allen Belangen die Oberaufsicht über das Kloster und die ihr anvertrauten Nonnen, nichts darf geschehen, ohne dass die Äbtissin ihr Einverständnis gegeben hat.[336] Die RC geht jedoch nicht so weit, die Äbtissin als „Stellvertreterin Christi“ zu beschreiben, wie es die Magisterregel und die Benediktsregel für den Abt tun. Diese Entscheidung könnte geschlechtsspezifisch sein, mutmaßt Diem, müsse es aber nicht.[337]

Die Diskrepanz wird deutlich: In der Nonnenregel des Caesarius ist die Äbtissin die Verwalterin des Klosterbesitzes, in der Befragung des nachvatikanischen Benediktionsritus wird eine Frage nach der Verwaltung des Besitzes für die Äbtissinnen jedoch vermieden und nur für die männlichen Äbte gestellt. Die Regeltexte sind voll mit Hirtenmetaphern, die Äbtissinnen und Äbte haben die Seelenleitung über die ihnen anvertrauten „Schafe“ inne – der neue Ordo vermeidet jedoch genau diese Metapher, weil sie nun den Bischöfen und vielleicht noch den Priestern vorbehalten sein soll. Die Regeltexte weisen die Äbte und

---

332 „Et quia monasterii mater necesse habet pro animarum salute sollicitudinem gerere“, CAESARIUS, Regula, S. 11.

333 Ebd., S. 26.

334 Ebd., S. 27.

335 Albrecht Diem vermutet, dass diese Klosterregel in vielerlei Hinsicht auf die Nonnenregel des Caesarius anspielt und „vermutlich für ein Kloster verfasst wurde, das diese Regel bereits verwendete“, DIEM, Ende, S. 108.

336 Vgl. ebd.

337 Vgl. ebd.

Äbtissinnen als Lehrerinnen und Lehrer aus – der neue Ordo vermeidet zumindest für die weiblichen Äbtissinnen jegliche Begriffe rund um „Lehre“, weil das „Lehren“ wie das „Leiten“ nun als eines der drei „munera“ spezifiziert ist, die seit dem Zweiten Vatikanum nur den sakramental geweihten Männern, vor allem den Bischöfen, zukommen.

Für die Frage nach der Leitungsgewalt innerhalb des Klosters, die durchaus auch als „Hirtengewalt“ bezeichnet wurde, gab es im Kirchenrecht bereits eine Lösung: diese Vollmacht wurde „potestas dominativa“ genannt. Die Dominativgewalt trennte man von der Jurisdiktionsgewalt („potestas iurisdictionis“), also der auf Christus gründenden Leitungsgewalt der hierarchischen Kirche.[338] Dass Äbtissinnen und Äbte in ihren Klöstern die „potestas dominativa“, also die sogenannte Hausgewalt innehaben, ist unbestritten. Damit kommen Abt und Äbtissin die notwendigen Rechte zu, um die Ordnung im Kloster aufrecht zu erhalten und die ihnen anvertrauten Schwestern und Brüder zu leiten. Grundlage für Inhalt und Umfang dieser Gewalt ist für die benediktinischen Orden die Benediktsregel sowie die jeweiligen Konstitutionen und das allgemeine kirchliche Recht.[339] Weitere Jurisdiktion ist nach Mayer für die Leitung des Klosters nicht nötig.

Heute gibt es keine Äbtissinnen mehr, deren Kloster über eigene Pfarreien verfügt. Äbtissinnen, die in dieser Hinsicht bischöfliche Aufgaben und Leitungsfunktionen übernehmen, gehören der Vergangenheit an. Um die neue Tradition der „einen heiligen Vollmacht“ durchzusetzen, hat das Zweite Vatikanische Konzil versucht, das Kapitel der quasi-bischöflichen Hirtengewalt von Frauen auch theologisch zu schließen. Dazu musste eine über tausend Jahre alte Tradition, in der Frauen Leitungskompetenzen faktisch ausgeübt haben, unterdrückt werden, um eine neue Tradition, in der diese Kompetenz nur noch geweihten Männer zukommen soll, allen voran dem nun als sakramental geweiht verstandenen Bischof, zu etablieren.[340] Für die Äbtissinnenweihe hatte diese neue Tradition eine Totalamputation zur Folge, die es sogar unmöglich machte, Passagen aus der Benediktsregel im Weiheritus zu belassen, also Passagen aus dem Text, der Ursprung und Grund der Benediktinerinnen ist.

---

[338] Vgl. MAYER, Ordensrecht II,1, S. 168.

[339] Ebd., S. 170. Die Dominativgewalt umfasst 1) die Befehlsgewalt des Abtes und der Äbtissin im Rahmen der Regel und Konstitutionen, 2) die Strafgewalt als Ergänzung zur Befehlsgewalt, 3) die Dispensgewalt, wovon allerdings all jene Bereiche ausgenommen sind, die in den Bereich der kirchlichen Dispensen hineinragen, es geht also um Dispensen von Vorschriften der Regel und Konstitutionen, und 4) die Verwaltungsgewalt, die all jene Bereich umfasst, die nicht unter die Abschnitte 1–3 fallen, wie etwa die Aufnahme und Erziehung neuer Mitglieder, vgl. ebd., S. 172–176.

[340] Vgl. zum Konzept der „invention of tradition“ von Eric Hobsbawm und Terence Ranger im religiösen Kontext WOLF, Unfehlbare, S. 147–151.

3 *Der lange Kampf um Parität*

Mit der Veröffentlichung des lateinischen „Ordo Benedictionis Abbatis et Abbatissae“ am 9. November 1970 wurde der sofortige Gebrauch des neuen Ritus ausdrücklich erlaubt.[341] Gleichzeitig ordnete die Kongregation für den Gottesdienst an, die Bischofskonferenzen sollten dafür sorgen, dass die erneuerte Ordnung in die jeweilige Volkssprache übersetzt werde.[342] Die Konzilskonstitution „Sacrosanctum Concilium“ hatte bestimmt, es komme den „für die einzelnen Gebiete zuständigen kirchlichen Autoritäten zu, ... zu bestimmen, ob und in welcher Weise die Muttersprache gebraucht werden darf“ (SC 36,3).[343] Für die „Spendung der Sakramente und Sakramentalien“ bewertete die Konzilskonstitution den Gebrauch der Muttersprache als „sehr nützlich“, so dass ihr „breiterer Raum“ gewährt werden solle (SC 63).

Die Instruktion „Inter oecumenici“, die von der Ritenkongregation am 26. September 1964 „zur ordnungsgemäßen Durchführung der Konzilskonstitution über die Liturgie ‚Sacrosanctum Concilium‘“ veröffentlicht wurde,[344] benannte zunächst einige Kriterien für die Übersetzung der lateinischen Riten insgesamt. So sollten die liturgischen Texte ausschließlich aus dem lateinischen liturgischen Text übersetzt werden.[345] Die Bischöfe sollten sich gegebenenfalls mit den „Nachbarbischöfen des gleichen Sprachraums“ beraten. Für den Fall, dass in einem Land mehrere Sprachen gesprochen werden, ordnete die Ritenkongregation an, die lateinischen Riten seien in jede der Sprachen zu übersetzen.[346] Für die Feier der Sakramente und Sakramentalien wurde der Gebrauch der jeweiligen Volkssprache durch die Ritenkongregation ausdrücklich gestattet.[347]

3.1 Der Weg zur deutschen Ausgabe

Die deutsche Version der „Feier der Abts-, Äbtissinnen- und Jungfrauenweihe“ wurde am 6. Januar 1974 „von den Vorsitzenden der zuständigen Bischofskonfe-

---

[341] „Permittitur autem ut editio latina statim ac in lucem edita fuerit in usum assumi possit“, Notitiae 7 (1971), S. 32.

[342] „Conferentiae Episcopales curent ut editiones lingua vernacula apparentur atque diem statuant, quo eadem editiones, ab Apostolica Sede rite confirmatae, vigere incipiant“, Notitiae 7 (1971), S. 32.

[343] Gleichzeitig betonte das Konzil, die von den Bischöfen getroffenen „Beschlüsse bedürfen der Billigung, das heißt der Bestätigung durch den Apostolischen Stuhl“ (SC 36,3).

[344] AAS 56 (1964), S. 877–900.

[345] „Populares textuum liturgicorum interpretationes fiant e textu liturgico latino“, ebd., S. 885.

[346] Vgl. ebd., S. 885f.

[347] Vgl. ebd., S. 892.

renzen sowie den konferenzfreien (Erz-)Bischöfen des deutschen Sprachgebietes für den liturgischen Gebrauch approbiert und am 25. Februar 1974 von der Kongregation für den Gottesdienst konfirmiert".[348] Sie war im Auftrag der Internationalen Arbeitsgemeinschaft der Liturgischen Kommissionen im deutschen Sprachgebiet entstanden. 1975 erschien schließlich die „Feier der Abts-, Äbtissinnen- und Jungfrauenweihe" als Druckausgabe (FAbtsweihe/FÄbtissinnenweihe).

3.1.1 *Erste Gehversuche in deutscher Sprache*

Zwischen der Erlaubnis zur volkssprachlichen Feier der Liturgie und der Veröffentlichung des deutschen Ritus für die „Abts- und Äbtissinnenweihe" liegen über zehn Jahre, in denen einige Klöster im deutschsprachigen Raum bereits erste Gehversuche mit der Feier in deutscher Sprache machten. Nach der Veröffentlichung der Liturgiekonstitution galten die nach dem Konzil von Trient geschaffenen Bücher mit ihren „weitgehend unveränderlichen Formularen"[349] als nicht mehr aktuell. Frei berichtet, manche Klöster „hielten auch weiterhin an den alten Riten fest. In anderen entstanden Texte, gute und solche, die man mehr oder weniger nur als Provisorien bezeichnen kann".[350]

Aus den Annalen der Weihe von Sr. Diethild Eickhoff geht hervor, dass der Ritus „zum letzten Mal in lateinischer Sprache gehalten wurde".[351] Die Weihe von Sr. Emmanuela Aichinger fand zwar noch innerhalb eines lateinischen Choralamtes am Hochaltar statt. Die Messorationen sind jedoch auch auf Deutsch übersetzt, worüber ein Blatt informiert, ein weiteres Blatt zeigt zehn Fürbitten für die Weihe, die trotz der Litanei zusätzlich auf Deutsch gebetet worden sind.

348 FREI, Äbtissinnenweihe, S. 225.

349 KACZYNSKI, Sacrosanctum Concilium, S. 90.

350 FREI, Äbtissinnenweihe, S. 227.

351 STÜMPF, Paschasia, Annalen der Benediktinerinnenabtei Kloster Engelthal 1966; Archiv der Benediktinerinnenabtei Kloster Engelthal, 63674 Altenstadt/Hessen, S. 1. In der Feier der Äbtissinnenweihe von Sr. Diethild hat sich der Geist des Zweiten Vatikanischen Konzils schon insofern niedergeschlagen, dass das Pontifikalamt mit einer ganzen Reihe Konzelebranten gefeiert worden ist. Konzelebranten waren der Weihbischof von Mainz, Dr. J.-M. Reuss, der Abtpräses der Beuroner Kongregation, Abt Dr. Petrus Vorne von Tholey, Abt-Coadiutor Dr. Urbanus Bomm von Maria Laach, der Generalvikar von Mainz, L. Haenlein sowie die Domkapitulare Dr. H. Berg, Dr. E. Straßer und Dr. A. Groh. Zu den Konzelebranten zählten auch der Direktor der Caritas Msgr. O. Weis und die Spirituale der Abteien Engelthal und Herstelle, P. Ildefons Reinhard und P. Anno Schoenen, beides Mönche in Maria Laach, vgl. ebd., S. 1f. Beim Treueid fehlen in der Hersteller Version bereits die Wörter „subiectionem" und „reverentiam" – hier ist quasi schon ein Vorgriff auf OBenAbb erfolgt, der, wie gezeigt, das Wort „subiectionem" in der Reihe der Versprechen ebenfalls getilgt hat. Das zeigt, dass dieser Begriff insgesamt nicht mehr zeitgemäß schien.

Ebenfalls auf Deutsch sind auch die Begleitworte zur Insignienübergabe gesprochen worden.[352]

Dass man es kaum erwarten konnte, die Äbtissinnenweihe in deutscher Sprache zu feiern, zeigt die Weihe von Sr. Marcellina Pustet (1924–2019, Äbtissin von 1970–1996).[353] Ihre Äbtissinnenweihe ist die erste, die in deutscher Sprache stattfand. Die Weihe wurde am 20. Juni 1970 – also noch fünf Monate vor der Veröffentlichung des erneuerten „Ordo Benedictionis Abbatis et Abbatissae“ – im Kloster Säben in Südtirol gefeiert. Die Feierordnung hatte Sr. Marcellina mit dem damaligen Spiritual des Klosters selbst zusammengestellt. Als Grundlage nahmen sie den alten Ritus, den sie ins Deutsche übersetzten und verkürzten.[354]

Sr. Marcellina ist nicht nur die erste Äbtissin, deren Weihe in deutscher Sprache stattfand, sie ist auch die erste Äbtissin im deutschsprachigen Raum, der nicht mehr die Hände aufgelegt worden sind. Bei der auf Deutsch gebeteten Präfation „Affluentem spiritum“ ist die Passage „die durch unsere Handauflegung heute zur Äbtissin bestellt wird“ gestrichen worden.[355] Es war offensichtlich bereits zu den Klöstern durchgedrungen, dass Rom dabei war, die Handauflegung für die Äbte und Äbtissinnen zu tilgen.[356]

Auch für die Abtsweihe gab es erste Gehversuche in deutscher Sprache. 1969 fand die Abtsweihe von Georg Holzherr (1927–2012, Abt von 1969–2001) in der

---

352 Äbtissinnen-Weihe; Maschinengeschriebener Notizzettel der Äbtissin in Stichpunkten; Archiv der Abtei St. Gertrud, 94167 Tettenweis.
„Dienen in Liebe“; maschiengeschriebener Informationszettel über den Tagesablauf für die Schwestern in Stichpunkten; Archiv der Abtei St. Gertrud, 94167 Tettenweis.
Äbtissinnenweihe in St. Gertrud, Tettenweis, am Fest d. Hlst. Dreifaltigkeit, 21. Mai 1967; ausformulierter, maschinengeschriebener Ablauf für die Schwestern mit hds. Korrekturen, Durchschlag; Archiv der Abtei St. Gertrud, 94167 Tettenweis.
Die zweite Meßoration für die Äbtissinnenweihe; Blatt mit den verwendeten Messorationen; Archiv der Abtei St. Gertrud, 94167 Tettenweis.
Fürbitten zur Äbtissinnenweihe am 21. Mai 1967; Archiv der Abtei St. Gertrud, 94167 Tettenweis.

353 Sr. Marcellina erhielt nach ihrer Geburt 1924 in Regensburg den Taufnamen Elisabeth. Nachdem sie einige Jahre den Verlag ihres Vaters geleitet hatte, der in Kriegsgefangenschaft war, trat sie 1954 in die Benediktinerinnenabtei Herstelle ein. 1956 wurde sie „nach Säben abgeordnet“. Dort leitete sie das Kloster von 1970 bis 1996 als Äbtissin, vgl. Pustet, in: Biographia Benedictina.

354 Herzlichen Dank für diese Information an die bis 2021 amtierende Äbtissin des ehemaligen Klosters Säben, Sr. M. Ancilla Hohenegger. Eine Information über den Spiritual fehlt.

355 Vgl. Äbtissinnenweihe in Säben, 20. Juni 1970, maschinengeschriebener Ablauf in deutscher Sprache, Archiv der Benediktinerinnenabtei Säben, 39043 Klausen. Herzlichen Dank an Sr. M. Ancilla Hohenegger, die mir eine Kopie des Ablaufs zur Verfügung gestellt hat.

356 Ferner hat man aus der Oration auch drei Bitten für die Äbtissin ausgelassen: die Bitte um die Sehnsucht nach dem Fasten, die Bitte um die Enthaltsamkeit von Luxus sowie die Bitte um die Gelehrsamkeit in der Sittlichkeit. Neben der leicht gekürzten Weihepräfation wurde die ausschließlich für die Äbtissinnenweihe übliche Oration „Domine Deus“ verwendet. Alle anderen Orationen fehlen. Weiterhin hat man jedoch auch ihr noch Ring und Stab übergeben, vgl. ebd., S. 5.

Abtei Einsiedeln statt. In einem Schreiben vom 28. März 1971 an die Redaktion der Gemeinsamen Liturgischen Bücher für das Deutsche Sprachgebiet in Trier berichtete der Benediktiner Odo Lang darüber, wie die Brüder aus Einsiedeln vorgegangen sind:

> Als Abt Georg 1969 zum Abt benediziert wurde, überliess uns Rom den neuen Ritus der Abtsweihe im damaligen Stadium der Arbeiten. Wir haben ihn in gemeinsamer Arbeit in der klösterlichen Liturgiekommission übersetzt. Die Feier, verbunden mit z. T. modernen ad hoc komponierten Gesängen, fand allgemeinen Beifall.[357]

In den Frauenklöstern blieb der Beifall über den erneuerten Ritus jedoch aus.

3.1.2 Der erste Übersetzungsentwurf und der Unmut der Frauenklöster

Denn die drastischen Unterschiede zwischen der „Benediktion des Abtes" und der „Benediktion der Äbtissin" im erneuerten lateinischen Ordo stießen bei den Frauenorden auf Unverständnis und Unmut. „Man hat fast den Eindruck, dass es im Hinblick auf die gemeinsame Geschichte des Weiheritus bei der Erstellung von O.BenAbb ‚finsterer als im Mittelalter' geworden war. Ohne Begründung differenzierte man nun gravierend zwischen beiden Riten",[358] urteilte die ehemalige Benediktineräbtissin der Abtei Varensell Judith Frei noch 2004. Die Äbtissinnen und Schwestern waren „enttäuscht und befremdet".[359] Insbesondere die fehlende Übergabe von Ring und Stab gaben Anlass zu harscher Kritik. Eine erste Gelegenheit, diesem Unmut Luft zu machen, bekamen die Schwestern im deutschsprachigen Raum, als der erste deutsche Übersetzungsentwurf vorlag.

Mit der Übersetzung hatte der Abtprimas Rembert Weakland den Benediktinermönch Urbanus Bomm aus Maria Laach beauftragt.[360] Einen ersten Entwurf schickte Bomm im Frühjahr 1971 an das DLI in Trier, von wo es an die Äbte und Äbtissinnen im deutschen Sprachraum weitergeleitet wurde mit der Bitte, bis zum 31. März 1971 Voten an die Redaktion der Gemeinsamen Liturgischen Bücher für das Deutsche Sprachgebiet zurückzusenden.[361] Damit erfüllte Bomm den Wunsch des Abtprimas, der es sehr bedauert hatte, dass insbesondere die Bene-

[357] P. Odo Lang OSB an die Redaktion der Gemeinsamen Liturgischen Bücher für das Deutsche Sprachgebiet, Einsiedeln, 28. März 1971; DLI, Schachtel 2: Die Feier der Abts- und Äbtissinnenweihe 1968–1973, Modi zur dt.sprachigen Übersetzung.

[358] Frei, Äbtissinnenweihe, S. 227.

[359] Ebd.

[360] Aussprache im Anschluß an die Konferenz von V. Abt-Primas (29.4.1971); APr 1691, Abtei St. Gabriel, Inghilterra, Lussemburgo, Spagna, Fereacion Catalana; Archiv des Abtprimas St. Anselmo, S. 3.

[361] Vgl. Blatt vor dem Übersetzungsentwurf; Archiv DLI, Schachtel 1: Die Feier der Abts- und Äbtissinnenweihe 1968–1973.

diktinerinnen und Zisterzienserinnen keine Möglichkeit bekommen hatten, sich zu dem neuen Ritus in seiner lateinischen Fassung zu äußern.

Auf einer Versammlung der deutschsprachigen Äbtissinnen und Priorinnen des Benediktiner- und Zisterzienserordens im April 1971 in Laach kamen „am Rande“ auch die Ungleichheiten zwischen den Weiheriten zur Sprache.[362] Der Abtprimas ermunterte die Äbtissinnen, „durchaus in klarer und höflicher Form Einspruch zu erheben“.[363] Er erklärte sich bereit, Rückendeckung zu gewährleisten und die Einwände vor die Kongregation zu bringen. Weakland schlug sogar vor, für den Fall, dass diese Einwände nicht angenommen würden, mit der Kommission für die Nonnen einen speziellen benediktinischen Ritus zu erarbeiten und diesen dann der Kongregation zur Genehmigung vorzulegen.[364]

Der erste Übersetzungsentwurf, den der Maria Laacher Benediktiner Bomm zu Beginn des Jahres 1971 vorlegen konnte,[365] orientiert sich noch recht eng am lateinischen Text. Ring- und Stabübergabe hatte Bomm nicht aufgenommen. Der Benediktiner erhielt tatsächlich viele Rückmeldungen und Voten zu seinem Vorschlag für eine erste deutsche Fassung der Abts- und Äbtissinnenweihe. Die Antworten der Männerklöster äußerten sich zumeist zu formalen Fragen, etwa zur Frage der Anrede, also ob in der Feier das „Du“ oder „Sie“ verwendet werden soll. Bomm hatte sich für das Du entschieden und am Rand die Frage gestellt „Oder Sie?“.[366]

---

362 Bomm, Urbanus, Zur Übersetzung des Ritus der Abts- und Äbtissinnenweihe, ohne Datum; Archiv DLI, Schachtel 1: Die Feier der Abts- und Äbtissinnenweihe 1968–1973, S. 2.

363 Aussprache im Anschluß an die Konferenz von V. Abt-Primas (29.4.1971); APr 1691, Abtei St. Gabriel, Inghilterra, Lussemburgo, Spagna, Fereacion Catalana; Archiv des Abtprimas St. Anselmo, S. 3.

364 Vgl. ebd.

365 Die Abtsweihe und Äbtissinnenweihe nach dem neuen Pontificale Romanum. Übersetzt von Urbanus Bomm OSB, Maria Laach, 1. Fassung; Archiv DLI, Schachtel 1: Die Feier der Abts- und Äbtissinnenweihe 1968–1973.

366 Einige Rückmeldungen plädierten deutlich für das „Sie“, etwa die von P. Rochus Schroth aus St. Ottilien, der auf das 63. Kapitel der Benediktsregel über die Rangordnung in der Gemeinschaft verweist, Pater Rochus Schroth OSB, St. Ottilien, an den „hochwürdigsten Prälat Wagner“, 30. März 197; Archiv DLI, Schachtel 1: Die Feier der Abts- und Äbtissinnenweihe 1968–1973. Eine Mischform schlug der Abt des Klosters Engelbert, Leonhard Bösch, vor. Er zog die Du-Form für die Abtsweihe vor, war sich aber unsicher, ob bei der Äbtissinnenweihe die Sie-Form nicht passender wäre, vgl. Leonhard Bösch an das Deutsche Liturgische Institut Trier, 9. März 1971; Archiv DLI, Schachtel 2: Die Feier der Abts- und Äbtissinnenweihe 1968–1973, Modi zur deutschsprachigen Übersetzung. Andere, wie der Benediktinerabt aus Seitenstetten, Albert Kurzwernhart, sprachen sich für die Du-Anrede aus, vgl. Voten des Benediktinerstifts Seitenstetten, ohne Datum; Archiv DLI, Schachtel 1: Die Feier der Abts- und Äbtissinnenweihe 1968–1973. Für die Du-Anrede plädierte auch der Benediktinerabt Anselm Urban aus der Abtei Grüssau, Bad Wimpfen, vgl. P. Anselm Urban an das Deutsche Liturgische Institut Trier, Benediktinerabtei Grüssau, Bad Wimpfen, 31. März 1971; Archiv DLI, Schachtel 1: Die Feier der Abts- und Äbtissinnenweihe 1968–1973.

Umstritten war ferner der Begriff „Weihe“ im Deutschen. Bomm hatte die Übersetzung „Weihe“ gewählt, zeigte sich jedoch unsicher und stellte dies zu Beginn seiner Übersetzung als Frage, indem er formulierte: „Der Abt und die Äbtissin eines Klosters *empfangen*[367] nach ihrer kanonischen Wahl eine Segnung (oder Weihe)“.[368] Bezeichnenderweise antworteten auf diese Frage ebenfalls nur einige Vertreter männlicher Orden.[369]

Auch einige Frauenklöster nutzten die Möglichkeit, zu Bomms Übersetzung Voten abgeben zu können. So die Benediktinerinnenabtei Nonnberg, die einige Anmerkungen zur Übersetzung machten.[370] Die Zisterzienserinnen der Abtei Mariastern-Gwiggen in Hohenweiler/Voralberg schickten lediglich einen kurzen, abnickenden Absatz zurück, in dem sie sich für die Zusendung des neuen Textes „für die Abts- und Äbtissinnenweihe“ bedankten und ihr Gefallen darüber äußerten, „weil der benediktinische Geist und Inhalt der Regel darin berücksichtigt wurde“. Über die Übersetzung könnten sie keine Angabe machen, da ihnen ein „lat. Text zum Vergleich“ fehle.[371]

Zwei Frauenabteien nutzten die Gelegenheit, um ihrem Unmut über den erneuerten Ritus Luft zu machen. Hauptkritik waren die großen Unterschiede zur Feier der Abtsweihe, insbesondere die Streichungen einzelner Passagen in den Orationen sowie die fehlende Übergabe der traditionellen Insignien Ring und Stab.

Ein besonders scharfer Brief ist von der „Abtei Unserer Lieben Frau“ in Varensell zurück geschickt worden.[372] Man merkt den Schwestern das Missbehagen über den erneuerten Ritus deutlich an. Mit ziemlicher Schärfe und ohne ein Wort des Grußes beginnt das Schreiben direkt nach dem Betreff damit, dass die Schwestern ihr tiefes Bedauern darüber ausdrücken, dass, „da der Ritus in seiner

---

367 Hds. eingefügt.

368 Die Abtsweihe und Äbtissinnenweihe nach dem neuen Pontificale Romanum. Übersetzt von Urbanus Bomm OSB, Maria Laach, 1. Fassung; Archiv DLI, Schachtel 1: Die Feier der Abts- und Äbtissinnenweihe 1968–1973, S. 2.

369 Vgl. für die Voten zu dieser Frage auch den entsprechenden Abschnitt im einleitenden Kapitel I 9. Eine weitere Rückmeldung durch männliche Klöster betraf die Anrede „Vater“, die Bomm als Übersetzung für den weihenden Prälaten gewählt hatte. Hierzu beanstandete der Prior Maurus Berve der Benediktinerabtei St. Mauritius aus Tholey/Saar, der weihende Prälat (ob Ortsbischof oder anderer Abt) sei nicht der „Vater“ jener Gemeinschaft, die durch die Abtsweihe ja erst ihren neuen Vater erhalten soll, vgl. Maurus Berve, St. Mauritius Tholey, an das Deutsche Liturgische Institut Trier, 27. März 1971; Archiv DLI, Schachtel 1: Die Feier der Abts- und Äbtissinnenweihe 1968–1973.

370 Vgl. Sr. Maria Lucia OSB, Abtei Nonnberg in Salzburg an das Deutsche Liturgische Institut Trier, 23. März 1971; Archiv DLI, Schachtel 1: Die Feier der Abts- und Äbtissinnenweihe 1968–1973.

371 Vgl. Agnes Fabianek, Zisterzienserinnenabtei Mariastern-Gwiggen an das Deutsche Liturgische Institut Trier, 18. März 1971; Archiv DLI, Schachtel 1: Die Feier der Abts- und Äbtissinnenweihe 1968–1973.

372 Abtei Unserer Lieben Frau Varensell an das Deutsche Liturgische Institut Trier, 31. März 1971; Archiv DLI, Schachtel 1: Die Feier der Abts- und Äbtissinnenweihe 1968–1973.

lateinischen Form bereits approbiert und ediert ist ... man der Annahme wohl nicht fehl gehen [werde], daß sich das erbetene Votum nur auf den Text der Übersetzung beziehen soll.“ Das Wort „Übersetzung“ ist von Urbanus Bomm unterstrichen worden, daneben hat er mit Bleistift ein „Ja“ notiert. „Dennoch“, so schreiben die Schwestern weiter, „einige Bemerkungen zu Text und Struktur“. An dieser Stelle hat Bomm vermerkt: „Hierfür ist der Übersetzer nicht zuständig“.[373]

Erster Kritikpunkt ist der Wegfall der „(Weihe-)Präfation“, sie sei schließlich seit jeher „konstitutiv für eine Benediktion“ gewesen. In Klammern fügen die Schwestern hinzu, „das Argument, die Weihe sei keine sakramentale, dürfte wohl nicht ausreichen“. Zweitens beanstandeten die Schwestern die Unterschiede der Äbtissinnenweihe zur Abtsweihe, besonders die fehlende Übergabe des Äbtissinnenringes:

> Es ist heute durchaus angebracht und möglich, über Sinnhaftigkeit und Bedeutung der äbtlichen Insignien zu diskutieren. Wenn ihre Überreichung jedoch im Ritus der Abtsweihe vorgesehen ist, bleibt uneinsichtig und unbegründet, warum sie nun der Äbtissin vorenthalten werden sollen. Unverständlich ist, daß nach vorliegendem Ritus die Überreichung eines Ringes nur dann erfolgen soll, falls die Äbtissin noch keinen hatte. Wenn der Ring tatsächlich Zeichen und Sinnbild des äbtlichen Amtes ist – wie aus dem begleitenden Text hervorgeht–, dann sollte auch jede ihn erhalten. Oder sollte etwa der Ring, den man zur Profeß bzw. Jungfrauenweihe erhalten hat und der noch nach dem neuen römischen Ritus Zeichen der sogenannten ‚Vermählung‘ mit Christus ist, zum Zeichen der Verbundenheit der Äbtissin mit der Gemeinschaft ‚umfunktionalisiert‘ werden?[374]

Auch was die Qualität der Übersetzung angeht, nahmen die Schwestern kein Blatt vor den Mund. „Was die Übersetzung betrifft, so ist allgemein zu sagen, daß sie den ihr zugrunde liegenden Kurialstil nicht verleugnen kann, also eine Sprache spricht, die dem heutigen Empfinden nicht ganz gemäß ist.“

Ebenso nutzten die Schwestern der Abtei St. Walburg in Eichstätt die Möglichkeit, ihrem Unmut über den neuen Ritus der Äbtissinnenweihe und vor allem über seine Unterschiede zur Abtsweihe Luft zu machen.[375] Ihnen sei es nicht leicht gefallen, ihre Voten zu dem neuen Ritus zu formulieren, da den neuen Formularen „leider keine Begründungen der vorliegenden großen Unterschiede zwischen Abts- und Äbtissinnenweihe beigegeben sind.“ Die Schwestern schei-

---

[373] Die Rechtfertigung lässt vermuten, dass Bomm das Schreiben mit seinen Anmerkungen in Kopie dem Manuskript beigelegt hat. Der Brief der Varenseller Schwestern ist nicht unterzeichnet, sondern endet mit dem Wunsch, das Manuskript mit den betreffenden Änderungsvorschlägen oder ein anderes zurückzuerhalten. Bomm hat das Manuskript gemäß eines handschriftlichen Eintrages am 27. Oktober 1971 zurückgesandt.

[374] Ebd.

[375] Sr. M. Birgitta zu Münster, Sr. M. Amata Hermannspan, Abtei St. Walburg Eichstätt, an das Deutsche Liturgische Institut Trier, 29. März 1971; Archiv DLI, Schachtel 1: Die Feier der Abts- und Äbtissinnenweihe 1968–1973.

nen kaum glauben zu können, dass eine Äbtissin laut dieser Formulare zukünftig keinen Stab und Ring mehr tragen soll:

> Ist eigentlich gemeint, daß in Zukunft die Äbtissin Stab und Ring nicht mehr tragen soll? Und wenn doch: Warum entfällt jetzt nach dem neuen Formular Weihe und Übergabe dieser Insignien? (Den Professring tragen ja alle Mitglieder der Kommunität).[376]

Die Schwestern äußerten sich auch zu den Unterschieden, die im neuen Ritus hinsichtlich der Leitungsaufgaben gemacht werden. So werde der Abt im Weiheformular mit der „inneren und äußeren Leitung seines Klosters beauftragt. Die Äbtissin soll offenbar in Zukunft nur mit der äußeren Leitung betraut werden." Diese Folgerung dränge sich beim Vergleich der entsprechenden Orationen sowie beim Wegfall des liturgisch festgelegten und ausdrücklich ausgesprochenen Auftrags durch den Bischof beziehungsweise den Abt, der die Weihehandlung vollziehe, auf. Ferner sei zu beanstanden, dass auch das Homagium anscheinend nur noch bei der Abtsweihe vorgesehen sei – es werde schließlich bei der Äbtissin nicht erwähnt.[377] Den Schwestern ist völlig unverständlich, warum die „Liturgiereform" derartige Unterschiede zwischen den Geschlechtern geschaffen hat. „Es besteht natürlich die Möglichkeit, daß wir ... über die Vorüberlegungen zu diesen Änderungen nicht informiert sind. Andernfalls scheinen uns diese Änderungen nicht im Einklang zu stehen mit der – in gewissen Grenzen – auch in der Kirche von heute geforderten Gleichberechtigung."

3.1.3 *Unsicherheiten in der Rezeption*

Der römische Normtext der Äbtissinnenweihe im nachtridentinischen Pontifikale sowie seine Vorläufer, der Pontificalis Liber aus dem späten fünfzehnten Jahrhundert und das Pontifikale der Römischen Kurie aus dem dreizehnten Jahrhundert hatten keine Stab- und Ringübergabe für die Äbtissinnen vorgesehen. Die Langversion des Pontificale Romanum des zwölften Jahrhunderts bemerkt zu Beginn sogar eigens, dass der Äbtissin kein Stab übergeben werden soll (PR XII XV, 1). Und auch im Pontificale Romano-Germanicum ist eine Stabübergabe nicht überliefert.[378] Die fehlende Übergabe von Ring und Stab im erneuerten lateinischen Ordo ist auf der normativen Ebene also keineswegs eine Neuerung.

---

376 Ebd.

377 Es fehlt allerdings auch für die Äbte innerhalb des Weiheritus. Die zuständige Studiengruppe hatte bestimmt, dass der Eid außerhalb der Feier stattfinden soll, CECL 307a, S. 9.

378 Vgl. PRG XXXII.

Dessen ungeachtet haben Äbtissinnen seit dem Mittelalter Stab und Ring geführt und ihn bei der Äbtissinnenweihe überreicht bekommen.[379]

Als am 9. Januar 1966 Sr. Diethild Eickhoff ihre Äbtissinnenweihe feierte, legte Bischof Hermann Volk ihr nicht nur gemeinsam mit dem Abtpräses der Beuroner Kongregation, Petrus Borne, die Hände auf, sondern er übergab ihr auch Stab und Ring. Den Ring erhielt Sr. Diethild unmittelbar nach den Orationen zusammen mit der Regel. Diese überreichte ihr Urbanus Bomm als Abtdelegat Engelthals. Für das Begleitwort zur Ringübergabe griffen die Schwestern nicht auf das entsprechende Geleitwort der Abtsweihe zurück, wie es Puniet für diesen Fall gemeinhin vermutet,[380] sondern sie teilten das Geleitwort zur Regelübergabe aus dem Pontificale Romanum in zwei Abschnitte: Der erste Teil bis „humana permiserit“ wurde für die Regelübergabe verwendet, der zweite Teil „Accipe gregis“ bis zum Ende für die Ringübergabe.[381] So empfing Sr. Diethild die Regel begleitet von den Worten: „Nimm hin die von den Vätern überlieferte Regel, die von Gott anvertraute Herde zu leiten u. zu bewahren, soweit Gott selbst dich dazu stärkt u. die menschl. Gebrechlichkeit es gestattet“.[382] Der Ring wurde Sr. Diethild mit den Worten übergeben:

> Empfange die mütterliche Fürsorge für die Herde des Herrn u. die Obsorge für die Seelen; auf dem Pfade der Gebote des göttlichen Gesetzes einherschreitend, sei ihnen Führerin zur Weide des himml. Erbes, gestützt auf unsern Herrn Jesus Christus, der mit dem Vater u. dem Hl. Geiste lebt u. herrscht als Gott von Ewigkeit zu Ewigkeit.[383]

Den Stab erhielt die neue Äbtissin von Engelthal bei der Installation auf dem „Thron“ im Nonnenchor – so die deutsche Übersetzung für den Sitz der Äbtissin im Heftchen zur Weihe.[384] Bischof Volk überreichte ihn mit den Worten „Empfange die volle und freie Gewalt, dieses Kloster und seine Gemeinschaft und alles, was zur Leitung desselben innen und außen, geistlich und weltlich gehört, zu

---

379 Vgl. BOMM, Urbanus, Zur Übersetzung des Ritus der Abts- und Äbtissinnenweihe, ohne Datum; Archiv DLI, Schachtel 1: Die Feier der Abts- und Äbtissinnenweihe 1968–1973, S. 1.

380 Vgl. PUNIET, Pontifikale, S. 128.

381 Äbtissinnen-Benediktion von Frau Diethild Eickhoff am 9. Januar 1966 in der Benediktinerinnenabtei zur Heiligen Maria zu Engelthal durch Bischof H. Volk, Mainz; Archiv der Benediktinerinnenabtei Kloster Engelthal, 63674 Altenstadt/Hessen, S. 9.

382 „Accipe regulam a sanctis Patribus traditam ad regendum, custodiendumque gregem tibi a Deo commissum, quantum Deus ipse te confortaverit, et fragilitas humana permiserit“. Die deutsche Übersetzung stammt aus dem Textheft zur Weihe, vgl. ebd., S. 9.

383 „Accipe gregis Dominici maternam providentiam et animarum procurationem; et per divinae legis incendendo praecepta, sis ei dux ad coelestis haereditatis pascua, adiuvante Domino nostro Jesu Christo, qui cum Patre et Spiritu sancto vivit et regnat Deus in saecula saeculorum“. Die deutsche Übersetzung stammt ebenfalls aus dem Textheft zur Weihe, vgl. ebd.

384 Im Pontificale Romanum steht hier „Pontifex cum mitra inthronizat Abbatissam in sede“, PR 1962, 466.

regieren",[385] wie sie seit dem Pontifikale des Durandus für die Inthronisation der Äbte und Äbtissinnen gleichermaßen vorgesehen waren.[386] In gleicher Weise hat auch Sr. Beatrix Kolck OSB in der Abtei vom Heiligen Kreuz Herstelle, dem Mutterkloster der Abtei Engelthal, am 25. März 1966 bei ihrer Weihe Ring und Stab durch Abtpräses Petrus Borne erhalten.[387]

Auch Sr. Emmanuela Aichinger erhielt bei ihrer Äbtissinnenweihe in der Benediktinerinnenabtei St. Gertrud in Tettenweis durch den Passauer Bischof Simon Konrad Landersdorfer Ring und Stab. Die Übergabe der Insignien fand jedoch – abgesehen von der Regelübergabe – erst nach der Messe, also außerhalb der eigentlichen Feier statt. Die Regel hat sie, wie im Pontificale Romanum vorgesehen, unmittelbar nach den Segensgebeten erhalten. Während des Te Deum führte der Bischof die Äbtissin zum Chorgitter und übergab ihr dort gemeinsam mit dem Kreuz auch Ring und Stab.[388]

Die Deuteworte für die Übergabe wurden bereits auf Deutsch gesprochen. Das Begleitwort für die Stabübergabe ist weitestgehend aus der Abtsweihe des Pontificale Romanum übernommen worden: „Nimm hin den Stab deines klösterlichen Amtes und trage ihn voran der dir anvertrauten Schar gottgeweihter Jungfrauen. Sei in der Zurechtweisung der Fehler von hl. Strenge und wenn du gezürnt hast, sei eingedenk der Barmherzigkeit".[389] Für die Übersetzung hat man die Passage „baculum pastoralis officii", wörtlich „Stab des Hirtenamtes", freier (und wohl auch unmissverständlicher) mit „Stab deines klösterlichen Amtes" übersetzt. Das Wort „catervae", „Schar", ist durch das Attribut „gottgeweihter Jungfrauen" ergänzt und spezifiziert worden, so dass das Geleitwort insgesamt für die weibliche Leiterin einer Klostergemeinschaft angepasst worden ist.

Das Geleitwort zur Übergabe des Ringes betont die Brautmetaphorik: „Der Ring, welchen wir dir anlegen, sei immer eine ernste Erinnerung, daß du eine Braut Christi bist, welche immer mit ihren Untergebenen durch das Band der Liebe verbunden bleiben soll".[390] Damit wird dem Äbtissinnenring eine andere Bedeutung zugesprochen als dem Ring für die Äbte. Das Geleitwort für die Ringübergabe bei der Abtsweihe deutet den Ring als Zeichen der Treue zur Kirche, auf dass der Abt die Braut Gottes, die heilige Kirche, mit unverbrüchlicher Treue

---

385 „Accipe plenam et liveram potestatem regendi hoc monasterium et congregationem eius, et omnia quae ad illius regimen interius et exterius, spiritualiter et temporaliter pertinere noscuntur", PR 1962, 466.

386 Vgl. PGD XXI, 25.

387 De benedictione abbatissae – Die Äbtissinnenweihe von Mutter Beatrix Kolck OSB am 25. März 1966 in der Abtei vom Heiligen Kreuz Herstelle. Wahl und Weihe der Äbtissinnen, Ritus: B. Kolck, 1966; Archiv der Abtei Herstelle, 37688 Beverungen, BI 4, S. 9.

388 Vgl. Äbtissinnenweihe in St. Gertrud, Tettenweis, am Fest d. Hlst. Dreifaltigkeit, 21. Mai 1967; ausformulierter, maschinengeschriebener Ablauf für die Schwestern mit hds. Korrekturen, Durchschlag; Archiv der Abtei St. Gertrud, 94167 Tettenweis, S. 2.

389 Blatt für die Übergabe der Insignien, St. Gertrud; Archiv der Abtei St. Gertrud, 94167 Tettenweis.

390 Ebd.

schmücken und behüten möge.[391] Die hier gewählte Variante für die Ringübergabe an die Äbtissin kommt dem Geleitwort bei der Ringübergabe der Jungfrauenweihe sehr nah, wo die Braut-Christi-Metaphorik der Nonnen ihren Ursprung hat.[392] Woher dieses Geleitwort stammt, lässt sich nicht mehr eruieren. Vermutlich hat Bischof Landershofer es im Zusammenhang mit dem Wahlspruch Sr. Emmanuelas, „In Liebe dienen“, erstellt.[393]

Sr. Marcellina Pustet hat bei ihrer Weihe am 20. Juni 1970 im Kloster Säben in Südtirol[394] nicht nur die Regel, sondern im Gegensatz zu Sr. Emmanuela auch Ring und Stab innerhalb der Feier überreicht bekommen. Für die Geleitworte zur Regel- und Stabübergabe griff man auf die entsprechenden Vorgaben für die Äbte aus dem Pontificale Romanum zurück. Zur Stabübergabe wählten die Schwestern die Worte zur Inthronisation: „Empfange die volle und rechtmäßige Gewalt, diese Klostergemeinschaft mit allem, was zu ihrer Führung nach innen und außen, in geistlichen und weltlichen Dingen gehört, zu leiten“.[395] Dies zeigt, dass nach dem Selbstverständnis der Nonnen die Stabübergabe wesentliches Element und Zeichen für die Übernahme der Gewalt im Kloster ist. Ob hier gleichzeitig die Inthronisation der Äbtissin stattfand, wird nicht deutlich – vermutlich aber nicht, sonst wäre das in diesem Zusammenhang sicherlich erwähnt worden. Für die Ringübergabe wurde wie auch bei den Äbtissinnenweihen von Sr. Diethild und Sr. Beatrix der zweite Teil der Regelübergabe aus dem Pontificale Romanum verwendet: „Übernimm die mütterliche Sorge für die Herde des Herrn und die Leitung der Seelen. Gehe ihnen voran in der Beobachtung der göttlichen Gebote und führe sie zum himmlischen Erbe“.[396]

Diese Beispiele zeigen: noch kurz vor der Veröffentlichung des neuen Ordo zur Äbtissinnenweihe erhielten die Äbtissinnen im deutschsprachigen Raum selbstverständlich weiterhin Ring und Stab. Erst das Erscheinen der erneuerten lateinischen Ordnung führte zu Unsicherheiten hinsichtlich dieses Brauches und gab Anlass zur Prüfung einer praktischen Selbstverständlichkeit.

Diese Unsicherheit demonstriert die Äbtissinnenweihe von Sr. Margarita Brunnhuber aus der Abtei der Hl. Erentrudis zu Kellenried. Sie ist die erste Äbtissin, die im deutschen Sprachraum nach dem erneuerten Ritus geweiht worden ist. Ihre Äbtissinnenweihe fand am 26. November 1972 statt, also ziemlich genau zwei Jahre nach dem Erscheinen von „OBenAbbatissa“. Zeugnis über die

---

391 Vgl. PR 1962, 388

392 Vgl. STEINKE, Katharinenkloster, S. 176–180.

393 Diese Vermutung stammt von den Tettenweiser Schwestern selbst.

394 Das Kloster Säben gehörte seit 1974 der Beuroner Kongregation an und war deutschsprachig. Im November 2021 wurde das Kloster wegen mangelnden Nachwuchs aufgelöst, vgl. „Benediktinerinnen verlassen Kloster Säben, 11. November 2021, https://religion.orf.at/stories/3209764/ (Zugriff 15. Januar 2022).

395 Äbtissinnenweihe in Säben, 20. Juni 1970, maschinengeschriebener Ablauf in deutscher Sprache; Archiv der Benediktinerinnenabtei Säben, 39043 Klausen, S. 5.

396 Ebd.

Weihe geben das Liturgieheftchen, ein Rundbrief sowie Auszüge aus den Annalen des Klosters und dem Menolog.[397]

Die Äbtissinnenweihe wurde in deutscher Sprache gefeiert. Da es eine offizielle deutsche Übersetzung noch nicht gab, ist der lateinische Ordo für die „Benediktion der Äbtissin“ ins Deutsche übertragen worden. Die Übersetzung folgt insgesamt recht eng dem lateinischen Text.[398] Die Äbtissinnenweihe wurde von dem Bischof von Rottenburg, Carl Joseph Leiprecht (1903–1981), gefeiert.[399] Da es die erste Äbtissinnenweihe nach der erneuerten Ordnung im Kloster Kellenried und überhaupt im deutschen Sprachgebiet war, gab es vor der Eröffnung eine Hinführung durch den Trierer Liturgiewissenschaftler Balthasar Fischer (1912–2001), der in „den neuen deutschen Ritus der Weihe einführte und [ihn] erschloss“.[400] Eine Handauflegung hat Sr. Margarita nicht mehr empfangen. Als Segensgebet wählte man das erste, welches aus Aussagen der Benediktsregel erstellt worden war. Die Ungleichheiten zur Abtsweihe hat man bei der Übersetzung ins Deutsche hingenommen.

Obwohl der erneuerte Ordo eine Übergabe von Stab und Ring nicht vorsah, ist die Stabübergabe im Liturgieheftchen nachträglich handschriftlich ergänzt worden. Sr. Margarita hat demnach den Stab nach der Segensoration im Anschluss an die Regelübergabe überreicht bekommen. Zu dieser Variante hatte Fischer den Schwestern geraten, der dies für angemessen hielt. Von der Übergabe eines Ringes nahm jedoch auch Fischer im Jahr 1972 noch Abstand.[401] Erst, nachdem die deutsche Ausgabe erschienen war, in der der Ring eingeschränkt wieder zugelassen worden war, erhielt auch Sr. Margarita in einer Vesper den Ring. Er wurde ihr am 8. Dezember 1976, also vier Jahre nach ihrer Weihe, von Leiprechts Nachfolger Georg Moser (1923–1988) überreicht, wie die Annalen des

---

397 Weihe der Äbtissin Margarita Brunnhuber in der Abtei der Hl. Erentrudis zu Kellenried, 26. November 1972. Kopie des Exemplars von Sr. Margarita Brunnhuber mit hds. Ergänzungen; Archiv der Abtei St. Erentraud, 88276 Berg. Aus den Annalen vom 8. Dezember 1976 (S. 120); Archiv der Abtei St. Erentraud, 88276 Berg. Aus dem Menolog am 26. November; Archiv der Abtei St. Erentraud, 88276 Berg. Herzliches Dankeschön an Sr. Margarita Brunnhuber, die mir eine Kopie ihres Exemplars zur Verfügung gestellt hat.

398 Die Schwestern haben sich jedoch auch einige Freiheiten erlaubt. So ist bei der Befragung die zweite Frage nach dem Gehorsam gegenüber der Kirche sowie dem Papst und seinen Nachfolgern mit der dritten Frage, die nach dem Gehorsam gegenüber dem Ordinarius fragt, zusammengefasst, indem der Einschub „und den kirchlichen Oberen“ ergänzt wurde. Vermutlich hatte man bei der Vorbereitung der Weihe von Sr. Margarita gesehen, dass die Frage nach dem Gehorsam gegenüber der Kirche und die Frage nach der Einhaltung des Rechts sich in gewisser Hinsicht doppeln.

399 Konzelebranten waren Weihbischof Sedlmeier, Abt Martin Michler (Rio), Abt Wilfried (Weingarten), Abt Bernhard (Scheyern), Prälat Fischer (Trier), Professer Tuchle, Pater Spiritual Ambrosius und fünf weitere Geistliche, die ohne Namen aufgeführt sind; vgl. den 58. Rundbrief aus Kellenried, St. Erentraud von November 1972; Archiv der Abtei St. Erentraud, 88276 Berg.

400 Vgl. Aus dem Menolog am 26. November; Archiv der Abtei St. Erentraud, 88276 Berg.

401 Vielen Dank für diese Information an Sr. Margarita Brunnhuber.

Klosters berichten: „Da sie [die Überreichung des Ringes, S.R.] aber wieder eingeführt worden ist, übergab Bischof Georg, ‚die Amtshandlung seines Vorgängers mit großer Freude ergänzend‘, wie er sagte, nach der von ihm präsidierten Vesper Mutter Margarita den äbtlichen Ring“.[402]

3.1.4 *Kampf um die Aufnahme von Äbtissinnenring und -stab*

Doch bis zur offiziellen Erlaubnis der Ring- und Stabübergabe durch Rom war es noch ein langer Weg. Der von Bomm angefertigte erste Übersetzungsentwurf lag auch der Liturgischen Kommission des deutschen Sprachgebietes auf ihrer ersten Kontaktsitzung vom 13. bis 16. April 1971 in Berlin vor.[403] Die Kommission ermächtigte eine Koordinierungsgruppe, die Übersetzungen zu überprüfen und gegebenenfalls zu überarbeiten. Wenn keine größeren Schwierigkeiten auftreten, die eine Vorlage bei der Kontaktsitzung Ende November notwendig machen, könne sie die Texte verabschieden und den Bischofskonferenzen zur Approbation vorlegen.[404] Ein Situationsbericht des Trierer Bischofs Bernhard Stein (1904–1993) auf der Kontaktsitzung der Kommission im November in Salzburg ist noch sehr optimistisch: So ging Stein davon aus, dass „im Jahre 1972 ... die muttersprachlichen Ausgaben der Liturgie der Profess, der Jungfrauenweihe und der Abt- und Äbtissinnenweihe eingeführt werden können“.[405] Die Veröffentlichung zog sich jedoch noch drei weitere Jahre hin.

Bomm setzte sich unmittelbar nach der Kontaktsitzung im April 1971 daran, eine zweite Fassung der Übersetzung anzufertigen. Die Modi, die im März 1971 zur Übersetzung eingegangen waren, arbeitete er schnell ein. So konnte bereits Anfang Mai die modifizierte Fassung des Übersetzungstextes nach Trier ge-

---

402 Aus den Annalen vom 8. Dezember 1976; Archiv der Abtei St. Erentraud, 88276 Berg.

403 Vgl. Protokoll der Kontaktsitzung der Liturgischen Kommissionen des deutschen Sprachgebietes vom 13.–16. April 1971 in Berlin; Archiv DLI, IAG A 005: IAG-Protokolle 1971–1975. Teilnehmer waren Bischof Dr. Anton Hänggi, Basel/Solothurn; Bischof Dr. Jean Hengen, Luxemburg; Bischof Dr. Bernhard Stein, Trier; Bischof Dr. Hermann Volk, Mainz; Weihbischof Hugo Aufderbeck, Erfurt; Weihbischof Ernst Tewes, München; Abt. Dr. Urbanus Bomm OSB, Maria Laach; Prof. Dr. Karl Amon, Graz; Dr. Günter Duffrer, Mainz; Prof. Dr. Balthasar Fischer, Trier; P. Dr. Kolumband Gschwend, Bozen; Dr. Josef Gülden, Leipzig; Prof. Dr. Philipp Harnoncourt, Graz; Pfarrer Heinrich Haug, Trier-Kernscheid; P. Paulus Hirt, Salzburg; Pfarrer Konrad Hoffmann, Oberbillig; Prof. Dr. Hans Hollerweger, Linz; Prof. Dr. Bruno Kleinheyer, Sinzing; Msgr. Walter Krawinkel, Berlin-Ost; Prof. Dr. Emil Lengeling, Wolbeck; Pfarrer Henri Oster, Offendorf/Frankreich; Prof. Dr. Franz Nikolasch, Gartenau/Österreich; Dr. Heinrich Rennings, Lampaden-Trier; Domkapitular Karl Schollmeier, Erfurt; Prof. Robert Trottmann, Zürich; Prälat Dr. Johannes Wagner, Trier.

404 Vgl. ebd.

405 Protokoll der Kontaktsitzung der Liturgischen Kommission des deutschen Sprachgebietes vom 29. November – 2. Dezember 1971 in Salzburg; Archiv DLI, IAG A 005; IAG-Protokolle 1971–1975.

schickt werden.[406] Bomm hatte die zweite Fassung nun deutlich freier formuliert. Und er hatte auch die Übergabe der Insignien Ring und Stab für die Äbtissinnen aufgenommen und in Klammern die Bemerkung zugefügt: „Die folgende Bestimmung gilt, soweit nicht örtlicher Brauch *etwas anderes*[407] vorsieht".[408] Für die Stabübergabe heißt es:

> Wenn ein Stab übergeben wird, so geschehe es mit folgenden Worten: Empfange den Stab. Sorge wie eine Hirtin für die Schwestern, die dir anvertraut sind. Du wirst einst Rechenschaft über sie ablegen müssen.

Bomm hat in der zweiten Fassung auch auf den vielfach geäußerten Einwand reagiert und die Form „Gewählte" statt „Erwählte" verwendet. Hinsichtlich der Anrede, die in den Voten häufig Thema war, vermerkte Bomm nun in einer Fußnote, dass statt der Du-Anrede, die im Ritus noch gewählt ist, „hier und im ganzen Ritus" auch die Sie-Anrede gebraucht werden könne.

Es war allerdings versäumt worden, diese als endgültig angesehene zweite Fassung erneut an die Mitglieder der Kontaktsitzung der Liturgischen Kommission zu schicken, wie ein Schreiben Bomms an den Assistenten Wagners und Leiter der Redaktion der gemeinsamen liturgischen Bücher im deutsche Sprachgebiet, François Raas (1930–1991),[409] vom 11. Dezember 1971 zeigt:

> Auf der Kontaktsitzung in Salzburg[410] wurde festgestellt, daß die Übersetzung der Abts- und Äbtissinnenweihe nicht an die Mitglieder versandt worden war. Eine Stellungnahme oder Approbation wäre daher, auch wenn der Punkt zur Sprache gekommen wäre, nicht möglich gewesen, wie es vorher bereits beim Professritus der Fall

---

406 Vgl. BOMM, Urbanus, Zur Übersetzung des Ritus der Abts- und Äbtissinnenweihe, ohne Datum; Archiv DLI, Schachtel 1: Die Feier der Abts- und Äbtissinnenweihe 1968–1973, S. 1.

407 Hds. eingefügt.

408 Die Abtsweihe und Äbtissinnenweihe nach dem neuen Pontificale Romanum, 2. Fassung; Archiv DLI, Schachtel 1: Die Feier der Abts- und Äbtissinnenweihe 1968–1973.

409 Information von Arthur Waibel, dem Archivar des DLI Trier, vielen Dank.

410 Die Kontaktsitzung in Salzburg fand vom 29. November bis 2. Dezember 1971 statt. Teilnehmer waren Kardinal Arturo Tabera, Rom; Erzbischof Dr. Eduard Macheiner, Salzburg; Bischof Dr. Anton Hänggi, Solothurn; Bischof Dr. Jean Hengen, Luxemburg; Bischof Dr. Anton Hofmann, Passau; Bischof Dr. Bernhard Stein, Trier; Bischof Dr. Josef Stimpfle, Augsburg; Weihbischof Hugo Aufderbeck, Erfurt; Weihbischof Anton Herre, Rottenburg; Weihbischof Walter Kampe, Limburg; Weihbischof Dr. Paul Nordhues, Paderborn; Weihbischof Dr. Eduart Schick, Fulda; Regionalbischof Ernst Tewes, München; Weihbischof Dr. Alois Wagner, Linz; Abt Dr. Urbanus Bomm OSB, Maria Laach; Abt Dr. Georg Holzherr OSB, Einsiedeln; Pfarrer Julius Alpiger, Stein/Schweiz; Prof. Dr. Karl Amon, Graz; Pfarrer Dr. Rupert Berger, Bd Tölz; Dr. Alfons Brüls, Wirtzfeld/Belgien; Dr. Günther Duffrer. Mainz; Dr. Josef Gülden, Leipzig; Prof. Dr. Philipp Harnoncourt, Graz; Pfarrer Heinrich Haug, Trier (Gast); Assistent Andreas Heinz, Trier (Protokollführer); P. Paulus Hirt, Salzburg; Sekretär Dr. Max Hofer, Solothurn; Protokoll der Kontaktsitzung der Liturgischen Kommission des deutschen Sprachgebietes vom 29. November bis 2. Dezember 1971 in Salzburg; Archiv DLI, IAG A 005; IAG-Protokolle 1971–1975.

> war. Es wäre also wohl nötig, daß der Text in der am 1. Mai eingereichten modifizierten Fassung vervielfältigt und den Mitgliedern zugestellt würde. Dazu aber bitte ich das beiliegende, von mir nicht mehr vorgetragene Referat zu fügen, das über die besondere Problemlage informieren soll.[411]

So wurde der Text erst am 7. Januar 1972 an die Mitglieder der Liturgischen Kommission gesandt. Diese wurden gebeten, „ihre Modi zu diesem definitiven Text an Herrn Abt Dr. Urbanus Bomm“ bis zum 26. Januar des Jahres zu schicken.[412] Dem Schreiben angehängt war gemäß Bomms Wunsch auch der Kommentar[413] zur Übersetzung – wohl das im Schreiben an Raas erwähnte „Referat“, welches Bomm auf der Sitzung nicht mehr halten konnte.

In diesem Kommentar äußert Bomm sich insbesondere zu der in seiner deutschen Fassung nun aufgenommenen Übergabe von Ring und Stab bei der Äbtissinnenweihe. Dass die Übergabe des Ringes im lateinischen Ordo an die Bedingung geknüpft worden war, dass die Äbtissin den Ring nicht schon bei der Profess oder Jungfrauenweihe erhalten hatte, habe für einigen Unmut in den Frauenklöstern gesorgt. Die Übergabe des Stabes werde überhaupt nicht erwähnt – beide Insignien wurden jedoch seit alters den Äbtissinnen überreicht, erläutert Bomm.

> Freilich waren sie bereits im bisherigen Römischen Pontifikale von 1596 bezw. 1725 nicht mehr erschienen.[414] Der Äbtissin wurde nur die Regel ... übergeben, und sie wurde auf dem Sitz der Klosteroberin installiert. Eine Begründung für die Weglassung der beiden Insignien wurde nicht gegeben.[415]

Insbesondere im deutschen Sprachgebiet seien Stab und Ring dessen ungeachtet weiter von den Äbtissinnen geführt und auch bei der Weihe überreicht worden. Zur Übergabe habe man die Formeln der Abtsweihe genutzt. Bomm verweist auch auf die uralte Tradition, wonach die Übergabe von Ring und Stab seit dem siebten und achten Jahrhundert bezeugt seien.[416] Er beteuert, „Mißbräuche, wie sie“ – hier bezieht Bomm sich nun auf Puniets Kommentar zum Pontifikale – „‚manche von ihrer Würde allzu eingenommene Äbtissinnen begangen haben‘

---

[411] Bomm an Raas, 11. Dezember 1971; Archiv DLI, Schachtel 1: Die Feier der Abts- und Äbtissinnenweihe 1968–1973. Hervorhebung im Original.

[412] Vgl. Schreiben des Sekretariats für die Herausgabe der Liturgischen Bücher im deutschen Sprachgebiet vom 7. Januar 1972; Archiv DLI, Schachtel 1: Die Feier der Abts- und Äbtissinnenweihe 1968–1973.

[413] Bomm, Urbanus, Zur Übersetzung des Ritus der Abts- und Äbtissinnenweihe, ohne Datum; Archiv DLI, Schachtel 1: Die Feier der Abts- und Äbtissinnenweihe 1968–1973.

[414] Tatsächlich fehlt die Stabübergabe für die Äbtissinnen, wie skizziert, schon im PRG aus dem 10. Jahrhundert. In der hier verwendeten Reihe der römischen Pontifikalien ist sie lediglich bei Durandus für die Äbtissinnen bezeugt, vgl. die Kapitel II 2 und 3.

[415] Bomm, Urbanus, Zur Übersetzung des Ritus der Abts- und Äbtissinnenweihe, ohne Datum; Archiv DLI, Schachtel 1: Die Feier der Abts- und Äbtissinnenweihe 1968–1973, S. 1.

[416] Wo sie bezeugt sind, schreibt Bomm nicht.

(De Puniet, 124), sind in heutiger Zeit noch weniger zu befürchten, als in den Jahrhunderten, die den alten Brauch fortgesetzt haben".[417]

Der Benediktiner plädierte sehr dafür, sowohl die Übergabe des Ringes als auch des Stabes „als örtlichen oder regionalen Brauch möglich zu machen". Dies sei auch der Wunsch der deutschsprachigen Äbtissinnen des Benediktiner- und Zisterzienserordens, wie es am Rande einer Versammlung derselben in der dritten Osterwoche 1971 in Laach zur Sprache gekommen war. Hier sei die Meinung vertreten worden, dass die

> Insignien auch nach der Einführung des neuen Pontifikale beibehalten und mithin auch übergeben werden sollten, nicht nur weil es einem ‚unvordenklichen Brauch' entspricht, sondern weil sie auch einen theologischen Sinn haben und ihr Wegfall von den Kommunitäten als eine wesentliche Einbuße ihres Selbstverständnisses empfunden werden müßte.[418]

Die Begründung im lateinischen Ordo, die Äbtissin solle den Ring nicht mehr erhalten, wenn sie ihn bereits bei der Jungfrauenweihe erhalten habe, hält Bomm für „anfechtbar". Der Ring, der der Äbtissin bei der Jungfrauenweihe übergeben worden sei, sei schließlich ein „Zeichen ihrer bräutlichen Bindung an Christus". Der Äbtissinnenring habe dagegen „ekklesialen Charakter". Er sei ein „Symbol ihrer Bindung an die Klostergemeinschaft". Hinsichtlich des Stabes sei zu beachten, „daß er zwar dem noch älteren Abtsstab nachgebildet zu sein scheint, aber gerade darum kein Symbol der Macht, sondern der Hirtensorge und Ältestenwürde ist." Die Äbtissin habe nicht nur rein administrative Funktion, sondern „die echte geistliche Leitung der Klostergemeinschaft". Dieses Symbol stehe daher durchaus an.[419]

Die Befürworterinnen und Befürworter der Übergabe von Stab und Ring mussten jedoch noch einen harten Kampf kämpfen, bis die Gottesdienstkongregation ihre Zustimmung gab. Mit Nachdruck baten die Bischofskonferenzen des deutschen Sprachgebietes und ihre liturgischen Kommissionen um die Aufnahme von Ring und Stab für die Äbtissinnen. Das Argument, die Übergabe des Stabes sei in den Frauenabteien des deutschen Sprachgebietes eine „gleichsam kostbare und rechtmäßige nicht erwähnenswerte Gewohnheit"[420] überzeugte die Gottesdienstkongregation zunächst nicht.

Auf einer Sitzung der Gottesdienstkongregation am 16. Februar 1974 kam es zu einer „heftigen Debatte".[421] Reiner Kaczynski (1939–2015), der zu dem Zeitpunkt deutscher Referent bei der Gottesdienstkongregation war, versuchte klar-

---

[417] Ebd., S. 2.

[418] Ebd.

[419] Vgl. ebd.

[420] „... tamquam cara atque legitima consuetudo immemorabilis", so die unveröffentlichte von der deutschsprachigen Region vorgelegte *nota*; vgl. Frei, Äbtissinnenweihe, S. 235, Anm. 74.

[421] Kaczynski, Pontifikale, S. 251.

zustellen, dass der Äbtissinnenstab „als Zeichen nicht der Jurisdiktion, sondern der Autorität innerhalb der Gemeinschaft“[422] zu verstehen sei. „Beharrlich und zugleich vehement“[423] setzte Kaczynski sich für den Gebrauch des Stabes und seine Überreichung bei der Äbtissinnenweihe ein. Der Stab werde von der Äbtissin nur im Chor gebraucht, sie träten damit keinesfalls im Presbyterium auf, argumentierte er.[424] Die Überreichung des Ringes war für die Gottesdienstkongregation weniger schwierig.[425]

Auch der Sekretär der Deutschen Bischofskonferenz und Institutsdirektor des DLI in Trier, Johannes Wagner (1908–1999)[426], setzte sich persönlich in Rom für die Übergabe des Äbtissinnenstabes ein. Dies zeigt ein Schreiben an die Vorsitzenden der Bischofskonferenzen des deutschsprachigen Raumes vom 21. März 1974.[427] Wagner war kurz zuvor in Rom gewesen und hatte den Präfekten der Glaubenskongregation, Kardinal Franjo Šeper (1905–1981), erst durch ein persönliches Gespräch überzeugen können, sein Einverständnis zur Übergabe des Äbtissinnenstabes zu geben. Wagner berichtet:

> Wir waren übereinstimmend der Meinung, daß man mit den Stellen in Rom sprechen müsse, namentlich da die rein linguistische Änderung eines einmütig von den Bischöfen des deutschen Sprachgebietes beschlossenen Textes kaum hingenommen werden könne. Diese Meinung vertraten auch mehrere Beamte der Glaubenskongregation. Auch dem neuen Kardinal-Präfekten Knox und dem Sekretär der Gottesdienstkongregation Bugnini war es sehr recht, wenn wir bei der Glaubenskongregation vorstellig würden. Das ist geschehen. ... Dieser [Kardinal Šeper, S.R.] war zunächst ein wenig ungehalten, lenkte dann jedoch ein. Er versprach, die Sache noch am Samstag dieser Woche in der Kongregation behandeln zu lassen. Besonderen Eindruck schien auf ihn das Argument zu machen, daß, wie es ja der Fall war, die Bischöfe es einmütig beschlossen haben.
> Was die Äbtissinnenweihe betrifft, so handelt es sich dabei um die für Rom völlig ungewohnte Tradition, daß die Äbtissinnen in unseren Gegenden wie seit eh und je den Äbtissinnenstab führen, wie das nicht nur der lebendige Brauch und die literarische Überlieferung, sondern auch viele Denkmäler der Kunst bezeugen. Es scheint, daß auch in dieser für die allgemeine Pastoral kaum bedeutenden, für die betroffenen Klöster jedoch wichtigen Frage die Gottesdienstkongregation nun ein Einsehen hat und einen Weg finden wird.[428]

Dass aus Rom die Übergabe von Ring und Stab schließlich gestattet wurde, war vor allem „durch das Wohlwollen von Bugnini, dem damaligen Sekretär der Got-

---

[422] Ebd.
[423] FREI, Äbtissinnenweihe, S. 236.
[424] Vgl. KACZYNSKI, Pontifikale, S. 251.
[425] Vgl. ebd.
[426] Vgl. HEINZ, Wagner, Johannes, S. 284f.
[427] Wagner an die Vorsitzenden der Bischofskonferenzen des deutschen Sprachgebietes sowie die Bischöfe von Bozen-Brixen und Luxemburg, 21. März 1974; Archiv DLI, Schachtel 2: Die Feier der Abts- und Äbtissinnenweihe 1968–1973, Modi zur dt.sprachigen Übersetzung.
[428] Ebd.

tesdienstkongregation, möglich“[429] geworden, urteilt Frei. Hier hatten Reiner Kaczysnki und Johannes Wagner große Überzeugungsarbeit geleistet. Frei bemerkt: Ihnen „ist es zu verdanken, dass fortan die Übergabe nicht nur des Ringes, sondern auch des Stabes im deutschen Pontifikale verankert ist“.[430] So konnte Bomm offiziell die Übergabe von Ring und Stab in die deutsche Ordnung für die Äbtissinnenweihe aufnehmen.

3.2 Die erste deutsche Ausgabe zur „Äbtissinnenweihe“

3.2.1 *Noch keine Parität*

Die 1975 erschienene Druckausgabe „Die Feier der Abts-, Äbtissinnen- und Jungfrauenweihe“[431] ist in ihrer Struktur und Übersetzung insgesamt eng an der lateinischen Fassung gestaltet. Stellenweise zeigt sich, dass der Benediktiner Bomm versucht hat, die Ungleichheiten zwischen der Abts- und Äbtissinnenweihe so weit zu verringern, wie ihm das möglich war – wohl ermuntert durch die Rückmeldungen der Frauenklöster und die zugesagte Rückendeckung durch Weakland.

In der „Einführung“ (FÄbtissinnenweihe 1–5) hat Bomm in den vierten Abschnitt[432] eingefügt, dass Ring und Stab bereitgelegt werden sollen, „wenn deren Übergabe erfolgen soll“ (FÄbtissinnenweihe 4). Im entsprechenden lateinischen Abschnitt fehlt dieser Hinweis natürlich, da Ring- und Stabübergabe im lateinischen Ordo nicht vorgesehen waren. Auch für die Litanei hat Bomm eine Angleichung vorgenommen. Während die Äbtissin in OBenAbbatissa lediglich wie alle anderen Anwesenden niederknien soll, heißt es in der deutschen Ausgabe: „Alle knien nieder. Die Gewählte wirft sich zu Boden“ (FÄbtissinnenweihe 16).

Insgesamt zeigt die erste deutsche Druckausgabe für die Äbtissinnenweihe jedoch nach wie vor deutliche Disparitäten zur Abtsweihe. Bei der Befragung hat Bomm sich eng an den lateinischen Text gehalten:

---

429 Frei Äbtissinnenweihe, S. 236.

430 Ebd., S. 236.

431 Die Zitation der Quelle erfolgt im Text unter dem Kürzel „FÄbtissinnenweihe“ und der Abschnittsnummer.

432 Der vierte Abschnitt regelt, „es wird alles vorbereitet, was zur Konzelebration und zur Kommunion unter beiden Gestalten erforderlich ist, dazu der Text des Weiheritus und das Regelbuch, ferner Ring und Stab, wenn deren Übergabe erfolgen soll, sowie ein Kelch oder mehrere Kelche für die Kommunion unter beiden Gestalten“, FÄbtissinnenweihe 4.

Fragen[433] an die Äbtissin in FÄbtissinnenweihe

1) Sind Sie[434] bereit, Ihren Gelübden treu zu bleiben, die Regel des heiligen N. zu beobachten und auch Ihre Schwestern dazu anzuleiten, sie zur Gottesliebe, zu einem Leben nach dem Evangelium und zur schwesterlichen Liebe hinzuführen?
2) Sind Sie bereit, der heiligen Kirche allezeit zu dienen und dem Papst sowie seinen Nachfolgern Treue, Gehorsam und Ehrfurcht zu erweisen?
3) Sind Sie bereit, Ihrem kirchlichen Oberhirten, gemäß dem kanonischen Recht und den Ordensstatuten, in der Leitung Ihres Klosters Gehorsam zu erweisen?
4) Sind Sie bereit, nicht nur durch das Wort, sondern vor allem durch Ihr Beispiel im klösterlichen Leben Ihren Schwestern den Weg zu zeigen, den sie gehen sollen?
5) Sind Sie bereit, Ihre Schwestern anzuleiten, daß sie den Überlieferungen des Ordens treu bleiben und durch ihr beschauliches Leben auf verborgene Weise mithelfen an der Ausbreitung des Reiches Gottes auf Erden?

Fragen an den Abt in FAbtsweihe

Nach dem Brauch, den uns die Väter überliefert haben, ist es unsere Pflicht, denjenigen, der zum Abt und Hirten an Christi Stelle gewählt wurde, auf seine Lebensführung zu prüfen und zu befragen, ob seine Gesinnung den Anforderungen für dieses Amt entspricht. Deshalb richten wir an Sie, lieber Bruder, die folgenden Fragen:
1) Sind Sie bereit, Ihren Gelübden treu zu bleiben, die Regel des heiligen N. zu beobachten und Ihre Brüder dazu anzuleiten, sie zur Gottesliebe, zu einem Leben nach dem Evangelium und zur brüderlichen Liebe hinzuführen?
2) Sind Sie bereit, nicht nur durch das Wort, sondern vor allem durch Ihr Beispiel im klösterlichen Leben Ihren Brüdern den Weg zu zeigen, der zum Heile führt?
3) Sind Sie bereit, die Ihnen anvertrauten Brüder zu Gott zu führen und die Sorge für deren Heil als Ihre erste Pflicht anzusehen?
4) Sind Sie bereit, als ein guter Hausvater den Besitz des Klosters treu zu verwalten zum Nutzen der Brüder, der Gäste und der Armen?
5) Sind Sie bereit, der heiligen Kirche allezeit treu zu dienen und dem Papst sowie seinen Nachfolgern Treue, Gehorsam und Ehrfurcht zu erweisen?

Auch bei den von Bomm „Weihegebet“[435] genannten Orationen zeigt die Übersetzung insgesamt eine enge Orientierung an der lateinischen Vorlage. Die Diskrepanzen zwischen den beiden Riten hinsichtlich der Termini rund um „Lehre“ und „Hirtenamt“ sind auch in der deutschen Ausgabe bestehen geblieben. Zu diesen Ergänzungen sah Bomm sich vermutlich wegen der Vorgabe der Instruk-

433 Bomm übersetzt hier: „Der Bischof stellt ihr folgende Fragen“, FÄbtissinnenweihe 15. In OBenAbbatissa heißt es: „Electa ... stat ante Praelatum, qui illam interrogat“, OBenAbbatissa 15.

434 Bomm merkt hier in einer Fußnote an, „hier und im ganzen Ritus“ könne die „Du-Anrede gebraucht werden“, FÄbtissinnenweihe, S. 32.

435 Auch das Gebet bei der „Jungfrauenweihe“ ist mit „Weihegebet“ übersetzt, vgl. Deutsches Pontifikale 2, S. 33. Der gleiche Terminus wird auch für die Bischöfe, Priester und Diakone verwendet, vgl. Deutsches Pontifikale 1, S. 37, 84 und 140.

tion „Inter oecumenici“, den liturgischen Text unmittelbar aus dem lateinischen liturgischen Text zu übersetzen,[436] nicht berechtigt.

„Weihegebete“ in FÄbtissinnenweihe	„Weihegebete“ in FAbtsweihe
1) Gott, allmächtiger Vater, du hast deinen Sohn in die Welt gesandt, damit er den Menschen diene und als Guter Hirt das Leben hingebe für seine Herde. Wir bitten dich: Segne + und stärke deine Dienerin N., die zur Äbtissin dieses Klosters gewählt wurde. Gib ihr die Kraft, allen ein Vorbild klösterlichen Lebens zu sein und sich des Namens einer Äbtissin würdig zu erweisen, den sie von nun an trägt.	1) Gott, allmächtiger Vater, du hast deinen Sohn in die Welt gesandt, damit er den Menschen diene und als Guter Hirt das Leben hingebe für seine Herde. Wir bitten dich: Segne + und stärke deinen Diener N., der zum Abt dieses Klosters (des Klosters N.) gewählt wurde. Gib ihm die Kraft, allen ein Vorbild klösterlichen Lebens zu sein und sich des Namens würdig zu erweisen, den er von nun an trägt: Abt, das heißt Vater. *Das Wort seiner Lehre werde zum Sauerteig, der in den Herzen der Söhne wirkt, damit sie in allem deinem Willen folgen. Laß ihn bedenken, welch schweres und mühevolles Amt ihm übertragen ist: Menschen zu leiten und der Eigenart vieler zu dienen.*
Laß sie erkennen, daß es ihre Aufgabe ist, nicht so sehr anderen vorzustehen, als vorzusehen, was ihnen hilfreich ist.	Laß ihn erkennen, daß es seine Aufgabe ist: nicht so sehr anderen vorzustehen, als vorzusehen, was ihnen hilfreich ist. *Gib ihm ein waches Herz, daß er sich darum sorge, keinen von denen zu verlieren, die du ihm anvertraut hast.*
Sie sei um alles eifrig besorgt, doch halte sie Maß und treffe ihre Weisungen so, daß die Ihren wachsen in der Liebe zu Christus und zu allen Menschen und daß sie mit freiem Herzen den Weg deiner Gebote laufen. Erfülle sie mit den Gaben deines Geistes, damit sie zusammen mit ihren Schwestern deine Ehre suche und das Wohl der Kirche. In allem gebe sie Christus den Vorrang und lehre auch ihre Schwestern, Christus über alles zu lieben. Wenn dann der Jüngste Tag kommt, gib ihr mit ihren Schwestern Anteil an deinem Reich. Darum bitten wir durch Christus, unsern Herrn.	Er sei um alles eifrig besorgt, doch halte er Maß und treffe seine Weisungen so, daß die Seinen wachsen in der Liebe zu Christus und zu allen Menschen und daß sie mit freiem Herzen den Weg der Gebote laufen. Erfülle ihn mit den Gaben deines Geistes, damit er zusammen mit seinen Brüdern deine Ehre suche und das Wohl der Kirche. Er gebe Christus in allem den Vorrang und lehre auch seine Brüder, Christus über alles zu lieben. Wenn dann der Jüngste Tag kommt, gib ihm mit seinen Brüdern Anteil an deinem Reich. Darum bitten wir durch Christus, unsern Herrn.
2) Allmächtiger Gott, erhöre unser Gebet für deine Dienerin N., die dazu gewählt wurde, diesem Kloster vorzustehen.	2) Allmächtiger Gott, erhöre unser Gebet für deinen Diener N., der dazu gewählt wurde, diesem Kloster vorzustehen, damit er an deines Sohnes statt Hirte deiner Herde sei.
Blicke gnädig auf sie und schenke ihr die Fülle deiner Gaben.	Blicke gnädig auf ihn und schenke ihm die Fülle deiner Gaben. Öffne ihm die Schätze der Weisheit, damit er Neues und Altes daraus hervorhole.
Lenke ihre	Lenke seine

[436] AAS 56 (1964) S. 885.

Schritte auf dem Weg des Heiles und des Friedens, laß sie allezeit deinem Sohn nachfolgen und einst den ewigen Lohn erlangen.	Schritte auf dem Weg des Heiles und des Friedens, laß ihn allezeit deinem Sohn nachfolgen und einst den ewigen Lohn empfangen.
3) Wir bitten dich, Herr, unser Gott: Schau gnädig auf deine Dienerin N., die nach deinem Willen zur Äbtissin dieses Klosters gewählt wurde. Segne + und heilige sie, damit ihr Sinnen und Wirken dir gefalle. Durch ihr Wort und ihr Beispiel leite sie ihre Schwestern an, dich und den Nächsten zu lieben. Wenn sie auch selbst ein Leben der Entsagung führt, so sei sie dennoch darauf bedacht, die Not der anderen an Leib und Seele zu lindern. Ohne Unterlaß ermahne sie die Schwestern, den Gottesdienst und die heilige Lesung zu pflegen. Mit ihnen lebe sie nach dem Evangelium, damit sie mit ihnen zur ewigen Freude gelange. Darum bitten wir durch Christus unsern Herrn.	3) Wir bitten dich, Herr, unser Gott: Schau gnädig auf deinen Diener N., der nach deinem Willen zum Vorsteher dieses Klosters gewählt wurde. Segne + und heilige ihn, damit sein Sinnen und Wirken dir gefalle. Durch sein Wort und sein Beispiel leite er die Brüder an, dich und den Nächsten zu lieben. Wenn auch er selbst ein Leben der Entsagung führt, so sei er dennoch darauf bedacht, die Not der andern an Leib und Seele zu lindern. Ohne Unterlaß ermahne er die Brüder, den Gottesdienst und die heilige Lesung zu pflegen. Mit ihnen lebe er nach dem Evangelium, damit er mit ihnen zur ewigen Freude gelange. Darum bitten wir durch Christus, unsern Herrn.
4) Gott, allmächtiger Vater, du hast deinen Sohn in die Welt gesandt, damit er den Menschen diene und als Guter Hirt das Leben hingebe für seine Herde. Segne + und heilige deine Dienerin N., die zur Äbtissin dieses Klosters gewählt wurde. Mit allen Kräften sei sie besorgt um die Schwestern, die ihr anvertraut sind, damit sie einst, wenn am Jüngsten Tag der Herr erscheint, den Lohn für ihre Mühe empfängt.	4) Gott, allmächtiger Vater, du hast deinen Sohn in die Welt gesandt, damit er den Menschen diene und als Guter Hirt das Leben hingebe für seine Herde. Segne + und heilige deinen Diener N., der zum Abt dieses Klosters (des Klosters N.) gewählt wurde. Schenke ihm deine Hilfe, damit er die Lasten seines Amtes tragen und den vielen, die unter seiner Führung nach geistlichem Fortschritt streben, Weisung und Beispiel geben kann. Mit allen Kräften sei er besorgt um die Brüder, die ihm anvertraut sind, damit er *keinen von ihnen verliert und* einst, wenn am Jüngsten Tag der Herr erscheint, als guter und getreuer Knecht den Lohn empfängt.

Das Begleitwort zur Übergabe des Äbtissinnenstabes hat Bomm aus der Abtsweihe übernommen, jedoch das „pastoralem“ aus dem Lateinischen für sie nicht übersetzt. So lautet das Begleitwort in der deutschen Ausgabe:

> Empfangen Sie den Stab, das Zeichen Ihres Amtes. Tragen Sie Sorge für die Schwestern, die Ihnen anvertraut sind, und für die Sie einst Rechenschaft ablegen müssen (FÄbtissinnenweihe 21).

Damit hält Bomm sich an die Variante, wie sie das Schema 351 für die „Benediktion der Äbtissin“ gewählt hat.[437] Für die Äbte hingegen, für die in der lateini-

[437] Dort hatte die Studiengruppe für die Äbtissinnen ebenfalls das Adjektiv „pastoralem“ getilgt, CECL 351, 14.

schen Feierordnung „baculum pastoralem“ steht, übersetzt Bomm sogar: „Empfangen Sie den Stab, das Zeichen ihres Hirtenamtes“ (FAbtsweihe 25), womit er das Adjektiv „pastoralem“ nicht unmittelbar auf den Stab bezieht, sondern in einer freien Übersetzung auf das Amt deutet.[438]

Die erste Äbtissinnenweihe, die nach der offiziellen deutschen Ausgabe gefeiert wurde, war die Weihe der Zisterzienserin Sr. Lucia Reiss (1913–1989, Äbtissin von 1974–1989)[439] in der Zisterzienserinnenabtei Kloster Lichtenthal. Dies geht aus einem Brief vom 16. August 1974 des Freiburger Erzbischofs Hermann Schäufele (1906–1977)[440] an die Abtei hervor, der schrieb: „... Soeben habe ich den neuen von Rom approbierten Weihetext erhalten (der Ritus ist im Augenblick im Druck; er kann vom Liturgischen Institut in Trier bezogen werden). Ich sende Ihnen ein Exemplar des Textes zu ...“.[441] Auch wenn die Rezeption des deutschen Textes anlief und die deutsche Fassung Ring und Stab aufgenommen hatte, hatten die Schwestern auch weiterhin „Vorbehalte“[442] gegenüber der erneuerten Ordnung.

3.2.2 Memorandum der Frauenklöster

Im Herbst 1975 trafen sich die nach der Benediktsregel lebenden Äbtissinnen und Priorinnen des deutschen Sprachgebietes zu ihrer vierten Vollversammlung in Maria Laach. Dort gaben sie dem ebenfalls anwesenden Abtprimas Weakland ein Memorandum[443] mit und baten ihn eindringlich, „ihre Anliegen im Hinblick auf die Gleichberechtigung der Frau in der Kirche bei den zuständigen Stellen in

---

[438] Im lateinischen Ordo lautet das Geleitwort: „Accipe baculum pastoralem, et fratrum tibi commissorum gere sollicitudinem, pro quibus redditurus es rationem“, OBenAbb 27.

[439] 1933 trat Emma Reiss als Postulantin in die Abtei Lichtenthal ein. 1947 wurde Sr. Lucia Priorin des Klosters. Am 7. August 1974 wählte der Konvent sie zur Äbtissin des Klosters, vgl. Reiss, in: Biographia Cisterciensis.

[440] Vgl. Braun, Schäufele, S. 217–221.

[441] Schreiben von Erzbischöf Schäufele an M. Lucia Reiss, 16. August 1974; Archiv Abtei Lichtenthal. Erzbischof Schäufele feierte auch die Äbtissinnenweihe. Leider sind keine Unterlagen über die Weihe erhalten. Jedoch lässt sich durch einen Zeitzeugenbericht von einer Schwester des Klosters, Sr. M. Felizitas, die sich nach eigenen Aussagen noch sehr gut an die Weihe erinnern kann, erruieren, dass die Äbtissin während der Weihe Regel, Pektorale und Ring überreicht bekommen hat. Ein Stab wurde nicht übergeben. Für die Informationen zur Weihe von M. Lucia Reiss danke ich herzlich Sr. Maria Hildegard, Sr. Angela, Sr. Wiltrud, Sr. M. Felizitas sowie der Äbtissin des Klosters Lichtenthal, M. Bernadette Hein.

[442] Frei, Äbtissinnenweihe, S. 227.

[443] Der Begriff „Memorandum“ stammt von Judith Frei, die das Schreiben als junge Äbtissin der Abtei Varensell 1975 ebenfalls unterzeichnet hat; Memorandum, Maria Laach, 16. Oktober 1975; Archiv der Abtei vom Heiligen Kreuz Herstelle, 37688 Beverungen: B IV 5.d 1, VBD 1975, Konferenz der deutschsprachigen Äbtissinnen. Herzlichen Dank an die Archivarin des Klosters Herstelle, Sr. Eunike Wilkens OSB, die mir eine Kopie dieses Schreibens zur Verfügung gestellt hat.

Rom vorzutragen“.[444] Sie wollten einen Betrag zur Diskussion um die Rolle der Frau in Kirche und Gesellschaft leisten und hatten dabei insbesondere die Entstehung des neuen Codex Iuris Canonici im Blick. Das Schreiben ist wohl einer recht spontanen Idee entsprungen.[445]

Das Memorandum drückt die Hoffnung der Äbtissinnen und Priorinnen aus, dass „das neue Kirchenrecht der Würde und Gleichberechtigung der Frau besser als das bisher geltende Rechnung tragen wird“. Es entspreche dem Traditionsgut des monastischen Ordens „seit je, daß die über die Mönche gemachten Aussagen und die für diese geltende Regel in wesentlich gleicher Weise auch für die Nonnen gelten“.[446] Konkret bemängelten die Ordensvorsteherinnen die Unterschiede im Weiheritus:

> Da die Rolle der Äbtissin grundsätzlich nicht von der des Abtes unterschieden ist, sollte auch der Ritus der Weihe im wesentlichen derselbe sein. Wir fragen uns, weshalb im neuen Rituale der Äbtissinnenweihe aus der Regel Sankt Benedikts stammende Hinweise auf das Lehr- und Hirtenamt der Äbtissin getilgt, im Weiheritus für die Äbte jedoch erhalten sind.

Über die gestrichene Weihepräfation, die neuen Orationen insgesamt und auch über das Ende der Handauflegung verliert das Memorandum hingegen kein Wort. Das scheint man mittlerweile akzeptiert zu haben.

Kurze Zeit später sandten die Äbtissinnen und Priorinnen dem Abtprimas zusätzlich einen Vergleich zwischen der Abts- und der Äbtissinnenweihe, um das im Memoranum Bemängelte zu veranschaulichen und baten ihn nochmals, er möge „sich – soweit möglich – für eine Angleichung der Texte“ einsetzen.[447] Frei berichtet, im November habe sich der Sekretär des Abtprimas, der Benediktiner Paulus Gordan (1912–1999) aus der Abtei Beuron, im Auftrag von Weakland bei den Äbtissinnen und Priorinnen zurückgemeldet. In einem Brief versicherte Gordan, er habe sich „in der Frage der Äbtissinnenweihe mit einem deutschen Mitarbeiter der Kongregation für den Gottesdienst in Verbindung gesetzt und ihn um eine gutachtliche Äußerung gebeten“.[448] Dieser „Mitarbeiter“ war der Liturgiewissenschaftler Reiner Kaczynski, der zu dieser Zeit als Referent für das deutsche Sprachgebiet in der Gottesdienstkongregation tätig war. Kaczynski äußerte in einer Stellungnahme, er persönlich teile die Ansichten der Äbtissinnen, man könne „u. U. überlegen, ob in der zweiten Auflage eine Chance besteht,

---

444 Frei, Äbtissinnenweihe, S. 228.

445 Es liegen zumindest keine Hinweise in den Protokollen der VBD, der Vereinigung benediktinischer Frauenklöster im Deutschen Sprachgebiet, von 1975 vor, die Desiderate zur Äbtissinnenweihe thematisieren. Auch in den Protokollen der Jahre 1973, 1971 und 1969 wird dieses Thema nicht erwähnt. Vielen Dank ebenfalls an Sr. Eunike Wilkens für diese Recherche.

446 Hervorhebung im Original.

447 Vgl. Frei, Äbtissinnenweihe, S. 228.

448 Ebd.

die Sache zu ändern".[449] Es gab also Hoffnung auf eine zweite Auflage, in der die Diskrepanzen zwischen der Abts- und Äbtissinnenweihe angeglichen werden konnten. Doch es sollte noch einige Jahre dauern, bis das Anliegen der Äbtissinnen und Priorinnen tatsächlich Gehör fand.

3.2.3 *Eigene Wege: Monastische Ritualien*

Erst Anfang der achtziger Jahre rückte die Hoffnung auf eine zweite offizielle Ausgabe des Pontificale Romanum in greifbare Nähe, als das liturgische Buch für die Feier der Ordinationen, die deutsche Fassung des „Liber de Ordinatione diaconi, presbyteri et Episcopi"[450] vergriffen war. Bereits 1971 hatte in Rom eine Studiengruppe unter der Leitung des Regensburger Liturgiewissenschaftlers Bruno Kleinheyer (1923–2003) an einer Revision des lateinischen Pontifikale für die Feier der „Ordinationen" gearbeitet und im Oktober 1974 der Gottesdienstkongregation einen Entwurf für eine zweite Auflage des Buches „De Ordinatione diaconi, presbyteri et Episcopi" vorgelegt.[451] Auf der Kontaktsitzung der Internationalen Arbeitsgemeinschaft der Liturgischen Kommission im deutschen Sprachgebiet (IAG) im November 1981 in Augsburg entschied man, die Pontifikalriten insgesamt zu überarbeiten und ein „deutsches Pontifikale" zu erstellen.[452]

Doch die Nonnen wollten nicht noch länger warten. Nach der Vollversammlung der Vereinigung benediktinischer Frauenklöster im deutschen Sprachgebiet im Herbst 1985, also bereits vier Jahre nach dem Beschluss der IAG, bildete sich eine eigens zusammengestellte Arbeitsgruppe aus Schwestern verschiedener Benediktinerinnen- und Zisterzienserinnenklöster des deutschsprachigen Raums, um einen Entwurf für ein gemeinsames deutsches Rituale zu erarbeiten. Ihr erstes Treffen fand im Mai 1986 statt.[453] Ziel war es dabei nicht, ein Buch zum liturgischen Gebrauch zu schaffen, vielmehr wollten die Schwestern einen „Thesaurus" entwerfen, „der zum einen eine klare Struktur der einzelnen liturgischen Feiern bietet, zum anderen aber genügend Textvorgaben enthalten sollte, damit jede Gemeinschaft für die einzelnen Riten sowohl vollständig eine Textvorlage übernehmen als auch ihre je eigene Tradition einbringen kann".[454]

---

[449] Ebd.

[450] De Ordinatione Diaconi, Presbyteri et Episcopi. Editio typica, Vatikanstadt 1968.

[451] „Wegen der Umorganisation der Gottesdienstkongregation musste damals die Arbeit bereits 1975 nach wenigen Sitzungen wieder eingestellt werden", FEULNER, Anmerkungen, S. 162. Im Januar 1985 nahm eine neue Studiengruppe unter der Leitung von Kaczynski die Arbeit wieder auf, vgl. ebd.

[452] Vgl. KACZYNSKI, Pontifikale, S. 225f.

[453] Vgl. FREI, Vorwort. Vielen Dank an Sr. Judith Frei, die mir eine Kopie des Rituale zur Verfügung gestellt hat.

[454] FREI, Äbtissinnenweihe, S. 229.

Grundlage dieses deutschen Rituale der benediktinischen Frauenklöster war ein lateinisches „Rituale Monasticum“.[455] Über dieses Rituale hatte der Benediktinermönch Antoine Dumas von der Gottesdienstkongregation die Nonnen 1983 bei einem Treffen der internationalen Nonnenkommission der Benediktinischen Konföderation in Rom informiert. Es liege seit einiger Zeit schon der Gottesdienstkongregation zur Konfirmierung vor. Dumas hielt das Rituale, welches alle klösterlichen Feiern vom Noviziat bis hin zur Äbtissinnenweihe enthielt, für „ausgezeichnet, sowohl im Hinblick auf die Texte als auch die *Praenotanda*“.[456] Das „Rituale Monasticum pro Monasteriis monialium Ordinis Sancti Benedicti“ wurde von der Gottesdienstkongregation mit Dekret vom 2. Mai 1986 approbiert. Es sollte künftig als „Editio typica für alle Frauenklöster Geltung haben“. Den einzelnen Sprachgebieten legte man nahe, „eine adaptierte Übersetzung zu erarbeiten“, also gleichzeitig mit der Übersetzung „notwendige und wünschenswerte Anpassungen vorzunehmen“.[457]

Das lateinische Rituale Monasticum zeigt den Ritus der Äbtissinnenweihe aus OBenAbbatissa. Die Stabübergabe ist wie auch in OBenAbbatissa nicht vorgesehen, die Ringübergabe wird gleichfalls an die Bedingung geknüpft, dass die Äbtissin ihn noch nicht zuvor empfangen hat (Rituale Monasticum 198). Das Rituale stellt lediglich die erste Oration mit den Regelzitaten der Benediktsregel an die Stelle der Segnungen. Wie in OBenAbbatissa fehlen auch hier für die Äbtissinnen all jene Aussagen, die den Bereich „Lehre“ oder „Seelenleitung“ berühren. Die drei alternativen Segensgebete hat das Rituale in einem Anhang untergebracht (Rituale Monasticum 200).

Das deutsche Rituale der benediktinischen Frauenklöster kam Anfang 1994 in einer Studienausgabe zu einem ersten Abschluss. Es wurde 1994 in Münsterschwarzach gedruckt.[458] Bevor man es in Rom zur Approbation vorlegte, wollte man zunächst testen, ob es sich in der liturgischen Praxis bewähren würde.[459]

---

455 Rituale Monasticum pro Monasteriis monialium Ordinis Sancti Benedicti, Dourgne 1986. Grundlage für das Rituale Monasticum wiederum war ein französisches Rituale „ad experimentum“ von 1974; Rituel monastique propre aux moniales de langue française de l'Ordre de Saint Benoît, Dourgne 1974 (offiziell konfirmiert und gedruckt 1992), vgl. auch FREI, Äbtissinnenweihe, S. 229.

456 Ebd.

457 Vgl. FREI, Vorwort.

458 Für die benediktinischen Männerklöster gab die Liturgische Kommission der Salzburger Äbtekonferenz bereits 1988 ein Monastisches Rituale für das deutsche Sprachgebiet heraus, das auch die Abtsweihe beinhaltete. Der dort abgedruckte Ritus ist identisch mit der deutschen Version FAbtsweihe, lediglich zwei kleine Änderungen sind vorgenommen worden: So soll der Bischof nicht von zwei Diakonen, sondern zwei Mönchen oder Äbten begleitet werden, ferner heißt es in der ersten Oration statt „der zum Abt dieses Klosters gewählt wurde“ „den die Gemeinschaft dieses Klosters sich zum Abt gewählt hat“, SALZBURGER ÄBTEKONFERENZ (Hg.), Monastisches Rituale, St. Ottilien 1988, S. 108–124.

459 Ebd.

Für dieses selbstbewusste Vorgehen wurde das Rituale an alle Klöster geschickt, die dieses als Grundlage für ihre eigene Feier verwenden konnten.[460]

Die Arbeitsgruppe der Benediktinerinnen und Zisterzienserinnen hat in dieses Rituale selbstverständlich die „Desiderate" aus der Abtsweihe eingearbeitet.[461] Sie hat sowohl die für die Äbtissin fehlenden Fragen übernommen als auch die speziell für die Äbtissinnen formulierten Fragen beibehalten, so dass die „Befragung"[462] im Rituale nun insgesamt sieben Fragen umfasste. Auch sprachlich haben die Benediktinerinnen Korrekturen vorgenommen. So lautet etwa die zweite Frage nicht wie in FAbtsweihe: „Sind Sie bereit, nicht nur durch das Wort, sondern vor allem durch Ihr Beispiel im klösterlichen Leben Ihren Brüdern den Weg zu zeigen, der zum Heile führt?" (FAbtsweihe 20) sondern: „Wollen Sie durch Ihr monastisches Leben, mehr durch Tun als durch Worte, Ihren Schwestern den Weg weisen, den sie gehen sollen?" (Monastisches Rituale 228). Dieses Beispiel zeigt zugleich die Tendenz des Rituale, insgesamt eine schlichtere Sprache zu wählen. Man wollte die Erwartung der Liturgiekonstitution erfüllen, und den Ritus „zu größerer Einheit, Schlichtheit und Würde (SC 80)" führen, erklärt Frei im Vorwort des Rituale.[463]

Als „Segensgebet" hat die Arbeitsgruppe ausschließlich das erste Gebet aufgenommen, also dasjenige, welches überwiegend aus Bestandteilen der Benediktsregel zusammengestellt worden war. Die fehlenden Desiderate aus der Abtsweihe hat sie ergänzt (Monastisches Rituale 230). Die Ring- und Stabübergabe sieht das Rituale ohne Einschränkung auch für die „neugeweihte Äbtissin" (Monastisches Rituale 231) vor, wie die Äbtissin in der entsprechenden Rubrik nach dem „Segensgebet" genannt wird und womit dem Segensgebet zugleich jene „konstitutive" Funktion zugesprochen wird, die die Schwestern aus der Varenseller Abtei in ihrem Votum zum ersten Übersetzungsentwurf des erneuerten Ritus entsprechend der alten gelasianischen „Weihepräfation" beigemessen hatten. Als Begleitworte für die Ring- und Stabübergabe hat die Arbeitsgruppe der Benediktinerinnen die Worte aus FÄbtissinnenweihe übernommen. Verzichtet hat man darauf, bei der Stabübergabe auch für die Äbtissinnen vom „Zeichen des Hirtenamtes" zu sprechen. Hier heißt es wie in FÄbtissinnenweihe schlicht „Zeichen Ihres Amtes" (Monastisches Rituale 233). Warum sich die Schwestern hier gegen eine Angleichung zur Abtsweihe entschieden haben, wird nicht deutlich, zumal Frei in ihrem Beitrag über die „Feier der Äbtissinnenweihe" erklärt, der Stab werde heute nicht mehr als „bischöfliches", sondern wieder als „rein monastisches Zeichen" verstanden, als „Symbol der Hirten-

---

460 Diese Informationen stammen aus einer Email von Sr. Judith Frei an mich vom 2. August 2017.

461 Vgl. FREI, Äbtissinnenweihe, S. 229.

462 So sind die Fragen an die Äbtissin im Rituale betitelt, vgl. Monastisches Rituale S. 74.

463 FREI, Vorwort.

sorge“.[464] Vor diesem Verständnis hätte der Stab im Monastischen Rituale auch durchaus „Hirtenstab“ genannt werden können.

3.3 Auf dem Weg zum Deutschen Pontifikale von 1994

Zeitgleich mit der Erstellung des Monastischen Rituale liefen auch die Arbeiten am deutschen Pontificale Romanum. Nach der Kontaktsitzung der IAG im November 1981 in Augsburg war eine Arbeitsgruppe „Pontifikale“ eingerichtet worden. Sie entwarf einen Plan für die Herausgabe des deutschen Pontifikale, „der für die erste 1992 abgeschlossene Arbeit richtungsweisend blieb“.[465] Ziel der Überarbeitung sollte vor allem eine Angleichung der verschiedenen Riten im Pontifikale insgesamt sein. Die römischen Vorlagen der im zukünftigen deutschen Pontifikale enthaltenen liturgischen Feiern waren von verschiedenen Studiengruppen erstellt worden und in den „Praenotanda“ und Rubriken „sehr uneinheitlich“.[466] Dies wollte man ändern, weshalb man für alle im Pontifikale enthaltenen Riten eine Revision vornahm.

3.3.1 *Plötzlich Mitsprache: Die Arbeit am PR 94*

Erst 1990 erschien schließlich die Editio altera der Ordinationsfeiern.[467] Nach der Überarbeitung der Ordinationsriten bereitete die Arbeitsgruppe auch eine zweite Auflage der Abts- und Äbtissinnenweihe vor. Im Gegensatz zu den „Ordinationen“ konnte man hier nicht auf eine lateinische „Editio typica altera“ zu-

---

464 Frei, Äbtissinnenweihe, S. 236.

465 Kaczynski, Pontifikale, S. 227. Teilnehmer der Arbeitsgruppe waren die Bischöfe Franz Xaver Eder aus Passau, der Kapitularvikar Ernst Tewes aus München sowie die Professoren Reiner Kaczynski aus München, der zugleich Leiter der Arbeitsgruppe war, sowie Bruno Kleinheyer aus Regensburg und Franz Nikolasch aus Salzburg; vgl. ebd., S. 227, Anm. 16.

466 So die Erläuterung zur Vorlage, unterzeichnet von Reiner Kaczynski, Ostern 1991; Archiv DLI, IAG C059, 34/90, S. 3. Die Erläuterungen sind mit Schreiben vom 19. Dezember 1990 vom Sekretariat der IAG in Trier an alle Mitglieder der Internationalen Arbeitsgemeinschaft der Liturgischen Kommission im Deutschen Sprachgebiet gesandt worden; Heinrich Rennings an die Mitglieder der IAG im Deutschen Sprachgebiet, 19. Dezember 1990; Archiv DLI, IAG 41/90.

467 Das Dekret mit Datum 29. Juni 1989 zählt die Neuerungen auf: „Einfügung von Praenotanda, geänderte Anordnung innerhalb des Buches, Veränderungen bei den Ordinationsgebeten für Presbyter- und Diakonenordination, Ergänzungen beim Versprechen vor der Presbyterordination, Einfügung des Zölibatsversprechens in das Versprechen vor der Diakonenordination (auch für Ordensmänner), Verpflichtung der Ordensmänner zum Versprechen des Gehorsams und der Ehrerbietung gegenüber dem jeweiligen Ortsbischof, Einfügung der Feier der Admissio in dieses liturgische Buch“, Kaczynski, Anmerkungen, S. 1013.

rückgreifen.[468] So waren Grundlage für die zweite Auflage der „Ordo Benedictionis Abbatis et Abbatissae“ sowie die „Feier der Abts- und Äbtissinnenweihe“. Auf eine Konsultation von Fachleuten für Ordensliturgie verzichtete man zunächst.

Im Juli 1990 kam die Arbeitsgruppe „Pontifikale“ erneut zusammen. Im Unterschied zu der Erstellung des „Ordo Benedictionis Abbatis et Abbatissae“ wurden Abts- und Äbtissinnenweihe gemeinsam überarbeitet. Ein überarbeiteter Entwurf der Feier der Abts- und Äbtissinnenweihe war den Mitgliedern mit Datum 16. Mai 1990 zugesandt worden, so dass diese auf der Kontaktsitzung im Juli vorlag.[469] Auch nach der Kontaktsitzung nahm man in den Fassungen von 1990[470] für das deutsche Pontifikale bei der Feier der Abts- und Äbtissinnenweihe zunächst nur wenige Änderungen vor. Man glaubte, es genüge, wenn die Einführung sowie die Rubriken an die anderen Feiern im Pontifikale angepasst würden.[471] So fügte man in die Einführung lediglich zwei weitere Abschnitte ein. Ein neuer vierter Abschnitt bestimmte nun, dass die Äbtissinnenweihe innerhalb eines Pontifikalamtes stattfinden solle. Es könne das Messformular „Bei der Abts- und Äbtissinnenweihe“ genommen werden, außer an Hochfesten, an den Sonntagen der Adventszeit, der Fastenzeit und der Osterzeit sowie an den Tagen der Osteroktav. Ferner ist Punkt 7 ergänzt worden, der Bestimmungen über die Kleidung des Bischofs sowie über die liturgischen Farben enthält.[472]

Einige sprachliche als auch formale Überarbeitungen hat man an einzelnen Rubriken vorgenommen. Insgesamt wählte man statt der Sie-Form wie in FAbtsweihe die Du-Anrede, auf die Möglichkeit der Sie-Form wies lediglich eine Anmerkung hin. Die euchologischen Texte wurden nur geringfügig verändert. Die Reihenfolge der Fürbitten in der Litanei glich man an die „Ordinationen“ an, ebenso die Begleitworte.[473] Für die Äbtissinnen wurde für die „Fragen“, die hier nun „Versprechen“ genannt wurden, eine erste Angleichung an das „Versprechen“ des Abtes vorgenommen, indem man die Reihenfolge der Fragen so weit wie möglich anpasste, eine Parität wurde dadurch jedoch nicht erreicht.[474]

---

468 Vgl. FREI, Äbtissinnenweihe, S. 225. Vgl. auch KACZYNSKI, Pontifikale, S. 230.

469 Vgl. ebd., S. 231.

470 Ein erster Entwurf liegt mit Datum 17. August 1990 vor, ein zweiter ist datiert auf den 11. Dezember 1990; Archiv DLI, Manuskripte und Vorlagen 1990–92. Die erste Fassung des deutschen Pontifikale vom 17. August 1990 lag zur Kontaktsitzung der Arbeitsgruppe am 2./3. Oktober 1990 in München vor. Auf dieser Grundlage fertigte man ein neues Schema als Vorlage für die IAG mit Datum 11. Dezember 1990 an, vgl. KACZYNKSI, Pontifikale, S. 232.

471 Vgl. Erläuterung zur Vorlage, unterzeichnet von Reiner Kaczynski, Ostern 1991; Archiv DLI, IAG C059, 34/90, S. 10.

472 Vgl. Pontifikale für die katholischen Bistümer des deutschen Sprachgebietes, Vorlage Äbtissinnenweihe 11. Dezember 1990; Archiv DLI, Manuskripte und Vorlagen 1990–92, S. 101f.

473 Vgl. Erläuterung zur Vorlage, unterzeichnet von Reiner Kaczynski, Ostern 1991; Archiv DLI, IAG C059, 34/90, S. 10.

474 Vgl. Pontifikale für die katholischen Bistümer des deutschen Sprachgebietes, Vorlage Äbtissinnenweihe 11. Dezember 1990; Archiv DLI, Manuskripte und Vorlagen 1990–92, S. 104f.

Das Schema vom 11. Dezember 1990 war Grundlage der Sitzung der IAG-Arbeitsgruppe „Pontifikale“ im März 1991. Ebenfalls wurden auf dieser Sitzung Modi zum deutschen Pontifikale besprochen. Diese waren bis zum 1. März von Mitgliedern der IAG erbeten worden.[475] Die meisten Modi äußerten sich lediglich zu kleineren stilistischen Fragen. Ein Mitglied[476] kritisierte jedoch die nach wie vor bestehenden Desiderate in den Segensgebeten der Äbtissinnenweihe: „Ist die Auslassung genügend begründet? Auch die Äbtissin ‚führt‘ z. B. ihre Mitschwestern ‚zum Heil‘“.

Auf der Märzsitzung waren auch der Maria Laacher Altabt Adalbert Kurzeja (1920–2016) sowie die Varenseller Äbtissin Judith Frei als Vertreter und Vertreterin der monastischen Ordensgemeinschaften eingeladen worden. Sie hatten Zeit und Möglichkeit, „sich zu den Entwürfen zu äußern und Desiderate einzubringen“.[477] Frei setzte sich vor allem für die Angleichungen – „soweit möglich“ – an den Ritus der Abtsweihe ein. Konkret sollten insbesondere bei der Befragung Anpassungen vorgenommen sowie die fehlenden Passagen aus den Segensorationen ergänzt werden, die schließlich aus der Benediktsregel stammten und somit auch für die Äbtissinnen Geltung hätten.[478]

Die Voten der Ordensleute hatten Erfolg. „Mit Wohlwollen und großer Offenheit ging die Arbeitsgruppe auf die dargelegten Anliegen ein und berücksichtigte sie weitgehend“.[479] In den „Expensio Modorum“ zur Feier der Abts- und Äbtissinnenweihe wird dargelegt, man habe der eindringlichen Bitte der Vertreter der monastischen Orden entsprechen können, da es „sich bei fast allen Formulierungen um Zitate aus der Regula Benedicti handelt, die für Abt und Äbtissin in gleicher Weise Geltung hat“.[480] So sei es vertretbar, die Formulierungen aufzunehmen, auch wenn das römische Pontifikale sie nicht vorsieht. Man bat die Bischofskonferenzen und die konferenzfreien Bischöfe des deutschen Sprachgebietes, diese Anpassungen in Rom zu beantragen.

Der Entwurf von Ostern 1991 hat die Anliegen der Ordensvertreterinnen und Ordensvertreter bereits berücksichtigt. Die Einführung weist schon auf die Änderungen hin: „Die Bischofskonferenzen des deutschen Sprachgebietes haben bei der Äbtissinnenweihe in den Nr. 10–11, 16, 18 und 21 im Hinblick auf die Er-

---

475 Vgl. Kaczynski, Pontifikale, S. 233.

476 Vermutlich handelt es sich um die Modi von einer Dr. Irmgard Pohl aus Wetter (Ruhr). Zumindest lässt das die Handschrift vermuten, die identisch ist mit der Unterschrift unter einem Anschreiben Pohls an Kaczynski. Hier äußert Pohl auch, dass sie recht umfangreich beurteilt hat, womit sie sich vor allem gegen Mängel im lateinischen Original richte; vgl. Irmgard Pohl an Reiner Kaczynksi, 1. März 1991; Archiv DLI, Modi Pontifikale & Begleitschreiben, IAG (Januar/Februar 1991); PR-A 009.

477 Frei, Äbtissinnenweihe, S. 226.

478 Vgl. ebd.

479 Ebd.

480 Expensio Modorum, 4. September 1991; Archiv DLI, IAG – Pontifikale 1991 – Modi Bischöfe I; PR-A010.

fordernisse und die Überlieferung des Sprachgebietes Anpassungen vorgenommen".[481] Bei den entsprechenden Abschnitten handelt es sich exakt um die Passagen, die die bemängelten Unterschiede zur Abtsweihe aufweisen: Vorstellung der Erwählten (10–11), die Befragung (16), die „Segensgebete", wie sie hier nun genannt werden (18) sowie die Übergabe des Stabes (21). Bei der Befragung sind nun – wie auch im deutschen „Rituale Monasticum" für die Benediktinerinnen – für die Äbtissinnen sieben statt fünf Fragen vorgesehen, die beiden fehlenden Fragen aus der Abtsweihe sind übernommen worden, was unzweifelhaft als Handschrift Sr. Judiths zu werten ist. Die „Segensgebete" sind in der Version von Ostern 1991 lückenlos denen der Äbte angeglichen worden.[482] Kaczynski urteilt, 1974 sei die Zeit wohl noch nicht reif gewesen, die Texte der Segensgebete zu ändern.[483]

Wie im Monastischen Rituale und in FÄbtissinnenweihe, so ist auch die Stabübergabe für die Äbtissinnen weiterhin Bestandteil. Eine vollständige Angleichung an die Abtsweihe ist beim Begleitwort zur Stabübergabe auch hier jedoch nicht erfolgt. So vermied man auch in der Version von Ostern 1991, den Stab als „Zeichen des Hirtenamtes" zu bezeichnen. Stattdessen steht auch hier schlicht „Zeichen deines Amtes".[484] Für die Ringübergabe ist die Einschränkung, dass die Äbtissin ihn nur dann erhalten solle, wenn sie ihn noch nicht bei der Jungfrauenweihe empfangen habe, schon in der Version von Dezember 1990 getilgt worden. Auch die Übersetzung des Begleitwortes ist verändert worden. In der Version von Ostern 1991 lautet die entsprechende Passage:

> Der Bischof steckt der neugeweihten Äbtissin den Ring an den Ringfinger der rechten Hand und spricht dazu: Trag diesen Ring als Zeichen deiner Treue. Denn aus der Kraft, die vom Herrn kommt, sollst du diese klösterliche Gemeinschaft in Eintracht und Liebe bewahren.

3.3.2 *Auf dem Weg zur Approbation*

Am 27. März 1991 konnte der Entwurf des Pontifikale mit dem Datum „Ostern – 1991" an die deutschen Bischöfe zur Begutachtung verschickt werden. Man erbat bis zum 1. Juni 1991 ihre Modi. Die Bischöfe wurden gebeten, insbesondere die Weihe des Bischofs, der Presbyter und der Diakone anzusehen, ferner die Kirch- und Altarweihe.[485] Insgesamt zwanzig Bischöfe hatten ihre Modi einge-

---

481 Pontifikale für die katholischen Bistümer des deutschen Sprachgebietes, Vorlage Äbtissinnenweihe Ostern 1991; Archiv DLI, Manuskripte und Vorlagen 1990–92, 3.

482 Vgl. ebd., 18.

483 Vgl. KACZYNSKI, Pontifikale, S. 251.

484 Vgl. Pontifikale für die katholischen Bistümer des deutschen Sprachgebietes, Vorlage Äbtissinnenweihe Ostern 1991; Archiv DLI, Manuskripte und Vorlagen 1990–92, 21.

485 Rennings an die Bischöfe, 27. März 1991; Archiv DLI, IAG-Pontifikale – Modi Bischöfe I; PR A 010.

sandt. Entsprechend des erbetenen Fokus äußerten sich nur wenige Bischöfe zur Abts- und Äbtissinnenweihe und machten hier zumeist stilistische Anmerkungen zur Übersetzung.[486]

Eine große Irritation zeigt das Schreiben von Bischof Johann Weber aus Graz. Weber war sehr erstaunt über die fehlende Handauflegung. Er hat neben die Rubrik zur Segnung bei der Abtsweihe „Der Bischof breitet über ihn die Hände aus“ ein Fragezeichen an den Rand gemacht und daneben geschrieben: „Das ist keine Handauflegung!“ Dies zeigt, dass noch zu Beginn der 90er Jahre, also über zwanzig Jahre nach der Neugestaltung, noch nicht überall angekommen war, dass die Handauflegung für die Abts- und Äbtissinnenweihe längst Geschichte war.

Die große Mehrheit der Bischöfe gab ihr „placet“, einige ihr „placet iuxta modum“. Die Arbeitsgruppe versuchte, die Anmerkungen der Bischöfe weitestgehend zu berücksichtigen, soweit sie die deutsche Übersetzung betrafen. Nicht dazu berechtigt sah sie sich „Modi, die Änderungen der lateinischen liturgischen Texte nötig machen, anzunehmen“.[487] Auf der Grundlage der bischöflichen Modi wurde das Pontifikale noch einmal überarbeitet. Der so entstandene Entwurf von September 1991 wurde dann als Approbationsvorlage dem Geschäftsführenden Ausschuss der IAG vorgelegt.

Für die Äbtissinnenweihe sind zwischen der Version von Ostern 1991 und der approbierten Feier lediglich einige Formulierungen der Rubriken verändert worden.[488] Geblieben sind die sieben statt bisher fünf Fragen für die Äbtissinnen beim Examen.[489]

---

486 So etwa der Bischof von Linz, Maximilian Aichern: Im ersten Segensgebet solle man statt „daß die Ihren wachsen“ besser „daß ihre Schwestern wachsen in der Liebe zu Christus“. Ferner schlug er auch eine Vereinfachung für die Rubrik zur Übergabe von Ring und Stab vor. Statt „Es folgt nun die Überreichung von Ring und Stab. Dies geschieht auf folgende Weise“ besser: „Nun werden Ring und Stab auf folgende Weise überreicht.“ Der Münsteraner Bischof Reinhard Lettmann und Weihbischof Werner Thissen bemängelten für die Übergabeformel des Ringes, der Abt habe die klösterliche Gemeinschaft mehr als zu bewahren, er solle sie führen und leiten; Archiv DLI, IAG Pontifikale 1991 – Modi Bischöfe I; PR-A010.

487 Expensio Modorum, 4. September 1991; Archiv DLI, IAG – Pontifikale 1991 – Modi Bischöfe I; PR-A010.

488 Z. B. der Beginn von Nr. 9. Hier lautet die Rubrik in der Version von Ostern 1991: „Bevor die Feier beginnt, begibt sich der Bischof mit seiner Assistenz und dem Klerus zur Klausurtüre.“ Die Version von September hat hier etwas erweitert: „Die Gemeinde versammelt sich. Nach Abschluß aller Vorbereitungen begibt sich der Bischof mit seiner Assistenz und dem Klerus zur Klausurtüre“. Ferner ist in Nr. 15 der Hinweis aus der Rubrik entfernt worden, dass alle während der Homilie des Bischofs sitzen. Dies erschien wohl als selbstverständlich.

489 Vgl. Pontifikale für die katholischen Bistümer des deutschen Sprachgebietes, Approbationsvorlage Äbtissinnenweihe September 1991; Archiv DLI, Manuskripte und Vorlagen 1990–92, 16.

Wieder ist es vor allem die erste Oration, um die bei der Überarbeitung besonders gerungen wurde. Hier hat die Arbeitsgruppe sowohl die Struktur einzelner Sätze verändert als auch einzelne Begriffe ersetzt. Dies zeigt, wie sehr man auch hier, wie schon in der Erstellung von OBenAbb und FAbtsweihe, um diesen Kern des Segensritus bemüht war. So heißt es nun in der Approbationsvorlage im ersten Segensgebet: „In deiner Kraft sei sie allen ein Vorbild im klösterlichen Leben; in deiner Gnade sei sie des Namens würdig, den sie von nun an trägt: Äbtissin – das bedeutet Mutter".[490] Eine weitere Änderung hat die Arbeitsgruppe in der Passage vorgenommen: „Allezeit bedenke sie, daß sie ein schweres und mühevolles Amt übernimmt: Menschen auf dem Weg des Heiles zu führen und ihnen gemäß ihrer Eigenart zu dienen".[491] Daneben wurden einzelne Begriffe ausgetauscht, „sorge" durch „mühe" ersetzt, „Hilfe" durch „Beistand", „freudigen Herzens gehen" in „freudigen Herzens vorangehen". In der dritten Oration hat man den Satz geändert: „Die Geschäftigkeit der Welt sei ihr fremd, doch ständig sei sie darauf bedacht, die Not der Menschen an Leib und Seele zu lindern".[492]

Mit der Version von September 1991 hatte die Feier der Äbtissinnenweihe ihre endgültige Form erreicht. Nach der Zustimmung des Geschäftsführenden Ausschusses der IAG konnte der Entwurf schließlich den Bischofskonferenzen und konferenzfreien Bischöfen des deutschen Sprachgebietes zur Approbation vorgelegt werden.[493] Diese stimmten einer Approbation auf ihrer Frühjahrsvollversammlung 1992 zu. Die Bischöfe sandten das approbierte „Pontifikale für die katholischen Bistümer des deutschen Sprachgebietes" am 17. Juni 1992 an die Kongregation für den Gottesdienst und die Sakramentenordnung. Die Gottesdienstkongregation legte es wiederum der Glaubenskongregation zur Approbation vor. Diese verlangte im Januar 1993 für jene Worte der „Ordinationsgebete", die „wesentlich und daher zur Gültigkeit unabdingbar sind"[494] eine wortwörtli-

490 Ebd., 18. In der Version von Ostern lautete die Stelle der Oration: „In deiner Kraft sei sie allen ein Vorbild im klösterlichern Leben; in deiner Kraft sei sie des Namens würdig, den sie von nun an trägt: Äbtissin – das heißt Mutter", Pontifikale für die katholischen Bistümer des deutschen Sprachgebietes, Vorlage Äbtissinnenweihe Ostern 1991; Archiv DLI, Manuskripte und Vorlagen 1990–92, 18.

491 „Allezeit bedenke sie, daß sie ein schweres und mühevolles Amt übernimm: Menschen auf dem Weg des Heiles zu führen und der Eigenart vieler zu dienen", ebd., 18.

492 Pontifikale für die katholischen Bistümer des deutschen Sprachgebietes, Approbationsvorlage Äbtissinnenweihe September 1991; Archiv DLI, Manuskripte und Vorlagen 1990–92, 18. In der Version von Ostern lautete diese Stelle: „Auch wenn sie sich selbst der Geschäftigkeit der Welt entzieht, sei sie dennoch darauf bedacht, die Not der anderen an Leib und Seele zu lindern", Pontifikale für die katholischen Bistümer des deutschen Sprachgebietes, Vorlage Äbtissinnenweihe Ostern 1991; Archiv DLI, Manuskripte und Vorlagen 1990–92, 18.

493 Vgl. Kurzbericht für den GA der IAG, 4. September 1991; Archiv DLI, Pontifikale GA-IAG_1991.

494 KACZYNSKI, Pontifikale, S. 235.

che Übersetzung, so dass noch einige Änderungen vorgenommen werden mussten. Am 19. Mai 1993 wurden das Pontifikale und damit auch die deutsche Feier der Äbtissinnenweihe von der Gottesdienstkongregation konfirmiert.[495] 1994 wurde das „Pontifikale für die katholischen Bistümer des deutschen Sprachgebietes“ (PR 94) schließlich veröffentlicht. „Die Feier der Abts- und Äbtissinnenweihe“ bildet gemeinsam mit der erneuerten Feier der Jungfrauenweihe den zweiten Band.[496]

3.3.3 Die Äbtissinnenweihe im PR 94: Ende der Ungleichheiten?

Mit dem Erscheinen des sogenannten Deutschen Pontifikale ist die Neugestaltung der Äbtissinnenweihe zu ihrem (vorläufigen?) Abschluss gekommen. In Angleichung an die „sakramentalen Ordinationen“ findet die Präsentation der zur Äbtissin Erwählten nun unmittelbar nach dem Einzug als Bestandteil der Eröffnung statt. Frei begrüßt diese Veränderung, so werde „sinnvollerweise schon hier der mitfeiernden Gemeinde der Anlass des Festgottesdienstes mitgeteilt und die Äbtissin namentlich vorgestellt, die nach der Homilie die Weihe empfangen wird“.[497]

Gestrichen hat man die im „Ordo Benedictionis Abbatis et Abbatissae“ (OBenAbbatissa 9 und 14) und in der „Feier der Abts- und Äbtissinnenweihe“ (FÄbtissinnenweihe 9 und 14) benannte Möglichkeit, dass der Bischof statt der Homilie eine Ansprache halten kann. Die Homilie ist seit dem Zweiten Vatikanischen Konzil für Hochfeste und an Sonntagen vorgeschrieben.[498] Da die Äbtissinnenweihe „an einem Sonn- oder Festtag stattfinden“ (FÄbtissinnenweihe 1; PR 94 ÄW, 1) soll, ist eine Homilie des Bischofs immer Teil der Feier. Entsprechend formuliert das neue Pontifikale „die Äbtissinnenweihe findet innerhalb einer feierlichen Bischofsmesse statt, und zwar nach der Homilie“ (PR 94 ÄW, 5).

Das neue Pontifikale hat für die Äbtissin entsprechend dem Monastischen Rituale der Benediktinerinnen alle sieben Fragen aufgenommen, also jene drei Fragen, die seit der lateinischen Erstausgabe mit denen der Abtsweihe identisch waren, dazu die beiden eigens für die Äbtissinnen formulierten Fragen sowie als Angleichung zur Abtsweihe auch jene beiden Fragen, die die lateinische und deutsche Erstausgabe lediglich für die Äbte vorgesehen hatte. In Angleichung an

---

[495] Vgl. ebd.

[496] Pontifikale für die katholischen Bistümer des deutschen Sprachgebietes, Bd. 2: Die Weihe des Abtes und der Äbtissin, die Jungfrauenweihe, Trier 1994.

[497] Frei, Äbtissinnenweihe, S. 230f.

[498] „Die Homilie, in der im Laufe des liturgischen Jahres aus dem heiligen Text die Geheimnisse des Glaubens und die Richtlinien für das christliche Leben dargelegt werden, wird als Teil der Liturgie selbst sehr empfohlen. Ganz besonders in den Messen, die an Sonntagen und gebotenen Feiertagen mit dem Volk gefeiert werden, darf man sie nicht ausfallen lassen, es sei denn, es liege ein schwerwiegender Grund vor“, SC 53.

die „sakramentalen Weihen“ ist die Befragung im neuen Pontifikale mit „Versprechen“ der Erwählten“ überschrieben (PR 94 ÄW 16). An gleicher Stelle ist ein Äquivalent für die Jungfrau,[499] den Abt,[500] den Diakon,[501] den Priester[502] und den Bischof[503] vorgesehen. Für den Bischof und den Abt sind die Versprechen in übereinstimmender Weise mit „Versprechen des Erwählten“ überschrieben.[504] In der Anrede hat man in allen Feiern von der förmlichen Sie-Anrede zum Du gewechselt. Die Möglichkeit zur Sie-Anrede wird in einer Fußnote gegeben.

„Versprechen der Erwählten“ im PR 94	**„Befragung“ im Monastischen Rituale**	**„Fragen“ in „Feier der Äbtissinnenweihe“**
Bevor ich dir die Weihe erteile, frage ich dich, liebe Schwester in Christus:	Frau Äbtissin N. N., bevor ich Ihnen die Weihe erteile, frage ich Sie:	
1)[505] Bist du bereit, deinen Gelübden treu zu bleiben, die Regel des heiligen N. zu beachten und auch deine Schwestern dazu anzuleiten und sie so zur Gottesliebe, zu einem Leben nach dem Evangelium und zur schwesterlichen Liebe hinzuführen?	1) Wollen Sie Ihre Profeß in Treue leben, gemäß der Regel des heiligen Benedikt? Wollen Sie dazu auch Ihre Schwestern anleiten und sie so zur Gottesliebe, zu einem Leben nach dem Evangelium und zur schwesterlichen Liebe anspornen?	1) Sind Sie bereit, Ihren Gelübden treu zu bleiben, die Regel des heiligen N. zu beobachten und auch Ihre Schwestern dazu anzuleiten, sie zur Gottesliebe, zu einem Leben nach dem Evangelium und zur schwesterlichen Liebe hinzuführen?
2) Bist du bereit, nicht nur durch dein Wort, sondern vor allem durch dein Beispiel im klösterlichen Leben deinen Schwestern den Weg des Heiles zu weisen?	2) Wollen Sie durch ihr monastisches Leben, mehr durch Tun als durch Worte, Ihren Schwestern den Weg weisen, den sie gehen sollen?	2) Sind Sie bereit, der heiligen Kirche allezeit zu dienen und dem Papst sowie seinen Nachfolgern Treue, Gehorsam und Ehrfurcht zu erweisen?
3) Bist du bereit, die dir anvertrauten Schwestern zu Gott zu führen und die Sorge für deren Heil als deine erste Pflicht anzusehen?	3) Wollen Sie die Ihnen anvertrauten Schwestern zu Gott führen und die Sorge für deren Heil als Ihre erste Pflicht ansehen?	3) Sind Sie bereit, Ihrem kirchlichen Oberhirten, gemäß dem kanonischen Recht und den Ordensstatuten, in der Leitung Ihres Klosters Gehorsam zu erweisen?
4) Bist du bereit, deine Schwestern anzuleiten, daß sie den Überlieferungen des Ordens treu bleiben und	4) Wollen Sie Ihre Schwestern anleiten, der monastischen Tradition treu zu bleiben und dem Wachstum des	4) Sind Sie bereit, nicht nur durch das Wort, sondern vor allem durch Ihr Beispiel im klösterlichen Leben Ihren

499 Deutsches Pontifikale 2, S. 81.

500 Ebd., S. 19f.

501 Deutsches Pontifikale 1, S. 131–135.

502 Ebd., S. 77–79.

503 Ebd., S. 30–32.

504 Für die Jungfrauen heißt es „Versprechen der Jungfrauen“ (Deutsches Pontifikale 2, S. 81), für die Priester und Diakone „Versprechen des Weihekandidaten“ (Deutsches Pontifikale 1, S. 131 u. 156).

505 Die Nummerierungen der einzelnen Fragen sind der besseren Nachvollziehbarkeit wegen von mir eingefügt worden.

durch ihr beschauliches Leben an der Ausbreitung des Reiches Gottes auf Erden mithelfen?	Volkes Gottes zu dienen durch Ihr kontemplatives Leben, das seine Frucht in Verborgenheit bringt?	Schwestern den Weg zu zeigen, den sie gehen sollen?
5) Bist du bereit, den Besitz des Klosters treu zu verwalten, zum Wohl der Schwestern, aber auch der Armen und der Gäste?	5) Wollen Sie den Besitz des Klosters treu verwalten, zum Wohl der Schwestern, aber auch der Armen und der Gäste?	5) Sind Sie bereit, Ihre Schwestern anzuleiten, daß sie den Überlieferungen des Ordens treu bleiben und durch ihr beschauliches Leben auf verborgene Weise mithelfen an der Ausbreitung des Reiches Gottes auf Erden?
6) Bist du bereit, der heiligen Kirche allezeit zu dienen und dem Papst sowie seinen Nachfolgern Treue, Gehorsam und Ehrfurcht zu erweisen?	6) Wollen Sie der heiligen Kirche allezeit dienen und dem Papst sowie seinen Nachfolgern Treue, Gehorsam und Ehrfurcht erweisen?	
7) Bist du bereit, deinem Bischof, gemäß dem kanonischen Recht und den Ordensstatuten, in der Leitung deines Klosters Gehorsam zu erweisen?	7) Wollen Sie Ihrem kirchlichen Oberen, gemäß dem kanonischen Recht und den Ordensstatuten, in der Leitung Ihres Klosters Gehorsam erweisen?	

Das „Versprechen der Erwählten“ im neuen Pontifikale trägt eindeutig die Handschrift von Sr. Judith Frei, die die Version des benediktinischen Monastischen Rituale nahezu identisch für das deutsche Pontifikale durchgesetzt hat. Aufgenommen hat das Pontifikale auch einige einleitende Worte des Bischofs, wie sie im Monastischen Rituale vorgesehen sind. Für die Äbte sieht das Pontifikale im Unterschied zur Äbtissinnenweihe auch in der revidierten Version die alten Worte „Von den Zeiten der heiligen Väter an ...“ vor.[506] Hier ist keine Angleichung für die Äbtissinnen vorgenommen worden, vielleicht, weil auch das „Versprechen des Erwählten“ für die Bischofsweihe mit einer ähnlichen Einleitung beginnt.[507]

---

506 Deutsches Pontifikale 2, S. 19.

507

EINLEITENDE WORTE BEIM „VERSPRECHEN DES ERWÄHLTEN“ BEI DER „WEIHE DES ABTES“	EINLEITENDE WORTE BEIM „VERSPRECHEN DES ERWÄHLTEN“ BEI DER „WEIHE DES BISCHOFS“
Von den Zeiten der heiligen Väter an verlangt es die Ordnung, denjenigen, der zum Abt und Hirten an Christi Stelle erwählt ist, auf seine Lebensführung zu prüfen und zu befragen, ob seine Gesinnung den Anforderungen für dieses Amt entspricht (Deutsches Pontifikale 2, S. 19).	Von den Zeiten der heiligen Väter an verlangt es die Ordnung, daß sich der Bischof vor seiner Weihe inmitten der Kirche zu dem festen Vorsatz bekennt, den Glauben treu zu bewahren und sein Amt recht zu verwalten (Deutsches Pontifikale 1, S. 30).

Im Gegensatz zur Befragung in der „Feier der Äbtissinnenweihe" sind nicht nur die beiden Fragen aus der Abtsweihe hinzugekommen, sondern auch die Reihenfolge der Fragen ist angeglichen worden. An zweiter Stelle steht nun, wie für die Äbte, die vormals vierte Frage nach der Bereitschaft, den Schwestern in Wort und Tat ein Beispiel zu sein und ihnen den Weg des Heils zu weisen. Als dritte Frage ist jener Text aus dem Ritus der Abtsweihe eingefügt, die nach der Bereitschaft der Äbtissin fragt, die ihr anvertrauten Schwestern zum Heil zu führen und die Sorge für deren Heil als ihre erste Pflicht anzusehen. Sie steht in der Abtsweihe ebenfalls an dritter Stelle, auch hier ist also eine Angleichung erfolgt. Die vierte Frage ist die spezifisch für die Äbtissinnen vorgesehene Frage nach der Bereitschaft, die Schwestern anzuleiten, „daß sie den Überlieferungen des Ordens treu bleiben und durch ihr beschauliches Leben an der Ausbreitung des Reiches Gottes auf Erden mithelfen" (PR 94 ÄW, 17). Diese bildete in der „Feier der Äbtissinnenweihe" den Abschluss. Die fünfte Frage nach der Bereitschaft, den Besitz des Klosters treu zu verwalten, ist wiederum aus der Abtsweihe übernommen worden und hier neu an fünfter Stelle eingefügt.

Die sechste Frage zielt auf den Gehorsam der Äbtissin gegenüber Papst und Kirche, die siebte fragt die Äbtissin spezifisch nach dem Versprechen, dem „Bischof gemäß dem kanonischen Recht und den Ordensstatuten" (PR 94 ÄW, 17) in der Leitung des Klosters Gehorsam zu erweisen. Im lateinischen Ordo steht hier „ordinarius". Frei bemängelt, dass die deutschen Ausgaben hier „ordinarius" mit „Bischof" übersetzen. So wäre es sinnvoller gewesen, hier den „kirchlichen Oberhirten" beizubehalten oder vom „kirchlichen Oberen" zu sprechen, wie es das Monastische Rituale tut (Monastisches Rituale, 228). Dieser Terminus sei „neutraler und weiter, denn er kann jeden Ordinarius meinen, den Bischof und auch den Regularoberen".[508] Denn „Ordinarius der acht deutschsprachigen Frauenabteien, die der Beuroner Benediktinerkongregation inkorporiert sind, [ist] der Abtpräses. Ordinarius der Zisterzienserinnen ist der Vaterabt bzw. der Generalabt".[509]

Die „Segensgebete" haben von der Approbationsvorlage von September 1991 bis zum endgültigen Text im neuen Pontifikale keine Änderungen mehr erfahren. Die Salzburger Äbtekonferenz hatte bei der Ausgabe ihres eigenen Monastischen Rituales für die „Segensgebete" der Abtsbenediktion einen Gesang vorgesehen und Noten eingefügt.[510] Das bloße Sprechen des „Segensgebetes" empfand man als „defizitäre Form".[511] Entsprechend ist dies im Pontifikale von 1994 für die Äbte und auch für die Äbtissinnen als Möglichkeit übernommen worden, so dass nun die „Segensgebete" sowohl mit Noten als auch in reiner Textform im Normtext zu finden sind.

---

508 Frei, Äbtissinnenweihe, S. 231.
509 Ebd., S. 231, Anm. 55.
510 Salzburger Äbtekonferenz (Hg.), Monastisches Rituale, S. 115–122.
511 Kaczynski, Pontifikale, S. 252.

Eine Gegenüberstellung zeigt, dass die Desiderate für die Äbtissinnen in die „Segensgebete“ aufgenommen worden sind:[512]

„Segensgebete“ für die „Weihe der Äbtissin“ im PR 94	**„Segensgebete“ für die „Weihe des Abtes“ im PR 94**	**„Weihegebete“ für die „Äbtissinnenweihe“ in FÄbtissinnenweihe**
1) Wir preisen dich, Gott, allmächtiger Vater: Denn du hast deinen Sohn in die Welt gesandt, damit er den Menschen diene und als der Gute Hirt sein Leben hingebe für seine Herde. Wir bitten Dich: Segne und stärke deine Dienerin N., die zur Äbtissin dieses Klosters (des Klosters N.) erwählt ist. In deiner Kraft sei sie allen ein Vorbild im klösterlichen Leben; in deiner Gnade sei sie des Namens würdig, den sie von nun an trägt: Äbtissin – das bedeutet Mutter. Das Wort ihrer Lehre werde zum Sauerteig; es wirke in den Herzen der Ihren, damit sie deinem Willen in allem folgen.	1) Wir preisen dich, Gott, allmächtiger Vater: Denn du hast deinen Sohn in die Welt gesandt, damit er den Menschen diene und als der Gute Hirt sein Leben hingebe für seine Herde. Wir bitten dich: Segne und stärke deinen Diener N., der zum Abt dieses Klosters (des Klosters N.) erwählt ist. In deiner Kraft sei er allen ein Vorbild im klösterlichen Leben; in deiner Gnade sei er des Namens würdig, den er von nun an trägt: Abt – das heißt Vater. Das Wort seiner Lehre werde zum Sauerteig; es wirke in den Herzen der Seinen, damit sie deinem Willen in allem folgen.	1) Gott, allmächtiger Vater, du hast deinen Sohn in die Welt gesandt, damit er den Menschen diene und als Guter Hirt das Leben hingebe für seine Herde. Wir bitten dich: Segne + und stärke deine Dienerin N., die zur Äbtissin dieses Klosters gewählt wurde. Gib ihr die Kraft, allen ein Vorbild klösterlichen Lebens zu sein und sich des Namens einer Äbtissin würdig zu erweisen, den sie von nun an trägt.
Allezeit bedenke sie, daß sie ein schweres und mühevolles Amt übernommen hat: Menschen auf dem Weg des Heiles zu führen und ihnen gemäß ihrer Eigenart zu dienen; sie wisse, daß sie mehr helfen als herrschen soll. Gib ihr ein wachsames Herz, daß sie sich darum mühe, keine von denen zu verlieren, die du ihr anvertraust.	Allezeit bedenke er, daß er ein schweres und mühevolles Amt übernommen hat: Menschen auf dem Weg des Heiles zu führen und ihnen gemäß ihrer Eigenart zu dienen; er wisse, daß er mehr helfen als herrschen soll. Gib ihm ein wachsames Herz, daß er sich darum mühe, keinen von denen zu verlieren, die du ihm anvertraust.	Laß sie erkennen, daß es ihre Aufgabe ist, nicht so sehr anderen vorzustehen, als vorzusehen, was ihnen hilfreich ist.
Mit deinem Beistand trage sie Sorge für alles, doch halte sie Maß und gebe die Weisungen so, daß die Ihren wachsen in der Liebe zu Christus und zu allen Menschen und so auf dem Weg deiner Gebote freudigen	Mit deinem Beistand trage er Sorge für alles, doch halte er Maß und gebe die Weisungen so, daß die Seinen wachsen in der Liebe zu Christus und zu allen Menschen und so auf dem Weg deiner Gebote freudigen	Sie sei um alles eifrig besorgt, doch halte sie Maß und treffe ihre Weisungen so, daß die Ihren wachsen in der Liebe zu Christus und zu allen Menschen und daß sie mit freiem Herzen den Weg deiner Gebote gehen.

512 Die Nummerierungen sind der besseren Nachvollziehbarkeit wegen eingefügt. Die dritte Oration ist hier vernachlässigt, da sie ohnehin stets gleichförmig war.

Herzens vorangehn. Erfülle deine Dienerin mit den Gaben des Geistes, damit sie zusammen mit ihren Schwestern deine Ehre und das Wohl deiner Kirche sucht. An Christus allein hänge ihr Herz, und sie lehre auch ihre Schwestern, den Herrn über alles zu lieben. Wenn dann der Jüngste Tag kommt, gib ihr mit ihren Schwestern Anteil an deinem Reiche.	Herzens vorangehn. Erfülle deinen Diener mit den Gaben deines Geistes, damit er zusammen mit seinen Brüdern deine Ehre und das Wohl der Kirche sucht. An Christus allein hänge sein Herz, und er lehre auch seine Brüder, den Herrn über alles zu lieben. Wenn dann der Jüngste Tag kommt, gib ihm mit seinen Brüdern Anteil an deinem Reiche.	Erfülle sie mit den Gaben deines Geistes, damit sie zusammen mit ihren Schwestern deine Ehre suche und das Wohl der Kirche. In allem gebe sie Christus den Vorrang und lehre auch ihre Schwestern, Christus über alles zu lieben. Wenn dann der Jüngste Tag kommt, gib ihr mit ihren Schwestern Anteil an deinem Reich.
2) Allmächtiger, ewiger Gott, erhöre unser Gebet: Wir bitten dich für deine Dienerin N., die dazu erwählt ist, diesem Kloster (dem Kloster N.) vorzustehen, damit sie im Namen deines Sohnes die ihr Anvertrauten leite.	2) Allmächtiger Gott, erhöre unser Gebet für deinen Diener N., der dazu gewählt wurde, diesem Kloster vorzustehen, damit er an deines Sohnes statt Hirte deiner Herde sei.	2) Allmächtiger Gott, erhöre unser Gebet für deine Dienerin N., die dazu gewählt wurde, diesem Kloster vorzustehen.
Blicke gnädig auf sie und schenke ihr die Fülle deiner Gaben. Öffne ihr die Schätze der Weisheit, damit sie Neues und Altes daraus hervorhole. Lenke ihre Schritte auf dem Weg des Heiles und des Friedens, laß sie deinem Sohn allezeit nachfolgen und einst den ewigen Lohn von dir empfangen.	Blicke gnädig auf ihn und schenke ihm die Fülle deiner Gaben. Öffne ihm die Schätze der Weisheit, damit er Neues und Altes daraus hervorhole. Lenke seine Schritte auf dem Weg des Heiles und des Friedens, laß ihn allezeit deinem Sohn nachfolgen und einst den ewigen Lohn empfangen.	Blicke gnädig auf sie und schenke ihr die Fülle deiner Gaben. Lenke ihre Schritte auf dem Weg des Heiles und des Friedens, laß sie allezeit deinem Sohn nachfolgen und einst den ewigen Lohn erlangen.
4) Wir preisen dich, Gott allmächtiger Vater: Denn du hast deinen Sohn in die Welt gesandt, damit er den Menschen diene und als der Gute Hirt sein Leben hingebe für seine Herde. Wir bitten dich: Segne und heilige deine Dienerin N., die zur Äbtissin dieses Klosters (des Kosters N.) erwählt ist. Schenke ihr deine Hilfe, damit sie die Last ihres Amtes tragen kann. Stärke sie, damit sie allen, die unter ihrer Führung geistlichen Fortschritt erstreben, Weisung gebe	4) Wir preisen dich, Gott, allmächtiger Vater: Denn du hast deinen Sohn in die Welt gesandt, damit er den Menschen diene und als der Gute Hirt sein Leben hingebe für seine Herde. Wir bitten dich: Segne und heilige deinen Diener N., der zum Abt dieses Klosters (des Klosters N.) erwählt ist. Schenke ihm deine Hilfe, damit er die Last seines Amtes tragen kann. Stärke ihn, damit er allen, die unter seiner Führung geistlichen Fortschritt erstreben, Weisung gebe und	4) Gott, allmächtiger Vater, du hast deinen Sohn in die Welt gesandt, damit er den Menschen diene und als Guter Hirt das Leben hingebe für seine Herde. Segne + und heilige deine Dienerin N., die zur Äbtissin dieses Klosters gewählt wurde.

und Beispiel sei. Mit allen Kräften sei sie um die ihr anvertrauten Schwestern besorgt, damit sie keine von ihnen verliert und am Jüngsten Tag, wenn der Herr erscheint, den Lohn empfängt für ihre Mühe.	Beispiel sei. Mit allen Kräften sei er um die ihm anvertrauten Brüder besorgt, damit er keinen von ihnen verliert und am Jüngsten Tag, wenn der Herr erscheint, als guter und treuer Knecht seinen Lohn empfängt.	Mit allen Kräften sei sie besorgt um die Schwestern, die ihr anvertraut sind, damit sie einst, wenn am Jüngsten Tag der Herr erscheint, den Lohn für ihre Mühe empfängt.

Das erste „Segensgebet“, welches zu einem Großteil aus Passagen der Benediktsregel besteht, ist nun für den Abt und die Äbtissin identisch. Hier sind tatsächlich alle Desiderate aufgenommen worden. Im vierten Gebet fehlt für die Äbtissinnen der Einschub „als guter und treuer Knecht“. Ebenfalls nicht vollständig angeglichen hat man das zweite Gebet, die Oration „In conspectu“. Hier ist für die Äbtissinnen auch in der Revision die Formulierung „damit er an deines Sohnes statt Hirte deiner Herde sei“ nicht übernommen worden, es ist also sowohl die Stellvertreterinnenrolle Christi im Kloster als auch die Hirtensorge für die Äbtissinnen vermieden worden. Für diese geschlechtsspezifische Angleichung war wohl, um es mit Kaczynskis Worten zu sagen, auch 1994 „die Zeit noch nicht reif“. Stattdessen wählte man mit der Wendung „damit sie im Namen deines Sohnes die ihr Anvertrauten leite“ eine unmissverständlichere Variante.

Wie im Monastischen Rituale sieht nun auch das deutsche Pontifikale für die Äbtissinnen die Übergabe von Stab und Ring ohne Einschränkung vor. Die Rubrik aus der „Feier der Äbtissinnenweihe“, die erläutert, es werde nach altem Brauch nun Ring und Stab übergeben (FÄbtissinnenweihe, 20), ist gestrichen worden. Auch die in FÄbtissinnenweihe bereits eingeklammerte Rubrik „Wenn die Äbtissin bereits bei ihrer Profeß und Jungfrauenweihe einen Ring empfangen hat, wird nach römischem Ritus kein Ring übergeben. War dies nicht der Fall, so kann sie jetzt den Äbtissinnenring erhalten“, ist nicht aufgenommen worden. Stattdessen schreibt der Normtext des deutschen Pontifikale: „Nun werden Ring und Stab auf folgende Weise überreicht“ (PR 94 ÄW, 22) und setzt die Übergabe beider Insignien damit ohne Einschränkung voraus.

Die aktuelle Feier der Äbtissinnenweihe im deutschen Pontifikale ist das Ergebnis eines langen Ringens. Der Kampf um Parität hat sich gelohnt: Noch nie waren der Ritus der Abts- und Äbtissinnenweihe in den römischen Normtexten so identisch, wie heute in der deutschen Ausgabe, die „gegenüber anderssprachigen Übersetzungen des O.BenAbb einzigartig ist in seiner Öffnung für die berechtigten Anliegen der Frauenklöster in der Kirche“.[513] Dass die Frauenklöster mit dem Ergebnis sehr zufrieden waren und sind, zeigt die Tatsache, dass das Monastische Rituale der deutschsprachigen Benediktinerinnen nie veröffentlicht wurde. Die geforderten Desiderate waren eingearbeitet worden, der Weg zur Rezeption des römischen Normtextes stand frei.

---

513 Frei, Äbtissinnenweihe, S. 229.

IV. Fazit

1 *Das Ende der „ersten Tradition“*

Als der Passauer Bischof Simon Konrad Landersdorfer über Sr. Emmanuela Aichinger am 21. Mai 1967 in der Abtei St. Gertrud die Präfation „Affluentem spiritum“ sprach und ihr dabei die Hände auflegte, während er sagte: „Auf dass sie, die durch unsere Handauflegung heute zur Äbtissin bestellt wird, deiner Heiligung würdig und von dir auserwählt bleibe ...“, ging eine über tausend Jahre alte Tradition zu Ende.[1] Die Oration „Affluentem spiritum“ ist erstmals Ende des achten Jahrhunderts im Sakramentar von Gellone,[2] dem bedeutendsten Textzeugen für die junggelasianischen Sakramentare, bezeugt (vgl. Kapitel II 1.6.2 sowie II 1.6.3). Das Sakramentar enthält noch keine Rubriken, so dass über die Ausführung der Handauflegung keine gesicherte Angabe vorliegt, jedoch spricht die Erwähnung der Handauflegung in der Oration dafür, dass Äbtissin und Abt die Hände auch tatsächlich aufgelegt wurden (vgl. Kapitel II 1.6.3). Über die junggelasianischen Sakramentare gelangte die Oration im zehnten Jahrhundert in das Pontificale Romano-Germanicum und wurde von seinen Nachfolgern von dort übernommen. Spätestens im PRG war die in der Oration erwähnte Handauflegung sowohl für die Äbtissinnen als auch für die Äbte sicher zur Geste geworden (vgl. PRG XXVI, 7/PRG XXVI, 14).[3]

Das PRG schrieb zudem vor, dass die Oration „in der Weise einer Präfation“, „in modum praephationis“ (PRG XXXII, 8) gebetet werden solle, was die Nachfolgepontifikalien ebenfalls übernommen haben (vgl. Kapitel II 2 und II 3) und auch bei Sr. Emmanuela noch Brauch war. Dass diese Bestimmung im PRG für die „Ordination“[4] der Äbtissinnen und Äbte keine Besonderheit darstellt, konnte Kapitel II 2.1.1 zeigen. Das PRG bezeugt auch für die anderen „Ordinationen“ und „Konsekrationen“ durch den Bischof ein langes Gebet, das in der Weise einer Präfation gebetet werden sollte.[5]

---

1 Dies gilt zumindest für den deutschsprachigen Raum. Ob in anderen Ländern in den Jahren 1968 und 1969 noch Äbtissinnenweihen unter Präfation und Handauflegung gefeiert worden sind, ist nicht überprüft worden.

2 DESHUSSES/DUMAS (Hg.), Sacramentorum Gellonensis, S. 400.

3 Vgl. Kapitel II 2.1.2.

4 Das PRG betitelt den Ordo für die Äbtissinnen mit „Ordinatio abbatisse monasticam regulam profitentis“ (PRG XXXII), den für die Äbte mit „Ordinatio abbatis“ (PRG XXVI).

5 Präfationen bezeugt das PRG auch für die „consecratio viduae“, die „Konsekration der Witwen“ (PRG XXV, 7), die „consecratio virginum“, die „Konsekration der Jungfrauen“ (PRG XXIII, 6f.), die „ordinatio subdiaconi“, die „Ordination“ des Subdiakons (PRG XVI, 7) die

Sehr wohl als eine Besonderheit ist jedoch die Handauflegung für die monastischen Äbtissinnen zu bewerten.[6] Diese Geste gestand das römisch-germanische Pontifikale aus Mainz neben der „Ordination“ der männlichen Äbte (PRG XXVI, 7) ausschließlich jenen „Ordinationen“ der Männer zu, die später zu den „höheren Weihen“ gezählt werden sollten, also für die „Ordinationen“ der Diakone, Presbyter und Bischöfe (PRG XVI, 9; PRG XVI, 26; PRG LXIII, 31). Für die Subdiakone schloss das PRG eine Handauflegung ausdrücklich aus, was auch zeigt, dass diese Geste kein unbedeutendes Element war.[7] Nicht so für die monastische Äbtissin: Sie war im PRG die einzige Frau, der gemäß den normativen Vorgaben während der Präfation die Hände des Bischofs aufgelegt wurden.[8] Auch wenn die Handauflegung im zehnten Jahrhundert freilich noch nicht die Bedeutung hatte, die sie spätestens im zwanzigsten Jahrhundert bekommen sollte, zeigt diese Analogie doch, dass die „Ordination“ der Äbtissin im PRG den anderen großen Ordinationsfeiern der Männer in dieser Hinsicht formal ebenbürtig gestaltet war.

Das PRG erwähnt auch schon eine Litanei mit Prostratio, die in diesem Quellentext ebenfalls ein typisches Element für „Ordinationen“ und „Konsekrationen“ von Personen durch einen Bischof sind (vgl. Kapitel II 2.1.1).[9] Neben der Oration „Affluentem spiritum“ zeigt das PRG die Oration „Concede quaesumus“, die aus dem gregorianischen Sakramentar stammt und bereits auf das sechste Jahrhundert zurückgeht (vgl. Kapitel II 1.6.1) sowie zwei weitere gelasianische Orationen, nämlich das Gebet „Cunctorum bonorum“ und die spezifisch für die weiblichen Äbtissinnen vorgesehene Oration „Domine Deus“, die beide vom Sakramentar von Gellone bezeugt sind (vgl. Kapitel II 1.6.3). Diese Orationen sind ebenfalls von jenen Pontifikalien übernommen worden, die gemäß der hier verwendeten Chronologie als Nachfolger des PRG verstanden werden. Damit zeigen diese Orationen eine ebenso lange Tradition wie das Gebet „Affluentem spiri-

„Ordination“ der Diakonen („ordinatio diaconorum“ im Plural, PRG XVI, 12) und des Presbyters („ordinatio presbiteri“, PRG XVI, 27) sowie für die Diakonin, deren Feier im lateinischen mit „Ad diaconam faciendam“ betitelt ist (PRG XXIV, 8) und auch für die „Ordination“ des Bischofs („ordinatio episcopi“, PRG LXIII, 33; 35).

6 Das PRG zeigt auch einen Ritus für die „ordinatio“ einer Kanonissenäbtissin, vgl. Kapitel II 2.1.1.

7 „... manus impositionem non accipiunt“, PRG XVI, 5.

8 Der Kanonissenäbtissin wurden gemäß den Vorgaben des PRG die Hände nicht aufgelegt, vgl. auch Kapitel II 2.1.1.

9 Das PRG sieht eine Litanei sowohl für die „Ordination des Presbyters“ (PRG XVI, 21), für die „Diakoninnenkonsekration“ (PRG XXIV, 6), für die „Jungfrauenkonsekration“ (PRG XXIII, 6) und die „Konsekration der Witwen“ (PRG XXV, 6f.) und nicht zuletzt auch für die „Bischofsordination“ (PRG LXIII, 30) vor. Bei der Litanei handelt es sich wahrscheinlich schon um die Allerheiligenlitanei, die das PRG für den „Ordo ad benedicendam ecclesiam“, für die „Ordnung zur Kirchensegnung“ abbildet (PRG XL, 1), vgl. auch Kapitel II 2.1.1.

tum". Auch die gelasianischen Orationen sind noch bei der Weihe von Sr. Emmanuela Aichinger im Jahr 1967 gebetet worden.[10]

2 *Anleihen aus der Bischofsweihe?*

Hilpisch deutet, die mittelalterliche Ausgestaltung der Abtsweihe seit dem PRG sei in Anlehnung an die Bischofsweihe erfolgt, was er mit der Stellung der Äbte erklärt, die „sowohl im staatlichen [sic!] wie im kirchlichen Leben nahe an das bischöfliche Amt" herangerückt sei.[11] Ähnlich wertet Puniet, die „Entlehnungen" aus der Bischofsweihe seien „offensichtlich".[12] Und auch Frei erklärt, im PRG seien verstärkt „Angleichungen an die Bischofsweihe erkennbar".[13]

Kapitel II 2.1 konnte zeigen, dass der Ritus, wie ihn das PRG für die „Ordination" der Äbtissin bezeugt, noch nicht in besonderer Weise von der „Ordination" des Bischofs beeinflusst ist, sondern dass sämtliche „Konsekrationen" und „Ordinationen" des PRG analog gestaltet sind. Alle Feiern zeigen verschiedene Gebete, eines davon im Präfationston, für viele Feiern ist eine Litanei mit Prostratio belegt und innerhalb der Riten ist die Übergabe eines spezifischen Gegenstandes vorgesehen, für die Äbte und Äbtissinnen die Regel, die Äbte erhielten zudem den Stab.

Der gemeinsame Ritus für die „Benediktion" der Äbte und Äbtissinnen im Pontificale Romanum aus dem zwölften Jahrhundert trägt die Spuren der „gregorianischen Reform" und ist deutlich verschlankt worden (vgl. Kapitel II 2.2.2). Für die Äbte ist die Ansprache des Bischofs getilgt worden, die das PRG bezeugt und die einen ersten Hinweis auf ein Examen enthält (vgl. PRG XXVI, 2, vgl. Kapitel II 2.1.2). Auch einen Verweis auf assistierende Mönche beziehungsweise Nonnen hat das PR XII nicht aus dem PRG übernommen. Erst das Pontifikale der Römischen Kurie aus dem frühen dreizehnten Jahrhundert zeigt für jene Äbte, die das Privileg hatten, Pontifikalien zu tragen, verstärkt Analogien zur Weihe eines Bischofs, was insbesondere die Vorbereitung der Feier betrifft (vgl. Kapitel II 2.3.2).

Letztlich weist erst das Pontifikale des Wilhelm Durandus aus dem späten dreizehnten Jahrhundert für die Abts- und Äbtissinnenweihe signifikante Parallelen mit der Bischofsweihe auf. Durandus gestaltete die Feiern von Abts- und Äbtissinnenweihe für beide Geschlechter weitestgehend gleich und ergänzte so-

---

10 Äbtissinnenweihe in St. Gertrud, Tettenweis, am Fest d. Hlst. Dreifaltigkeit, 21. Mai 1967; ausformulierter, maschinengeschriebener Ablauf für die Schwestern mit hds. Korrekturen, Durchschlag; Archiv der Abtei St. Gertrud, 94167 Tettenweis.

11 HILPISCH, Abtsweihe, S. 63.

12 PUNIET, Pontifikale., S. 99.

13 FREI, Äbtissinnenweihe, S. 224.

mit für die Äbtissinnen einige im PCR den männlichen Äbten vorbehaltene Elemente wie die Überreichung von Kerzen, Wein und Brot an den Bischof zum Offertorium (PGD XX, 24), was in gleicher Weise für die Bischöfe vorgesehen war (PGD XIV, 49). Auch die Stabübergabe ist im PGD für die Äbtissinnen Bestandteil (vgl. Kapitel II 3.1.2). Das Pontifikale des Durandus ist erster Zeuge für die Übergabe eines Ringes an Äbte und Äbtissinnen. Für das Geleitwort zur Ringübergabe verweist das Pontifikale auf das Geleitwort zur Ringübergabe bei der „Bischofsbenediktion".[14] Für die Äbte hat Durandus zudem noch eine „Interrogatio", eine „Befragung" ergänzt, für die er weitestgehend ebenfalls aus der Bischofsweihe geschöpft hat, wie Kapitel II 3.1.2 zeigen konnte.

Kapitel II 3.1.1 stellt dar, dass die Entlehnungen zwischen der Abts-, Äbtissinnen- und Bischofsweihe jedoch nicht eindimensional erfolgten, sondern dass Durandus in gleicher Weise für die „Bischofsbenediktion" eine Anleihe aus der „Benediktion" für die Äbte und Äbtissinnen machte, indem er für die Bischöfe erstmals den Gesang des Te Deum am Ende der Feier aufnahm.[15] Das PRG bezeugt das Te Deum noch ausschließlich für die Feier der „Ordination" des Abtes und die „Ordinationen" der Kanonissenäbtissin beziehungsweise der monastischen Äbtissin. Hilpisch hat also Unrecht, wenn er behauptet, dass die Abtsweihe das Te deum aus der Bischofsweihe übernommen habe.[16] Dieses Zeugnis für Anleihen in beide Richtungen ist Indiz dafür, dass die Riten im späten dreizehnten Jahrhundert in gewisser Weise als gleichwertig angesehen wurden. Diese These stützt auch die Terminologie: beide Riten überschrieb Durandus mit „Benediktion". Dass diese Äquivalenz jedoch lediglich die „Benediktionsfeier" selbst betraf und der Bischof dem Abt in der Vorstellung des Durandus in rechtlicher Hinsicht überstellt war, zeigt die Tatsache, dass Durandus einen Eid aufgenommen hat, den Abt und Äbtissin dem Bischof (also ihm selbst) gegenüber ablegen sollten (vgl. PGD XXI, 1).

Die beiden Nachfolgepontifikalien, der Pontificalis Liber von 1482 sowie das nachtridentinische Pontificale Romanum von 1595/96 tilgten für die Äbtissinnen die Stab- und Ringübergabe wieder und sahen auch die parallel zur „Bischofskonsekration" gestaltete Opfergabe zum Offertorium für die Äbtissinnen nicht mehr vor. Für die Äbte behielten die Pontifikalien die Analogien bei. Kapitel II 3.2.4 konnte zeigen, dass die Parallelität der Riten auch nach dem Konzil von Trient noch kein großes Problem war, weil die Bischofsweihe nicht von allen Theologen als Sakrament angesehen wurde.[17] Das Konzil von Trient selbst hatte die Frage nach einer Sakramentalität der Bischofsweihe nicht entschieden.[18]

---

14 „Deinde dat ei anulum dicens: *Accipe*, ut supra, in benedictione episcopi", PGD XX, 23.

15 Vgl. ANDRIEU, Pontifical III, S. 391. Vgl. auch MCMILLAN, Episcopal Ordination, S. 173.

16 Vgl. HILPISCH, Abtsweihe, S. 64.

17 Vgl. OTT, Weihesakrament, S. 137, vgl. auch BARTMANN, Dogmatik II, S. 442.

18 Vgl. GANZER, Primatsauffassung, S. 109–163.

3 *Ein neues Deutungssystem*

Im zwanzigsten Jahrhundert änderten sich dann die Koordinaten. Mit dem Verlust der weltlichen Herrschaft des Bischofs durch die Säkularisation von 1803 war der Bischof „vom Fürsten zum Hirten“ geworden.[19] Im Verlauf des neunzehnten Jahrhunderts war zunehmend das allein verbliebene geistliche Bischofsamt betont worden, indem man sich auf jenes Bischofsideal berief, welches das Konzil von Trient für die Bischöfe gefordert hatte.[20] Diese Tendenz wurde in Kapitel III 1.3.2 dargestellt. Den Gipfel dieser Entwicklung bildete schließlich das Zweite Vatikanische Konzil, das ergänzend zu den starken Papstdogmen des Ersten Vatikanum eine „grundsätzliche Neubesinnung“[21] über das Bischofsamt und seine geistliche Jurisdiktion anstellte.

Kapitel III 1.3.3 konnte zeigen, dass diese „grundsätzliche Neubesinnung“ vielmehr sogar eine völlige Neudefinition von Bischofsamt und Bischofsweihe war. Über die Bischofsweihe wurde in der Konstitution über die Kirche „Lumen gentium“ bestimmt, durch sie werde „die Fülle des Weihesakramentes“ übertragen (LG 21). Während noch 35 Jahre zuvor in der siebten Auflage des Lehrbuchs der Dogmatik von Bernhard Bartmann[22] zu lesen war, dass nicht sicher sei, ob die Bischofsweihe ein Sakrament sei[23] (Bartmann hatte die Möglichkeit, den Episkopat in der Zählung der Weihestufen als eigenen Ordo zu zählen noch eingeklammert),[24] hatte Papst Pius XII. in der Enzyklika „Sacramentum ordinis“ die Sakramentalität der Bischofsweihe 1947 bereits vorausgesetzt, das Zweite Vatikanum erklärte sie sogar zum Ausgangspunkt des Weihesakramentes „an der die anderen Weihestufen je auf ihre Weise Anteil haben“.[25] Die Bischofsweihe wurde nun zu dem eigentlichen Sakrament.

Gleichzeitig begründete das Konzil die bischöfliche Gewalt sakramental in der Bischofsweihe, indem es erklärte, die Bischofsweihe übertrage mit dem „Amt der Heiligung auch die Ämter der Lehre und der Leitung“ (LG 21). Mit dieser Definition eines sakramentalen Bischofsamtes füllte das Konzil jene Lücke, die das Konzil von Trient in dieser Frage gelassen hatte.[26]

Neben der Neudefinition von Bischofsamt und Bischofsweihe hatten sich, wie schon einleitend skizziert, durch die Enzyklika „Sacramentum ordinis“ im Jahr 1947 die Bestimmungen darüber geändert, wie fortan das Weihesakrament

---

[19] Vgl. ROMBERG, Vom Fürsten zum Hirten, S. 119.

[20] Für das Bischofsideal des Konzils von Trient und seine Umsetzung im 19. Jahrhundert vgl. etwa GATZ, Bischofsideal, S. 204–228.

[21] So nannte es Papst Paul VI. in seiner Ansprache zur Eröffnung der dritten Sitzungsperiode des Konzils im September 1964, vgl. KIENZLER, Bischofsamt, S. 155f.

[22] Die Dogmatik von Bartmann wird hier exemplarisch genannt.

[23] Vgl. BARTMANN, Dogmatik II, S. 442.

[24] Vgl. ebd., S. 438.

[25] Vgl. KRÄMER, Dienst, S. 37.

[26] Vgl. GANZER, Primatsauffassung, S. 109–163.

zustande kommt, nämlich durch Handauflegung und Präfation. Das Konzil von Florenz hatte im Dekret für die Armenier im fünfzehnten Jahrhundert noch die Übergabe der Geräte als Materie und die dazugehörigen Deuteworte als Form bestimmt (DH 1310–1328, vgl. Kapitel II 3.3.1).

Und eine letzte Koordinate konzipierte das neue Deutungssystem: Das Zweite Vatikanische Konzil definierte nicht nur das Bischofsamt als sakramentales Amt und bestimmte, dass der Bischof die drei Ämter der „Heiligung ... Lehre und der Leitung“ (LG 21) aus der Bischofsweihe erhalte, sondern es war insgesamt bemüht, die Jurisdiktion eng an das neu definierte Weihesakrament und damit an den Klerus zu binden. Das Konzil gab die Trennung von den zwei Gewalten, der „potestas ordinis“ und der „potestas iurisdictionis“ auf und entwarf das Konzept von der „una sacra potestas“, der „einen heiligen Vollmacht“, die in den drei Ämtern des Heiligens, der Lehre und der Leitung zur Entfaltung kommt (vgl. Kapitel III 2.3.3).

So stand am Vorabend des Zweiten Vatikanischen Konzils eine gängige Praxis im massiven Konflikt zu neuen lehramtlichen Bestimmungen, was auch die eingangs skizzierte Problemanzeige in der Literatur offenbart, wenn etwa Germano Brogi erklären muss, dass die Abtsweihe trotz der Ähnlichkeiten zur Bischofsweihe „kein Sakrament, sondern ein Sakramentale“ sei.[27] Die jahrhundertealten Ritualanalogien der Abts- und Äbtissinnenweihe mit der Bischofsweihe wurden zum Problem, weil sowohl Bischofsweihe als auch Bischofsamt eine neue Bedeutung bekamen, ebenso wie einzelne Elemente des Weiheritus, konkret Handauflegung und Präfation. Abts- und mehr noch die Äbtissinnenweihe wurden in dieser Form systematisch unerträglich. Davon zeugt die Neugestaltung der Riten, die im Zuge der „allgemeinen Erneuerung der Liturgie“ (SC 21) nach dem Zweiten Vatikanischen Konzil durchgeführt wurde.

4 *Beschwerliche Anpassung an neue Koordinaten*

Diesem neuen Bezugssystem mit der Neudeutung von Bischofsamt und Bischofsweihe sowie den veränderten Bestimmungen der Enzyklika „Sacramentum ordinis“ über das Zustandekommen des Weihesakramentes musste die für die Neugestaltung der Abts- und Äbtissinnenweihe zuständige Studiengruppe die Riten von Abts- und Äbtissinnenweihe unterordnen. Die Studiengruppe widmete sich zuerst der Abtsweihe, die Neugestaltung der Äbtissinnenweihe war zunächst nicht im Fokus der Verantwortlichen, sondern sollte im Anschluss an die Überarbeitung der Abtsweihe mit den „nötigen Anpassungen“[28] erfolgen (vgl. Kapitel

---

[27] Vgl. Brogi, Benedizione, S. 29.

[28] Notitiae 7 (1971), S. 36.

III 1.1.3). Das erste Schema zur „Benediktion des Abtes“ dokumentiert den Versuch, der Forderung des Konzils nach gründlichen „theologische[n], historische[n] und pastorale[n] Untersuchungen“ (SC 23) nachzukommen, indem es zunächst zentrale Quellen („fontes principales“) darstellt und auf der Grundlage dieser „Quellenanalyse“ einen „kurzen historischen Überblick über die Entwicklung des Ritus“ („Conspectus brevis historicus de evolutione rituum“, CECL 307a, S. 8) entwirft (vgl. Kapitel III 1.2.1).

Auf die Darstellung der Quellen und den historischen Überblick folgt eine Auflistung von Kritikpunkten am aktuellen Ritus, die ausschließlich die Analogien zur Bischofsweihe betreffen. Das Schema betont redundant, man müsse die „Verwirrung“, „confusio“, die durch die mittelalterlichen Angleichungen der „Abtsbenediktion“ an die „Bischofskonsekration“ erfolgt sei, beenden (vgl. CECL 307a, S. 9, Kapitel III 1.2.2). So listet das Schema viertens all die Punkte auf, die konkret verändert beziehungsweise gestrichen werden sollen (vgl. Kapitel III 1.2.3).

Kapitel III 1.2.4 konnte zeigen, dass dieser „historische Überblick“ und die daraus abgeleiteten „Notwendigkeiten“ zur Überarbeitung jedoch nichts anderes als ein unhistorischer, pseudowissenschaftlicher und ideologisch eng geführter Versuch ist, all jene Elemente, die Bestandteil der Abtsweihe waren (nur um diese ging es zunächst) und an eine sakramentale Bischofsweihe erinnerten, als falsch (womit die Studiengruppe das neue Deutungssystem unhistorisch zurückdatierte) sowie als nicht ursprünglich zu erklären.

Ein besonderer Dorn im Auge waren der Studiengruppe die seit dem zehnten Jahrhundert als Präfation gebetete gelasianische Oration „Affluentem spiritum“ und die damit verbundene Handauflegung. Diese Oration ist jedoch eine der ältesten und bestbezeugtesten Elemente in der Geschichte der Abts- und Äbtissinnenweihe, weshalb die Gruppe um den belgischen Benediktiner Adrien Nocent ziemliche Schwierigkeiten hatte, dieser Tradition argumentativ zu begegnen. Um dem neuen Deutungssystem gerecht werden zu können und der „Erneuerung“ des Ritus den Anschein von Kontinuität zu geben, musste man dennoch versuchen, sowohl die Handauflegung als auch die Oration selbst als nachträgliche und nicht ursprünglich zur Abtsweihe gehörende Bestandteile zu erklären, was letztlich nur mit der Behauptung unhistorischer und letztlich sogar falscher Tatsachen gelingen konnte. So begründet das Schema die Nichtursprünglichkeit der Handauflegung einerseits mit dem Fehlen in zentralen Quellen wie dem gelasianischen Sakramentar selbst, ohne darauf zu verweisen, dass Rubriken, die Aussagen über eine Handauflegung machen können, im gelasianischen Sakramentar noch fehlen. Auch die Erklärung, erst durch das PRG sei die Handauflegung „eingeführt worden“ („introducta est“; CECL 307a, S. 9) stimmt nicht. Für Spanien ist sie bereits seit dem siebten Jahrhundert für Äbtissinnen und Äbte bezeugt (vgl. die Kapitel II 1.5 und III 1.2.3).

Gestrichen hat man auch die Bußpsalmen, die Durandus der Feier der Abtsweihe hinzugefügt hatte, mit dem Argument, diese seien als Imitation zum

„wahrhaft sakramentalen Ordo“ der „Bischofskonsekration“ eingefügt worden.[29] Auch dieses Argument ist falsch. In Kapitel II 3.1.2 ist erarbeitet worden, dass die Bußpsalmen vielmehr spezifisches Charakteristikum der Abtsweihe waren. Die in dieser Arbeit herangezogenen und auch von der Studiengruppe konsultierten römischen Quellen überliefern ein Beten der Bußpsalmen für die Bischofsweihe nicht (vgl. auch Kapitel III 1.2.3).

Das Te Deum erklärt die Studiengruppe als fakultativ mit der spärlichen Begründung, man habe ja schon während der gesamten Feier genügend gedankt. Hintergrund ist jedoch sicherlich auch hier die Absicht, eine weitere Ritualanalogie zur Bischofsweihe zu tilgen. Dabei ist das Te Deum, wie dargestellt, für die Abts- und Äbtissinnenweihe sogar ursprünglicher und damit wesentlicherer Bestandteil als für die Bischofsweihe, was Kapitel II 2.1.1 illustrieren konnte.

Diese drei Beispiele zeigen das Dilemma, vor dem die Studiengruppe stand. Zu den Zeiten, als der Ritus der Abts- und Äbtissinnenweihe gewachsen war, gab es den Konflikt mit einer sakramental verstandenen Bischofsweihe (noch) nicht. Die ahistorische und stellenweise unzutreffende Argumentation zeigt die missliche Lage der Studiengruppe, die vor der Aufgabe stand, den alten, über Jahrhunderte gewachsenen Ritus den neuen Bestimmungen anzupassen und obendrein der Forderung der Liturgiekonstitution gerecht zu werden, wonach Neues aus Altem „organisch herauswachsen“ solle (SC 23), um eine Kontinuität in der Tradition zu wahren. Dies ging nur, indem fehlerhafte Tatsachen behauptet und die Ritualanalogien zwischen Bischofs- und Abtsweihe als eine fälschliche Entwicklung gedeutet wurden.

5 *Das Problem der weiblichen Hirtinnen*

Für die Äbtissinnen ergab sich das zusätzliche Problem, dass sie durch die neue Lehre von der „einen heiligen Vollmacht“ und der Bindung dieser Vollmacht an das Weihesakrament künftig auch von jenen Aufgaben des „Leitens“ und „Lehrens“ ausgeschlossen werden sollten, die nicht unmittelbar in den Bereich der „potestas ordinis“ hineinragten und die sie über Jahrhunderte innerhalb ihres Klosters selbstverständlich ausgeübt hatten (vgl. Kapitel III 2.3.3). Gemäß den Bestimmungen der Benediktsregel, die in der Rezeption für die Äbtissinnen ebenso wie für die Äbte gelten (vgl. zur Rezeption der Benediktsregel durch Frauen Kapitel II 1.2.3), war auch die Äbtissin Stellvertreterin Christi (RB 2,2; RB 63,13) Lehrerin (RB 2,24) und Hirtin im Kloster (RB 2,7). Im Sinne der neuerfundenen sacra potestas-Lehre sollen die Äbtissinnen fortan gemäß den kirchenrechtlichen Maßgaben nur noch bei der Ausübung der Jurisdiktionsgewalt „nach

29 „... ad imitationem Episcopi, quae consistit in vero sacramento Ordinis“, CECL 307a, S. 9.

Maßgabe des Rechtes mitwirken" können.[30] Trägerinnen beziehungsweise Subjekt von Hirtengewalt sollen sie nicht mehr sein. Hier hat das Konzil eine tausend Jahre alte Tradition faktischer weiblicher Leitungskompetenz unterdrückt, um eine neue Tradition, in der die Leitungskompetenz eng an das Weihesakrament gebunden ist und so nur noch geweihten Männern zukommt, zu begründen (vgl. Kapitel III 2.3.3).

Der erneuerte Ordo zur „Benediktion der Äbtissin" von 1970 zeigt deutliche Spuren dieser neuen Theologie. Die verantwortliche Studiengruppe hatte in einem langen Ringen (vgl. Kapitel III 2.2) vier neue Orationen erstellt. Die an zweiter Stelle stehende Oration „In conspectu" ist eine Überarbeitung einer Oration, wie sie erstmals von Durandus in die Feier der Abts- und Äbtissinnenweihe eingefügt worden war (vgl. Kapitel II 3.1). Die erste und vierte Oration sind völlig neu geschaffene Gebete, die die verantwortliche Studiengruppe vor allem aus Passagen der Benediktsregel zusammengestellt hatte (vgl. Kapitel III 2.2.2 und 2.2.4).[31] Insbesondere diese beiden Gebete sind – wie die Regeltexte – voll von Hirtenmetaphorik und Anspielungen auf das Lehr- und Leitungsamt des Abtes. Um diese Orationen auch für die Äbtissinnen „anzupassen",[32] die nach der neuen Lehre des Zweiten Vatikanum kein Lehr- und Leitungsamt in der Kirche mehr übernehmen durften, griff die Studiengruppe zu einem drastischen Mittel und strich aus den Gebeten all jene Passagen, die Assoziationen im Hinblick auf ein Lehr- oder Leitungsamt zuließen (vgl. Kapitel III 2.3).[33] Besonders großzügig hat man ausgerechnet in den beiden Gebeten herumgestrichen, die aus Aussagen der Benediktsregel erstellt worden waren, die doch für beide Geschlechter gleichermaßen gilt. Jene Passagen, in denen Begriffe wie „doctrina" (Lehre), „discipulum" (Schüler) oder „Seelenleitung" („regere animas") auftauchten, löschte man für die Äbtissinnen.[34]

Doch die Nonnen der siebziger Jahre akzeptierten diese als massive Ungerechtigkeit empfundenen, drastischen Differenzierungen zwischen der Abts- und Äbtissinnenweihe nicht. Bei der vierten Vollversammlung der nach der Benediktsregel lebenden Äbtissinnen und Priorinnen des deutschen Sprachgebietes in Maria Laach im Jahr 1975 formulierten die Äbtissinnen und Priorinnen ein

---

30 Vgl. AYMANS, Kanonisches Recht I, S. 395.

31 Woher die dritte Oration stammt, konnte wegen fehlender Quellen nicht eruiert werden.

32 In einem Kommentar in den Notitiae von 1971 heißt es, man habe zunächst die Abtsweihe überarbeitet und diesen Ritus dann mit den „nötigen Anpassungen" für die Äbtissinnen übernommen, vgl. Notitiae 7 (1971), S. 36.

33 Lediglich die dritte Oration ist vollständig paritätisch gestaltet.

34 Dieser Umgang mit Orationen bildet ein Novum in der Geschichte der Äbtissinnenweihe. Die Gebete waren im Laufe der Zeit nie verändert worden. Eine Ausnahme bildet das nachtridentinische Pontificale Romanum von 1595/96, das für die Äbtissin die Wendung „materna in cathedra" aus der gelasianischen Oration „Domine Deus" gestrichen hatte, um Analogien zur „cathedra" des Bischofs zu vermeiden, vgl. Kapitel II 3.2.2.

„Memorandum“,[35] in dem sie genau jene Tilgung aller Hinweise auf ein Lehr- und Hirtenamt stark kritisierten. Als Argument führten sie an, es entspreche dem Traditionsgut des monastischen Ordens „seit je, daß die über die Mönche gemachten Aussagen und die für diese geltende Regel in wesentlich gleicher Weise auch für die Nonnen gelten“.[36] Das Schreiben übergaben sie dem ebenfalls anwesenden Abtprimas Rembert Weakland verbunden mit der Bitte, ihre Anliegen „bei den zuständigen Stellen in Rom vorzutragen“[37] (vgl. Kapitel III 3.2.2).

Die Anliegen der Äbtissinnen wurden zwar gehört, eine unmittelbare Reaktion blieb jedoch aus. Mitte der achtziger Jahre machten sich die Nonnen schließlich daran, ein eigenes Monastisches Rituale zu schaffen, in das sie die Desiderate aus der Abtsweihe selbstbewusst einarbeiteten (vgl. Kapitel III 3.2.3).

Gleichzeitig begannen die Arbeiten an einer zweiten Auflage des Pontifikale, bei dem geladene Ordensvertreter im März 1991 unerwartet Gelegenheit bekamen, die Entwürfe mitzugestalten. Die Interessen der Nonnenklöster vertrat die Varenseller Äbtissin Judith Frei, die mit Erfolg darum bat, die Angleichungen an die Abtsweihe – „soweit möglich“ – einzuarbeiten.[38] Im „Pontifikale für die katholischen Bistümer des deutschen Sprachgebietes“ von 1994 sind die geforderten Desiderate nahezu restlos aufgenommen worden (vgl. Kapitel III 3.3.3). Der Kampf der Nonnen um Parität hat sich gelohnt. Noch nie in der Geschichte der Äbtissinnenweihe waren die Feier der Abts- und Äbtissinnenweihe so konform, wie im aktuellen deutschen Pontifikale. Frei wertet, die deutschsprachige Übersetzung sei „einzigartig ... in seiner Öffnung für die berechtigten Anliegen der Frauenklöster in der Kirche“.[39] Wie zufrieden die Nonnen mit der deutschen Ausgabe waren zeigt auch die Tatsache, dass das Monastische Rituale der deutschsprachigen benediktinischen Frauenklöster nie veröffentlich wurde.

6 *Die Aufnahme von Ring und Stab*

Dass Sr. Emmanuela Aichinger während ihrer Äbtissinnenweihe nur die Regel und erst am Ende der Feier Ring, Stab und Pektorale am Chorgitter erhielt, ist dem Umstand geschuldet, dass die normativen Pontifikalienquellen deren Übergabe für die Äbtissinnen gar nicht vorsahen. Das PRG bezeugt eine Stabübergabe ausschließlich für die Äbte, das Pontifikale der römischen Kurie aus dem drei-

---

35 So die Bezeichnung von Äbtissin Judith Frei, die das Schreiben als junge Äbtissin der Abtei Varensell 1975 ebenfalls unterzeichnet hat; Memorandum, Maria Laach, 16. Oktober 1975; Archiv der Abtei vom Heiligen Kreuz Herstelle, 37688 Beverungen: B IV 5.d 1, VBD 1975, Konferenz der deutschsprachigen Äbtissinnen.

36 Hervorhebung im Original.

37 Frei, Äbtissinnenweihe, S. 228.

38 Vgl. ebd., S. 226.

39 Ebd., S. 229.

zehnten Jahrhundert in der Langform dokumentiert für die Äbte erstmals eine Ringübergabe (vgl. Kapitel II 2.3.1), für die Äbtissinnen ist eine Übergabe von Ring und Stab möglicherweise im PGD bezeugt (vgl. Kapitel II 3.1.2). Das nachtridentinische Pontifikale sah für die Äbtissinnen normativ keine Übergabe von Ring und Stab vor, obwohl im Reich viele Äbtissinnen diese Insignien nachweislich getragen haben (vgl. Kapitel II 3.3.2 und III 3.1.3).[40] Für die im Normtext fehlende Übergabe bedienten die Frauenklöster sich dann entweder bei der Abtsweihe und verwendeten die dortigen Begleitworte,[41] oder behalfen sich anderweitig.[42]

Der neugestaltete „Ordo Benedictionis Abbatis et Abatissae" von 1970 hat eine Übergabe von Ring und Stab für die Äbte, nicht aber für die Äbtissinnen aufgenommen. In historischer Perspektive ist die fehlende Übergabe dieser beiden Insignien für die Äbtissinnen in den römisch-normativen Texten kein Novum. Dass die Schwestern über das Fehlen der Insignienübergabe dennoch verwundert, ja verärgert waren, zeigen Voten von Klöstern zum ersten Übersetzungsentwurf des lateinischen Ordo ins Deutsche, den der Maria Laacher Benediktiner Urbanus Bomm angefertigt und an die Klöster mit der Bitte um Stellungnahme geschickt hatte. Kein Verständnis hatten etwa die Schwestern von Varensell dafür, dass die Stab- und Ringübergabe zwar bei den Äbten, nicht jedoch bei den Äbtissinnen aufgenommen war. Zwar gestanden sie zu, es sei heute „durchaus angebracht und möglich, über Sinnhaftigkeit und Bedeutung der äbtlichen Insignien zu diskutieren", das geschlechterdifferenzierende Vorgehen der Studiengruppe hinsichtlich Stab und Ring kritisierten sie jedoch entschieden als „unverständlich".[43] Dass die Schwestern der Abtei St. Walburg in Eichstätt die Frage stellten, ob die Äbtissinnen „in Zukunft ... Ring und Stab nicht

40 Vgl. auch BOMM, Übersetzung, S. 1f.

41 Vgl. PUNIET, Pontifikale, S. 128. Zeugnis über dieses Vorgehen gibt die Weihe von Sr. Marcellina Pustet, die bei ihrer Äbtissinnenweihe am 20. Juli 1970 im Kloster Säben Ring und Stab mit den entsprechenden Geleitworten aus der Abtsweihe erhalten hat, vgl. Äbtissinnenweihe in Säben, 20. Juni 1970, maschinengeschriebener Ablauf in deutscher Sprache; Archiv der Benediktinerinnenabtei Säben, 39043 Klausen, S. 5. Vgl. auch Kapitel III 3.1.3.

42 Bei der Äbtissinnenweihe von Sr. Diethild Eickhoff in der Abtei Engelthal 1962 teilte man für die Übergabe des Ringes das Geleitwort zur Regelübergabe, wie es das nachtridentinische Pontificale Romanum zeigt, in zwei Teile. Der erste Teil bis „humana permiserit" wurde für die Regelübergabe verwendet, der zweite Teil „Accipe gregis" bis zum Ende für die Ringübergabe, Äbtissinnen-Benediktion von Frau Diethild Eickhoff am 9. Januar 1966 in der Benediktinerinnenabtei zur Heiligen Maria zu Engelthal durch Bischof H. Volk, Mainz; Archiv der Benediktinerinnenabtei Kloster Engelthal, 63674 Altenstadt/Hessen, S. 9. Sr. Emmanuela Aichinger hat den Ring mit einem Geleitwort erhalten, das dem für die Ringübergabe bei der Jungfrauenweihe nahe kommt und das von Bischof Landersdorfer erstellt wurde, vgl. Kapitel III 3.1.3.

43 Abtei Unserer Lieben Frau Varensell an das Deutsche Liturgische Institut Trier, 31. März 1971; Archiv DLI, Schachtel 1: Die Feier der Abts- und Äbtissinnenweihe 1968–1973.

mehr tragen soll“,[44] zeigt, als wie selbstverständlich im deutschsprachigen Raum eine Übergabe der Insignien trotz des Fehlens in den römischen Normtexten war. Erst das Erscheinen des erneuerten lateinischen Ordo evozierte Unsicherheiten hinsichtlich dieses Brauches[45] und gab Anlass zur Prüfung einer praktischen Selbstverständlichkeit, die auch vorher schon nicht mit dem Normtext kongruent war (vgl. Kapitel III 3.1.3).

Die Bischöfe des deutschen Sprachgebietes hatten einstimmig beschlossen, dass die Äbtissinnen (auch) künftig den Äbtissinnenstab führen sollten.[46] Der Sekretär der Deutschen Bischofskonferenz und Institutsdirektor des Deutschen Liturgischen Insituts in Trier, Johannes Wagner, setzte sich daraufhin in einem persönlichen Gespräch mit dem Präfekten der Glaubenskongregation, Kardinal Franjo Šeper, für die Aufnahme der Übergabe von Ring und Stab in die deutsche Übersetzung des erneuerten Ordo ein. Über dieses Gespräch berichtete Wagner an die Vorsitzenden der Bischofskonferenzen, für Rom handele es sich bei dem Äbtissinnenstab um eine „völlig ungewohnte Tradition“. Kardinal Šeper sei zunächst „ein wenig ungehalten“ gewesen, habe dann jedoch eingelenkt.[47] So konnte die Übergabe von Ring und Stab in die deutsche Feier der Äbtissinnenweihe von 1975 aufgenommen werden.

7 *Sakramentale Äbtissinnenweihe?*

In der Literatur zur Äbtissinnenweihe wird die Frage kontrovers diskutiert, ob die Äbtissinnen historisch gesehen Zeuginnen für sakramental geweihte Frauen sein können oder nicht. Hier gibt es im Wesentlichen zwei Lesarten. Die eine Seite betont, Äbtissinnen seien mindestens im Frühmittelalter sakramental ge-

---

[44] Sr. M. Birgitta zu Münster, Sr. M. Amata Hermannspan, Abtei St. Walburg Eichstätt, an das Deutsche Liturgische Institut Trier, 29. März 1971; Archiv DLI, Schachtel 1: Die Feier der Abts- und Äbtissinnenweihe 1968–1973.

[45] Zeugnis über diese Unsicherheit gibt die Äbtissinnenweihe von Sr. Margarita Brunnhuber aus der Abtei der Hl. Erentrudis zu Kellenried, die 1972 als erste Äbtissin im deutschsprachigen Raum die Äbtissinnenweihe nach der erneuerten Ordnung feierte. Die Stabübergabe ist im Liturgieheftchen handschriftlich ergänzt worden, vgl. Aus dem Menolog am 26. November; Archiv der Abtei St. Erentraud, 88276 Berg. Einen Ring hat Sr. Margarita erst 1976 durch den Rottenburger Bischof Georg Moser nachträglich in einer Vesper erhalten, als die Ringübergabe gemäß der deutschen Übersetzung von OBenAbbatissa auch für die Äbtissinnen vorgesehen war, vgl. Aus den Annalen vom 8. Dezember 1976; Archiv der Abtei St. Erentraud, 88276 Berg.

[46] Dies geht aus einem Bericht Wagners an die Vorsitzenden der Bischofskonferenzen des deutschen Sprachgebietes von 1974 hervor, vgl. Wagner an die Vorsitzenden der Bischofskonferenzen des deutschen Sprachgebietes sowie die Bischöfe von Bozen-Brixen und Luxemburg, 21. März 1974; Archiv DLI, Schachtel 2: Die Feier der Abts- und Äbtissinnenweihe 1968–1973, Modi zur dt.sprachigen Übersetzung.

[47] Vgl. ebd.

weihte Frauen gewesen (Macy, Morris, Funk), die Gegenseite behauptet, sakramental geweihte Äbtissinnen habe es nie gegeben, es habe sich bei der liturgischen Feier stets um eine einfache Benediktion gehandelt (Müller, Hauke, in Ansätzen auch Puniet).

Macy und Morris schließen vor allem von Handlungen, die Äbtissinnen ausgeübt haben, wie Predigt, Beichte und der Verkündigung des Evangeliums auf eine als sakramental verstandene Äbtissinnenweihe.[48] Macy kann ferner zeigen, dass Äbtissinnen Taufen vorgenommen haben. Dazu benötigten sie eine sakramentale Weihe.[49] Wolf betont, um das „Evangelium in der Messe verkünden und in der Predigt auslegen zu dürfen, musste man nach Vorschrift des Kirchenrechts zumindest die Diakonenweihe empfangen haben".[50]

Die vorliegende Studie konnte auf liturgiehistorischer Ebene zeigen, dass die Weihe der monastischen Äbtissinnen im Frühmittelalter tatsächlich ein bedeutender Ritus war, der gleichberechtigt neben den Weihen der Diakone, Priester und der Bischöfe stand und damit auf einer Ebene mit jenen liturgischen Feiern, die später mit Ausnahme der Bischofsweihe zu den „höheren Weihen" zählten. Eine Ebenbürtigkeit der genannten Riten dokumentiert besonders das PRG aus dem zehnten Jahrhundert, das einen analogen Aufbau der Weiheliturgien und Entsprechungen in wesentlichen Elementen bezeugt. Auch in der westgotischen Tradition zeigt die Feier der Äbtissinnenweihe in zentralen Elementen wie Handauflegung, Gebet und Übergabe der Insignien Regel und Stab bemerkenswerte Analogien mit der Bischofsweihe. Dass insbesondere die Handauflegung bei der Weihe der monastischen Äbtissin eine Besonderheit war, ist bereits ausführlich dargelegt worden.[51]

Die Terminologie, die bereits im PRG präzise verwendet wurde, offenbart ebenfalls ein gleichwertiges Verständnis der entsprechenden liturgischen Akte. Während das PRG für die Weihe der männlichen Diakone, der Priester und Bischöfe sowie für die Weihe der Äbte, Äbtissinnen und Mönche den Begriff „ordinatio" gebraucht, findet sich für die Weihe der weiblichen Diakoninnen, Jungfrauen und Witwen der Begriff „consecratio". Ohne die heutige Bedeutung von „ordinatio" anachronistisch zurückdatieren zu wollen, könnte diese terminologische Differenzierung möglicherweise ein Hinweis darauf, dass hinter den Begrifflichkeiten ein distinktes Verständnis der Weihen gestanden haben könnte, wobei die mit „ordinatio" bezeichneten Feiern, und damit auch die Weihe der monastischen Äbtissin, als Sakrament in jenem weiten Sakramentsbegriff des ersten Jahrtausends verstanden worden wären. Für diese These spricht auch die Beobachtung, dass das Pontificale Romanum aus dem zwölften Jahrhundert mit der Überschrift „Ordo ad abbatem benedicendum vel abbatissam" (PR XII XV)

---

48 Vgl. Macy, Bedeutung, S. 338; vgl. Morris, Bishop, S. 140–143.

49 Vgl. Cooke/Macy (Hg.), Ordination, S. 27, Anm. 67.

50 Wolf, Krypta, S. 48.

51 Vgl. dazu ausführlich Kapitel II 2.1.

einen neuen Terminus für die Weihe von Äbtissin und Abt wählt und sie so von der Diakonen- und Priesterweihe, die weiterhin mit „ordinare“ überschrieben wurden (vgl. PR XII IX; X), terminologisch separiert. Diese begriffliche Trennung dürfte vor dem Hintergrund einer sich entwickelnden neuen Sakramententheologie zu deuten sein (vgl. Kapitel II 2.2.1).

Die These, dass die Äbtissinnenweihe zumindest bis zur Zeit des PR XII als Sakrament verstanden worden sein könnte, stützt auch ein Verweis Macys auf den französischen Theologen Abaelard (1079–1142), der die Äbtissinnen- und Abtsweihe zu den „sakramentalen Weihen“ zählte.[52] In einer Zeit, in der der Sakramentenbegriff theologisch zunehmend ausgestaltet wurde, ist die Aussage von Abealard starkes Indiz dafür, dass die Äbtissinnenweihe tatsächlich mitunter als „Sakrament“ aufgefasst worden ist – und zwar in jenem weiten Sakramentenbegriff, der sich auch noch aus einem Canon des dritten Laterankonzil über die Simonie und Steuererhöhung herauslesen lässt. In diesem wird die Abtsweihe als Sakrament gezählt, wenn es heißt: „Darum ist es besonders schlimm, wenn in einigen Kirchen die Käuflichkeit ... einen solchen Raum einnimmt, daß für die Einsetzung („ordinatio“) von Bischöfen, Äbten oder sonstigen kirchlichen Amtsträgern, für die Einführung von Presbytern in eine Kirche, sowie für Begräbnisse, Exsequien und die Segnung der Brautleute oder für andere Sakramente etwas verlangt wird“.[53] Eine „Äbtissinnenordination“ wird nicht ausdrücklich genannt, kann aber aufgrund ihrer parallelen Gestalt mit der „Abtsordination“ ebenfalls zu dieser Reihe gezählt werden. Bemerkenswert ist an dieser Auflistung des Konzils: Die Äbte werden unmittelbar mit den Bischöfen genannt. Auch die Bischofsweihe war also zu jener Zeit als Sakrament verstanden worden, aber eben in diesem noch unspezifischen vorscholastischen Sinn.

Damit bekommen auch offensichtliche Analogien zwischen Äbtissinnen- und Bischofsweihe in den frühmittelalterlichen Orationen neues Gewicht bei der Frage um ihre jeweilige Sakramentalität. Die Orationen zeugen von der bischofsähnlichen Jurisdiktion der Äbtissin. Die gelasianische Oration „Cunctorum bonorum“ setzt einen auffallenden Akzent, wenn Abt und Äbtissin als Leiter und Leiterinnen der ihnen anvertrauten „Gemeinden“ im Plural[54] („ad gubernandas ecclesias“)[55] bezeichnet werden. Die Oration und spätere Präfation „Affluentem spiritum“, ebenfalls aus dem Gelasianum, betont, Abt und Äbtissin sollten „Beispiel und Vorbild an Gerechtigkeit“ sein, „um die Kirche treu zu lenken und zu leiten“ („sit exemplum et forma iustitiae ad gubernandum [sic!] regendamque ęcclesiam fideliter“).[56] Die beiden gelasianischen Orationen nennen somit für Abt und Äbtissin die gleiche Aufgabe, die Kirche treu zu lenken und zu leiten,

---

52 Vgl. MACY, Heloise, S. 32.

53 WOHLMUT (Hg.), Dekrete II, S. 214f.

54 Zur Frage der Übersetzung von ecclesia/ecclesias vgl. Kapitel II 1.6.3.

55 DESHUSSES/DUMAS (Hg.), Sacramentorum Gellonensis, S. 399.

56 Ebd., S. 400.

wie sie in der aus dem siebten Jahrhundert stammenden und bis 1968 zentralen „Konsekrationsoration“[57] für die Bischöfe aus dem Sakramentarium Veronense artikuliert wird: „Tribuas eis cathedram episcopalem ad regendam aeclesiam tuam et plebem universam“,[58] „weise ihm die bischöfliche Kathedra zu zur Leitung deiner Kirche und des ganzen Volks“. Auch wenn Puniet in wenig überzeugender Weise versucht, die Passage „gubernandum regendamque ecclesiam“ für die Äbtissinnen eng auf die „Klostergemeinde“ zu beziehen,[59] wohl um den Herrschaftsbereich der Äbtissin auf ein nach seinem Verständnis angemessenes weibliches Leitungsamt zu beschränken, lässt sich die Parallele in den Orationen nicht negieren.[60]

Als zweite zentrale Aufgabe von Abt und Äbtissin nennen die Orationen die „Leitung der Seelen“. Schon die älteste überlieferte Oration „Concede quaesumus“ aus dem Gregorianischen Sakramentar erbittet Gottes Gnadengabe für die Aufgabe der Äbtissin im Kloster, nämlich ihre Aufgabe, die „Seelen zu leiten“ („regimen animarum“).[61] Dass diese Hirtenaufgabe auch eindeutig den Äbtissinnen und nicht nur den Äbten und in abgeschwächter Form den Äbtissinnen zukommt, wie Puniet durch „gewundene Argumentation“[62] und Übersetzungsversuche keinesfalls überzeugend zu belegen versucht, indem er etwa das „regimen animarum“ der Äbtissinnen als eine ständige „Sorge und Hingabe“ interpretiert,[63] zeigt eindrücklich die spezifisch für die Äbtissinnen gedachte Oration „Domine deus“ aus dem Gelasianum, die die „cathedra“ der Äbtissin nennt, auf die diese „heute als Mutter ... zur Äbtissin über all ihre Untergebenen bestellt wird“.[64] Schon im sechsten Jahrhundert wurden die Bischofskirchen als „cathedralis ecclesiae“ bezeichnet, die Kathedra hob das Lehr- und Hirtenamt der Bischöfe – und damit nach dieser Oration gleichfalls der Äbtissin hervor.[65] Noch bei Durandus findet sich eine Installation der Äbtissin auf der „cathedra“ (PGD XXI, 25). Erst das nachtridentinische Pontificale Romanum 1595/96 strich das „materna in cathedra“ aus der Oration (vgl. PR 1595/96 293), wohl um jene Parallelen zum Sitz des Bischofs zu vermeiden.

Die Ausführungen zeigen: Es gibt gute Gründe für die These, dass die Äbtissinnen im Frühmittelalter als sakramental geweihte Frauen verstanden wurden.[66] Die Ebenbürtigkeit mit anderen Weihen von Männern zeigt sich sowohl

---

57 So McMillan, Episcopal Ordination, S. 16.
58 Vgl. Santantoni, Ordinazione, S. 233.
59 Vgl. Puniet, Pontifikale, S. 124.
60 Vgl. auch Kapitel II 1.6.3.
61 Deshusses, Sacramentaire grégorien I, S. 342.
62 So Wolf, Krypta, S. 53.
63 Vgl. Puniet, Pontifikale, S. 104.
64 „que hodiae in materna in cathedra universis subditis sibi abbatissa esse constituętur“, Dumas, Liber Sacramentorum, S. 400f.
65 Appuhn, Kathedra, Sp. 1074. Vgl. auch Braun, Bischofsstuhl, Sp. 809.
66 Vgl. zum Sakramentenbegriff des ersten Jahrtausends Diósi, Königssalbung, S. 17; ebenso Finkenzeller, Sakramente, S. 1010f.

auf ritueller Ebene als auch in der Terminologie sowie in liturgischen Handlungen wie Predigt und Verkünden des Evangeliums, die Äbtissinnen im Frühmittelalter selbstverständlich ausgeübt haben.

Die zweite Lesart dagegen nutzt jenes Totschlagargument, wonach Frauen aufgrund kirchenrechtlich-dogmatischer Normvorgaben „schon immer" unfähig waren, eine sakramentale Weihe zu „empfangen". Dies macht einen wissenschaftlichen Diskurs mit Anhängern der zweiten Lesart schwierig, weil alle historischen Argumente an diesem apriorisch-dogmatischen Bollwerk, seien sie noch so stichhaltig, abprallen müssen. Eine geschichtliche Entwicklung lässt diese Lesart nicht zu. Dabei entlarven insbesondere die beiden Traditionen der Äbtissinnenweihe selbst, dass diese einseitige normativ-dogmatische Perspektive nur dann aufrechtzuerhalten ist, wenn deren Anhänger die Augen vor historischen Tatsachen verschließen, beziehungsweise sie zugunsten ihres Bezugssystems radikal umdeuten: Der erste Teil der Studie konnte zeigen, dass die „erste Tradition" der Äbtissinnenweihe tatsächlich über Jahrhunderte gewachsen war. Jene Form, die in den sechziger Jahren des zwanzigsten Jahrhunderts gemäß den normativen Vorgaben des Pontificale Romanum gefeiert wurde, hatte demnach eine über tausend Jahre alte Tradition auf ihrer Seite. Insbesondere zentrale Bestandteile wie etwa die frühmittelalterlichen Orationen waren über tausend Jahre lang bei Äbtissinnenweihen gebetet worden. Eine neu erfundene Tradition bildeten hingegen die Änderungen des Weihesakramentes durch Pius XII. Ebenso neu war die „Tradition", die Bischofsweihe als „Fülle des Weihesakraments" zu bezeichnen, mit jenen gravierenden Folgen für die Äbtissinnenweihe.

In historischer Perspektive war also nicht eine sich „fälschlich in Anlehnung an die Bischofsweihe" entwickelte Äbtissinnenweihe das Problem, das wegen einiger Ritualanalogien zu „Verwirrungen" hinsichtlich der Sakramentalität von Abts- und Äbtissinnenweihe geführt hatte, wie es Stimmen in der Literatur sowie die Ausführungen des ersten Schemas zur Abtsweihe vermitteln möchten. In historischer Perspektive wurden die Ritualanalogien erst durch ein neues weihetheologisches Koordinatensystem zum „Problem", was es erforderlich machte, diese Entwicklung nachträglich als falsch anzusehen, um ein „Kontinuitäts*narrativ*"[67] zu gewährleisten. Denn: Gemäß dem neuen Koordinatensystem erfüllte die liturgische Feier der Äbtissinnenweihe in den sechziger Jahren des zwanzigsten Jahrhunderts exakt jene (neuen) systematischen Vorgaben, die für die liturgische Feier des Weihesakramentes (neue) Voraussetzung waren. Damit feierten die Äbtissinnen zwischen der Enzyklika „Sacramentum ordinis" von 1947 und der Veröffentlichung des neuen Ordo von 1970 über einen Zeitraum von 23 Jahren eine Weihe, die die formalen Kriterien einer sakramentalen Weihe erfüllte.

---

[67] DAUFRATSHOFER, Lehramt, S. 387.

Die Neugestaltung der Abts- und Äbtissinnenweihe nach dem Zweiten Vatikanischen Konzil zeigt, wie groß das Ringen und letztlich die Hilflosigkeit der verantwortlichen Studiengruppe war, einen über tausend Jahre alten Ritus an jene neuen Bestimmungen anzupassen, um erstens „Verwirrungen" mit einer sakramentalen (Bischofs-)Weihe zu vermeiden und zweitens der „Neugestaltung" obendrein auch noch den Anschein einer Kontinuitätserfüllung zu geben. Dies gelang der zuständigen Studiengruppe nur, indem sie historische Tatsachen mithilfe von pseudowissenschaftlichen Argumenten umdeutete, verfälschte oder schlicht ignorierte (vgl. Kapitel III 1.2.4).

Dass sich die Studiengruppe sogar gezwungen sah, Aussagen aus der Benediktsregel aus dem Ritus der Äbtissinnenweihe zu tilgen, die gleichen Passagen für die Abtsweihe jedoch stehen ließ, demonstriert, wie groß die Bedrängnis war, den lehramtlichen Bestimmungen um jeden Preis gerecht zu werden. Hier musste Geschichte weichen, um die neu erfundene Lehre nicht zu gefährden. Paradox in diesem Zusammenhang: Auch jene Normen waren geschichtlich gewachsen, die dazu führten, die Feier der Äbtissinnenweihe einem so radikalen Bruch unterziehen zu müssen. Die Bestimmungen, wonach „Präfation" und „Handauflegung" konstitutiv für das Zustandekommen des Weihesakramentes sind, stammen aus dem Jahr 1947, vorher gab es, wie dargestellt, ein anderes Deutungssystem, wonach die Übergabe der Geräte zentral war (Konzil von Florenz). Was ein „Weihesakrament" ist, bestimmt erst eine „nachträgliche Abstraktion der scholastischen Theologie"[68] und schließlich des Konzils von Trient. Über tausend Jahre lang kam die Kirche ohne eine Sakramentsdefinition aus.[69] Und auch, dass genau jene „sieben Vollzüge" und keine anderen „Sakrament sind", „ist weder eindeutig aus der Bibel zu begründen noch deduktiv von einem vorgefaßten Sakramentsbegriff abzuleiten, sondern ist zunächst das kontingente Ergebnis der kirchengeschichtlichen Entwicklung".[70] Die Lehre von der „sacra potestas", die für die weiblichen Äbtissinnen jene Aussagen aus der Benediktsregel rund um Lehre und Hirtenamt so schwierig machte, ist eine Neuerfindung des Zweiten Vatikanischen Konzils. Ebenso neu ist seine Definition, wonach die Bischofsweihe die „Fülle des Weihesakraments" (LG 21) ist. Wolf bezeichnet diese Neudefinition gar als einen „Bruch", den das Konzil hier „sakramententheologisch ... mit der kirchlichen Tradition"[71] vollzogen hatte. Zumindest in der Zeit etwa vom zwölften Jahrhundert bis zur Dogmatischen Konstitution „Lumen gentium" war nicht klar, ob die Bischofsweihe Sakrament war, sie befand sich in einer Art Grauzone. Dies spiegelt sich, wie skizziert, noch 35 Jahre vor „Lumen gentium" exemplarisch in der Dogmatik Bernhard Bartmanns wider, in der nachzulesen ist, dass nicht sicher sei, ob die Bischofsweihe Sakrament

68 Vgl. NOCKE, Sakramententheologie, S. 84.

69 Vgl. ebd., S. 83f.

70 Ebd. Vgl. auch VORGRIMLER, Sakramententheologie, S. 94.

71 WOLF, Krypta, S. 58.

ist.[72] Und noch nach dem Zweiten Vatikanischen Konzil, nämlich noch in der neunten Auflage des „Grundriß der katholischen Dogmatik“ von 1978 qualifizierte der katholische Dogmatiker Ludwig Ott das Dogma „die Bischofsweihe ist Sakrament“ lediglich mit dem Gewissheitsgrad „Sententia certa“,[73] also als eine Lehre, „über die sich das kirchliche Lehramt noch nicht endgültig geäußert hat, deren Wahrheit aber durch ihren inneren Zusammenhang mit der Offenbarungslehre verbürgt ist“.[74] Für Ott scheint die sakramentale Bischofsweihe trotz der Erklärung durch das Zweite Vatikanum noch immer nicht mit höchster Gewissheit zur Glaubenswahrheit erhoben worden zu sein.

Die Äbtissinnenweihe befand sich ebenfalls in dieser Grauzone. Rechtlich-dogmatisch sollte sie spätestens seit dem neunzehnten Jahrhundert im neuscholastischen Konstrukt der Lehre von den Sakramenten und Sakramentalien zum Bereich der Sakramentalien gehören (was im Übrigen in der neuthomistischen Schule unter Berufung auf Thomas von Aquin auch für die Bischofsweihe galt, die Neu-Thomisten schlossen eine Sakramenalität der Bischofsweihe aus),[75] und zwar konkret zu den einfachen Benediktionen, wie die Belehrungen etwa von Brogi, Puniet und Sägmüller zeigen (vgl. Kapitel III 1.3.1). Eine eindeutige Zuordnung der Äbtissinnenweihe in diesen Bereich ist jedoch in verschiedener Hinsicht nicht so einfach, wie die tadelnden Herren forderten. Dies zeigen exemplarisch folgende Beobachtungen:

8 *Grauzone Sakrament – Sakramentale*

Als am 12. November 2019 die Dinklager Äbtissin Sr. Franziska Lukas für eine zweite Amtszeit wiedergewählt wurde,[76] hat diese zweite Periode nicht mit einer erneuten Äbtissinnenweihe begonnen. Wie die Weihe eines Diakons, Priesters oder Bischofs wird die Abts- und Äbtissinnenweihe nur einmal im Leben gefeiert. Eine Spannung besteht heute in erster Linie dadurch, dass die Äbte und Äbtissinnen in der Regel nicht mehr auf Lebenszeit, sondern nur noch für einen bestimmten Zeitraum gewählt werden. Die Benediktsregel kennt hingegen die „Wahl auf Lebenszeit“.[77]

Die fehlende Wiederholung der Äbtissinnenweihe bei einer zweiten Amtszeit liegt historisch auch in der Vorstellung begründet, dass mit der Weihe eine

---

72 Vgl. BARTMANN, Dogmatik II, S. 442.

73 OTT, Grundriss, S. 540.

74 Ebd., S. 11. Für die Priesterweihe qualifiziert Ott die Gewissheit der Lehre dagegen eindeutig mit „de fide“, also mit dem höchsten Gewissheitsgrad, vgl. ebd., S. 539.

75 Vgl. OTT, Weihesakrament, S. 50.

76 Vgl. die Mitteilung auf der Internetseite der Abtei, http://www.abteiburgdinklage.de/aktuelles.html (Zugriff 20. November 2019).

77 Vgl. HÄRING, Weihe, S. 138.

„Gnade“ verliehen wird, die unverlierbar ist.[78] Dokumentiert ist diese Idee durch die Darstellung der Annalistin Sr. Paschasia Stümpf über die Äbtissinnenweihe von Sr. Diethild Eickhoff aus der Abtei Engelthal aus dem Jahr 1962, wenn sie schreibt, Sr. Diethild sei eine „heilige Kraft“ übertragen worden. Konkret erklärt Sr. Paschasia, sei diese „Gnade ihres Amtes“ durch die „Handauflegung“ und die „Weihepräfation“ verliehen worden, die die Annalistin zugleich als „Höhepunkt der heiligen Handlung“ charakterisiert.[79] Die Argumentation ist bestechend logisch: Die Engelthaler Benediktinerin nutzt das vorhandene Deutungssystem für ihre Erklärungen zur Äbtissinnenweihe von Sr. Diethild, wonach für die sakramentalen Weihen Handauflegung und Weihepräfation konstitutiv für die Übertragung des unverlierbaren Prägemals sind, und interpretiert die Äbtissinnenweihe vor dieser Folie.[80]

Dass die „Weihepräfation“ der Äbtissinnenweihe als das konstitutive Element der Feier verstanden wurde, durch das Entscheidendes passiert, zeigt auch der Brief der Varenseller Nonnen von 1971, in dem die Schwestern den von Urbanus Bomm angefertigten ersten Übersetzungsentwurf kritisierten (vgl. Kapitel III 3.1.2). Die Nonnen äußerten ihre Bestürzung über den Wegfall der alten Weihepräfation „Affluentem spiritum“ und erklärten, die „(Weihe-)Präfation“ sei schließlich seit jeher „konstitutiv für eine Benediktion“ gewesen. Auch hier wird ein analoges Verständnis zu den sakramentalen Weihen offenbar.

Eine Ansprache des Benediktinerabtes Raphael Molitor, die er am 13. Dezember 1931 anlässlich seines 25jährigen Weihejubiläums in Gerleve bei einer Festakademie hielt und die in gedruckter Form vorliegt, dokumentiert eine entsprechende Einschätzung für die Abtsweihe. Für Molitor ist klar, dass erst die Abtsweihe den Abt schafft. Die Weihe mache aus dem „Rechtsgeschäft der Wahl und Konfirmation einen wesentlich religiösen, heiligen liturgischen Akt“. Molitor bezog sich für seine Argumentation auf die „unzweideutigen“ Worte der Präfation, in der der Bischof bei der Handauflegung spreche: „durch meine Handauflegung wird der Erwählte heute zum Abte gemacht (constituitur)“.[81] Im „liturgischen Sinne“ werde der Abt also durch die Weihe zum Abt, durch die „Heiligung und Segnung der Person“.[82]

Diese Schlaglichter zeigen, wie schwierig es ist, die Abts- und Äbtissinnenweihe als „Sakramentale“ eindeutig von einem Sakrament abzugrenzen. Nicht nur in der Auffassung von Mönchen und Nonnen in der Mitte des zwanzigsten

78 Vgl. VORGRIMLER, Sakramententheologie, S. 294.

79 Vgl. STÜMPF, Paschasia, Annalen der Benediktinerinnenabtei Kloster Engelthal 1966; Archiv der Benediktinerinnenabtei Kloster Engelthal, 63674 Altenstadt/Hessen, S. 2.

80 Über das „Prägemal“ hatte das Konzil von Florenz bestimmt, „unter den Sakramenten gibt es drei – Taufe, Firmung und Ordo –, die in der Seele einen Charakter, d. h. ein gewisses geistliches Zeichen, das sie von den übrigen unterscheidet, untilgbar einprägen. Daher werden sie bei derselben Person nicht wiederholt“, WOHLMUTH (Hg.), Dekrete II, S. 542.

81 MOLITOR, Abtsweihe, S. 13.

82 Vgl. ebd., S. 15.

Jahrhunderts dominierte das Verständnis, wonach die „Weihepräfation" konstitutives Element der Äbtissinnenweihe war. Diese Vorstellung konnte auch durch die Neugestaltung der Feier nicht beseitigt werden, was besonders eindrücklich die erneuerten Riten für die Abts- und Äbtissinnenweihe selbst zeigen. Der „Ordo Benedictionis Abbatis et Abbatissae" von 1970 nennt Abt und Äbtissin in den Rubriken den „Electus", „Erwählten" beziehungsweise die „Electa", „Erwählte". In der Rubrik nach der „Segensoration" heißt es dann „Abbas modo benedictus", „der eben benedizierte Abt" (OBenAbb 24) beziehungsweise „Abbatissa modo benedicta", „die eben benedizierte Äbtissin" (OBenAbbatissa 19). Die Sprache verrät ein Verständnis der „Verfasser"[83] des Ritus, wonach das „Segensgebet" der entscheidende Kern der Feier ist, durch das die „Erwählte" zur „Äbtissin" wird. Nach dem „Segensgebet" sprechen die Rubriken nicht mehr von der „Electa", sondern von der „Abbatissa".

Die Feier im aktuellen deutschen Pontifikale von 1994 offenbart diese Analogie zu den „sakramentalen Weihen" noch immer. Auch hier nennt die Rubrik die „Erwählte" erst nach dem „Segensgebet" „Äbtissin", in der ersten Rubrik nach dem „Segensgebet" heißt sie sogar „neugeweihte Äbtissin" (PR 94, ÄW 19), der Abt „neugeweihter Abt" (PR 94, AW 27). Die Bischöfe werden im aktuellen Pontifikale ebenfalls bis zum „Weihegebet" „Erwählter" genannt, nach dem „Weihegebet" und der Handauflegung durch die weihenden Bischöfe dann „neugeweihter Bischof".[84]

Dass die eingangs zitierte katholische Nachrichtenseite domradio.de auch im Jahr 2015 noch erklären muss, eine Äbtissinnenweihe ähnele zwar einer Bischofsweihe, sei aber „keine sakramentale Weihe nach katholischem Verständnis, sondern eine feierliche Segnung",[85] zeigt: Die Neugestaltung hat das angestrebte Ziel, die Analogien zu entfernen und die „Verwirrung zu vermeiden"

83 Hier kann tatsächlich von einem „Verfasser" gesprochen werden. Mit großer Wahrscheinlichkeit ist dieser Verfasser Adrien Nocent selbst, ein sicherer Nachweis konnte aufgrund fehlender Quellen nicht erbracht werden. Die Schemata zeigen, dass der neue Ritus in einem längeren Prozess am Schreibtisch verfasst worden ist, am eindrücklichsten demonstrieren dies die Orationen, vgl. Kapitel III 2 über den Prozess der Neugestaltung.

84 Vgl. Deutsches Pontifikale 1, S. 44. Der Priester, der im Gegensatz zu den Äbten, Bischöfen und Äbtissinnen nicht gewählt wird, heißt bis zum „Weihegebet" „Priesterkandidat", danach „Neupriester", vgl. ebd., S. 117, entsprechend ist auch die Terminologie für den Diakon, der zunächst „Weihekandidat", dann „neugeweihter Diakon" heißt, vgl. ebd., S. 149. Von kirchenrechtlicher Seite wird betont, dass die Äbtissin durch die „rechtmäßig durchgeführte Wahl bereits im Besitz aller Rechten und Pflichten im Hinblick auf das Amt ist", HÄRING, Weihe, S. 140. Somit ist die Äbtissin in kirchenrechtlicher Perspektiv unmittelbar nach der Annahme und Bestätigung der Wahl (je nach Konstitution, vgl. für die unterschiedlichen Varianten ebd., S. 139f.) Äbtissin, nicht erst durch die Weihe.

85 DOMRADIO.DE, Elisabeth Vaterodt neue Äbtissin des Zisterzienserinnen-Klosters Klosterfrau Marienthal; http://www.domradio.de/themen/glaube/2016-05-22/elisabeth-vaterodt-neue-aebtissin-des-zisterzienserinnen-klosters (Zugriff 13. September 2016).

nicht erreicht – letztlich konnte sie es gar nicht erreichen. Hier wirkt die gemeinsame Geschichte der beiden Feiern noch immer nach.

9 *Verlassen der Grauzone in unterschiedliche Richtungen*

Macy kritisiert, insbesondere die Unterscheidung des Rufinus in „sakramentale" und „nichtsakramentale Ordinationen" sei ein Bruch mit dem traditionellen Verständnis von Ordinationen im ersten Jahrtausend gewesen. Rufinus habe mit Erfolg eine tausend Jahre alte „Ordination" von Frauen „weg definiert".[86] Bis zur Unterscheidung der scholastischen Theologie in „sakramentale Weihen" und „nichtsakramentale Segnungen"[87] und der zunehmenden Entwicklung einer systematischen Sakramententheologie wurden sowohl die Bischofs- als auch die Äbtissinnenweihe als Sakrament in jenem weiten Sakramentsverständnis des ersten Jahrtausends verstanden, wie es sich aus der Auflistung des dritten Laterankonzils beispielsweise herauslesen lässt.[88] Für den Zeitraum seit etwa dem zwölften Jahrhundert bis zur Definition der Bischofsweihe als Sakrament durch das Zweite Vatikanische Konzil war sowohl für die Äbtissinnenweihe als auch für die Bischofsweihe der Status nicht eindeutig geklärt, in der thomistischen Schule galten beide als Sakramentale.[89] Deutlich geworden ist, wie schwierig es war, die Äbtissinnenweihe eindeutig diesem Konstrukt der Sakramentalienlehre zuzuordnen.

Heute wird lehramtlich erklärt, dass die Äbtissinnenweihe kein Sakrament, sondern ein Sakramentale sein soll. Die Bischofsweihe hingegen überträgt seit dem Zweiten Vatikanum gemäß der dogmatischen Konstitution „Lumen gentium" die „Fülle des Weihesakraments" (LG 21). Damit hat das Konzil die Bischofsweihe aus der Grauzone in die Ebene des Sakramentalen herausgehoben. Die Äbtissinnenweihe musste dagegen die Grauzone in die andere Richtung verlassen, Abts- und Äbtissinnenweihe wurden gleichsam als Kollateralschaden abgewertet und in die Sphäre einer einfachen, nichtsakramentalen Segnung geschickt. Wie schwierig dieses Verlassen der Äbtissinnenweihe in die untere Ebene der Grauzone war, wie schwierig es war, aus einem Ritus, der formal so viele Entsprechungen mit den sakramentalen Weiheriten sowie mit der Bischofsweihe hatte (vgl. die Problemanzeige in der Literatur sowie im ersten Schema zur Abtsweihe), zeigt der Prozess der Überarbeitung mit der Total-

---

86 Macy, Hidden History, S. 99.

87 Vgl. Raming, Priesteramt, S. 85; vgl. auch Ott, Weihesakrament, S. 87.

88 Vgl. die Darstellung oben in Kapitel IV 7; vgl. für den entsprechenden Textabschnitt Wohlmut (Hg.), Dekrete II, S. 214f.

89 Vgl. Ott, Weihesakrament, S. 50.

amputation der „ersten Tradition“ sehr deutlich, bei der die Studiengruppe versuchen musste, angeblich verfälschte Entwicklungen der Abts- und Äbtissinnenweihe zu korrigieren

Selbstverständlich gab es für die Entscheidung, die Bischofsweihe zum Sakrament zu erklären, gute Gründe, etwa die Bedeutung des Amtes in der alten Kirche oder sein Verständnis als Sakrament in jenem weiten Sinn im ersten Jahrtausend. Letzteres gilt aber auch für die Äbtissinnen und Äbte. Kurz vor der Herabstufung der Äbtissinnenweihe in den Bereich der Sakramentalien hatte ihr Weiheritus sogar eine Form, der, wie skizziert, gar den (neuen) normativ-formalen Vorgaben eines sakramentalen Weiheritus entsprach. Es hätte daher in kirchenhistorischer Perspektive durchaus gute Gründe gegeben, auch die Abts- und Äbtissinnenweihe als sakramentale Weihe zu bestimmen.

Ahistorisch argumentierende Gegner dieser These werden nun natürlich vor allem hinsichtlich der Äbtissinnenweihe sofort auf Canon 1024 CIC/1983[90] oder auf das Apostolische Schreiben „Ordinatio sacerdotalis“[91] von Johannes Paul II. (1978–2005) sowie das „Responsum“[92] der Glaubenskongregation von 1995 verweisen. Johannes Paul II. erklärte in „Ordinatio sacerdotalis“, die Kirche habe „keinerlei Vollmacht ... Frauen die Priesterweihe zu spenden“. Ein Jahr später schob die Glaubenskongregation nach, diese Lehre sei vom universalen Lehramt verkündet, in Schrift und Tradition bezeugt, sie gehöre zum Glaubensgut und sei somit endgültig zu halten.

Matthias Daufratshofer hat jüngst sehr überzeugend „die selbst fast zum Dogma erhobene Kontinuität des katholischen Lehramts als Konstrukt entlarvt“.[93] Ein zentraler Punkt in seiner Argumentation ist der auch in dieser Studie wiederholt thematisierte Gegensatz zwischen zwei lehramtlichen Aussagen zum Weihesakrament, konkret zur Diskrepanz zwischen den Aussagen zu Materie und Form des Weihesakraments im Armenierdekret des Konzils von Florenz und der Enzyklika „Sacramentum ordinis“.[94] Michael Seewald nennt diese „Korrektur“, die Pius XII. hier vorgenommen hat, den „Modus der Autokorrektur“.[95] Etwas, das früher galt, gilt ab einem bestimmten Zeitpunkt nicht mehr. Daufratshofer bemerkt zurecht, dass Pius XII. in „Sacramentum ordinis“ keinesfalls eine „äußerliche Lappalie“, sondern den „innersten Kern eines Sakraments“ verändert habe.[96] Er stellt die Hypothese auf, dass dieser Akt möglicherweise zeigen könnte, dass eine „Revision dogmatischer Lehren grundsätzlich möglich“[97] erscheint. Auch Seewald bemerkt, es sei also „prinzipiell möglich, dass die Kirche

---

90 Hier heißt es: „Die heilige Weihe empfängt gültig nur ein getaufter Mann“.

91 AAS 86 (1994), S. 545–548.

92 AAS 87 (1995), S. 1114.

93 DAUFRATSHOFER, Lehramt, S. 562.

94 Vgl. für seine Argumentation ebd., S. 560–564.

95 SEEWALD, Reform, S. 84.

96 Vgl. DAUFRATSHOFER, Lehramt. S. 561.

97 Ebd., S. 565.

sich auch in bedeutenden Fragen – und was könnte es in der katholischen Kirche Bedeutenderes geben als das Amt – selbst korrigiert."[98] Eine derartige Revisionsfähigkeit gelte dann auch für „Ordinatio sacerdotalis",[99] und zwar unabhängig davon, ob man dieses Schreiben dem ordentlichen oder außerordentlichen Lehramt zuordnet.[100]

Die Äbtissinnenweihe war 1970 deshalb so „unerträglich", wie die Weihe im Titel dieser Studie genannt wird, weil sie den Verantwortlichen in Rom genau jene Kontinuitäts*fiktion* des katholischen Lehramts vor Augen stellte. Wenn ein Konzil die Bischofsweihe, die über Jahrhunderte insbesondere in der thomistischen Schule nicht als Sakrament verstanden worden war, zu dem Sakrament schlechthin machen kann, wenn ein Papst gegen einen früheren Konzilsbeschluss etwas so Zentrales wie Materie und Form des Weihesakraments ändern kann, wenn dann auf der anderen Seite eine Weihe von Frauen, die eine über tausend Jahre alte Tradition hat, völlig demontiert werden kann, weil sie aussieht wie etwas, das sie angeblich nicht sein darf, so trägt die Geschichte der Äbtissinnenweihe zur Entlarvung jener Versuche der Päpste bei, „zu allen Zeiten mit allen Mitteln ... die ununterbrochene Kontinuität ihres Lehramtes zu behaupten".[101]

Andersrum zeigt die Geschichte der Äbtissinnenweihe gleichzeitig, dass der „Spielraum des Möglichen"[102] hinsichtlich der Reformfähigkeit der Kirche faktisch längst nicht so klein ist, wie das römische Lehramt oft glauben machen möchte. Wenn die Kirchengeschichte die Aufgabe hat „den ganzen Tisch der Tradition zu decken",[103] so stellt diese Studie mit der Geschichte der Äbtissinnenweihe wichtige Zutaten auf den Tisch:

1) Die Äbtissinnen stellen uns vor Augen, dass es Frauen gab, die im Mittelalter gewaltige Jurisdiktionsvollmachten innehatten und vor der Erfindung der Lehre von der „einen heiligen Vollmacht" mit den Bischöfen zumindest im Bereich der potestas iurisdictionis auf einer Stufe standen. Damit liefern die historischen Äbtissinnen ein wichtiges Argument für künftige Diskussionen um Leitungsvollmachten von Frauen in der römisch-katholischen Kirche.

2) Macys These, dass Frauen seit dem zwölften Jahrhundert zunehmend „weg ordiniert" worden seien, ist durch diese Studie belegt worden. Sowohl aus der Terminologie wie auf der Ebene der Feier selbst als auch aus zeitgenössischen Bewertungen wird deutlich: Die Äbtissinnenweihe wurde zumindest bis zum zwölften Jahrhundert als Sakrament verstanden. Diese Hypothese wird auch durch faktisch ausgeübte liturgische Handlungen wie die Übernahme von

98 SEEWALD, Reform, S. 85.

99 Vgl. DAUFRATSHOFER, Lehramt, S. 566.

100 Vgl. über die Diskussion exemplarisch die Darstellung bei BIER, Frauen; ECKHOLT, Frauen, S. 347–350, sowie aus kirchenrechtlicher Perspektive DEMEL, Gleichstellung, S. 388–393.

101 DAUFRATSHOFER, Lehramt, S. 567.

102 SEEWALD, Reform, z. B. S. 143.

103 So WOLF, Tisch.

Taufen, der Predigt sowie der Verkündigung des Evangeliums durch Äbtissinnen gestützt, die eine sakramentale Weihe zur Voraussetzung hatten.

3) Die Erhebung der Bischofsweihe zum Sakrament durch das Zweite Vatikanische Konzil war ebenso ein Traditionsbruch, wie Macy diesen für den sakramententheologischen Umbruch im zwölften Jahrhundert konstatiert hat. Die Neugestaltung der Abts- und Äbtissinnenweihe entlarvt diesen Traditionsbruch par exellance, indem sie die Hilflosigkeit der Studiengruppe plastisch vor Augen führt, die vor der unmöglichen Aufgabe stand, eine alte, über tausend Jahre gewachsene Tradition einer neuerfundenen Tradition unterzuordnen, und diesem Bruch zugleich den Anstrich von Kontinuität zu geben.

4) Zu guter Letzt offenbart die Neugestaltung der Äbtissinnenweihe, wie groß der „Spielraum ... für Reformen“[104] in der römisch-katholischen Kirche tatsächlich ist. Die Neugestaltung mit der Zerstörung der „ersten Tradition“ der Äbtissinnenweihe gehört als Kollateralschaden letztlich zu einer Kette von Neuerungen rund um das Weihesakrament. Angefangen von den Änderungen durch Pius XII. 1947 in „Sacramentum ordinis“ hin zu den Neudefinitionen des Zweiten Vatikanischen Konzils rund um das Bischofsamt zeigt sich hier, dass dem kirchlichen Lehramt das „ius divinum“ bei Reformen längst nicht so entzogen ist, wie es etwa in der Diskussion um die Unmöglichkeit, Frauen zu Priesterinnen zu weihen, immer wieder als Argument angeführt wird.[105]

104 So SEEWALD, Reform, S. 10.

105 Vgl. exemplarisch BIER, Frauen; SEEWALD, Frauen; DEMEL, Gleichstellung, S. 384–393.

Quellen- und Literaturverzeichnis

I. Quellen

1. Nicht-edierte Quellen

ARCHIV DER ABTEI ST. ERENTRAUD, 88276 BERG

- Aus dem 58. Rundbrief, Kellenried, November 1972.
- Aus den Annalen vom 8. Dezember 1976 (S. 120).
- Aus dem Menolog am 26. November.
- Weihe der Äbtissin Margarita Brunnhuber in der Abtei der Hl. Erentrudis zu Kellenried, 26. November 1972. Kopie des Exemplars von Sr. Margarita Brunnhuber mit hds. Ergänzungen.

ARCHIV DER ABTEI ST. GERTRUD, 94167 TETTENWEIS

- Äbtissinnenweihe in St. Gertrud, Tettenweis, am Fest d. Hlst. Dreifaltigkeit, 21. Mai 1967; ausformulierter, maschinengeschriebener Ablauf für die Schwestern mit hds. Korrekturen, Durchschlag.
- Äbtissinnen-Weihe; Maschinengeschriebener Notizzettel der Äbtissin in Stichpunkten.
- Blatt für die Übergabe der Insignien, St. Gertrud.
- Die zweite Meßoration für die Äbtissinnenweihe; Blatt mit den verwendeten Messorationen.
- „Dienen in Liebe"; maschinengeschriebener Informationszettel über den Tagesablauf für die Schwestern in Stichpunkten.
- Fürbitten zur Äbtissinnenweihe am 21. Mai 1967.

ARCHIV DER ABTEI HERSTELLE, 37688 BEVERUNGEN

- De benedictione abbatissae – Die Äbtissinnenweihe von Mutter Beatrix Kolck OSB am 25. März 1966 in der Abtei vom Heiligen Kreuz Herstelle. Wahl und Weihe der Äbtissinnen, Ritus: B. Kolck, 1966. BI 4.
- Memorandum, Maria Laach, 16. Oktober 1975; VBD 1975, Konferenz der deutschsprachigen Äbtissinnen. B IV 5.d 1.

ARCHIV DER ABTEI LICHTENTHAL, 76534 BADEN-BADEN, Schreiben von Erzbischof Schäufele an M. Lucia Reiss, 16. August 1974.

ARCHIV DER ABTEI VARENSELL, 33397 RIETBERG, De benedictione abbatissae, 1949. Ablauf des Weiheritus von Sr. Juliana Tüte, 6. Juni 1949.

Archiv der Benediktinerinnenabtei Kloster Engelthal. 63674 Altenstadt/Hessen

- Äbtissinnen-Benediktion von Frau Diethild Eickhoff am 9. Januar 1966 in der Benediktinerinnenabtei zur Heiligen Maria zu Engelthal durch Bischof H. Volk, Mainz.
- STÜMPF, Paschasia, Annalen der Benediktinerinnenabtei Kloster Engelthal 1966.

ARCHIV DER BENEDIKTINERINNENABTEI SÄBEN, 39043 KLAUSEN, Äbtissinnenweihe in Säben, 20. Juni 1970, maschinengeschriebener Ablauf in deutscher Sprache.

ARCHIV DES ABTPRIMAS ST. ANSELMO, Aussprache im Anschluß an die Konferenz von V. Abt-Primas (29.4.1971); APr 1691, Abtei St. Gabriel, Inghilterra, Lussemburgo, Spagna, Fereacion Catalana.

ARCHIV DES DEUTSCHEN LITURGISCHEN INSTITUTS, 54290 TRIER

- Abtei Unserer Lieben Frau Varensell an das Deutsche Liturgische Institut Trier, 31. März 1971; Schachtel 1: Die Feier der Abts- und Äbtissinnenweihe 1968–1973.
- Agnes Fabianek, Zisterzienserinnenabtei Mariastern-Gwiggen an das Deutsche Liturgische Institut Trier, 18. März 1971; Schachtel 1: Die Feier der Abts- und Äbtissinnenweihe 1968–1973.
- Blatt vor dem Übersetzungsentwurf; Schachtel 1: Die Feier der Abts- und Äbtissinnenweihe 1968–1973.
- Bomm an Raas, 11. Dezember 1971; Schachtel 1: Die Feier der Abts- und Äbtissinnenweihe 1968–1973.
- BOMM, Urbanus, Zur Übersetzung des Ritus der Abts- und Äbtissinnenweihe, ohne Datum; Schachtel 1: Die Feier der Abts- und Äbtissinnenweihe 1968–1973.
- CONSILIUM AD EXSEQUANDAM CONSTITUTIONEM DE SACRA LITURGIA, Schemata, n. 307a, De benedictione Abbatis, 1, 13. September 1968. (CECL 307a)
- CONSILIUM AD EXSEQUANDAM CONSTITUTIONEM DE SACRA LITURGIA, Schemata, n. 307b, De benedictione Abbatis, 1, Addendum, 13. September 1968. (CECL 307b)
- CONSILIUM AD EXSEQUANDAM CONSTITUTIONEM DE SACRA LITURGIA, Schemata, n. 321, De benedictione Abbatis, 2, 19. Oktober 1968. (CECL 321)
- CONSILIUM AD EXSEQUANDAM CONSTITUTIONEM DE SACRA LITURGIA, Schemata, n. 340, De benedictione Abbatis, 3, 26. Februar 1969. (CECL 340)
- CONSILIUM AD EXSEQUANDAM CONSTITUTIONEM DE SACRA LITURGIA, Schemata, n. 351, De benedictione abbatissae, 1, 26. September 1969. (CECL 351)
- Die Abtsweihe und Äbtissinnenweihe nach dem neuen Pontificale Romanum. Übersetzt von Urbanus Bomm OSB, Maria Laach, 1. Fassung; Schachtel 1: Die Feier der Abts- und Äbtissinnenweihe 1968–1973.
- Die Abtsweihe und Äbtissinnenweihe nach dem neuen Pontificale Romanum, 2. Fassung; Schachtel 1: Die Feier der Abts- und Äbtissinnenweihe 1968–1973.
- Dr. Augustinus Meyer OSB, Metten, 16. März 1971; Schachtel 1: Die Feier der Abts- und Äbtissinnenweihe 1968–1973.
- Erläuterung zur Vorlage, unterzeichnet von Reiner Kaczynski, Ostern 1991; IAG C059, 34/90.[1]
- Expensio Modorum, 4. September 1991; IAG – Pontifikale 1991 – Modi Bischöfe I; PR-A010.
- Heinrich Rennings an die Mitglieder der IAG im Deutschen Sprachgebiet, 19. Dezember 1990; IAG 41/90.
- IAG Pontifikale 1991 – Modi Bischöfe I; PR-A010.
- Irmgard Pohl an Reiner Kaczynksi, 1. März 1991; Modi Pontifikale & Begleitschreiben, IAG (Januar/Februar 1991), PR-A 009.
- Kurzbericht für den GA der IAG, 4. September 1991; Pontifikale GA-IAG_1991.
- Leonhard Bösch an das Deutsche Liturgische Institut Trier, 9. März 1971; Schachtel 2: Die Feier der Abts- und Äbtissinnenweihe 1968–1973, Modi zur deutschsprachigen Übersetzung.
- Maurus Berve, St. Mauritius Tholey, 27. März 1971; Schachtel 1: Die Feier der Abts- und Äbtissinnenweihe 1968–1973.
- Pater Anselm Urban, Benediktinerabtei Grüssau, Bad Wimpfen, an das Deutsche Liturgische Institut Trier, 31. März 1971; Schachtel 1: Die Feier der Abts- und Äbtissinnenweihe 1968–1973.

---

1 Die Unterlagen des DLI haben nur teilweise Signaturen, wie dieses Dokument.

- Pater Odo Lang OSB an die Redaktion der Gemeinsamen Liturgischen Bücher für das Deutsche Sprachgebiet, Einsiedeln, 28. März 1971; Schachtel 2: Die Feier der Abts- und Äbtissinnenweihe 1968–1973, Modi zur dt.sprachigen Übersetzung.
- Pater Rochus Schroth OSB, St. Ottilien, an den „hochwürdigsten Prälat Wagner", 30. März 1971, Schachtel 1: Die Feier der Abts- und Äbtissinnenweihe 1968–1973.
- Pontifikale für die katholischen Bistümer des deutschen Sprachgebietes, Vorlage 17. August 1990; Manuskripte und Vorlagen 1990–92.
- Pontifikale für die katholischen Bistümer des deutschen Sprachgebietes, Vorlage 11. Dezember 1990; Manuskripte und Vorlagen 1990–92.
- Pontifikale für die katholischen Bistümer des deutschen Sprachgebietes, Vorlage Ostern 1991; Manuskripte und Vorlagen 1990–92.
- Pontifikale für die katholischen Bistümer des deutschen Sprachgebietes, Approbationsvorlage September 1991; Manuskripte und Vorlagen 1990–92.
- Protokoll der Kontaktsitzung der Liturgischen Kommission des deutschen Sprachgebietes vom 29. November – 2. Dezember 1971 in Salzburg; IAG A 005; IAG-Protokolle 1971–1975.
- Protokoll der Kontaktsitzung der Liturgischen Kommissionen des deutschen Sprachgebietes vom 13.–16. April 1971 in Berlin; IAG A 005; IAG-Protokolle 1971–1975.
- Rennings an die Bischöfe, 27. März 1991; IAG-Pontifikale – Modi Bischöfe I; PR A 010.
- Schreiben des Sekretariats für die Herausgabe der Liturgischen Bücher im deutschen Sprachgebiet vom 7. Januar 1972; Schachtel 1: Die Feier der Abts- und Äbtissinnenweihe 1968–1973.
- Sr. M. Birgitta zu Münster, Sr. M. Amata Hermannspan, Abtei St. Walburg Eichstätt, an das Deutsche Liturgische Institut Trier, 29. März 1971; Schachtel 1: Die Feier der Abts- und Äbtissinnenweihe 1968–1973.
- Sr. Maria Lucia OSB, Abtei Nonnberg in Salzburg an das Deutsche Liturgische Institut Trier, 23. März 1971; Schachtel 1: Die Feier der Abts- und Äbtissinnenweihe 1968–1973.
- Voten des Benediktinerstifts Seitenstetten, ohne Datum; Schachtel 1: Die Feier der Abts- und Äbtissinnenweihe 1968–1973.
- Wagner an die Vorsitzenden der Bischofskonferenzen des deutschen Sprachgebietes sowie die Bischöfe von Bozen-Brixen und Luxemburg, 21. März 1974; Schachtel 2: Die Feier der Abts- und Äbtissinnenweihe 1968–1973, Modi zur dt.sprachigen Übersetzung.

2. Gedruckte Quellen

ALBERS, Bruno (Hg.), Consuetudines monasticae, Bd. 1, Stuttgart 1900. (ALBERS [Hg.], Consuetudines monasticae 1)

ANDRIEU, Michel (Hg.),
- Les Ordines Romani du haut moyen-âge, Bd. 1: Les manuscrits (Spicilegium sacrum Lovaniense 11), Louvain 1931. (ANDRIEU [Hg.], Ordines I)
- Bd. 1: Les textes: Ordines I–XIII (Spicilegium sacrum Lovaniense 23), Louvain 1948. (ANDRIEU [Hg.], Ordines II)
- Bd. 3: Les textes (suite): Ordines XIV–XXXIV (Spicilegium sacrum Lovaniense 24), Louvain 1951. (ANDRIEU [Hg.], Ordines III)
- Le pontifical romain au moyen-âge, Bd. 1: Le pontifical romain du XIIe siècle (Studi e testi 86), Vatikanstadt 1938. (ANDRIEU [Hg.], Pontifical I)
- Bd. 2: Le pontifical de la curie romaine au XIIIe siècle (Studi et testi 87), Vatikanstadt 1940. (ANDRIEU [Hg.], Pontifical II)

- Bd. 3: Le pontifical de Guillaume Durand (Studi e testi 88), Vatikanstadt 1940. (ANDRIEU [Hg.], Pontifical III)
- Bd. 4: Tables alphabétiques (Studi e testi 99), Vatikanstadt 1941.

BENEDICTUS DE NURSIA, Die Benediktusregel. Lateinisch/deutsch, hg. im Auftrag der Salzburger Äbtekonferenz, Beuron 1992. (BENEDICTUS, Benediktusregel)

BENEDIKT XV., „Pro benedictione" vom 19. Juni 1921, in: AAS 13 (1921), S. 416f.

BENEDIKT XVI., Ansprache von Papst Benedikt XVI. an das Kardinalskollegium und die Mitglieder der Römischen Kurie beim Weihnachtsempfang, in: Verlautbarungen des Apostolischen Stuhls 172, Bonn 2005. (BENEDIKT XVI., Ansprache).

CAESARIUS ARELATENSIS, Regula sanctarum Virginum, hg. von Germain Morin, Bonn 1933. (CAESARIUS, Regula)

CHAVASSE, Antoine (Hg.), Le sacramentaire Gélasien (Vaticanus Reginensis 316). Sacramentaire presbytéral en usage dans les titres romains au VIIe siècle, Tournai 1958. (CHAVASSE [Hg.], Sacramentaire Gélasien)

Commentarium, in: Notitiae 7 (1971), S. 35f.

De regula magistri veterum testimonia; PL 88, 943–1052.

Dekret über Dienst und Leben der Priester „Presbyterum ordinis", in: RAHNER, Karl/VORGRIMLER, Herbert (Hg.), Kleines Konzilskompendium. Sämtliche Texte des Zweiten Vatikanischen Konzils (Grundlagen Theologie), Freiburg u. a. 2008, S. 561–598. (PO)

Dekret über die Hirtenaufgabe der Bischöfe in der Kirche „Christus Dominus", in: RAHNER, Karl/VORGRIMLER, Herbert (Hg.), Kleines Konzilskompendium. Sämtliche Texte des Zweiten Vatikanischen Konzils (Grundlagen Theologie), Freiburg u. a. 2008, S. 257–285. (CD)

Dekret über die zeitgemäße Erneuerung des Ordenslebens „Perfectae caritatis", in: RAHNER, Karl/VORGRIMLER, Herbert (Hg.), Kleines Konzilskompendium. Sämtliche Texte des Zweiten Vatikanischen Konzils (Grundlagen Theologie), Freiburg u. a. 2008, S. 317–330. (PC)

DENZINGER, Heinrich, Kompendium der Glaubensbekenntnisse und kirchlichen Lehrentscheidungen. Verbessert, erweitert, ins Deutsche übertragen und unter Mitarbeit von Helmut Hoping hg. von Peter Hünermann, Freiburg i. Br. u. a. [43]2010. (DH)

DESHUSSES, Jean, Le sacramentaire grégorien. Ses principales formes d'après les plus anciens manuscrits. Edition comparative, 3 Bde, hier Bd. 1: Le sacramentaire, le supplément d'Aniane (Spicilegium Friburgense 16), Freiburg/Schweiz 1971. (DESHUSSES, Sacramentaire grégorien I)

Die Bibel. Altes und Neues Testament. Einheitsübersetzung, hg. im Auftrag der Bischöfe Deutschlands, Österreichs und der Schweiz, des Bischofs von Luxemburg, des Bischofs von Lüttich, des Bischofs von Bozen-Brixen, Freiburg i. Br. 1980. (Einheitsübersetzung)

Dogmatische Konstitution über die göttliche Offenbarung „Dei verbum", in: RAHNER, Karl/VORGRIMLER, Herbert (Hg.), Kleines Konzilskompendium. Sämtliche Texte des Zweiten Vatikanischen Konzils (Grundlagen Theologie), Freiburg u. a. 2008, S. 367–382. (DV)

Dogmatische Konstitution über die Kirche „Lumen gentium", in: RAHNER, Karl/VORGRIMLER, Herbert (Hg.), Kleiners Konzilskompendium. Sämtliche Texte des Zweiten Vatikanischen Konzils (Grundlagen Theologie), Freiburg u. a. 2008, S. 105–200. (LG)

DIEM, Albrecht/VAN DER MEER, Matthieu (Hg.), Columbanische Klosterregeln. Regula cuiusdam patris, Regula cuiusdam ad virgines, Regelfragment De accendo, St. Ottilien 2016. (DIEM/VAN DER MEER, Columbanische Klosterregeln)

De Ordinatione Diaconi, Presbyteri et Episcopi. Editio typica, Vatikanstadt 1968.

DESHUSSES Jean/DUMAS, Anton (Hg.), Liber Sacramentorum Gellonensis, 2 Bde. (Corpus Chrstianorum, Series Latina 159A), Turnhout 1981. (DESHUSSES/DUMAS [HG.], Sacramentorum Gellonensis)

Die Feier der Abts-, Äbtissinnen- und Jungfrauenweihe in den katholischen Bistümern des deutschen Sprachgebietes, hg. im Auftrag der Bischofskonferenzen Deutschlands, Österreichs und der Schweiz und der Bischöfe von Bozen-Brixen und von Luxemburg, Einsiedeln u. a. 1975. (FAbtsweihe/FÄbtissinnenweihe)

FÉROTIN, Marius (Hg.), Le liber ordinum en usage dans l'église wisigothique et mozarabe d'Espagne du cinquième au onzième siècle, Paris 1904. (FEROTIN [HG.], Liber ordinum)

FINSTERWALDER, Paul Willem, Die Canones Theodori Cantuariensis und ihre Überlieferungsformen (Untersuchungen zu den Bußbüchern des 7., 8. und 9. Jahrhunderts 1), Weimar 1929. (FINSTERWALDER, Canones Theodori)

FRANK, Karl Suso (Hg.), Die Magisterregel. Einführung und Übersetzung von Karl Suso Frank, St. Ottilien 1989. (FRANK, Magisterregel)

FREI, Judith, Vorwort, 21. April 1994, Studienausgabe „Monastisches Rituale", Münsterschwarzach 1994. (FREI, Vorwort)

FRIEDBERG, Emil (Hg.), Corpus Iuris Canonici I: Gratianus magister: Decretum, Leipzig 1879. (FRIEDBERG [HG.], Gratianus magister)

GEERLINGS, Wilhelm (Übers.), Traditio Apostolica. Apostolische Überlieferung. Übersetzt und eingeleitet von Wilhelm Geerlings (Fontes Christiani 1), Freiburg u. a. 1991. (GEERLINGS (Übers.), Traditio Apostolica)

GREENWELL, William (Hg.), The Pontifical of Egbert, Archbishop of York (732–766), London 1853. (GREENWELL [Hg.], Pontifical of Egbert)

Instructio „Inter oecumenici" ad Executionem constitutionis de sacra liturgia recte ordinandam, in: AAS 56 (1964), S. 877–900.

JANINI, Jose (Hg.), Liber ordinum episcopal (Cod. Silos, Arch. Monástico, 4) Burgos 1991. (JANINI, Liber ordinum)

JOHANNES PAUL II., Apostolisches Schreiben „Ordinatio sacerdotalis" (22. Mai 1994), in: AAS 86 (1994), S. 454–458.

KLÖCKENER, Martin (Hg.), Dokumente zur Erneuerung der Liturgie, Bd. 3: 1983–1993, Kevelaer 2001. (KLÖCKENER [HG.], DEL 3)

KONGREGATION FÜR DIE GLAUBENSLEHRE, Responsum ad dubium circa doctrinam in Epist. Ap. „Ordinatio Sacerdotalis" traditam, in: AAS 87 (1995), S. 1114.

Konstitution über die heilige Liturgie „Sacrosanctum Concilium", in: RAHNER, Karl/VORGRIMLER, Herbert (Hg.), Kleines Konzilskompendium. Sämtliche Texte des Zweiten Vatikanischen Konzils (Grundlagen Theologie), Freiburg u. a. 2008, S. 51–90. (SC)

MAGISTRETTI, Marco (Hg.), Pontificale in usum Ecclesiae Mediolanensis necnon Ordines ambrosiani (Monumenta veteris Liturgiae ambrosianae I), Mailand 1897, Reprint 1971. (MAGISTRETTI [HG.], Pontificale Mediolanensis)

MARTÈNE, Edmond (Hg.),

- De antiquis ecclesiae ritibus, 4 Bde., Nachdruck der 2. erw. Ausgabe von 1736–1738, Hildesheim 1967–1969. (MARTÈNE [HG.], Ritibus)
- De antiquis monachorum ritibus, Lyon 1690. (MARTÈNE [HG.], Monachorum Ritibus)

METZ, René, La Consécration des vierges dans l'Église romaine, Paris 1954. (METZ, Consécration)

METZGER, Max Josef (Hg.), Zwei karolingische Pontifikalien vom Oberrhein (Freiburger Theologische Studien 17), Freiburg i. Br. 1914. (METZGER [HG.], Karolingische Pontifikalien)

MIGNE, Jacques Paul (Hg.), Patrologiae cursus completus. Series latina, Bd. 77. (PL 77)

Missale Romanum. Ex decreto sacrosancti Oecumenici Concilii Vaticani II instauratum auctoritate Pauli PP. VI promulgatum, Editio typica, Vatikanstadt 1970.

MUNIER, Charles (Hg.), Les Statuta Ecclesiae Antiqua. Édition, Études critiques (Bibliothèque de l'Institut de Droit Canonique de l'Université de Strasbourg 5), Paris 1960. (MUNIER [Hg.],

Statuta Ecclesiae Antiqua)

Notitiae 3 (1967), S. 47–49.

Notitiae 5 (1969), S. 129–134.

Ordo benedictionis abbatis et abbatissae. Ex decreto sacrosancti oecumenici concilii Vaticani II instauratum Pauli PP. VI promulgatum, Vatikanstadt 1970. (OBenAbb/OBenAbbatissa)

Ordo Benedictionis Abbatis et Abbatissae, Decretum, 9. November 1970, in: Notitiae 7 (1971), S. 32.

PIUS XII.,

- Apostolische Konstitution „Episcopalis Consecrationis", in: AAS 36 (1944), S. 131.
- Enzyklika „Mediator Dei", in: AAS 39 (1947), S. 521–595.
- Apostolische Konstitution „Sacramentum ordinis", 30. November 1947, in: AAS 40 (1948), S. 5–7

Pontifikale für die Katholischen Bistümer des deutschen Sprachgebietes,

- Bd. 1: Die Weihe des Bischofs, der Priester und der Diakone. Handausgabe mit pastoralliturgischen Hinweisen, hg. von den Liturgischen Instituten Salzburg, Trier, Zürich, Freiburg i. Br. u. a. 1994. (Deutsches Pontifikale 1)
- Bd. 2: Die Weihe des Abtes und der Äbtissin, die Jungfrauenweihe. Handausgabe mit pastoralliturgischen Hinweisen, hg. von den Liturgischen Instituten Salzburg, Trier, Zürich, Freiburg i. Br. u. a. 1994. (Deutsches Pontifikale 2)

RADÓ, Polycarpus, Enchiridion Liturgicum. Complectens Theologiae sacramentalis et dogmata et leges iuxta novum codicem rubricarum, Freiburg i. Br. ^{2}1961. (RADÓ, Enchiridion Liturgicum)

RENNINGS, Heinrich (Hg.), Dokumente zur Erneuerung der Liturgie, Bd. 1: 1963–1973, Kevelaer 1983. (RENNINGS [Hg.], DEL 1)

RENNINGS, Heinrich/KLÖCKENER, Martin (Hg.), Dokumente zur Erneuerung der Liturgie, Bd. 2: 1973–1983, Kevelaer 1997. (RENNINGS/KLÖCKENER [Hg.], DEL 2)

Rituale Monasticum pro Monasteriis monialium Ordinis Sancti Benedicti, Dourgne 1986. (Rituale Monasticum)

Rituel monastique propre aux moniales de langue française de l'Ordre de Saint Benoît, Dourgne 1974 (offiziell konfirmiert und gedruckt 1992).

SACRA CONGREGATIO RITUUM, Decretum generale: Maxima redemptionis nostrae mysteria, in: AAS 47 (1955), S. 838–841. (AAS 47 (1955))

SALZBURGER ÄBTEKONFERENZ (Hg.), Monastisches Rituale, St. Ottilien 1988. (SALZBURGER ÄBTEKONFERENZ [HG.], Monastisches Rituale)

SCHNEIDER, Johannes/ZAHNER, Paul (Hg.), Klara-Quellen. Die Schriften der heiligen Klara, Zeugnisse zu ihrem Leben und ihrer Wirkungsgeschichte, Kevelaer 2013. (SCHNEIDER/ZAHNER [Hg.], Klara-Quellen)

SODI, Manlio (Hg.), Il „pontificalis liber" di Agostino Patrizi Piccolomini e Giovanni Burcardo (1485) (Monumenta Studia instrumenta liturgica), Vatikanstadt 2006. (SODI [Hg.], Pontificalis liber)

STEIDLE, Basilius (Hg.),

- Die Regel St. Benedikts. Eingeleitet, übersetzt und aus dem alten Mönchtum erklärt, Beuron 1952. (STEIDLE [HG.], Regel St. Benedikts)
- Die Benediktus-Regel. Lateinisch-deutsch, Beuron ^{2}1975. (STEIDLE, Benediktus-Regel)

THOMAS VON AQUIN, Die deutsche Thomas-Ausgabe, Bd. 32: Die Schlüsselgewalt der Kirche; Krankensalbung; Das Sakrament der Weihe, Salzburg 1985.

VANDERHOVEN, Hubert u. a., La règle du maitre. Édition diplomatique des manuscrits latins 12205 et 12634 de Paris, Brüssel 1953.

VEREINIGUNG BENEDIKTINISCHER FRAUENKLÖSTER IM DEUTSCHEN SPRACHGEBIET (Hg.), Monastisches Rituale für die benediktinischen Frauenklöster im deutschen Sprachgebiet, Münsterschwarzach 1994. (Monastisches Rituale)

VOGEL, Cyrille (Hg.),

- Le pontifical romano-germanique du dixième siècle, Bd. 1: Le texte (I–XCVIII), unter Mitarbeit von Reinhard Elze (Studi e testi 226), Vatikanstadt 1963. (VOGEL [Hg.], Pontifical I)
- Bd. 2: Le texte (XCIX–CCLVIII) (Studie e testi 227), Vatikanstadt 1963. (VOGEL [Hg.], Pontifical II)
- Bd. 3: Introduction générale et tables (Studi et testi 269), Vatikanstadt 1972. (VOGEL [Hg.], Pontifical III)

VOGÜÉ, Adalbert de, La règle du maitre, 3 Bde., Paris 1964–1965.

WOHLMUT, Josef (Hg.),

- Dekrete der ökumenischen Konzilien, Bd. 2: Konzilien des Mittelalters, Paderborn u. a. [3]1973. (WOHLMUT [Hg.], Dekrete II)
- Dekrete der ökumenischen Konzilien, Bd. 3: Konzilien der Neuzeit, Paderborn u. a. 2002. (WOHLMUTH [Hg.], Dekrete III)

3. Online zugängliche Quellen

DOMRADIO.DE, Elisabeth Vaterodt neue Äbtissin des Zisterzienserinnen-Klosters Klosterfrau Marienthal; http://www.domradio.de/themen/glaube/2016-05-22/elisabeth-vaterodt-neue-aebtissin-des-zisterzienserinnen-klosters (Zugriff 13. September 2016).

KLOSTER MARIENTHAL, Die Feier der Äbtissinnenweihe von Sr. M. Elisabeth Vaterodt OCist, Textheft zur Weihe; online unter http://www.kloster-marienthal.de/uploads/dckuhiuycy_1463567692.pdf (Zugriff 12. September 2016).

KRUMPHOLZ, Gregor, Kardinal Woelki führt neue Äbtissin von Alexanderdorf ein. Pressemeldung, 26. August 2013, Erzbistumberlin.de; https://www.erzbistumberlin.de/medien/pressestelle/aktuelle-pressemeldungen/pressemeldung/news-title/kardinal-woelki-fuehrt-neue-aebtissin-von-alexanderdorf-ein-1210/ (Zugriff 12. Januar 2019). (KRUMPHOLZ, Pressemeldung Äbtissin)

RELIGION.ORF.AT, „Benediktinerinnen verlassen Kloster Säben, 11. November 2021, https://religion.orf.at/stories/3209764/ (Zugriff 15. Januar 2022).

SÄCHSISCHE ZEITUNG, Schwester Elisabeth wird zur Äbtissin geweiht, 21. Mai 2016; http://www.sz-online.de/nachrichten/schwester-elisabeth-zur-aebtissin-geweiht-3401093.html (Zugriff 13. September 2016).

WELT.DE, Äbtissinnenweihe in St. Marienthal, 21. Mai 2016; online unter https://www.welt.de/regionales/sachsen/article155546989/Aebtissinnenweihe-in-St-Marienthal.html (Zugriff 14. September 2016).

II. Literatur

ALLEN, Prudence, Concept of Women, Bd. 1: The Aristotelian Revolution, Grand Rapids 1997. (ALLEN, Concept)

ALTHOFF, Gerd, Ottonische Frauengemeinschaften im Spannungsfeld von Kloster und Welt, in: GERCHOW, Jan/SCHILP, Thomas (Hg.), Essen und die sächsischen Frauenstifte im Frühmittelalter (Essener Forschungen zum Frauenstift 2), Essen 2003, S. 29–44. (ALTHOFF, Ottonische Frauengemeinschaften)

AMANN, Thomas A., Laien als Träger von Leitungsgewalt? Eine Untersuchung des Codex Iuris Canonici (MthS K. 50), St. Ottilien 1996. (AMAN, Laien)

AMIET, Andreas, Die liturgische Gesetzgebung der deutschen Reichskirche in der Zeit der sächsischen Kaiser 922–1023, in: Zeitschrift für schweizerische Kirchengeschichte 70 [1976], S. 1–167. (AMIET, Gesetzgebung)

ANGENENDT, Arnold,

- Liturgik und Historik. Gab es eine organische Liturgie-Entwicklung? Freiburg i. Br. 2001. (ANGENENDT, Liturgik)
- Grundformen der Frömmigkeit im Mittelalter (Enzyklopädie deutscher Geschichte Bd. 68), München 2003. (ANGENENDT, Grundformen)
- Geschichte der Religiosität im Mittelalter, Darmstadt [4]2009. (ANGENENDT, Religiosität)

APPUHN, Horst, Art. Kathedra, in: LMA 5 (2009), Sp. 1074. (APPUHN, Kathedra)

ARENDT, Wilhelm, De sacramentalibus disquisitio scholastico-dogmatica (Analecta ecclesiastica 10), Rom [2]1900.

Art. Äbtissinnenweihe, in: LMA 1 (1980), Sp. 65.

Art. Äbtissin, in: LMA 1 (1980), Sp. 65.

ASHWORTH, Henry, Did St. Gregory the Great compose a Sacramentary? In: Studia Patristica 2 (1957), S. 3–16. (ASHWORTH, Sacramentary)

AYMANS, Winfried,

- Kanonisches Recht. Lehrbuch aufgrund des Codex Iuris Canonici. Begründet von Eduard Eichmann, fortgeführt von Klaus Mörsdorf, neu bearbeitet von Winfried Aymans, Bd. 1: Einleitende Grundfragen und Allgemeine Normen, Paderborn u. a. [13]1991. (AYMANNS, Kanonisches Recht I)
- Kanonisches Recht, Bd. 3: Verkündigungsdienst und Heiligungsdienst, Paderborn u. a. 2007. (AYMANNS, Kanonisches Recht III)

BACKMUND, Norbert, Die Kollegiat- und Kanonissenstifte in Bayern, Windberg 1973. (BACKMUND, Kanonissenstifte)

BALTRUSCH-SCHNEIDER, Dagmar Beate, Die angelsächsischen Doppelklöster, in: ELM, Kaspar/ PARISSE, Michel (Hg.), Doppelklöster und andere Formen der Symbiose männlicher und weiblicher Religiosen im Mittelalter, Berlin 1992, S. 57–79. (BALTRUSCH-SCHNEIDER, Doppelklöster)

BÄRSCH, Jürgen,

- Der Bischof im Licht seiner Ordinationsliturgie im Mittelalter. Liturgiehistorische und liturgietheologische Anmerkungen zum Ritus der Bischofsweihe im Pontificalis ordinis liber des Wilhelm Durandus d. Ä. (1293/95), in: NEUHEUSER, Hanns-Peter (Hg.), Bischofsbild und Bischofssitz. Geistige und geistliche Impulse aus regionalen Zentren des Hochmittelalters (Archa Verbi 9), Münster 2013, 205–230. (BÄRSCH, Bischof)
- Kleine Geschichte des christlichen Gottesdienstes, Regensburg 2015. (Bärsch, Geschichte)

BARTMANN, Bernhard, Lehrbuch der Dogmatik, Bd. 2, Freiburg i. Br. [7]1928. (BARTMANN, Dogmatik II)

BAUCHER, Joseph, Art. Abbesses, in: Dictionnaire de Droit Canonique 1 (1935), S. 62–71. (BAUCHER, Abbesses)

BAUDOT, Jules, Art. Bénédiction d'un abbé et d'une abbesse, in: Dictionnaire d'archéologie chrétienne et de liturgie 2,1 (1910), Sp. 723–727. (BAUDOT, Bénédiction)

BAUER, Nancy Ann, Moniales et sorores: The canonical Distinction between Nuns and Sisters with particular Reference to benedictine Women Religious, in: The American Benedictine review 70 (2019) H 1, S. 45–73. (BAUER, Moniales)

BAUERREIß, Romuald, Abtsstab und Bischofsstab, in: Studien und Mitteilungen zur Geschichte des Benediktiner-Ordens und seiner Zweige 68 (1957), S. 215–226. (BAUERREIß, Abtsstab)

BAUTZ, Friedrich Wilhelm,
- Art. Benedikt von Nursia, in: BBKL 1 (1990), Sp. 494–496. (BAUTZ, Benedikt von Nursia)
- Art. Fructuosus, in: BBKL 2 (1990), Sp. 145f. (BAUTZ, Fructuosus)

BEHM, Johannes, Die Handauflegung im Urchristentum. Nach Verwendung, Herkunft und Bedeutung in religionsgeschichtlichem Zusammenhang untersucht, Leipzig 1911 [unveränderte Nachdruck 1968]. (BEHM, Handauflegung)

BERGER, Rupert, Art. Kathedra, in: LThK³ 5 (2006), Sp. 1336f., hier Sp. 1336. (BERGER, Kathedra)

BERGER, Teresa, Women's Way of Worship. Gender Analysis and Liturgical History, Collegeville 1999. (BERGER, Worship)

BERNARDS, Matthäus, Speculum virginum. Geistigkeit und Seelenleben der Frau im Hochmittelalter, Köln ²1982. (BERNARDS, Speculum virginum)

BERTRAMS, Wilhelm, Quaestiones fundamentales Iuris Canonici, Rom 1969. (BERTRAMS, Quaestiones fundamentales)

BESSE, Jean-Marie, Art. Abbesse, in: Dictionnaire d'archéologie chrétienne et de liturgie 1 (1924), Sp. 42. (BESSE, Abbesse)

BIER, Georg, Frauen weihen? Die Tür ist fest geschlossen, in: Herder-Korrespondenz 71 (2017) H 8, S. 45–47. (BIER, Frauen)

BLEEKER, Lothar, Die organische Entwicklung der Liturgie. Die Prinzipien liturgischer Reform und ihr Verhältnis zur Liturgischen Bewegung bis zum Vorabend des Zweiten Vatikanischen Konzils, in: Una-Voce-Korrespondenz 42 (2012) H2, S. 121–144. (BLEEKER, Organische Entwicklung)

BLENNEMANN, Gordon, Die Metzer Benediktinerinnen im Mittelalter. Studien zu Handlungsspielräumen geistlicher Frauen (Historische Studien 498), Husum 2011. (BLENNEMANN, Benediktinerinnen)

BODARWÉ, Katrinette,
- Klausur und Regel. Fragment der „Benediktsregel" aus dem Stift Obermünster, Regensburg, in: FRINGS, Jutta/GERCHOW, Jan (Hg.), Krone und Schleier. Kunst aus mittelalterlichen Frauenklöstern, München 2005, 184–192. (BODARWÉ, Klausur)
- Eine Männerregel für Frauen. Die Adaption der Benediktsregel im 9. und 10. Jahrhundert, in: MELVILLE, Gert/MÜLLER, Anne (Hg.), Female *vita religiosa* between Late Antiquity and the High Middle Ages. Structures, developments and spatial contexts (Vita regularis. Ordnungen und Deutungen religiosen Lebens im Mittelalter 47), Berlin 2011, S. 235–272. (BODARWÉ, Männerregel)

BOMM, Urbanus, Der neue Ritus der Abts- und Äbtissinnenweihe, in: Heiliger Dienst 27 (1979) H 1, S. 148–152. (BOMM, Der neue Ritus)

BOWE, Thomas J., Religious Superioresses. A Historical Synopsis and a Commentary, Washington D.C. 1946. (BOWE, Superioresses)

BRANDENBURGER, Egon, Art. Gericht Gottes, III. Neues Testament, in: TRE 12 (1984), S. 469–483. (BRANDENBURGER, Gericht Gottes)

BRANDT, Hans Jürgen, Fürstbischof und Weihbischof im Spätmittelalter. Zur Darstellung der „sacri ministerii summa" des reichskirchlichen Episkopats, in: BRANDMÜLLER, Walter u. a. (Hg.), Ecclesia militans. Studien zur Konzilien- und Reformationsgeschichte. Remigius Bäumer zum 70. Geburtstag gewidmet, 2 Bde., hier: Bd. 2, Paderborn 1988, S. 1–16. (BRANDT, Fürstbischof und Weihbischof)

BRAUN, Bettina, Princeps et episcopus. Studien zur Funktion und zum Selbstverständnis der nordwestdeutschen Fürstbischöfe nach dem Westfälischen Frieden, Göttingen 2013. (BRAUN, Princeps et episcopus)

BRAUN, Joseph,
- Art. Bischofsstab (und Abtsstab), in: Reallexikon zur Deutschen Kunstgeschichte 2 (1941), Sp. 792–808. (BRAUN, Bischofsstab)
- Art. Bischofsstuhl, in: Reallexikon zur Deutschen Kunstgeschichte 2 (1941), Sp. 808–816. (BRAUN, Bischofsstuhl)
- Die liturgische Gewandung im Occident und Orient nach Ursprung und Entwicklung, Verwendung und Symbolik, Darmstadt 1964 [unveränd. repograf. Nachdruck d. Orig.-Ausg. von 1907]. (BRAUN, Gewandung)

BRAUN, Karl-Heinz, Schäufele, Hermann, in: GATZ, Erwin (Hg.), Die Bischöfe der deutschsprachigen Länder 1945–2001. Ein biographisches Lexikon, Berlin 2002, S. 217–221. (BRAUN, Schäufele)

BRECHTER, Suso, Die Bestellung des Abtes nach der Regel des Hl. Benedikt, in: Studien und Mitteilungen zur Geschichte des Benediktinerordens 58 (1940), S. 44–58. (BRECHTER, Bestellung)

BROGI, Germano, La benedizione degli abati nella Chiesa romana, Florenz 1958. (BROGI, Benedizione)

BUGNINI, Annibale,
- Art. Pontificale, in: Enciclopedia Cattolica 9 (1952), Sp. 1745–1750. (BUGNINI, Pontificale)
- Die Liturgiereform: 1948–1975. Zeugnis und Testament, Freiburg u. a. 1988. (BUGNINI, Liturgiereform)

BÜNZ, Enno, Frauenstifte – Frauenklöster und ihre Pfarreien: Strategien zu ihrer Erforschung aus historischer Sicht, in: RÖCKELEIN, Hedwig (Hg.), Frauenstifte, Frauenklöster und ihre Pfarreien (Essener Forschungen zum Frauenstift 7), Essen 2009, S. 19–29.

CAPELLE, Bernhard, Aux origines de la règle des s. Benoît, in: Recherches de la théologie ancienne et médiévale 11 (1939), S. 375–383. (CAPELLE, Origines)

CARROLL, Elizabeth, Women and Ministry, in: Theological Studies 36 (1975) H 4, S. 660–687. (CARROLL, Women and Ministry)

CASEL, Odo, Die Mönchsweihe, in: Jahrbuch für Liturgiewissenschaft 5 (1925), S. 1–47. (CASEL, Mönchsweihe)

CHAMARD, François, Les abbés au moyen-âge, in: Revue des questions historiques 38 (1885), S. 71–108.

CHAPMAN, John, Saint Benedict and the Sixth Century, London 1929. (CHAPMAN, Benedict)

CONGAR, Yves
- Die Idee der sacramenta maiora, in: Concilium 4 (1968), S. 9–15. (CONGAR, Idee)
- Note sur une valeur des termes „ordinare, ordinatio“, in: Revue des sciences religieuses 58 (1984), S. 7–14. (CONGAR, Note)

COOKE, Bernard/MACY, Gary (Hg.), A History of Women and Ordination, Bd. 1: The Ordination of Women in Medieval Contexts, Lanham u. a. 2002. (COOKE/MACY [HG.], Ordination)

CRUSIUS, Irene, Sanctimoniales quae se canonicas vocant. Das Kanonissenstift als Forschungsproblem, in: DIES. (Hg.), Studien zum Kanonissenstift (Veröffentlichungen des Max-Planck-Instituts für Geschichte 167; Studien zur Germania sacra 24), S. 9–38.

DAMMERTZ, Viktor J., Art. Abt, Äbtissin, in: LThK^3 1 (1993), Sp. 96–99. (DAMMERTZ, Abt, Äbtissin)

DARTMANN, Christoph, Die Benediktiner. Von den Anfängen bis zum Ende des Mittelalters (Geschichte der christlichen Orden), Stuttgart 2018. (DARTMANN, Benediktiner)

DAUFRATSHOFER, Matthias, Das päpstliche Lehramt auf dem Prüfstand der Geschichte. Franz Hürth SJ als „Holy Ghostwriter“ von Pius XI. und Pius XII., Freiburg i. Br. 2021. (DAUFRATSHOFER, Lehramt)

DELL'OMO, Mariano, Geschichte des abendländischen Mönchtums vom Mittelalter bis zur Gegenwart. Das Charisma des hl. Benedikt zwischen dem 6. und 20. Jahrhundert, St. Ottilien 2017. (DELL'OMO, Geschichte)

DEMEL, Sabine, Gleichstellung in der Kirche – aber nur bis zum Stoppschild Weihesakrament!? Zur Verbindlichkeit des Dogmas und kirchlicher Entscheidungsprozesse im Blick auf kirchliche Ämter für Frauen – aus kirchenrechtlicher Perspektive, in: ECKHOLT, Margit u. a. (Hg.), Frauen in kirchlichen Ämtern. Reformbewegungen in der Ökumene, Freiburg i. Br. 2018, S. 384–393. (DEMEL, Gleichstellung)

DENZLER, Georg, Das Papsttum. Geschichte und Gegenwart, München ^{2}2004, S. 38–41. (DENZLER, Papsttum)

DIEM, Albrecht, Das Ende des monastischen Experiments. Liebe, Beichte und Schweigen in der Regula cuiusdam ad virgines (mit einer Übersetzung im Anhang), in: MELVILLE, Gert/MÜLLER, Anne (Hg.), Female vita religiosa between Late Antiquitiy and the Middle High Ages. Structures, developments and spatial contexts (Vita regularis. Ordnungen und Deutungen religiosen Lebens im Mittelalter 47), Berlin 2011, S. 81–136. (DIEM, Ende)

DIÓSI, Dávid, Die mittelalterliche Königssalbung als „Sakrament“, Temeswar 2004. (DIÓSI, Königssalbung)

DYKMANS, Marc, Le Pontifical Romain révisé au XVe siècle (Studi e Testi 311), Vatikanstadt 1985. (DYKMANS, Pontifical Romain révisé)

EBERL, Immo, Die Zisterzienser. Geschichte eines europäischen Ordens, Ostfildern 2007. (EBERL, Zisterzienser)

ECKHOLT, Margit, Frauen in kirchlichen Ämtern. Amtstheologische Perspektiven im Ausgang vom II. Vatikanischen Konzil und die Verbindlichkeit von *Ordinatio sacerdotalis*, in: DIES. u. a. (Hg.), Frauen in kirchlichen Ämtern. Reformbewegungen in der Ökumene, Freiburg i. Br. 2018, S. 342–374. (ECKHOLT, Frauen)

ECKHOLT, Margit u. a. (Hg.), Frauen in kirchlichen Ämtern. Reformbewegungen in der Ökumene, Freiburg i. Br. 2018. (ECKHOLT u. a. [Hg.], Frauen)

EDMONDS, Hilarius, Art. Abt, I. Ordensgeschichtlich, II. Kirchenrechtlich, in: LThK^{2} 1 (1957), Sp. 90–93. (EDMONDS, Abt)

EHLERS, Caspar, Der helfende Herrscher. Immunität, Wahlrecht und Königschutz für sächsische Frauenstifte bis 1024, in: GERCHOW, Jan/SCHILP, Thomas (Hg.), Essen und die sächsischen Frauenstifte im Mittelalter (Essener Forschungen zum Frauenstift 2), Essen 2003, S. 45–58.

EHRENSPERGER, Alfred, Die ältesten Liturgiebücher der westlichen Kirche, in: Protokolle zur Liturgie 1 (2007), S. 121–173. (EHRENSPREGER, Liturgiebücher)

EICHMANN, Eduard, Königs- und Bischofsweihe, in: Sitzungsberichte der bayerischen Akademie, München 1928, S. 1–71. (EICHMANN, Königs- und Bischofsweihe)

EISENHOFER, Ludwig,

– Grundriss der Liturgik des römischen Ritus. 2. u. 3. Aufl. Freiburg i. Br. 1926. (EISENHOFER, Grundriss)

– Handbuch der katholischen Liturgik, 2 Bde, Bd. 2: Spezielle Liturgik, Freiburg i. Br. 1933. (EISENHOFER, Handbuch).

ELZE, Reinhard, Burckard, Johannes, in: Neue Deutsche Biographie 3 (1957), S. 34 [Online-Version]; URL: https://www.deutsche-biographie.de/pnd104211466.html#ndbcontent (ELZE, Burckard)

EMMINGHAUS, Johannes Heinrich, Art. Diptychon, in: LMA 3 (2009), Sp. 1101f. (EMMINGHAUS, Diptychon)

ENGEMANN, J., Art. Stab, in: LMA 7 (2009), Sp. 2160. (ENGEMANN, Stab)

ENGELBERT, Pius, Art. Abt/Äbtissin, in: RGG^4 1 (1998), Sp. 91. (ENGELBERT, Abt/Äbtissin)

Ephemerides liturgicae 21 (1907).

FAUST, Ulrich, Die Benediktsregel. Lateinisch/Deutsch: Reclams Universal-Bibliothek, Ditzingen 2018. (FAUST, Benediktsregel)

FELTEN, Franz J., Herrschaft des Abtes, in: PRINZ, Friedrich (Hg.), Herrschaft und Kirche. Beiträge zur Entstehung und Wirkungsweise episkopaler und monastischer Organisationsformen (Monographien zur Geschichte des Mittelalters 33), Stuttgart 1988, S. 147–296. (FELTEN, Herrschaft)

FEULNER, Hans-Jürgen, Anmerkungen zur Ordination des Bischofs nach dem erneuerten Pontifikale, in: HAUNERLAND, Winfried/MITTERMEIER, Otto/SELLE, Monika/STECK, Wolfgang (Hg.), Manifestatio Ecclesiae (Studien zur Pastoralliturgie 17), Regensburg 2004, S. 161–188. (FEULNER, Anmerkungen)

FINKENZELLER, Josef, Die Zählung und die Zahl der Sakramente. Eine dogmengeschichtliche Untersuchung, in: SCHEFFCZYK, Leo/DETTLOFF, Werner/HEINZMANN, Richard (Hg.), Wahrheit und Verkündigung. FS für Michael Schmaus zum 70. Geburtstag, Paderborn/München/Wien 1967, S. 1005–1020. (FINKENZELLER, Sakramente)

FISCHER, Balthasar, Art. Litanei, in: LThK 6 (2006), Sp. 954f. (FISCHER, Litanei)

FRANK, Karl Suso, Regula magistri, in: LThK^3 8 (1999), Sp. 977f. (FRANK, Regula magistri)

FRANZ, Adolf, Die kirchlichen Benediktionen im Mittelalter, 2 Bde., Freiburg i. Br. 1909. (FRANZ, Benediktionen)

FRIED, Johannes, Der Schleier der Erinnerung. Grundzüge einer historischen Memorik, München 2004. (FRIED, Schleier)

FREI, Judith, „Bist du bereit, die dir anvertrauten Schwestern zu Gott zu führen?" Die „Feier der Äbtissinnenweihe" im deutschen Pontifikale von 1994, in: HAUNERLAND, Winfried u. a. (Hg.), Manifestatio Ecclesiae (Studien zur Pastoralliturgie 17), Regensburg 2004, S. 219–238. (FREI, Äbtissinnenweihe)

FRITZ, Gerd, Historische Semantik (Sammlung Metzler 313), Stuttgart/Weimar ^{2}2006. (FRITZ, Semantik)

FUCHS, Vinzenz, Art. Ordo u. Ordination, in: LThK 7 (1935), Sp. 763–767. (FUCHS, Ordo)

FUNK, Josef, Klerikale Frauen? In: Österreichisches Archiv für Kirchenrecht 14 (1963), S. 271–290. (FUNK, Klerikale Frauen)

FÜRSTENBERG, Michael Freiherr von, „Ordinaria loci" oder „Monstrum Westphaliae"? Zur kirchlichen Rechtsstellung der Äbtissin von Herford im europäischen Vergleich, Paderborn 1995. (FÜRSTENBERG, Ordinaria loci)

GAMBER, Klaus,

- Wege zum Urgregorianum. Erörterung der Grundfragen und Rekonstruktionsversuch des Sakramentars Gregors d. Gr. vom Jahre 592 (Texte und Arbeiten 1, 46), Beuron 1956. (GAMBER, Urgregorianum)
- Sakramentartypen. Versuch einer Gruppierung der Handschriften und Fragmente bis zur Jahrtausendwende (Texte und Arbeiten 49/50), Beuron 1958. (GAMBER, Sakramentartypen)
- GAMBER, Klaus, Codices liturgici Latini antiquiores, Bd. 2 (Spicilegii Friburgensis subsidia 1,2), Freiburg ^{2}1968. (GAMBER, Codices II)
- Der Codex Tridentinus. Ein Sakramentar der Domkirche von Säben aus der Zeit um 825, in: Scriptorum 24 (1970), S. 293–304. (GAMBER, Codex Tridentinus)

GANZER, Klaus, Gallikanische und römische Primatsauffassung im Widerstreit. Zu den ekklesiologischen Auseinandersetzungen auf dem Konzil von Trient, in: Historisches Jahrbuch 109 (1989), S. 109–163. (GANZER, Primatsauffassung)

GATZ, Erwin,
- Das Bischofsideal des Konzils von Trient und der deutschsprachige Episkopat des 19. Jahrhunderts. Zum Quellenwert der Relationes status, in: Römische Quartalschrift für christliche Altertumskunde und Kirchengeschichte 77 (1982), S. 204–228. (GATZ, Bischofsideal)
- Der Diözesanbischof und sein Klerus im deutschsprachigen Mitteleuropa von der Säkularisation bis zum Zweiten Vatikanischen Konzil, in: Römische Quartalschrift für christliche Altertumskunde und Kirchengeschichte 95 (2000), S. 250–261. (GATZ, Diözesanbischof)

GENESTOUT, Augustin, La règle du Maitre et la règle de saint Benoît, in: Revue d'ascétique et de mystique 21 (1940), S. 51–112. (GENESTOUT, Règle)

GERCHOW, Jan, Äbtissinnen auf dem Weg zur Landesherrschaft im 13. Jahrhundert, in: SCHILP, Thomas (Hg.), Reform, Reformation, Säkularisation. Frauenstifte in Krisenzeiten, Essen 2004, S. 67–88. (GERCHOW, Äbtissinnen)

GERCHOW, Jan/SCHILP, Thomas (Hg.), Essen und die sächsischen Frauenstifte im Mittelalter (Essener Forschungen zum Frauenstift 2), Essen 2003. (GERCHOW/SCHILP [Hg.], Essen)

GERHARDS, Albert/KRANEMANN, Benedikt, Einführung in die Liturgiewissenschaft, Darmstadt ^{3}2013. (GERHARDS/KRANEMANN, Liturgiewissenschaft)

GERHARDS, Albert/LURZ, Friedrich, Art. Te Deum, in: LThK 9 (2006), Sp. 1306–1308. (GERHARDS/LURZ, Te Deum)

GERWING, Manfred, Art. Eid, I. Scholastische Theologie, in: LMA 3 (2009), Sp., 1673f. (GERWING, Eid)

GEYER, Bernhard, Die Siebenzahl der Sakramente in ihrer historischen Entwicklung, in: Theologie und Glaube 10 (1918), S. 325–338. (GEYER, Siebenzahl)

GILLES, La bénédiction des abbés, in: La Vie et les Arts liturgiques 10 (1923/24), S. 497–501. (GILLES, Bénédiction)

GOETTING, Hans, Das Bistum Hildesheim. Das Reichsunmittelbare Kanonissenstift Gandersheim (Germania sacra NF 7), Berlin/New York 1973. (GOETTING, Gandersheim)

GÖSSMANN, Elisabeth, Äußerungen zum Frauenpriestertum in der christlichen Tradition, in: DIES./BADER, Dietmar (Hg.), Warum keine Ordination der Frau? Unterschiedliche Einstellungen in den christlichen Kirchen, München 1987, S. 9–25. (GÖSSMANN, Frauenpriestertum)

GRUNDMANN, Herbert, Zur Abt-Wahl nach der Benedikts Regel. Die „Zweitobern" als „sanior pars", in: Zeitschrift für Kirchengeschichte 77 (1966), S. 217–223. (GRUNDMANN, Abts-Wahl)

GUARDINI, Romano, Der Kultakt und die gegenwärtige Aufgabe der Liturgie, in: DERS. (Hg.), Liturgie und liturgische Bildung, Würzburg 1966, S. 9–18. (GUARDINI, Aufgabe der Liturgie)

GUERRA MEDICI, Maria Teresa, For a History of Women's Monastic Institutions. The Abbesses: Role, Functions and Administration, in: Bulletin of medieval canon law 23 (1999), S. 35–65. (GUERRA MEDICI, Abbesses)

GUSSONE, Nikolaus, Die Jungfrauenweihe in ottonischer Zeit nach dem Ritus im „Pontificale Romano-Germanicum", in: JÄGGI, Carola (Hg.), Frauen – Kloster – Kunst: Neue Forschungen zur Kulturgeschichte des Mittelalters. Beiträge zum Internationalen Kolloquium vom 13. bis 16. Mai 2005 anlässlich der Ausstellung „Krone und Schleier", Turnhout 2007, S. 25–42. (GUSSONE, Jungfrauenweihe)

HACK, Achim Thomas, Art. Patrizi de'Piccolomini, in: BBKL 18 (2001), Sp. 1120–1130 [online-Version]; URL:https://www.bbkl.de/public/index.php/frontend/lexicon/P/Pa/patrizi-de-piccolomini-agostino-65729. (HACK, Patrizi de'Piccolomini)

HÄRING, Scholastika, *Ohne* Weihe. Eine benediktinische und kirchenrechtliche Perspektive auf das Amt der Äbtissin, in: ECKHOLT, Margit u. a. (Hg.), Frauen in kirchlichen Ämtern. Reformbewegungen in der Ökumene, Freiburg i. Br. 2018, S. 134–147. (HÄRING, Weihe)

HALLIER, François, De sacris electionibus et ordinationibus ex antiquo et novo Ecclesiae usu, in: MIGNE, Jacques Paul (Hg.), Theologiae cursus completus, Bd. 24, Paris 1840. (HALLIER, Electionibus)

HALLINGER, Kassius,

- Das Wahlrecht der Benediktusregula, in: Zeitschrift für Kirchengeschichte 76 (1965), S. 233–245. (HALLINGER, Wahlrecht)
- Regula Benedicti 64 und die Wahlgewohnheiten des 6.–12. Jahrhunderts, in: BANNERT, Herbert u. a. (Hg.), Latinität und alte Kirche, Festschrift für Rudolf Hanslik (Wiener Studien, Beiheft 8), Wien u. a. 1977, S. 109–137. (HALLINGER, Wahlgewohnheiten)

HANSER, Laurentius, Abbatissae nullius? In: Studien und Mitteilungen zur Geschichte des Benediktiner-Ordens und seiner Zweige 43 (1925), S. 219–221. (HANSER, Abbatissae nullius)

HARST, Sylvia, Der Kuss der Religionen in der Alten Welt, ca. 3000 v. Chr. – 381 n. Chr. (Religionswissenschaft 7), Münster 2004. (HARST, Kuss der Religionen)

HAUKE, Manfred, Diakonissen waren keine Diakoninnen. Klarstellungen zum sakramentalen Diakonat der Frau, in: Theologisches 42 (2012) H7/8, S. 309–320. (HAUKE, Diakonissen)

HAUNERLAND, Winfried, Einheitlichkeit als Weg der Erneuerung. Das Konzil von Trient und die nachtridentinische Reform der Liturgie, in: KLÖCKENER, Martin/KRANEMANN, Benedikt (Hg.), Liturgiereformen. Historische Studien zu einem bleibenden Grundzug des christlichen Gottesdienstes, Bd. 1: Biblische Modelle und Liturgiereformen von der Frühzeit bis zur Aufklärung, Münster 2002, S. 436–465. (HAUNERLAND, Einheitlichkeit)

HÄUßLING, Angelus,

- Mönchskonvent und Eucharistiefeier. Eine Studie über die Messe in der abendländischen Klosterliturgie des frühen Mittelalters und zur Geschichte der Messhäufigkeit, Münster 1973. (HÄUßLING, Mönchskonvent)
- Brevierreformen im 16. Jahrhundert. Materialien von damals und Erwägungen für morgen, in: DERS., Christliche Identität aus der Liturgie. Theologische und historische Studien zum Gottesdienst der Kirche, hg. von Martin Klöckener u. a. (Liturgiewissenschaftliche Quellen und Forschungen 79), Münster 1997, 214–239. (HÄUßLING, Brevierreformen)
- Art. Weihe, -grade, -hindernisse. A. Westkirche, in: LMA 8 (2009), Sp. 2104–2107. (HÄUßLING, Weihe)

HEGGLIN, Benno, Der benediktinische Abt in rechtsgeschichtlicher Entwicklung und geltendem Kirchenrecht (Kirchengeschichtliche Quellen und Studien 5), St. Ottilien 1961. (HEGGLIN, Abt)

HEIM, Bruno Bernhard, Wappenbrauch und Wappenrecht in der Kirche, Olten 1947. (HEIM, Wappenbrauch)

HEINZ, Andreas, Wagner, Johannes, in: QUISINSKY, Michael/WALTER, Peter/CARL, Clemens (Hg.), Personenlexikon zum Zweiten Vatikanischen Konzil, Freiburg i. Br. u. a. 2012, S. 284f.

HEINZELMANN, Gertrud, Frau und Konzil – Hoffnung und Erwartung. Eingabe an die Hohe Vorbereitende Kommission des II. Vatikanischen Konzils über Wertung und Stellung der Frau in der römisch-katholischen Kirche, in: DIES. (Hg.), Wir schweigen nicht länger! Frauen äussern sich zum II. Vatikanischen Konzil, Zürich 1964, S. 20–44. (HEINZELMANN, Frau und Konzil)

HERKOMMER, Lotte, Untersuchungen zur Abtsnachfolge unter den Ottonen im südwestdeutschen Raum (Veröffentlichungen der Kommission für Geschichtliche Landeskunde in

Baden-Württemberg: Reihe B, Forschungen 75), Stuttgart 1973. (HERKOMMER, Abtsnachfolge)

HERMANS, Jo, Die Feier der Eucharistie, Regensburg 1984, S. 284–290. (HERMANNS, Feier)

HERWEGEN, Ildefons, Sinn und Geist der Benediktinerregel, Einsiedeln/Köln 1944. (HERWEGEN, Sinn und Geist)

HILLING, Nikolaus, Zur Abtswahl in der Benediktusregel, in: Archiv für katholisches Kirchenrecht 102 (1922–23) H3, S. 55–57.

HILPISCH, Stephanus,

- Entwicklung des Ritus der Abtsweihe in der lateinischen Kirche, in: Studien und Mitteilungen zur Geschichte des Benediktiner-Ordens und seiner Zweige 61 (1947), S. 53–72. (HILPISCH, Abtsweihe)
- Geschichte der Benediktinerinnen (Benediktinisches Geistesleben 3), St. Ottilien 1951. (HILPISCH, Geschichte)

HÖDL, Ludwig,

- Art. Schlüsselgewalt, in: $LThK^2$ 9 (2006), Sp. 422–425. (HÖDL, Schlüsselgewalt)
- Art. Jungfräulichkeit, in: LMA 5 (2009), Sp. 808–811. (HÖDL, Jungfräulichkeit)

HOFMEISTER, Philipp,

- Mitra und Stab der wirklichen Prälaten ohne bischöflichen Charakter (Kirchenrechtliche Abhandlungen 104), Stuttgart 1928, ²1962. (HOFMEISTER, Mitra und Stab)
- Von der gerichtlichen oder gerichtsähnlichen Gewalt der Ordensoberinnen und ihrer Assistentinnen, in: Theologisch-praktische Quartalsschrift 87 (1934), S. 361–375. (HOFMEISTER, Ordensoberinnen)
- Von den Nonnenklöstern, in: Archiv für katholisches Kirchenrecht 114 (1934), S. 3–96, S. 353–4317. (HOFMEISTER, Nonnenklöstern)
- Die kanonischen und nichtkanonischen Wahlen, in: Zeitschrift für katholische Theologie 77 (1955) H4, S. 432–471.

HÖRGER, Karl, Die reichsrechtliche Stellung der Fürstäbtissin, in: Archiv für Urkundenforschung 9 (1926), S. 195–270. (HÖRGER, Fürstäbtissin)

In memoriam Dom Adrien Nocent, O.S.B. (1913–1996), in: Ecclesia orans 14 (1997), S. 11–13. (In Memoriam Dom Adrien Nocent, S. 11–13).

JASPERT, Bernd, Die Regula Benedicti – Regula Magistri-Kontroverse (Regulae Benedicti Studia 3), Hildesheim 1975. (JASPERT, Kontroverse)

JEDIN, Hubert (Hg.), Handbuch der Kirchengeschichte, Bd. III/2: Die mittelalterliche Kirche. Vom kirchlichen Hochmittelalter bis zum Vorabend der Reformation, Freiburg u. a. 1968. (JEDIN, Handbuch III/2)

JEDIN, Hubert, Geschichte des Konzils von Trient, Bd. 3: Bologneser Tagung (1547/48), Zweite Trienter Tagungsperiode (1551/52), Freiburg u. a. 1970. (JEDIN, Geschichte des Konzils von Trient)

JENAL Georg, Frühe Formen der weiblichen *vita religiosa*, in: MELVILLE, Gert/MÜLLER, Anne (Hg.), Female *vita religiosa* between Late Antiquitiy and the Middle High Ages. Structures, developments and spatial contexts (Vita regularis. Ordnungen und Deutungen religiosen Lebens im Mittelalter 47), Berlin 2011, S. 43–77. (JENAL, Formen)

JOUNEL, Pierre, Vom Konzil von Trient bis zum Zweiten Vatikanischen Konzil, in: MARTIMORT, Aimé-Georges (Hg.), Handbuch der Liturgiewissenschaft, Bd. 1: Allgemeine Einleitung. Die Grundelemente der Feier. Die Theologie der liturgischen Feier, Freiburg u. a., 1963, S. 46–54. (JOUNEL, Trient)

JUNGMANN, Josef Andreas, Missarum Sollemnia. Eine genetische Erklärung der römischen Messe, Bd. 1: Messe im Wandel der Jahrhunderte. Messe und Kirchliche Gemeinschaft. Vormesse, Freiburg [5]2003. (JUNGMANN, Missarum Sollemnia)

KACZYNSKI, Reiner

- Ein neues Pontifikale für die katholischen Bistümer des Deutschen Sprachgebietes, in: Liturgisches Jahrbuch 43 (1993), S. 223–263. (KACZYNSKI, Pontifikale)
- Anmerkungen zu den nachkonziliaren liturgischen Büchern, in: KLÖCKENER, Martin/KRANEMANN, Benedikt, (Hg.), Liturgiereformen. Historische Studien zu einem bleibenden Grundzug des christlichen Gottesdienstes, Bd. 2: Liturgiereformen seit der Mitte des 19. Jahrhunderts bis zur Gegenwart (Liturgiewissenschaftliche Quellen und Forschungen 88), Münster 2002, S. 1003–1016. (KACZYNSKI, Anmerkungen)
- Sacrosanctum Concilium (Herders theologischer Kommentar zum Zweiten Vatikanischen Konzil 2), Freiburg i. Br. 2009. (KACZYNSKI, Sacrosanctum Concilium)

KALSBACH, Adolf, Die altkirchliche Einrichtung der Diakonissen bis zu ihrem Erlöschen (Religionswissenschaftliche Quellen und Studien, Suppl. 22), Freiburg i. Br. 1926. (KALSBACH, Diakonissen)

KIENZLER, Klaus, Das Bischofsamt nach dem Zweiten Vatikanischen Konzil, in: Catholica 39 (1985) H2, S. 151–170. (KIENZLER, Bischofsamt)

KING, Archdale A., Liturgies of the Religious Orders, London 1956. (KING, Liturgies)

KLAPP, Sabine, Das Äbtissinnenamt in den unterelsässischen Frauenstiften vom 14. bis zum 16. Jahrhundert. Umkämpft, verhandelt, normiert, Berlin 2012. (KLAPP, Äbtissinnenamt)

KLAUSER, Theodor, Kleine abendländische Liturgiegeschichte. Bericht und Besinnung, Bonn 1965. (KLAUSER, Liturgiegeschichte)

KLEINHEYER, Bruno u. a. (Hg.), Sakramentliche Feiern II. Ordinationen und Beauftragungen, Riten um Ehe und Familie, Feiern geistlicher Gemeinschaften, die Sterbe- und Begräbnisliturgie, die Benediktionen, der Exorzismus (Gottesdienst der Kirche. Handbuch der Liturgiewissenschaft 8), Regensburg 1984. (KLEINHEYER u. a. [Hg.], Sakramentliche Feiern II)

KLÖCKENER, Martin,

- Die Liturgie der Diözesansynode. Studien zur Geschichte und Theologie des „Ordo ad Synodum" des „Pontificale Romanum" (Liturgiewissenschaftliche Quellen und Forschungen 68), Münster 1986.
- Sakramentarstudien zwischen Fortschritt und Sackgasse. Entschlüsselung und Würdigung des zusammenfassenden Werkes von Antoine Chavasse über die Gelasiana des 8. Jahrhunderts, in: Archiv für Liturgiewissenschaft 32 (1990) H2, S. 207–230. (KLÖCKENER, Sakramentarstudien)
- Das Pontifikale als liturgisches Buch. Geschichte – Aufbau und Inhalt – Bedeutung für die Gegenwart, in: HAUNERLAND, Winfried u. a. (Hg.), Manifestatio Ecclesiae (Studien zur Pastoralliturgie 17), Regensburg 2004, S. 79–127. (KLÖCKENER, Pontifikale)
- Art. Sakramentar, in: LThK 8 (2006), Sp. 1455–1459. (KLÖCKENER, Sakramentar)

KLÖCKENER, Martin/KRANEMANN, Benedikt (Hg.), Liturgiereformen. Historische Studien zu einem bleibenden Grundzug des christlichen Gottesdienstes (Liturgiewissenschaftliche Quellen und Forschungen 88), 2 Bde., Münster 2002. (KLÖCKENER/KRANEMANN [Hg.], Liturgiereformen)

KLÖCKENER, Martin/KRANEMANN, Benedikt, Liturgiereform – Grundzug des christlichen Gottesdienstes, in: DIES. (Hg.), Liturgiereformen. Historische Studien zu einem bleibenden Grundzug des christlichen Gottesdienstes (Liturgiewissenschaftliche Quellen und Forschungen 88), 2 Bde., Münster 2002. (KLÖCKENER/KRANEMANN, Liturgiereform)

KLUETING, Elisabeth, Das Bistum Osnabrück 1: Das Kanonissenstift und Benediktinerinnenkloster Herzebrock (Germania Sacra NF 21), Berlin/New York 1986. (KLUETING, Herzebrock)

KNOCH, Wendelin, Die Einsetzung der Sakramente durch Christus. Eine Untersuchung zur Sakramententheologie der Frühscholastik von Anselm von Laon bis zu Wilhelm von Auxerre (Beiträge zur Geschichte der Philosophie und Theologie des Mittelalters NF 24), Münster 1983. (KNOCH, Einsetzung)

KNOPP, Giselbert, Sanctorum nomina seratim. Die Anfänge der Allerheiligen-Litanei und die Verbindung mit den Laudes regiae, in: Römische Quartalschrift für christliche Altertumskunde und Kirchengeschichte 65 (1970), S. 185–231. (KNOPP, Allerheiligen-Litanei)

KÖRNTGEN, Ludger, Einleitung: Wandel und Kontinuität, Einheit und Vielfalt. Die Kirche im 12. und 13. Jahrhundert, in: KAUFMANN, Thomas/KOTTJE, Raymund (Hg.), Ökumenische Kirchengeschichte, Bd. 2: Vom Hochmittelalter bis zur frühen Neuzeit, Darmstadt 2008, S. 15f. (KÖRNTGEN, Wandel)

KRÄMER, Peter,
- Dienst und Vollmacht in der Kirche. Eine rechtstheologische Untersuchung zur Sacra-Potestas-Lehre des II. Vatikanischen Konzils, Trier 1973. (KRÄMER, Dienst)
- Die geistliche Vollmacht, in: LISTL, Joseph u. a. (Hg.), Grundriß des nachkonziliaren Kirchenrechts, Regensburg 1980, S. 166–172. (KRÄMER, Vollmacht)
- Bischöfe – Papst – Bischofskonferenzen, in: KÖNIG, Franz/HÜNERMANN, Peter, Zentralismus statt Kollegialität? Kirche im Spannungsfeld, Düsseldorf 1990. (KRÄMER, Bischöfe)

KRANEMANN, Benedikt,
- Nachtridentinische Liturgiereform am Beispiel des Bistums Münster, in: KLÖCKENER, Martin/KRANEMANN, Benedikt (Hg.), Liturgiereformen. Historische Studien zu einem bleibenden Grundzug des christlichen Gottesdienstes, Bd. 1: Biblische Modelle und Liturgiereformen von der Frühzeit bis zur Aufklärung, Münster 2002, S. 466–495. (KRANEMANN, Nachtridentinische Liturgiereform)
- Art. Pallium, in: LMA 6 (2009), Sp. 1643f. (KRANEMANN, Pallium)

KRENIG, Ernst G., Mittelalterliche Frauenklöster nach den Konstitutionen von Cîteaux unter besonderer Berücksichtigung fränkischer Nonnenkonvente, Würzburg 1954. (KRENIG, Frauenklöster)

KUHN-REFUS, Maren, Die Bistümer der Kirchenprovinz Mainz. Bistum Konstanz 3. Das Zisterzienserinnenkloster Wald (Germania sacra NF 30), Berlin 1992. (KUHN-REFUS, Zisterzienserinnenkloster Wald)

KÜPPERS-BRAUN, Ute, Macht in Frauenhand. 1000 Jahre Herrschaft adeliger Frauen in Essen, Essen ^{3}2003. (KÜPPERS, Frauenhand)

LANDAU, Peter, Art.: Eigenkirchenwesen, in: TRE 9 (1982), S. 399–404. (LANDAU, Eigenkirchenwesen)

LAUDAGE, Johannes, Gregorianische Reform und Investiturstreit (Erträge der Forschung 282), Darmstadt 1993. (LAUDAGE, Gregorianische Reform)

LEIMGRUBER, Ute, Avantgarde in der Krise. Eine pastoraltheologische Ortsbestimmung der Frauenorden nach dem Zweiten Vatikanischen Konzil, Freiburg i. Br. 2011. (LEIMGRUBER, Avantgarde)

LEROQUAIS, Victor, Les pontificaux manuscrits des bibliothèques publiques de France, Bde. I–III, Paris 1937. (LEROQUAIS, Pontificaux manuscrits)

LEVISON, Wilhelm, Zur Geschichte der Kanonissenstifter, in: Westdeutsche Zeitschrift 27 (1908), S. 491–512. (LEVISON, Kanonissenstifter)

LÖER, Ulrich, Das Erzbistum Köln 6: Das adelige Kanonissenstift St. Cyriakus zu Geseke (Germania Sacra N.F. 50), Berlin/New York 2007. (LÖER, Cyriakus zu Geseke)

MACY, Gary,
- The Ordination of Women in the Middle Ages, in: Theological Studies 61 (2000) H3, S. 481–507. (MACY, Ordination)
- Heloise, Abelard and the Ordination of Abbesses, in: The Journal of Ecclesiastical History 57 (2006), S. 16–32. (MACY, Heloise)
- The Hidden History of Women's Ordination. Female Clergy in the Medieval West, Oxford 2008. (MACY, Hidden History)
- Die Bedeutung der Ordination im ersten Jahrtausend des Christentums, in: Theologische Quartalschrift 192 (2012), S. 329–341. (MACY, Bedeutung)

MAIER, Peter, Reform des Gottesdienstes durch Durandus von Mende, in: KLÖCKENER, Martin/KRANEMANN, Benedikt (Hg.), Liturgiereformen. Historische Studien zu einem bleibenden Grundzug des christlichen Gottesdienstes, Bd. 1: Biblische Modelle und Liturgiereformen von der Frühzeit bis zur Aufklärung, Münster, 2002, S. 346–362. (MAIER, Reform)

MARINI, Piero, Elenco degli „Schemata" del „Consilium" e della Congregazione per il Culto Divino (marzo 1964–febbraio 1975), in: Notitiae 18 (1982), S. 453–772. (MARINI, Elenco)

MARITZ, Heinz, Der Diözesanbischof, in: LISTL, Joseph u. a. (Hg.), Grundriß des nachkonziliaren Kirchenrechts, Regensburg 1980, S. 260–272. (MARITZ, Diözesanbischof)

MARKSCHIES, Christoph, Wer schrieb die sogenannte Traditio apostolica? Neue Beobachtungen und Hypothesen zu einer kaum lösbaren Frage aus der altkirchlichen Literaturgeschichte, in: KINZIG, Wolfram u. a. (Hg.), Tauffragen und Bekenntnis (Arbeiten zur Kirchengeschichte 74), Berlin 1999, S. 1–74. (MARKSCHIES, Beobachtungen)

MARTIMORT, Aimé Georges,
- L'Église en prière. Introduction à la liturgie, 4 Bde., Paris u. a. 1961. (MARTIMORT, L'Église en prière)
- Handbuch der Liturgiewissenschaft, 2 Bde., Freiburg 1963–1965. (MARTIMORT, Handbuch I/II)
- Les Diaconesses. Essai historique, Rom 1982. (MARTIMORT, Diaconesses)

MATTEI CERASOLI, Leone, Art. Abate/Abadessa, in: Enciclopedia Italiana 1 (1929), online unter: http://www.treccani.it/enciclopedia/abadessa-abate_%28Enciclopedia_Italiana%29/ (Zugriff 17. Feb. 2015)

MAYER, Heinrich Suso, Benediktinisches Ordensrecht in der Beuroner Kongregation, Bd. 2: Die Abtei, Abschnitt 1: Verfassungs- und Verwaltungsrecht, Beuron 1932. (MAYER, Ordensrecht II)

MCCARTHY, Maria Caritas, The Rule for Nuns of St. Caesarius of Arles (Studies in mediaeval history 16), Washington 1960. (MCCARTHY, Rule)

MCMILLAN, Sharon L., Episcopal Ordination and Ecclesial Consensus, Collegeville 2005. (MCMILLAN, Episcopal Ordination)

MELVILLE, Gert, Die Welt der mittelalterlichen Klöster. Geschichte und Lebensformen, München 2012. (MELVILLE, Klöster)

MERKEL, Helmut, Art. Gericht Gottes, IV. Alte Kirche bis Reformationszeit, in: TRE 12 (1984), S. 483–492. (MERKEL, Gericht Gottes)

MEẞNER, Reinhard,
- Art. Sakramentalien, in: TRE 29 (1998) S. 648–663. (MEẞNER, Sakramentalien)
- Einführung in die Liturgiewissenschaft, Paderborn u. a. ²2009. (MEẞNER, Liturgiewissenschaft)

MOLITOR, Raphael, Über den Sinn der Abtsweihe. Nach dem Pontifikale Romanum, Coesfeld Land 1931. (MOLITOR, Abtsweihe)

MORIN, Germain, Vie de Césaire d'Arles, Paris 2010.
MORRIS, Joan,
- The Lady was a Bishop. The Hidden History of Women with clerical Ordination and the Jurisdiction of Bishops, New York 1973. (MORRIS, Bishop)
- La differenza fra le badesse degli istituti di canonichesse e quelle degli ordini religiosi, in: Le abbazie nullius. Giurisdizione spirituale e feudale nelle Comunità femminili fino a Pio IX. Atti del convegno di studio conversano, Conversano 1984.

MÖRSDORF, Klaus,
- Lehrbuch des Kirchenrechts auf Grund des Codex Iuris Canonici, begründet von Eduard Eichmann, Bd. 1, Paderborn u. a. [11]1964. (MÖRSDORF, Kirchenrecht I)
- Art. Heilige Gewalt, in: Sacramentum mundi 2 (1968), S. 582–597. (MÖRSDORF, Heilige Gewalt)

MÜLLER, Gerhard Ludwig,
- Der Empfänger des Weihesakraments. Quellen zur Lehre und Praxis der Kirche, nur Männern das Weihesakrament zu spenden, Würzburg 1999. (MÜLLER, Empfänger)
- Priestertum und Diakonat. Der Empfänger des Weihesakraments in schöpfungstheologischer und christologischer Perspektive, Freiburg i. Br. 2000. (MÜLLER, Priestertum und Diakonat)
- Katholische Dogmatik. Für Studium und Praxis der Theologie, Freiburg u. a. [9]2012. (MÜLLER, Dogmatik)

MUSCHIOL, Gisela,
- Psallere et legere. Zur Beteiligung der Nonnen an der Liturgie nach den frühen gallischen „Regulae ad Virgines“, in: BERGER, Theresa/GERHARDS, Albert (Hg.), Liturgie und Frauenfrage (Pietas Liturgica 7), St. Ottilien 1990, S. 77–125. (MUSCHIOL, Psallere et legere)
- Famula Dei. Zur Liturgie in merowingischen Frauenklöstern (Beiträge zur Geschichte des Alten Mönchtums und des Benediktinertums 41), Münster 1994. (MUSCHIOL, Famula Dei)
- Versorgung, Unterdrückung, Selbstbestimmung? Religiöse Frauengemeinschaften als Forschungsfeld, in: Rottenburger Jahrbuch für Kirchengeschichte 27 (2008), S. 13–25.

NEUHEUSER, Burkhard, Die klassische Liturgische Bewegung (1909–1963) und die nachkonziliare Liturgiereform. Vergleich und Versuch einer Würdigung, in: BOTTE, Bernard (Hg.), Mélanges liturgiques. Offerts au R.P. Dom Bernard Botte O.S.B. Louvain 1972, S. 401–416. (NEUHEUSER, Liturgische Bewegung)

NEUNER, Peter, Das Bischofsamt als Zeichen und Werkzeug apostolischer Kirche, in: HAUNERLAND, Winfried u. a. (Hg.), Manifestatio Ecclesiae (Studien zur Pastoralliturgie 17), Regensburg 2004, S. 47–65. (NEUNER, Bischofsamt)

NICKEL, Markus Adam, Das römische Pontifikale. Aus dem Lateinischen mit archäologischen Einleitungen und liturgischen Anmerkungen, Teil I, Mainz 1836. (NICKEL, Pontifikale)

NIKOLASCH, Franz, Das liturgische Recht zwischen Liturgiekonstitution und neuem Kodex, in: Liturgisches Jahrbuch 43 (1993), S. 141–159. (NIKOLASCH, Recht)

NOCENT, Adrien,
- Die Benediktion eines Abtes, in: MARTIMORT, Aimé-Georges (Hg.), Handbuch der Liturgiewissenschaft, 2 Bde., hier: Bd. 2: Die übrigen Sakramente und Sakramentalien, Freiburg i. Br. 1965, S. 202–206. (NOCENT, Benediktion)
- La bénédiction d'un abbé dans la liturgie latin, in: MARTIMORT, Aimé Georges (Hg.), L'église en prière. Introduction à la Liturgie. Édition nouvelle, Bd. 3: Les sacraments, Paris 1984, S. 321–328. (NOCENT, Bénédiction)

NOCKE, Franz-Josef, Sakramententheologie. Ein Handbuch. Düsseldorf 1997. (NOCKE, Sakramententheologie)

NYBERG, Tore, Der Ritus der Äbtissinenweihe im Birgittenkloster Maria Mai, Maihingen/Ries, in: KOCH, Walter u. a. (Hg.), Auxilia Historica. Festschrift für Peter Acht zum 90. Geburtstag (Schriftenreihe zur bayerischen Landesgeschichte 132), München 2001, 335–345.

OHST, Martin, Kirche im 13. Jahrhundert, in: KAUFMANN, Thomas/KOTTJE, Raymund (Hg.), Ökumenische Kirchengeschichte, Bd. 2: Vom Hochmittelalter bis zur frühen Neuzeit, Darmstadt 2008, S. 63–119. (OHST, Kirche im 13. Jahrhundert)

ÖSTERLE, Gerard,
- Art. Äbtissin, in: LThK 1 (1930), Sp. 53f. (ÖSTERLE, Äbtissin)
- Art. Äbtissin, II. Kirchenrechtlich, in: LThK² (1957), Sp. 95. (ÖSTERLE, Äbtissin²)

OTT, Ludwig,
- Das Weihesakrament (Handbuch der Dogmengeschichte, Band 4, Faszikel 5), Freiburg i. Br. 1969. (OTT, Weihesakrament)
- Die Lehre des Durandus de S. Porciano O.P. vom Weihesakrament. Dargestellt nach den verschiedenen Redaktionen seines Sentenzenkommentars und nach der Diskussion der Dominikanertheologie des beginnenden 14. Jahrhunderts, München u. a. 1972. (OTT, Lehre)
- Grundriss der katholischen Dogmatik, Freiburg i. Br. ⁹1978. (OTT, Grundriss)

PARISSE, Michel, Art. Kanonissen, in: LMA 5 (1999), Sp. 908. (PARISSE, Kanonissen)

PARSCH, Pius, Die Bischofsweihe (Volksliturgische Andachten und Texte 45), Klosterneuburg bei Wien 1935. (PARSCH, Bischofsweihe)

PHILIPS, Gérard, Die Geschichte der dogmatischen Konstitution über die Kirche „Lumen gentium", in: BRECHTER, Suso u. a. (Hg.), Das Zweite Vatikanische Konzil. Konstitutionen, Dekrete und Erklärungen. Lateinisch und Deutsch. Kommentare: Teil 1, Freiburg 2014, S. 139–155. (PHILIPS, Geschichte)

POLZIN, Johannes, Die Abtswahlen in den Reichsabteien von 1024–1056, Greifswald 1908. (POLZIN, Abtswahlen)

POSCHMANN, Bernhard, Die abendländische Kirchenbuße im frühen Mittelalter (Breslauer Studien zur historischen Theologie 16), Breslau 1930. (POSCHMANN, Kirchenbuße)

POTTMEYER, Hermann J., Art. Bischof III, in: LThK 2 (2006), Sp. 486–488. (POTTMEYER, Bischof)

PRAGER, Mirjam, Die religiösen Frauenorden, Aschaffenburg 1968. (PRAGER, Frauenorden)

PEREZ DE URBEL, Justo, La règle du Maitre, in: Revue d'histoire ecclésiastique 34 (1938), S. 707–738. (PEREZ DE URBEL, Règle du Maitre)

PREDEL, Georg, Vom Presbyter zum Sacerdos. Historische und theologische Aspekte der Entwicklung der Leitungsverantwortung und Sacerdotalisierung des Presbyterates im spätantiken Gallien (Dogma und Geschichte 4), Münster 2005. (PREDEL, Presbyter)

PUNIET, Pierre de, Das römische Pontifikale. Geschichte und Kommentar, Bd. 1: Historische Einführung, Firmung und Ordinationen, Klosterneuburg b. Wien 1935; Bd. 2: Consecrationen und Benedictionen, Klosterneuburg b. Wien 1935. (PUNIET, Pontifikale)

RAMING, Ida, Priesteramt der Frau. Geschenk Gottes für eine erneuerte Kirche. Erweiterte Neuauflage von ‚Der Ausschluß der Frau vom priesterlichen Amt (1973) mit ausführlicher Biographie (1974–2001) (Theologische Frauenforschung in Europa 7), Münster 2002. (RAMING, Priesteramt)

RASMUSSEN, Niels Krogh, Les pontificaux du haut moyen âge. Genèse du livre liturgique de l'évèque, Bde. I–III, Paris 1977. (RASMUSSEN, Pontificaux)

RATZINGER, Joseph, Die organische Entwicklung der Liturgie, in: Forum Katholische Theologie 21 (2005), H 1, S. 36–39. (RATZINGER, Organische Entwicklung)

REICHBERG, Gregory M., Catholic Christianity, in: DERS. u. a. (Hg.), Religion, War and Ethics. A Sourcebook of Textual Traditions, Cambridge 2014, S. 76–163. (REICHBERG, Christianity)

REINHARD, Rudolf,
- Die Abtsweihe – eine „kleine Bischofsweihe"? In: Zeitschrift für Kirchengeschichte 91 (1980), S. 83–88. (REINHARD, Abtsweihe)
- Die hochadeligen Dynastien der Reichskirche des 17. und 18. Jahrhunderts, in: Römische Quartalschrift für christliche Altertumskunde und Kirchengeschichte 83 (1988), S. 213–225. (REINHARD, Dynastien)

REINHARDT, Heinrich J. F., Die Sakramentalien, in: LISTL, Joseph u. a. (Hg.), Grundriß des nachkonziliaren Kirchenrechts, Regensburg 1980, S. 622–625. (REINHARDT, Sakramentalien)

RICHTER, Klemens,
- Der Ritus der Bischofsweihe bis zu den ersten römischen Sakramentaren und Ordines. Eine liturgiehistorische Arbeit, Münster 1969. (RICHTER, Bischofsweihe)
- Die Ordination des Bischofs von Rom. Eine Untersuchung zur Weiheliturgie, Münster 1976. (RICHTER, Ordination)

RÖCKELEIN, Hedwig, Bairische, sächsische und mainfränkische Klostergründungen im Vergleich, in: SCHLOTHEUBER, Eva u. a. (Hg.), Nonnen, Kanonissen und Mystikerinnen. Religiöse Frauengemeinschaften in Süddeutschland. Beiträge zur interdisziplinären Tagung vom 21. bis 23. September 2005 in Frauenchiemsee (Veröffentlichungen des Max-Planck-Instituts für Geschichte 235/Studien zur Germania Sacra 31), Göttingen 2008, S. 23–55.

ROMBERG, Winfried, Vom Fürsten zum Hirten. Der Wandel des Bischofs- und Kirchenbildes durch Revolution und Säkularisation. Dargestellt anhand der Bischofsgrabmäler im Würzburger Dom, in: Würzburger Diözesangeschichtsblätter 65 (2003), S. 119–145. (ROMBERG, Vom Fürsten zum Hirten)

ROTHENHÄUSLER, Matthäus, Art. Abt, in: LThK 1 (1930), Sp. 51–53. (ROTHENHÄUSLER, Abt)

RÖTTGER, Sarah, Äbtissinnen als Modell für den weiblichen Diakonat? Historische Vergewisserungen, in: Concilium 53 (2017) H 2, S. 224–231. (RÖTTGER, Äbtissinnen)

RUDIGER, Andreas, Leitungs- und Machtfrage in der katholischen Kirche. Dogmatische Erwägungen zur amtlichen Gemeindeleitung (munus regendi) und zur heiligen Vollmacht (sacra potestas) im Spiegel der Gewaltkonzeption Klaus Mörsdorfs, Buttenwiesen 2002. (RUDIGER, Leitungs- und Machtfrage)

RÜFFER, Jens, Mittelalterliche Klöster. Deutschland – Österreich – Schweiz, Darmstadt 2009. (RÜFFER, Mittelalterliche Klöster)

SÄGMÜLLER, Johann Baptist, Lehrbuch des katholischen Kirchenrechts, Freiburg ^{2}1909. (SÄGMÜLLER, Lehrbuch)

SALMON, Pierre,
- Étude sur les insignes du pontife dans le rite romain, Rom 1955. (SALMON, Insignes)
- Mitra und Stab. Die Pontifikalinsignien im römischen Ritus, aus dem Französischen übersetzt von Petrus Becker, Mainz 1960. (SALMON, Mitra und Stab)
- L'abbé dans la tradition monastique. Contribution à l'histoire du caractère perpétuel des supérieurs religieux en Occident (Histoire et sociologie de l'église 2), Paris 1962.

SANTANTONI, Antonio, L'Ordinazione Episcopale. Storia e teologia dei riti dell'ordinazione nelle antiche liturgie dell'occidente (Analecta Liturgica 2), Rom, 1976. (SANTANTONI, Ordinazione)

SATTLER, Dorothea, Sakramententheologie heute. Eine Standortbestimmung in ökumenischer Perspektive, in: Theologie und Glaube 101 (2011) H1, S. 1–30. (SATTLER, Sakramententheologie)

SAUERLAND, Heinrich Volbert, Eine Abtswahl im Jahre 1322, in: Pastor bonus 12 (1900), S. 326–239.

SAUSER, Ekkart,
- Gut, Benno, in: BBKL 21 (2003), Sp. 586f. [online-Version] URL: https://www.bbkl.de/public/index.php/frontend/lexicon/G/Gs-Gy/gutbenno-57473 (SAUSER, Gut, Benno)
- Lercaro, Giacomo, in: BBKL 14 (1998), Sp. 1188–1191 [online-Version] URL: https://www.bbkl.de/public/index.php/frontend/lexicon/L/Le/lercarogiacomo-61226 (SAUSER, Lercaro, Giacomo)

SCHÄFER, Karl Heinrich,
- Die Kanonissenstifter im deutschen Mittelalter. Ihre Entwicklung und innere Einrichtung im Zusammenhang mit dem altchristlichen Sanktimonialentum, Stuttgart 1907. (SCHÄFER, Kanonissenstifter)
- Die Geschichte der weiblichen Diakonie, Stuttgart 1911. (SCHÄFER, Diakonie)

SCHANZ, Paul, Der Begriff des Sakramentes bei den Vätern, in: Tübinger Quartalschrift 73 (1891), S. 531–576. (SCHANZ, Begriff)

SCHATZ, Klaus,
- Vaticanum I: 1869–1870, Bd. 3: Unfehlbarkeitsdiskussion und Rezeption (Konziliengeschichte A), Paderborn u. a. 1994. (SCHATZ, Vaticanum I)
- Allgemeine Konzilien. Brennpunkte der Kirchengeschichte, Paderborn ²2008. (SCHATZ, Brennpunkte)

SCHILP, Thomas, Norm und Wirklichkeit religiöser Frauengemeinschaften im Frühmittelalter. Die ‚Institutio sanctimonialium Aquisgranensis' des Jahres 816 und die Problematik der Verfassung von Frauenkommunitäten, Göttingen 1998. (SCHILP, Norm und Wirklichkeit)

SCHILSON, Arno, Art. Sakramentalien, in: LThK 8 (³2006), Sp. 1452–1454. (SCHILSON, Sakramentalien)

SCHLENKER, Gerlinde, Äbtissin Mathilde. Eine Quedlinburgerin als Reichsverweser vor 1000 Jahren, Halle an der Saale 1999. (SCHLENKER, Äbtissin Mathilde)

SCHLOTHEUBER, Eva, Klostereintritt und Bildung. Die Lebenswelt der Nonnen im späten Mittelalter. Mit einer Edition des „Konventstagebuchs" einer Zisterzienserin von Heilig-Kreuz bei Braunschweig (1484–1507), Tübingen 2004. (SCHLOTHEUBER, Klostereintritt)

SCHMITT, Sigrid, Die Herrschaft der geistlichen Fürstin. Handlungsmöglichkeiten von Äbtissinnen im Spätmittelalter, in: ROGGE, Jörg (Hg.), Fürstin und Fürst. Familienbeziehungen und Handlungsmöglichkeiten von hochadeligen Frauen im Mittelalter (Mittelalter-Forschungen 15), Ostfildern 2004, S. 187–202. (SCHMITT, Herrschaft)

SCHMITZ, Heribert (Hg.), Vollmachten der Bischöfe und Ordensoberen. Sammlung neuer Erlasse, Trier 1970. (SCHMITZ, Vollmachten)

SCHMITZ, Philibert,
- Geschichte des Benediktinerordens. Bd. 1: Ausbreitung und Verfassungsgeschichte des Ordens von seiner Gründung bis zum 12. Jahrhundert, ins Deutsche übertragen und hg. von Ludwig Räber, Einsiedeln 1947. (SCHMITZ, Geschichte I)
- Geschichte des Benediktinerordens, Bd. 2: Die Kulturarbeit des Ordens von seiner Gründung bis zum 12. Jahrhundert, ins Deutsche übertragen und hg. von Ludwig Räber, Einsiedeln u. a. 1948. (SCHMITZ, Geschichte II)
- Geschichte des Benediktinerordens, Bd. 3: Die äußere Entwicklung des Ordens vom Wormser Konkordat 1122 bis zum Konzil von Trient, ins Deutsche übertragen und hg. von Raimund Tschudy, Zürich 1955. (SCHMITZ, Geschichte III)
- Geschichte des Benediktinerordens. Bd. 4: Die äußere Entwicklung des Ordens vom Konzil von Trient bis zur Mitte des 20. Jahrhunderts. Verfassungsgeschichte vom 12. bis zur Mitte des 20. Jahrhunderts, ins Deutsche übertragen und hg. von Raimund Tschudy, Einsiedeln 1960. (SCHMITZ, Geschichte IV)

SCHNEIDER, Theodor, Zeichen der Nähe Gottes. Grundriss der Sakramententheologie, Ostfildern 92008. (SCHNEIDER, Sakramententheologie)

SCHOLZE-STUBENRECHT, Werner (Red.), Duden, das große Wörterbuch der deutschen Sprache in zehn Bänden, hg. vom Wissenschaftlichen Rat der Dudenredaktion, Mannheim 31999.

- Art. „gestalten", in: Duden, das große Wörterbuch der deutschen Sprache, Bd. 4, S. 1494. (SCHOLZE-STUBENRECHT (Red.), Art. „gestalten")
- Art. „neu", in: Duden, das große Wörterbuch der deutschen Sprache, Bd. 6, S. 2728. (SCHOLZE-STUBENRECHT (Red.), Art. „neu")

SCHRADER, Marianne, Die Diakonissen – ihre Weihe und ihr Dienst, in: Die christliche Frau 3 (1966), S. 76–79. (SCHRADER, Diakonissen)

SCHREIBER, Georg, Kurie und Kloster im 12. Jahrhundert. Studie zur Privilegierung, Verfassung und besonders zum Eigenkirchenwesen der vorfranziskanischen Orden vornehmlich auf Grund der Papsturkunden von Paschalis II. bis auf Lucius II. (1099–1181) (Kirchenrechtliche Abhandlungen 65/66), Bd. 1, Stuttgart 1910. (SCHREIBER, Kurie)

SCHRÖDER-STAPPER, Teresa, Fürstäbtissinnen. Frühneuzeitliche Stiftsherrschaften zwischen Verwandtschaft, Lokalgewalten und Reichsverband (Symbolische Kommunikation in der Vormoderne. Studien zur Geschichte, Literatur und Kunst), Köln u. a. 2015. (SCHRÖDER-STAPPER, Fürstäbtissinnen)

SCHUBERT, Ernst, Art. Geistliche Reichsfürsten, in: 3LThK 4 (1995), Sp. 392–395. (SCHUBERT, Geistliche Reichsfürsten)

SEEWALD, Michael,

- Zölibatäre Frauen weihen. Zur Debatte um die Zulassungsbedingungen zum Priesteramt, in: Herder-Korrespondenz 61 (2017) H 6, S. 49–51. (SEEWALD, Frauen)
- Reform. Dieselbe Kirche anders denken, Freiburg i. Br. 2019. (SEEWALD, Reform)

SEIBERT, Hubert, Abtserhebungen zwischen Rechtsnorm und Rechtswirklichkeit: Formen der Nachfolgeregelung in lothringischen und schwäbischen Klöstern der Salierzeit (1024–1125), Mainz 1995. (SEIBERT, Abtserhebungen)

SEILHAC, Lazare de, l'Utilisation de la règle de Saint Benoit dans les monastères feminins, in: Atti del 7° Congresso internazionale di studi sull'alto medioevo, 2 Bde., hier Bd. 2, Spoleto 1982, S. 527–549. (SEILHAC, Utilisation)

SEITZ, Eduard, Recht des Pfarramtes der katholischen Kirche. Ein Handbuch für Kirchen- und Staatsbeamte, Bd. 1: Von den Pfarreien und Pfarrkirchen und von den Pfarrkirchenvermögen der Katholiken, Regensburg 1840. (SEITZ, Recht)

SEMMLER, Josef, Die Beschlüsse des Aachener Konzils im Jahre 816, in: Zeitschrift für Kirchengeschichte 74 (1963), S. 15–82. (SEMMLER, Beschlüsse)

SEVERUS, Emmanuel, Abts- und Äbtissinnenweihe, in: KLEINHEYER, Bruno u. a. (Hg.), Gottesdienst der Kirche. Handbuch der Liturgiewissenschaft, hier: Sakramentliche Feiern II, Teil 8, Regensburg 1984, S. 185–187. (SEVERUS, Abts- und Äbtissinnenweihe)

SIRCH, Bernhard, Der Ursprung der bischöflichen Mitra und päpstlichen Tiara (Kirchengeschichtliche Quellen und Studien 8), St. Ottilien 1975. (SIRCH, Mitra)

SOMMERVILLE, Robert, Ordinatio abbatis in the Rule of St. Benedict, in: Revue bénédictine 77 (1967), S. 246–263. (SOMMERVILLE, Ordinatio abbatis)

STEFANSKI, Jerzy, Die römischen Ordinationsriten von 1968 und 1990. Eine geschichtlich-liturgische Studie, in: HAUNERLAND, Winfried u. a. (Hg.), Manifestatio Ecclesiae (Studien zur Pastoralliturgie 17), Regensburg 2004, S. 129–159. (STEFANSKI, Ordinationsriten)

STEIDLE, Basilius, „Wer euch hört, hört mich". Die Einsetzung des Abtes im alten Mönchtum, in: Erbe und Auftrag 40 (1964), S. 179–196. (STEIDLE, Einsetzung)

STEINKE, Barbara, Paradiesgarten oder Gefängnis? Das Nürnberger Katharinenkloster zwischen Klosterreform und Reformation (Spätmittelalter und Reformation 30), Tübigen 2006. (STEINKE, Katharinenkloster)

STUTZ, Ulrich, Rezension zu Karl Hörger, Die reichsrechtliche Stellung der Fürstäbtissinnen, in: Zeitschrift der Savigny-Stiftung für Rechtsgeschichte: Kanonistische Abteilung 15 (1926) H1, S. 576–578.

TERNUS, Joseph, Dogmatische Untersuchungen zur Theologie des hl. Thomas über das Sakrament der Weihe, in: Scholastik 7 (1932), S. 354–386. (TERNUS, Untersuchungen)

THALHOFER, Valentin,

- Handbuch der katholischen Liturgik, 2. völlig umgearbeitete und vervollständigte Aufl., bearb. von Ludwig EISENHOFER, Bd. 2: Spezielle Liturgik, Freiburg i. Br. 1912. (THALHOFER, Handbuch)
- Handbuch der katholischen Liturgik, 2 Bde., Bd. 2: Spezielle Liturgik, Freiburg i. Br. 1890.

THEIL, Bernhard (Bearb.), Das (freiweltliche) Damenstift Buchau am Federsee (Germania sacra NF. 32), Berlin 1994. (THEIL (Bearb.), Damenstift Buchau)

THRAEDE, Klaus, Ursprünge und Formen des heiligen Kusses im frühen Christentum, in: Jahrbuch für Antike und Christentum11/12 (1968/69), S. 124–180. (THRAEDE, Ursprünge)

TODT, Klaus-Peter, Theodor von Canterbury, in: BBKL 11 (1996), Sp. 869–874 [online-Version] URL: https://www.bbkl.de/public/index.php/frontend/lexicon/T/Th/theodorvoncanterburysiebtererzbischofvoncanterbury-71690 (TODT, Theodor von Canterbury)

ULRICH, Anna, Die Kanonissen. Ein vergangener und vergessener Stand der Kirche, in: BERGER, Teresa/GERHARD, Albert (Hg.), Liturgie und Frauenfrage (Pietas Liturgica 7), St. Ottilien 1990, S. 181–194.

UNTERKIRCHER, Franz (Bearb.), Das Kollektar-Pontifikale des Bischofs Baturich von Regensburg (817–848). Mit einer liturgiegeschichtlichen Untersuchung von Klaus Gamber, Freiburg/ Schweiz 1962. (UNTERKIRCHER (Bearb.), Kollektar-Pontifikale)

VAVRA, Elisabeth, Art. Mantel, in: Lexion des Mittelalters 6 (2009), Sp. 203f. (VAVRA, Mantel)

VERHEULEN., P., Art. Abt, III. De a.swijding, in: Liturgisch Woordenboek 1 (1958), Sp. 32f. (VERHEULEN, Abt)

VOGEL, Cyrille,

- Précisions sur la date et l'ordonnance primitive du pontifical romano-germanique, in: Ephemerides liturgicae 74 (1960), S. 145–162. (VOGEL, Précisions)
- Introduction aux sources de l'histoire du culte chrétien au Moyen Âge (Biblioteca degli „Studi medievali" 1), Spoleto ²1981. (VOGEL, Introduction)
- Medieval Liturgy. An Introduction to the Sources, Washington D.C. 1986. (VOGEL, Medieval Liturgy)

VOGTHERR, Thomas, Reichsabteien der Benediktiner und das Königtum im hohen Mittelalter (900–1125), Stuttgart 2000. (VOGTHERR, Reichsabteien)

VOGÜÉ, Adalbert de, La communauté et l'abbé dans la règle de s. Benoît, Paris 1961, S. 348–367. (VOGÜÉ, Communauté)

VORGRIMLER, Herbert, Sakramententheologie (Leitfaden Theologie 17), Düsseldorf ³1992. (VORGRIMLER, Sakramententheologie)

WEISE, Christian/WOLFES, Matthias, Art. Odilo, 5. Abt von Cluny, in: BBKL 16 (1999), Sp. 1171–1176 [online-Version] URL: https://www.bbkl.de/public/index.php/frontend/lexicon/O/Od/odilo5abtvoncluny-65007 (WEISE/WOLFES, Odilo)

WEISSENBERGER, Paulus Albert, Die Abtswahl vom Jahre 1787 im Reichsstift Neresheim, in: Zeitschrift für württembergische Landesgeschichte 17 (1958), S. 253–270.

WEITLAUFF, Manfred,
- Vom spätmittelaltlich-benediktinischen „Damenstift“ zur tridentinisch-„regulierten“ Benediktinerinnenabtei – Kloster Frauenchiemsee im 17. Jahrhundert, in: BRUGGER, Walter/WEITLAUFF, Manfred (Hg.), Kloster Frauenchiemsee 782–2003. Geschichte, Kunst, Wirtschaft und Kultur einer altbayerischen Benediktinerinnenabtei, Weißenhorn 2003, S. 303–366. (WEITLAUFF, Frauenchiemsee)
- Zeremoniell der Wahl und Benediktion einer Äbtissin von Kloster Frauenchiemsee – Ritus der Aufnahme und Profeß einer Chorfrau, in: BRUGGER, Walter/WEITLAUFF, Manfred (Hg.), Kloster Frauenchiemsee 782–2003. Geschichte, Kunst, Wirtschaft und Kultur einer altbayerischen Benediktinerinnenabtei, Weißenhorn 2003, S. 391–400. (WEITLAUFF, Benediktion)

WENZ, Gunther, Art. Sakramente I, in: TRE 29 (1998), S. 663–684. (WENZ, Sakramente I)

WINTERER, Christoph, Das Fuldaer Sakramentar in Göttingen. Benediktinische Observanz und römische Liturgie, Petersberg 2009. (WINTERER, Fuldaer Sakramentar)

WOLLASCH, Joachim, Benedikt von Nursia. Person der Geschichte oder fiktive Idealgestalt? In: Studien und Mitteilungen zur Geschichte des Benediktinerordens und seiner Zweige 118 (2007), S. 7–30. (WOLLASCH, Idealgestalt)

WOLF, Hubert,
- Den ganzen Tisch der Tradition decken. Tendenzen und Perspektiven neuzeitlicher Kirchengeschichte, in: ThQ 184 (2004), S. 254–276. (WOLF, Tisch)
- Katholische Kirchengeschichte im „langen“ 19. Jahrhundert von 1789 bis 1918, in: DERS. (Hg.), Ökumenische Kirchengeschichte, Bd. 3: Von der Französischen Revolution bis 1989, Darmstadt 2007, S. 91–177. (WOLF, Kirchengeschichte)
- Krypta. Unterdrückte Traditionen der Kirchengeschichte, München 2015. (WOLF, Krypta)
- Konklave. Die Geheimnisse der Papstwahl, München [2]2017. (WOLF, Konklave)
- Der Unfehlbare. Pius IX. und die Erfindung des Katholizismus im 19. Jahrhundert. Biographie, München 2020. (WOLF, Unfehlbare)

ZAPP, Hartmut, Art. Eid,II. Kanonistische Eideslehre, in: LMA 3 (2009), Sp. 1675f. (ZAPP, Eid)

ZELZER, Klaus,
- Zur Stellung des Textus receptus und des interpolierten Textes in der Textgeschichte der Regula S. Benedicti, in: Revue bénédictine 88 (1978), S. 205–246. (ZELZER, Textgeschichte)
- Von Benedikt zu Hildemar. Zu Textgestalt und Textgeschichte der Regula Benedicti auf ihrem Weg zur Alleingeltung, in: Frühmittelalterliche Studien 23 (1989), S. 112–130. (ZELZER, Textgestalt)

ZSCHARNACK, Leopold, Der Dienst der Frau in den ersten Jahrhunderten der christlichen Kirche, Göttingen 1902. (ZSCHARNACK, Dienst)

ZUNKER, Maria Magdalena, Die Bistümer der Kirchenprovinz Mainz. Das Bistum Eichstätt 2: Die Benediktinerinnen St. Walburg in Eichstätt (Germania sacra, DF 15), Göttingen 2018. (ZUNKER, St. Walburg)

III. Nachweise aus dem Internet

Bayerische Akademie der Wissenschaften
- Vita s. Remigii episcopi Remensis; Repertorium „Geschichtsquellen des deutschen Mittelalters; http://www.geschichtsquellen.de/repOpus_02798.html (Zugriff 22. Oktober 2016).

Biographia Benedictina
- Aichinger, Emmanuela, in: Biographia Benedictina, Version vom 23. Januar 2016; URL:

http://www.benediktinerlexikon.de/wiki/Aichinger,_Emmanuela (Aichinger, in: Biographia Benedictina, Zugriff 16. Januar 2020)
- Eickhoff, Diethild, in: Biographia Benedictina (Benedictine Biography), Version vom 18. Oktober 2011; URL: http://www.benediktinerlexikon.de/wiki/Eickhoff,_Diethild (Eickhoff, in: Biographia Benedictina, Zugriff 18. Januar 2020)

Kolck, Beatrix, in: Biographia Benedictina (Benedictine Biography), Version vom 1. April 2017; URL: http://www.benediktinerlexikon.de/wiki/Kolck,_Beatrix (Kolck, in: Biographia Benedictina, Zugriff 18. Januar 2020)

Pustet, Marcellina, in: Biographia Benedictina (Benedictine Biography), Version vom 1. Juni 2019; URL: http://www.benediktinerlexikon.de/wiki/Pustet,_Marcellina (Pustet, in: Biographia Benedictina, Zugriff 18. Januar 2020)

Biographia Cisterciensis
- Reiss, Lucia, in: Biographia Cisterciensis (Cistercian Biography), Version vom 14. Mai 2018; URL: http://www.zisterzienserlexikon.de/wiki/Reiss,_Lucia (Reiss, in: Biographia Cisterciensis, Zugriff 18. Januar 2020)

Forum für Frauenstiftsforschung
- https://www.frauenstiftsforschung.uni-kiel.de/ (Zugriff 8. Januar 2022)

Homepage der Abtei Burg Dinklage
- http://www.abteiburgdinklage.de/aktuelles.html (Zugriff 20. November 2019)

Homepage der Abtei Maria Laach
- https://www.maria-laach.de/unser-kloster/abt-herwegen-institut/gruender.html (Zugriff 13. Januar 2020)

Homepage des Klosters Varensell
- http://www.abtei-varensell.de/wer-wir-sind/geschichte/?type=13 (Zugriff 5. Dezember 2016)

Abkürzungsverzeichnis

FÄbtissinnenweihe	Die Feier der Äbtissinnenweihe Deutsche Ausgabe von 1975
FAbtsweihe	Die Feier der Abtsweihe Deutsche Ausgabe von 1975
IAG	Internationale Arbeitsgemeinschaft der Liturgischen Kommission im deutschen Sprachgebiet
LibO	Liber Ordinum
OBenAbb	Ordo Benedictionis Abbatis von 1970
OBenAbbatissa	Ordo Benedictionis Abbatissa von 1970
PCR	Pontificale secundum consuetudinem et usum romane Curiae Pontifikale der römischen Kurie des 13. Jahrhunderts
PGD	Pontificale des Wilhelm Durandus
PLib	Pontificalis Liber von 1485
PR 1595/96	Pontificale Romanum Editio princeps-Ausgabe von 1595/96
PR 1962	Pontificale Romanum Editio typica-Ausgabe von 1962
PR 94	Das Pontifikale für die katholischen Bistümer des deutschen Sprachgebietes Bd. 2.
PR 94, AW	Das Pontifikale für die katholischen Bistümer des deutschen Sprachgebietes Bd. 2, Abtsweihe
PR 94, ÄW	Das Pontifikale für die katholischen Bistümer des deutschen Sprachgebietes Bd. 2, Äbtissinnenweihe
PR XII	Pontificale Romanum des 12. Jahrhunderts
PRG	Pontificale Romano-Germanicum
RB	Regula Benedicti
RC	Regula cuiusdam
RM	Regula Magistri
RV	Regula sanctarum virginum

Übersicht über die verwendeten Pontifikalien[1]

Dokument	Entstehungsort	Entstehungsdatum	Eigenschaften
Pontificale Romano-Germanicum	Kloster St. Alban in Mainz	950–961/63	Original nicht erhalten, verschiedene Handschriftengruppen
Römisches Pontifikale im 12. Jahrhundert	Rom	12. Jahrhundert	Drei Gruppen nach Andrieu, „Urtyp" nicht vorhanden
Das Pontifikale der römischen Kurie	Rom	13. Jahrhundert	Original nicht überliefert, aber Abschriften so ähnlich, dass von einem gemeinsamen Vorgänger ausgegangen werden kann
Das Pontifikale des Wilhem Durandus von Mende	Diözese Mende	1293/95	Original nicht erhalten, jedoch zwei gute Handschriftengruppen. Verfasser bekannt
Pontificalis liber des Agostini Patrizi Piccolomini und Johannes Burckard.	Rom	1485	Erste Druckausgabe
Pontificale Romanum	Rom	1595/96	Verbindlich vorgeschrieben, 200 Jahr-Klausel galt nicht
Letzte Revision des PR	Rom	1961/62	Anpassung an zeitgenössische pastorale Bedürfnisse kurz vor der Liturgiereform
Ordo benedictionis Abbatis et Abbatissae	Rom	9. November 1970	
Die Feier der Abts- und Äbtissinnenweihe	Trier/Maria Laach	1974	Deutsche Ausgabe von OBenAbb
Pontificale Romanum	Trier	1994	Deutsche Ausgabe, Editio typica emendata

[1] Diese Übersicht stellt die verwendete Pontifikalienchronologie seit dem 10. Jahrhundert dar, wie sie der Liturgiewissenschaftler Martin Klöckener erstellt hat, vgl. KLÖCKENER, Diözesansynode, S. 11–38; KLÖCKENER, Pontifikale, S. 80–84. Nicht aufgenommen sind in der hier dargestellten Übersicht die verschiedenen Nachdrucke des Pontificalis liber beziehungsweise des nachtridentinischen Pontificale Romanum, da sie für diese Studie keine Relevanz haben. Vgl. für diese Ausgaben ebd., S. 83.

„Interrogatio“ von Abt und Bischof bei Durandus

„Interrogatio“ der „Abtsbenediktion“ im PGD

Antiqua sanctorum patrum institutio docet et precipit ut is, qui ad regimen animarum eligitur, examinari et interrogari debeat de diversis causis et moribus que huic regimini congruunt et necessaria sunt. Eadem igitur auctoritate te, frater interrogamus.

1) Vis tuum sanctum propositum et sancti Benedicti regulam observare tibique subiectos, ut idipsum faciant, diligenter instruere?

2) Vis mores tuos ab omni malo temperare et, quantum adiuvante domino poteris, ad omne bonum commutare?

3) Vis castitatem, sobrietatem, humilitatem et patientiam cum Dei adiutorio in teipso custodire subditosque tuos commissi fideliter custodire et in usus ecclesie et fratrum et pauperum ac peregrinorum distribuere?

4) Vis huic sancte matri ecclesie Mimatensi michique eiusdem episcopo meisque successoribus fidem, subiectionem et reverentiam devote ac fideliter perpetuo exhibere?

„Interrogatio“ der „Bischofsordination“ bzw. „-konsekration“ im PRG/PGD

Antiqua sanctorum patrum institutio docet et praecipit, ut is, qui ad ordinem episcopatus eligitur, antea diligentissime examinetur cum omni caritate de fide sanctae Trinitatis et interrogetur de diversis causis vel moribus, quae huic regimini congrunt et necessaria sunt retineri, secundum apostoli dictum ‚Manus nemini cito imposueris‘ et ut etiam is qui est ordinandus antea erudiatu qualiter sub hoc regimine constitutum oporteat conversari in ecclesia Dei, et ut inreprehensibilies sint qui ei manus ordinationis imponunt. Eadem itaque auctoritate et praecepto interrogamus te, dilectissime frater caritate sincera, si omnem prudentiam tuam quantum tua capax est natura, divinae scripturae sensibus accomodare volueris.

1) Vis ea quae ex divinis scripturus intelligis plebem cui ordinandus es et verbis docere et exemplis?

2) Vis traditiones orthodoxorum patrum ac decretales sanctae et apostolicae sedis constitutiones veneranter suscipere, docere atque servare?

5) Vis mores tuos ab omni malo temperare et, quantum poteris, domino adiuvante, ad omne bonum commutare?

6) Vis castiatem et sobrietatem cum Dei auxilio custodire et docere?

8) Vis humilitatem et patientiam in temetipso custodire et alios similiter docere?

9) Pauperibus et peregrinis omnibusque indigentibus vis esse propter nomen domini affabilis et misericors?

3) Vis beato Petro, cui a Deo data est potestas ligandi atque solvendi, eiusque vicario successoribusque eius fidem et subiectionem per omnia exhibere?

4) Vis sanctae Mogotiensi aecclesiae, mihi et successoribus eis fidem et subiectionem exhibere?

Treueid von Abt und Bischof bei Durandus

Treueid für die Äbte „auctoritate apostolica“ im PR 1595/96

Ego N. Electus monasterii N. Ordinis sancti N., dioecesis N. ab hac hora in antea fidelis et obediens ero beato Petro Apostolo, sanctaeque Romanae Ecclesiae et Domino nostro, Domino N. Papae N., suisque Successoribus canonice intrantibus. Non ero in consilio aut consensu vel facto, ut vitam perdant aut membrum, seu capiantur mala captione, aut in eos violenter manus quomodolibet ingerantur, vel iniuriae aliquae inferantur, quovis quaesito colore. Consilium vero, quod mihi credituri sunt, per se aut nuntios suos seu litteras, ad eorum damnum, me sciente, nemini pandam. Papatum Romanum et Regalia sancti Petri adiutor eis ero ad retinendum et defendendum, salvo meo ordine, contra omnem hominem. Legatum Apostolicae Sedis in eundo et redeundo honorifice tractabo, et in suis necessitatibus adiuvabo. Iura, honores, privilegia et auctoritatem sanctae Romanae Ecclesiae, Domini nostri Papae et Successorum praedictorum conservare, defendere, augere et promovere curabo. Neque ero in consilio vel facto seu tractatu, in quibus contra ipsum Dominum nostrum vel eandem Romanam Ecclesiam aliqua sinistra vel praeiudicialia personarum, iuris honoris, status et potestatis eorum machinentur. Et, si talia a quibuscumque tractari vel procurari novero, impediam hoc pro posse: et quanto citius potero, significabo eidem Domino nostro vel alteri, per quam possit ad ipsius notitiam pervenire. Regulas sanctorum Patrum, decreta, ordinationes seu dispositiones, reservationes, provisiones et mandata apostolica totis viribus observabo et faciam ab aliis observari. Haereticos, schismaticos et rebelles eidem Domino nostro vel Successoribus praedictis pro posse persequar et impugnabo. Vocatus ad Synodum, veniam, nisi praepeditione.

Treueid für die Bischöfe im PR 1595/96

Ego N. electus Ecclesiae N.

ab hac hora in antea fidelis et obediens ero beato Petro Apostolo, sanctaeque Romanae Ecclesiae et Domino nostro, Domino N. Papae N., suisque Successoribus canonice intrantibus. Non ero in consilio aut consensu vel facto, ut vitam perdant aut membrum, seu capiantur mala captione, aut in eos violenter manus quomodolibet ingerantur, vel iniuriae aliquae inferantur, quovis quaesito colore. Consilium vero, quod mihi credituri sunt, per se aut nuntios suos seu litteras, ad eorum damnum, me sciente, nemini pandam. Papatum romanum et Regalia sancti Petri adiutor eis ero ad retinendum et defendendum, salvo meo ordine, contra omnem hominem. Legatum Apostolicae Sedis in eundo et redeundo honorifice tractabo, et in suis necessitatibus adiuvabo. Iura, honores, privilegia et auctoritatem sanctae Romanae Ecclesiae, Domini nostri Papae et Successorum praedictorum conservare, defendere, augere et promovere curabo. Neque ero in consiliio vel facto seu tractatu, in quibus contra ipsum Dominum nostrum vel eandem Romanam Ecclesiam aliqua sinistra vel praeiudicialia personarum, iuris, honoris, status et potestatis eorum machinentur. Et, si talia a quibuscumque tractari vel procurari novero, impediam hoc pro posse: et, quanto ctius potero, significabo eidem Domino nostro vel alteri, per quem possit ad ipsius notitiam pervenire. Regulas sanctorum Patrum, decreta, ordinationis seu dispositiones, reservationes, provisiones et mandata apostolica totis viribus observabo et faciam ab aliis observari. Haereticos, schismaticos et rebelles eidem Domino nostro vel Successoribus praedictis proposse persequar et impugnabo. Vocatus ad Synodum, veniam, nisi praepeditus *fuero canonica praepeditione.*

Apostolorum limina singulis trienniis (vel quadrienniis vel quinquenniis vel decenniis) personaliter per me ipsum visitabo; et Domino nostro ac Successoribus praefatis rationem reddam de toto meo pastorali officio ac de rebus omnibus ad mea Ecclesiae statum, ad cleri et populi disciplinam, animarum denique, quae meae Ecclesiae statum, ad cleri et populi disciplinam, animarum denique, quae meae fidei traditae sunt, salutem, quovis modo pertinentibus: et vicissim mandata apostolica humiliter recipiam et quam diligentissime exsequar. Quod si legitimo impedimento detentus fuero, praefata omnia adimplebo per certum nuntium ad hoc speciale mandatum habentem, de gremio mei capituli, aut alium in dignitate ecclesiastica constitutum seu alias personatum habentem: aut, his mihi deficientibus, per dioecesanum sacerdotem; et, clero deficiente omnino, per aliquem alium presbyterum saecularem vel regularem, spectatae probitatis et religonis, de supradictis omnibus plene instructum. De huiusmodi autem impedimento docebo per legitimas probationes ad sanctae Romanae Ecclesiae Cardinalem proponentem in Congregatione sacri Concilii, per supradictum nuntium transmittendas.

Possessiones vero ad monasterium meum pertinentes non vendam, nec donabo, neque impignorabo, nec de novo infeudabo vel aliquo modo alienabo, etiam cum consensu conventus monasterii mei, in consulto Romano Pontifice. Et, si ad aliquam alienationem devenero, poenas, in quadam super hoc edita constitutione contentas, eo ipso incurrere volo.

Possessiones vero ad mensam meam pertinentes non vendam, nec donabo, neque impignorabo, nec de novo infeudabo vel aliquo modo alienabo, etiam cum consenu capituli Ecclesiae meae, inconsulto Romano Pontifice. Et, si ad aliquam alienationem devenero, poenas, in quadam super hoc edita constitutione contendas, eo ipso incurrere volo.